Eva Gesine Baur

Emanuel Schikaneder

Eva Gesine Baur

Emanuel Schikaneder

Der Mann für Mozart

C.H.Beck

Für Juliane Banse, die
unvergessbare Pamina

© Verlag C.H.Beck oHG, München 2012
Satz: Janß GmbH, Pfungstadt
Druck und Bindung: CPI – Ebner & Spiegel, Ulm
Umschlagentwurf: www.kunst-oder-reklame.de
Umschlagabbildung: Philipp Richter, Emanuel Schikaneder,
nachträglich kolorierter Punktierstich und Szenenbild von
Karl Friedrich Schinkel zur Zauberflöte © akg-images
Gedruckt auf säurefreiem, alterungsbeständigem Papier
(hergestellt aus chlorfrei gebleichtem Zellstoff)
Printed in Germany
978 3 406 63086 6

www.beck.de

Inhalt

I.

Wien 1812
Begräbnis dritter Klasse

Emanuel Schikaneders Profil: Johann Hieronymus Löschenkohl hielt es in dieser Silhouette fest. Mit schnell produzierbaren Porträts der Wiener Prominenz, Szenen des aktuellen Geschehens und des täglichen Lebens wurde Löschenkohl ein vermögender Mann. Er fertigte auch von Mozart, mit dem er 1782 im selben Haus am Kohlmarkt wohnte, einen solchen Schattenriss an.

Starr hockt er in diesem Sommer 1812 in einem dunklen Zimmer im Wiener Alsergrund. Es hat sich in der Stadt herumgesprochen, dass mit Schikaneder nichts mehr anzufangen sei. «Tiefsinnig» nennen höfliche Menschen seinen Zustand. Andere reden von Nervenschwäche, Geistesverwirrtheit, Irresein oder Wahnsinn. Trotzdem bekommt er Besuch. Nicht nur von seinem Neffen Carl. Der ist seit letztem Jahr wieder in Wien engagiert, am Leopoldstädter Theater, verdankt seinem Onkel einiges und betont, zwei Drittel seines Lebens unter dessen Augen verbracht zu haben. Denn noch gibt es einige in Wien, die sich daran erinnern, dass kein anderer Schauspieler in Wien jemals so beliebt gewesen war wie Emanuel Schikaneder in seinen guten Jahren. Die erlebt haben, wie seine Spektakel die Menschen in Massen hinaus auf die Wieden lockten, sogar solche, die nie zuvor ein Theater betreten hatten. Noch können viele bezeugen, dass sie schon vier, fünf Stunden vor Beginn einer Aufführung auf den harten Sitzen des Theaters gesessen hatten, um noch einen guten Platz zu ergattern. Und die Gassenhauer aus Schikaneders Erfolgsstücken, Lieder aus *Der dumme Anton im Gebirge* und *Der Tiroler Wastel*, sind nach wie vor in den Gassen unterwegs. Mit dem *dummen Anton* hat Schikaneder nicht nur Mozart begeistert, er hat damit einen Rekord erreicht, der nie mehr übertroffen wurde: Sechs Fortsetzungen musste er aus diesem Stoff zubereiten, um die hungrigen Wiener zu füttern.

Manche wollen aus reiner Neugier wissen, wie es um diesen Mann steht, der vor bald einundzwanzig Jahren das Libretto zu Mozarts letzter Oper schrieb und sie auf seine Bühne im Freihaus auf der Wieden brachte. Der damit ausgerechnet in einem Vorstadttheater einen der größten Erfolge in der Musiktheatergeschichte Wiens verbuchen konnte. Wäre Mozart nicht schon neun Wochen nach der Uraufführung seiner *Zauberflöte* gestorben, hätte er aus den Erlösen dieses Werkes rasch seine gesamten Schulden tilgen können, obwohl sie sich auf mehrere Tausend Gulden belaufen hatten. Nicht gerade 30 000, wie in Wien geraunt wurde, aber deutlich mehr als jene 3000, die seine Witwe veranschlagte, weil sie von vielen Darlehen nichts wusste. Kein Jahr nach Mozarts Tod, am 23. November 1792, hatte Schikaneder bereits die 100. Aufführung, am 22. Oktober 1795 die 200. angekündigt. Dass in Wirklichkeit die 100. erst die 83. war und die 200. erst die 135., schmälerte den Triumph nicht. Doch geblieben ist Schikaneder vom Gewinn nichts und vom Ruhm wenig. Außerhalb Wiens nur das, was an Mozarts Namen hängt, und der wird mittlerweile von anderen Namen übertönt.

In eine Behausung wie jene, in der Schikaneder seinem Ende entgegendämmert, wäre Mozart niemals eingezogen. *Zum Nagelstock* heißt das Haus in der Florianigasse, nach dem Bauherrn Josef Nagel, der hier früher eine Gastwirtschaft führte. Es gehört nicht etwa dem ehemaligen Theaterdirektor Schikaneder, sondern einem Schmied namens Kaspar Nerpaß, manche sagen auch Merpass. Erst vor zwei Jahren hat er eine Hälfte dieses zweistöckigen, heruntergekommenen Eckhauses an der Florianigasse im Alsergrund erworben, einer Vorstadt, in der geistige wie körperliche Krankheiten, Verletzungen, Seuchen und Tod den Alltag prägen.

Im Kerngebiet des Alsergrundes, zwischen Spitalgasse, Alserstraße und Währingerstraße, sind schon im 17. Jahrhundert Siechenhäuser errichtet worden, die auch als Pestspitäler gedient haben. Hier liegt das Allgemeine Krankenhaus, das größte der Welt, hervorgegangen aus dem ehemaligen Groß-Armenhaus. Und auf diesem Gelände befindet sich auch ein fünfstöckiger Rundbau, Narrenturm nennen die Wiener ihn. Dieser Bastion entkommt keiner, der einmal dort gelandet ist; dabei werden die Patienten, was fortschrittlich ist, keineswegs an die Kette gelegt. Besäße Schikaneder nicht den Ruf eines heruntergekommenen Denkmals, hätte er nicht nach wie vor einige einflussreiche Bekannte, vermutlich hätten sie ihn wohl schon in den Narrenturm verbracht. Geld, um die Miete zu zahlen, hat er keines mehr, auch seine Frau, ebenfalls schon einundsechzig, verfügt über keinerlei Einkommen. In diesem Alter haben Schauspielerinnen ausgedient, und weibliche Theaterdirektoren haben schon in jüngeren Jahren einen schweren Stand gegenüber männlichen Konkurrenten.

Außenstehende fragen sich, warum die Schikaneders erst in diesem Jahr ihr barockes kleines Landschloss draußen in den Weinbergen von Nußdorf veräußert haben, obwohl es vor drei Jahren ausgeplündert wurde, schwer beschädigt und unbewohnbar geworden ist. Wer die Schikaneders kennt, weiß, dass sie bis dahin die Hoffnung nicht aufgegeben hatten, wieder an eine Position und Geld zu kommen. Denn kaum ein Prinzipal hat in Europa über Jahrzehnte hinweg so viel eingenommen wie Schikaneder, der besser als jeder andere den Sensationshunger der Schaulustigen zu befriedigen wusste.

Das wenige, was den beiden blieb, ist zu nichts geschrumpft, denn Schikaneders rapide verschlechterter Geisteszustand hat zusätzlich Kosten verursacht, nicht nur für Ärzte und Medikamente. Sein Neffe Carl behauptet, der Onkel habe in Steyr Zimmerleute bestellt, um das Gebäude des dortigen Theaters einzureißen, an dem seine Frau Direktorin werden wolle – weil er in einem so *elenden Loch* nichts zustande bringe. Im letzten Moment habe Eleonore die Männer mit der Axt noch abgehalten. Andere haben das zum Gerücht aufgeblasen, Schikaneder selbst habe bereits begonnen, mit der Axt auf die Bühne einzudreschen.

Carl neigt zu Übertreibungen, das hat er von seinem Onkel. Doch es ist wohl nicht allzu weit von der Wahrheit entfernt, wenn er verbreitet, der Onkel sitze vom Morgen bis zum Abend in ein Bettlaken gehüllt, das er sich auch über den Kopf gezogen habe. Erscheine ein Besucher, dann frage Schikaneder nur: *Haben Sie Maria Theresia und den Kaiser Joseph gekannt?* Auf ein Ja sondere der Onkel *ein paar verwirrte Worte* ab, bevor er sich in seine Bettlakenhöhle zurückziehe; auf ein Nein erfolge *der Rückzug in großer Eile, von keinem Wort begleitet*.

Noch hat die Medizin nicht diagnostiziert, woran er leidet. Erst 1880 wird Sergej Korsakow ein Syndrom beschreiben, das nach ihm benannt wird. Starke Gefühlsschwankungen, Gedächtnisstörungen, die Unfähigkeit, das soeben Erlebte zu erfassen, und die Neigung, die Lücken mit Phantasiertem oder längst Verjährtem zu stopfen. Der russische Neurologe wird auch keinen Hehl aus der häufigsten Ursache dieser Krankheit machen: exzessiver Alkoholkonsum. Doch heilbar ist das Korsakow-Syndrom ohnehin nicht, ob man es nun benennen kann oder nicht. Immerhin steht Schikaneder nicht allein da. Vier Personen leben in seinem Haushalt. Das ist die Norm. Obwohl Mozarts Frau Constanze sechs Kinder geboren hatte, lebten auch nur vier Personen in seinem Haushalt, als er starb. Die hygienischen Bedingungen in Wien sind besser als in fast allen anderen europäischen Städten, trotzdem ist die Kindersterblichkeit nach wie vor hoch. Sonst wäre die Raumnot noch bedrängender in dieser Stadt. 238 000 Einwohner sind offiziell in Wien gemeldet; sie verteilen sich auf die innere Stadt und dreiunddreißig Vorstädte. Ungefähr 59 000 Familien wohnen in etwas mehr als 7000 Häusern, die meisten sehr beengt. Jedes Haus in Wien wird von mindestens acht Familien belegt. Anders rechnen sich die Zinshäuser für den Vermieter nicht.

Schikaneders Hausherr Kaspar Nerpaß bräuchte den Mietzins dringend, doch von den Schikaneders nimmt er nichts. Fremde verstehen das schwerlich, Eingeweihte schon. In dieser Wohnung sind nicht nur der Theaterdirektor und seine Ehefrau Eleonore untergekommen, sondern auch eine fünfunddreißigjährige Weinbauerntochter aus Niederösterreich namens Franziska Günschl und ihr zehnjähriger Sohn. Sie hat nichts gelernt und in Wien 1801 als Dienstmagd angefangen. Dann wurde sie bei Schikaneder im Theater an der Wien zum Mädchen für alles, sogar die Kasse hatte er ihr anvertraut. Ihr Kind heißt Franz Seraph. Der zweite Vorname verrät Ambitionen, die wohl kaum ihre eigenen sind. Patin des Franz Seraph ist Eleonore Schikaneder. Und sein Vater ist Emanuel Schikaneder, dem Mozart die Rolle des Vogelmenschen Papageno auf den Leib geschrieben hatte. Im 6. Kapitel des Propheten Jesaja werden die Seraphim als Vogelmenschen mit einem gewachsenen Federgewand geschildert, aus dem nur Kopf, Hände und Füße hervorschauen. Vielleicht hat das Schikaneder inspiriert, als er seinen außerehelichen Sohn im Januar 1802 in der Kirche Sankt Joseph ob der Laimgrube taufen ließ, nah beim Theater an der Wien gelegen. Damals war er dort noch Direktor und Großverdiener. Jetzt ist er bankrott.

Es ist nicht nur der finanzielle Niedergang, den Schikaneder mit Mozart teilt, auch die Gründe dafür sollen dieselben sein.

Der heimliche Botschafter, ein handschriftliches Klatschblatt, vermeldete acht Tage nach Mozarts Ableben am 13. Dezember 1791: *Mozart hatte leider die großen Geistern so oft anklebende Sorglosigkeit für seine häuslichen Umstände.* Franz Xaver Niemetschek, ein Biograph Mozarts, der ihn und die Umstände aus eigener Anschauung kannte, erklärte zwar, die *Lügen* über Mozarts Verschwendungssucht seien *so unverschämt, so empörend* gewesen, dass der Kaiser, *von niemanden des Gegenteils belehrt, sehr entrüstet war,* als ihm das Gerücht von Zigtausenden Gulden Schuldenlast zu Ohren drang. Doch jeder in Wien wusste, dass Mozart, der im letzten Lebensjahr mehr denn je verdient hatte, für Kleidung und Gelage Unsummen verschwendet hatte, dass er, wie seine Witwe später ihrem zweiten Mann, dem Mozart-Biographen Nissen, anvertraute, *manchen Morgen* mit Schikaneder *verchampagnerte* und *manche Nacht* in der Gesellschaft Gleichgesinnter *verpunschte.* Auch bei Schikaneder wird jetzt nicht ohne Häme festgestellt, er habe eben auf zu großem Fuße gelebt.

Mozart, der, wie *Der heimliche Botschafter* zu spät mahnte, für *berühmte Werke Reichtümer hätte sammeln können und sollen,* war kein Opfer gewesen, auch wenn er und die Nachwelt diese Legende verbreiteten. Schikaneder hingegen war eines; er hatte *Reichtümer,* wenn auch keine allzu großen, angesammelt und ohne jedes eigene Verschulden alles Angesparte verloren.

Als Mozart 1788 in den Alsergrund gezogen war, keine Viertelstunde zu Fuß von Schikaneders letzter Wohnung entfernt, nur in einer besseren Gegend, hatte er eine Wohnung mit sieben Zimmern, Küche, Holzablege, einem Stall für seine beiden Pferde, einer Remise für seine Kutsche und einen eigenen Garten gemietet. Weniger aus Ersparnisgründen als seiner schwangeren Frau zuliebe war er hier herausgezogen, wo die Luft im Sommer besser war. Sparen war für Mozart nie ein Argument gewesen. Durchschnittlich 5000 Gulden hatte er im Jahr eingenommen. Davon lebten andere Familien hier zehn Jahre recht gut. Und Mozarts Dienstmädchen musste mit 12 Gulden Jahresgehalt auskommen.

Anders als Mozart hat sich Schikaneder offenbar nicht auf die Kunst verstanden, immer wieder Darlehen von Gläubigern zu erbetteln. Mozart hatte nicht nur Logenbrüder angepumpt, was gegen die Statuten der Freimaurer verstieß, er schaffte es, selbst von denjenigen erneut Kredit zu bekommen, die wussten, dass ihm Geld zu leihen sehr oft Geld verschenken hieß. Zum Schluss allerdings war Mozarts finanzielle Lage klamm geworden, und nur große und zügige Spenden hätten ihn noch retten können.

Mit Mozart war es aber so schnell zu Ende gegangen, dass gar keine Zeit mehr blieb, sich Gedanken über Unterstützung, Spenden oder Benefizaktionen zu machen. Erst nach seinem Tod hatte die achtundzwanzigjährige Witwe beherzt einen Ausweg aus der finanziellen Katastrophe gesucht, in der ihr Mann sie zurückgelassen hatte. Ganz anders bei Schikaneder. Es ist nicht abzusehen, wie lange er noch in dieser Welt jenseits der Wirklichkeit herumgeistern wird. Als er Anfang dreißig war, hatte der Theaterkenner Abraham Peiba geschwärmt, *seine Gesichtsbildung, sein Wuchs* seien *von Natur aus ungemein vorteilhaft und schön*, er sei *groß und wohlgewachsen*. Nun ist aus ihm zwar ein dicker, schwerfälliger Mann mit einem *watscheligen Gang* geworden, wie Ignaz Franz Castelli bezeugt, doch er verfügt noch immer über eine stabile Konstitution. Der große und kräftige Schikaneder hatte die Strapazen eines Wanderlebens besser überstanden als der schmächtige Mozart, vielleicht auch, weil er in der Kindheit nicht bereits kreuz und quer durch Europa gezerrt worden war.

Jetzt ist er allerdings seit Wochen bettlägerig und muss rund um die Uhr versorgt werden. Sein Herz macht offenbar noch mit, sein Hirn nicht mehr. Das *sehr lebhafte, sprechende Auge*, das Castelli noch jüngst an Schikaneder beeindruckte, ist stumm geworden. Das Sterben kann sich noch über Monate oder Jahre hinziehen. Es muss also etwas geschehen.

Ferdinand Graf Pálffy von Erdöd, ein theaterbegeisterter Bergwerksingenieur, seit fünf Jahren Direktor des Theaters an der Wien, von Schikaneder eröffnet und berühmt gemacht, hat vor Kurzem dem sechzigjährigen Vorgänger vier Prozent aus jeder Aufführung der *Zauberflöte* zugesichert. Auf Lebenszeit. Hätte er das früher getan, säße Schikaneder nach seiner eigenen Theorie vielleicht nicht hier und wäre auch nicht dem Wahnsinn anheim gefallen.

Schikaneder hat in einem seiner Erfolgsstücke, dem Regensburger Drama *Hanns Dollinger,* beschrieben, was einen Menschen in den Wahnsinn treiben kann: Unverschuldete Not, Entbehrung, öffentliche Demütigung und grobes Unrecht sind es, die dort eine Frau den Verstand verlieren lassen. All das hat Schikaneder in den letzten Jahren durchlitten. Nun hat er sich auf die Insel des Verrücktseins zurückgezogen, die keiner außer ihm betritt.

In mancher Hinsicht ist es gut, dass er nichts mehr mitbekommt, weder das, was in der Welt draußen geschieht, noch die Ereignisse in seiner nächsten Umgebung. Die Nachricht, dass Napoléon an der Spitze einer Koalitionsarmee am 24. Juni die Memel überschritten hat und auf dem Weg nach Moskau ist, hätte nur erneut eine alte Wunde aufbrechen lassen. Denn napoleonische Truppen waren es gewesen, die 1809 Schikaneders Anwesen verwüstet hatten. 38 000 Gulden hatte Nikolaus Graf Skarbek noch für das ramponierte Nußdorfer Barockschlösschen in seinem großen verwahrlosten Park bezahlt. Die auf Napoléons Abzug folgende Geldentwertung im letzten Jahr hatte den ohnehin niedrigen Verkaufserlös völlig zunichte gemacht.

Und in eben jenem Jahr 1811 hat Schikaneders Neffe bereits *eine ganz unheimliche Zerstreutheit und Verwirrtheit* festgestellt, als er den Onkel aufsuchte.

In der ersten Juliwoche wird bekannt, dass am 18. des Monats Karl Friedrich Hensler eine Benefizveranstaltung zu Schikaneders Gunsten geben will. Er ist als Nachfolger Karl von Marinellis Direktor am Leopoldstädter Theater, das früher mit Schikaneders Theater auf der Wieden, danach mit seinem Theater an der Wien konkurriert hatte. Vielleicht hat das der Neffe Carl eingefädelt, der dort als Schauspieler und Bassbuffo engagiert ist. Aufgeführt werden soll Schikaneders Stück *Die Schweden vor Brünn*, der Erlös soll dem Verfasser zufließen.

Karl von Marinelli wie Karl Friedrich Hensler gehören zu den vielen Menschen, die den Lebensfaden von Mozart mit dem Schikaneders verknüpft haben. In Marinellis Theater an der Leopoldstadt wollte Schikaneder 1789 als Schauspieler antreten, doch seine Frau überredete ihn, lieber das Theater auf der Wieden zu übernehmen, an dem die *Zauberflöte* aus der Taufe gehoben werden sollte.

Damit wurde er Marinellis Konkurrent. 1790 war Schikaneder zu Ohren gekommen, dass Marinelli eine sensationelle exotische Kostümoper auf die Bühne bringen wollte: *Das Sonnenfest der Brahminen*, Libretto von jenem Hensler, Musik von Wenzel Müller.

Sogleich hatte er fünf Komponisten gebeten, in Rekordzeit an der Vertonung seines Librettos *Der Stein der Weisen oder Die Zauberinsel* mitzuwirken; auch Mozart hatte geliefert. Den Wettstreit ums Publikum hatte damals Marinelli mit vierundzwanzig Aufführungen in den ersten zwei Monaten gewonnen; aber wenn man den *Stein der Weisen* als Vorläufer der *Zauberflöte* sah, hatte letztendlich doch Schikaneder den Sieg davongetragen.

In der Mannschaft, die den *Stein der Weisen* ausbrütete, waren bereits viele versammelt, die an der Geburt der *Zauberflöte* beteiligt waren: außer Schikaneder, dem Librettisten, als Komponisten Mozart und Benedikt Schak, der den ersten Tamino sang, Franz Xaver Gerl, der erste Sarastro, sowie Johann Baptist Henneberg, Mozarts Assistent und zweiter Dirigent der *Zauberflöte*. Der *Zauberflöte* hatte Marinelli nichts entgegenzusetzen. Umso mehr muss es Schikaneder getroffen haben, dass die erste Pamina, Anna Gottlieb, nach Mozarts Tod zu Marinelli ans Leopoldstädter Theater überwechselte.

Auch Hensler, der sich nun für den dahinsiechenden Theaterdirektor einsetzt, verbindet die Lebensenden von Schikaneder und Mozart. An dem Abend, als *Die Zauberflöte* uraufgeführt wurde, brachte Hensler am Leopoldstädter Theater sein neues Stück auf die Bühne, *Der Orang-Outang oder das Tigerfest*, und hatte ein volles Haus. Im Dezember 1791 hatte er sich für den gerade verstorbenen Mozart stark gemacht: In der Loge *Zur neugekrönten Hoffnung*, in der beide Mitglied waren, hatte Hensler eine *Maurerrede auf Mozarts Tod* verlesen und das hohe Lied auf dessen Werk gesungen. Kurz darauf war die Rede bei Ignaz Alberti erschienen, der im Jahr zuvor das Textbuch der *Zauberflöte* gedruckt hatte. Der Verkaufserlös kam Mozarts Witwe zugute.

Mozart ist allgegenwärtig in den letzten Wochen und Tagen des Johann Joseph Schickeneder, den hier jeder nur als Emanuel Schikaneder kennt. Vieles erinnert bei dem Abgang des Theatermannes an das Ende des Komponisten. Sexuelles Geraune hier wie dort, ohne jeden Anhaltspunkt oder gar Beleg. Das darf nicht erstaunen, sagt man dem Theatervolk doch lockere Moralbegriffe nach. Im Falle Schikaneders ist das durchaus begründet, im Fall Mozarts nicht, so gern es auch die Umwelt und Nachwelt gehabt hätten.

Dennoch ermunterte das, was auf den Tag genau einen Monat nach Mozarts Tod geschah, zu Skandalmeldungen. Seine Schülerin Magdalena Hofdemel, im fünften Monat schwanger, war von ihrem Ehemann, Jurist, Hofkanzlist, Logenbruder und Gläubiger des Komponisten, in der gemeinsamen Wohnung Grünangergasse 10 mit dem Rasiermesser lebensgefährlich im Gesicht, an Armen und Schultern verletzt und entstellt worden. Er hatte danach Selbstmord begangen. Prompt hieß es in den Zeitungen von Wien bis Graz, Hofdemel habe aus Eifersucht auf Mozart, den Vater des Kindes, den Verstand verloren. Nun wabern die Dunstwolken sexueller Unterstellungen um Schikaneder und seine Frau. Unmittelbar nach der Ankündigung von Henslers Benefizveranstaltung im Leopoldstädter Theater, Konkurrenzunternehmen des Theaters an der Wien, werden Behauptungen in die Welt gesetzt, die Schikaneder um Pálffys Unterstützung bringen könnten. Die Quelle ist vermutlich Theaterklatsch; aber der sickert bis zu den obersten Behörden durch und wird dort ernst genommen.

Ganz in der Nähe des alten Burgtheaters, wo Emanuel Schikaneder eine Zeit lang zum Ensemble gehörte, in einem Seitenflügel der Stallburg, hat die k. k. Geheimpolizei ihren Sitz, ein Musterbetrieb der Überwachung und Bespitzelung. Wie einst sein Kollege König Louis XVI. studiert der angeblich so gute Kaiser Franz I. mit Freude die täglichen Berichte, vermutlich noch wachsamer, denn das Schicksal des angeheirateten Onkels hat gezeigt, dass man gar nicht misstrauisch genug sein kann. Es gilt also nicht nur Staatsbeamte und ausländische Gäste zu überwachen, Post zu öffnen und Diplomatenbriefe abzuschreiben, bevor sie ihre Adressaten erreichen; auch die einfachen Leute müssen beobachtet werden. Zuträger sind überall platziert worden, in den Freudenhäusern des Spittelbergs ebenso wie in den Palais der Innenstadt. Adlige und Geadelte, Bader und Schneider, Dienstmädchen und Pagen, Kellner und Friseure arbeiten mit. Und selbstverständlich auch Theaterleute.

Am 13. Juli 1812 schreibt Franz Hager Freiherr von Altensteig an die Polizei-Oberdirektion, ebenfalls für solche kriminalpolizeilichen Ermittlungen zuständig. Altensteig, Vizepräsident der Polizeihofstelle, ist seit jungen Jahren darin geschult, auf kleinste Verdächtigungen zu reagieren. Nun glaubt er, einem Betrugsfall auf der Spur zu sein. Er vermeldet, der ehemalige Schauspieldirektor Emanuel Schikaneder befinde sich *in den traurigsten Umständen, ohne Vermögen und in voller Abwesenheit des Geistes, so dass die Direktionen der Theater an der Wien und der Leopoldstadt zu nicht unbedeutenden Aufwendungen sich entschlossen haben, um ihn gegen den äußersten Mangel zu schützen.* Doch ihm sei zu Ohren gedrungen, *dass die Gattin Schikaneders, ihres weit vorgerückten Alters ungeachtet auf eigene Kosten einen Geliebten mit seiner ganzen Familie unterhalten solle, der ihr aus Steyr hierher gefolgt sei, und dass wahrscheinlich alles, was die Gutmütigkeit zur Erleichterung des Unglücklichen beitrage, in diesen Kanal geleitet, folglich der ganze Zweck vereitelt würde.*

Wie alle Gerüchte ergaunert sich auch dieses seine Glaubwürdigkeit, indem es um Fakten herum erdichtet wird. Ja, Eleonore Schikaneder hat mit Steyr in allerjüngster Zeit zu tun gehabt; sie hat sich dort um die Intendanz des örtlichen Theaters bemüht. Und in Theaterkreisen ist bekannt, dass sie mehrere Jahre in ehebrecherischem Verhältnis mit dem Theaterschriftsteller Johann Friedel zusammengelebt hatte, zuletzt in Wien, nachdem sie, der Seitensprünge ihres Mannes müde, ihn und die Stadt Regensburg verlassen hatte. Erst nach Friedels Tod im Jahr 1789 hatte sie wieder mit ihrem Ehemann den Tisch und wenn schon nicht das Bett, so doch den beruflichen Wirkungsort geteilt.

Altensteig fordert von der Oberdirektion, *in aller Stille, ohne alles Aufsehen* erkunden zu lassen, was wahr sei an dieser Nachricht, die *bei dem Theaterpersonal als Tatsache erzählt* werde, und ihn umgehend von dem Ergebnis zu benachrichtigen. Es eilt. Er selbst ist zwar ein Jahr älter als Schikaneders *im Alter weit vorgerückte* Frau, doch er weiß, dass er noch weiter aufsteigen kann in der k. k. Beamtenhierarchie.

Bereits zwei Wochen später, am 2. August, wird der Vizepräsident vom Ermittlungsergebnis informiert. Schikaneder wohne in der Alservorstadt Nr. 30 bei dem *Hausinhaber und Schmiedmeister Röhrbass* [sic], *dessen Frau mit Schikaneder verwandt ist.* Deshalb habe der Schmied zwei natürliche Kinder Schikaneders adoptiert und Emanuel wie Eleonore Schikaneder unentgeltlich Kost und Logis gewährt, bis sie nun dank der finanziellen Unterstützung imstande seien, dafür zu bezahlen. Angeblich werden Schikaneder die vier Prozent aus dem

Auch im Leopoldstädter Theater fand eine Benefizveranstaltung zu Gunsten des verarmten Schikaneder statt, auf Anregung von Karl Friedrich Hensler (1759– 1825). Nach dem Tod Marinellis 1803 hatte Hensler das Leopoldstädter Theater gepachtet und war als dessen Direktor Konkurrent Schikaneders geworden.

Erlös jeder Aufführung der *Zauberflöte* immer am Tag nach der Vorstellung gegen eine Quittung, die seine Frau unterschreibt, ausgehändigt. Der Verdacht, dass Frau Schikaneder das für ihren Mann bestimmte Geld an einen Liebhaber verschwende, habe sich aber keineswegs bestätigt; ihr Lebenswandel sei untadelig, und *der Schmerz über ihre nun ... traurige Lage* sei ihr anzumerken. *Schikaneder, der bei vielen Schulden kein übriges Geld hat,* sei *fast den ganzen Tag von Sinnen* und könne *das Bett nicht mehr verlassen,* sodass er, *um seinen Körper nicht wundzuliegen, täglich 2–3mal im Bette umgelegt werden muss.* Die Ermittler bezeugen, Schikaneder erhalte *von seiner Frau und der Schmiedsfamilie die beste Pflege, zumal dieselben fast Tag und Nacht über nicht von seinem Bette kommen.*

Dafür, dass die Kinder des Schmieds, Anton und Barbara, eigentlich von Schikaneder stammen, wird aber ebenso wenig ein Beleg erbracht wie dafür, dass Schikaneder mit Nerpass oder seiner Frau verwandt sei. Es war ja nicht einmal Zeit da, den Namen des Schmieds zu überprüfen.

Doch offenbar gelingt es den beiden Wohltätern, sich trotz all dieser Gerüchte und Intrigen zu einigen. Für Pálffy als Direktor des Theaters an der Wien ist Hensler der schärfste Mitbewerber um die Gunst des Publikums. Möglicherweise aber machen sich beide angesichts von Schikaneders nahem Tod bereits Gedanken darüber, welches Bild von den letzten Getreuen des berühmten Mannes in die Geschichte eingehen wird. Eleonore Schikaneder dürften solche Eifersüchteleien gleichgültig sein. Für sie zählt, dass weiterhin Pálffys Geld eintrifft.

Am 18. Juli geht im Leopoldstädter Theater wie geplant die Wohltätigkeitsveranstaltung zugunsten Schikaneders über die Bühne. Auf dem Theaterzettel wird vermerkt, dass Schikaneder sechzig Jahre lang glücklich gelebt habe und nun, *im einundsechzigsten nicht fühlen könne, wie unglücklich er sei.* Der Erlös unterstütze also einen Bedürftigen, *dessen Lage wirklich Mitleid und Hilfe erfordert.*

Am 14. September zieht Napoléon mit dem französischen Hauptheer in Moskau ein. Die Einwohner haben die Stadt verlassen.

Am 15. stehen dort die aus Holz gebauten Häuser in Flammen.

Am 21. September 1812, als das Feuer erloschen ist, erlischt auch das Leben des Emanuel Schikaneder.

Angeblich hatte auch er vor einundzwanzig Jahren zu den Menschen gehört, die wehklagend vor Mozarts Sterbehaus in der Rauhensteingasse standen.

Unter Schikaneders Fenstern bleibt es still. Und doch ähnelt das, was nun geschieht, den Ereignissen nach Mozarts Tod.

Wie Mozarts Witwe steht auch Eleonore Schikaneder vor dem Nichts.

Kurz nach dem Tod des Mannes wird wie immer in Gegenwart der Witwe und des Leichnams der Fall vom Sperrskommissär akribisch untersucht. Er ist für Inventarisierung und Versiegelung des Nachlasses zuständig. So wenig zuvor seinen Amtskollegen die seelische und körperliche Verfassung der Constanze Mozart interessierte, so wenig kümmert es diesen Beamten nun, dass die einundsechzigjährige Witwe nach Monaten aufopfernder Pflege am Ende ihrer Kräfte ist.

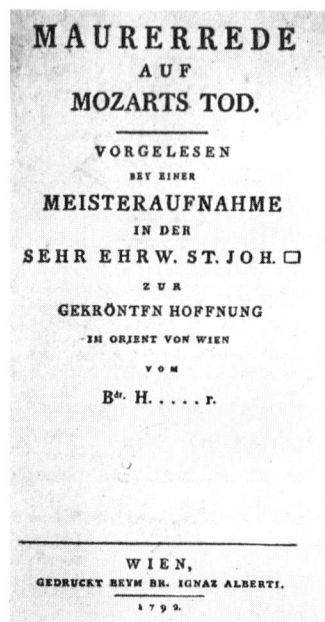

MAURERREDE
AUF
MOZARTS TOD.

VORGELESEN
BEY EINER
MEISTERAUFNAHME
IN DER
SEHR EHRW. ST. JOH. ☐
ZUR
GEKRÖNTFN HOFFNUNG
-IN ORIENT VON WIEN
VOM
B^{dr.} H. . . . . r.

WIEN,
GEDRUCKT BEYM BR. IGNAZ ALBERTI.
1792.

*Die Mauerrede auf Mozarts Tod, 1792 verfasst von Karl Friedrich Hensler,
Theologe, Theaterdichter, Autor von etwa 200 Bühnenstücken, die großteils von
Wenzel Müller und Friedrich Kauer vertont wurden. Hensler war ein Logenbruder
Mozarts. Die Rede erschien im selben Jahr bei Ignaz Alberti, der 1791 das
Textbuch zur Zauberflöte gedruckt hatte.*

Die Sperrsrelation führt unter *Nachgelassene Kinder und wo dieselben
sich befinden* in der Sparte *Minderjährige* auf: *1 Unehelicher Franz Schikaneder 10 Jahr alt bei Witwe am Sterbeort.*
Das Vermögen wird aufgelistet:

An barem Gelde	*Nichts*
An der Leibskleidung und do. Wäsche:	
1 schwarztücherner Frack und 1 brauntücherner Kaput	*15 Fl*
7 Gilets und 2 Beinkleider	*10 Fl*
1 blautücherner Mantel	*14 Fl*
1 Hut, 1 ordinärer Stock, 1 Paar Handschuh und 2 Paar alte Stiefel	*5 Fl*
9 Hemden, 4 Hals- und Sacktüchel, 4 Paar seidene und	

6 Paar Unterziehstrümpf, 14 Gatien (also Gamaschen)	
3 Servietten und 3 Handtücher	*19 Fl*
Verschiedene alte Lesebücher	*8 Fl*
Summa	*71 Fl*

Bei Mozart war zwar an Preziosen auch fast nichts mehr da gewesen außer einer Uhr, die Constanze angeblich verpfändete, und drei silbernen Löffeln im Wert von 7 Gulden; das übrige Silber hatte er im Dorotheum versetzt, um seine Reise zur Kaiserkrönung nach Frankfurt zu finanzieren. Doch bei Mozart waren immerhin noch 60 Gulden in bar vorhanden, mit denen Bestattungskosten vom Leihsarg bis zum Leichenwagen, vom Geläut bis zum Geleit bestritten werden konnten, die sich auf ungefähr 12 Gulden beliefen. Es wurde auch deutlich, dass er für seine Garderobe bis zuletzt sehr viel mehr ausgegeben hatte als sein Librettist: Seine Kleidungsstücke und seine Leibwäsche wurden auf 55 Gulden taxiert; hohe, noch offene Rechnungen für Schneiderkosten kamen hinzu. Und während in Schikaneders Behausung nichts herumsteht, was ihm gehört, wurden bei Mozart die *Hausgeräte*, also die Ausstattungsstücke der Wohnung, auf fast 300 Gulden veranschlagt.

Unter *Summa* hatten dort immerhin 592 Gulden gestanden.

Für Mozart hatte sein Freund van Swieten ein Begräbnis dritter Klasse *mit dem kleinsten Geleit* bestellt, keineswegs pietätlos, sondern üblich beim Großteil der Bevölkerung, zudem vernünftig angesichts der finanziellen Lage der Witwe. Auch Schikaneder wird dritter Klasse bestattet, wie Mozart in einem Sarg, der nach unten geöffnet, in ein Schachtgrab entleert und wiederverwendet wird, wie es Kaiser Joseph II., dem Feind des *pompe funèbre*, gefallen hätte. Swieten oder Constanze hatten allerdings für Mozarts Sarg einen Wagen mit zwei Pferden gemietet, um einen Massentransport zu vermeiden.

Dafür reichen die Mittel der Witwe Schikaneders nicht. In der Sperrskommission ist zwar vermerkt worden, dass Behandlungs- und Bestattungskosten der Witwe von der k. k. Hoftheaterdirektion wiedervergütet werden sollen; erst aber muss sie das Ganze vorstrecken. Ihrem verstorbenen Mann gehört nicht einmal das Hemd am Leibe. *Die in der Wohnung befindlichen Einrichtungsstücke und Bettgewand sollen*

Joseph Schaffer: Ansicht des Narrenturms (1787). In diesen Bau, auf dem Gelände des Allgemeinen Krankenhauses, wurden so genannte Geisteskranke gesperrt. Ohne seine Prominenz und seine einflussreichen Helfer wäre wohl auch Schikaneder in seinem letzten Lebensjahr dort gelandet. Die Verwahrung im Narrenturm unter ärztlicher Aufsicht galt damals als durchaus fortschrittlich.

nach Angabe der Witwe Eigentum der Hausinhaberin Maria Nerbaß [sic] *sein*, hat der Sperrskommissär festgehalten, der für das Gericht ein Protokoll des Verlassenschaftsvermögens erstellen und durch die verhängte Sperre verhindern muss, dass Unbefugte sich etwas davon aneignen.

Eingesegnet wird Schikaneders Leichnam in der Dreifaltigkeitskirche in der Alser Hauptstraße Nr. 17. Anschließend werden Schikaneders sterbliche Überreste wie der Leichnam von Mozart ohne Begleitung auf einen Vorstadtfriedhof gekarrt; nicht auf den von Sankt Marx, sondern auf den von Währing. Wie bei Mozart denkt auch bei Schikaneder niemand daran, das Grab zu kennzeichnen. Auch seine letzte Ruhestätte wird vergessen.

Am 30. September veranstaltet das Personal des Theaters an der Wien in der Kirche des Heiligen Josef ob der Laimgrube einen Gedenkgottesdienst für den ehemaligen Direktor. Die Exequien finden in der Kirche statt, in der Schikaneders Sohn getauft wurde, genau am 21. Geburtstag der *Zauberflöte*, die am 30. September 1791 uraufgeführt worden war. Und fast 21 Jahre ist es auch her, dass für Mozart, ebenfalls von Künstlerfreunden, in Sankt Michael ein Gedenkgottesdienst organisiert wurde. Die Idee und das Geld dafür kamen damals von Schikaneder. Introitus und Kyrie, jene ersten beiden Sätze des Requiems, die Mozart noch vollendet hatte, wurden aufgeführt.

26 Gulden und 35 Kreuzer hatte sich Schikaneder diese Exsequien kosten lassen, nachdem sonst keiner auf den Gedanken gekommen war, Mozart einen würdigen Abschied zu bereiten. Für 3 Gulden hätte er ihm einen Sarg aus Tannenholz kaufen können, für 17 Gulden einen luxuriösen aus Nussbaumholz. Doch Schikaneder war jenes flüchtige musikalische Denkmal wichtiger erschienen als ein gezimmertes Gehäuse.

Nun, bei Schikaneders Totenfeier in der Dreifaltigkeitskirche, wird wiederum Mozarts Requiem aufgeführt, mit den Ergänzungen des Franz Xaver Süßmayr, nach Mozarts Tod wohl Schikaneders wichtigster Hauskomponist bis zu seinem frühen Ende im Jahr 1803. Süßmayr war es gewesen, der Schikaneder mit seinem *Spiegel von Arkadien* den Anschlusserfolg nach der *Zauberflöte* bescherte. Süßmayr hatte Mozart die Noten umgeblättert, als dieser vor exakt einundzwanzig Jahren bei der Uraufführung der *Zauberflöte* am Klavier saß, Süßmayr hatte Schikaneder über Mozarts letzte Stunden berichtet. Süßmayr war wie Schikaneder eine Vaterschaft angedichtet worden, Süßmayr allerdings ohne jeden Grund. Es gab keinerlei Handhabe, ihn zu Constanzes Liebhaber und zum Vater von Mozarts jüngstem Sohn zu erklären und zu unterstellen, Mozarts Witwe habe ihn heiraten wollen.

Constanze Mozart lebte nach dem Tod ihres Mannes weiterhin allein mit ihren zwei Kindern zusammen. Eleonore Schikaneder lebt nach dem Tod ihres Mannes mit seinem Kind und einer Frau zusammen, die vom Alter her ihr Kind sein könnte: Schikaneders Geliebter Franziska Günschl.

Am Samstag, den 2. Oktober 1812 erscheint in der *Theaterzeitung* Nr. 80 ein Nachruf von Alfred Bäuerle. Er hebt Schikaneders Verdienste hervor, lobt seine Großherzigkeit, die oft ausgebeutet worden sei, führt die Argumente seiner Feinde auf und zieht Bilanz: Als Direktor habe man ihn verehrt, als Dichter sei er *nur bekannt* gewesen, *nicht geschätzt* worden. Lediglich seine *Zauberflöte* werde *ewig dauern, da ihr Mozart einen Aufenthaltspass ausstellte, welcher für alle Zei-*

ten und alle Länder gilt. Schikaneder ein Denkmal zu setzen sei weder möglich noch nötig, befindet Bäuerle. *Freilich können wir dir kein Monument setzen, da du dafür schon selbst bei deinem Leben gesorgt hattest, denn ließest du dich nicht in Stein, über dem Eingang des Theaters an der Wien, als Papageno verewigen.*

In diesem Haus bezieht Eleonore Schikaneder nun mit Franziska und Franz Seraph Günschl eine kostenlose Wohnung.

Ein Jahr nach Schikaneders Tod kehrt Johann Baptist Henneberg nach Wien zurück und bezieht die andere Hälfte von Schikaneders Sterbehaus. Er hatte die Proben der *Zauberflöte* geleitet, als Mozart in Prag war. Und er hatte sie ab der dritten Aufführung dirigiert.

Vier Jahre nach Schikaneders Tod wird das Haus, in dem er starb, abgerissen.

Das Sterbehaus Mozarts steht auch nicht mehr.

II

Straubing, Regensburg und Innsbruck 1751–1775
Kind der Wunder

Schikaneders Jugend: Als Lyrant verdiente sich Schikaneder mit der Popmusik des 18. Jahrhunderts sein erstes Geld. Wie diese drei Musiker auf einer Bauernhochzeit, die Johann Mettenleitner 1788 in einem Kupferstich festhielt, trat er bei provinziellen Festlichkeiten, auf Dorfplätzen und in Wirtshäusern auf.

Die Zukunft eines Taglöhnerkindes sieht düster aus in der Mitte des 18. Jahrhunderts. Johann Joseph Schickeneder hat so gut wie keine Chance auf eine große Zukunft. Was soll aus so einem schon werden? Doch die Welt, in der er groß wird, ist voller Wunder, Zeremonien und Spektakel.

Dass die Wunder falsch sind, der Heiland an Seilen gen Himmel fährt, die juwelengleichen Kugeln des Heiligen Grabes aus Glas und die Kreuzessplitter Christi aus bayrischem Holz bestehen, schwächt ihre Wirkung nicht. Dass die öffentlichen Zeremonien des Fürsten von Thurn und Taxis in ihrer Pracht und Selbstherrlichkeit die Glotzenden am Straßenrand verhöhnen, raubt den Auffahrten mit sechsspännigen Kutschen, aufgeputzten Höflingen und livrierten Lakaien nichts von ihrem Pomp. Und dass die Spektakel Unterhaltung für Ungebildete sind, laut und bizarr, animalisch, oft monströs, schwächt ihre Magie in keiner Weise.

Johann Joseph Schickeneder lernt, was staunen lässt. Das Geschehen auf den Straßen und Plätzen der Stadt Regensburg und das Gewerbe der Mutter prägen ihn.

Es ist kein Haus, nur eine Hütte, die an die Regensburger Domkirche Sankt Ulrich angebaut worden ist, in der Juliane Schickeneder ihren Unterhalt verdient. Vier Kinder gilt es durchzubringen, seit ihr Mann unerwartet und früh gestorben ist. Rosenkränze aus Glasperlen, Holzperlen, Perlmuttperlen, Silberperlen, kurze oder bodenlange Skapuliere, manche verziert mit blinkenden Abbildungen der Mutter Gottes oder des Herzens Jesu, funkelnde Heiligenbilder hinter Glas, reich dekorierte Becher und Kerzen. In den Schubladen der Schränke liegen Hemdknöpfe, goldene, silberne, rubinrote.

Juliane Schickeneder hat lernen müssen, selbstständig zu sein. Bis zum Tod ihres Mannes hat sie wie er nur den dienenden Beruf gekannt. Nun bestreitet sie ihren Unterhalt mit einem Devotionalien-

Im Regensburger Dom, einem der bedeutendsten gotischen Kirchenbauten im süddeutschen Raum, waren die Eltern von Emanuel Schikaneder, die Dienstboten Juliane, geborene Schiessl (1775–1789), und Joseph Schickeneder (Lebensdaten unbekannt) am 6. November 1745 getraut worden. Neben dem Dom eröffnete Juliane nach dem Tod ihres Mannes einen Devotionalienhandel.

und Baumwollhandel, direkt an der Seite jener Kirche, in der sie am 6. November 1745 geheiratet hat.

Die Mutter von Johann Joseph Schickeneder kommt von ganz unten. 1739 trat die vierundzwanzigjährige Schneiderstochter Juliane Schiessl aus Wettzell im Bayrischen Wald ihren Dienst als Magd im niederbayrischen Straubing an.

Ein Jahr später, als sie bereits beide Eltern verloren hatte, stellte ihr Arbeitgeber den Diener Joseph Schickeneder ein. Zwei Dienstboten, die nichts hatten außer dem Ehrgeiz, aus den Niederungen, in die sie hineingeboren worden waren, aufzusteigen. Keine aussichtsreiche Liebe. Anfang Oktober 1745 ersuchte Joseph Schickeneder das bischöfliche Konsistorium in Regensburg, sein Aufgebot mit Juliane Schiessl innerhalb der nächsten acht Tage in Straubing zu verkünden, um aber dann in Regensburg mit ihr getraut zu werden; dort lebten zwar viele Katholiken, dort residierte auch ein katholischer Fürst, doch es war protestantisch, was Schikaneder eine Verheiratung umso dringender erscheinen ließ, um keine Angriffspunkte zu bieten. Er wolle, schrieb er, in *lutherischer Stadt und bürgerlichem Haus* mit seiner Verlobten nicht länger unverheiratet zusammenleben.

Der Wunsch, nach Regensburg überzusiedeln, hatte vor allem kommerzielle Gründe. Schickeneder hoffte auf eine Stelle bei der Gesandtschaft des Immerwährenden Reichstags in Regensburg. Im Januar 1745 war völlig unerwartet Karl VII. gestorben, der Wittelsbacher, der Jahre zuvor die Habsburger herausgefordert und sich in Frankfurt am Main zum deutschen Kaiser hatte krönen lassen. Damit verlor zwar der Regensburger Generalerbpostmeister Alexander Ferdinand Fürst von Thurn und Taxis sein Amt als Prinzipalkommissar, als Stellvertreter des Kaisers auf dem Immerwährenden Reichstag, doch es wurde beschlossen, diese ständige Versammlung nun wieder von Frankfurt nach Regensburg zurückzuverlegen. Dort würden nun wieder wie seit 1664 ständig siebzig ausländische Gesandtschaften residieren und ihr Geld ausgeben.

Regensburg verhieß Aufschwung. Die beiden nahegelegenen Reichsstädte Nürnberg und Augsburg lagen seit den Verheerungen der letzten Kriege am Boden, Regensburg aber schien durch die Rückkehr des Reichstags wieder auf die Beine zu kommen. Dass viele Gesandte ihre Sonderrechte immer dreister zu Schmuggel missbrauchen und der Stadt wirtschaftlich mehr Schaden als Vorteil bescheren würden, war damals noch nicht abzusehen.

Am 6. November wurden die beiden Dienstboten aus Straubing in Regensburg getraut. Nur ein knappes Jahr später, am 2. November 1746, kam der erste Sohn Urban zu Welt, am 3. Januar 1748 folgte der zweite Sohn Johann Joseph, am 1. November 1749 die erste Tochter, Anna Katharina.

Am 15. Januar 1748 war der Fürst von Thurn und Taxis von Kaiser Franz I. erneut zum Prinzipalkommissar ernannt worden, hatte auf dessen Geheiß seine Residenz in Frankfurt am Main verlassen und eine neue in Regensburg eröffnet, dem alten Stammplatz des Immerwährenden Reichstags. Sein Amt als Stellvertreter des Kaisers war ehrenvoll, aber kostspielig. Er sah sich verpflichtet, Pracht und Glanz

Alexander Ferdinand von Thurn und Taxis (1704–1773) war graduierter Jurist;
als Generalerbpostmeister im Heiligen Römischen Reich Deutscher Nation leitete
er die Kaiserliche Reichspost und die gepachtete Post in den österreichischen
Niederlanden. Von 1743 bis 1745 und erneut von 1738 bis zu seinem Lebensende
war er Prinzipalkommissar beim Immerwährenden Reichstag.

zu entfalten, mochte das noch so sehr ins Geld gehen. Der Fürst ohne
Land musste dies aus den Einkünften seines Postunternehmens
finanzieren. Die Post brachte ihm Reichtum, Ansehen jedoch erst
diese Position.

Für die Regensburger versprach das Vorteile. Die Gesandten, durch
die sich fast alle deutschen Fürsten auf dem Reichstag vertreten ließen,
waren gut zahlende Stammgäste. Mit Anhang und Bediensteten waren
es um die fünfhundert Personen, die unterhalten werden wollten,
denn der Immerwährende Reichstag tagte keineswegs immer. Man
brauchte Kutscher für Schlitten- und Spazierfahrten, Treiber für Tierhetzen, Losverkäufer für die Lotterie, Gehilfen für die Jagd, Zeremo-
nienmeister, Stallmeister und Tanzmeister, Burschen für die Pferde
und für die Wartung der Gefährte, Gärtner für Blumenschmuck,

Köche und Küchenjungen, Spüler und Servierer für Galasoupers. Sir George Etheridge, der englische Gesandte für Hannover, meinte, der Reichstag entspreche durchaus seinem eigenen Lebensstil, er sei so untätig wie er selbst. Personal war also gefragt.

Trotzdem waren die Pläne der Schickeneders nicht aufgegangen. Als Urban geboren wurde, war der Vater ohne feste Anstellung, als der nächste Sohn zur Welt kam, stand er bei einer Gräfin von Bogen im Dienst, als seine Frau von ihrer ersten Tochter entbunden wurde, schlug er sich als Aushilfsdiener beim Kanonikus Schott an der Alten Kapelle in Regensburg durch, die auf kurfürstlich-bayerischem Territorium lag.

Damit ließ sich jedoch keine Familie ernähren. Enttäuscht zogen er und seine Frau nach Straubing zurück, wo er zuerst beim Pfarrer von St. Jakob unterkam, als privater und als kirchlicher Diener.

Dass die Schickeneders, die nicht wussten, wie die Zukunft aussehen würde, zunächst einmal ihre drei Kinder bei Pflegeeltern in Regensburg zurückgelassen hatten, war nicht herzlos, sondern üblich. So üblich wie ein früher Kindstod; das Zweitgeborene, Johann Joseph, starb mit nur zwei Jahren im März 1750.

Die Eltern ließen das nächste Kind, am 1. September 1751 in Straubing geboren, wieder auf den Namen Johann Joseph taufen. Aber nicht als Johann Joseph, sondern als Johann Emanuel oder einfach nur Emanuel Schikaneder sollte er berühmt werden, auch wenn dieser Name nicht im Taufregister der Pfarrkirche St. Jakob steht.

Doch noch immer setzte der Vater seine Hoffnungen auf Regensburg. Als Juliane in Straubing am 22. August 1753 ihr viertes Kind, die Tochter Anna Maria, gebar, war ihr Ehemann erneut in der Freien Reichsstadt gemeldet. Aber wieder scheiterten seine Hoffnungen. Vermutlich war er froh, dass er zu guter Letzt als Herrenbediener beim Grafen von Lerchenfeld im zwischen Regensburg und Straubing gelegenen Köfering angenommen wurde.

Damals deutet nichts darauf hin, dass sein Sohn Emanuel einmal Grafen, Fürsten, sogar den Kaiser ins Theater locken wird. Dass er sich kleiden wird wie ein Kavalier, mit seidenen Strümpfen und Federn am Hut, dass er sich eine Sänfte samt Trägern leisten und ein barockes Palais kaufen kann.

Sechsunddreißig Jahre alt war seine Mutter bei der Entbindung von diesem vierten Kind, ziemlich alt für damalige Verhältnisse, doch gleich alt wie Anna Maria Mozart bei der Geburt von Joannes Wolfgangus Theophilus Chrysostomus, ihrem siebten Kind, dem zweiten, das überlebte. Auch ihr Kind sollte später nur einen der Vornamen, die im Taufregister stehen, verwenden und mit einem weiteren, der dort gar nicht vorkommt, unterzeichnen: als Wolfgang Amadé. Auch ihr Mann war in jungen Jahren umgezogen in eine Stadt, die Aufstieg verhieß; aus der Reichsstadt Augsburg fort in die fürsterzbischöfliche Residenz Salzburg. Und auch Mozarts Vater hatte einen schlechten Start, zudem selbstverschuldet: Mit knapp neunzehn hatte er sein Studium an der Salzburger Universität begonnen, mit zwanzig war er dort Baccalaureus geworden und wenig später wegen Faulheit relegiert worden. Anschließend wurde er Kammerdiener bei Johann Baptist Reichsgraf von Thurn und Taxis, einem Salzburger Domherrn. Auch Mozarts Mutter war wie die Schickeneders mittellos, als sie ihn 1747 heiratete, doch damals hatte er bereits eine feste Stelle als Geiger in der Hofkapelle.

Die Verhältnisse, in die Johann Joseph Emanuel hineingeboren wurde, waren allerdings erheblich schlechter als die der Mozarts. Das Haus, in dem er zur Welt kam, stand in der Zwerchgasse, die so unbedeutend war, dass sie keinen rechten Namen trug; alles, was man über sie sagen konnte, war, dass sie zwerch verlief, quer zu wichtigeren Straßen und Gassen Straubings.

Noch ein Mal wurde Juliane Schickeneder schwanger und am 22. August 1753 von Tochter Maria entbunden. Kurz danach war sie Witwe, ohne Mittel, ohne Ernährer, ohne Grundbesitz, aber nicht ohne Ehrgeiz, ihren Kindern ein besseres Leben zu ermöglichen. Urban wurde 1759 ins Straubinger Jesuitengymnasium aufgenommen, und weil er eine gute Stimme besaß, teilte man ihn dem Musikseminar Francisci Xaverii zu. Wie an jesuitischen Schulen üblich, wurde auch an dem Straubinger Gymnasium Theater gespielt. Zum Jahresende führten die Schüler ein großes Drama auf. So lernte auch Urban, auf der Bühne zu agieren, zu sprechen, zu singen.

Über die Schulzeit seines jüngeren Bruders an demselben Jesuitengymnasium ist nichts Genaues bekannt, doch zwei Erinnerungen an Straubing wird Emanuel wohl nach Regensburg und in sein Leben mitgenommen haben. Die Erinnerung an das Theater, das Grenzen und Schranken aufhob, in dem sein Bruder sich verwandeln und kostümieren durfte wie alle anderen auch, zu einem Ritter wurde, zur Allegorie des Reichtums oder zu einem Gott des Windes. Und die Erinnerung an eine Säule, an der jeder, der in Straubing lebte, vorbeigehen musste: die Dreifaltigkeitssäule auf dem Theresienplatz. Aufgestellt hatten sie die Straubinger, als zur Zeit des Spanischen Erbfolgekriegs die Belagerung der Stadt durch österreichische Truppen drohte. 1709 war sie eingeweiht worden und strahlte unbeeinträchtigt über den oft trüben Tagen. Die Straubinger hatten sich dieses Monument *zur Abwehr aller Kriegsgefährlichkeit* einiges kosten lassen und dafür vier angesehene süddeutsche Künstler engagiert. Einen für den Entwurf des Denkmals, einen Bildhauer für die Ausführung der bekrönenden Gruppe mit der Dreifaltigkeit, einen weiteren für die Madonna der Verkündigung und schließlich einen dritten für den heiligen Michael: Franz Xaver Mozart, Großonkel des Mozarts, der den Namen berühmt machen sollte.

Nur der Aberglaube oder Wunderglaube kann darin ein Zeichen erkennen. Emanuel Schikaneder wächst auf in einer abergläubischen und wundergläubigen Welt, der Gegenwelt zur protestantischen. Der Nüchternheit und Zeremonienfeindlichkeit der Lutherischen haben die Gegenreformatoren die Macht der Magie, der Idole und des Mysteriums entgegengesetzt. Um ihre Position zu festigen, nutzen die Jesuiten die im Volk verwurzelte Bereitschaft, an Hexen und Dämonen, Teufelsaustreiber und Wunderheiler, wirkmächtige Gnadenbilder, Devotionalien und Reliquien zu glauben. Und Emanuel, jesuitisch erzogen, wird später zum Experten für die Machbarkeit der Wunder werden und sein Geld damit verdienen, andere daran glauben zu lassen.

Im Schuljahr 1759/60 war der Zehnjährige in den Matrikeln des Straubinger Jesuitengymnasiums in der Prinzipistenklasse geführt worden. Möglich war das nur, weil eine Stiftung erlaubte, mittellose Kinder wie die beiden Schikanedersöhne aufzunehmen.

Doch offenbar wollte Juliane Schickeneder dennoch die Stadt verlassen und erneut ihr Glück in Regensburg versuchen, wo mehr Chancen zu winken schienen. 1761 trat Urban Ende Januar noch einmal bei den Theateraufführungen in der Faschingszeit auf. Danach zog die Mutter mit ihren vier Kindern in die Stadt des Immerwährenden Reichstags.

*Das Regensburger Jesuitengymnasium St. Paul am Weih St. Peter-Tor war für
gute Theateraufführungen seiner Schüler so bekannt, dass Goethe auf der
Durchreise eine Vorstellung besuchte. Kolleg und Kirche mit Deckenfresken von
Cosmas Damian Asam wurden bei der Besetzung Regensburgs 1809 von
bayrischen und französischen Geschützen in Brand gesetzt und zerstört.*

Etwa 20 000 Menschen leben hier. Die protestantische Minderheit ist
mächtig. Im Magistrat der Reichsstadt dominieren die protestantischen Patrizierfamilien. Mindestens die Hälfte aller Einwohner sind
Katholiken, aber meist gehören sie zu den unteren Klassen und haben
kein eigentliches Bürgerrecht. Die vier katholischen Reichsstände vor
Ort, das bischöfliche Domstift, die Fürstabtei St. Emmeram und die
beiden Damenstifte von Niedermünster und Obermünster, sowie die
kurfürstlich-bayerische Enklave am Kornmarkt verhelfen Regensburg
dennoch zu einem katholischen Auftritt, in seinen Dimensionen ähnlich unangemessen wie im Salzburg Mozarts.

Auch hier gibt es ein Jesuitengymnasium und Stifter, die den Schi-
kanederbrüdern die Ausbildung finanzieren. Allerdings fordern sie

eine Gegenleistung: Die beiden mittellosen Lakaienkinder werden zuerst einmal Kapellknaben und dann, nach dem Besuch der Elementarschule, als Schüler ins Jesuitenkolleg St. Paul am Weih vor dem St. Peters-Tor aufgenommen. Für ihre Unterbringung und Ernährung ist gesorgt; wie alle Kapellknaben, auch Präbendisten genannt, wohnen sie im Haus des Domkapellmeisters Johann Ildephons Michl, der sie im Internat in Musik unterrichtet. Michl ist der Sohn eines bedeutenden Organisten und hat in Wien bei Johann Christoph Wagenseil studiert.

1761, im selben Jahr, als Emanuel Schikaneder nach Regensburg kommt, notiert Leopold Mozart im Notenbuch seiner Tochter Maria Anna unter einem Scherzo von Wagenseil: *Den 6. Februar 1761 hat dies der Wolfgl. gelernt.* Ein Jahr später, als Wolfgang und seine Schwester am 13. Oktober von Maria Theresia in Schönbrunn empfangen werden, ist nicht nur Wagenseils Schülerin Marie Antoinette anwesend, sondern auch er selbst. Und drei Jahre danach, im Mai 1764, vermeldet Leopold Mozart dem Salzburger Hauswirt aus London, dass sein Sohn dem britischen König Werke von Wagenseil vorgespielt habe. Der ebenfalls aus Augsburg stammende Komponist hat sich in Wien als Förderer der Mozartkinder erwiesen und ihnen, im Gegensatz zu vielen anderen, bereitwillig die Türen geöffnet.

Emanuel Schickeneder, zu dem sie auch Schikaneder sagen, muss sich ohne Förderer durchschlagen, aber nicht allein. Ähnlich wie Mozart in Kindheit und Jugend die fünf Jahre ältere Schwester Maria Anna zur Seite steht, wird der fünf Jahre ältere Bruder Urban für Emanuel zum engsten Vertrauten. Beide lernen in der Schule, was sich *Humanoria* nennt: Latein, Altgriechisch, Geschichte, alles, was sich mit der Vergangenheit befasst. 1763 ist der zwölfjährige Johann Joseph in die Prinzipistenklasse eingetreten, jedoch in die zweite, die obere Stufe. Am Ende des Schuljahres 1763/64 wird er unter den *Accessores* aufgeführt, den besten Schülern des St. Paul-Gymnasiums. Dass er dort im Jahr darauf nicht mehr erscheint, erstaunt keinen, der den Tagesablauf der Kapellknaben kennt.

Um Viertel vor fünf werden sie geweckt, um sechs beginnt der Unterricht, um acht haben sie beim Gottesdienst im Dom zu sein, um neun müssen sie den Schlafraum putzen, ihre Betten machen, den Ofen ausfegen und danach bis zehn studieren. Um zehn wird zu

Mittag gegessen. Es ist zwar lange her, dass ein Kantor protokollierte, die Sängerknaben würden, was die Ernährung anging, *unsauber und übel gehalten*, das Kraut sei nicht gesalzen und auf dem Teller finde man sehr wenig Fleisch, dafür aber bisweilen *Asseln, Ameisen, Käfer*; sogar eine Maus sei entdeckt worden. Doch auch in jüngerer Zeit bemängelten Kapellmeister, die Knaben sähen schlecht aus und seien unterernährt. Kein Wunder, dass man hier Mühe hat, neue Mitglieder zu gewinnen. Nur Kinder, die nichts zu verlieren haben, unterwerfen sich dem, was hier von ihnen gefordert wird. Mittlerweile sind es meist nur noch sechs, maximal acht.

Von elf bis zwölf haben sie eine Stunde frei, dann geht es weiter mit Gesangsunterricht und Studien. Um zwei Uhr nachmittags haben sie zur Vesper im Dom anzutreten, von vier bis fünf, vor dem Abendessen, nochmals Zeit, um zu lernen. Um acht Uhr wird zur Nacht gebetet, und eine Viertelstunde später schlafen sie ein. Seit sie so wenige sind, hat wenigstens jeder sein eigenes Bett.

Um die sechshundert Mal im Jahr müssen sie ihren musikalischen Dienst im Dom verrichten. Die 124 kirchlichen Feiertage in Bayern fordern die Kinder. Für die Zeit nach dem Stimmbruch wird vorgesorgt; die Kapellknaben bekommen Instrumentalunterricht. Urban entscheidet sich für das Horn, Emanuel für die Geige. Wie Mozart in seinem Vater hat er in dem Theologen Anton Greis einen ausgezeichneten Lehrer. Wahrscheinlich studiert er mit der damals modernsten und beliebtesten Violinschule, die Leopold Mozart 1756, im Geburtsjahr seines Sohnes, herausbringt und nach der er Wolfgang unterrichtet. Doch während der zehnjährige Mozart, auf dem Klavier begleitet von der Schwester, dem Hochadel Europas seine eigenen Violinsonaten vorspielt, nutzt Schikaneder, auf der Reise begleitet von seinem Bruder, jede Gelegenheit, um sich *mit Musik einige Groschen zu verdienen*. Wie sein Neffe später erzählt, wandert er *in der Ferienzeit seiner Studien mit einem gewissen Deindel und Herold in Bayern herum*. Deindel, ein Kontrabassspieler, ist Stadtmusikant in Regensburg, Herold Stadtmusikant aus dem fünfundzwanzig Kilometer westlich von Regensburg gelegenen Hemau. Gespielt wird auf Bauernhochzeiten, Kirchweihfesten und anderen ländlichen Feiern, in Dorfgasthöfen und Kaschemmen. Lyranten werden diese umherziehenden Musiker genannt, nach der Lyra des Volks, der Drehleier. Etwas Abfälliges

*Wie später sein Kollege Max Reinhardt wurde Emanuel Schikaneder von den
Zeremonien der katholischen Kirche geprägt, und von den öffentlichen Feierlich-
keiten der Reichen und Mächtigen, wie hier der Auffahrt der Gesandten beim
Immerwährenden Reichstag in Regensburg.*

schwingt mit in dieser Wortbildung. In den Wörterbüchern der Stu-
dentensprache und in Schimpfwörterbüchern findet sich der Lyrant
neben den Schnurranten, Spekulanten und Stapulanten. Doch blenden
kann bei den Lyranten keiner; Vielseitigkeit ist die Voraussetzung, um
dazuzugehören, jeder muss singen können und ein paar Instrumente
beherrschen, die sich zur Tanzmusik eignen. Die Sackpfeife, wie der
Dudelsack hier heißt, ist nicht mehr in Mode, gefragt sind Geige, Fie-
del und Bass, begleitet von Hackbrett, Zither oder Drehleier.

In seinem letzten, dem *Zauberflöten*-Jahr, wird Mozart vier Deutsche Tänze komponieren, die sich für Lyranten eignen und deren dritter eine obligate Drehleier fordert. Dieser Tanz, genannt *Die Leyerer*,
wird der beliebteste werden. Ist es ein Zufall, dass er entsteht, als Mozart und Schikaneder ihr gemeinsames Werk aushandeln?

Mozarts Wunderkinderarbeit findet im Parfum der aristokratischen Gesellschaft statt, Schikaneders Kinderarbeit im Dunst von
Branntwein und Tabak. Dass sich Minderjährige ihr Brot oder zumindest ein Zubrot verdienen, ist damals für Menschen ihrer Schicht

an der Tagesordnung. Und die Kinder der Juliane Schickeneder können in Regensburg beobachten, womit man sich sein Geld verdienen kann, ohne studiert oder einen Beruf erlernt zu haben.

In der Stadt des Immerwährenden Reichstages ist der Hunger nach Unterhaltung groß, und er wird mit allen Mitteln gestillt, elitären und vulgären, anspruchsvollen und marktschreierischen. Bevor die Schickeneders nach Regensburg zogen, hatten hier nur Wanderschauspieltruppen gastiert, vor allem mit Stegreifkomödien und Hanswurstiaden.

Joseph Felix Kurz, genannt Bernardon, war mit seinen improvisierten Bernardoniaden und seinen Maschinenkomödien, in denen die technischen Effekte krachten und sprühten, ein Liebling des Wiener Publikums. Von Maria Theresia wegen seiner Anzüglichkeiten vertrieben, war er mit seiner eigenen Truppe durch die Lande gezogen und oft in Regensburg aufgetreten.

Die Regensburger sind seinem Witz ebenso verfallen wie die Wiener. Denn mit dem, was im offiziellen Hoftheater auf die Bühne kommt, können sie wenig anfangen. 1760 hat es der Fürst im Ballhaus am Aegidienplatz eröffnet. Wo sich früher sportliche Männer mit ihren Schlägern übers Netz und an die Wände die Bälle zugespielt haben, wird nun Theater gespielt, französisches. Denn die Diplomatensprache ist Französisch, und Volksstücke im süddeutschen, österreichischen oder gar Wienerischen Dialekt versteht kaum einer der Gesandten. Die Einheimischen, von denen nur wenige des Französischen mächtig sind, nehmen an den fürstlichen Vorstellungen bestenfalls teil, wenn Opern aufgeführt werden. Ihnen bleibt zur Belustigung das, was es schon vorher gegeben hat: gastierende Theatertruppen wie die des Bernardon, die Pantomimen, Ballette und Komödien aufführen, meistens im Gasthof *Goldenes Kreuz*; daneben Marionetten- und Puppentheater, Schattentheater und mechanisches Theater, Krippenspiele und Vorführungen von Androiden, jenen Automaten in menschlicher Gestalt und Kostümierung, die tanzen oder auf einem Klavier klimpern können. Dazu all die Spektakel, die für ein paar Kreuzer zu haben sind: Schaufechter, Magier, Schausteller von Zwergen und Riesen, von Beinlosen und Armlosen, von Menschen oder Tieren mit zwei Köpfen locken Hunderte in den *Grünen Kranz*, in die *Goldene Krone* oder den *Rothen Hahnen*. Unterwegs sind auch Taschenspieler, die alles, was sie zu ihren Kunststücken brauchen, in einer Tasche mit sich führen. Und Zauberer, die mit mechanischen, optischen und elektrischen Gerätschaften hantieren, etwa einem Feuerwerkskastell, das die Funken fliegen lässt. Staunen sollen die Zuschauer, dafür ist jedes Mittel recht. Naturwissenschaftlich Interessierte wie naive Schaulustige stürmen Vorführungen exotischer Tiere, ob das ein Elefant ist, ein Rhinozeros, ein Krokodil, ein Kamel, ein Leopard, ein Pelikan oder ein Luchs aus Sibirien, ein Pavian oder ein Löwe. 1761 wird im *Blauen Hecht* der Löwe Mary vorgeführt, der seinem Herrn bei einem Schiffbruch das Leben gerettet hat und wegen seiner Sanftmut *Löwe der Damen* genannt wurde. 1763 führt ein Jäger durch alle Regensburger Hauptstraßen einen zahmen Wolf spazieren, der den Kindern das Brot aus den Händen frisst.

Im 1. Akt, 18. Aufzug der *Zauberflöte* wird Emanuel Schikaneder die Bühnenanweisung geben: *zuletzt folgt Sarastro mit einem Triumphwagen, der von sechs Löwen gezogen wird.* Als Tamino auf seiner Flöte spielt, *kommen Tiere von allen Arten hervor, um ihm zuzuhören*, worauf der Prinz singt: *Wie stark ist nicht dein Zauberton, / Weil, holde Flöte, durch dein Spielen / Selbst wilde Tiere Freude fühlen.*

Groß ist das Interesse an gezähmten Tieren, die sich möglichst menschenähnlich benehmen und, wie Affen, Hunde oder Katzen, oft auch noch menschenähnlich kostümiert werden. Die Wunder der Dressur begeistern das einfache Volk, während die gebildeten Kreise Wunderkinder beglotzen, Schach spielende, rechnende oder musizierende, wie sie zunehmend in Mode sind.

Sogar Leopold Mozart sieht sich bereits genötigt, sein Wunderkind gegen öffentlichen Argwohn zu verteidigen, *jetzt, da man alles, was nur Wunder heißt, lächerlich macht.* Auch von solchen Sensationen werden die Regensburger unterrichtet. 1764 erscheint in den *Kurzgefassten Historischen Nachrichten* in Regensburg ein Bericht über den Auftritt von Wolfgang und Maria Anna Mozart in Paris, er acht, sie dreizehn Jahre alt. Vielleicht findet der Artikel auch deshalb lokale Aufmerksamkeit, weil der Verfasser, der sich in Paris um die Familie Mozart und ihre Kontakte zum Hof kümmert und in seiner *Correspondance littéraire* begeistert über das Genie des kleinen Wolfgang berichtet, aus Regensburg stammt. Mit fünfundzwanzig Jahren hatte sich der Pastorensohn Friedrich Melchior Grimm aus Bayern nach Frankreich abgesetzt.

1766 ist der fünfzehnjährige Emanuel Schickeneder schon imstande, sich selbst durchzubringen, während Wolfgang Mozart von den Eltern bewacht und behütet durch Europa reist. Dieses Kind, von Johann Zoffany in England blass und hohläugig porträtiert, ist eine Sensation, mit der sich Adelskreise gerne schmücken. Der Fürst von Thurn und Taxis drängt darauf, das Wunderkind bei sich zu erleben, doch aus der geplanten Reise nach Regensburg wird nichts. Am 15. November 1766 vermeldet Vater Leopold aus München, eigentlich wäre er jetzt in Regensburg, *um dem inständigen Verlangen des Fürst Thurn und Taxis ein Genügen zu tun*, aber Wolfgang sei krank, leide an Fieber und rheumatischen Beschwerden, scheue jede Berührung und könne nächtelang nicht schlafen.

Schikaneder wäre ohnehin nicht in den Genuss gekommen, Mozart zuzuhören. Die Gefahr ist groß, dass er mit seinem Bruder vom Lyrantendasein ins Bettelmusikantendasein und dann ganz in die Bettelei abrutscht. In Regensburg haben die vielen Fremden Erwerbslose angezogen, die sich von dem ernähren wollen, was von der Tafel der Reichen fällt, und die zuletzt von den Stiftungen der Klöster notdürftig durchgefüttert werden.

Schikaneders geistliche Lehrer hoffen vielleicht, er könne sich für ein Theologiestudium entscheiden und seinerseits Jesuitenpater werden. Ihm selbst aber ist wohl bald klar, dass ein Studium für ihn nicht in Frage kommt. Der Arbeitsmarkt für Akademiker ist begrenzt, und die Aussichten, nach dem Studium eine besoldete Stelle zu bekommen, sind schlecht. Eine Position als Beamter ist für den Sohn einer ehemaligen Dienstmagd so gut wie unerreichbar.

Doch bei den Wandertheatertruppen, die nach wie vor in Regensburg gastieren, scheint die Herkunft keine Rolle zu spielen. Die Väter der Schauspieler und Schauspielerinnen sind Prediger oder Organisten, Sattlermeister oder Schneidermeister, Porträtmaler oder Bürstenbinder. Manche der Männer haben ein Studium absolviert, ein juristisches, theologisches oder zahnmedizinisches, manche der Frauen sind adligen Eltern davongelaufen, um einer Zwangsverheiratung zu entgehen oder weil sie sich in einen Schauspieler verliebt haben; es gibt aber auch welche, die früher als Kammermagd oder Näherin gearbeitet haben. Der Ruf solcher Truppen ist nicht der beste; man nennt sie auch *Theaterbanden* und die Schauspielerinnen *fahrende Frauenzimmer*. Befehdet werden sie vor allem von Klerikern, die das Schauspiel als Inbegriff der Verlogenheit und Verstellung verteufeln, den Theaterbesuch als Zeitvergeudung und Wirklichkeitsflucht anprangern. Liebe und Leidenschaft, die zentralen Themen der Abende, stellen für sie eine Gefährdung der Sittlichkeit dar, und den Lebenswandel der Schauspieler halten sie für verwerflich. Vor allem die Wandertruppen gelten den Geistlichen als ein liederlicher Haufen und Schauspielerinnen, die sich schminken und der Bewunderung preisgeben, als schlecht getarnte Prostituierte.

Johann Joseph Emanuel Schikaneder spielt wie die anderen Gymnasiasten in jesuitischen Theaterstücken, die mit ihren musikalischen Intermezzi Singspielen ähneln. Sein Lehrer Anton Greis wird in seinen Erinnerungen stolz betonen, dass Emanuel Schikaneder zu seinen Schülern gehört hat.

Doch als er die Schule verlässt, weiß dieser Schüler längst, dass gerade die Jesuiten jedes Theater außerhalb ihrer Mauern für gottlos erachten. In Emanuels Geburtsjahr hatten jesuitische Patres im nahen Ingolstadt die Theatertruppe des Christian Schulze ruiniert, indem sie jedem die Absolution verweigerten, der nicht den Eid ablegte, keinesfalls das Theater zu besuchen. Auch jetzt noch gibt es Geistliche, die Komödianten das Abendmahl, die Sakramente oder ein kirchliches Begräbnis verweigern. Und doch hat der junge Schikaneder bei den Jesuiten die Erfahrung gemacht, dass er schauspielend jene Existenz verlassen kann, in die ihn das Schicksal geworfen hat.

Mozarts Entscheidung, Musiker zu werden, schien früh unausweichlich. Schikaneders Entscheidung, Theatermann zu werden, ist es auch. Er weiß nun, was die Menschen zum Staunen bringt und wie bereitwillig sie sich entrücken lassen in eine andere Welt. Bezaubern ist ein Handwerk, und er ist entschlossen, es gründlich zu erlernen.

1774 wird aktenkundig, dass er es geschafft hat. Der dreiundzwanzigjährige Lakaiensohn steht auf der Bühne des Hoftheaters in Innsbruck. Allerdings kann er nichts von seiner Stimme vorführen, das Stück, in dem er auftritt, ist laut Textbuch eine *Neue Pantomime*, be-

titelt *Die* [sic] *bezauberte Leibgürtel des Luftgeistes Aeroastro*. Erdacht hat
sie der Ballettmeister Joseph Hornung, vielleicht inspiriert von
Shakespeares Luftgeist Ariel aus *Der Sturm*, die Musik dazu hat Franz
Grimer komponiert. Auf Seite 5 sind die Darsteller aufgelistet. *Ein
Zauberer: Hr. Schikaneder*. Den Luftgeist Aeroastro spielt eine Frau:
Mademoiselle Artinn. In der Rolle des Arlequin ist ein *Hr. Brenner* ge-
nannt. Erst in diesem Jahr hat Anton Jacob Brenner mit seiner Truppe
das Theater hier übernommen, zuvor bespielt von der Gesellschaft
des Joseph Felix Kurz, genannt Bernardon, der in Schikaneders
Kindheit die Regensburger begeistert hatte.

Doch die Innsbrucker Stadtregierung ist daran interessiert, gute
Künstler fest ans Haus zu binden und dem Hoftheater ein gleichblei-
bendes Niveau zu sichern. Als Schikaneder auftritt, hat bereits ein adliger Mäzen das Ganze in die Hand genommen: Johann Nepomuk
Leopold Graf Ferrari zu Occhieppo und Chiavazza, Kenner des Theaters, der Szene und selbst Theaterautor. Brenners Situation ist schon zu
Beginn seines Engagements klamm geworden, es fehlte Geld für Kostüme und Bühnenausstattung. Daraufhin haben die Adligen vor Ort
Graf Ferrari, zugleich kaiserlicher Kämmerer, mit der Oberdirektion
betraut und mit Fördermitteln aus der Innsbrucker Biersteuer versorgt.

Schikaneder profitiert davon, denn die Bedingungen sind hier nun
erheblich besser als bei Wandertruppen üblich. Sein erster Auftritt
war in Augsburg über die Bühne gegangen, der Stadt, aus der Mozarts väterliche Familie stammt, und in der Leopold Mozart bei den
Jesuiten zur Schule ging. Dort hatte vom 21. Juni bis zum 15. September 1773 die Truppe von Franz Josef Moser gastiert. Schikaneder war
bei Moser ohne festes Engagement aufgetreten, also ohne festes Gehalt. Fiel er aus, verdiente er nichts.

Hier in Innsbruck sind seit Ferraris Amtsantritt die Gehälter der
Brennerschen Schauspieler verdoppelt worden. Erkrankt ein Mitglied, wird es kostenlos mit Medikamenten aus der Apotheke und
von einem eigenen Theaterarzt versorgt. Ferrari beschafft Mittel für
neue Bühnentechnik, neue Kostüme, neue Kulissen.

Schikaneder, von Kindesbeinen an vertraut mit der Wirkung
technischer Überraschungen, muss auch begeistert sein von den
Verwandlungen, die auf dieser Bühne möglich sind durch die zahlreichen Dekorationen, die Versenkungen, Flug- und Hängevor-

richtungen. In *Aeroastro* verwandelt sich ein Fels in ein Wirtshaus, ein Baum in einen gedeckten Tisch, eine Höhle in einen Turm. Der Luftgeist erscheint aus den Wolken, ein Tisch wird zum Ungeheuer und dann wieder zum Tisch, der am Schluss explodiert. Auch für die Technik ist Ballettmeister Hornung verantwortlich. Vermutlich hat er sich die Geschichte nur ausgedacht, um vorzuführen, was die Maschinerie hier alles vermag.

Zum Ensemble gehört auch eine Maria Magdalena Arth, die sich nur Eleonore nennt und in der Liste der Darsteller als *Artinn* erscheint. Wahrscheinlich ist auch sie ein Grund für Schikaneder, an diesem Haus zu bleiben. Die Schauspielerin aus Hermannstadt in Siebenbürgen, gleich alt wie Schikaneder, gilt als besonders begabt. Sie ist klein und agil, spielt *naive Mädchen* und *sanfte Liebhaberinnen*, kann tanzen und singen. Doch neben ihrer Begabung und ihren Reizen hat sie etwas zu bieten, was für den Lakaiensohn besonders kostbar ist: beste Beziehungen. Wie viele ihrer Kolleginnen ist sie im Theater, hinter der Bühne groß geworden. Ihr Vater war in Siebenbürgen, wo den Donauschwaben eine lebendige deutschsprachige Theaterkultur zu verdanken ist, Prinzipal gewesen, ihre Ziehmutter ist Theresa Maria Bodenburg, eine bekannte Schauspielerin und Soubrette. Schon mit neunzehn hatte Eleonore unter ihrem Schutz ihr Debüt gegeben.

Auch wenn der Impresario des Hoftheaters, Graf Ferrari, von altem Adel ist, gelingt es Schikaneder nicht, hier in aristokratische Kreise vorzudringen. Mozart dagegen hat am 14. Dezember 1769, auf dem Weg zur ersten Italienreise, vor den Innsbrucker Aristokraten im Palais von Leopold Franz Reichsgraf Künigl ein Klavierkonzert vom Blatt gespielt. Vorletztes Jahr, als er auf dem Weg in den Süden wieder in der Hauptstadt Tirols Quartier machte, war er freilich nur eine Nacht geblieben.

Dennoch teilt Schikaneder nun Mozarts Reiseerfahrungen. Gerade auf Mozarts Italienreise zeigte sich, wie eng über alle Landesgrenzen hinweg die Verflechtungen der Musiker und der Mäzene sind. Empfehlungsschreiben öffnen die Türen, und manche wie das Troger Mariandl aus Salzburg, mittlerweile als Frau d'Aste d'Astiburg Gattin eines hohen Beamten in Mailand, gehören durch Heirat zur einflussreichen Gesellschaft. Mozart begreift schon als Kind, dass Musiker, Komponisten, Sänger, Intendanten, Impresarii von Rom bis London, von Brüssel bis Wien, von Prag bis Paris sich kennen, gegeneinander intrigieren oder einander weiterhelfen und sich auf dem großen Karussell immer irgendwo wieder begegnen.

In Innsbruck erlebt Schikaneder nun, wie stark über alle Landesgrenzen hinweg Theaterleute miteinander verbunden sind. Theresa Maria Bodenburg, die Ziehmutter der vielseitigen Kollegin Eleonore Arth, ist die Tochter einer namhaften Prinzipalin in Hermannstadt, Gertrud Bodenburg. Verheiratet ist sie mit dem Österreicher Johann Franz Carl Hieronymus Brockmann, der bereits als einer der besten deutschsprachigen Schauspieler gilt und früher Mitglied der Truppe Bernardons war.

Der dreiundzwanzigjährige Bedientensohn Schikaneder gehört nun dazu. Er ist Teil einer jener chaotischen Großfamilien, deren Zuhause die Bühne ist, und es wird ihn nicht wundern, wenn er später entdeckt, dass Brockmann und seine Frau Theresa zu Mozarts Freundeskreis gehören, dass Brockmann der erste Schauspieldirektor in Mozarts gleichnamigem Singspiel ist.

Die einzige Heimat der wandernden Truppen und Schauspieler ist eine menschliche, in der es für Moralisten zu sehr menschelt. Frauen und Männer werden getauscht, uneheliche Kinder Ehepaaren untergeschoben, aber gern vom stolzen Vater über das Taufbecken gehalten und mit seinem Vornamen bedacht. Man knüpft nebeneheliche Beziehungen zu den Bühnenpartnern, und wenn die Eifersucht des Ehemanns oder der Ehefrau zu bedrängend wird, wechseln die Liebenden zu einer anderen Truppe.

Jener Joseph Hornung steht in Innsbruck mit Anna Wittmann auf der Bühne, die er bald darauf heiraten wird. Doch einige Jahre später taucht sie ohne ihren Mann in Salzburg auf. Sie verkehrt im Haus der Mozarts und nimmt am wöchentlichen Bölzelschießen teil. Die Mozarts erfahren den neuesten Klatsch über sie: dass sie niedergekommen sei und ihrem Mann versichert habe, das Kind stamme von ihm. Dieser habe ihr zwar etwas Geld geschickt, vor allem aber seiner Freude Ausdruck gegeben, dass ein anderer *an den verwelkten Reizen seiner Frau noch soviel Vergnügen finde.* Obwohl bekannt ist, dass Treue im Bühnengeschäft ein Fremdwort ist, findet hier kaum einer einen Partner, der nicht auch aus diesem Gewerbe stammt. Wahrscheinlich sucht keiner woanders.

Schikaneders irdische Annäherung an den Luftgeist Eleonore Arth, die auch wegen ihrer Gesangsstimme umschwärmt wird, scheint zu glücken. Und auch beruflich verbessern sich seine Chancen, als in der zweiten Jahreshälfte 1774 Andreas Schopf, früher Schauspieler in Brenners Truppe, zusammen mit seiner Kollegin Therese Schimann die künstlerische Leitung des Innsbrucker Theaters unter der Ägide des Grafen Ferrari übernimmt. Die Schimann, die schon bald nach der Hochzeit ihren Mann verlassen hat, ist zugleich Schopfs Lebensgefährtin.

Der junge Schikaneder versteht, wie diese Welt funktioniert. Einer wie Schopf, Sohn eines Leibkutschers von Maria Theresia, ist Vorbild für ihn. Nun will auch er beweisen, dass er mehr kann als spielen, singen und tanzen. Schopf und Schimann, mit denen der Innsbrucker Adel offenbar so zufrieden ist, dass er ihnen 1776 auch die Direktion überlässt, geben ihm dazu Gelegenheit. Schikaneder ist fünfundzwanzig, als eine *komische Operette* in drei Aufzügen auf die Bühne kommt: *Die Lyranten oder das lustige Elend*, Libretto und Komposition von Schikaneder. Keiner ahnt, dass dies das erste von über hundert folgenden Bühnenwerken aus seiner Feder ist, das vorletzte wird *Die Zauberflöte* sein. Zugleich ist es das letzte Mal, dass Schikaneder sich als Komponist versucht.

Das Stück spielt auf einem Dorf, wo drei durchziehende Lyranten namens Stock, Vogel und Leichtsinn der Weiblichkeit den Kopf verdrehen. Stock ist Kontrabassspieler wie Schikaneders früherer Kompagnon Deindel, und den Geiger Leichtsinn gibt der Librettist, der ja selbst dieses Instrument spielt. Man sieht also, dass er in diesem Stück eigene Erfahrungen verwertet. Die drei Musiker mischen die Dorfbewohner zügig auf, denn die Frauen dort sind gelangweilt von ihren Männern, die nur saufen und fressen. Die Lyranten wissen, wie es läuft: *Ein Weibsbild ist ein närrisch Ding, / wenn man ihm Komplimente macht, / so wird sie gleich verliebt gemacht.* Die Wirtin des Gasthofs, die anfangs die Lumpen verjagen will, wird Beute des Leichtsinns, der lachend triumphiert: *Die Wirtin ist verliebt gemacht, / ich habe es mir zuvor gedacht, / ich hab es weit genug gebracht.* Das Stück wird sofort ein Erfolg und in dieser Saison fünf Mal aufgeführt, die Arie vom närrischen Weibsbild wird ein Gassenhauer, auch im übrigen Österreich. Denn *Die Lyranten* erscheinen im Druck bei Johann Thomas von

Der Komödienstadel am Lauterlech war vielen Augsburgern zu weit außerhalb der Stadtmitte gelegen. Er war 1776 an der Stelle errichtet worden, wo zuvor ein in Holzbauweise errichteter Meistersingerstadel aus dem Jahr 1665 gestanden hatte. Heute sind dort nur noch Parkplätze, die Kehrseiten von Supermärkten und eine Brauerei zu sehen.

Trattner in Wien, dem späteren Vermieter und Vertrauten Mozarts. Dass das Werk des blutjungen Theaterautors vom mächtigsten Druckunternehmer und Verleger der österreichischen Monarchie herausgebracht wird, ist für den Lakaiensohn ein erster Sieg.

Doch nicht nur Schikaneder, auch Schopf brennt vor Ehrgeiz. Schon von Innsbruck aus bewirbt er sich um die Leitung des Theaters am Lauterlech in Augsburg. Nach 111 Jahren ist dort der hölzerne Komödienstadel umgestaltet und erweitert worden, wie es heißt, zu einem Steinbau, solide und weniger brandgefährdet, der *Theater im großen Stil* ermöglicht. Eröffnet werden soll er am 16. Oktober 1776, dem Namenstag von Maria Theresia. Für den Sohn ihres Leibkutschers ein Zeichen, dass er angekommen ist. Er hat sich gegen viele Mitbewerber durchgesetzt, und Schikaneder weiß, warum. In Innsbruck haben Schopf und Schimann die adligen Mäzene des Hauses so beeindruckt, dass sie ihnen die *ganze prächtige Garderobe* ausleihen, die für die Aufführungen hier angefertigt wurde. Natürlich im Vertrauen darauf, dass die Truppe sich dadurch verpflichtet fühlt, nach einer Saison in Augsburg zurückzukehren. Schopf und Schimann werden ihr

Versprechen nicht halten, doch mit diesem Trumpf stechen sie die Konkurrenten in Augsburg aus.

Zu der Truppe, die mit ihnen nach Augsburg zieht, gehören auch Schikaneder und Arth. Beide verkörpern einen neuen Typ des Schauspielers, einen professionellen, der ohne Übertreibung auskommt; die Kritiker erwähnen aufatmend, wie unaffektiert beide agieren. Beiden ist die Geziertheit der Hoftheatralik zuwider, sie wollen ein breites Publikum erreichen. Beide verfügen über gut ausgebildete Stimmen, eine ausgezeichnete Sprechtechnik und studieren ihre Partien gründlich ein. Das hat nichts mehr mit den Darstellern der Hanswurstiaden zu tun, die es als dummschlaue Possenreißer nur auf Lacher anlegen. Schikaneder wie Arth werden in diesem Jahr in *der Gallerie Teutscher Schauspieler und Schauspielerinnen* für ihren Nuancenreichtum und ihre Natürlichkeit gefeiert. Als *erste Liebhaberin* und *erster Liebhaber* sind sie Schopfs wichtigste Leute, denn die Schimann ist spezialisiert auf *heftige Charakterrollen*, ein Fach, das für sie erfunden wurde – *zu jugendlichen, zärtlichen Rollen*, meint Theaterexperte Peiba, *fehlt ihr das Jugendliche, Unschuldige, Naive und die Feinheit und Biegsamkeit des Organs.* Eleonore Arth hingegen verfügt über all das, und Schikaneder ist noch für die Fächer *Tyrannen, Helden* und *Stutzer* und fürs *Niedrigkomische* vorgesehen. Dennoch hat er sich wohl bereits in diesem Jahr höhere Ziele gesetzt. Er weiß, wo er hinwill.

Nicht nur in Deutschland, in ganz Europa spricht man von jenem Johann Franz Brockmann, der mit der Ziehmutter von Eleonore Arth verheiratet ist. Er ist vom Kaiser nach Wien berufen worden, weil er als Hamlet in Hamburg gefeiert wurde. Das Hamlet-Fieber hat daraufhin Deutschland ergriffen, vielleicht auch, weil Shakespeares Drama meist in leichter verdaubaren Bearbeitungen aufgeführt wird. Auf dem Weg nach Wien war Brockmann der Erste, der in Berlin den Hamlet geboten hat, und sein Auftritt dort ist zur Sensation geworden. Sein Porträt, in Kupfer gestochen und in einer Gedenkmünze verewigt, macht ihn zu einem Idol, diesen Mann, der wie Schikaneder von ganz unten kommt. Als Badergehilfe, Seiltänzer und Gaukler hat er sich durchgeschlagen, bevor er die ersten Schritte als Schauspieler tat und dabei mehr verlacht als gelobt wurde.

Den Hamlet zu spielen ist Schikaneders Ziel als Schauspieler, Theaterdirektor zu werden sein Ziel als ein Habenichts, der zu Geld kommen will. Und mit deutschen Dramen und deutschen Singspielen das deutsche Publikum zu begeistern ist das Ziel des Lakaiensohns, der nicht zur französisch sprechenden Elite gehört.

Das kommende Jahr soll sein Leben noch enger verflechten mit dem eines anderen, der ebenfalls nach einer angesehenen Position hungert und sich ebenfalls für deutsche Texte auf der Bühne einsetzt. Wie Schikaneder will er nicht nur als interpretierender, sondern auch als schaffender Künstler anerkannt werden. Denn bisher gilt er nur etwas als Pianist, nicht als Komponist.

Schikaneder hat von Innsbruck profitiert. Therese Schimann, die als Siebzehnjährige bereits mit Lessing persönlich die Titelpartie in *Miss Sara Sampson* einstudiert hat, dem angeblich für sie geschriebenen ersten deutschen bürgerlichen Trauerspiel, ist im Wanderbühnenmilieu groß geworden. Doch sie versteht, was Lessing in der *Hamburgischen Dramaturgie* fordert: im Drama *phobos*, die Furcht, untrennbar mit *eleos*, dem Mitleiden, zu verbinden. Schikaneder versteht es auch; schließlich hat er am Jesuitenkolleg *Humanoria* gelernt. Doch er kann, wenn's ihm gerade passt, seine Bildung und Begabung gut verbergen. Genau wie der andere, auf den er sich zubewegt. Ganz wie Schikaneder lebt Mozart trotz hoher Ambitionen seine Lust am *Niedrigkomischen* aus, hat Spaß an derben Worten und liebt Anzüglichkeiten. Ganz wie Schikaneder kann er mit belehrenden Texten nichts anfangen und sucht nach Stücken, in denen es menschelt. Und wie Schikaneder sucht er die Wechselwirkung zwischen Podium und Publikum, mit der Shakespeare auch Dienstboten von den Sitzen riss. Und ebenso wie Schikaneder glaubt er an Lessings Erkenntnis, *dass der Hof der Ort eben nicht ist, wo ein Dichter die Natur studieren kann.*

Mozart rückt näher.

III

Augsburg, Stuttgart und Nürnberg 1776–1779
Fahrendes Gesindel

Emanuel Schikaneders Doppelrolle: Als Titelheld stand er in Heinrich Ferdinand
Möllers Schauspiel «Spohic oder der gerechte Fürst» auf der Bühne. In der Rolle
Sophies ist jene Schauspielerin zu sehen, die Maria Anna Müller hieß, sich Miller
nannte und Schikaneders Geliebte war.

*E*leonore Arth könnte sich ausrechnen, was sie riskiert und wie sie in zwei, drei Jahren dastehen wird. Schließlich kennt sie die Theaterleute von Kindheit an. Ihr ist bekannt, dass nicht nur die Theaterjournale das blendende Aussehen des Schauspielers Schikaneder registriert haben. Trotzdem gibt sie ihm am 9. Februar 1777 im Dom von Augsburg ihr Jawort. Der Eintrag ins Kirchenbuch zeigt, dass ihr Beruf nicht ernst genommen wird, ebenso wenig wie die Bemühungen ihres Mannes, im tragischen Fach zu überzeugen. *Joannis Schikaneder, comicus vagus de Ratisbona et Eleonore Ardtin de Hermanstatt [sic] ex Transsylvania* steht dort. Er ein heimatloser Komödiendichter, der angeblich aus Regensburg stammt, sie eine Frau, die außer ihrer Herkunft nichts zu bieten hat. Doch beide brauchen zu diesem Zeitpunkt keine Bestätigung durch aktenkundige Vermerke. Sie können ihren Marktwert einschätzen. Dass in den letzten Monaten der Applaus zu leise gewesen ist, lag gewiss nicht an ihrer Leistung.

Theater im großen Stil, wie es die Truppe Schopf & Schimann bieten wollte, hat kein großes Publikumsinteresse gefunden. Aus Sicht der zugereisten Direktoren mag der Grund dafür sein, dass das Gebäude abseits der Stadtmitte, in der Jakobervorstadt liegt, als wolle man es verstecken. Die Wege dorthin sind schlecht, für Equipagen kaum befahrbar. Als dort noch der Komödienstadel betrieben wurde, waren die einfachen Leute zu Fuß hingekommen. Sie mögen es auch dem Theaterbau selbst anlasten, über den große Sprüche kursieren, doch er ist alles andere als spektakulär. Nur das Bühnenhaus verfügt über gemauerte Wände und Pfeiler, der größte Teil des Zuschauerraums ist von Holzwänden umgeben, also nach wie vor brandgefährlich. In neunundzwanzig Wochen wurde das Ganze fertiggestellt, und so sieht es auch aus.

Über das Innsbrucker Theater unter Schopf & Schimann schrieb

Therese Schimann, geborene Bayer oder Pahr (1748–1790), als Kind vom Prinzipal einer Wandertruppe nach Schlesien entführt, leitete mit Andreas Schopf, auch Schöpf (1743?–1813), dem Sohn eines Leibkutschers von Maria Theresia, das Innsbrucker k. und k. Hoftheater. 1775 / 1776 zog sie mit ihm weiter nach Augsburg, Regensburg und Prag.

der Theaterschriftsteller Friedel, dass es *an Pracht der Dekorationen und Vorstellungen das Wiener übertraf und an Güte des Personals ihm fast gleichkam.* Das gute Personal, auch Ballettmeister Hornung, war mit umgezogen, die Kostüme hatten sie mitgenommen, aber an Dekorationen und Technik fehlt es hier.

Tausend Zuschauer fasst das Theater, fünfhundert davon auf den billigen Plätzen im Parterre. Bei der Eröffnung im Oktober 1776 war das Haus voll besetzt. *Die Gunst des Fürsten oder der Graf von Essex* stand auf dem Programm, ein englisches Drama von John Banks, das Christian Heinrich Schmid ins Deutsche übertragen hatte. In den Hauptrollen des Fürsten und der Gräfin Rutland selbstredend Schikaneder und Arth. Die Schimann hatte an der Wahl ihren Anteil: Dieses Stück spielt in Lessings *Hamburgischer Dramaturgie* eine wesentliche Rolle, weil es vorführt, wie aus einer englischen Vorlage ein deutsches bühnenwirksames Stück werden kann, das Lessings Kriterien erfüllt; sogar das Meininger Theater ist 1776 damit eröffnet worden. Doch statt der erwarteten 275 Gulden brachte die Premiere nur 176 Gulden in die Kasse von Schopf & Schimann. Zu viele geladene Gäste auf teuren Plätzen.

Danach ging es steil abwärts. Ausgebucht war das Haus nur an einem einzigen Abend, nicht etwa bei Goethes *Clavigo* oder Lessings *Miss Sara Sampson*, sondern als Heinrich Ferdinand Möllers *Graf von Walltron, oder die Subordination* zum ersten Mal aufgeführt wurde. Ein Spektakel, zu dem vierundvierzig Mann der Augsburger Stadtgarde als Statisten abkommandiert worden waren. Da garantierte deren Anhang schon einmal guten Abverkauf. Das Soldatenstück ist noch druckfrisch, rühmt sich, auf einer wahren Begebenheit zu beruhen, und leidet nicht darunter, dass Schiller es als *elend* bezeichnet. Das Schmalz des Edelmutes, gepfeffert mit Wahnsinnsszenen einer Ehefrau, garniert mit prickelnden Grausamkeiten: das schmeckt dem Publikum.

Schikaneder könnte sich über das Desinteresse der Augsburger an großen Dramen aufregen und über das Niveau des hiesigen Publikums lästern. Stattdessen lernt er, wie es zu bedienen ist. Dass Möllers Stück sich als Suchtstoff erweist, erscheint dem jungen Theatermann plausibel. Es kredenzt *phobos* und *eleos* so, dass es auch Menschen packt, die keine Ahnung haben, was das bedeutet. Lessing hat unumwunden erklärt, die Helden auf der Bühne sollten *von gleichem Schrot und Korn* wie die Leute vor der Bühne sein.

Zehn Jahre später wird der Schauspieler Buff den Schauspieldirektor in Mozarts gleichnamigem Singspiel belehren. *Legen Sie die Hand aufs Herz und reden Sie die Wahrheit: Haben wir nicht gerade mit den Stü-*

cken, worüber am meisten geschimpft wird, das meiste Geld eingenommen? Und bei jenen, die alle Welt für Meisterstücke hält, leere Bänke gehabt? Mit *Nathan der Weise* werde er nicht einmal die Hälfte dessen hereinholen, was die Beleuchtung koste. *Den Graf Walltron aber können Sie 20 Mal geben und werden das Haus immer voll haben.* Ein Direktor müsse *auf die Kasse sehen,* folglich seien die schlechtesten Stücke die besten. Als der Direktor einwendet, so gehe der gute Geschmack vor die Hunde, rät ihm Buff, den guten Geschmack zu vergessen: *Die Leute führen ihn deshalb so häufig auf der Zunge, um ihn bei jeder Gelegenheit von sich zu geben, weil sie ihn nicht verdauen können.*

Johann Gottlieb Stephanie der Jüngere wird diese Dialoge schreiben, nachdem er Mozart zuvor schon das Libretto zur *Entführung aus dem Serail* geliefert hat. Selbst ursprünglich Schauspieler, weiß Stephanie, was das Publikum sehen will. *Die Liebe im Narrenhaus,* ein Singspiel von ihm und Dittersdorf, ist nach *Graf von Walltron* das erfolgreichste Stück in der Augsburger Spielzeit von Schopf & Schimann.

Schikaneder erlebt hautnah mit, wie heikel die Kalkulation eines Theaterdirektors ist, der hier außer seinem Ensemble auch noch das Orchester, die Heizung und die Beleuchtung, den Billetteinreißer, den Druck der Theaterzettel und die Zettelträger, sogar das Entzünden der Kronleuchter finanzieren muss, während das städtische Almosen-Amt nur die Lichtputzer entlohnt. Er lernt in Augsburg, was Mozart sehr viel schmerzlicher erfahren muss: dass Qualität keineswegs Erfolg garantiert.

Das Programm von Schopf & Schimann ist nicht schlecht. Goethe und Möller, Klasse zu bieten und Kasse zu machen schließt sich für die beiden Direktoren nicht aus. Doch ist auf der Bühne anscheinend nicht genügend los, um die Augsburger Bürger an den Stadtrand zu locken. Es braucht das Spektakel, es braucht Verwandlungen und Überraschungen, Theaterdonner und Knalleffekte wie in Innsbruck, etwa im *Aeroastro.* Die Dramen des Tobias Freiherr von Gebler, eines schreibenden Hofbeamten aus Wien, kommen bei den Augsburgern schlecht an; sie verspüren im Theater keine Lust auf Fortbildung, sondern auf Unterhaltung. Der Hauptdarsteller Schikaneder hat sie hier in allen Sparten befriedigt, im komischen wie im tragischen Fach, singend in seinen *Lyranten,* tanzend in einem Ballett namens *Der Vogelfänger.* Er spürt, was bei der Menge ankommt: Figuren, die

Eleonore Schikaneder (1751–1821) bewies nicht nur als Schauspielerin und Theaterdirektorin ein enormes Durchhaltevermögen, sondern auch als Ehefrau eines notorischen Ehebrechers – ob das nun an Schikaneders Charme lag oder an ihrer Nachsichtigkeit.

kein Geld, keine Macht, keine Position haben, aber sich mit List und Witz behaupten. Damit hat Bernardon die Massen begeistert. Auch wenn die Theaterpuristen den Hanswurst totgesagt haben, totzukriegen ist er nicht; er kann doch in anderen Gestalten weiterleben.

Schikaneder hat außerdem bemerkt, womit er gar nicht landet: mit französischen Stücken. Ob Tragödien oder Komödien, die Truppe hatte vor halbleerem Haus gespielt.

Vom geschäftlichen Misserfolg seiner Prinzipale lässt der junge Mann sich nicht entmutigen. Er ist in Aufbruchstimmung. Er muss weg, weil bei Schopf & Schimann nur Schopf & Schimann Hamlet und Ophelia geben. Er will weg, weil er sich ebenso viel zutraut wie Schopf.

Zwei Tage nachdem Eleonore Arth ihm ihr Jawort gegeben hat, endet mit dem Beginn der Fastenzeit die Theatersaison. Dass sich Schopf mit den Verantwortlichen nicht über die Höhe der Kaution einigen kann, kümmert Schikaneder wenig. Er hat bereits beschlossen, mit seiner Frau und seinem Trauzeugen Wenzel Löffler, Souffleur und Nebendarsteller, zur Konkurrenz zu wechseln: zur *kurbay-*

risch privilegierten Moserischen Gesellschaft deutscher Schauspieler, derzeit in Nürnberg unter Vertrag.

Moser hatte ihm vor vier Jahren sein Debüt ermöglicht und ist nun als Sechzigjähriger in diesem Geschäft ein alter Mann. Während Schopf, nur zwei Jahre älter als Schikaneder, in seinem besten Mann den zukünftigen Konkurrenten ahnt, könnte Moser leicht sein Vater sein, und er setzt darauf, dass ihm der junge Mann gegen Ermüdungserscheinungen helfen kann. Der Beobachter Friedel behauptet, Schikaneders Beitritt zur Truppe habe Moser aus Schwierigkeiten *gerissen* und ihm einen gewaltigen Aufschwung beschert.

Was sich Schikaneder von Moser erhofft, ist unschwer zu erraten. Ein Publikumsliebling wie er besitzt ein gewisses Mitspracherecht. Mosers Gesellschaft, seine Möglichkeiten und sein Repertoire sind erheblich größer. Sein Repertoire enthält fast keine Werke französischer Autoren, dafür viele Lustspiele von Stephanie dem Jüngeren, der als Schauspieler weiß, was die Leute vor der Rampe erleben wollen. Außerdem werden Stücke gespielt, die der Türkenmode frönen, wie das Ballett *Die türkische Hochzeit oder Die Eifersucht im Serail*. Schikaneders neuer Prinzipal ist bekannt als Freund der englischen Dramen in deutschen Übersetzungen und Bearbeitungen und damit der modernen deutschen Dichtung, wie Lessing sie propagiert.

Schikaneder will nun die Rollen spielen, mit denen man Furore macht, und dazu gehört vor allem der Hamlet. Seit Brockmanns Auftritt in Berlin grassiert das Hamlet-Fieber von Hamburg bis Wien, von Danzig bis Berlin. Wieland als Shakespeare-Übersetzer, Lessing als Theatertheoretiker und -praktiker, Goethe als Theaterautor und selbst der theaterferne Herder, sie alle machen sich derzeit für Shakespeare stark.

Mit Sicherheit steckt Schikaneder dahinter, dass sich sein neuer Prinzipal von Nürnberg aus um die frei gewordene Intendanz in Augsburg bemüht. Schon am 5. April 1777 ist in den Augsburger Ratsprotokollen von Mosers Bewerbung die Rede.

Auch in Nürnberg zeigt sich, dass Schikaneder mitmischt. Auffällig schnell ändert sich das Programm. Shakespeare und das deutsche Singspiel erhalten auf einmal eine besondere Bedeutung, denn sie stehen für ein neues Theater, das die Nähe zum Publikum sucht, indem keine hehren Helden deklamieren, sondern Menschen zu

Menschen sprechen. Bereits am 14. April bringt Moser Shakespeares *Hamlet* in der neuen Übersetzung und Bearbeitung von Franz Heufeld auf die Bühne, vermutlich auf Betreiben Schikaneders. Endlich darf er den Hamlet spielen. Moser bleibt im Hintergrund, Schikaneder steht im Vordergrund. Fast jeden Abend ist Schikaneder in Hauptrollen zu erleben, ob in Shakespeares *Macbeth, Othello* oder *Richard III.*, und seine Frau an seiner Seite. Aber eben nicht nur sie. Neben Schikaneders Hamlet, den das *Theaterjournal für Deutschland* immerhin *ziemlich gut* findet, gefällt vor allem eine gewisse *Mademoiselle Miller*, Pflegetochter Mosers, in der Rolle von Hamlets Mutter. Die Kritiker beeindruckt sie durch ihre *feierliche Ernsthaftigkeit*. Maria Anna Müller, die sich selbst lieber Miller nennt, ist so vielseitig einsetzbar wie Eleonore Schikaneder. Neben Eleonore, der *komischen Muse*, gilt sie als die *tragische Muse* der Truppe; auch sie wird für ihren natürlichen Auftritt gelobt und kann singen.

Deutsche Singspiele, bei Schopf & Schimann kaum vertreten und bei Moser bisher ebenfalls nur Nebensache, gehören nun zum Standard, gewiss im Interesse der beiden Schikaneders, deren melodiöse Singstimmen die Theaterjournale preisen.

Seit Ostern ist Schikaneder Mitglied der Truppe, und bis Michaeli, dem 29. September 1776, bespielt Moser das Haus in Nürnberg 58 Mal. Schon Mitte April des folgenden Jahres erhält er die Zusage aus Augsburg,

Am 20. Juni 1777 vermeldet Moser den Augsburger Theaterherren stolz, er habe mit seinen Leuten den Nürnbergern die Oper und das Singspiel so schmackhaft gemacht, dass sie mittlerweile danach gierten. Das wolle er nun bei den Augsburgern wiederholen. Am 30. September wird hier die neue Saison unter *Trompeten- und Paukenschall* mit Sprickmanns Rührstück *Eulalia* eröffnet.

An eben jenem Tag, an dem Schikaneder in der männlichen Hauptrolle einen neuen Erfolg verbuchen kann, erlebt Mozart in München eine Niederlage. Er ist mit seiner Mutter unterwegs nach Paris, und auf ihm lastet die Erwartung des Vaters, der mit seiner Tochter zu Hause bleiben musste: Das gepumpte Geld in Höhe von zwei Jahresgehältern des jungen Künstlers reicht nicht aus, um eine Reise von vier Personen zu finanzieren. Eine Kapellmeisterstelle in München würde den Druck von ihm nehmen. Endlich hat ihm Joseph Anton Graf Seeau, der Theaterintendant des bayrischen Hofes, eine Audienz beim Kurfürsten verschafft. Doch offenbar hat Seeau sich nicht für ihn eingesetzt. Maximilian III. Joseph zuckt nur die Schultern und erklärt, es gebe *keine vacatur.* Enttäuscht brechen die Mozarts am 11. Oktober zur Weiterfahrt nach Augsburg auf.

Bei den früheren Aufenthalten in der Fuggerstadt, Ende Juni/ Anfang Juli 1763 und im November 1766, hatten die Mozarts zu viert in den *Drei Mohren* übernachtet, dem besten Gasthof Augsburgs. Das kann sich nicht einmal Direktor Moser leisten, der nicht weit vom Theater in den *Drei Königinnen* wohnt. Die Schauspieler und Bühnentechniker müssen sich mit billigen, unbeheizten Unterkünften behelfen. Nun geht es Mozart nicht anders. Seine Mutter und er nehmen sich das einfachste Zimmer im Gasthof *Zum Weißen Lamm,* zwei getrennte Betten leisten sie sich. Auch in Augsburg wird Mozart von der Obrigkeit nicht beachtet. Es ergeht ihm nicht besser als dem Wanderschauspieler Schikaneder, der wie alle seiner Zunft zu den *vagabundi* gerechnet wird, die in keiner Stadt zur Gemeinschaft gehörig betrachtet werden. Für die Aristokratie, ob Geburtsadel oder bürgerlicher Geldadel, bleiben solche Künstler Menschen dritter Klasse. Maria Theresia, einst entzückt über den sechsjährigen Mozart und seine Schwester, hat später in einem Brief an ihren Sohn die Mozarts als *fahrendes Gesindel* bezeichnet, an das man keine Position bei Hofe zu vergeben habe. Bekommt Mozart diese Verächtlichkeit zu spüren, zeigt er, wovor der Vater ihn warnt: *zu viel Hochmut und Eigenliebe.* Er erklärt andere zu Trotteln und lobt sich selbst.

Leopold Mozart, der aus der Ferne die Fäden zieht, schickt seinen Sohn zum Stadtpfleger Jakob Wilhelm Benedikt Langenmantel von Westheim und Ottmarshausen, einem der mächtigsten Männer Augsburgs, der mit Wolfgangs Vater zusammen aufs hiesige Jesuitengymnasium ging. Doch der junge Mozart ist empört, dass man ihn nötigt, *im Vorhause wie ein Lakai zu warten,* gerade hier, in der Stadt seines Vaters, die ihm gefälligst Ehrerbietung zu erweisen hat. Als in Augsburg, trotz der Bemühungen von Freunden, Verehrern und Verwandten, kein öffentliches Konzert zustande kommen will, zieht Mozart über die Patrizier her, die sich als *vornehme Herren aufspielen,*

Mlle A. MAR. MILLER.

Vielleicht war Luise Miller aus Schillers «Kabale und Liebe» ihr Vorbild:
Die Schauspielerin Anna Maria Müller nannte sich jedenfalls Miller und fiel
Schikaneder nicht nur auf der Bühne in die Arme. Eine in jeder Hinsicht
fruchtbare Liaison.

obwohl sie *nichts von der Welt gesehen haben,* und spottet über ihre
stolze und unbesonnene Plumpheit. Zwar hatte er versprochen, er *werde*
alles zu Augsburg so machen, wie es der Papa geschrieben hat, doch er hält
sich nicht daran.

Schikaneder ist ebenfalls ein Mann, der gerne austeilt. Doch da er
als Lakaienkind mit demütigender Behandlung groß geworden ist,
hat er sich damit abgefunden, ein Außenseiter zu sein und nicht von
den Etablierten anerkannt zu werden. Beruflichen Ehrgeiz hat er,
finanziellen ebenfalls, gesellschaftlichen nicht. Und er weiß längst,
dass ein Künstler, der sich um einen Posten bemüht, diplomatisch

sein muss. Es dürfte ihm nicht entgangen sein, wie Moser sich gegen die Konkurrenten um die Augsburger Direktion behaupten und dabei die Beherrschung wahren musste, selbst wenn er sich mit intriganten Verleumdungen konfrontiert sah. Das gehört zum Handwerk, ebenso wie die richtigen Beziehungen. Um die muss Schikaneder sich selbst kümmern; für Mozart hat das bisher sein Vater übernommen. Leopold Mozart ist untröstlich, dass sein Sohn in Augsburg Friedrich Melchior Baron von Grimm verpasst hat, der in den *Drei Mohren* abgestiegen ist. Beim letzten Parisbesuch hat der Gesellschaftsroutinier den Mozarts als Türöffner wie Werbestratege gute Dienste geleistet. Nun, da Wolfgang wieder in der französischen Hauptstadt auftreten und nach einer Stelle suchen wird, wäre seine Hilfe willkommen.

Dem jungen Mozart aber läge jetzt viel mehr an einem Mann wie Schikaneder, und er könnte ihm begegnen. Am 14. Oktober besucht der leidenschaftliche Theatergänger zusammen mit Langenmantels Sohn die *Comedie* in der Jakobervorstadt. Der Weg dorthin führt ihn vorbei an der Fuggerei, wo sein Urgroßvater Franz Mozart 1681 als Stiftungsbaumeister eine Wohnung bezogen hatte. Wie so oft stehen bei Moser zwei Stücke auf dem Programm: das Singspiel *Der Teufel ist los oder Die zweifache Verwandlung* von einem gewissen Reuling und das Ballett *Der betrunkene Bauer*. Doch in diesem Singspiel ist Schikaneder nicht besetzt; auch die Ensemblemitglieder Franz Moll und Christoph Helmböck, die in der Uraufführung der *Zauberflöte* den dritten Priester und den ersten Sklaven singen werden, sind nicht mit von der Partie. Dafür erlebt Mozart Maria Anna Miller, deren Reize Kritik und Publikum zu würdigen wissen. Das Spektakel entspannt ihn offenbar nicht.

Noch an demselben Abend verliert Wolfgang in Gesellschaft die Fassung, als sich der junge Langenmantel über seinen päpstlichen Ritterorden vom Goldenen Sporn lustig macht. Mozart bleibt ihm nichts schuldig: *Ich kann noch eher alle Orden, die Sie bekommen können, bekommen, als Sie das werden, was ich bin; und wenn Sie zwei mal sterben und wiedergeboren werden.* Es kommt zum Eklat.

Als Schikaneder einige Tage später in der Rolle des Leichtsinns in seinen *Lyranten* auf der Bühne steht, bereitet der junge Musiker gerade seinen ersten und einzigen öffentlichen Auftritt mit eigenen

Werken im Fuggerschen Konzertsaal vor. Und als Schikaneder kurz darauf Mozart, der Shakespeare bewundert, als Richard III. beeindrucken könnte, ist der mit seiner Mutter bereits nach Mannheim aufgebrochen.

Mozart hat in Augsburg begeisterte Zuhörer hinterlassen, aber auch verbrannte Erde. Um *Ihnen die Wahrheit zu gestehen*, hatte er den Patriziern erklärt, *bin ich nur gekommen, damit Sie, meine Herren Augsburger, nicht in andern Ländern ausgelacht werden, dass ich in der Stadt, wo mein Vater geboren, acht Tage gewesen sei, ohne dass man sich bemüht hätte mich zu hören.*

Vielleicht hat Mozart, davon überzeugt, er würde *München gewiss viel Ehre machen*, durch ähnlich selbstbewusste Reden die Verhandlungen mit dem kurfürstlichen Intendanten Seeau behindert. Die Ablehnung in München führt er auf Seeaus Feigheit zurück. Doch genau dieser Mann beweist kurz darauf Risikobereitschaft. Er hat offenbar von Schikaneder gehört und lädt ihn persönlich ein, in München zu gastieren; das Stück dürfe er selbst auswählen. Schikaneder ist *in diesen Gegenden noch unbekannt*, wie sein Zeitgenosse, der Theaterschriftsteller Johann Friedel berichtet. *Zeitungsblätter und Journale haben noch keine Staubwolke vor ihm hergeblasen.* Doch das bringt ihn nicht von seinen hochgesteckten Zielen ab. Er will in München erreichen, was Brockmann in Berlin geschafft hat, und entscheidet sich für den *Hamlet* in der Bearbeitung des in Wien lebenden Theaterdichters und Theaterdirektors Franz von Heufeld.

Man könne sich leicht die Intrigen vorstellen, die daraufhin die *Nationalisten des Theaters und ihre Protekteure* gegen ihn angezettelt hätten, schreibt Friedel. Erstens *hatte man zu ihm noch kein Zutrauen und dann nahmen's die Herren und Damen des Münchner Theaters übel, dass sich ein Schauspieler von einer Truppe, wie die Mosers in ihren Augen war, wage, unter diesen Helden aufzutreten.* Schikaneder dürfte das nicht entgangen sein, doch er behauptet keineswegs, dass er dem Haus gewiss Ehre machen werde; laut Friedel schweigt er und wartet ab. Der Lakaiensohn übt sich in *Vernunft! Zurückhaltung!*, wie es Vater Mozart seinem Sohn aus der Ferne stets einschärft.

Dass ein Komödiant aus der Provinz sich traut, mit Hofschauspielern des Residenztheaters zu konkurrieren, und auch noch erstmals den Hamlet an diesem Haus geben will, kitzelt Skandalhunger wach. Alles rennt ins Theater, *mit der vorgefassten Hoffnung, heute ein herrliches Spektakel zum Pfeifen und Trommeln zu haben.* Johann Appelt, der den Geist von Hamlets Vater spielen soll, wird hinter Schikaneders Rücken schon darauf vorbereitet, dessen Partie zu übernehmen, falls das Publikum ihn auspfeift – womit gerechnet wird. Im Programm wird er herablassend als *ein hier angekommener Schauspieler* angekündigt.

Wie er ankommt, überrascht *selbst seine Feinde.* Der Beifall will nicht enden, bis Schikaneder erneut auf die Bühne tritt. *Hervorgerufen* zu werden ist ein Ereignis, so selten, dass die Theaterzeitungen es sofort verbreiten. Vermutlich hat Schikaneder von der Schimann gelernt, was die *Hamburgische Dramaturgie* von den Darstellern königlicher Hoheiten und Helden verlangt. Lessings erste Sara Sampson, die behauptet, er habe ihr die Partie auf den Leib geschrieben, hat jedenfalls bei dem Dichter gelernt, dass *die Namen von Fürsten und Helden* zwar *einem Stück Pomp und Majestät geben* können, *aber zur Rührung tragen sie nichts bei.* Laut Lessing kann das Unglück der Protagonisten nur dann *in unsere Seele dringen*, wenn sie uns als Menschen nahe gebracht werden, *von gleichem Schrot und Korne* wie die Zuschauer; *denn wenn wir mit Königen Mitleiden haben, so haben wir es mit ihnen als mit Menschen, und nicht als mit Königen.* Der bayrische Lakaiensohn ist *von gleichem Schrot und Korn* wie viele Zuschauer, deshalb weckt er mehr Gefühle als mancher hoch gebildete Hofschauspieler.

In eben diesen Wochen wird Mozart in Mannheim mit denselben Gedanken vertraut gemacht. Zwar hat Lessing die Leitung der ersten deutschen Nationalschaubühne dort abgelehnt, aber deren erster Intendant, Wolfgang Heribert von Dalberg, den er kennenlernt, vertritt ebenfalls die Theorie eines deutschsprachigen Theaters.

Schikaneder jedoch ist kein Theoretiker, er hat gespielt, was Lessing meint. Seeau handelt prompt: Er bietet Schikaneder ein Engagement und die Regie des Hoftheaters an. Die Regie lehnt Schikaneder ab, das Engagement für 1200 Gulden im Jahr nimmt er an. Es ist fast das Dreifache von dem, was Mozart in Salzburg verdient.

Aber zuerst einmal kehrt er zurück nach Augsburg. Nicht allein wegen seines Vertrags mit Moser und seiner Ehefrau. Es gibt da noch

jene Maria Anna Miller; außerdem scheint die Augsburger Weiblichkeit nicht nur in Gestalt von Mozarts Bäsle attraktiv zu sein.

Schikaneder ist ein gutaussehender Mann, auf den Frauen fliegen,
groß, athletisch, mit dunklem Haar, dunklen Augen und kräftigem
Bartschatten. Genau das also, was Mozart, ein blatternarbiger Spät-
entwickler von 152 Zentimetern, bei dem gerade erst der Bart zu
sprießen beginnt, bewundert. Zweimal hatte er während des Mün-
chenaufenthaltes gerade erst den vierzigjährigen Josef Mysliweczek
besucht, der syphiliskrank im Herzogspital seinem Ende entgegen-
fault; es hat Mozart verschreckt, dass die Lustseuche dem Freund der
Familie bereits die halbe Nase weggefressen hat und der einst unwi-
derstehliche Galan, als den er ihn aus Salzburg kennt, ein stinkendes
Wrack geworden ist. Und doch sehnt er, dem diese Reise seine ersten
erotischen Abenteuer beschert, wie harmlos sie auch sein mögen, sich
danach, so einer zu sein. In den Briefen an das Bäsle quillt die Freude
am Vulgären und Obszönen aus ihm mit Überdruck heraus. Zu lange
waren diese Bedürfnisse streng unter Verschluss. Wie schon oft gesteht er dem Vater seine wahren Gelüste nicht ein, sondern gebärdet
sich moralisch und meldet aus Mannheim, haltlos der fünfzehnjähri-
gen Aloisia Weber verfallen: *Es gibt Leute, die glauben, es sei unmöglich,
ein armes Mädel zu lieben, ohne schlechte Absichten dabei zu haben; und das
schöne Wort Mätresse, zu deutsch H.. e, ist halt gar zu schön! – – ich bin
kein … Mysliweczek! Ich bin ein Mozart, aber ein junger, gutdenkender
Mozart.*

Doch er besinnt sich wohl nur aus der Not heraus auf diese Tugenden. Wie viel leichter täte er sich, wenn er ein Mysliweczek oder
Schikaneder wäre.

Aber nicht Affären, sondern zwei Todesfälle um den Jahreswechsel
verändern die Zukunft von Mozart und Schikaneder dramatisch.

Am 30. Dezember 1777 verkünden in ganz Bayern die Glocken
den Tod des Kurfürsten Max III. Joseph. Jeder im Land weiß, dass er
kinderlos gestorben ist. Sein Nachfolger soll Karl Theodor aus der
pfälzischen Wittelsbacher-Linie werden, der bislang in Mannheim
residiert, wo sich die besten Musiker Deutschlands versammeln. Wie
Max Joseph hat auch er Mozart keine Stelle angeboten, doch da er
nun die besten Instrumentalisten, Sänger und Komponisten mitneh-

CAV. AMADEO WOLFGANGO MOZART ACCAD.FILARMON:DI BOLOG
E DI VERONA

Ein unbekannter Künstler porträtierte Mozart mit dem Orden vom Goldenen
Sporn, den Papst Clemens XIV. Ganganelli dem Vierzehnjährigen in Rom
verliehen hatte. Mozart war der jüngste Ordensträger aller Zeiten. Vor der Abreise
nach Augsburg 1777 entstand dieses Vorzeigebild.

men wird, von denen viele mit Mozarts befreundet sind, darf dieser
hoffen, dass sich in München neue Möglichkeiten eröffnen könnten.

Keine vier Wochen nach dem bayrischen Kurfürsten, am 18. Januar 1778, stirbt Mosers Frau Barbara. Der Tod seiner Frau, die ein
Leben lang seine Geschäfte geführt hat, trifft den Prinzipal schwer.
Er bietet Schikaneder an, die Direktion der Theatergesellschaft zu
übernehmen. Schikaneder fehlt es nicht an Tatkraft und Begabung,
aber an Geld. Laut Jakob Neukäufler, seit letztem Jahr Mitglied der
Truppe, verlangt Moser für Garderobe, Bibliothek, Musikalien und
Dekoration 4000 Gulden. Zu viel für einen Mann vom *fahrenden Ge-*
sindel in diesem Alter. Wären die Augsburger Bürger so provinziell,
überheblich und an Musik wie Theater desinteressiert, wie Mozart
behauptet, hätte Schikaneder keine Chance auf einen Kredit. Doch
zwei Patrizier, die Herren von Schwartz und von Halter, strecken

dem fremden Aufsteiger die Summe vor. Offenbar schätzen sie Schikaneder als einen fähigen Mann ein, der die Schulden bald zurückzahlen kann und wird.

Mozart hat das Geld seines Vaters längst verbraucht, verschweigt ihm, was er in Mannheim einnimmt, und erbettelt einen neuen Kredit, den der Vater in Salzburg organisieren soll. Er hat nie gelernt, eigenverantwortlich zu kalkulieren. Schikaneder dagegen bleibt keine andere Wahl: Noch keine siebenundzwanzig Jahre alt, ist er Theaterunternehmer.

Am 26. Januar 1778 eröffnet der neue Direktor seine erste Saison mit der Partie, die ihm in München zum Sensationserfolg verholfen hatte, dem Hamlet in der Shakespeare-Bearbeitung Heufelds. Um diesen Tag herum erhält Leopold Mozart einen Brief aus Wien von eben jenem Franz Heufeld, der dort seit ein paar Jahren Theaterdirektor ist. Leopold hatte bei ihm um eine Stelle für seinen Sohn angefragt. Es sei gewiss, bescheidet ihm Heufeld in einem Schreiben vom 23. Januar, dass derzeit in Wien kein eigener Komponist am Hoftheater angestellt werde, *zumal Gluck und Salieri in des Kaisers Diensten sind*. Das *Welsche*, wie alles Italienische pauschal genannt wird, scheint dort weiterhin gefragt zu sein.

Ganz anders in Augsburg. Dort hat sich Schikaneder mit seinem Bekenntnis zu einem deutschen Programm offenbar bereits eine Position erobert, die ihm auch der mächtige Graf Seeau nicht streitig machen kann. Ausgerechnet der Münchner Intendant bewirbt sich um das, was Schikaneder abgeschlagen wurde: In der Fastenzeit, wenn wie üblich Spielverbot herrscht, will er mit seinen Leuten *biblische Operetten* von italienischen Komponisten auf der Augsburger Bühne aufführen. Die Augsburger Theaterverantwortlichen erteilen ihm eine Abfuhr. Erstens verstehe die hiesige Kaufmannschaft das *Welsche* nicht, zweitens wäre es der Schikanederschen Gesellschaft gegenüber *sehr hart, ja sogar wider alles Recht und Billigkeit, wenn die nun zusehen sollte, wie andere den schon ihr eingeräumten Platz okkupieren.*

Wie selbstbewusst der junge Theaterchef ist, bekommen die Augsburger Theaterdeputierten schon bald zu spüren. Gleich zu Beginn seiner Direktion, am 24. Februar 1778, nutzt Schikaneder den Besuch des kaiserlichen Ministers General von Ried als Vorwand, an diesem

Tag, zudem einem Feiertag, gegen das Spielverbot zu verstoßen und eine Galaaufführung zu Ehren des Gastes anzusetzen.

Im Gegensatz zu Mozart weiß Schikaneder, mit wem er sich anlegen kann und mit wem er sich besser gut stellt. Mozart stößt zu dieser Zeit in Mannheim den mächtigen Abbé Vogler vor den Kopf, erklärt zu dessen Klavierspiel vom Blatt, *so prima vista-Spielen und scheißen ist bei mir einerlei*, und schlägt sich damit Türen zu. Schikaneder öffnet sich welche. Vermutlich weiß er aus Ulm, dass Ried dort als kaiserlicher Minister vor zwei Jahren den Dichter und Komponisten Christian Friedrich Daniel Schubart gebeten hatte, ihm vorzuspielen, was dieser wegen des schlechten Flügels ablehnte. Worauf Ried ihn bei Maria Theresia als gotteslästerlichen Journalisten denunziert hatte und Schubart nur durch Zufall der Verhaftung und Deportation in ein ungarisches Gefängnis entkommen war.

Auf die scharfe Abmahnung der Theaterdeputierten, die einen Verstoß gegen das Spielverbot nicht ungeahndet lassen wollen, lässt Schikaneder von einem Stellvertreter erklären, er habe sich mündlich die Erlaubnis eingeholt. Er verteidigt sich ohne das geringste Schuldbewusstsein. Die spielfreie Zeit durchzuhalten müsse ihm *als einem Anfänger sehr schwer fallen*, denn er habe seine vierundzwanzig Schauspieler ohne jede Einnahmen durchzufüttern, deren Gagen mit 600 Gulden gewaltig ins Geld gingen. Doch anscheinend schafft er es, genügend Verantwortliche auf seine Seite zu ziehen. So spricht sich Philipp von Rauner, ein angesehener Patrizier, dafür aus, Schikaneder am Ostermontag, am drauffolgenden Dienstag und am Georgitag spielen zu lassen, weil ein junger Unternehmer wie er sonst *nicht wohl bestehen* könne.

Zum großen Auftritt gehört auch ein Name, der sich einprägt. Nun, als Theaterdirektor, nennt sich Joseph Johann Schikaneder nur noch Emanuel; das passt außerdem besser zu Eleonore.

Doch an seinen Lebensgewohnheiten ändert sich wenig. Das Wandertheater ist eine Großfamilie, in der sexuelle Techtelmechtel unter den Mitgliedern nicht geahndet werden, exzessives Kartenspielen und Trinken nicht als lasterhaft gilt und eine Lässigkeit herrscht, die ehrgeizige Aufsteiger als Liederlichkeit schmähen, jedoch auch mit Neid beobachten.

Ähnlich die Verhältnisse, die Mozart zu Beginn des Jahres 1778 in der Familie des Mannheimer Bassisten Fridolin Weber kennenlernt. Keiner kontrolliert, was er mit dessen zweitältester Tochter Aloisia treibt, wenn er mit ihr hinter verschlossenen Türen neue Arien ein- übt, und weder die Mutter noch der Vater nehmen daran Anstoß, dass er mit ihrer minderjährigen Tochter eine kleine Konzerttournee nach Kirchheimbolanden unternimmt. Welch ein Kontrast zu der Welt des Leopold Mozart, in der sich alles um Leistung, Anerken- nung und Beförderung, um *Ehre, Ruhm und Geld* dreht und darum, es anderen zu zeigen. Hier geht es nur um Geld, das zum Überleben, Feiern und Trinken dient. Vom Alter her könnte Fridolin Weber Wolfgangs Vater sein, aber er benimmt sich wie ein gleichaltriger Freund. Ihm muss Mozart nicht tausend Mal ergebenst die Hände küssen wie Vater Leopold am Ende jedes Briefs. Fridolin verkehrt mit ihm auf Augenhöhe, umarmt den Gast, säuft mit ihm und redet über seine Sorgen. Mozart fühlt sich in dieser Welt wohl, so wohl, dass sein Vater es in der Ferne mit der Angst zu tun bekommt, er könne bei den Weberischen versumpfen, und ihn nach Paris schasst.

Am 1. Mai 1778 verabschiedet sich Schikaneder von den Augs- burgern mit einer Ehekomödie und einem *Ballett unter Pauken und Trompetenschall, genannt Die dankbaren Schäfer.* Zwischen ihm und sei- nem Publikum herrscht ein gutes Verhältnis, und die Rückkehr hier- her ist vertraglich vereinbart. Mozart schreibt an diesem 1. Mai aus Paris als ein Unverstandener unter Ahnungslosen. Er schimpft über die *Grobheit* der Franzosen, die er alle als überheblich geißelt. Er be- finde sich unter *lauter Viechern und Bestien, was die Musik anbelangt.* Sein Vater, der ihn als Geschenk Gottes an die Welt begreift, und die Bewunderer, die gekrönten Häupter von Wien bis London, haben Wolfgang Mozart seiner Einzigartigkeit versichert, und Erfolglosig- keit lässt ihn niemals daran zweifeln. Mozart erklärt dem Vater, er denke nicht daran, in Paris Unterrichtsstunden zu erteilen, weil das *ganz wider* sein *Genie* sei. Er zeigt sich überzeugt, dass Salzburg *kein Ort* für sein *Talent* sei und Reisen für einen wie ihn überlebensnot- wendig; *ein Mensch von mittelmäßigem Talent bleibt immer mittelmäßig, er mag reisen oder nicht – aber ein Mensch von superieurem Talent, welches ich mir selbst, ohne gottlos zu sein, nicht absprechen kann, wird schlecht, wenn er immer in dem nämlichen Ort bleibt.*

Schikaneder denkt ähnlich über sich, umso mehr, als die teils trium-
phalen Auftritte an unterschiedlichen Orten seinen Ruhm und damit
seinen Preis stetig steigern. Für sechs Wochen zieht er nach Ulm, wo
jedes Jahr die Vertreter des Schwäbischen Reichskreises, einem der
zehn Kreise des Deutschen Reiches, tagen. Durch die vielen Fremden in der Stadt, die Geld und abends Unterhaltungsbedarf haben, ist
dieses Gastspiel eine ziemlich sichere Sache. Er beeindruckt die Ab-
geordneten mit Shakespeares *Macbeth* und *Hamlet*, Lessings *Minna von
Barnhelm*, amüsiert sie mit harmlosen Lustspielen und seinen *Lyranten*, schindet Eindruck mit dem pompösen Soldatenspektakel *Graf von
Walltron* und rührt wie immer mit *Sophie, oder der gerechte Fürst*.

Anschließend reist er mit seinem Ensemble nach Stuttgart. Die
württembergische Hauptstadt hat zwar eine Residenz, aber wenig
Bühnenkultur. Nur Wandertruppen der untersten Kategorie haben
hier gastiert. Von deutschem Theater wollte in Stuttgart bisher keiner etwas wissen, und der Name Shakespeare ist hier weitgehend
unbekannt. Johann Friedel, Kenner der Theaterszene, weiß, dass es
ein außerordentliches Wagestück für einen jungen Prinzipal ist, dort
aufzutreten. *Alle vorherigen Gesellschaften scheiterten*, berichtet er, *alle
mussten elendiglich abziehen* und auch noch ihre Garderobe zu-
rücklassen. Außerdem ist der Zeitpunkt, zu dem Schikaneder Spielerlaubnis bekommt, denkbar ungünstig. Während der ersten beiden Wochen hält Herzog Carl Eugen seine Venezianische Messe ab.
Seit der Italienreise des Herzogs vor zehn Jahren findet sie statt,
früher in Ludwigsburg, seit vorletztem Jahr auf dem Stuttgarter
Marktplatz. Nicht genug, dass auf der größten Verkaufsmesse Würt-
tembergs hierzulande unbekannte Luxusartikel aus Venedig angeboten werden, Damast-, Brokat und Atlasstoffe, Lack- und Email-
ledosen, Parfumfläschchen, Masken, Stickereien und Spitzen,
Karaffen, Gläser, Lüster und Glasperlenschmuck aus Murano, diese
Messe ist auch eine gesellschaftliche Attraktion. Opern, Komödien,
Maskenbälle, Promenaden kostümierter und maskierter Gäste,
Treffen im Spielcasino und in Gastwirtschaften, die nur für diese
vierzehn Tage aufgebaut werden, ziehen das Interesse von allem anderen ab. Laut Friedel kam erschwerend hinzu, dass der Herzog
jedes Jahr während der Messe italienische Opern aufführen ließ, zu
denen der Eintritt frei war, *und man überhaupt den Deutschen nichts*

zutraute. Schikaneder wird bedauert, er selbst bereut seine Entscheidung bereits. Doch München hat ihm gezeigt, dass Leute, die aus Schadenfreude kommen, um einen scheitern zu sehen, auch umgedreht werden können. Schikaneder legt, was sein deutsches Programm angeht, denselben Trotz an den Tag wie Mozart in Paris, er fühlt sich wie Mozart als Verfechter einer zukunftsträchtigen Idee. Schließlich hat Kaiser Joseph II. in Wien mittlerweile schon eine deutsche Nationalbühne und ein Nationalsingspiel eingerichtet. Mozart betont, er könne jedem in Paris zeigen, dass er so begabt sei wie der gefeierte *Welsche* Piccini, *obwohl ich nur ein Deutscher bin*, wie er ironisch anmerkt. Er pocht auf sein Recht, als *ehrlicher Deutscher* deutsch zu denken, wenn er schon nicht deutsch reden dürfe, beschimpft aus der Ferne den Münchner Intendanten Graf Seeau samt seinen italienischen Künstlerfreunden als *welsche Hundsfotte* und nennt sie *infami cuioni*, ein selbsterfundener Ausdruck, den jeder versteht. Er wüsste sich mit Schikaneder eins.

Der geht auf volles Risiko. Am 3. Juli 1778, während Stuttgart im Italienrausch taumelt, eröffnet er im Ballhaus des herzoglichen Lustgartens seine Saison mit *Sophie, oder der gerechte Fürst* von Möller, in Stuttgart bekannt als bisher einziger Theaterautor Deutschlands, der *hervorgerufen*, also unter Applaus auf die Bühne geholt worden war. Der Fürst in Möllers Drama ist eine von Schikaneders liebsten Rollen, vermutlich weil Sophie, gespielt von Maria Anna Miller, ihm auf der Bühne dankbar in die Arme zu sinken hat. Längst sinkt sie auch ohne Spielanweisung dorthin; sie ist bereits im dritten Monat schwanger von ihrem Prinzipal.

Vielleicht ist es ja bezeichnend, dass Eleonore Schikaneder zwar als Ophelia geschätzt wird, vor allem aber für naive Rollen gefeiert wird. Die tragische Muse Maria Anna Miller hingegen ist auch für das Fach *zärtliche Mütter* eingeteilt.

Wie man ankommt, weiß Schikaneder sehr genau, als Mann wie als Schauspieler oder als Regisseur. Zu Beginn des Dramas hört das Publikum, wie hinter dem geschlossenen Vorhang die Wachsoldaten in schweren Stiefeln *ihre letzte Runde um das Lager drehen* und dann Reveille geblasen wird, der Weckruf des Militärs. Zwischen den Akten lässt der Prinzipal im Bühnenhintergrund Feldmusik aufspielen. Diese Wirklichkeitsnähe prickelt. So etwas haben die Stuttgarter noch nie erlebt, und ein Kritiker lobt, dass Schikaneder *zur Beförderung der Illusion* solche *Theaterkunststücke* verwende.

Schikaneder und seine Leute triumphieren in Stuttgart über die Venezianische Messe und über die Vorurteile gegenüber allem Deutschen. Im Theaterkalender können sie wahre Hymnen über sich lesen. Der Prinzipal, heißt es dort, *hat von Natur aus einen Wuchs und eine Bildung, welche keine Rollen verderben können.*

Wie Mozart ist Schikaneder sich seines Talentes sicher und fühlt sich darin durch Anfeindungen oder Intrigen der Konkurrenten nur bestärkt. Er verstünde gut, was Mozart aus Paris schreibt: *Ich habe halt hier auch wieder meine Feinde. Wo habe ich sie aber nicht gehabt? – Das ist aber ein gutes Zeichen.* Doch während Mozart in Paris dazu neigt, sich beleidigt zurückzuziehen, nimmt Schikaneder Anfeindungen zum Anlass, in die Offensive zu gehen. Er prescht dreist vor, doch er weiß, wie viele Entschuldigungen und Erklärungen er danach abliefern muss, um die Wogen wieder zu glätten.

Zurück in Augsburg, schlägt er die Werbetrommel für sein neues Programm, holt sich am 15. September beim Almosen-Amt der Reichsstadt die Kaution zurück, die er dort als Garantie für den Dienstantritt hinterlegen musste, und die Schlüssel zum Theater. Auf die üblichen Formalitäten, Bemühungen um Genehmigungen und Antrittsbesuche verzichtet er, was ihm prompt einen Rüffel einträgt. Schikaneder redet sich heraus, er habe anfangs nur seine Reisekleider zur Verfügung gehabt, die gute Garderobe sei noch unterwegs gewesen, und in solcher Aufmachung habe er den Offiziellen nicht seine Aufwartung machen wollen. Aber schnell wird klar, dass er einfach keine Lust hat, sich den Entscheidungen der Theaterdeputierten zu beugen. Die empören sich über Schikaneders Eigenwerbung auf den Theaterzetteln, die ihnen marktschreierisch erscheint, und über seine Tricks, Publikum ins Theater zu locken, die sie als unredlich empfinden. Wozu muss ein Theaterdirektor auf dem Theaterzettel ständig Rollen als *lustig, überlustig* anpreisen, mit Superlativen um sich werfen, unter seinen Zuschauern silberne Gedenkmünzen und ein Lamm verlosen? Außerdem verübeln sie es ihm, dass er eigenmächtig verkündet hat, seine Saison am 17. September zu eröffnen, ohne dafür um eine Genehmigung ersucht oder die neuerlich fällige Kaution hinterlegt zu haben.

Auf solch eine Einmischung reagiert Schikaneder wie Mozart unduldsam. Er erklärt schriftlich, in Zukunft wolle er nur noch dem Magistrat Rechenschaft ablegen über sein Programm, seine Termine und seine Pläne. Das ist die Ankündigung einer Revolution. Die Deputierten beschweren sich sofort über den Komödianten, dessen Verhalten sie *niederträchtig* nennen.

Doch im Gegensatz zu Mozart ist Schikaneder ein Stratege. Er weiß, dass er genügend prominente Augsburger Bürger hinter sich hat, um solche Provokationen zu riskieren, allen voran Philipp von Rauner. Nach einigem Hin und Her erhält er sogar die Erlaubnis, während der Adventszeit an fünf Tagen zu spielen, allerdings nur Moralisches, *lauter lehrreiche, auch geistliche Stücke*, in denen seine Ehefrau und die Geliebte mit anschwellendem Bauch oft gemeinsam mit ihm auf der Bühne stehen, wie auch in Johann Christian Brandes' Lustspiel *Der Schein betrügt oder der liebreiche Ehemann*.

Am 9. Februar 1779, eine Woche vor Abschluss der Spielzeit, feiert Schikaneder den zweiten Hochzeitstag mit Eleonore. Einen Tag später wird im Augsburger Taufbuch ein Emanuel Jakob eingetragen. Als Eltern werden genannt: *Emanuel Schikaneder, verheirateter Schauspieler, und Maria Anna Millerin, Schauspielerin.*

Am 16. Februar endet die Saison mit dem Rekord von fünfundsiebzig Aufführungen in einem einzigen Winter, die Schikaneder mit seinen mittlerweile zweiunddreißig Leuten auf die Bühne gebracht hat. Einen Einnahmerekord kann er dennoch nicht verbuchen. Die Gesellschaft packt, um nach Neuburg an der Donau weiterzuziehen.

Für Schikaneder ist es höchste Zeit, Augsburg den Rücken zu kehren, bevor publik wird, dass er hier nicht nur künstlerisch fruchtbar war. Keine der beiden Rivalinnen, weder Maria Anna Miller noch Eleonore Schikaneder, hat die Truppe verlassen. Sie haben sich offenbar arrangiert. Vielleicht, weil sie von der dritten Frau nichts wissen. Schikaneder hinterlässt zwar keine verbrannte Erde wie Mozart, aber andere Spuren. Fünf Monate nach seinem Abschied kommt eine Augsburger Bürgerstochter namens Maria Göz mit einer Tochter nieder. Sie trägt die Vornamen von Schikaneders Frau, Maria Magdalena. Als Vater führt das Taufbuch auf: *Emanuel Schikaneder, verheirateter Schauspieler.*

Doch da ist Schikaneder längst in Nürnberg. Seine Frau hat er schon am 12. März dorthin geschickt, um bei der zuständigen Behörde persönlich vorzusprechen und die Spielerlaubnis zu ergattern. Hat er ihr das überlassen, weil er befürchtete, seine Streitigkeiten mit den Augsburgern könnten sich bis Nürnberg herumgesprochen haben? Hat er ihrem Charme mehr zugetraut als seinem selbstsicheren Auftreten? Oder hat er sie einfach aus dem Weg haben wollen? Sie war erfolglos zurückgekehrt, und welche Debatten sich die Nürnberger danach hinter geschlossenen Türen geliefert haben, kann Schikaneder nur mutmaßen.

Entscheidend ist, dass er die Bewilligung schließlich doch erhält und am 26. April die neue Saison eröffnen kann.

Offenbar haben die Nürnberger von Schikaneders Affären Wind bekommen. Zwei Schauspielerinnen seiner Truppe kennen sie bereits vom Moserschen Gastspiel: Eleonore Schikaneder und Maria Anna Miller. Ein Lobredner, der anscheinend die Querelen im Vorfeld vergessen machen will, widmet Schikaneder *Ein Biedermännisches Compliment* in Reimen, in dem er den Prinzipal in missglückten Versen freundlich warnt: *Doch nie – o Lieber, vergiß deine liebe Vertraute, / (ihr Weibchen mein ich, Herr Directeur)*. Allerdings begeistert auch der Verfasser sich für deren Konkurrentin und schwärmt von den rollenden Augen der *vortrefflichen Müllerin*. Sie habe offenbar mehr Temperament als Eleonore, die er eine *sanfte Herzensmeisterin* nennt.

Schikaneder genießt die weibliche Bewunderung und das Gefühl, sein Ziel erreicht zu haben. Das sollen auch die anderen sehen. Als der frisch gebackene Theaterdirektor seinen Bruder Urban besucht, mittlerweile Familienvater und Stadtmusiker in Freising, tritt er auf wie ein Kavalier: Er fährt mit eigener Kutsche und eigenen Pferden vor, trägt *seidene Strümpfe, Schuhe mit roten hohen Absätzen, gelbseidene Beinkleider, gelbseidene mit Silber gestickte Weste, einen Scharlachfrack, einen dreieckigen Hut mit weißen Federn geziert und einen Stahldegen an der Seite*, schildert später Urbans Sohn Carl, damals noch keine fünf, seine Eindrücke.

Die Leidenschaft für teure Kleidung teilt Schikaneder mit Mozart. In genau demselben Alter, er ist noch keine siebenundzwanzig, wird

Mozart seiner Gönnerin Martha Elisabeth Baronin von Waldstätten offenbaren, er brauche dringend einen besonders schönen roten Galarock, *damit es der Mühe wert ist, die Knöpfe darauf zu setzen.* Von den Knöpfen hat er bereits eine klare Vorstellung: Sie sind *aus Perlmutter, auf der Seite etwelche weiße Steine herum und in der Mitte ein schöner gelber Stein.* Mozart wird in demselben Alter bekennen: *Ich möchte alles haben, was gut, echt und schön ist!* Auch Mozart leistet sich in diesem Alter zwei eigene Pferde und eine eigene Kutsche, obwohl das sein Budget übersteigt und einem Mann in seiner Position auch nicht ansteht.

Doch Schikaneder bleibt bei allem Geltungsbedürfnis ein nüchterner Geschäftsmann. Das Nürnberger Theater ist *unansehnlich, klein und baufällig,* wie Friedel berichtet. Schikaneder muss genügend Spektakel bieten, um die Bürger der Stadt dorthin zu locken, die sich offenbar nicht im Klaren sind, ob sie Theater dieser Art überhaupt interessiert oder interessieren darf. Wie zuvor stehen Goethe, Lessing und Shakespeare auf dem Spielplan, daneben sichere Nummern wie die beiden Dramen von Möller, Lustspiele von garantierter Harmlosigkeit, zehn Opern, darunter zwei Melodramen nach antiken Stoffen, *Ariadne auf Naxos* und *Medea,* vertont von Georg Benda. Damit das Publikum nicht überfordert wird, bietet Schikaneder auch die von Duni komponierte komische Oper *Das Milchmädchen und die beiden Jäger,* die keine mythologische Vorbildung erfordern. Offenbar ist Schikaneder mit den Zahlen trotzdem nicht zufrieden. Er beschließt, nun wirklich auf die Pauke zu hauen. Ähnlich wie Mozart, der immer exakt weiß, wo zwischen Paris und Prag, Salzburg und Brüssel welches Werk besonders viel Beifall geerntet hat und welcher Pianist bei einem Tastenduell siegte, ist auch Schikaneder immer auf dem neuesten Stand. Er ist genau informiert, welche Schauspieler, Inszenierungen, Dramen und theatertauglichen Bücher für Aufsehen sorgen. Seit seinem Erscheinen vor drei Jahren erzielt der zweiteilige Roman eines schwäbischen Autors sensationelle Auflagen: *Siegwart. Eine Klostergeschichte.* Der sechsundzwanzigjährige Johann Martin Miller hat 1776 den größten Überraschungserfolg nach Goethes *Werther* gelandet mit diesem Abklatsch, in dem ein Großaufgebot unglücklich verliebter Paare im Kloster ihr Leben aushaucht oder ausröchelt. Diese Mischung aus Weltschmerz und Leidenschaft, Liebe und klösterlicher Entsagung erweist sich als Erfolgsrezept. Warum sollte man es nicht nachkochen?

Auf dem Anschlagszettel am Theater nimmt Schikaneder die Fragen des Publikums vorweg, die zwar den Bestsellerroman kennen, aber kein Drama dieses Namens. *Siegwart? hör' ich fragen. Wo blieb denn dieses Drama bisher, dass es nicht bekannt wurde?* Und stolz erklärt Schikaneder, nachdem er entdeckt habe, *wie beliebt der Roman Siegwart durchgehend ist*, habe er *gewagt, ein Stück daraus zu dramatisieren.*

Am 26. April 1779 war die Spielzeit eröffnet worden, und wieder einmal war Maria Anna Miller als Sophie in die Arme des Fürsten alias Schikaneder gesunken. Nun sind bereits vier Monate verstrichen, das Ende der Saison naht. Es wird Zeit für einen Kassenfüller. Kombinationen wie die des einaktigen Lustspiels *Das Winterquartier in Amerika* mit einem tragischen fünfaktigen Ballett nach Shakespeares *Macbeth*, das sich Schikaneders Ensemblemitglied Christian Hieronymus Moll ausgedacht hat, zeigen, dass der Prinzipal sein Publikum um jeden Preis unterhalten will. Schikaneder weiß, dass Unzers Trauerspiel *Diego und Leonore* in Hamburg Zuschauer und Kritiker begeisterte. Am 26. August spielt Schikaneders Gesellschaft mit dem Chef und seiner Frau in den Titelpartien das Stück vor ausverkauftem Haus.

Am 2. September verkörpern er und Eleonore in *Der junge Siegwart, I. Teil* eines der zahlreichen unglücklichen Liebespaare. Die vielen Affären hinter Klostermauern bescheren der Truppe das Ergebnis, das Schikaneder erhofft hat. Und Ärger, den er nicht erwartet hat.

Das Unheil zieht auf im Deutschen Haus, der Nürnberger Niederlassung des Deutschen Ordens, die mit ebenso viel Macht wie Geld ausgestattet ist. Der Erfolg, so Friedel, schürt *das Exkommunikationsfeuer im Busen des Vorstehers im deutschen Hause*. Georg Carl Adam von Hirschberg, Komtur des Ritterordens, sieht offenbar die öffentliche Moral gefährdet. *Der Schwarzrock im deutschen Haus schlug Zeter und Mordgeschrei über dieses Stück,* erinnert sich Friedel; Schikaneder samt seiner Gesellschaft wird mit dem Kirchenbann belegt. *Ich glaube, dass dies das einzige Beispiel in unseren Tagen ist, wo Vorurteil, Aberglaube und Dummheit einen Geistlichen zu solch einem Schritt verleiten konnte*, empört sich der Chronist.

73

Mozart ist etwas jünger, als er 1781 in Wien mit einem Geistlichen zusammenstößt, seinem Arbeitgeber, dem Salzburger Fürsterzbischof Colloredo, der samt Hofstaat in Wien zu Gast ist. Er findet, Graf Colloredo setze ihn hier *vor der ganzen Welt* herab und sei *nicht so gescheit, dass er einsieht, dass ihm das keine Ehre macht, denn man schätzt mich hier mehr als ihn.* Also beschließt er, es dem *hochmütigen, eingebildeten Pfaffen* zu zeigen. Als Colloredos oberster Kammerherr Graf Arco den Komponisten warnt, der Erzbischof halte ihn für überheblich, erwidert Mozart, das wundere ihn nicht, denn *wie man mit mir ist so bin ich es auch wieder.* Dem Vater erklärt er: *wenn ich sehe, dass mich jemand verachtet und gering schätzt, so kann ich stolz sein wie ein Pavian.* Ergebnis: Graf Arco wirft den Pavian mit einem Tritt in den Hintern zur Tür hinaus. Mozart sieht keinerlei Grund, zu Kreuze zu kriechen, er träumt vielmehr davon, Arco seinerseits einen *Tritt im Arsch* zu geben, *und sollte es auf öffentlicher Gasse geschehen.* Die Schuld liegt für ihn bei Colloredo, der unfähig sei, *mit Leuten von Talenten umzugehen.* Dass Mozarts Hinauswurf ausgerechnet im Deutschordenshaus geschieht, ist nicht mehr als ein Kichern der Geschichte. Dass er sich jedoch damals nicht und auch später nie so diplomatisch wie Schikaneder verhält, ist ein Hinweis darauf, dass er diesen Mann an seiner Seite brauchen kann.

Schikaneder hat für sechsundzwanzig Leute zu sorgen und ist sich dieser Verantwortung vollauf bewusst. Ihm ist klar, dass die Exkommunikation der Schikanederschen Gesellschaft jedem Nürnberger, der für einen moralischen Bürger gehalten werden will, verbietet, irgendeine von deren Vorstellungen zu besuchen; für jeden katholischen ohnehin, wenn er nicht ebenfalls mit Kirchenbann belegt werden will. Also lenkt der Prinzipal ein. Der Komtur lässt sich bitten, mehrmals. *Erst nach vielen submissen Gegenvorstellungen ließ sich der Herr im schwarzen Rocke und blutigen Hirn bewegen, diesen Bann und das Verbot, die katholische Kirche in Nürnberg zu besuchen, wieder aufzuheben,* schnaubt Friedel, solidarisch mit Schikaneder.

Die unterwürfige Geste zahlt sich aus. Der Skandal ist in Nürnberg Tagesgespräch geworden und die Sensationslüsternheit spült nun auch Menschen ins Theater, die es sonst schwerlich betreten hätten. Schikaneder beschließt am 27. September 1779 sein Nürnberger

Gastspiel mit Gewinn und nicht ohne Ironie: Das letzte Stück heißt *Die abgedankten Offiziere*, und der Prinzipal spielt einen abgedankten Hauptmann. Er weiß, dass seine Truppe ihren Erfolg vor allem seiner Frau verdankt. Ihre Darstellung der Titelpartie in *Diego und Leonore* wurde mit einem Gedicht bejubelt. Und in der Rolle des Milchmädchens Röschen hat sie ein Nürnberger Kupferstecher verewigt. Dieses Porträt seiner angeheirateten Hauptdarstellerin präsentiert Schikaneder zwar stolz der Freisinger Verwandtschaft und anderen Bewunderern, doch eine Nebendarstellerin, spezialisiert auf Mütter, Betschwestern und Kupplerinnen, zieht ihn mehr an. Dass sie mit Franz Moll verheiratet ist, stört ihn nicht, und dass sie von ihrem Mann bereits zwei Kinder hat ebenso wenig. Kinderdarsteller kann man immer brauchen. Als die Schikanedersche Gesellschaft Ende September 1779 Nürnberg verlässt, ist Juliana Moll im dritten Monat schwanger.

IV

Laibach, Klagenfurt, Linz & Salzburg 1779–1781
Das Populäre

Schikaneder als Verführer: auf einer Schützenscheibe, die für das traditionelle Bölzlschießen im Hause Mozart hergestellt wurde, vermutlich nach den Angaben von Madame Maresquelle, als Tänzerin Mitglied in Schikaneders Truppe. Sie hatte mitbekommen, wie er in Linz ein Mädchen sitzen ließ.

Als Emanuel Schikaneder Anfang Dezember 1779 in Laibach, Herzogtum Krain, ankommt, hat er die erste große Reise seines Lebens hinter sich. Um die tausend Kilometer. Er ist nun achtundzwanzig Jahre alt, und bis auf die Saison in Innsbruck hatte er den süddeutschen Raum bislang noch nicht verlassen.

Mozart hatte mit dreizehn schon Wien und London, Brüssel und Zürich, Mailand und Brünn, Antwerpen und Rom, Neapel und Genf, Rotterdam und Venedig kennengelernt und bis zu diesem Jahr 1779 um die 25 000 Kilometer Landweg zurückgelegt. Doch auch wenn sein Steiß in der Kutsche wund wurde, er um seine *Zwetschgenkern*, sprich Hoden bangte, manches Zimmer feucht und ungeheizt war und unterwegs auch mal kaltes Hähnchen oder getrocknete Feigen als Wegzehrung herhalten mussten, die Reisen Mozarts waren organisiert – von seinem Vater. Jede Übernachtung, jede Einkehr, jeder Auftritt war genau geplant, die Kontakte zur Presse, zum Adel, zu den Drahtziehern im Hintergrund hatte Leopold Mozart im Voraus festgelegt; überall hatte er Freunde, Bekannte, Bekannte von Bekannten, die auch kostenlos Logis gewährten. Und selbst bei Mozarts letzter Reise, von der er in diesem Jahr zurückkehrte, der ersten *ohne* den Vater, hatte dieser aus der Ferne Regie geführt. *Fort mit Dir nach Paris!* hatte er dem Sohn befohlen, der in Mannheim an Aloisia klebte, anstatt die Kredite des Vaters abzuzahlen. Sechs Monate und viele Ausgaben später: *Meine Schulden müssen bezahlt sein; bei dem Empfang dieses Briefes wirst Du abreisen.*

Nun hängt Mozart in Salzburg fest und zahlt von seinem Hoforganistengehalt, mittlerweile immerhin 450 Gulden im Jahr, zusammen mit Vater und Schwester die Kredite zurück, denn der Vater hat erklärt: *Ich bin deiner Projekte müde.* Er muss damit zurechtkommen, dass sein eigener Manager nun seine Karriere blockiert.

Wäre er mit Schikaneder gereist, sähe es anders aus. Der musste seine große Reise wie die kleinen zuvor selbst organisieren, nicht nur für sich und seine Frau, auch für die mittlerweile 45 Personen seiner Truppe. Er hat von Kindesbeinen auf gelernt zu sein, was Mozart niemals werden wird: selbstständig.

Ende September, als Schikaneder mit seinen Leuten den kurzen Weg nach Rothenburg ob der Tauber zurücklegte, war das Reisen noch angenehm gewesen. In Rothenburg hatten sie genau das gefunden, was sie sich erhofft hatten – Langeweile. Die ehemals lebenspralle Stadt ob der Tauber hatte sich von den Verheerungen der Kriege nicht erholt. Das Leben dort kostete nichts. Ein idealer Ort, um neue Stücke zu probieren und Kräfte zu sammeln für die nächsten Auftritte in der Nürnberger Wintersaison.

Doch dann hatte Schikaneder ein Brief erreicht, der alle Pläne umwarf. Absender war jener kaiserliche Minister General von Ried, für den Schikaneder in Augsburg gegen das Aufführungsverbot verstoßen und ein Sonderprogramm auf die Bühne gebracht hatte. Das hatte sich Ried gemerkt. Als er gebeten wurde, eine Schauspielergesellschaft zu suchen, die im Ständetheater von Laibach in der Wintersaison ein gutes Programm bieten könnte, wandte er sich an Schikaneder. Er wusste einen Mann in seinem Rücken, der über Geld und Macht verfügt: Sigmund Zois Baron von Edelstein, reichster Bewohner des Herzogtums Krain, Gelehrter, Metallurg, Schriftsteller, Besitzer von Berg- und Eisenwerken und Mäzen. Er ist Hauptaktionär des Deutschen Theaters dort.

Argumente, die gegen Laibach sprachen, hatte es einige gegeben. Aber ein unschlagbares, das dafür sprach: General Ried hatte seiner Einladung 1400 Gulden Reisegeld beigelegt. Mozart wäre damit allein mit seiner Mutter nicht durchgekommen auf seiner letzten Reise. Obwohl er dem Vater insgesamt 1000 Gulden Schulden zumutete, drei Uhren versetzte, überall Auftrittshonorare in Preziosen oder bar kassierte, in Mannheim mindestens 1000 und in Paris im ersten halben Jahr 3000 bis 4000 Gulden einnahm, brauchte er zuletzt noch den Notkredit des Vaters auf.

Schikaneder hatte auf Rieds Brief hin den Nürnbergern abgesagt und sich mit seiner Mannschaft, die um eine Balletttruppe angewachsen war, auf den Weg nach Südosten gemacht. Ihm war bewusst, was das hieß. Mehr als zehn Kilometer bewältigt keine

Kutsche in der Stunde, oft sind es nur acht, bergauf noch weniger. Der Pferdewechsel an den Poststationen kann bis zu zwei Stunden dauern. Üblicherweise rechnen Reisende damit, an einem Tag bestenfalls 75 Kilometer weiterzukommen. Für die Strecke, die Schikaneders Gesellschaft zu bewältigen hatte, mussten zwölf Tage veranschlagt werden, wenn alles glatt ging. Doch schon zu Beginn stellten sich Hürden in den Weg. Weil ein Reisewagen zu wenig vorhanden war, hatten die Männer die Strecke bis Augsburg auf einem Leiterwagen zurücklegen müssen; den Frauen, darunter der nun sichtbar schwangeren Juliana Moll, wurde der bequemere Wagen überlassen.

Als die Schikandersche Gesellschaft am 29. November in Innsbruck eintraf, ahnten die meisten, dass die Weiterreise keine Ausflugsfahrt werden würde. Der Weg ins Herzogtum Krain führte durch hochgelegene Täler in Süd- und Osttirol, in denen der Winter früh einbrach. Die Fahrt durch das Pustertal verlief noch glimpflich, dann ging es weiter durchs Gailtal, mehr als 700 Meter über dem Meeresspiegel gelegen, im Süden von den Karnischen, im Norden von den Gailtaler Alpen begrenzt ... *wir waren schon fast an der Grenze zu Kärnten*, notierte der Schauspieler Jakob Neukäufler, *als auf einmal so viel Schnee fiel, dass die Kutschen auf Holzschlitten gepackt und angebunden werden mussten, nur um fortzukommen. Und das Schlimmste war, an der ganzen Straße kein deutsches Dorf mehr, alles sprach slawisch. Es war sieben Uhr abends, als wir in eine solche Ortschaft kamen. Stockfinstre Nacht, und nirgendwo ein Wirtshaus zu sehen.* Der Ort, unweit von Hermagor am Pressegger See, in dem sie gelandet waren, bestand nur aus ein paar Häusern und der gotischen Kirche Sankt Stephan, einem Bau, dessen Größe und Ausstattung verriet, dass es sich ursprünglich um eine Eigenkirche des hiesigen Adels gehandelt hatte.

Neukäufler, kein bedeutender Schauspieler und mit 26 Jahren für das Fach *Väter, Greise und Pedanten* eingeteilt, hatte sich unterwegs als wichtiger Verbündeter Schikaneders erwiesen, vielleicht weil er Ähnliches hinter sich hatte. Auch er, Sohn eines Freisinger Schuhmachers, war in Bayern in einfachsten Verhältnissen groß geworden, war aufs Jesuitengymnasium gegangen, hatte wie Schikaneder dort Theaterspielen gelernt. Allerdings hatte er keinen Beruf daraus gemacht, sondern war als Novize ins Landsberger Jesuitenkolleg eingetreten. Dort hatte er bis zur Auflösung des Ordens 1773 einen Dienst verrichtet, der Demut lehren sollte. Der kleinste Fehler wurde geahndet; der Sünder wurde *im Speisezimmer mit Bodensitzen oder Knien abgestraft. Man brachte dem Büßenden ein irdenes Geschirr, worin ein Stein lag, und stellte daneben einen Wasserkrug.* Daran erinnerte sich Neukäufler ein Leben lang, und auf einer langen Reise wie dieser gab es viele Gelegenheiten, einander von früher zu erzählen. Dabei dürfte sein bayerischer Landsmann davon erfahren haben, welch unfrohem Dasein der Schauspieler entronnen war. Zwölf Jahre später wird Schikaneder für die *Zauberflöte* einen Wortwechsel niederschreiben, den er als Papageno mit den drei strengen Damen führt, nachdem er sich mit einer Heldentat gebrüstet hat, die sie vollbracht haben.

Papageno: Hier, meine Schönen, übergeb' ich euch meine Vögel.
Erste Dame (reicht ihm eine Bouteille Wasser): Dafür schickt dir die Fürstin
    heute zum ersten Mal statt Wein …
Papageno: Was?
Erste Dame: … Wasser!
Zweite Dame: Und statt Zuckerbrot diesen Stein.

Nach solchen Erfahrungen war Neukäufler gerne bereit, auch unbezahlte Arbeiten für seinen Direktor zu übernehmen, zum Beispiel die Rolle des Quartiermachers.
    Wir glaubten schon, in der Kutsche übernachten zu müssen, als ich plötzlich die Kirche erblickte. Hallo, dachte ich, wo eine Kirche ist, muss auch ein Pfarrer oder zumindest ein Ortsgeistlicher sein, und das Haus dort hinten sieht einem Pfarrhof ähnlich. Ich ging hin, klopfte an und der Knecht kam. Als er hörte, dass ich deutsch sprach, murmelte er: ‹No rosemi› und schlug mir die Tür vor der Nase zu. Doch als ehemaliger Jesuit konnte er sich mit dem Geistlichen anders verständigen. *He! Domine Paroche!*, schrie der Schauspieler den Pfarrer herbei und verhandelte mit ihm auf Lateinisch. *Der Pfarrer erschrak, als er die Mengen Menschen erblickte,* aber er wusste eine Lösung: Er streute Stroh in die Zimmer, legte frische Leintücher drauf und gab an die Frauen Kopfkissen aus. Die Pfarrersköchin war offenbar auf Überfälle dieser Art vorbereitet, denn es gelang ihr, 45 Leute mit *Fastenspeise* zu verköstigen. Sie kredenzte *Rahmsuppe, für jeden drei weichgekochte Eier und dann abgeschmälzte ge-*

schnittene Nudeln nebst Fischen in einer gut zubereiteten Buttersauce, Eier-
kuchen, gebackene Forellen mit Kartoffelsalat. Der Pfarrer hatte ein Fass
Wein aus seinem Keller kommen lassen. Und der Prinzipal der
Truppe sorgte dafür, dass er auf seinen Kosten nicht sitzen blieb. *Jeder,
der seinen irdenen Krug vor sich bekam, zahlte sogleich seinen Wein. So
wollte es Herr Schikaneder, damit keine Irrung entstünde. Es war ein italienischer Wein, das Maß um 12 Soldi, also nicht teuer. Auch vier Laib sehr
schmackhaftes Brot wurden aufgetragen und ebenfalls gleich bezahlt.* Der
Pfarrer wurde nicht nur mit Arien aus bekannten Opernchören und
Liedern entlohnt: *Herr Schikaneder fragte um unsere Zeche.* Wein und
Brot waren bereits entgolten. *Schikaneder beglich die ganze Zeche für alle
und bestellte gleich auf den folgenden Tag Kaffee für die Damen. Dann zahlte
er für die Kutscher und die Pferde im Stall, gab in der Küche ein gutes Trinkgeld und ebenso den Knechten.*

Obwohl jünger als viele seiner Leute, war dem Prinzipal bewusst,
dass er mit gutem Beispiel vorangehen und dem schlechten Leumund
des *fahrenden Gesindels* entgegenwirken musste.

Doch die Weiterreise war beschwerlich geworden. Der Schirokko
hatte Schnee und Eis weggeschmolzen, *die Straße war mit Kot und
Wasser bedeckt. Mit den Schlitten war nicht mehr fortzukommen.* Die
Frauen wurden auf kleine Bauernwagen verfrachtet, von zusätzlich
angespannten Ochsen die lange Strecke bergauf gezogen, die Män-
ner gingen zu Fuß. Bei der Post Krainburg angelangt, *bezahlte Herr
Schikaneder die Innsbrucker Lohnkutscher, gab jedem von ihnen ein gutes
Trinkgeld, denn sie hatten Strapazen genug ausgestanden.*

Danach war seine Gesellschaft mit Postkutschen weitergefahren
und hatte schließlich Laibach erreicht, wo sie im *Wilden Mann* Zimmer bezog.

Dort warteten die Theaterbegeisterten schon sehnsüchtig auf die
Truppe. Seit fünfzehn Jahren verfügte Laibach über ein Theatergebäude, weil die Regentin Maria Theresia und Kaiser Franz Stephan
ihren Besuch angekündigt hatten; in nur sechs Monaten hatte Lorenz
Prager die ehemalige Reitschule zu einem Theater umgebaut. Doch
der Kaiser war auf dem Weg hierher in Innsbruck gestorben, worauf
seine Gemahlin nach Wien zurückgekehrt war. Was blieb, war ein
Theater mit achthundert Plätzen für die 8000 Einwohner von Laibach; ein Luxus, den sich Sigmund Zois einiges kosten ließ.

Dafür will er aber auch eine Gegenleistung sehen. Kaum wird dem Regierungschef Graf Kuhn die Ankunft der Gesellschaft gemeldet, lässt er Schikaneder zu sich rufen, um zu erfahren, wann die erste Vorstellung stattfinden soll. Doch der Prinzipal muss ihn vertrösten, der Gepäckwagen mit allen Kostümen und Textbüchern ist noch nicht eingetroffen. Drei, vier Tage vergehen ohne eine einzige Aufführung, und Schikaneder weiß so gut wie Neukäufler, dass so etwas die Truppe in Misskredit bringt. Neukäufler hört, was in der Stadt geredet wird: *Es wird wohl schon wieder so eine Komödienbagage sein.*

Die Lücke wird überbrückt mit Stücken, die in einer örtlichen Buchhandlung aufzutreiben sind, Behelfskostüme werden geschneidert, bis endlich der Wagen nachkommt.

Mäzen Zois ist ein Liebhaber der italienischen Oper und der slawischen Sprache und übersetzt oft Arien ins Krainische, einen slawischen Dialekt. Diese Vorlieben zu bedienen ist Schikaneder unmöglich, doch anders als Mozart ist er ein Mann der Kompromisse. Also verleugnet er seine Leidenschaft, mit deutschen Stücken gegen das anzugehen, was Mozart den *welschen Paroxismus* schimpft. Er trägt der Musikbegeisterung der Laibacher Rechnung und präsentiert ein bunt durchgemischtes Programm. Opern, Singspiele, Melodramen, Ballette, Tragödien und Lustspiele von deutschen und englischen, italienischen und französischen Dichtern wie Komponisten. Ihm ist bewusst, dass hier wenig gebildete Klientel auf ihn wartet, setzt auf Überraschungseffekte und auf alles was schimmert und glänzt, wie Neukäufler notiert. Zu Glucks *Orpheus und Eurydike* kündigt er ein Ballett an, *wie das Laibacher Publikum in dieser Größe noch keines gesehen hatte.* Die Furien betreten die Bühne mit lodernden Köpfen. *Die Kappen brennen!*, schreit alles und gerät in Panik. Die gesamten Einbauten des Theaters, Stiegen, Geländer, Brüstungen und der ganze Bühnentrakt, bestehen aus Holz, die fünfzig Logen in zwei Rängen sind bedrohlich eng. Die Zuschauer springen auf, drängen zum Ausgang. Da tritt Schikaneder auf die Bühne, nimmt einer Furie ihre Kappe ab, hält sie vor sich, setzt sie selbst auf und zeigt, dass sie aus Blech besteht und *nur oben ein in Spiritus getauchter Schwamm* brennt. Die Folge: *allgemeines Gelächter* und in den nächsten Wochen Zulauf auch von solchen, die sonst nicht ins Theater gehen.

Schikaneders Komödianten machen einen guten Eindruck auf die
Laibacher Theaterleiter, und den wollen die Komödianten nicht be-
schädigt sehen; deshalb halten sie zusammen. Auch am 16. März
1780, als in der Laibacher Sankt Peterskirche der Sohn von Juliana
Moll auf die Namen Jakob Emanuel getauft wird. Ihr Mann Franz
Moll, mit dem sie bereits einen Sohn und eine Tochter hat, die als
Kinderdarsteller bei Schikaneder auftreten, will sich offenbar keinen
Bastard unterschieben lassen, während Schikaneder nach außen hin
seinen Ruf als Ehemann wahren möchte. Gut, dass er einen treuen
Verbündeten unter seinen Leuten besitzt, der sich als Vater ins Taufbuch eintragen lässt: Jakob Neukäufler. Als Paten stellen sich Eleonore und Emanuel Schikaneder zur Verfügung. In der Truppe weiß
wohl jeder Bescheid, aber die Laibacher Honoratioren müssen nicht
erfahren, dass der Prinzipal Vater des Kindes ist. Bei der Taufe lässt er
sich durch ein Ensemblemitglied vertreten, vielleicht um der Situation die Peinlichkeit zu nehmen. Obwohl der korrekte Kirchenange-
stellte hinter dem Namen der Eltern nicht *conjuges*, Verheiratete, einträgt, ist später ein anderer so freundlich, dem Täufling den Vermerk
filius legitimus zu gönnen.

Als die um einen Säugling angewachsene Truppe nach Ostern die
Stadt in der Krain verlässt, um ein kurzes Gastspiel in Klagenfurt
einzulegen, hat Schikaneder ein Empfehlungsschreiben der Laibacher Theaterleitung in der Tasche und einen neuen Vertrag für das
kommende Jahr. Bereits von Laibach aus hat er sich um die Spielerlaubnis in Linz und erneut in Salzburg beworben, doch der Hofrat
des Fürsterzbischofs, der die Spielerlaubnis vergibt, gestattet ihm vorerst nur, ab 15. Juli *seine Schauspiele 4 Wochen lang auf Probe hier aufführen zu dürfen*. Wahrscheinlich sollen damit die als unersättlich bekannten Salzburger Theaterfreunde besänftigt werden, denn der
Prinzipal Johann Böhm ist mit seiner Truppe schon am 28. März ab-
gewandert. Eine Theaterpause von einem halben Jahr, bis in der
zweiten Septemberhälfte die neue Spielzeit beginnt, könnte für mehr
Unmut sorgen, als dem ohnehin unbeliebten Fürsterzbischof Hieronymus Graf Colloredo genehm sein kann.

Als Schikaneder nach Salzburg weiterreist, weiß er, dass man ihn
dort an strengeren Maßstäben messen wird als in Laibach oder Kla-

genfurt, denn Salzburg ist keineswegs das Kaff im Tiefschlaf, als das
es Mozart ein Jahr später hinstellen wird. Da behauptet er, es gebe in
Salzburg für *keinen Kreuzer Unterhaltung*, und schimpft, *wenn doch wenigstens ein Theater da wäre, das was hieße, denn darin* bestehe *derzeit seine
ganze Unterhaltung* in Wien, während er in Salzburg immer vergebens
nach 100 Unterhaltungen seufze. Dass Wolfgang in demselben Brief bekennt, er *hasse den Erzbischof bis zur Raserei*, ist kein Zufall. Salzburg
ist farbloser und stiller geworden, seit Colloredo 1772 nach dem Tod
von Sigmund Graf Schrattenbach das Amt des Erzbischofs übernommen hat. Schrattenbach sah aus wie ein greises Kind und benahm
sich auch so. Colloredo ist ein distanzierter Mann, sein Vorbild ist
Joseph II., seine Ideale sind Sparsamkeit und Nüchternheit. Trotzdem erlebt Johann Kaspar Riesbeck, ein Reisender mit Anspruch,
das Salzburg dieser Jahre nicht anödend. *Alles atmet hier den Geist des
Vergnügens und der Lust. Man schmaust, tanzt, macht Musiken, liebt und
spielt bis zum Rasen, und ich habe noch keinen Ort gesehen, wo man mit so
wenig Geld so viel Sinnliches genießen kann*. Auch der Fürsterzbischof
selbst wirbt, wenn auch unfreiwillig, für seine Stadt: Die Gotteshäu-
ser dort stünden leer, klagt er, denn *das zur Lustbarkeit und Gelächter
vorbereitete Volk füllt die Wirts- und Zechhäuser von unten bis oben* an und
die Saufgelage dauern bis spät in die Nacht fort.

Das klingt nach einer Stadt, in der sich Schikaneder wohlfühlen
könnte. Weniger dürfte ihm wohl das Hoftheater am Hannibalplatz
gefallen. Von außen sieht man dem Gebäude an, dass es wie das Regensburger Theater früher für Ballspiele genutzt wurde, und innen
spürt man, dass Colloredo Theater und alles, was dazugehört, am
liebsten ganz verbieten würde. In der Residenz, in der Universitäts-
aula und fürstlichen Privathäusern hat er Ballett-, Theater- und
Opernaufführungen untersagt. Ganz aber darf er den Salzburgern
diese Freude nicht nehmen, nachdem er den Großteil ihrer Vergnügungen gestrichen hat. Kostengründe, die er angesichts leerer Kassen
anführt, kann er für seine Steuerreform geltend machen, auch noch
dafür, dass er Bälle im Rathaus untersagt oder die vielen Feuerwerke
in der Sommerreitschule, nicht aber für seine übrigen Verbote. Keine
Messe darf mehr länger als fünfundvierzig Minuten dauern, was den
Komponisten die Arbeit verleidet. Viele Dekorationen wurden aus
den Kirchen und Kapellen der Stadt entfernt, pompöse Beerdigun-

gen ebenso untersagt wie prunkvolle Prozessionen und aufwändige Passionsspiele.

Sparen ist notwendig. Während der achtzehnjährigen Amtszeit von Colloredos Vorgänger hatte Salzburg die Auswirkungen des Siebenjährigen Kriegs zu spüren bekommen und dann in den letzten beiden Jahren zwei schwere Missernten des Landes verkraften müssen. An Schrattenbachs verschwenderischem Stil hatte das allerdings wenig geändert. Der Durchbruch des Neutors durch den Fels des Mönchsbergs hatte ein Vermögen verschlungen.

Die angespannte finanzielle Lage hat nun Colloredo zum Anlass genommen, die seiner Ansicht nach haltlose Vergnügungssucht seiner Untertanen zu bremsen. Zu verbieten gibt es hier viel, denn die Salzburger sind nicht nur versessen auf Feuerwerke, Bälle, Jahrmärkte und Schaustellerei, auf die klassischen Brettspiele, Kartenspiele, Kugelspiele, Legespiele, Würfelspiele, Gesellschaftsspiele, Pfänder- und Rätselspiele, sondern auch auf die in Colloredos Augen verbrecherischen Lotteriespiele.

Nur widerwillig hat Colloredo das baufällige Lodronsche Ballhaus restaurieren und als Hoftheater eröffnen lassen, doch es bietet weder höfischen Glanz noch genügend Raum für die Theaterliebhaber in der Stadt. Mehr als siebenhundert Leute können keinesfalls hinein gequetscht werden. Einziger Schmuck sind ein paar Statuen und Säulen, die nichts zu tragen haben als das dünne Brett vor dem Vorhang mit dem Wappen des Fürsten. Auch ein festes Ensemble spart sich Colloredo. Schließlich gibt es genügend Wandertruppen, gerade im süddeutschen Sprachraum. Doch nicht allzu viele zieht es in die Stadt an der Salzach. Es hat sich herumgesprochen, dass Colloredo das Theater als Bildungsanstalt verstanden wissen will und mit seinen Vorschriften die künstlerische Freiheit empfindlich einengt, vor allem was erotische Anspielungen oder Possen betrifft. Das *Laster*, so die Vorschrift, müsse *hassenswert*, die *Tugendhaftigkeit begehrenswert* dargestellt werden. Hanswurstiaden sind verpönt, Singspiele und Opern suspekt. Kaum eine der vom Hofrat zugelassenen Truppen hält es hier lange aus, denn Colloredos Vorschriften nehmen den Stücken alles, was Publikum bringt, und wer drei Wochen vor halbleerem Haus spielt, fährt nur Verluste ein. Ein Vorteil dieses raschen Wechsels ist, dass die Salzburger sich einen Überblick verschaffen

*In das sogenannte Tanzmeisterhaus am Makartplatz 8, ehemals Hannibal- bzw.
Ballplatz, zog Leopold Mozart mit Sohn und Tochter im Herbst 1777 ein. Am
16. Oktober 1944 zerstörte ein Bombenangriff der Alliierten das Gebäude, bis auf
den großen Tanzmeistersaal, in dem Schikaneder am Schützenfest teilgenommen
hatte. Erst ab 1989 wurde dieses Haus originalgetreu rekonstruiert.*

konnten über das, was an Wandertheatern derzeit auf dem Markt ist.
Ihr Urteilsvermögen ist geschärft. Die Truppe von Böhm, die zuletzt
hier gastierte, hatte auf hohem Niveau gespielt, musste aber vom Erzbischof unter Strafandrohung genötigt werden, zu bleiben und den
Vertrag einzuhalten.

Doch schräg gegenüber vom Hoftheater, auf der anderen Seite des
Hannibalplatzes, befindet sich ein Haus, das nach Schikaneders Geschmack ist. Tanzmeisterhaus nennen es die Salzburger. Was die drei
Bewohner, der Vater, die Tochter und der Sohn, dort am Tag des
Herrn und an den Feiertagen regelmäßig treiben, müsste Colloredo
als Dienstherrn von Vater und Sohn empören und Schikaneder begeistern. In dem großen Saal des ersten Stocks, wo früher Tanzunter-
richt erteilt wurde, verkehrt eine bunt gemischte Gesellschaft. Die
erwachsenen Kinder des erzbischöflichen Leibarztes Dr. Silvester
Barisani, die Tochter des Spezereiwarenhändlers in der Getreide-
gasse, der Abbé Bullinger, Hauslehrer des Grafen Arco, Musiker-
freunde, die Töchter des Hofzuckerbäckers und des Hofchirurgen,
durchreisende Sänger und Librettisten, junge Damen, denen der

junge Hausherr nachstellt, Schauspieler und Tänzer vom Theater vis à vis: Sie alle befassen sich ein paar Stunden lang mit nichts anderem als Essen und Trinken, derben Witzen und Schlüpfrigkeiten, Kartenspielen und Bölzelschießen. Danach geht die *Bölzelschützen-Compagnie* aus dem Tanzmeisterhaus entweder spazieren oder ins Theater. Das Bölzelschießen zu untersagen hat Colloredo noch nicht gewagt, denn ein Verbot würde ähnliche Folgen zeitigen wie eine Verdoppelung des Brot- und Bierpreises. Nicht mehr in Wirtshäusern und Bierkellern, aber im privaten Rahmen lässt Colloredo den Salzburger Lieblingssport zu.

Um beim Bölzelschießen mitmachen zu können, wo aus einem Luftdruckgewehr Bolzen mit bunten Federn auf bemalte Scheiben abgeschossen werden, muss der Teilnehmer allerdings zuerst die Gesetze der jeweiligen Bölzelschützengesellschaft anerkennen, die 22 Spielregeln lernen und turnusmäßig den Bestgeber spielen, der die Schießscheibe malen lässt und den ersten Preis für den besten Schützen spendiert. Üblicherweise handelt es sich dabei um einen Gulden, doch inzwischen steht es in Salzburg unter Strafe, um mehr als 20 Kreuzer zu spielen. Im Tanzmeisterhaus sind es 36 Kreuzer, fast doppelt soviel wie erlaubt ist und genauso viel wie eine Theaterkarte im *Parterre noble* gegenüber kostet. Wer teilnehmen will, braucht außer Kleingeld eine eigene Windbüchse und die Begabung, anzügliche Sprüche zu verfassen, denn die werden mit einer pikanten Szene auf die Schießscheibe gemalt. Kein Zweifel, hierher passt Schikaneder.

Seit drei Jahren wird das Tanzmeisterhaus von Leopold, Maria Anna, genannt Nannerl, und Wolfgang Mozart bewohnt, denen als Theaternarren die Nähe zum Schauspielhaus gelegen kommt. Gerne laden sie Leute der gerade gastierenden Truppe zum Bölzelschießen ein. Auch Schikaneders Vorgänger Johann Böhm war oft zu Gast, allerdings mit Gattin. Schikaneder taucht lieber ohne seine Frau auf, manchmal mit alleinstehenden Ensemblemitgliedern, gerne weiblichen, nur schwanger sollten sie nicht sein. Das kann nicht verhindern, dass sich Schikaneders einschlägiger Ruf in Salzburg verbreitet.

Leopold Mozart geht zwar hart ins Gericht mit Alkoholikern wie Michael Haydn, die angeblich *besoffen* an der Orgel sitzen, oder mit den Weberischen, die er liederlich findet, ohne sie zu kennen. Doch

Leopold Mozart (1719–1787). Franz Laktanz Graf Firmian (1709–1786), später Schlossherr von Leopoldskron, ein Neffe des Salzburger Erzbischofs Franz Anton Freiherr von Firmian, war Porträtsammler und selbst begabter Porträtist. Er zeichnete dieses Bildnis um 1762.

er ist keineswegs ein schmallippiger Asket. Wie Schikaneder wurde er von den Jesuiten erzogen und hat sich von ihnen distanziert; wie Schikaneder lässt er sich aber gern anmerken, dass er dort Altgriechisch und Latein gelernt hat, und auch er kennt die Werke der Aufklärer. Obwohl der Theaterdirektor nur fünf Jahre älter als Leopolds Sohn ist, tritt er bei aller Selbstsicherheit immer verbindlich auf, ist ein Unternehmer, der rechnen kann, und ein Theaterpraktiker. Kein schlechter Umgang für seinen Wolfgang.

Menschlich wie künstlerisch gelingt es Schikaneder, in Salzburg zu überzeugen; er erhält nun die offizielle Zusage für die Herbstsaison. Und bei seinem vorläufigen Abschied weiß er wohl auch schon, wo er sich zukünftig am Sonntagnachmittag vor der Theateraufführung amüsieren wird.

Mozarts Schwester Maria Anna Mozart, genannt Nannerl (1751–1829), später verheiratete von Berchtold zu Sonnenburg, war nicht nur eine virtuose Pianistin und eine in Salzburg äußerst gefragte Klavierlehrerin, sondern wie ihr Bruder und ihr Vater theaterbegeistert. Das damalige Theater lag gegenüber vom Tanzmeisterhaus, dort, wo heute das Stadttheater steht (anonymes Porträt, ca. 1785).

Als er im August 1780 in Linz eintrifft, muss Schikaneder sich als ein erfahrener Theaterleiter fühlen, dem nicht viel passieren kann. Auch hier hat er sich mit Bedacht um Auftritte im Sommer bemüht. Nicht nur weil dann das Wassertheater dort, in eine alte Scheune eingebaut, weniger zugig ist, sondern vor allem weil um den 24. August, den Bartholomäustag herum, seit bald vierhundert Jahren ein vierwöchiger Markt in Linz stattfindet, der zu den größten im Heiligen Römischen Reich zählt. Gehandelt wird dort vor allem mit Tuch, Eisen, Häuten, Honig, Wachs, Salz, Wein und Getreide. Eigentlich handelt es sich beim Bartholomäimarkt um eine Messe für den Fernhandel, die Geschäftsleute von weither anzieht. Am Abend wollen sie unterhalten werden, angeblich anspruchsvoll. Das Publikum hier, notiert Neukäufler, sei jetzt, zur Zeit der Messe, *zahlreicher und gebildeter als in Klagenfurt und Laibach* und *das Militär auf die Vorstellungen abonniert*; später im Jahr ziehe sich dann das Militär in ein Lager und die adlige Gesellschaft auf ihre Güter zurück. Eins aber ist zu Schikaneder wie Neukäufler offenbar nicht durchgedrungen: dass ihre Zeitgenossen lästern, die Linzer würden sich selten die Augen mit Lektüre und die freie Zeit mit Kultur verderben; mit österreichischem Wein im Glas, einem Braten auf dem Teller und dem neuesten Familienklatsch im Ohr seien sie zufrieden. Dennoch ist Schikaneder hier zu Beginn erfolgreich. Die Linzer wissen die Vielseitigkeit der Schikaneder-schen Truppe zu schätzen, die anders als die norddeutschen Gesell-schaften auch Musiktheater und Ballette bietet. Das steht daher aus-drücklich in seinem Empfehlungsschreiben aus Laibach.

Schikaneder fühlt sich deshalb schon auf der sicheren Seite, als er den *Hamlet* ankündigen lässt, mit sich selbst in der Titelpartie und seiner Frau als Ophelia. Der Direktor will mit einer guten Auffüh-rung überzeugen und setzt morgens um zehn noch eine General-probe an. Eine Stunde vor Vorstellungsbeginn ist das Theater perfekt beleuchtet, die Schauspieler stehen umgezogen bereit. Eine Viertel-stunde vor Vorstellungsbeginn spähen die Beteiligten durch den Vor-hang, weil es verdächtig ruhig ist im Saal. Er ist leer. Sie warten eine Viertelstunde. Der Saal bleibt leer. Schikaneder schickt ein paar Ensemblemitglieder zum *Weißen Kreuz*, um für jeden ein Brathuhn mit Beilagen und Wein zu holen. Währenddessen lässt er einen Tisch mitten auf der Bühne aufstellen und eindecken. Als die Leute mit dem Proviant zurückkehren, sitzen ihre Kollegen schon um den Tisch, das Orchester liefert die Tafelmusik, durch die offenen Türen dringt die warme Nachtluft ins Haus. Neugierige Passanten glotzen herein, wollen wissen, was hier los sei.

Schikaneder hat nun begriffen, was das Publikum hier interessiert, und erinnert sich an den Dauererfolg seiner *Lyranten*. Mittlerweile hat er ein neues Stück verfasst, wieder eines, das seine persönlichen Erfahrungen verwertet. *Das Regensburger Schiff* lautet der Titel; zwei Akte spielen auf einem Linienschiff, wie es schon in Schikaneders Kindheit zwischen Regensburg und Wien verkehrte. Er weiß, was sich am Ufer der Donau abgespielt hat, bevor das Schiff an- oder ablegte, und das bringt er nun mit vielen Dekorationswechseln, wie sie in der Komödie absolut unüblich sind, auf die Bühne. Die Figuren sind aus dem Leben gegriffen, aus *seinem* Leben: ein Kaufmann, so geizig wie reich, und dessen verliebte Tochter, ein ewig hungriger Diener, ein Wirt und dessen verliebte Tochter, Männer, die Bier- und Weinfässer transportieren, Handwerksburschen, Obstweiber, Musikanten und ein Bärentreiber, auch ein Bär und fünf Affen, die er von den Kindern der Truppe spielen lässt. Wie sich hier die Geprellten ihr Recht verschaffen, die Taschendiebe ihr Geld, der hungrige Diener Budel sein Essen und seine Revanche, das kennt er wohl aus eigener Beobachtung.

Jetzt ist das Theater voll. *Hier kann man den Geschmack des Publikums sehen*, seufzt Neukäufler. Schikaneder hingegen prägt sich ein, was sichere Wirkung zeitigt. In der Uraufführung der *Zauberflöte* wird er wieder Kinder in Affenkostümen auftreten lassen, gezähmt von Taminos Flötenton. Und wie in der Rolle des Dieners Budel wird er als Papageno aussprechen, was die Leute im Saal denken.

Im Linzer Theater sitzen viele Militärs, deren sogenannte Bräute sowie Väter und Mütter solcher Bräute. *Die Herren Offiziere*, sagt Budel, *heiraten so geschwind nicht, als sie es versprechen.* Wenn Budel einer jungen Frau erklärt, *die Liebe lernt [sic] einen, die größten Grobheiten ertragen*, werden viele Damen im Publikum verstehend nicken. Schikaneder findet in Linz wie überall rasch Kontakt zu den Einheimischen und schaut dem Volk am liebsten aufs Maul, wenn es sich um die Lippen junger Frauen handelt.

Mit seinem Talent, das Volkstümliche zu kultivieren, befindet er sich in guter Gesellschaft. Denn nicht nur Herder und Bürger, auch Goethe verficht neuerdings die Auffassung, eine Kunst, die wie das Volkslied, die Volkspoesie, die Volksdichtung nicht allein von Kennern, sondern auch von Liebhabern verstanden werde, habe Berechtigung und Zukunft. Leopold Mozart hat schon vor eineinhalb Jahren seinem Sohn Wolfgang geschrieben, er müsse ihm, wenn er sich jetzt an einer deutschen Oper versuche, hoffentlich nicht erst *das natürliche, für jedermann leicht fassliche Populäre* ans Herz legen. Mozart hat seinen Sinn fürs Volkstümliche in vielen Divertimenti, Serenaden, Märschen und Tänzen bereits bewiesen und bewundert Kollegen, die wie Mysliweczek komponieren können, *was leicht und gut ins Gehör* geht.

Am Sonntag, dem 17. September 1780, eröffnet Schikaneder seine erste offizielle Salzburger Spielzeit mit *Die Gunst des Fürsten*, in dem er als Graf Essex in der Hauptrolle glänzen, mit dem er aber vor allem beweisen kann, dass ein Theaterstück aus dem Geist Lessings ein großes Publikum anzieht: 120 Gulden nimmt er an diesem Tag ein, 50 gelten bereits als Erfolg. Die drei Mozarts werden zu den Einkünften nichts beitragen; sie bekommen vom Prinzipal Freikarten. Schon am Montag, den 18. September, wagt es Schikaneder, seine *Lyranten* aufzuführen, die den Kriterien des Erzbischofs so gar nicht entsprechen; außerdem kann dieser Singspiele nicht leiden. Im Gegensatz zu Colloredo ließ Mozart sich das Stück gewiss nicht entgehen, denn die Förderung des deutschen Singspiels ist ein Anliegen, das er mit Schikaneder ebenso teilt wie die Lust an derben Späßen und Doppeldeutigkeiten. Am Sonntag drauf, am 24. September, ist Schikaneder beim Bölzelschießen mit von der Partie, wie Maria Anna Mozart in ihr Tagebuch notiert. Direkt danach steht Schikaneder auf der Bühne, und die Mozarts sitzen davor. Gegeben wird ein komisches Singspiel, das Stephanie der Jüngere aus dem Französischen übersetzt und bearbeitet hat: *Die pucefarbenen Schuhe oder die schöne Schusterin*. Mozart wird weniger die Flohfarbe des Schuhwerks oder die Musik von Ignaz Umlauf im Gedächtnis bleiben als der Librettist. Im zweiten Teil des Programms ist ein Ballett angekündigt, erdacht von dem französischen Tänzer Jean Georges Noverre und vertont von Joseph Starzer. Der Titel lautet: *Die Eifersucht im Serail*. Mozart liest also Stephanies Namen und den Titel dieses Stücks zusammen auf einem Theaterzettel, und bereits im folgenden Jahr wird ihm Stephanie das Libretto zur *Entführung aus dem Serail* liefern. Dieser Abend ist eine der Sternschnuppen an seinem und Schikaneders gemeinsamem Horizont. Schikaneder kennt das Ballett schon aus seiner Zeit bei Moser, der es im Oktober 1776 in Nürnberg aufgeführt hatte; Mozart kennt es aus Mailand, wo es 1773 als erste der drei Balletteinlagen in seiner Oper *Lucio Silla* auf die Bühne kam. Dass Mozart aus dem Gedächtnis Joseph Starzers Ballettmusik niederschrieb, beweist, wie gut ihm die Anspielungen auf Türkisches darin gefielen; Motive daraus hat er bereits für eine Messe und für ein Violinkonzert verwendet. Die Türkenmode kommt beim Publikum gut an, weshalb Schikaneder auch ein Lied *alla turca* für seine Rolle als Budel in *Das Regensburger Schiff* komponiert hat. Und Mozart will lernen, was ankommt. Schon auf der Reise nach Paris, als er sich in Mannheim mit dem Opernprojekt *Semiramis* befasst hat, dachte er darüber nach, was *Effekt machen* würde und was nicht.

Die nächste Gemeinsamkeit mit dem neuen Freund entdeckt er fünf Tage später, als Schikaneder das Melodram *Ariadne auf Naxos* von Johann Christian Brandes in der Vertonung Georg Bendas spielen lässt. Mozart fällt oft rüde über seine Konkurrenten her, doch nicht über Benda. In Mannheim hatte Mozart Bendas *Medea* gesehen, die Noten zur *Ariadne* kannte er bereits, und seinem Vater erklärte er: *Sie wissen, dass Benda unter den lutherischen Kapellmeistern immer mein Liebling war; ich liebe diese zwei Werke so, dass ich sie bei mir führe.* Seine Liebe zu Benda ist mittlerweile schon vierzehn Jahre alt: Im Frühjahr 1766 hatte der Kaufmann Kuhlmann den Mozartkindern in Amsterdam Noten zu sechs Klaviersonaten des böhmischen Komponisten geschenkt. Schikaneders Liebe zu Benda ist jünger, dafür tatkräftig; er hat bereits in Augsburg und Nürnberg Bendas deutschsprachige Melodramen aufgeführt. Wie Benda sind auch Schikaneder und Mozart der Meinung, die Deutschen müssten mit Singspielen in ihrer Sprache der Übermacht italienischer und französischer Opern etwas entgegensetzen. Christoph Martin Wieland, den Mozart von einer Begegnung in Mannheim persönlich kennt und dessen Werke Schikaneder liest, hat in seinem *Versuch über das deutsche Singspiel* ausgesprochen, was sie beide denken: Es sei Blödsinn, anderen *weis zu machen, dass die deutsche Sprache sich nicht zum Singen schicke.* Auch Wielands Ansicht, Musik höre auf, Musik zu sein, wenn sie kein Vergnügen mehr mache, können beide beipflichten. Nur Wielands Abneigung gegen Bühnenzauber, gegen *Maschinen und Flugwerke* und sein Plädoyer für *wenig Aufwand* dürfte Schikaneder kaum unterschreiben. Mehr wirkt einfach mehr und zieht mehr Publikum an.

Der bühnenerfahrene Schikaneder kommt Mozart jetzt gerade gelegen, denn er hat soeben den großen Opernauftrag erhalten, nach dem er sich so lange gesehnt hat. Für das Münchner Hoftheater soll er für die Karnevalssaison *Idomeneo, Re di Creta* nach einem Libretto des Salzburger Hofkaplans Giambattista Varesco vertonen. Deshalb sind in diesem Herbst Spiel und Spaß für Wolfgang Mozart besonders wichtig; er leidet darunter, wenn er *kein soulagement*, keine Entspannung, *und keine Unterhaltung* findet. Die besten musikalischen Einfälle kommen ihm, wenn er Tarock spielt, Kegel schiebt, Billard spielt oder Bölzel schießt; aufgeschrieben wird später.

Mozart wird von Schikaneder bis zur Postkutsche begleitet, als er am 5. November nach München abreist; der Schwester hat er eingeschärft, ihn über alles, was der Freund hier treibt, zu informieren. Maria Anna hält Wort, und ihren Briefen kann Wolfgang entnehmen, dass Schikaneder den Anteil von Singspielen deutlich zurückfährt. Das liegt wohl kaum daran, dass er nun auf Mozarts Sachverstand verzichten muss oder dass es dem Erzbischof nicht gefällt. Die Singspiele haben einfach weniger Geld in die Kasse gebracht als Schauspiele.

Musikalische Einlagen hingegen schätzt das Salzburger Publikum, und Mozart hat dem neuen Freund versprochen, eine Arie zu komponieren, die er in der deutschen Neufassung einer Gozzi-Komödie als Einlage bringen will. Vor der Abfahrt ist Mozart nicht dazu gekommen, und in München beansprucht ihn die Probenarbeit. Leopold Mozart müsste eigentlich einsehen, dass es für den Sohn wichtiger ist, seine eigene Oper zu vollenden, einzustudieren und im Hoftheater zur Aufführung zu bringen, als sich um Freundschaftsdienste zu kümmern. Doch der Vater fühlt sich Schikaneder verpflichtet; ständig erinnert er Wolfgang daran, dass es *nichts Geringes* sei, *für 3 Personen den freien Eintritt so lange Zeit auf alle Plätze des Theaters zu haben.* Ihm wie auch seiner Tochter ist es peinlich, Schikaneder mit Ausreden hinzuhalten, nachdem Wolfgang schon vor acht Tagen behauptet habe, fast fertig mit der Arie zu sein; nun will er *nicht das zweite Mal zum Lügner werden.* Außerdem scheint es Leopold wohl klug, sich diesen Mann warm zu halten, der bereits zu so vielen Theatern Beziehungen aufgebaut hat und Textbücher auf Deutsch verfasst. Denn Varesco, der Librettist des *Idomeneo*, leistet sich in Leopolds Augen dieselben Fehler wie *viele welsche Esel* und hat keinen Sinn für das, was Wolfgang als *Effekt* und *Wirkung* bezeichnet. Wie Maria Anna besucht er eifrig Schikaneders Vorstellungen, manchmal auch die Proben. Am 11. Oktober stellt Schikaneder das Stück eines Franzosen vor, das in Frankreich seit der Uraufführung vor fünf Jahren für volle Häuser sorgt: *Le Barbier de Séville ou la Précaution inutile* von Pierre-Augustin Caron, der sich de Beaumarchais nennt. Titelheld Figaro, dieser gewitzte Kleinbürger, der dem weniger gewitzten jungen Adligen hilft, seinen alten Nebenbuhler zu überlisten, ist eine Figur, die den vielen Kleinbürgern im Publikum gefällt. Das Stück aber ist alles andere als gefällig, es hat Biss.

Das ist es, was Mozart sucht, der sich in München mit genau diesen Problemen herumschlägt. Wie viele Konzessionen darf, wie viele muss ein Künstler machen? Diese Frage treibt ihn um. Gerade ist die Stelle des 2. Hofkapellmeisters frei geworden. Mozart stünde bereit, doch der bayerische Kurfürst besetzt sie mit Paul Grua, der nur Gefälliges produziert. Wütend schreibt Mozart dem Vater, nachdem er eine Messe des Konkurrenten gehört hat: *von dieser Gattung kann man täglich ein halb Dutzend komponieren.*

Das Publikum muss bedient werden. Doch Mozart verweigert das. Schikaneder kennt da weniger Hemmungen. Am 27. November will er mit einem neuen Stück für Furore sorgen und den Erzbischof, dem er die Aufführung widmet, beeindrucken: *Rache für Rache* von Johann Karl Wezel, ein Lustspiel, mit dem die Kollegen in München großen Erfolg hatten. Schikaneder möchte größeren. Am Morgen der Premiere wird am Theater ein Zettel mit Schikaneders Eigenwerbung angeschlagen: *Heute hoffen wir den Ruhm davon zu tragen, das schönste aller Charakterstücke aufgeführt zu haben; jeder Charakter ist neu, und mit dem besten komischen Salz gewürzt, so dass meine gnädigen Gönner weder unschmackhaftes, noch aufgewärmtes Zeug (wie es leider deren zu vieles gibt) zu verdauen haben, sondern gewiss vergnügt unseren Schauplatz verlassen werden.*

Auch die Darsteller rühren die Werbetrommel; Madame Maresquelle, eine deutsch-französische Tänzerin in Schikaneders Truppe, die bei den Mozarts verkehrt und mit Wolfgangs Windbüchse am Bölzelschießen teilnimmt, bestürmt Nannerl, sie müsse unbedingt hingehen, *weil es ein so vortreffliches Stück sei.* Werbung und Mundpropaganda zahlen sich aus; wie Maria Anna Mozart ihrem Bruder am nächsten Tag vermeldet, war es *so voll im Theater dass es fast nicht voller hätte sein können.* Die schauspielerische Leistung findet sie erfreulich, das Lustspiel allerdings so schlecht, als habe der Verfasser die Leute dazu bringen wollen, *das Stück auszupfeifen.* Ihr und dem Vater wird es zunehmend *bange um den armen Schikaneder*. Die Leute verlassen die Vorstellung in Scharen, nicht vergnügt, sondern verärgert. Nach dem 3. Akt die Katastrophe: Der Erzbischof steht auf und geht. Maria Anna Mozart und ihre Freundin Katherl Gilowsky, die sich die Karte zum Namenstag abgespart hat, halten Schikaneder zuliebe lange durch, verschwinden aber während des letzten Akts, weil sie nicht miterleben wollen, wie der Freund ausgebuht wird. Nur noch fünfzehn bis zwanzig Personen sind am Schluss des Stücks anwesend, die aber umso lauter den Theaterdirektor niederbrüllen. Nun, prophezeit Maria Anna Mozart, *hat Herr Schikaneder viel von seinem Kredit verloren, wenn er ein neues Stück aufführt; kein Mensch wird ihm mehr glauben, dass es gut sei.*

Aus ihrer Sicht ist es nur von Vorteil, dass Schikaneder für die nächste Spielzeit bereits wieder in Laibach engagiert ist.

Am 2. Dezember um halb vier Uhr morgens trifft in Salzburg die Stafette aus Wien mit den neuesten Nachrichten ein. Sie verändern alles: Am 29. November ist die Regentin Maria Theresia gestorben. *Dieser Todesfall*, berichtet Leopold Mozart dem Sohn, *wird nun auch dem Schikaneder das Reisegeld nach Laibach sparen*, da dort wie in sämtlichen österreichischen Erbländern nun für ganze drei Monate die Theater zugesperrt werden. So lange soll die Trauerzeit dauern.

Schikaneder richtet sich darauf ein, in Salzburg zu bleiben, reicht einen Verlängerungsantrag beim Erzbischof ein und kauft sich ein eigenes Gewehr fürs Bölzelschießen. Er erhält den Bescheid, bleiben zu dürfen, allerdings mit *spitzigen und anzüglichen Ausdrücken*, wie Leopold Mozart erfährt. Der Erzbischof lässt Schikaneder spüren, dass er nicht gewillt ist, sein Hoftheater weiterhin als Notlösung und Lückenbüßer herhalten zu lassen. Mozart freut sich, dass Schikaneder nicht abreist: so *könnte er doch noch meine Opera zu sehen und hören bekommen*. Daran liegt ihm viel und Schikaneder offenbar auch. Er ist, schreibt Leopold dem Sohn, *fest entschlossen, Deine Opera zu hören*.

Am 1. Dezember 1780 findet in München die erste Orchesterprobe des *Idomeneo* statt. Am selben Tag wird im Salzburger Theater Carlo Gozzis Komödie *Peter der Grausame oder die zwei schlaflosen Nächte* aufgeführt. Fräulein Adelheit, ebenfalls Stammgast im Hause Mozart, singt die Arie, die Mozart dafür geschrieben hat und die sie im Tanzmeisterhaus, begleitet von Maria Anna, einstudiert hat. *Das Haus war voll. Der Erzbischof war auch da,* vermeldet Vater Mozart seinem Sohn. Schikaneder ist ein Mann, der weiß, wie man einen Erzbischof bei der Stange hält und das Publikum zurückerobert, auch wenn andere meinen, er habe seinen *Kredit verloren.* Das imponiert Leopold. *Ich empfehle Dir,* schreibt er Wolfgang am 11. Dezember nach München, *bei Deiner Arbeit nicht einzig und allein für das musikalische, sondern auch für das unmusikalische Publikum zu denken, – Du weißt, es sind 100 Unwissende gegen 10 wahre Kenner –, vergiss also das so genannte Populäre nicht, das auch die langen Ohren kitzelt.*

Mozart schmettert die Warnung ab. Der Vater brauche sich wegen des *so genannten Populären* keine Sorgen machen, seine Musik sei für alle *Gattungen von Leuten* geeignet, nur für *lange Ohren nicht.* Doch auch er denkt nun ständig darüber nach, was in seiner Oper *Effekt macht.* Varesco hat in seinen Augen keinerlei Gespür für Spannung: Die *Rede der unterirdischen Stimme,* des Orakels, findet Mozart entschieden zu lang, wodurch *die Zuhörer immer mehr von ihrer Nichtigkeit überzeugt werden.* Zu Varescos Ärger kürzt er sie radikal und meint: *sie gewinnt dadurch mehr, als sie verliert.* Mozart schreibt um, streicht weg, fordert Änderungen vom Librettisten, der eben ein weltferner Geistlicher ist, kein Mann fürs Populäre wie Schikaneder.

Der hat bei beiden Mozarts sehr viel Kredit.

Am zweiten Advent wird im Tanzmeisterhaus feierlich Bölzel geschossen. Als Schikaneder auftaucht und die frisch gemalte Schießscheibe sieht, wird er rot, wie Leopold dem Sohn berichten wird. Zu sehen ist diesmal nicht, wie sonst oft, der nackte Arsch von einem der Schützen, sondern ein Mädchen in Linzer Tracht an einem Tisch im Garten mit einer Flasche Wein, ein Glas in der Hand. Aus ihrem Mund entweichen die Worte: *Er wird schon kommen.* Auf der anderen Seite ist Schikaneder auf der Linzer Donaubrücke mit einem Mädchen zu sehen und sagt: *Ich verspreche, was ich keiner halte.* Schikaneder weiß sofort, wer die Scheibe gestiftet hat; Madame Maresquelle, Tänzerin und anscheinend auch Beobachterin ihres Prinzipals. Dass dessen Amouren Folgen zeitigen, erfahren die Mozarts allerdings so wenig wie deren weiteres Schicksal, selbst wenn es sich in nächster Nähe abspielt.

Die Kirche Sankt Andrä liegt am Anfang der Linzergasse, keine drei Minuten vom Wohnhaus der Mozarts entfernt. Dort wird am

10. Januar 1781 ins Sterbebuch eingetragen: *Jakob, filius legitimus des Jakob Neukäufler, Akteur bei Schikaneder, dreiviertel Jahre alt.* Hinter der Todesmeldung des angeblich legitimen Neukäufler-Sohns wird auf Latein hinzugefügt: *sed si necesse, vide secretum ad hinc librum* – wenn aber nötig, siehe die geheime Notiz in diesem Buch. Die findet sich auf einem lose eingelegten Zettel. *Secretum pro libro mortuorum* nennt sie sich, geheime Notiz zum Buch der Verstorbenen. Auf Latein heißt es dort, der Schauspieler Neukäufler habe gestanden, dass er sich, aus Liebe zu seinem Direktor Schikaneder und um ihn zu schonen, als Vater dieses Kindes ausgegeben habe, welches in Laibach am 15. März 1780 getauft worden war. Der Vater aber sei der Direktor Schikaneder selbst, *Mutter die Mademoiselle, denn sie ist ledig ... Juliana Mollin.*

Schikaneder kann sich mit dem Todesfall nicht abgeben. Er ist damit beschäftigt, in Salzburg endlich einen Coup zu landen, wie er es bisher auf jeder Bühne geschafft hat. Und das funktioniert am besten mit etwas *Populärem.* Erst vor eineinhalb Wochen ist Joseph August Graf von Törrings Trauerspiel *Agnes Bernauerin* in Mannheim uraufgeführt worden, aber im ganzen süddeutschen Raum wird bereits darüber gesprochen. Grundlage des Dramas ist die historisch verbürgte Geschichte der schönen Straubinger Baderstochter, die der junge Bayern-Herzog Albrecht heimlich heiratete, woraufhin sein Vater, Herzog Ernst, die unerwünschte Schwiegertochter als Hexe hinrichten ließ. Törring hat die historische Wahrheit zu Gunsten des Hochadels verfälscht und einen Vizedom eingeführt, den Albrecht bei einem Turnier demütigt. Woraufhin der Vizedom sich rächt, indem er Agnes anzeigt und bei Straubing in der Donau ertränken lässt. Der Vorteil dieser Version: die nachfolgende Versöhnung von Vater und Sohn erscheint glaubwürdiger. *Nackte Wahrheiten* biete das Stück, und zwar jede Menge, hat die Kritik bereits gelobt. Der Straubinger Schikaneder will sie mit möglichst viel Wirklichkeitsnähe servieren, weil das *Effekt macht.* Und das lässt er sich einiges kosten. Sechzig Ritter möchte er auf die Bühne stellen; Komparsen dafür hat er nicht, aber es gibt ja Soldaten in der Stadt.

Es ist Winter, der steile Weg hinauf zur Feste Hohensalzburg ist verschneit und vereist. Doch Schikaneder schickt Leute dort hinauf zum Zeughaus, die dann schwer beladen mit originalen Rüstungen für Herzog Ernst und Herzog Albrecht und die sechzig Ritter wieder abwärts steigen.

Es spricht sich herum, welchen Aufwand der Direktor treibt. Die Premiere der *Agnes Bernauerin* ist auf den 18. Januar angesetzt. Trotz der unwirtlichen Wetterverhältnisse reisen Besucher aus Reichenhall, Lauffen, Tittmoning, Berchtesgaden an. Drei Stunden vor Beginn, notiert ein Zeitgenosse, läuft schon alles zum Theater. An die zweihundert Interessenten müssen wieder heimgeschickt werden. 186 Gulden landen in Schikaneders Kasse, ein einsamer Rekord in Salzburgs Theatergeschichte, und das Publikum wird voll und ganz zufriedengestellt. Schikaneder als Herzog Albrecht begeistert, Jakob Wallerschenk als Vizedom erzürnt die Zuschauer, und Schikaneders Frau als Agnes Bernauer rührt sie zu Tränen. Als sie von der Brücke gestürzt wird, wie es im Stück steht, schreien die Zuschauer: *Stürzt den Vizedom hinein!* Jakob Wallerschenk hat seine Sache so gut gemacht, dass er auch außerhalb des Theaters offen beschimpft wird: Er kann *auf keiner Gasse mehr sicher* sein und wird sogar in *einem Wirtshaus wirklich als Vizedom angefallen*. Bei der Aufführung am Tag darauf ist die Erregung noch heftiger, die Schreie nach Lynchjustiz sind noch lauter, und die Zahl derer, die erfolglos um ein Billet angestanden haben, ist noch größer. Am 27. Januar leitet Mozart die Generalprobe seiner neuen Oper im neuen Residenztheater. Am Tag der *Idomeneo*-Premiere in München hat die Entrüstung der Salzburger über den Vizedom das Interesse an *Agnes Bernauerin* so stark angeheizt, dass Schikaneder zum dritten Mal Törrings Drama gibt. Am 1. Februar steht in den *Münchener Staats-, Gelehrten- und Vermischten Nachrichten* zu Mozarts Oper nur: *Verfassung, Musik und Übersetzung sind Geburten von Salzburg. Die Verzierungen, worunter sich die Aussicht in den Seehafen und Neptuns Tempel vorzüglich ausnehmen, waren Meisterstücke unseres hiesigen berühmten Theaterarchitekten Herrn Hofkammerrats Lorenz Quaglio, welche jedermanns Bewunderung auf sich gezogen haben.* Mozarts Name wird nicht genannt. Am 5. Februar wird in München der *Idomeneo* wiederholt, aber Schikaneder hat keine Zeit für einen Ausflug, der ihm drei Tage stiehlt.

Am 29. Januar hat der Volkszorn solche Dimensionen angenommen, dass der Theaterdirektor für den 7. Februar die vierte Aufführung von *Agnes Bernauerin* ansetzt. *Heute wird der Vizedom über die*

Brücke gestürzt! kündigt Schikaneder an. Und es geschieht *unter all-gemeinem Jauchzen, Jubel und Freudengetöne.* Der Sturz, spottet ein Ber-liner Kritiker, *war sehr lieblich anzuschauen. Klimpern gehört zum Hand-werk.*

Die Gemüter sind nun abgekühlt, und so schwindet offenbar auch das Interesse. Bisher hatte jede Vorstellung weit über 100 Gulden eingebracht, jetzt brechen die Einnahmen ein. Mozart reagiert in sol-chen Fällen gekränkt: Wenn ihn das Publikum nicht liebt und mit Beifall überschüttet, dann hat es ihn eben nicht verdient. Doch Schi-kaneder gibt nicht auf. Am 23. Februar, nur einen Tag nachdem zum letzten Mal Agnes Bernauer nebst Vizedom ertränkt worden ist, bringt er das Trauerspiel *Natur und Liebe im Streit* auf die Bühne. Die Kritiker halten nicht viel von seinem Verfasser Bernhard Christoph d'Arien, doch aus der Art, wie sie ihn aburteilen, schließt Schi-kaneder, dass er genau der Richtige für ihn ist. Das Verdienst des Verfassers, hat Johann Friedrich Schink seinen Verriss begonnen, bestehe darin, dass er *ziemlich genau weiß, was gemeinhin auf dem Theater wirkt, weiß, was den größten Teil der Zuschauer interessiert, weiß, was für eine Art Rollen unseren Schauspielern gewöhnlich glücken.* Fazit: *Daher kommt es, dass seine Schauspiele auf fast keiner Bühne missglücken.*

Bei Mozarts Bühnenwerken hingegen kann viel schiefgehen. Das hatte er während der Proben zu *Idomeneo* leidvoll erlebt und seinem Vater geklagt, wobei er an vielen Sängern harsche Kritik übte. Sein Idamante, der *molto amato Castrato dal Prato,* muss *seine ganze Rolle wie ein Kind lernen,* ärgerte er sich, er *hat um keinen Kreuzer Methode.* Und offenbar auch keine Technik, *mitten in einer Aria ist öfters schon sein Odem dahin* und die Koloraturen singe er *wie geschnittene Nudeln.* Anton Raaff, der Idomeneo? *Nun – der Mann ist alt,* zudem *auf den alten Schlendrian versessen, dass man Blut dabei schwitzen möchte.* Raaff wie Vincenzo dal Prato, schimpfte er, sängen *ohne Geist und Feuer, so ganz monoton* und seien die *elendesten* Darsteller, *die jemals die Bühne trug.*

Schikaneder dagegen mutet seinen Schauspielern nicht mehr zu, als d'Ariens Stück *Natur und Liebe im Streit* für sie hergibt. Die spötti-sche Beschreibung eines Kritikers verrät Schikaneder, dass er auf dem richtigen Wege ist: *Alte Kostüme, Volksgetümmel, Waffengeklirr und ein Fürst auf dem Thron, Gefangennahmen, Kinderszenen, Mondschein, …*

Feierlichkeiten, schimmernde Situationen, flimmernde Gesinnungen – und dazu alles an Leidenschaften, was das Publikum verlangt.

153 Gulden bringt ihm dieser Abend ein. Er beschließt seine Spielzeit am Faschingsdienstag, dem 27. Februar 1781, mit einer Wiederholung dieses Werks und bricht damit seinen bisherigen Rekord: 206 Gulden landen in der Kasse.

Insgesamt hat Schikaneder in Salzburg mit 93 Aufführungen in fünf Monaten und zehn Tagen rund 8200 Gulden eingenommen, mehr als alle seine Vorgänger hier. Allerdings musste er damit Gagen für über vierzig Schauspieler, Kostüme, Kulissen und Statisten bezahlen.

Mozart hat mit dem *Idomeneo*, für den er sechs Wochen bezahlten Urlaub bekam, dieselbe Summe eingenommen, die ihm seine Stelle als Hoforganist im ganzen Jahr beschert: 450 Gulden. Doch davon wird bald nichts mehr da sein.

Am Aschermittwoch packen Schikaneder und seine Truppe und verlassen Salzburg Richtung Graz. Auch zwei der Mozarts packen kurz darauf; Vater und Tochter reisen von München zur Verwandtschaft nach Augsburg. Der Sohn müsste nach Salzburg zurück, macht aber lieber noch bezahlten Urlaub an der Isar, bis er am 12. März von seinem verärgerten Arbeitgeber nach Wien zitiert wird.

Obwohl Mozart und Schikaneder noch einmal nach Salzburg zurückkehren werden, sollen sie sich dort nie mehr begegnen.

V

Graz, Pressburg, Buda, Pest und Wien 1781–1785
Lärm machen

Schikaneders Paraderolle: «Der Fremde», Titelpartie des gleichnamigen Schauspiels
von dem Theaterdichter und Schriftsteller Johann Friedel. Mit ihm arbeitete
Schikaneder am Wiener Kärntnertortheater zusammen.

*D*er Hochsommer in Krain ist heiß und schwül. Schikaneders Leute müssen sich fragen, warum sie sich in billigen, schlecht gefederten Wagen über staubige Straßen von Laibach nach Graz quälen sollen. Was will ihr Prinzipal denn dort? Warum lässt er sich noch einmal auf die Versprechungen der ständischen Adligen ein, die als Dauermieter der Logen über die Belegung des landständischen Theaters entscheiden? Es hilft kein Herumreden: Der Grazer Adel hat ihn hereingelegt, ihn, den gewitzten, erfahrenen Schikaneder. Er wurde *in die Mausefalle gelockt*, berichtet der Theaterschriftsteller Johann Friedel. Falls er mit seinen Auftritten im Sommer 1781 Erfolg habe, war Schikaneder versprochen worden, könne er auch in der Winterspielzeit, der eigentlich gewinnbringenden Saison, hier gastieren. Sein Programm war gut angekommen, und der Direktor selbst hatte *die Liebe des ganzen Publikums* erobert. Doch kaum war der Sommer vorbei, hatte die Theateroberdirektion unter Graf von Inzaghi nichts mehr von ihrem Versprechen wissen wollen. Niemand hatte Schikaneder verraten, dass mit anderen Prinzipalen zuvor schon genauso umgesprungen worden war, als man für den Winter bereits eine italienische Operntruppe verpflichtet hatte. Weil aber das bürgerliche wie das aristokratische Publikum im Sommer nicht ganz auf Theateraufführungen verzichten mochte, hatte die Direktion Schikaneder mit der Aussicht auf eine zweite Spielzeit geködert. Ungeachtet der Abmachung mit Schikaneder ließen die Grazer Theaterherren die Italiener anreisen; *er musste weichen*. Schikaneder konnte froh sein, mit seiner Truppe ein Engagement in Klagenfurt zu erhalten, von Graz nur zwei Tagesreisen entfernt, und danach ein zweites Mal in Laibach unterzukommen, von Klagenfurt aus keine große Wegstrecke. Doch die Grazer hatten sich nicht gescheut, noch einmal für den Sommer 1782 bei ihm anzufragen, und der Prinzipal hatte anscheinend ihren

Versicherungen Glauben geschenkt, dieses Mal könne er bestimmt den Winter über bleiben.

Schikaneders Truppe ist noch im Herzogtum Krain unterwegs, nicht weit von Laibach entfernt, als die Steigung sie zwingt, den Wagen zu verlassen und zu Fuß weiter durch die Hitze zu gehen. Weit und breit ist kein Wirtshaus in Sicht, vor allem für die Jüngsten in der Truppe wird der Durst quälend. Neuerdings ist Schikaneders fünf Jahre älterer Bruder Urban mit seinem neunjährigen Sohn Josef Carl dabei, als Sänger, Schauspieler, Hornist und Geiger vielseitig einzusetzen. Seine Frau Anna Maria und die fünfzehnjährige Tochter Nanette hat Urban Schikaneder daheim in Freising gelassen. Josef Carl spielt wie der übrige Nachwuchs in der Gesellschaft bereits mit. Kinder sorgen zuverlässig für Rührung, das hat Schikaneder in Laibach ausprobiert, wo er eine ganze Szene nur von Kindern spielen ließ. Unterwegs aber bedeuten sie eine zusätzliche Belastung. Bauern auf dem Acker erbarmen sich und geben Schikaneders Leuten von ihrem Wasser ab. Sie sind noch nicht viel weitergekommen, als ein Gewitter mit schwerem Hagel niederbricht. Als sich der Himmel wieder beruhigt, hören die Komödianten, dass sie verfolgt werden. Mit Mistgabeln und Sensen bewaffnet fallen die Bauern über die Truppe her. Sie haben sofort erkannt, dass der verheerende Hagelschlag auf ihren Feldern eine Strafe Gottes war, weil sie seine Gaben an das gottlose fahrende Gesindel verschwendet hatten. Mit blutenden Wunden lassen sie Schikaneders Leute zurück.

Der Direktor weiß, was nun in Graz passieren muss, damit er und seine Truppe nicht so bald wieder auf der Landstraße landen: Es gilt, *Ehre, Ruhm und Geld zu machen,* wie es auch Mozart vorhat, seit er in Wien lebt.

Der 4. August 1782 fällt auf einen Sonntag. Für Schikaneder ist es ein Arbeitstag, für Mozart ein Feiertag. Für beide ist es ein Tag, an dem sie sich behaupten wollen. Mozart in Wien, Schikaneder in Graz.

Schikaneder ist entschlossen, den Grazern ein Theatererlebnis zu bescheren, das für sie unvergesslich werden soll und ihn unentbehrlich macht. Keinen Skandal wie der, den Schillers *Räuber* zu Beginn des Jahres dem Mannheimer Theater beschert haben, sondern eine

Aufführung, die beweist, dass Theater zum Leben gehört, und zwar mitten hinein.

Dort, wo vor dem Graben um die Grazer Stadtmauer ein leicht ansteigendes Gelände aufgeschüttet ist, das Glacis, hat Schikaneder ein Lager von zweihundert Zelten aufstellen lassen. Johann Friedrich Schink hat anonym im Theater-Journal aus Gotha Schikaneders Truppe nach dem Salzburger Auftritt bescheinigt, sie gehe *etwas über das Mittelmäßige hinaus*, dem Direktor selbst angekreidet, er verfalle *nur zu gerne ins Niedrigkomische*, und beim Deklamieren habe er *zu viel Monotonie*. Immerhin räumte er ein, der Prinzipal sei *ein schön gebauter Mann* und *ein guter Schauspieler, besonders in alten Soldatenrollen*.

Daher fällt nun die Wahl auf Möllers *Graf von Walltron*, denn in der Titelpartie dieses Stücks hat Schikaneder bisher überall begeistert. Er hat beschlossen, Möllers Trauerspiel nicht im Theater aufzuführen, einem erst 1776 eröffneten eleganten Gebäude in der Hofgasse, sondern erstmals im Freien. Das legen die Bühnenanweisungen nahe. *Die Handlung beginnt früh morgens und dauert bis gegen 1 Uhr Nachmittag*, steht am Anfang des Trauerspiels. In jedem der fünf Aufzüge werden Zelte, Feldtische und -stühle gefordert, die Frontsoldaten des Regiments, die Feuerwache, Offiziere, Tamboure und Trommeln, Fahnen und Gewehre und ein Exekutionskommando müssen aufgeboten werden. Und zum letzten Akt heißt es: *Eine freie Gegend. Zur Linken das Lager*. Schikaneder nimmt Möller beim Wort. Außerdem wird eine Freilichtaufführung mehr Publikum anziehen und größeres Aufsehen erregen.

Während Schikaneders Leute sich auf dem Glacis versammeln und die Statisten schwitzend ihre Rüstungen anlegen, geben sich Mozart und seine Braut Constanze Weber mit Tränen in den Augen das Jawort im Wiener Stephansdom.

Die Begegnung mit Schikaneder hat Mozart nicht unbeeinflusst gelassen. Schikaneder, nur fünf Jahre älter als er selbst, ist ein freier, selbstbestimmter Mann, der sich nicht wie Wolfgang Vorwürfe von seinem Vater oder Demütigungen vom Fürsterzbischof gefallen lassen muss. Schikaneder hat auch in Salzburg gezeigt, wie man Niederlagen überwinden und sie mit einem Triumph vergessen lassen kann. Für Mozart, dem der Vater die Parisreise als ein einziges großes Ver-

Kaiser Joseph II. (1741–1790) bescherte Schikaneder Ärger, aber auch ein Zugeständnis von ungeahnter Bedeutung: er verlieh ihm das Privileg, ein Theater in einer der Wiener Vorstädte zu errichten. Im Jahr 1780, als dieses Porträt des Kaisers entstand, lernten sich Schikaneder und Mozart kennen.

sagen ankreidet, ist er damit ein Vorbild. Letztes Jahr, von Colloredo in die österreichische Metropole zitiert, hatte Mozart in einem skandalösen Auftritt den fürsterzbischöflichen Dienst quittiert und sich bei den nach Wien umgezogenen Webers eingemietet, der vom Vater verabscheuten Sippe. Damit hatte er sich von Salzburg, von der Nähe zum Vater und dessen Urteil frei geschlagen. Und er hatte es gewagt, sich allein den Intrigen des Wiener Musiklebens zu stellen. Dass er ihnen standzuhalten vermag, hat er erst vor drei Wochen bewiesen. Durch den Auftrag von Kaiser Joseph II., für sein Nationaltheater ein deutsches Singspiel zu komponieren, war Mozarts großer Traum in Erfüllung gegangen. Gottlieb Stephanie der Jüngere hatte Bretzners Stück *Belmont und Constanze* zu einem Libretto umgeschrieben, wobei er allerdings von Mozart immer wieder scharf kritisiert wurde. *Bei einer Oper muss schlechterdings die Poesie der Musik gehorsame Tochter sein*, verlangte der Komponist. *Denn warum gefallen denn die welschen Opern überall, mit allem Elend was das Buch anbelangt? Weil da ganz die Musik herrscht und man darüber alles vergisst.* Selbstbewusst war Mozart mit Stephanies Text im Großen wie im Detail ins Gericht gegangen, obwohl sein Librettist als Wiens abgefeimtester Intrigant gilt; ein Alkoholiker, verwahrlost und verschlagen, der Machtspiele liebt und es genießt, Schauspieler, Stückeschreiber oder Komponisten durchfallen zu sehen. Aber dann *arrangiert er mir halt doch das Buch – und zwar so, wie ich es will*, meldete Mozart dem Vater. Am 16. Juli 1782 war *Die Entführung aus dem Serail* im Burgtheater uraufgeführt worden, das vom Kaiser persönlich zur Heimat für deutsche Schauspieler und deutsche Stücke erklärt worden war. Es ist Mozarts 12. Opernpremiere gewesen und die erste, bei der sein Vater nicht anwesend war. Der Komponist vermutet, dass es die Freunde der *welschen* Oper waren, die für *Kabale* sorgten; *bei der ersten wie bei der zweiten Aufführung ist der ganze erste Akt verzischt worden, aber das laute Bravorufen unter den Arien konnten sie doch nicht verhindern.* Mozart und sein Werk haben sich gegen die Intrigen behauptet.

An diesem 4. August behauptet sich Mozart nun auch gegen den Vater. Auf der letzten Parisreise war seine sexuelle Begehrlichkeit erwacht. Schikaneders Liebesleben, über das spätestens seit der Schießscheibenaffäre ganz Salzburg Bescheid wusste, hat Mozart vermutlich noch darin bestärkt, dass er ein Recht darauf besitzt, eine Frau nach seinem, nicht nach des Vaters Geschmack auszuwählen. Er behauptet sich damit auch gegen alle, die diese Ehe verhindern wollten. Dazu gehört der aus Mannheim vertraute Komponistenkollege Peter Winter, den Mozart der *schändlichen Lügen* bezichtigt hat, weil er auf der Rückreise von Wien nach München in Salzburg gegenüber Leopold Mozart ausgeplaudert hatte, sein Sohn werde demnächst heiraten. Auch in Wien hat Winter verbreitet, Mozart habe *starken Umgang* mit einer Weber-Tochter, und hat sie angeblich sogar als Luder bezeichnet.

Dass ausgerechnet dieser Peter Winter mit Schikaneders Hilfe in Mozarts Fußstapfen treten wird, ahnt zu diesem Zeitpunkt keiner. An Mozarts privatem und beruflichem Triumph können weder Rankünen noch Prozessandrohungen wie die Bretzners etwas ändern: Der hat sich darüber empört, dass *ein gewisser Mensch namens Mozart in Wien sich erdreistet* habe, sein *Drama Belmonte und Constanze zu einem Operntext zu missbrauchen.*

Mozart traut sich an jenem 4. August, weil er Geld und Bestätigung bekommen hat. 450 Gulden Honorar, zuzüglich 600 Gulden Abendeinnahme für den Komponisten bei den Folgeaufführungen, ein Zusatzhonorar, wenn er dirigiert, und Geldgeschenke des Kaisers, mal 225, mal 450 Gulden, einmal sogar 1350. Sein Werk hat in Wien *nicht platterdings gefallen*, sondern macht *soviel Lärm, dass man gar nichts anderes hören will, und das Theater allezeit von Menschen wimmelt.* Lärm soll auch Schikaneders Spektakel machen und so, wenn nicht Ehre und Ruhm, doch Zuschauer und Geld einbringen.

Die Gäste sitzen unterhalb des Glacis und sehen, wie oben die Offiziere auf Pferden erscheinen, vor den Zelten streiten und trinken, und wie ein zweispänniger Reisewagen vorfährt. Ihm entsteigt Gräfin Walltron, bekannt als Eleonore Schikaneder. Es riecht nach Rossbollen und Schweiß, Rüstungen klappern, Karren scheppern, Waffen klirren. Ein Hinrichtungskommando marschiert auf, und am Ende ertönt Kanonendonner, in dem sich der zum Tod verurteilte Held gegen den Feind bewährt und seine Begnadigung rechtfertigt. So wirklichkeitsnah war Theater noch nie gewesen. Sogar die *Wiener Zeitung* berichtet über diese Sensation in der Steiermark.

Der Herbst beginnt. In Wien wartet Mozart auf die Früchte seines Erfolges, er erhofft eine feste Anstellung bei Hof oder wenigstens die Stelle als Klavierlehrer der Prinzessin von Württemberg. In Graz wartet Schikaneder darauf, dass sein Vertrag wie abgemacht verlängert wird. Klavierlehrer der Prinzessin wird Salieri, und in Graz lässt man wieder einmal eine italienische Operntruppe antreten. Schikaneder überlässt den Ärger über diese Konkurrenz dem Kollegen Johann Nouseul, den er neun Jahre später als den ersten Monostatos der *Zauberflöte* engagieren wird, und dessen Dramaturg Johann Friedrich Schink, der sich bald als Schikaneders schärfster Kritiker erweisen soll. Und weicht.

Mozart würde an seiner Stelle über den *welschen* Konkurrenten herziehen. Nach einem Klavierduell mit Muzio Clementi in Gegenwart des Kaisers lästert er, dieser habe um *keinen Kreuzer Geschmack und Empfindung – ein bloßer Mechanikus.* Er schimpft ihn einen *Scharlatan wie alle Welsche.* Dass er den Mund nicht halten kann, bekommt Mozart zu spüren. *Die ganze Welt behauptet, dass ich durch mein Groß-sprechen, Kritisieren, die Professori von der Musik und auch andere Leute zu Feinden habe.* Freunde und Verehrer hat er auch. Schikaneders Stellvertreter als Vater, Jakob Neukäufler, mittlerweile bei der Gesellschaft von Simon Koberwein in Straßburg, hat ihn um Erlaubnis gebeten, die *Entführung* zu kopieren, um sie in Straßburg aufzuführen. Mozart ist durch diese Arbeit zu Einsichten gelangt, die einen Textdichter wie Schikaneder als Librettisten empfehlen: *um Beifall zu erhalten,* sagt Mozart am Ende des Jahres 1782, *muss man Sachen schreiben, die so verständlich sind, dass es ein Fiaker nachsingen könnte.* Womit er nicht das Plausible, sondern das Eingängige meint und ganz auf Schikaneders Linie liegt.

Trotz aller *Kabalen* bleibt er in Wien; *das ist für mein Metier der beste Ort.* Schikaneder zieht weiter nach Pressburg. Es sieht so aus, als wäre das zumindest ein guter Ort für seine Fähigkeiten.

Die größte und wichtigste Stadt Ungarns verfügt über ein Theatergebäude, das zu den modernsten im Habsburger Reich zählt und wegen seiner Akustik, seiner Geräumigkeit und seines Brandschutzes gerühmt wird. Vor sechs Jahren hat Georg Graf von Csáky es mit Hilfe der Stadt Pressburg errichtet, die das Grundstück vor dem Fischertor, Eichenstämme zum Logenbau und den Steinbruch zur Verfügung stellte. In seiner Einladung hat Georg Graf Csáky Schikaneder nicht nur die Vorteile seines Hauses angepriesen, sondern auch die Aussichten, durch den Landtag, der auf der Pressburger Burg tagt, auf Jahre hinaus ein sicheres und zahlungskräftiges Publikum zu haben.

Seinen Glanz verdankt Pressburg noch Maria Theresia, denn der Statthalter Ungarns, Albert von Sachsen-Teschen, der hier residiert, hatte ihre Lieblingstochter Marie Christine geheiratet. Darauf hatte die Mutter die Stadt mit Geld und Macht ausgestattet, umso mehr als sie Ungarn Dank für militärischen Beistand schuldete. Ungarns höchste kirchliche Würdenträger, die wichtigsten Beamten, vermögende Bürger und Hochadlige haben Pressburg zum Anziehungspunkt für Unternehmer, Wissenschaftler und Künstler aus dem gesamten Habsburger Reich gemacht. Die Pálffys, die Erdödys und andere Aristokraten mit ebenso viel Besitz wie Langeweile fiebern nach der neuesten Musik, den besten Instrumentalisten, den bekanntesten Theaterleuten, denn sie sind oft im nahen Wien und wollen in ihrer Heimat auf demselben Niveau unterhalten werden.

Als Schikaneder im Oktober des Jahres 1782 ankommt, erwartet ihn ein modernes Theatergebäude, massiv aus Stein gebaut, mit eindrucksvollem Portal, drei Haupttüren, zwei Nebeneingängen und fünf Notausgängen – und eine enorme finanzielle Belastung. Graf Csáky ist kein Gönner, sondern ein Rechner. Durch den Theaterbetrieb soll das investierte Kapital samt Zinsen bis Mitte der neunziger Jahre wieder hereingeholt werden. Doch in den letzten zwei Jahren haben die Pächter immer schneller gewechselt.

Schikaneder ist dennoch entschlossen, das Publikum zu erobern. Er versucht es mit Verdoppelung des Angebots, indem er nach den Vorstellungen noch Tanzunterhaltung oder Maskeraden abhält. Außerdem lässt er das Haus von außen durch Talglichter beleuchten und macht kräftig Werbung.

Doch um die Tanzunterhaltungen und Maskeraden genießen zu können, muss man erst Lessing, Möller, Goethe oder Shakespeare absitzen. Der Geruch der Talglichter stört die Damen, so dass sie wieder abgeschafft werden müssen. Und eine mächtige hölzerne Tafel an der Fassade des Schauspielhauses mit Darstellungen der *mörderischen und komischen Szenen* aus *Graf von Walltron*, das für die Freilichtaufführung in den Donauauen werben soll, beschert ihm zwar Massenzulauf, aber auch den Spott der Adligen. Von da an boykottieren sie und auch Albert von Sachsen-Teschen seine Aufführungen weitgehend. Trotzdem lässt sich Schikaneder während der Fastenzeit, in der das Theater halbwegs ausgebucht ist, von Csáky überreden, *noch einen Sommer und einen Winter zu bleiben*. Der nächste Landtag im März werde alles ändern, verspricht Csáky. Schikaneder unterschreibt.

Schade für ihn, dass der bewährte und begabte Johannes Hummel, bis vor zwei Jahren Kapellmeister des Pressburger Theaterorchesters, eine Stelle im nahen Wartberg angenommen hat, da sie mehr finanzielle Sicherheit versprach. Doch es gibt auch positive Überraschungen; seit Kurzem lebt hier der Schriftsteller Johann Friedel, geboren im ungarischen Temesvar, ein Bewunderer Schikaneders, der durchaus verwendbar ist. Friedel hat zwar mit Anfang dreißig schon einige gescheiterte Karrieren und menschliche Enttäuschungen hinter sich, aber er verfasst Romane, Bühnenwerke und Theaterkritiken. In der vorletzten Faschingswoche darf er bei Schikaneder zwei Mal auftreten, obwohl er sich selbst für einen steifen, wenig begabten Darsteller hält, und beschließt, ein Verfechter seines Direktors zu werden. Nachdem er Schikaneder in Pressburg zum ersten Mal erlebt hat, widerspricht er der anonymen Kritik des Salzburger Gastspiels energisch, umso mehr, als er deren Verfasser kennt: Johann Friedrich Schink, sein Konkurrent. Dass Schikaneder *zu viel Monotonie habe, ist grundfalsch*, erklärt Friedel. Er habe *noch keinen Schauspieler gesehen, der eine reichhaltigere Organisation der Kehle und eine reichhaltigere Abwechslung der Sprachtöne* aufweise. *Er hat für fast jeden Charakter seinen eigenen Ton.* Monoton könne er überhaupt nicht sein, weil er *Bass, Tenor und Falsett zugleich singt.* Seine kräftige Stimme mache es ihm leicht, unangestrengt zu deklamieren, sodass *jedes Wort von ihm verständlich* sei. Friedel findet es befreiend, dass Schikaneder die *alltägliche Sprache der Leidenschaft* spricht, die *Natursprache des wirklichen Lebens.*

Das hat wohl Mozart an ihm auf Anhieb gefallen. Nachdem er Schikaneder in Salzburg erlebt hatte, mokierte er sich über Gertrud Elisabeth Mara, immerhin Hofsängerin in München, sie mache *zu viel, um das Herz zu rühren.*

Das Problem ist nach Friedels Erfahrung keineswegs Schikaneders Stil, sondern der schlechte Geschmack des Publikums, das sich an die affektierte, übertriebene Sprechweise mancher beliebter Schauspieler gewöhnt habe. An ihnen könne man sehen, *dass jede Überladung nicht nur Ekel, sondern auch Ermüdung schafft.* Auch hierin ist Schikaneder offenbar ein Künstler im Sinn Mozarts, der erkennt, dass *Leidenschaften, heftig oder nicht, niemals bis zum Ekel ausgedrückt sein müssen.*

Doch Friedels Elogen auf sein zukunftsweisendes Spiel ersparen Schikaneder nicht die Einsicht, dass er in Pressburg gescheitert ist. Er muss Friedel Recht geben, der schon im November 1782 erklärt hat: *Ich bedaure ihn und jeden Direktor, der sich nach Pressburg versteigt. Die täglichen Unkosten sind groß, man sagt gegen 50 Gulden. Diese Summe und die Gage einer auch nur mittelmäßig besetzten Gesellschaft lässt sich hier fast nicht einbringen.* Das Dilemma ist Friedel klar. Bietet ein Direktor, was der Adel aus Wien gewohnt ist, *spielt er bankrott, tut er's nicht, bleiben die Logen leer*, weil der Pressburger Adel *den Affen* des Wiener Adels mache, wie der Wiener den des Pariser Adels. Schikaneder bleibt nichts anderes übrig, als den Großteil seiner Leute zu entlassen und das Angebot aus Wien anzunehmen, dort bis in den August das Theater am Kärntnertor zu bespielen. Vor allem nachdem er erfahren hat, dass in Pressburg zur Sommerzeit die Konkurrenz vor Ort groß ist. Da werden jedes Jahr auf der Promenade in einer Holzbude Burlesken aufgeführt, die wenig Anspruch, aber viel Unterhaltungswert besitzen. Die Bude sei keine 400 Gulden wert, heißt es, spielt aber in wenigen Monaten 500 Gulden ein. Außerdem sind bei gutem Wetter die Tierhetzen unter freiem Himmel im neuen Amphitheater attraktiver als Trauerspiele unter Stuckdecken. Schikaneders Frau, Friedel, Moll und ein paar wenige andere aus der Kerntruppe begleiten ihn nach Wien.

Dort wartet Unerfreuliches auf sie. Friedrich Gensicke hat im Theater am Kärntnertor ebenfalls eine Spielerlaubnis bekommen. Er wird hier geschätzt, weil er sich der aktuellen Mode anpasst, lokale politische Ereignisse in Dramen zu gießen. 1783 wird der 100. Jahrestag der Befreiung Wiens von der zweiten Türkenbelagerung gefeiert. *Die belohnte Treue der Wiener Bürger oder der 12. September 1683* heißt sein Stück. Der Erfolg solcher nationalen Selbstbeweihräucherungen prägt sich Schikaneder ein. Ihm fällt es nicht leicht, sich neben Gensicke als Zweitintendant und Darsteller zu behaupten. Er tritt in seinen *Lyranten* auf, in Shakespeares *Hamlet*, Babos neuestem Trauerspiel *Otto von Wittelsbach* und dem ebenfalls neuen Goethe-Drama *Clavigo*, das eine tragische Intrige aus dem Leben eines gewissen Beaumarchais zum Thema hat. Als Gensicke dann ihm, dem gefeierten Hamlet, zumutet, statt dieser Partie die des Königs zu übernehmen, kommt das einer öffentlichen Demütigung gleich. Gleichzeitig muss Schikaneder in Wien sein Defizit wieder hereinspielen und Beziehungen pflegen, denn Wien, meint er, wäre für sein *Talent* der *beste Ort*.

Schikaneders *Unglück*, so Friedel, bestehe darin, dass er außer in Stuttgart noch nirgendwo aufgetreten sei, wo *Geschmack und Theaterliebhaberei* herrsche. Er *verwette* seinen *Kopf darauf*, die Theaterjournale wären voll mit Berichten über Schikaneder, *wäre der Mann nur ein Vierteljahr in Berlin oder Leipzig oder Hamburg gewesen.*

Wien ist vielversprechend. Librettisten sind gefragt, vor allem deutsche, denn der Kaiser fördert die Nationalbühne nach Kräften. Freilich scheitern seine Versuche, dem Wiener Volksstück, das er für Volksverdummung hält, den Garaus zu machen. Er hat Karl Marinellis Leopoldstädter Theater als eine Bühne deutscher Sprache gefördert, die nicht nur vom Vorstadtpublikum bestürmt wird. Doch dort bejubeln die Zuschauer vor allem Marinellis Tricks, den Hanswurst als Kaspar in allen möglichen Verkleidungen – vom Scherenschleifer bis zum Schornsteinfeger, vom Barbier bis zum Totenwächter – wieder auferstehen zu lassen. Sein neues Stück *Der Kuckucksfänger* hat in diesem Jahr einen Vogelfänger zum Publikumsliebling werden lassen.

Mozart hat wenig Zeit, sich mit Schikaneder zu treffen. Im April ist er umgezogen in *ein gutes Quartier auf dem Judenplatz*, nicht weit vom Kärntnertor gelegen; im Juni hat er sein erstes Kind bekommen und Raimund Leopold getauft. Er klagt dem Vater, ihm sei *der Kopf so voll*, dass er zu schreiben vergesse. Mit seiner Schwägerin Aloisia probt er bis zum Umfallen zwei Arien als Einlage in der Oper eines anderen, Anfossis *Il curioso indiscreto, um feiner zu sein als* seine *Feinde*, denn er *habe ihrer genug.* Dafür tut er viel, denn was immer ein Kollege wie der höchst erfolgreiche Ignaz Umlauf hervorbringt, ist für ihn nur ein *elendes Stück.* Allerdings entgeht ihm nicht, wie geschickt Umlauf Wiener Volkslyrik in seine Musik einfließen lässt.

Außerdem will Mozart dem Vater endlich die unerwünschte Schwiegertochter vorstellen. Daher plant er seit langem einen Besuch in seiner Geburtsstadt, obwohl ihm *an Salzburg wenig und am Erzbischof gar nichts gelegen ist* und er *auf beides scheiße.* Doch er will reisen, um Schwester und Vater *zu zeigen, dass wir wieder ganz gut sind,* wie Constanze an Maria Anna schreibt. Überdies sitzt er an einem Hornkonzert für den Freund Leitgeb und an seiner c-Moll-Messe, die er zu komponieren geschworen hat, wenn Constanze die Entbindung gut überstehe. Er will sie den Salzburgern, vor allem dem Vater, mit Constanze als Solistin vorführen.

Glücklich ist Mozart nicht, denn er hungert nach einem neuen Opernauftrag, bearbeitet *auf eigene Unkosten* Textbücher wie ein albernes Libretto von Varesco, *L'Oca del Cairo, Die Gans von Kairo,* und macht sich Gedanken über Dramaturgie. Wenn er vor der Abreise Ende Juli Schikaneder trifft, geht es natürlich um Oper und

Singspiel, um Libretti und Sängerinnen, vor allem schöne Sängerinnen. Eine wie Margarethe Kaiser, in deren Stimme und Äußeres sich Mozart in München überfallartig so verliebt hatte, dass sein Vater misstrauisch bemerkte, er sei *ganz erstaunlich für die kleine Sängerin eingenommen*, und aufatmete, als das geplante Rendezvous platzte.

Noch von Wien aus engagiert Schikaneder Margarethe Kaiser als Sopranistin und Ludwig Kumpf als Tenor für die kommende Spielzeit in Pressburg. Den Sänger aus München hat er in Buda oder Pest kennengelernt, wo Kumpf die Spielzeit nach Schikaneders kurzem Sommergastspiel mit seiner Truppe übernommen hatte. Damit Kumpf zusagt, hat ihn Schikaneder zum Mitunternehmer gemacht. Er braucht dringend gute Sänger, denn er ist entschlossen, sich auf den *Geschmack* des dortigen Publikums, also *auf starke Opern einzurichten.*

Doch als Schikaneder erneut anreist, sind die meisten Pressburger von Einfluss, hohe Beamte, kirchliche Würdenträger und Aristokraten, dabei, ihre Koffer zu packen. Er hätte damit rechnen können, was hier auf kaiserliche Anordnung geschehen ist. Es war schon auffallend, dass Kaiser Joseph sich nicht, wie sonst üblich, in Pressburg zum König von Ungarn hat krönen lassen. Jetzt sind auf seinen Befehl die Kronjuwelen nach Wien verbracht worden. Der Statthalterrat wie alle übrigen Zentralämter wurde nach Buda verlegt, somit neue Hauptstadt Ungarns. Pressburg hat seine Bedeutung und Schikaneder das zahlungskräftige Publikum eingebüßt. Doch Vertrag ist Vertrag.

Schikaneders Trauerspiel *Bucentaurus oder Die Vermählung des Meeres zu Venedig* lobt die *Pressburger Zeitung* begeistert. Es verfüge über *erhabene Tugend* und erzähle ein *seltenes Schicksal*, es finde sich dort *feiner Witz und feine Handlung.* Dem Adel aber ist dieses Stück nicht fein genug, denn es beginnt damit, dass die Bediensteten sich ungeniert über den moralischen Verfall der feinen Herrschaften unterhalten. Wohlwollend bemerkt wird von den Aristokraten nur, dass Schikaneder die Talglichter durch Wachskerzen hat ersetzen lassen und dass er mehr Musik auf die Bühne bringt. Trotzdem balanciert er am Rand eines finanziellen Abgrunds. Er hat allen Bühnenzauber und alle Ausstattungspracht aufgeboten, um Schillers *Verschwörung des Fiesco zu Genua* zur Attraktion zu machen, er hat *Die Räuber* Schillers zu einem Spektakel ausgebaut, in dem das Schloss von Moor in Flammen aufgeht und einstürzt. Beim breiten Publikum auf den billigen Plätzen funktionieren die bewährten Erfolgsrezepte, aber die adlige Gesellschaft spielt nicht mit. Csáky hat die Finanzierung des Theaters jedoch so angelegt, dass der jeweilige Direktor auf diese Schicht angewiesen ist.

Schikaneder versucht mit Gastspielen auf der Insel Raab, in der neuen Hauptstadt Buda – zu deutsch Ofen – und in dem gegenüberliegenden Pest dazuzuverdienen. Er setzt auf seine guten Sänger und musikalische Vielfalt, bringt das Oratorium *Abraham und Isaak* von Mozarts syphiliskrankem Freund Josef Mysliweczek, *Il ritorno di Tobia* von Mozarts väterlichem Freund Haydn und *Die Schule der Eifersüchtigen*, eigentlich *La scuola de' gelosi*, von Mozarts Konkurrenten Salieri. Zum ersten Mal hören die Ungarn in ihrer Heimat eine Oper auf Deutsch, seit 1780 Amtssprache in diesem Land der Monarchie.

Carl Schikaneder, sein Neffe, behauptet, in Ofen habe der Onkel *durch eine Liebschaft* und durch aufbegehrende Reden seinen Ruf ruiniert. Offenbar hat er eine Schönheit aus besseren Kreisen erobert, und das ist einem von unten nicht erlaubt, auch wenn er sich Direktor nennt.

Neben der Erfahrung, dass die adlige Gesellschaft keinen Aufsteiger wie ihn in ihren Reihen duldet, bringt Schikaneder aus Buda eine sensationelle Geschichte mit, die dazu passt. Gerade erst, am 10. August 1784, hat dort eine Tragödie für Schlagzeilen gesorgt. Zwei Liebende, die wegen des Standesunterschiedes nicht zusammenfinden durften, haben sich umgebracht. Ein Doppelselbstmord wie in Schillers Tragödie *Kabale und Liebe*, die erst in diesem April in Frankfurt uraufgeführt worden ist und für einen Skandal gesorgt hat, jedoch mit umgekehrten Vorzeichen: In Buda gehörte die junge Liebende zur oberen Gesellschaft, und ihr Geliebter kam von unten. Schikaneder verwertet wieder einmal persönliche Erfahrungen, vergisst dabei jedoch nicht seine jesuitische Schulung und versieht sein neues Stück mit einem Verweis auf den sechsten Epheserbrief. Durch das biblische Zitat im Titel entwaffnet er die adlige Kritik im Voraus. *Kinder, reizet Eure Eltern, und Eltern, reizet Eure Kinder nicht* kommt am 8. Oktober 1784 zum ersten Mal in Pressburg auf die Bühne. Als Schikaneder in der Rolle des Liebhabers die Bühne betritt, der gegen die Gesetze der

Aristokratie verstößt, sieht er in der Hofloge einen Mann, den er wie jeder erkennt: Kaiser Joseph II. Als der Vorhang fällt, kommt von dort Beifall, begeisterter Beifall. Jetzt interessiert sich die Pressburger Gesellschaft schlagartig für das Stück. Schikaneder setzt es zwei Tage später noch einmal an; wieder applaudiert der Kaiser und lädt ihn ein, diesmal als Intendant nach Wien ans Kärntnertortheater zu kommen und dort deutsche Singspiele aufzuführen.

Mozart, der solche Revanchen liebt, riebe sich die Hände, bekäme er mit, was Schikaneder daraufhin den Pressburgern zum Abschied bietet. Eine *Vogelkomödie zu Pressburg*. Vorbild für Schikaneder sind hierbei vermutlich *Die Vögel* des Aristophanes, die er aus dem humanistischen Gymnasium kennen dürfte. Darin werden die Politik Athens und deren führende Köpfe verspottet. Bei Schikaneder werden die feinen Herren und Damen von Pressburg mit ihrem Geschnatter und Gegacker als Hühner und Hähne vorgeführt; er selbst tritt in der Hauptpartie als Gans auf. Der Hof als Geflügelhof. Eine Frechheit, die den Theaterdirektor teuer zu stehen kommt. Denn die mit Federn besetzten Kostüme kosten ihn *ein schweres Geld*. Schikaneder landet einen Treffer, wie ihm der Aufschrei im Publikum verrät, aber er trifft auch sich selbst, denn er hat sich den Spaß zu viel kosten lassen.

Finanziell schwer angeschlagen zieht er mit seiner Truppe, um den Dichter und Schauspieler Johann Friedel angewachsen, erneut nach Wien. Noch sind Margarethe Kaiser und Ludwig Kumpf mit von der Partie. Er braucht sie für die nächsten drei Monate. Am 5. November beginnen die Vorstellungen im Kärntnertortheater, bis zum 6. Februar 1785 sollen sie dauern. Danach werden die beiden zurück nach Pressburg reisen. Johann Graf Erdödy ist spät, aber heftig von der Opernleidenschaft gepackt worden. In seinem Palast hat er eine Opernbühne eingerichtet, ein Orchester, ein Sängerensemble, Bühnentechniker, Bühnenmaler und sogar einen Bühnenfriseur engagiert und mühelos Schikaneder seine Stars abgeworben.

Das Kärntnertortheater, nach dem Brand des Vorgängerbaus 1763 neu als Ziegelbau errichtet, befindet sich bereits in einem jämmerlichen Zustand. Die Ausstattung ist schäbig, und *es verbreiten sich, besonders an warmen Tagen, wegen der Nachbarschaft der Kloake, sehr unangenehme Dünste und Gerüche* im Zuschauerraum, wie Friedel nach Berlin

Der postum des Mordes verdächtige Antonio Salieri (1750–1825) war nach manchen «Kabalen» in seinen reiferen Jahren mit Mozart befreundet. Dass Schikaneder, der viele Werke Salieris aufführte, einen guten Kontakt zu ihm hatte, mag die Annäherung gefördert haben.

berichtet. Doch es bietet sehr viel mehr Platz und auch mehr Spielraum als das Burgtheater, denn dieses gehört zwar, wie Friedel zugibt, unter *die besten deutschen Theater*, muss sich aber als offizielles Nationaltheater in der *Wahl der aufzuführenden Stücke nach dem Geschmack der Nation und des Hofes richten.* Außerdem ist nicht einmal die Hälfte der Karten im freien Verkauf, weil der Großteil der 1125 Plätze an den Hof, den Adel und vermögende Abonnenten vergeben sind. Schikaneder kann dem Burgtheater Konkurrenz machen, wenn er mit einem populären Programm eine hohe Qualität der Aufführungen verbindet. Wie erfolgreich Mozarts *Entführung aus dem Serail* war, hat Schikaneder spätestens bei seinem letzten Wienbesuch erfahren; wie anspruchsvoll sie musikalisch ist, erfährt er nun erst bei den Proben.

Am 5. November 1784 eröffnet Schikaneder in Anwesenheit des Kaisers mit Mozarts Singspiel in neuer Inszenierung. Mozart hat es nicht weit; er ist seit Schikaneders letztem Wienaufenthalt zwei Mal umgezogen und wohnt nun vornehm im Camesina-Haus in der Schulergasse, von wo es nur wenige Minuten zu Fuß zum Kärntnertortheater sind. Zum ersten Mal kann Mozart die angebetete Margarethe Kaiser in einem seiner Werke hören. Die *Martern*-Arie gelingt ihr makellos. Alles wartet nun auf Konstanzes zweite große Bravourarie, in der Mozart auch den Musikern im Orchester Gelegenheit gibt, ihr virtuoses Können zu zeigen. Doch es erklingt etwas völlig anderes, einwandfrei nicht von Mozart. Schikaneder wird den Freund vorgewarnt haben, dass seine Arie gestrichen und gegen eine leichter spielbare ausgetauscht werden musste, weil die Instrumentalisten, die er aus Pressburg mitgebracht hat, an ihr gescheitert sind. Vielleicht tröstet es Mozart, dass die *Wiener Chronik* dennoch vermeldet, seine *Kaiserin* sei *unerhört beklatscht* worden. Und dass das Ersatzstück vom Orchesterleiter Franz Teyber stammt, mit dessen Familie die Mozarts seit langem befreundet sind. Therese Teyber, Schwester von Franz, ist eine von Mozarts bevorzugten Sängerinnen und hatte als Blonde bei der Premiere seiner *Entführung* überzeugt.

Zwei Wochen nach der Saisoneröffnung, am 19. November, spielt Schikaneder Salieris *Schule der Eifersüchtigen*. Hat Mozart ihm verraten, dass er im Hofkapellmeister seinen intrigantesten Widersacher sieht? Am Tag darauf steht das Werk eines Komponisten auf dem Programm, den Mozart nicht aus beruflichen, aber aus privaten Gründen hasst: *Helena und Paris* von Peter Winter. Schikaneder baut die Kämpfe bei den Olympischen Spielen und das Gefecht zwischen Trojanern und Spartanern zu einem Spektakel aus, was dem Kritiker des *Wienerblättchens*, Wiens erster und einziger Tageszeitung, nicht imponiert, dem Publikum jedoch umso mehr. Was Lärm macht, gefällt. Dass nach Meinung des Rezensenten der Erfolg *der herrlichen Musik zu verdanken* sei, wird Mozart so wenig freuen wie die Nachrichten aus Paris, wo die Oper *Les Danaides* von Salieri noch immer neben Beaumarchais' neuem Skandalstück *La folle journée ou le mariage de Figaro* die Publikumsattraktion darstellt.

Doch am 6. Dezember stürzt Salieri vom Gipfel des Erfolges jäh ab. Bei der Premiere fällt *Il Ricco d'un giorno* beim Publikum durch.

Eine gute Nachricht für Mozart, nicht allein der Schadenfreude wegen: Salieri schiebt die Schuld an der Niederlage auf den Librettisten Lorenzo Da Ponte, will von ihm nichts mehr wissen und wechselt zu Da Pontes Gegner Giovanni Battista Casti. Lorenzo Da Ponte, Hofdichter und Schützling des Kaisers, ist frei für neue Pläne.

Schikaneder dürfte wissen, wie verzweifelt Mozart nach einem Textbuch für eine Oper sucht. Er selbst hat dazu keine Zeit, denn in den drei Monaten hier muss er sein Defizit ausgleichen und seine Stellung in Wien festigen. Hier ist es unerlässlich, die richtigen Verbindungen zu pflegen.

Mozart hat rasch begriffen, dass er vor allem die Beziehungen zum Adel pflegen muss. Viele seiner Klavierschülerinnen kommen aus aristokratischen Familien, und auf der Abonnementliste für drei Klavierkonzerte, die er nun im Trattnerhof geben wird, stehen vor allem Grafen und Gräfinnen, Fürsten und Fürstinnen. Doch Mozart hat seine schlechten Erfahrungen nicht vergessen. Nach wie vor vertritt er die Position, die er vor drei Jahren seinem Vater deutlich machte: *das Herz adelt den Menschen; und wenn ich schon kein Graf bin, so habe ich vielleicht mehr Ehre im Leib als mancher Graf; und Hausknecht oder Graf, sobald er mich beschimpft, so ist er ein Hundsfott.*

Es gibt in Wien Kreise, wo die Standesunterschiede keinerlei Rolle spielen. Sie finden sich in Logen zusammen und sind Mitglieder des Freimaurerordens. Am 14. Dezember wird Mozart in die Loge *Zur Wohltätigkeit* als Lehrling 1. Grades aufgenommen. Sie ist in Wien allerdings als Fress- und Saufloge bekannt, anders als die Loge *Zur wahren Eintracht*, in die fast gleichzeitig Haydn eintritt. Doch in jeder Loge sitzt ein Trompeter neben einem hohen Staatsbeamten, ein Arzt neben einem Koch, ein Graf neben einem Buchhändler, ein Schwarzer wie Angelo Soliman, der vom verschenkten Sklaven zum adligen Hauslehrer aufgestiegen ist, neben einem blassen Apotheker. Vor Schikaneder, der ähnlich über die Vermessenheit des Adels denkt, wird Mozart seinen Beitritt kaum geheim halten, zumal es längst ungefährlich ist, sich zum Freimaurertum zu bekennen, sogar auf offener Bühne unter den Augen von Kaiser Joseph. Am 10. Januar 1784 war im Burgtheater ein Lustspiel von Friedrich Ludwig Schröder aufgeführt und dann noch zehn Mal wiederholt worden mit dem Titel *Die Freimaurer*. Und Karl Friedrich Hensler, dessen Stück *Han-*

deln macht den Mann oder Der Freimaurer soeben in Köln über die
Bühne ging, ist nach Wien übersiedelt, in Mozarts Loge übergewechselt und schreibt bereits an einem neuen Drama mit angeblich
freimaurerischem Inhalt. Keiner hindert Mozarts ehemaligen Vermieter Johann Thomas von Trattner daran, sogenannte Verräter-
schriften wie *Der Spion in Wien* zu drucken, der in diesem Jahr gleich
zwei Berichte bringt. Sie versprechen, *das Geheimnis, so wie es an sich
selbst ist, zu erforschen und nach und nach vollkommen zu entdecken.*

Mozart ermuntert Schikaneder wohl, seiner Loge beizutreten,
denn der reimt einen Kettenspruch, wie er für Freimaurerrituale
gebraucht wird. Dies kann ihm nur ein Logenbruder, vermutlich
Mozart selbst, verraten haben. Ein Verstoß ist das nicht, denn Rituale
unterliegen nach den Regeln der Maurer keineswegs der Verschwiegenheit. Nur das Erlebnis der Läuterung muss geheim bleiben, und
das lässt sich ohnehin nicht ausplaudern, nur erfahren.

Mozart beginnt umgehend, Schikaneders Verse in einer Freimaurerkantate zu vertonen. Ihm selbst geht es nicht so sehr um Rituale
und Symbole des Bundes: Der Ehemann von Mozarts großer Gönnerin Gräfin Thun, ein prominenter Maurer, erscheint ihm sonderbar in
seiner Neigung zum Mystischen und Mysteriösen. Wichtig ist ihm
vielmehr die aufklärerische Idee und die Vision einer neuen Gesell-
schaftsordnung. Und wie Caroline Pichler festhalten wird, ist es auch
*nicht unnützlich, zu dieser Bruderschaft zu gehören, welche in allen Kollegien
Mitglieder* und *überall den Vorsteher, Präsidenten, Gouverneur* für sich gewonnen hat. Mehr noch: Wer nicht dazugehöre, finde *oft Hindernisse.*

Mozart macht als Freimaurer eine Blitzkarriere. Schon im Januar
wird er, allerdings in Haydns Loge, zum Gesellen befördert, und
bald darauf zum Meister.

Obwohl ihm die Idee einleuchtet und er die Kontakte nutzen könnte,
tritt Schikaneder vorerst in keine Loge ein, sicher aber in das sogenannte *Komödienbierhaus*, gegenüber vom Kärntnertortheater im
Komödiengassl gelegen. Dort trifft sich die gesamte Bühnenbranche,
hoch und niedrig, große Schauspieler und Schmierenkomödianten,
Impresarii und bankrotte Wanderbühnendirektoren. In der dunklen,
holzgetäfelten Wirtsstube, im Gestank der Unschlittkerzen und dem
Bierdunst des *Horner Pfützls*, wird nicht nur der Klatsch ausgetauscht,

Johann Joseph Lange (1751–1831) war Schauspieler, Maler und Pianist. 1766 in die Wiener Zeichen- und Kupferstecherschule aufgenommen, zog ihn sein älterer Bruder zum Theater, wo er rasch zum Star wurde. Er war in zweiter Ehe mit Aloisia Weber verheiratet, lebte ab 1795 von ihr getrennt (Selbstporträt).

dort werden auch Verträge unter Prinzipalen, Schauspielern und Sängern ausgehandelt. Für die billigen Vorstadtbühnen, meistens nur in Holzbuden untergebracht, müssen die Darsteller ihre Kostüme selbst mitbringen. Ein Theaterleiter, der für ein Stück, das im hohen Norden spielt, den Bewerber fragt, ob er auch einen Pelz habe, hört dann: *Einen Pelz hab' ich nicht, aber ich kann zwei Unterhosen übereinander anziehen.*

Über der Bierstube wohnt die Familie Gottlieb, die Eltern sind am Burgtheater im Komischen Fach angestellt, die beiden Töchter Leonore und Anna bereits im Kindesalter bühnenerprobt. Dort, im Burgtheater, stehen sie neben Mozarts Schwägerin Aloisia Lange und ihrem Mann oder Mozartfreunden wie den Schwestern Teyber und dem Ehepaar Adamberger auf der Bühne. Mozarts väterlicher Freund

*Constanze Mozarts Schwester Aloisia Lange, geborene Weber (wohl 1761–1839),
war Mozarts erste große Liebe und galt als ausgezeichnete Mozartsängerin. Sie
sang in der Uraufführung von «Der Schauspieldirektor» die zweite Primadonna,
Madame Herz. Ab 1795 lebte sie von ihrem Mann Joseph Lange getrennt, ab 1813
in Zürich, im Alter in Salzburg.*

und Förderer Joseph Haydn besucht am 18. Dezember eine Vorstellung bei Schikaneder: seine Oper *La fedeltà premiata*, die in deutscher
Sprache und mit großer Prachtausstattung aufgeführt wird. Nicht
nur der Komponist gibt Schikaneder die Ehre, auch Kaiser Joseph II.
samt Hofstaat. Es drängen so viele Neugierige ins Theater, dass Schikaneder mehr als sechshundert von ihnen wegschicken lassen muss.
Die Tenor- und Sopranarien in Haydns Oper sind heikel, doch mit
der Wahl seiner Solisten hat Schikaneder eine glückliche Hand bewiesen. Kaiser wie Kumpf ernten *ungeteilten Beifall*, und *Die belohnte
Treue* wird am Montag darauf wiederholt. Fast 1200 Gulden bringen
allein diese beiden Vorstellungen in die Kasse des Theaterdirektors.
Es entgeht keinem, dass Schikaneder offenbar den Bogen heraushat
und sensationell kassiert. Selbst ein Lustspiel des Hausdichters Friedel,

Der Fremde, mit wenig Aufwand und Schikaneder selbst in der Titelpartie beschert dem Prinzipal ein volles Haus. Auch der Kaiser rechnet mit. Er war schon bei der Eröffnung Zeuge des Zulaufs und hat seither beobachtet, wie gekonnt Schikaneder das Wiener Publikum bedient. *Es entsteht die Frage*, schreibt der Kaiser nun an den GeneralTheaterdirektor Franz Xaver Graf Rosenberg, *ob es nicht für das Nationaltheater und dessen Kasse vorteilhafter wäre, wenn im Kärntnertor-Theater keiner fremden Truppe mehr zu spielen gestattet würde, sondern dafür dieses Theater mit einer Truppe besetzt würde, die in eigenem Sold der Hofdirektion wäre.* Er denke daran, eine Truppe zusammenzustellen, die deutsche komische Opern aufführe, weil das offenbar am besten ankomme, und sie mit Sängern zu bestücken, die im deutschen und im italienischen Fach zu Hause sind wie Valentin Adamberger, Aloisia Lange oder die Schwestern Teyber; außerdem *zwei, drei Subjekte, die beim Schikaneder jetzt gefalle*n. Offenbar haben ihm vor allem die *Subjekte* Kaiser und Kumpf gefallen. Gleichzeitig lässt Joseph II. den Staatskanzler Ernst Graf Kaunitz wissen, dass er entschlossen sei, *das Theater nächst dem Kärntner-Tor diese Fastenzeit hindurch zu richten, neu malen und vollkommen herstellen zu lassen.*

Er verlangt eine Schätzung, *wie viel es kosten würde dieses Theater ungefähr so wie das Nationaltheater ausmalen und verzieren zu lassen*, und möchte informiert werden, ob *nicht der üble Geruch* im Kärntnertortheater *abgestellt* und in Zukunft *vermieden werden könnte*. Ohne Schikaneder zu unterrichten, beginnt der Kaiser, eine *deutsche Schauspielergesellschaft* zusammenstellen zu lassen, die das renovierte Haus in der kommenden Saison bespielen und Geld in seine Kasse anstatt in die eines freien Unternehmers bringen soll. Schikaneder muss weg.

Einziges Problem bei der Umsetzung dieses Plans: Schikaneder ist beliebt. Hieronymus Löschenkohl, der mit Porträts von aktuellen Prominenten gutes Geld verdient, hat ihn sofort in der Rolle des Fremden im Kupferstich verewigt und das Konterfei in ganz Wien verbreitet.

Dass er Lärm machen muss in Wien, hat Schikaneder nicht vergessen. In Paris macht seit April nichts so viel Lärm wie Beaumarchais' Fortsetzung des *Barbier de Séville*, und der gescheiterte Versuch des Königs, das Stück zu verbieten, hat seine Popularität ebenso angeheizt wie die Entrüstung des konservativen Adels. Doch unter den

Das Kärntnertortheater in Wien, 1709 gegründet und 1761 nach einem Brand neu gebaut vom Hofarchitekten Nikolaus Pacassi, wurde bereits 1763 zum k. k. Hoftheater erklärt. Dort wo das Drei-Spartenhaus stand, befindet sich heute das Hotel Sacher. Zu Schikaneders Lebzeiten wurde dort sowohl deutsches als auch italienisches Musiktheater aufgeführt.

frivolen französischen Aristokraten wollen sich viele dem Witz dieser Komödie nicht entziehen.

Schikaneder gibt Johann Rautenstrauch *La folle journée ou le mariage de Figaro* zur Übersetzung. Damit trifft er eine kluge Wahl. Rautenstrauch ist Jurist, populärer Satiriker, Bühnenschriftsteller und als Parteienvertreter bei Hof zuständig für verwaltungsrechtliche und nicht streitfällige Angelegenheiten. Scharf schreibt er zwar gegen Geistliche an, die ihre Privilegien schamlos ausbeuten, oder gegen Verleger wie Trattner mit seinen 36 Druckerpressen, die ihre Vorrechte zum Raubdruck missbrauchen. Doch er hat sich, ob dafür bezahlt oder nicht, für die Ungarnpolitik des Kaisers stark gemacht und ihn öffentlich verteidigt: Wenn ein Monarch wie Joseph II. die Pflicht übernommen habe, sich ums öffentliche Wohlergehen zu kümmern, besitze er auch das Recht, Verfassung und Grundgesetze zu ändern, falls er es für nötig erachte.

In der Zensurbehörde sitzen viele Aufklärer, auch viele Freimaurer, so der Leiter der Studienhofkommission, Mozarts Freund Gottfried van Swieten, oder der Theaterzensor Joseph Freiherr von Sonnenfels, konvertierter Enkel eines Rabbiners. Im Februar vor drei Jahren, zwei Monate nach dem Tod seiner Mutter, hatte Kaiser Joseph II. seine *Grundregeln zur Bestimmung einer ordentlichen künftigen Bücher-Zensur* erlassen. Darin hatte vor allem der dritte Paragraph für Aufsehen gesorgt. *Kritiken, wenn es nur keine Schmähschriften sind, sie mögen treffen, wen sie wollen, vom Landesfürsten bis zum untersten, sind nicht zu verbieten, besonders wenn der Verfasser seinen Namen dazu drucken lässt, und sich also für die Wahrheit der Sache als Bürgen darstellt.*

Doch diesmal braucht der Kaiser die Ablehnung eines Stückes, also wendet er sich an einen Mann, der für seinen harten Kurs gegenüber jeder Regimekritik berüchtigt ist: Johann Anton Graf von Pergen, Präsident der Niederösterreichischen Landesregierung und seit 1782 auch Polizeiminister. Er habe erfahren, schreibt der Kaiser, *dass die bekannte Komödie Le Mariage de Figaro in einer deutschen Übersetzung für das Kärntnertortheater angetragen sein soll; da nun dieses Stück viel Anstößiges enthält,* solle der Zensor *es entweder ganz verwerfen oder solche Veränderungen darin veranlassen, dass er bei der Vorstellung für den Eindruck, den sie machen dürfte, haften werde können.*

Auch Mozart hat von diesem Stück mit Sicherheit schon gehört oder gelesen. Der von ihm einst als Beschützer geliebte, dann geschmähte Melchior Grimm hatte im April, kurz nach der Uraufführung, in seiner *Correspondance littéraire* geschrieben, was die *Unsittlichkeit* betreffe, sei das Werk nicht von allzu großer Drastik. Er räumt jedoch ein, dass es *die gegenwärtigen Sitten* der Gesellschaft *mit Kühnheit und Unbefangenheit* male. Den Mann, der Beaumarchais angeregt hatte, dieses Stück als Fortsetzung des *Barbier de Séville* zu schreiben, hatte Mozart auf seiner ersten Parisreise kennengelernt: Prince de Conti. Vor ihm, einem Cousin des Königs und radikalen Gegner der absolutistischen Monarchie, waren die beiden Mozartkinder aufgetreten.

Vielleicht erhält Mozart Zugang zu den Proben, vielleicht gewährt ihm Rautenstrauch, der wie Mozart im Haus des Franz Sales von Greiner verkehrt, Einblick ins Textbuch. *Glauben Sie, weil Sie ein großer Herr sind, wären Sie auch ein großer Geist?*, fragt Figaro den Grafen. Das könnte auch von Mozart stammen.

Lorenzo Da Ponte (1749–1838) war als Librettist Schikaneders Vorgänger und teilte mit seinem Nachfolger vieles: den Vornamen, denn er hieß eigentlich Emmanuele Conegliano, die Leidenschaft für schöne Frauen und gutes Essen, sowie die Lust, die Geschichte seines abenteuerlichen Lebens aufzuzeichnen. Bei Schikaneder wurde daraus nichts.

Die Premiere ist für den 3. Februar angesetzt. Am 2. Februar vermeldet das *Wienerblättchen: Herr Rautenstrauch hat das in Paris mit so außerordentlichem Beifall aufgenommene Lustspiel Les noces de Figaro kürzlich ins Deutsche übersetzt. Morgen wird selbiges von der Gesellschaft der Herren Schikaneder und Kumpf zum erstenmal aufgeführt werden.*

Erst am Tag der Premiere erfährt Schikaneder, dass die Aufführung untersagt wird. Eine Schikane, die Pergen sich wohl persönlich ausgedacht hat. An den Türen des Kärntnertortheaters verkünden Anschlagzettel, das Stück habe von der Zensur nicht die Aufführungsgenehmigung erhalten, was bereits am 4. Februar im *Wienerblättchen* nachzulesen ist. *Wenige Tage,* so berichtet danach Lorenzo Da Ponte, hat bereits Mozart bei ihm angefragt, ob er nicht für ihn ‹*Die Hochzeit des Figaro*› *in Drama umarbeiten könne*. Mozarts Angebot verblüfft den Librettisten. Er dürfte wissen, dass das Stückverbot Schikaneder am Ende seiner Spielzeit in ein gewaltiges Minus gerissen hat. Er hatte die Übersetzung bezahlt, Kostüme schneidern, Kulissen herstellen, Programmzettel drucken lassen und Proben abgehalten.

Am 6. Februar findet die letzte Vorstellung der Truppe Kumpf-Schikaneder am Kärntnertortheater statt. Zum dritten Mal in Folge wird vor ausverkauftem Haus Giovanni Paisiellos eingedeutschte Oper *König Theodor* aufgeführt, die im letzten Jahr auf Italienisch im Hoftheater Premiere hatte. Dort hatte dieses Auftragswerk des Kaisers viele Besucher, aber wenig Einnahmen; Schikaneder dagegen kassiert über 1800 Gulden. Doch seine Zeit als Theaterdirektor ist vorbei. Er muss seine Truppe auflösen und sich damit abfinden, dass sein Lobredner Johann Friedel Eleonore erobert hat. Der schauspielernde Autor ist zwar lungenkrank, aber Frau Schikaneder ergeben, und sie ist offenbar der Ausschweifungen ihres Mannes müde, der das große Angebot an Wiener Schönheiten nicht ungenutzt lassen konnte. Immerhin verfasst Friedel noch *Ein Quodlibet zum Abschied*, das im Druck erscheint. Es enthält ein *Verzeichnis der aufgeführten Stücke und ihrer Einnahmen* und eine Auflistung von Gesamtumsatz, Unkosten und durchschnittlichem Gewinn der 31 Vorstellungen. Der Kommentar dazu stammt sicher von Schikaneder selbst; er nutzt die Gelegenheit, dem Kaiser, dessen Schauspielertruppe der Nationalbühne im Burgtheater nun das Kärntnertortheater übernehmen soll, vorzurechnen, welch guten Geschäftsmann er mit ihm verliert. Dass Familienmitglieder wie sein Bruder Urban und dessen zwölfjähriger Sohn Joseph Carl für kleine Partien zur Verfügung stehen und dass Urbans Tochter Anna, genannt Nanny, mit fünfzehn bereits die Rollen junger Frauen spielen und singen kann, erspart die Suche nach Kleindarstellern und Geld. Auf 7865 Gulden haben sich Unkosten und Gagen belaufen. *Ob wohl die künftigen Nationalisten für eben diese Kosten dieselben Einnahmen im Durchschnitt zusammen singen werden?*, fragt Schikaneder. Nicht genug damit, er warnt den Kaiser vor seinem Vorhaben. *Man kennt aus allen Zeiten den langsamen Gang der Nationaltheatergeschäfte. Wozu der Sänger unter der Hofdirektion zwei Monate braucht, braucht er unter dem Privatunternehmer nur zwei Wochen.*

Frech wie Figaro stellt er am Schluss eine Frage, bei der er sich selbst ins Wort fällt, um zu zeigen, dass er die Absichten des Kaisers durchschaut hat und als ein Idealist von vorgestern dastünde, wollte er dagegen angehen: *So lange Privatunternehmer zur Zufriedenheit derer, die es bezahlen, ihr Werk fortführen ziemt es sich –? doch ich lebe nicht 1000 Jahre vor der Schöpfung. Ich frage also gar nichts mehr.* Das ist einsichtig, denn sonst müsste er sich fragen, warum am 28. Februar, am 1. und 2. März im *Wienerblättchen* mit kaiserlicher Erlaubnis seitenlange Auszüge *Über Figaro nach der französischen Ausgabe der Herren Brüder Gay und der deutschen Übersetzung des Herrn Rautenstrauch* abgedruckt werden dürfen und kurz danach das komplette Textbuch im Druck erscheinen kann. Rautenstrauch hat es spöttisch *dem Andenken von 200 Dukaten gewidmet*, die ihm als Aufführungshonorar entgangen waren, und auf das Titelblatt ein Zitat aus dem 5. Akt des Stückes setzen lassen: *Gedruckte Dummheiten haben nur da einen Wert, wo man ihren freien Umlauf hindert.*

Es sieht so aus, als wolle der Kaiser der Öffentlichkeit vorführen, dass er Schikaneder schätzt. Vom 1. April 1785 bis zum 26. Februar 1786 wird Schikaneder als Schauspieler in das Ensemble des Burgtheaters engagiert. Vordergründig ehrenvoll, in Wahrheit aber eine Herabwürdigung, nicht allein deswegen, weil er zu den schlecht bezahlten Darstellern gehört. Johann Franz Carl Hieronymus Brockmann, dessen Aufstieg vom entlaufenen Barbiergehilfen zum gefeierten Hamlet-Darsteller ein Vorbild für Schikaneder war, ist nicht nur der am meisten hofierte Star des Hauses, der beim Kaiser persönlich zum Essen eingeladen wird, er ist Mitglied des Regieausschusses, eines intriganten, bestechlichen und zerstrittenen Haufens, der Programm und Besetzung bestimmt. Schikaneder wird kaum vergessen haben, dass sein Feind Johann Schink seinen Konkurrenten Brockmann sogar in Buchform als unerreichbaren Hamlet gerühmt hat. Und natürlich war der Schlagabtausch zwischen Schink und Friedel als Hahnenkampf zwischen Schinks Helden Brockmann und Friedels Helden Schikaneder verstanden worden. Nun kündigt Brockmann den ersten Auftritt des Neuen so herablassend an, dass Schikaneder sich nicht beherrschen kann und mit Schaum vor dem Mund den Kollegen attackiert.

Schon sein erster Auftritt in *Die Pilgrime von Mekka*, einer deutsch gesungenen Oper von Gluck, der Mozart schon zehn Variationen für Klavier gewidmet hat, lässt Schikaneder spüren, wie tief er gesunken ist. Er, der das Stück am Kärntnertortheater als Direktor aufführen hatte lassen, muss nun den komischen Part des Malers Schwindel übernehmen. Doch er holt das Beste heraus. Auch wenn Franz Ignaz Castelli später erklären wird, er könne über Schikaneder nie lachen, bestätigt das Publikum nun Friedels Meinung. Der fand es unsinnig, dass Schikaneders Gestaltung von *niedrigkomischen Rollen* offenbar *von Kritikern für übertrieben angesehen* wird, denn *diese niedrigkomischen Rollen sind nur in der Absicht da, das Zwerchfell zu erschüttern*, und Schikaneder könne das ebenso gut wie zu Tränen rühren. Schikaneders Darstellung des Schwindel wird von Zuschauern wie Kritikern als Meisterleistung gefeiert, nicht niedrigkomisch, sondern grandios komisch, obwohl er als einziger nicht professioneller Sänger neben so großen Solisten wie Valentin Adamberger auf der Bühne steht, Mozarts erstem Belmonte, und Mozarts Schwägerin, der bravourösen Aloisia Lange. Grund genug für Wolfgang, sich die Vorstellung anzusehen. Ihn begleitet ein alter Freund Schikaneders: Leopold Mozart ist seit 11. Februar in der Stadt, um hier erstmals seinen Sohn zu besuchen, dessen *schönes Quartier* im Camesina-Haus zu besichtigen und den zweitgeborenen Enkel Carl Thomas zu begutachten. Einen gemeinsamen Besuch des Burgtheaters vermerkt Leopold Mozart ausdrücklich.

Wohlfühlen kann sich Schikaneder schwerlich an seinem neuen Arbeitsplatz, obwohl die lebenslustigen Gottliebs aus dem *Komödienbierhaus* nun seine Kollegen sind. Auf seine Anschuldigung, er werde von Brockmann herabgesetzt, hat dieser umgehend mit einer Verteidigungsschrift und mit entsprechender Rollenvergabe reagiert. Als Baron Jagdholz in *Felix oder die Findlinge*, als Velten in *Die Dorfdeputierten*, als Paul Justinian in *Die Dorfhändel* kann Schikaneder kaum beweisen, dass er ein ernst zu nehmender Darsteller ist. Seine Situation muss ihm umso demütigender erscheinen, als Johann Friedel, der bis jetzt in Wien privatisierte, von der Niederösterreichischen Regierung, also von Schikaneders Feind Graf Pergen, am 30. August 1785 die Erlaubnis bekommen hat, in Wiener Neustadt mit seiner neugegründeten Truppe bis zum Aschermittwoch 1786 zu spielen. Eine weibliche Hauptdarstellerin für alle

Rollen von Ophelia bis zum Milchmädchen hat er schon: Eleonore Schikaneder. Sogar Bruder Urban, den als Witwer hier nichts hält, wechselt mit seiner Tochter zu Friedels Truppe, und Joseph Carl steigt bei Felix Berner in das älteste und bekannteste Kindertheater ein. Während Schikaneder vor einer ungewissen Zukunft steht, weiß Friedel jetzt schon, wie es weitergeht. Die Theater von Triest und Klagenfurt wollen seine Gesellschaft abwechselnd für ihre Winter- und Sommerspielzeit einsetzen.

Das ist für Schikaneder ein Stachel im Fleisch. Er versucht, sich wieder selbstständig zu machen mit einer eigenen Gesellschaft. Und zwar nicht in Wien, wo eigenartige Entscheidungen des Kaisers zunehmende geistige Unfreiheit befürchten lassen. Im Dezember erscheint sein Freimaurerpatent, das mit dem neuen Jahr in Kraft treten soll; es verbietet, dass eine Landeshauptstadt mehr als eine Loge führen darf. Selbst in Wien sind nur noch zwei zugelassen, sodass Mozarts Loge *Zur Wohltätigkeit* in der Sammelloge *Zur gekrönten Hoffnung* aufgeht. Außerdem müssen sämtliche Logen von nun an eine exakte Mitgliederliste und jeden Versammlungstermin im Voraus melden. Am 10. Dezember 1785 richtet er als *Mitglied des Nationaltheaters in Wien* ein Spielgesuch an Carl Anselm, Fürst von Thurn und Taxis und Prinzipalkommissar des Immerwährenden Reichstags zu Regensburg. Er bietet sich *mit einer ausgesuchten Gesellschaft* an, *welche nicht allein die besten Stücke, sondern auch gute deutsche Opern aufzuführen im Stande* sei. Als Nachweis seiner Leistung möge das *unparteiische Urteil aller Kunstrichter und Theaterfreunde* gelten, die ihn *während seiner achtjährigen Direktion spielen sahen.* Doch anders als die meisten Gesandten in Regensburg interessiert den Fürsten weder deutsches Theater noch deutsche Oper, und er lässt den Bewerber rüde abblitzen.

Schikaneder gibt nicht auf. Am 18. Januar des neuen Jahres reicht er bei Kaiser Joseph II. einen Antrag ein, auf dem Glacis außerhalb des Burgtors ein neues Theater zu errichten und mit allen Freiheiten und Rechten, die Marinelli am Leopoldstädter genießt, zu betreiben. Über den einschlägig bekannten Staats- und Polizeiminister Pergen wird Schikaneder mitgeteilt, ein Theater könne er bauen, nicht auf dem Glacis, *aber anderswo in einer Vorstadt.* Als Vorstreiter deutschsprachiger Singspiele hat der Kaiser durchaus Interesse daran, diesem Genre eine neue Heimat zu geben, denn im Kärntnertortheater wird

CARL MARINELLI

Karl Marinelli (1745–1803), seit 18.11.1801 Edler von, war Theaterleiter,
Theaterdichter und Schauspieler. Er gilt als Begründer der Wiener Lokalposse.
Am 2.1.1781 bekam Marinelli von Kaiser Joseph die Erlaubnis, ein eigenes
Theater in der Leopoldstadt aufzubauen für alle Art des Schauspiels und der
Pantomime, nur nicht für Ballett.

längst wieder ausschließlich italienisch gesungen. Doch der Schauspieldirektor a. D. hat offenbar keine Lust, nur in der Vorstadt wie
Marinelli zu spielen. Und vermutlich zu wenig Geld.

Lieber geht er noch einmal auf Tour. In Salzburg hat man ihm für
einen Monat Spielerlaubnis erteilt, vom 3. Mai bis zum 6. Juni, doch
nicht für den Winter, es sei denn, er hinterlege eine Kaution von
300 Gulden. Kein ehrenwertes Angebot, nachdem er dort bekannt ist
und Erfolge vorweisen kann. Trotzdem sagt Schikaneder zu, um

Für das Lustspiel «La folle journée» des Hochstaplers, Uhrmachers, Betrügers, Erfinders und Dichters Beaumarchais interessierte sich Schikaneder schon vor Mozart. Ihm wurde jedoch die Aufführung des Theaterstücks in Wien verboten. Wenig später kam Mozarts Oper nach Da Pontes Libretto als «Le Nozze di Figaro» auf die Bühne.

endlich wieder Schauspieldirektor zu sein. Während er eine Truppe zusammenstellt, werden in der langgestreckten Orangerie von Schloss Schönbrunn an beiden Schmalseiten Bühnen aufgebaut. Zu Ehren jenes Herzogs von Sachsen-Teschen samt Frau Marie Christine, die damals in Pressburg wie andere Aristokraten Schikaneders Theater boykottiert hatten, kommen am 7. Februar zwei neue Auftragswerke zur Vorführung. Das Publikum soll entscheiden, welches besser ist: Salieris *Prima la musica e poi le parole* nach einem Libretto von Casti oder Mozarts *Schauspieldirektor* nach einem Libretto von Stephanie dem Jüngeren. Die Titelpartie, eine Sprechrolle, übernimmt Stephanie selbst, eine weitere Sprechrolle, die des Bankiers Eiler, spielt Johann Franz Carl Hieronymus Brockmann.

Salieri, dessen letztes Werk Mozart *eine erzdumme Kinderei gegen jeden Menschenverstand* genannt hat, trägt den Sieg davon. Vielleicht war den Zuhörern im *Schauspieldirektor* zu viel Wahrheit enthalten. Es geht darin um einen intriganten, bestechlichen und zerstrittenen Haufen. Der Schauspieldirektor will sein Niveau wahren und muss sich von einem seiner Schauspieler sagen lassen, dieser Ehrgeiz habe ihn *beinahe an den Bettelstab* gebracht. Erleichtert meldet er aber seinem Direktor, endlich sei eine neue Spielerlaubnis eingegangen. Der Direktor freut sich, doch als er *in Salzburg* hört, seufzt er. *Seien Sie froh, dass wir irgendwo unterkommen,* mahnt ihn der Schauspieler.

Bei der Auswahl seiner Truppe gerät der Schauspieldirektor in die Zwickmühle, weil der Mann, der die Macht, nämlich das Geld hat, ein verheirateter Bankier, nur zahlen will, wenn seine Geliebte engagiert wird; dass diese Anspielung auf den verheirateten Brockmann zielt, werden Eingeweihte verstehen. Stephanie, wie Brockmann Mitglied des Regieausschusses am Burgtheater, kennt sich eben aus hinter den Kulissen.

Im März 1786 verlässt Emanuel Schikaneder Wien.

Am 1. Mai 1786 geht im Burgtheater der Vorhang auf für *Le Nozze di Figaro. Ein italienisches Singspiel in vier Aufzügen,* verkündet der Anschlagzettel. *Die Musik ist vom Herrn Kapellmeister Mozart.* Weder der Name des Librettisten Da Ponte wird darauf genannt noch der des Autors Beaumarchais. *Was in unseren Zeiten nicht erlaubt ist, gesagt zu werden, wird gesungen,* kommentiert die Wiener Realzeitung die Premiere. Da Ponte behauptet, er habe *alles weggelassen und abgekürzt, was in einem Theater anstößig sein könnte, in dem die höchste Majestät selbst zugegen ist.* Wenn Figaro sein *Se vuol ballare, signor contino?* singt, dann ist zwar die Aufsässigkeit zu spüren, die Mozart selbst an den Tag legte, doch das Melos lässt den Kaiser wie die Zensoren den Spott hinnehmen. Die einzige deutsche Sängerin auf der Bühne ist erst zwölf Jahre alt, sie singt die Barbarina und ist Schikaneder gut bekannt aus dem *Komödienbierhaus* und vom Burgtheater. Fünf Jahre später wird Anna Gottlieb die Pamina in der Uraufführung der *Zauberflöte* sein.

An diesem 1. Mai ist Schikaneder nach ein paar Wochen Tingelei durch die Provinz gerade in Salzburg gelandet, hat sich umgehend bei Leopold Mozart gemeldet und ihm Freikarten zugesichert. Manches von dem, was er zwischen 3. Mai und 6. Juni aufführt, findet Leopold weder sehens- noch hörenswert, so etwa die *zusammengestoh-*

lene Oper *Das Urianische Schloss*, *vom Schikaneder selbst zusammenge-schmiert* und mit Effekten überfrachtet: *Katzen, Hunde, Bären*, Schi-kaneder als *Frauenzimmer verkleidet*, eine *Feuersbrunst mit dem Lärm der löschenden Leute, Bauern mit Dreschflegeln und Mistgabeln*. *Alles Lächer-liche*, ereifert sich Mozarts Vater, nur um Lärm zu machen. Wie viel davon aus Schikaneders Leben gegriffen ist, ahnt Leopold Mozart nicht. Anderes findet er umso hörenswerter, wie das, was Franz Tey-ber komponiert oder dirigiert. Sein Singspiel *Laura Rosetti* bringt Schikaneder unter Leitung des Komponisten am 21. Mai auf die Bühne, vielleicht eine Hommage an die alte Verbundenheit der Tey-bers mit den Mozarts. Schikaneder hat Franz Teyber als Musikdirek-tor aus Wien mitgenommen, und Leopold Mozart findet, sein *sehr guter Bekannter aus Wien* sei *ein gründlicher, trefflicher Tonkünstler, guter Komponist, Organist, Violoncellist*. Besonders beeindruckt ihn, was Schikaneders neu engagierter Tenor Benedikt Schak bietet. Am 26. Mai vermeldet Vater Mozart seiner Tochter, mittlerweile in St. Gilgen verheiratet: *Dieser Mensch singt wirklich sehr schön.* Fünf Jahre später wird dieser Mensch als Tamino in der Uraufführung der *Zauberflöte* in Wien beweisen, womit er Leopold Mozart in Salzburg begeistert: seine *geläufige Gurgel und schöne Methode*. Hörens- und vor allem sehenswert findet Vater Mozart eine gewisse Barbara Seve, Sängerin und Schauspielerin, die Schikaneder ebenfalls in Wien engagiert hat. Der Prinzipal bringt diese *sehr junge Witwe* zu Leopold Mozart mit, der sie lobt als *eine hübsche gute Person ohne alle Koketterie oder Grimassen*. *Sie spielt die ersten Rollen in Singspielen, singt nichts Außerordentliches, aber rein und gut.* Ihre Stimme sei angenehm, ihre Art zu spielen überzeugend.

Schikaneder verlässt Salzburg halbwegs saniert. Er weiß mittler-weile, dass im Herbst hier die Truppe seiner Frau und seines ehema-ligen Mitarbeiters Friedel gastieren wird. Er weiß auch, dass er gute Aussichten hat, in Augsburg Spielerlaubnis für den Sommer zu be-kommen, wo eine Weltsensation angekündigt ist, die Schaulüsterne von weither anziehen soll und so auch ihm ein großes Publikum sichern wird. Aber er weiß nicht, dass die *hübsche gute Person* in seiner Gesellschaft ihm bald zum Fallstrick werden wird.

VI

Augsburg, Memmingen und Regensburg 1786–1789
Öffentliche Gerüchte

Emanuel Schikaneder als Held: in der Rolle des Hanns Dollinger in seinem Regensburger Drama «Hanns Dollinger oder das Blutgericht». Hier triumphiert er über Krako, einen heidnischen Krieger, gespielt von Franz Xaver Gerl, dem späteren Sarastro. Erfolgreich bediente Schikaneder damit den Lokalpatriotismus.

*E*igentlich müssten die Augsburger misstrauisch sein gegenüber diesem Mann, der ihnen ein sensationelles Spektakel verspricht. Es war hier wenig geboten seit Schikaneders Abschied; nur kurz hatten zwei andere Truppen im Theater gastiert, im letzten Winter war gar keine angetreten. Die Leute lechzen nach Unterhaltung, und der Rat der Stadt hat zugesagt, ein Vorhaben zu unterstützen, das abenteuerlich klingt. Ein besessener Laie will Augsburg zum Schauplatz des ersten deutschen Ballonaufstiegs machen und von dort bis Regensburg fliegen. Die Ratsherren sind unterrichtet, dass ein anderer Abenteurer namens Johann Hooghe mit dem Versuch, es in Altona den französischen Ballonpionieren Montgolfier und Blanchard nachzutun, schmählich scheiterte und als Betrüger aus der Stadt verjagt wurde. Seriös wirkt in diesem Fall immerhin der Pionier selbst: Joseph Maximilian Freiherr von Lütgendorf, ausgebildet an der Münchner Kadettenschule, ist Hofrat des Fürsten von Thurn und Taxis in Regensburg. Als weniger seriös gilt seine eheliche Verbindung mit der auffallend schönen, aber bestenfalls kleinbürgerlichen Walburga Weckerlin, mit der er in Augsburg im Gasthof *Zu den drei Mohren* residiert, dem besten der Stadt. Doch diese Frau macht Lütgendorfs Auftritte, der in reich besticktem Frack und weißem Hut für die eigene Sache wirbt, noch attraktiver. Im Schauspielhaus des Jesuitenkollegs St. Salvator, wo Leopold Mozart als Schüler Theater spielte, ist unter Aufsicht Lütgendorfs aus 1200 Ellen feinstem französischen Taft die rot-weiß gestreifte Hülle genäht und so lange gefirnisst worden, bis keiner mehr Luft durchblasen konnte. Die bootsartige Gondel wird nun von außen mit Leder bezogen, von innen mit rotem Stoff ausgeschlagen, lackiert, mit Quasten, Fransen und Borten dekoriert und mit zwei vergoldeten Sesseln ausgestattet, die als Ballast abgeworfen werden können. Der sechsunddreißigjährige Freiherr besitzt Fantasie und hat schon einiges erfunden: einen Spa-

Der geplante Ballonaufstieg in Augsburg von Joseph Maximilian Freiherr von Lütgendorf (1750–1829), Geheimer Rat am Regensburger Hof, der sich als Naturforscher und Erfinder bezeichnete. Das Ereignis inspirierte Schikaneder zu seiner Operette «Der Luftballon». Hier Lütgendorfs Entwürfe, einer in Gestalt einer Frau.

zierstock, in dem sich Feuerzeug, Tinte, Feder, Papier befinden und der zudem als Fernrohr benutzt werden könnte, eine Geldkassette, aus der vier von außen nicht sichtbare Pistolen auf jeden feuern, der gewaltsam den Deckel zu öffnen versucht, und Schuhe, mit denen man zu Fuß über die Donau gehen kann. Dass noch nichts davon umgesetzt worden ist, hat bei den Augsburgern bisher keine Zweifel erweckt. Sie sind berauscht von den Nachrichten, was Blanchards gelungener Aufstieg in Frankfurt am Main der Stadt an Jubelfeiern, Besuchern von weither und damit Geld eingebracht hat. Tausende zahlen bereits in Augsburg Eintritt, um den Ballon in der Werkstatt bei den Jesuiten zu besichtigen.

Schikaneder hat in Augsburg einen guten Eindruck hinterlassen und scheint der Richtige, um das Begleitprogramm zum Großereignis zu liefern. Dass er vor allem auf die lukrative Wintersaison danach spekuliert, haben die Augsburger durchschaut, doch es hinderte nicht, Schikaneder für zwei Sommermonate die Spielerlaubnis zu erteilen.

Als Schikaneder mit seinen Leuten am 3. Juni 1786 die Saison im Stadttheater eröffnet, hat Lütgendorf bereits eine einzigartige Werbemaschinerie in Gang gesetzt. Porträts des Helden, Kupferstiche von seinem Ballon über Augsburgs Türmen, Gedenkmünzen und Hymnen auf seine geplante Unternehmung kursieren von Wien bis Würzburg, von München bis Straßburg, von Prag bis Frankfurt.

Schikaneder muss Lütgendorfs Talent zur Werbung in eigener Sache bewundern und überlegen, wie er davon profitieren kann. Seine neue Truppe ist auf Singspiel und Oper spezialisiert. Seit Salzburg verfügt sie mit Barbara Seve und Benedikt Schak über zwei vielfach einsetzbare Sänger. Schaks Frau Elisabeth ist eine begabte Altistin, auch Helmböck und Moll sind erfahrene Sängerdarsteller. Für gründliche Proben bleibt freilich wenig Zeit, was beim Schauspiel weniger auffällt als beim Musiktheater; Leopold Mozart hatte schon in Salzburg bemerkt, dass Schikaneders Leute *es bei einer Probe bewenden lasse*n, obwohl *doch drei oder vier zu einer Opera nötig wären*. Doch Schikaneder kennt seine Augsburger und weiß, dass er hier weniger musikalischen Feinsinn als Schaulust befriedigen muss. Von Franz Stanislaus Spindler, einem Mitglied seiner Gesellschaft, hat er einen Mythos aus dem nordischen Sagenschatz vertonen lassen, der den meisten Augsburgern fremd ist: *Balders Tod* von Johannes Ewald. Schikaneder setzt auf die Wucht dieser dunklen Welt mit geifernden Göttern und wallenden Walküren und bewirbt *besondere Auftritte*. Ein *Heldengefecht mit Schild und Speer* soll zu sehen sein, das *Flugwerk der Walküren*, die dann auf offener Bühne den Speer Balders schmieden, und eine Wolke am Bühnenhimmel, in der Balders göttliche Eltern Freya und Odin erscheinen. Der Komponist tritt in der Rolle des Balder auf, während Schikaneder den Thor gibt, der als Gott des Donners mit dem Hammer bewaffnet eine ganze Nation erschlägt.

Nachdem Lütgendorfs großer Auftritt vom März auf den Mai, vom Mai auf den Juli verschoben worden ist, schlägt in der zweiten Julihälfte die Begeisterung in Enttäuschung und Wut um. Man wirft dem Pionier Betrug und Beutelschneiderei vor, doch das mindert nicht die Neugier auf sein Projekt. Schikaneder gelingt es, seinen Vertrag bis zum 18. September zu verlängern, und Lütgendorf schafft es, die Augsburger hinzuhalten. Die Vorbereitungen ziehen Tausende von Schaulustigen an, darunter auch die Marchands, alte Freunde der Mozarts. Auf den Wiesen zwischen Haunstetten und Sieben Tischen wird seit Ende Juli an einem hölzernen Amphitheater

gebaut, mit Galerien für Trompeter und Paukisten, *in Notfällen unent-*
behrlichen Appartements, Balkonen für *distinguierte Personen*. 4230 Sitzplätze und 10 000 Stehplätze werden angeboten. Noch während die
letzten Arbeiten im Gang sind, lässt der Freiherr in der *Augsburger*
Ordinari Postzeitung den endgültigen Termin für den Aufstieg vor den
Toren der Stadt ankündigen: der 24. August 1786.

Schikaneder dagegen kündigt gar nichts an, doch er will die Zeugen des Spektakels im Amphitheater nach geglücktem Aufstieg mit
dem Stück *Der Luftballon, ein Singspiel in drei Aufzügen* überraschen. Er
hat sich das Aufführungsrecht für dieses Werk des jungen Augsbur-
gers Peter Neuß gesichert, der es innerhalb von acht Tagen verfasst
hat. Im Vorwort erklärt der Autor unterwürfig, er habe *die Gelegen-*
heit zu seinem *ersten dramatischen Versuch* nur ergriffen, *weil das Publi-*
kum jener glänzenden und merkwürdigen Unternehmung des Baron von Lüt-
gendorf entgegensieht. Zwar spielt das Stück nicht in Augsburg, sondern
in einer französischen Seestadt, Held ist nicht Lütgendorf, sondern
der Luftschiffer Le Blanc, dessen Name an Blanchard erinnert, und
die Geliebte des Helden ist nicht Lütgendorfs sehenswerte Gattin,
sondern eine erfundene Sophie, doch am Schluss soll der erfolgreiche
Luftschiffer mit seiner Frau auf die Bühne treten und gekrönt werden. Schikaneder selbst hat den Text von Neuß, wie beim Singspiel
üblich, teilweise vertont, die gereimten Passagen werden gesungen,
die in Prosa werden gesprochen. Obwohl das Ganze bereits in Buchform vorliegt, lässt Schikaneder anonym in Friedberg die *Arien aus*
dem Luftballon drucken und mit dem Vermerk versehen: *herausgegeben*
am 24. August 1786, dem Tag des geplanten Ballonaufstiegs. Wenn
alles gut geht, könnten sie Gassenhauer werden.

Geld zeugt die wahre Liebe nie. / Ihr Quell ist Seelenharmonie, sind die
letzten Zeilen, die der Chor schmettern soll. Schikaneder wie Lütgendorf geht es freilich mehr um Geld als um Seelenharmonie.

Während Augsburg dem Ereignis entgegenfiebert, plant Schikaneder mit kühlem Kopf seine Zukunft in Regensburg. Die Absage
des Fürsten von Thurn und Taxis lässt ihm keine Ruhe. Es muss ihn
reizen, dort, wo er als Halbwaise in ärmlichsten Verhältnissen auf-
wuchs, nun als Theaterdirektor zu triumphieren. Auch um seiner
über siebzigjährigen Mutter, die dort noch immer lebt, einen späten
Triumph zu gönnen.

Die aktuellen Entwicklungen in Regensburg kennt Schikaneder mittlerweile. Am 29. Februar 1784 hatte sein früherer Direktor, der Prinzipal Andreas Schopf, mit seiner deutschen Truppe eine Abschiedsvorstellung gegeben, die vom Fürsten boykottiert und von der Gesandtschaft umjubelt worden war. Dann waren erneut Italiener eingezogen, obwohl die Sänger horrende Gagen ausgehandelt hatten, die für Empörung sorgten. Die schlecht entlohnten einheimischen Orchesterleute kamen zu den Proben ungern, zu den Vorstellungen zu spät, ließen sich in der Pause eine neue Ladung Bier holen und spielten sturzbetrunken. So ließ sich der Wunsch nach deutschem Theater kaum ersticken. *Das Ende der hiesigen deutschen Bühne, welche in eine opera buffa verwandelt worden ist*, hatte die *Litteratur- und Theaterzeitung* schon im April zu Recht gelästert, *ist nichts mehr und nichts weniger als ein politischer Purzelbaum.* Es ging weder um künstlerische noch um ideologische Fragen, sondern nur um politische Macht. Indem die Gesandten eine deutsche Nationalbühne befürworteten, stärkten sie deren Wiener Vorkämpfer Kaiser Joseph II. den Rücken und erteilten dem Prinzipalkommissar des Reichstags, Fürst von Thurn und Taxis, eine Abfuhr. Nachdem der Fürst wieder seine italienische Oper im ehemaligen Ballhaus installiert hatte, ließen die Gesandten deutsche Truppen in den Gasthäusern *Zum Roten Hahn* und *Zum Blauen Hecht* auftreten, *ungeachtet des unangenehmen*, sogar *unanständigen Ortes*, und boykottierten ihrerseits alles, was Carl Anselm auf die Bühne brachte. Schließlich hatten sie ihn mit der Forderung unter Druck gesetzt, selbst ein rein deutsches Theater aufzubauen; ein Affront gegen den Fürsten, selbst wenn das Vorhaben nicht ernst gemeint war.

Beleidigt hat sich nun Carl Anselm von Thurn und Taxis zurückgezogen und das Theater im Ballhaus geräumt. Er ist ohnehin dabei, sich außerhalb der Stadt neu zu orientieren. Als Katholik in der evangelischen Reichsstadt zu einem Dasein als Fürst Ohneland verdammt, hat er in diesem Jahr für die schwindelerregende Summe von 2,1 Millionen Gulden in der Nähe von Dischingen die Reichsgrafschaft Friedberg-Scheer mit Schloss Trugenhofen gekauft und so die Scharte ausgewetzt, in Regensburg nur zur Miete wohnen zu dürfen. Endlich ist er nicht mehr nur dem Titel nach Fürst, sondern regierender Landesherr. Als wolle er vorführen, wo er jetzt hingehört, hat er

Karl Ludwig Gieseke (1761–1833), eigentlich Johann Georg Metzler, kam als
Jurastudent aus Not zum Theater, veröffentlichte in Regensburg ein Theaterjournal
und war Darsteller wie Dichter im Theater auf der Wieden. Er wurde 1790
Mitglied von Mozarts Loge «Zur neugekrönten Hoffnung». Von 1814 bis 1833 war
er als Professor für Mineralogie in Dublin angestellt (Porträt von Henry Raeburn).

den Großteil der Kulissen und Dekorationen aus dem Ballhaus auf
seine Sommerresidenz Schloss Trugenhofen schaffen lassen.

Es sieht ganz so aus, als sei in Regensburg die Zeit für Schikaneder
gekommen. Doch er will genau wissen, wie seine Chancen dort stehen. Am 9. August 1786 reist er in Begleitung von einigen seiner
Leute, darunter *die hübsche, gute Person* Barbara Seve, dorthin, um die
Lage vor Ort zu sondieren.

Die Stadt hat sich verändert. Vor einigen Jahren erst hat der Fürst
eine Allee rings um die mittelalterlichen Befestigungsmauern anlegen
lassen, um sich damit *ein dauerndes Denkmal* zu setzen, und Regensburg
an vielen Stellen verschönert. Doch im Februar 1784 war bei der üblichen Schneeschmelze die Donau stärker angestiegen, hatte Berge von

Eis vor sich hergeschoben und eine verheerende Überschwemmung ausgelöst. Die Spuren der Verwüstung an Gebäuden und Brücken sind immer noch sichtbar. Johann Pezzl hat nach seinem Besuch hier Regensburg als *eine finstere, melancholische, in sich selbst vertiefte Stadt* bezeichnet. Vielleicht blüht deshalb das Gastgewerbe umso besser. Über achtzig Gasthöfe, Wein- und Weißbierschenken gibt es hier, und in einigen, vor allem im *Blauen Hecht* und im *Roten Hahn*, sind regelmäßig Vorstellungen deutscher Wandertheatertruppen zu sehen, von den Gesandten des Reichstags frequentiert, vom Fürsten widerwillig geduldet.

Schikaneder engagiert Leute von der Weinwirtschaft *Zum Roten Hahn*, um seine Truppe aufzufüllen, darunter Karl Ludwig Gieseke, der seit 1785 als Sekretär des Kaiserlich Russischen Gesandten in Regensburg wohnt und ein *Regensburgisches Theaterjournal von 1784 bis 1786* verfasst hat. Eigentlich heißt der Augsburger Schneidersohn, ein gescheiter und vielfach gescheiterter Mann von fünfundzwanzig Jahren, Johann Georg Metzler, doch nachdem er als Jurastudent überstürzt wegen Spielschulden aus Göttingen geflohen war, hielt er einen Namenswechsel für angebracht. Danach hatte er sich zuerst in Bremen, dann in Frankfurt bei der Truppe Großmanns als Schauspieler durchgeschlagen, war aber bald wieder wegen erneuter Schulden *heimlich entwichen*, wie der *Gothaer Theaterkalender* vermerkte. Danach tauchte er in Regensburg auf, wo er seit Mai 1784 bei der Bockschen Schauspielgesellschaft *Liebhaber, Chevaliers, Deutsch-Franzosen*, vor allem aber *liederliche Burschen und Bediente* spielt. Der theaterbesessene Gieseke kommt Schikaneder wie gerufen: Ihm fehlt ein Theaterjournalist, der wie einst der nun abtrünnige Friedel die Leistungen des Prinzipals feiern kann, der Erfahrung als Übersetzer, Dramaturg und Inspizient und zudem Ehrgeiz als Theaterdichter hat.

Am 21. August ist Schikaneder mit seinen Neuerwerbungen bereits wieder in Augsburg. Am 23., dem Vorabend des großen Ereignisses, sieht es aus, als würden alle Recht behalten, die auf Lütgendorfs Spektakel gesetzt haben. Der Platzmajor registriert über 100 000 Menschen: Es seien *in der ganzen großen Stadt und in den nahe gelegenen Orten und Dörfern alle Gasthöfe und Wirtshäuser mit Fremden angefüllt.* Doch am Donnerstag, den 24. August, bricht schwerer Regen von einem bedrohlich dunklen Himmel, Böen tosen über das freie Land, das Ereignis wird abgeblasen und auf den 26. August vertagt.

An diesem Samstag sind die Wetterverhältnisse ideal. Doch während Blanchard alle wesentlichen Handgriffe selbst verrichtete, hat der Baron sie delegiert und seine Leute nicht beaufsichtigt. Seine Helfer sind unfähig, besoffen oder beides. Weil sie mit vitriolbeschmierten Händen das Gewebe zerstört haben, lässt sich der Ballon nicht füllen, ein Seil reißt, der Holzreif, an dem die Gondel hängt, zerspringt, der Aufstieg endet im Fiasko.

Lütgendorf gibt nicht auf. Zwei Tage später, am Montag, den 28. August, startet er erneut. Wieder ein Fehlschlag. Am 4. und 5. September versucht er es noch einmal. Erfolglos.

Gut, dass Schikaneders Engagement mit dem 18. September ausläuft, nachdem er 40 Aufführungen über die Bühne gebracht hat. So wird er nicht mehr Zeuge, wie in Augsburg der letzte Versuch des hochverschuldeten Lütgendorf scheitert. Nun sondern die Dichter keine Oden mehr ab, sondern die Marktfrauen reimen: *Augsburger! Zieht die Oden ein / und wickelt schmutz'gen Käs darein.*

Nach zwei Wochen Tingelei in oberschwäbischen Städten ist Schikaneder am 9. Oktober schon wieder in Augsburg, um im Rathaus persönlich ein Bewerbungsschreiben für die Wintersaison vorzulegen. Es ist ein echter Schikaneder-Brief, in dem harte Forderungen mit blumigen Komplimenten und Dankesworten garniert werden. Er will im Advent und an den Feiertagen spielen und erwartet, dass die Miete pro Aufführung von 16 auf 12 Gulden gesenkt wird. Dass die Ratsherren nur Mariä Empfängnis mit Spielverbot belegen, die Miete wegen der *schlechten Zeiten* immerhin auf 14 Gulden senken und bereits am nächsten Tag die Erlaubnis erteilen, beweist ihr Interesse an Schikaneder.

Was aber treibt ihn nun vor der Augsburger Wintersaison ausgerechnet nach Memmingen? Am 22. Oktober kommt Schikaneder mit seiner Truppe dort an. Wie manche anderen Reichsstädte ist Memmingen heruntergekommen, liegt abseits der Handelsrouten, und der tröstliche Kommentar eines Reisenden, es habe *einige Manufakturen und sieht einer Stadt etwas ähnlich*, klingt wenig verlockend für einen Unternehmer, der Publikum braucht. Es gibt dort kein Theatergebäude, aber einen Ort, wo man die Kunst mit Löffeln isst: den

Gasthof Zum Weißen Ochsen. Seit zehn Jahren betreibt ihn Christoph Rheineck, der nach einem vergeblichen Versuch, in Paris Karriere zu machen, in die Vaterstadt heimgekehrt ist. Er ist Komponist, Cembalist, Klarinettist, Sänger und Textilkaufmann; seit er den *Weißen Ochsen* übernommen hat, gilt der Gasthof als Anziehungspunkt für Musiker aus aller Welt. Ein geeigneter Ort für Proben und anschließendes Gelage.

Schikaneders Zugewinn in Memmingen dürfte weniger aus barer Münze als aus Anregungen bestehen. Die Neugier, alles aufzunehmen, was ringsum zu sehen und zu hören ist, Ländler, Blaskapellen, volkstümliche Verse und Lieder, teilt er mit Mozart. Rheineck ist ein besessener Sammler, und was er angehäuft, notiert und mit Klavierbegleitung versehen hat, ist so eingängig, dass es den Mann fürs Populäre begeistert. Besonders gefällt ihm das *Vogelfängerlied*, Rheinecks Bearbeitung von Christian Friedrich Daniel Schubarts *Lied eines Vogelstellers* aus dem Jahr 1782.

Am 1. November schreibt Schikaneder noch von Memmingen aus an seinen Freund und Helfer, den Theaterbeauftragten Philipp von Rauner in Augsburg, er werde erst am 12. November in der Reichsstadt eintreffen, und bittet ihn, dafür zu sorgen, dass die Saison dennoch am 13. eröffnet werden kann.

Dass der Prinzipal gleich zu Beginn seiner Spielzeit das Theater einem Konkurrenten zur Verfügung stellt, der dort ein *Bataillenstück* aufführen will, wundert nur diejenigen, die Schikaneders Begeisterung für massenwirksame Großunternehmungen nicht verstehen. Wer wie er das Volk erreichen will, muss solche Unternehmungen fördern, selbst wenn der Erlös in andere Kassen geht. Johann Friedrich Klöffler, ein Jahr jünger als Schikaneder, ist ein Komponist der Mannheimer Schule und seit fünf Jahren als Konzertreisender in ganz Europa unterwegs. Er füllt die Säle mit seiner Schlachtensinfonie für zwei Orchester, eine sensationelle Neuigkeit, mit der er von Amsterdam bis Moskau, von London bis Königsberg, von Kopenhagen bis Riga oder Mainz für Furore sorgt. Einem solchen Mann lässt Schikaneder bereitwillig den Vortritt. Vielleicht will er auch hinter den Kulissen mit Klöffler reden, denn der hat nicht nur als Musiker, sondern auch in der Finanzverwaltung bei Hof Karriere gemacht und ein Buch darüber verfasst: *Wie man sein Kapital mit dem größten Nutzen anwenden könne.* Wie erwartet, wird die Schlachtensinfonie des Gastes ein Publikumserfolg.

Schikaneder stellt die Augsburger zufrieden, doch sein Ehrgeiz richtet sich auf das neue Ziel. Er ist zuversichtlich. Gieseke hat sich zwar abgesetzt, vermutlich wie üblich wegen unbezahlter Schulden, aber mit Franz Xaver Gerl, dem von seinem bisherigen Prinzipal Großmann überraschend gekündigt worden war, stößt ein einundzwanzigjähriger Bassist zu ihm, der dankbar für die neue Chance ist. Der hochgewachsene Gerl bringt mehr mit, als Schikaneder braucht: Er hat in Salzburg Logik und Physik studiert und in den Truppen, zu denen er bisher gehörte, sowohl Sprechrollen wie in Schillers *Fiesco* als auch Gesangspartien wie den Osmin in Mozarts *Entführung* übernommen. Als Salzburger Kapellknabe war er bei Leopold Mozart in die Lehre gegangen und ist ein sicherer, disziplinierter Sänger. Dass er als Liebhaber geführt wird, wofür es kaum Bassrollen gibt, hat mit seinem jugendlichen Alter zu tun, doch Gerl bemüht sich, diesem Fach im Privatleben gerecht zu werden. Ein Mann, wie gemacht für Schikaneder, der auf seinen Streifzügen ungern allein ist.

Am 23. Februar 1787 trifft Herr Roske als Vorhut der Schikaneder-Truppe mit acht Personen in Regensburg ein. Einen Tag später folgt der Prinzipal mit den restlichen vierzehn Leuten in drei Kutschen. 22 Mitglieder hat Schikaneder unter Vertrag. Gute Sänger sind dabei, darunter Schak und Gerl, die auch komponieren. Aber keine Orchestermusiker bis auf den neuen Musikdirektor Vanchenz, bei Leopold Mozart zum erstklassigen Geiger ausgebildet, der nun an die Stelle Teybers tritt, und einen Fagottisten. Schikaneder ist daher auf die Instrumentalisten aus der Hofkapelle des Fürsten angewiesen und auf die Stadtmusiker, also auf Diplomatie.

Am 25. Februar unterzeichnet der Prinzipal seinen Vertrag, der ihm die kostenlose Nutzung des Ballhauses zusichert. Mit dem festen Abonnement der fürstlichen Familie und ihres Hofstaates ist die Finanzierung seines Unternehmens gesichert, aber anders als die früheren Theaterdirektoren bekommt Schikaneder kein eigenes Direktorengehalt; er muss als selbstständiger Unternehmer bestehen. Der Fürst macht aus seiner Abneigung gegen das deutsche Theater keinen

An der Westseite des Ägidienplatzes hatte der Rat der Stadt Regensburg 1652 ein Ball- und Komödienhaus für die Bürger errichten lassen. 1760 mietete es Alexander Ferdinand von Thurn und Taxis für sich als Hoftheater. 1783 wurde es umgebaut und erweitert (kolorierte Federzeichnung von Gottlieb Romanus, Brauser).

Hehl. Im Kontrakt lässt er festhalten, er habe *das eigene Vergnügen* hinter das der Gesandtschaften und des Publikums zurückgestellt.

Der Vertrag, den Schikaneder unterschreibt, zeigt deutlich, dass der Fürst nicht gewillt ist, irgendein Risiko an dem ungeliebten neuen Unterhaltungsprogramm mitzutragen. So heißt es darin: *Das Hoftheater (Ballhaus) wird mit einigen Dekorationen den deutschen Schauspielern unter Vorbehalt der drei darin befindlichen Logen unentgeltlich überlassen. Der Unternehmer hat für entsprechende Anstalten wegen der Feuergefahr selbst Sorge zu tragen.*

Weil er es muss, entrichtet der Prinzipalkommissar seinen kulturellen Ablass.

Der Fürst zahlt für sich, seine Familie und den Hofstaat ein festes Abonnement. Doch für die 6 Sommermonate von Mai, Juni, Juli, August, September und Oktober entrichtet er nur 738 Gulden, da er in dieser Zeit mit 350 Leuten meist auf Trugenhofen residiert, und *für die restlichen Wintermonate je 507 Gulden und 30 Kreuzer. Das sind insgesamt 3783

Gulden im Jahr. Eine Summe, um die viele Kollegen Schikaneder beneiden. Doch manches in diesem Vertrag liest sich wie eine Drohung. Der Fürst, so heißt es darin, werde *sich um das Unternehmen weder mittelbar noch unmittelbar kümmern und unter keinem Vorwand eine Vergütung machen, wenn der Unternehmer einen Schaden erleiden sollte.* Außerdem kann er Schikaneders Privileg jederzeit mit halbjähriger Kündigung aufheben und sein eigenes Abonnement monatlich kündigen.

Schikaneder ist klar, dass er der Gnade Carl Anselms in seiner Funktion als Prinzipalkommissar auf Gedeih und Verderb ausgeliefert ist. Denn der Besuch der Gesandten trägt ihm monatlich nur 100 Gulden ein, während die Gagen der Darsteller sich bereits auf 500 Gulden belaufen. Dass der Fürst sich *weder mittelbar noch unmittelbar kümmern* will, beschert Schikaneder jedoch den Vorteil, bei Auswahl und Besetzung seiner Stücke vor Einmischung sicher zu sein. Er weiß, dass die Gesandten und die Regensburger Bürger sein Programm mit deutschem Schauspiel und Singspiel schätzen werden, was für Carl Anselm so aufregend ist wie trockenes Brot. Trotzdem scheut sich Schikaneder nicht, den Fürsten um Hilfe zu ersuchen: Er selbst sei nicht imstande, aus seiner kleinen Kasse eine *so glänzende* Ausstattung zu bestreiten, wie man sie hier *sonst zu sehen gewohnt* sei. Daraufhin überlässt Carl Anselm ihm einige Bühnenprospekte, Kulissen und *6 große Kästen* mit ungefähr 550 Kostümen. Offenbar hat er das Trugenhofener Theater so anlegen lassen, dass die Bühnenversatzstücke mit denen des Hoftheaters austauschbar sind.

Am 28. Februar beginnt Schikaneders erste Regensburger Saison, die bis zum 30. August 1788 dauern soll. Die Regensburger sind stolz, diesen Mann gewonnen zu haben; er gilt als einer der Vielseitigsten seines Faches weit und breit und hat sich mit aufsehenerregenden Inszenierungen einen Ruf erworben. Dass er am Kärntnertortheater, dann am Hoftheater nächst der Burg aufgetreten ist, steigert seinen Ruhm. Die Verhältnisse hier sind allerdings bescheidener. Der Saal des Theaters ist klein, verfügt über eine einzige Galerie und Logen, *welche sich die Gesandtschaften bauen ließen, als Bürgerliche das Nobelparterre zu besuchen anfingen.* Die Sitzordnung von bequemen Ledersesseln über gepolsterte Bänke mit Lehnen bis zu ungepolsterten

Holzbänken ohne Lehnen richtet sich nicht nach der Höhe des Abonnementbetrags oder Eintrittsgeldes, sondern nur nach dem Rang der Besucher. Georg Baron von Frydl hat vor drei Jahren eine Platzordnung festgelegt, die exakt die gesellschaftlichen Rangstufen abbildet, und jeder Direktor muss sich verpflichten, sie einzuhalten. Der Weg ins Theater ist, wie ein Zeitgenosse vermerkt, *besonders bei übler Witterung höchst elend.* Beim Nachhausegehen sei man *in Gefahr, von den Fackeln halb verbrannt zu werden oder im Kot zu versinken.* Für Schikaneder zählt jedoch vor allem, dass die Bühnenausstattung ausgezeichnet ist und ihm erlaubt, seine Ideen zu verwirklichen. Fahrbare Kulissenwagen machen es ihm möglich, bei offenem Vorhang mit Szenenwechseln zu überraschen, einen Garten in einen Kerker, Kammern in einen Krönungssaal zu verwandeln. Durch Versenkungstechniken kann er unterirdische Feuer zeigen und Personen schlagartig auftauchen oder verschwinden lassen. Flugmaschinen geben den Auftritten von Göttern, Genien und Walküren, besonders aufwändige Wellenmaschinen den Seestürmen die nötige Brisanz.

Am 28. Februar 1787 eröffnet Schikaneder vor vollbesetztem Haus mit einem Trauerspiel die Saison, am 4. März glänzt er in der Titelpartie von Friedels Lustspiel *Der Fremde,* und drei Tage später führt er seine Talente als Librettist mit dem Singspiel *Der Krautschneider* vor, komponiert von Benedikt Schak. Es hat nicht nur finanzielle Gründe, dass Schikaneder hier nun besonders viele eigene Werke auf die Bühne bringen will. Er möchte den Regensburgern zeigen, was aus ihm geworden ist. Am 9. März 1787 steht sein Trauerspiel *Der Grandprofos* auf dem Programm, er selbst übernimmt die Titelpartie, das Bauernmädchen spielt die noch nicht zehnjährige Tochter des Tänzers Rousseau. Schon bei der Probe hat sie Schikaneder und die anderen Mitspieler zu Tränen gerührt, bei der Aufführung geht es dem Publikum nicht anders, und sie erhält *den lautesten Beifall.* Die beliebten Damen Christine Engst und Barbara Seve aber gehen leer aus, denn Schikaneder hat die weibliche Hauptrolle an deren Konkurrentin Jagdstein vergeben. Dass die angeblich nur mittelmäßig spielt, führt sofort zu Unterstellungen, wie sie sich bei Schikaneder beliebt gemacht haben könnte.

Abwechselnd amüsieren und rühren heißt optimal kassieren: So stellt Schikaneder gerne sein Erfolgsrezept dar. Ironie ist Glückssache. Einen Monat nach der erfolgreichen Aufführung des *Grandpro-fos* bekennt er sich im Vorwort zur Druckausgabe seines Stückes zu diesen Zielen und bekräftigt sein Desinteresse am Urteil der Kritiker. Nur der Wunsch, diesem Werk eine große Verbreitung auf deutschen Bühnen zu sichern, nicht aber dessen Erfolg, habe ihn veranlasst, es in Buchform herauszugeben, erklärt er; denn *ich schreibe nicht für Leser, ich schreibe für die Bühne; dahin verweise ich selbst meinen Herrn Rezensen-ten; und – er mache sich alsdenn noch lustig.* Die *Tränenernte dieses Stückes* sei ihm *Beweis und Befriedigung* für seine Arbeit. Und zum Schluss verkündet er: *Mein einziger Hauptzweck dabei ist, für die Kasse des Direk-tors zu arbeiten, und zu sehen, was die größte Wirkung auf der Bühne macht, um ein volles Auditorium und gute Einnahmen zu erzielen.*

Dieses Bekenntnis wird von nun an gegen ihn verwendet werden; schon bald beschließen Kritiker, es diesem Mann heimzuzahlen. Einer von ihnen verreißt den Prinzipal als Stückeschreiber ganz und als Schauspieler großenteils, nachdem er in Regensburg einige Vor-stellungen *nicht ohne Ekel mit ansehen musste.* In Ifflands Schauspiel *Das Bewusstsein* konnte er es *des erbärmlichen Spiels des Herrn Schikaneder wegen, der den Ruhberg spielte,* nicht aushalten und ging aus dem Schauspiel-hause. Als Beispiel für Schikaneders unsägliches Niveau als Theater-autor zitiert er aus dessen Singspiel *Die drei Ringe oder der lächerliche Mundkoch* Sätze, die nicht eben unsterbliche Dichtkunst sind, aber Beispiel dafür, wie konsequent der Librettist sich an Lessings besagte Devise hält, *dass der Hof der Ort eben nicht ist, wo ein Dichter die Natur studieren kann,* wie genau er vielmehr dem Volk aufs Maul schaut. *Liebe! Du alles bekämpfender Niß, / Karbatsch mich nicht gar so abscheulich umher; / Zeig mir doch einmal ein gutes Gefrieß, / Hast du denn keine Barmherzigkeit mehr?* Dass der Rezensent seine verbale Hinrichtung anonym ins *Neue Theater Journal für Deutschland* setzen lässt, wird Schikaneder, der gerne zurückschlägt, nicht freuen.

Doch solche Urteile hindern ihn nicht daran, sein Programm durchzuziehen wie geplant. Eine bunte Mischung aus Tragischem und Komischem, Ballett, Singspiel und Schauspiel, Schröder und Shakespeare, Schikaneder und Schiller, Schack und Salieri, Lessing und Törring. Die Besucherzahlen und die Gesandten geben ihm Recht. Schikaneder weiß, dass sein Publikum auch den Kitzel des Riskanten braucht, und plant deshalb eine Aufführung von Babos

Trauerspiel *Otto von Wittelsbach*, einem Stück, das er in Wien unbehelligt bringen durfte, das in Bayern jedoch verboten ist und in Regensburg schon ausdrücklich untersagt wurde. Da er aus dem *Figaro*-Fiasko in Wien gelernt hat, kündigt er das Drama unter dem Titel *Graf Wilhelm von Ortenburg* an, ändert ein paar wenige Stellen und entschärft es, indem er es nicht an einem Abend, sondern in zwei Teilen, am 28. und am 30. März bringt. Die Zensur lässt ihn ungeschoren davonkommen, das Publikum ist begeistert.

Doch Schikaneder will auch den Fürsten für sich gewinnen.

Am 11. Juni schreibt der Prinzipal an den Wiener Musikverleger Artaria & Comp. und erbittet so rasch wie möglich eine Abschrift von Mozarts *Entführung aus dem Serail*. Mit dieser Oper kann er einem Favoriten des Fürsten und damit diesem selbst Reverenz erweisen. Vor zwei Jahren hat Carl Anselm Ludwig Fischer engagiert, einen Sänger von Weltruhm, der als größter Bassist seiner Zeit gilt. Er hatte den Osmin in der Uraufführung der *Entführung* gesungen; seine Arien hatte der Komponist für Fischers enormen Stimmumfang maßgeschneidert. Vor drei Monaten erst hat Fischer im Wiener Kärntnertortheater eine für ihn komponierte Konzertarie Mozarts gesungen. Schikaneder kann die Gesangspartien der *Entführung* mit seinen fähigsten Leuten besetzen: Barbara Seve wird die Konstanze geben, Benedikt Schak den Belmonte, Schauspieler Schmerek den Pedrillo und Franz Xaver Gerl den Osmin. Am 3. Juli 1787 bestätigt Schikaneder den Empfang der handschriftlichen Partitur von Artaria & Comp.

Er hat sich nicht verrechnet. Der Fürst greift tief in die Tasche, um für die Aufführung dieses Stückes, Hommage an seinen Hofsänger Fischer, aufwändige Kostüme herstellen zu lassen: Damenkleider aus Samt und Seide, Herrenkleider *mit Gold und Silber bestickt*, wie in der Requisitenliste eigens vermerkt wird. Am 20. Juli 1787 geht die *Entführung* das erste Mal in Regensburg über die Bühne; wie gut sie ankommt, belegen sechs Wiederholungen. Die Augsburger haben *Höflichkeit und Personalcharakter* Schikaneders in den Theaterakten lobend erwähnt; nun hätte er in Regensburg, wo er ganz unten angefangen hatte, durchaus Chancen, in die obersten Kreise vorzudringen.

Dass seine Moralvorstellungen nicht streng sind, dürfte gerade hier eigentlich nicht stören. Am 7. Mai 1787 wird in St. Rupertus ein drei

Carl Anselm, Fürst von Thurn und Taxis (1733–1805), im Ornat vom Orden des Goldenen Vlieses, lebte über seine Verhältnisse, liebte Prachtgewänder, Zeremonien, Feste und Feiern. Der junge Schikaneder profitierte von dieser Verschwendungssucht: sie inspirierte ihn (Porträt von Johann Wilhelm Hofnass).

Tage alter Junge auf die Namen Nicolaus Josephus getauft. Als Mutter wird ins Taufregister die dreißigjährige Karoline Elisabeth Hillebrand eingetragen, die vor elf Jahren als Dienstmädchen aus Berchtesgaden hierhergekommen war, als leiblicher Vater der vierundfünfzigjährige Carl Anselm, Fürst von Thurn und Taxis. Am 8. Juni 1787 wird in Regensburg bekannt, dass die Ehefrau des Fürsten, Auguste Elisabeth, auf dem württembergischen Schloss Hornberg gestorben sei. Dorthin hatte ihr Mann sie schon vor zehn Jahren in Sicherheitsverwahrung gebracht, weil sie, ergrimmt über die ausufernde Mätressenwirtschaft ihres Angetrauten und die öffentlichen Demütigungen ihrer selbst, mehrere Mordanschläge gegen ihn unternommen hatte. Generös hatte der Fürst auf grausame Rache verzichtet, indem er sie nicht hinrichten oder in einen Kerker werfen ließ.

Am 23. Juni bleibt das Theater geschlossen, und die Stadt Regensburg wird in eine große Bühne verwandelt, mit mächtigem Trauergeläute und prächtigem Trauergerüst, auf der Carl Anselm die Rolle des trauernden Gatten spielt. Bereits zwei Monate nachdem der Tod seiner Ehefrau bekannt geworden war, am 8. August 1787, macht Carl Anselm seine langjährige Geliebte zu seiner rechtmäßigen, wenn auch morganatischen Ehefrau, und Schikaneder führt an diesem Tag sein Ballett *Der angenehme Traum oder die Jagdlust des Fürsten* auf. Die Wirklichkeit ist für den jagdlüsternen Fürsten weniger angenehm; Elisabeth Hillebrand ist Tochter eines Berchtesgadener Karrners, der Geflügel, Eier und Schmalz auf die Märkte fuhr, und in Regensburg schlägt dem Fürsten wegen dieser Mesalliance Entrüstung entgegen. Nicht etwa aus den Gründen, die in jenem Jahr Mozart bewegen, seinem Freund Gottfried von Jacquin eine seiner *kleinen Strafpredigten* zu schicken und den sexuell entdeckungsfreudigen Freund rhetorisch zu fragen, ob *das Vergnügen einer flatterhaften, launigen Liebe nicht himmelweit von der Seligkeit unterschieden* sei, *welche eine wahre, vernünftige Liebe schafft.* Den Gegnern von Carl Anselms neuer Frau geht es nicht um die wahre Liebe, sondern um die gesellschaftliche Ordnung.

Dass ein Mann wie Schikaneder, der *das Vergnügen einer flatterhaften, launigen Liebe* der *wahren, vernünftigen* vorzieht, Verständnis für das Liebesleben des Fürsten hat, kann nicht schaden. Auch seine unternehmerischen Fähigkeiten sind keineswegs fehl am Platz. Der Fürst hat die verordneten Sparmaßnahmen ignoriert, verschuldet sich und die Stadt immer weiter mit repräsentativen Exzessen und benötigt Leute, die wirtschaften können. Dass Schikaneder die Zahl der Abonnements bei den Gesandten deutlich gesteigert hat, wird Carl Anselm nicht entgangen sein.

Doch im Sommer, das weiß der Theaterdirektor, wird es eng für seine Truppe, weil dann der fürstliche Hof auf Schloss Trugenhofen residiert und damit einen Teil des adligen Publikums aus Regensburg abzieht. Will er genügend Besucher anlocken, muss er Menschen erreichen, die sonst nicht ins Theater gehen, und dazu muss er nicht nur ein Spektakel inszenieren, sondern es auch an einen anderen Ort verlegen. Für die Monate Juli bis September 1787 kündigt er Frei-lichtspiele auf dem Oberen Wöhrd an, einer Insel zwischen zwei Donauarmen, wo die turmreiche Stadt im Hintergrund eine wir-kungsvolle Kulisse bildet. Es erregt bereits Aufsehen, dass Schi-kaneder eine hölzerne, halbkreisförmige Zuschauertribüne errichten lässt, mit Logen für feine Herrschaften, die *mit Leinwand gegen die Sonnenhitze geschützt* sind. Dann rührt er die Werbetrommel. Schil-lers Trauerspiel *Die Räuber*, erfahren die Regensburger, *wird unter freiem Himmel aufgeführt, und alles, was sonst erzählt wird, wie zum Bei-spiel die Schlacht der Räuber mit dem Militär, die Verbrennung des Moori-schen Schlosses und so weiter wird in der Handlung dargestellt.* So gelingt es ihm, die Regensburger für Schillers Skandalstück zu begeistern.

Der Kassenmagnet *Graf von Walltron*, den Schikaneder am 2. Sep-tember bringt, entspricht nach Meinung der Zeitung *gänzlich der Erwartung des hohen Adels und des ganzen Publikums*, nicht aber der Er-wartung der beiden ersten Schauspielerinnen Seve und Engst, denn Schikaneder hat wiederum die weibliche Hauptrolle mit der Jagd-stein besetzt. Der Erfolg lässt keine Zweifel aufkommen, dass er alles richtig gemacht hat.

Am 8. September legt Schikaneder nach und kündigt an, es seien bei seinem eigenen Stück *Der Grandprofos* weder Fleiß noch Kosten gespart worden, damit *die Angriffe der Husarenpost, das abwechselnde Kanonen- und Musketenfeuer* und *der kriegerische Lärm des Feindes* die Zuschauer von den Sitzen reißen. Noch bevor der Vorhang sich öffnet, wird drei-mal die Trommel geschlagen und laut geschrien: «Arrestanten raus!» Dann sehen die Zuschauer ein Feldlager, Frauen, die am Feuer hocken oder waschen, Soldaten, die Kaffee trinken, sich über die anstehende Exekution unterhalten und erklären, dass sie das Totschießen satt haben. Da reden Menschen von ihrer Sehnsucht nach Frieden und Tabak, von Hunger, Not und Ungerechtigkeit, da geraten selbstbe-wusste Bürger und niedere Adlige in Konflikt mit der adligen Obrig-keit, da geht es um Freiheit, Verantwortlichkeit, Demut und Nächs-tenliebe. *Dass euch nie Rachbegierde beherrsche*, lässt Schikaneder den Obristen sagen. *In diesen heil'gen Hallen / kennt man die Rache nicht*, wird sein Sarastro in der *Zauberflöte* singen. *Ich kann unmöglich glauben, dass Ihr Herz so viel Schadenfreude besitzen sollte*, lässt Schikaneder den Obristen einen Soldaten ermahnen, der sich auf das Schauspiel der Hinrichtung freut, *sonst verdienten Sie wahrhaftig, aus der Klasse der Menschheit gestoßen zu werden.* In der *Zauberflöte* wird Sarastro mit anderen Worten dasselbe sagen: *Wen solche Lehren nicht erfreu'n, / verdienet nicht, ein Mensch zu sein.*

Mitleidsbereitschaft, Nachsicht und Brüderlichkeit gehören zum Kodex der Freimaurer. Schikaneder ist bekannt, dass auch der Fürst von Thurn und Taxis, der auf Rache an seiner Frau verzichtete, diesen Idealen huldigt. Er ist nicht nur erster Großmeister, sondern auch Stifter der Regensburger Mutterloge *Die Wachsende zu den 3 [sic] Schlüsseln*, die selbst Diener und Lakaien als Vollmitglieder aufnimmt, nicht wie andere Logen nur als dienende Brüder. Obwohl er hart arbeitet und nebenbei noch neue Stücke verfasst wie *Die Schneckenpost*, eine Faschingskomödie, oder *Philippine Welser*, wo er sich wie Törring in der *Agnes Bernauerin* des Erfolgsrezepts der lokalen Heldin bedient, nimmt sich Schikaneder die Zeit, am 14. Juli 1788 in seiner souveränen und geübten Schrift ein ausführliches Beitrittsgesuch an die Loge aufzusetzen. Darin betont er: *Nicht Neugierde, keine eigennützige Absicht, wahre Hochachtung ist die Triebfeder meiner untertänigsten Bitte, dass Sie mich würdigen, in Ihr Heiligtum eintreten zu lassen.* Aber seine Absichten sind wohl so wenig uneigennützig wie die seines Vorgängers Andreas Schopf oder des Bassisten Ludwig Fischer, die ebenfalls rasch der *Wachsenden zu den 3 Schlüsseln* beigetreten sind. Denn es steht außer Zweifel, dass sich bei den Logensitzungen im *Goldenen Kreuz* Beziehungen aufbauen und pflegen lassen, die den Stand eines Mannes in Regensburg festigen. Doch schon bevor er sich bewirbt, hat Schikaneder den Text zu einem Freimaurerlied geschrieben.

Um den Brüdern die Zusage leichter zu machen, führt Schikaneder, wenige Tage nachdem er diesen Antrag verfasst hat, mit einem neuen Stück aus eigener Feder vor, wie gut seine Geisteshaltung zu der von Regensburgs Freimaurern passt. Am 20. Juli 1788 wird sein *Hanns Dollinger oder das heimliche Blutgericht* auf der Donauinsel aufgeführt, in dem Schikaneder einen alten Regensburger Sagenstoff verarbeitet hat; er behauptet, das Blutgericht nach Urkunden orginalgetreu rekonstruiert zu haben. Die Partie des christlichen Regensburger Ritters Dollinger übernimmt er selbst, die des Krako, eines heidnischen Kriegers, der Bassist Franz Xaver Gerl, die Rolle des Wirts Benedikt Schak. Ein Erfolgstrio.

Lokalpatriotismus gehört zu den Kennzeichen der Regensburger Loge, was Freimaurer, denen es um Weltpatriotismus geht, bemängeln, Schikaneder hingegen einfach bedient. Es schert ihn nicht, dass seine Freilichtspiele von Theaterkritikern als *Pferdekomödien* verspottet werden, denn er kennt sein Publikum und weiß, dass ein Großaufgebot an Berittenen und der angekündigte Waffengang am Schluss, den sich die Widersacher Krako und Dollinger mit historischen Lanzen auf geharnischten Pferden liefern, für manche Grund genug ist, sich ein Billet zu leisten. Marktschreier haben die Erfahrung, dass sich besser verkauft, was als einmalige Gelegenheit angepriesen wird. Schikaneder schreibt ausdrücklich auf den Theaterzettel: *Das Stück wird nur einmal aufgeführt.* Eine Loge für sechs Personen kostet 11 Gulden, der billigste Platz 12 Kreuzer: Eintrittspreise, die mehr als doppelt so hoch sind wie an deutschen Schauspielhäusern üblich. Am 20. Juli 1788 beginnt um sechs Uhr abends unter freiem Himmel das Spektakel. Es ist ein voller Erfolg. 3000 Menschen erleben die Schau mit Waffengeklirr und Kanonendonner, und 1500 Gulden landen in der Kasse.

Am 2. Oktober 1788 wird Schikaneder als Lehrling 1. Grades in die Regensburger Loge *Die Wachsende zu den 3 Schlüsseln* aufgenommen. Dass manche in der Gestalt des guten und gerechten Kaisers, der in *Hanns Dollinger* im Triumphwagen über die Bühne fuhr, den Fürsten erkannt haben wollen, ist nicht von Nachteil gewesen. Carl Anselm verlängert Schikaneders Vertrag ins Jahr 1789 und stockt die Summe für sein Abonnement auf fast 5000 Gulden auf.

Das Gefühl, nun alles erreicht zu haben, berauscht Schikaneder, und in diesem Erfolgsrausch nimmt er nicht wahr, was sich am Horizont zusammenbraut. Vielleicht hätte er lesen sollen, was Pezzl über die Regensburger geschrieben hat: Sie seien *unerträgliche Schwätzer, erst kriechend, sich an jedermann hängend, einschmeichelnd, dann, wenn sie sich emporgeschwungen haben, stolz und prahlend.* Gallig mokierte Pezzl sich über die scheinheilige *Spießbürgerei* in dieser Stadt. Die fahrenden Komödianten haben überall einen schlechten Ruf, doch solange sie ihre sexuellen Abenteuer unter sich abmachen, dringt nichts nach außen. Dass Franz Xaver Gerl und Barbara Reisinger, ein neunzehnjähriger Neuzugang mit zehnjähriger Bühnenerfahrung, auch hinter der Bühne ein schönes junges Paar abgeben, entgeht den braven Regensburgern vermutlich. Nicht jedoch Schikaneders Ausflüge. Gerüchte machen die Runde, Schikaneder werde oft auf Schloss Train gesehen, das der Fürst von Thurn und Taxis in diesem Jahr als verspätetes Hochzeitsgeschenk seiner Frau überlassen hat, die damit zur Hofmarksherrin Elisabeth von Train erhoben wurde. Den Regensburgern ist jeder Anlass willkommen, den Unmut gegen diese Frau zu schüren, die sich mit nichts als Schönheit und sexueller Bereitwilligkeit das Wasserschloss samt zugehörigen Gütern erkauft hat.

In Schikaneders Truppe sorgt die Karriere der Elisabeth Hillebrand durch die Macht weiblicher Reize nicht für Unmut, sondern dient als Vorbild. Die *hübsche, gute Person* Barbara Seve und ihre Kollegin Christine Engst, erklärte Publikumslieblinge, haben sich mit zwei Gesandten aus Schweden und Dänemark eingelassen, die für deutsche Gebiete, die zu ihren Ländern gehörten, am Reichstag teilnehmen. Die Seve hat eine Affäre mit dem schwedischen Baron Carl Gustav von Oxenstierna begonnen, die Engst ein Verhältnis mit dem dänischen Freiherrn Friedrich Ludwig von Eyben. Mit der Macht ihrer Liebhaber im Kreuz rächen sich die Schauspielerinnen an ihrem Prinzipal für die Bevorzugung der Jagdstein, fühlen sich nicht mehr an ihren Vertrag und ihre Pflichten gebunden und tanzen Schikaneder auf der Nase herum. Das aber lässt sich der Direktor nicht bieten. Er entlässt seine beiden Heldinnen fristlos, woraufhin deren Liebhaber, unterstützt von den übrigen Gesandten, das Theater boykottieren und Baron von Lilien, Geheimer Rat des Fürsten, Schikaneder anzuschwärzen beginnt.

Zu Beginn des Jahres 1789 spielt Schikaneder vor fast leerem Saal. Anfang Mai muss er die Liste der *Theater-Billets vom 1. November bis zum 30 April 1789* an das fürstliche Hofpersonal abgeben. An erster Stelle ist darauf die *kleine Seitenloge der Frau v. Train* mit 12 Gulden verzeichnet.

Ebenfalls Anfang Mai ergeht an Schikaneder, mittlerweile Geselle, ein Schreiben seiner Loge: *So angenehm einer sehr ehrwürdigen Loge die bisherigen*, allerdings *seltenen Besuche des Bruders Schikaneder* gewesen seien, *so unangenehm und auffallend* seien ihr nun *öffentliche Gerüchte* über eine Begebenheit, die Gesprächsstoff des *ganzen Publikums* sei.

Wegen dieses aufsehenerregenden Vorfalls möge er bitte am Johannisfest der Loge nicht teilnehmen und sich jedes Logenbesuches *auf sechs Monate* enthalten.

Die *öffentlichen Gerüchte* betreffen nicht nur Schikaneders angebliches Verhältnis zu Elisabeth von Train, der Frau des Fürsten. Anna Maria Stecker, eine Regensburger Dienstmagd, hat Schikaneder und seinen Bassisten Franz Xaver Gerl angezeigt, ist verhört und offenbar für glaubwürdig befunden worden, obwohl Gerls Geliebte Barbara Reisinger da wohl anderer Meinung wäre. Die Dienstmagd behauptet, von Schikaneder geschwängert worden zu sein. Loser Lebenswandel steht auf der Verbotsliste für Freimaurer, fürstliche ausgenommen.

Als noch verwerflicher allerdings gilt es, Schulden zu machen und sich bei Logenbrüdern Geld auszuleihen. Das hat Bruder Schikaneder in Regensburg nicht nötig, jedoch Bruder Mozart in Wien, der in dieser Zeit ungeniert sowohl an Michael Puchberg wie auch an Franz Hofdemel in immer kürzerem Abstand Bettelbriefe richtet und gar nicht daran denkt, die gestundeten Beträge zurückzuerstatten.

Mozart hat keine Angst, der Boden könne ihm zu heiß werden, Schikaneder durchaus. Doch er bleibt besonnener Stratege. Der Loge antwortet er umgehend, dieser Fall werde ihn nicht um den Ruf eines *ehrlichen Mannes* bringen. Er lache über *böse Menschen* und *gutdenkende* würden früher oder später einsehen, *warum er so und nicht anders handelte.* Er *habe einen Fehler begangen* von der Sorte *Fehler, die älter sind als der ehrwürdige Stand* der Freimaurer; doch er unterwerfe sich ihrem *weisen Ratschluss.* Das klingt allerdings eher ironisch als unterwürfig, und wer es liest, versteht den Seitenhieb auf seine Durchlaucht, den Fürsten.

Schikaneder will nur noch weg. Ihm ist aber bewusst, dass eine Kündigung seines Vertrages als Schuldeingeständnis gedeutet werden und ihn der Justiz ausliefern könnte. Carl Anselm, ihm nach wie vor gewogen, ist krank. In einem Schreiben, datiert auf den 17. Mai 1789, wendet sich Schikaneder daher an den siebzehnjährigen Erbprinzen Carl Alexander und erklärt, warum er, natürlich nur vorübergehend, von seinem Amt suspendiert werden möchte; *die Schaubühne liege gleichsam öde,* und *die Ungnade,* die er sich *durch die Entlassung der beiden Aktricen Engst und Seve bei der ganzen Gesandtschaft zugezogen habe,* drücke ihn *zu sehr.* Er hoffe aber, *dass die Ungnade der Gesandtschaft nicht auf seiner Gesellschaft, sondern auf ihm selbst ruhe.* Deshalb lege er die Leitung des Hoftheaters nieder und empfehle eines seiner *tauglichsten* Ensemblemitglieder, Johann Jacob Rechenmacher, als neuen Regisseur. Schikaneder betont jedoch, keineswegs auf der Flucht vor Gerüchten und Rächern zu sein: *ich verlasse morgen weder Regensburg, noch die Gesellschaft.*

Doch schon am 3. Mai 1789, mehr als zwei Wochen bevor dem Erbprinzen dieser Brief zugestellt wird, findet sich im Regensburger Wachtprotokoll der Eintrag: *Hr. Schmidt, Schauspieler von hier,* sei zu Schiff nach Wien abgereist. Niemand kennt einen Regensburger Schauspieler namens Schmidt, fast jeder aber würde diesen Herrn Schmidt erkennen. An Geld nimmt Schikaneder nur das mit, was ihm privat zusteht, den Rest belässt er seiner verwaisten Truppe, doch die fünf besten Kräfte seiner Truppe ziehen mit ihm; Franz Xaver Gerl, Barbara Reisinger, das Ehepaar Schak und Franz Moll.

Am 28. Mai 1789 werden Schikaneder und Gerl wegen sittenwidrigen Verhaltens vom Magistrat der Stadt Regensburg zu einer Geldstrafe von 12 Reichstalern oder ebenso vielen Tagen Gefängnis verurteilt. Gerl, nicht etwa Schikaneder, sowie Anna Maria Stecker werden zur Klärung der Alimente ans Stadtgericht verwiesen. Der Einspruch, den ein Advokat im Namen der Angeklagten gegen die *angebrachte Schmähungssache* am selben Tag eingereicht hat, wird abgewiesen.

Zu diesem Zeitpunkt haben sich die Angeklagten längst in Wien eingerichtet.

Schikaneder hat sich bei Marinelli am Leopoldstädter Theater beworben, wo er sich auch Hoffnung machen kann, neue Stücke unterzubringen, denn die alten werden dort aufgeführt. Da aber erreicht ihn ein wesentlich interessanteres Angebot. Es kommt von Eleonore Schikaneder, seiner Frau. Und es soll ihm den Weg ebnen zur Zusammenarbeit seines Lebens, mit einem Mann, der gerade sein viertes Kind verloren hat und während seiner achtjährigen Zeit in Wien nun schon zum neunten Mal umgezogen ist. Einem Mann, dem es bei den Kritikern nicht besser ergeht als ihm. Für ihren Geschmack schaut Schikaneder dem Volk zu sehr aufs Maul, Mozart hingegen zu wenig. Sein *Don Giovanni*, hat gerade ein Rezensent in Frankfurt prophezeit, *wird seine Periode bei uns bald überleben. Die Musik ist nicht populär genug.*

VII

Wien 1789–1790
Entsetzliche Kosten

Emanuel Schikaneder als Mozarts Idol: in der Rolle des Gärtners Anton in seinem Erfolgsstück «Der dumme Gärtner aus dem Gebirge oder die zween Anton» begeisterte er Mozart. Hier ist er einmal im Kostüm zu sehen, und daneben auf der Bühne des Theaters auf der Wieden. Abgebildet im Almanach für Theaterfreunde auf das Jahr 1791 (Kupferstich von Ignaz Albrecht).

Bunt, chaotisch, laut und erotisch: Das Leben an seinem neuen Arbeitsplatz ist ganz nach Schikaneders Geschmack. Hier dampft das Dasein. Über hundert Familien wohnen im Freihaus auf der Wieden, im Süden Wiens, darunter sind viele Haushalte von Künstlern mit wenig Geld, aber Talent zum Genuss. Es ist eine Stadt in der Stadt, dieses steuerbefreite Anwesen am rechten Ufer der Wien, das Georg Adam Fürst von Starhemberg seit 1765 allmählich zum größten Mietshaus in ganz Wien ausgebaut hat. 1785 war der ganze Komplex energisch erweitert und modernisiert worden, und nach wie vor ist es eine Baustelle, auf der Kanäle ausgehoben, Büsche gesetzt, Rabatten angelegt, eingeschossige Flügel aufgestockt werden. Rund um die Rosalienkapelle, die Kirche des Freihauses, gibt es neben den billigen Unterkünften, die aus einem Zimmer, Küche und Kabinett bestehen und von Künstlern, Handwerkern, kleinen Händlern, niedrigen Beamten und Militärs bewohnt werden, inzwischen auch geräumige Wohnungen für die sogenannten Herrschaften. Ihnen sind zwei der vier Tore, die ins Freihaus führen, vorbehalten: das in der Bärenmühlgasse und das in der Schleifmühlgasse. Sonst aber verwischen sich hier die sozialen Unterschiede und vermischen sich die Bewohner sorgloser als sonst in Wien. Die Siedlung ist beinahe autark; im Erdgeschoss der sechs Innenhöfe mit Gärten und Brunnen befinden sich mehrere Gastwirtschaften, darunter das *Goldene Fassl*, eine Apotheke, eine Ölpresse, eine Schmiede, eine Schreinerei, eine Mühle und eine Bäckerei, eine eigene Schule und eine eigene Leihbibliothek, Seifensieder, Sattler, Kürschner, Fleischhauer, Zinngießer und ein Händler, der direkt importiertes italienisches Olivenöl verkauft. Ohne das Freihaus zu verlassen, können sich die Mieter Hochzeitskleider und Perücken machen lassen, Tische und Schränke, Pelze und Koffer, Taufkissen und Särge. Und sie können Schauspiele und Singspiele, Opern, Ballette und Pantomimen besuchen.

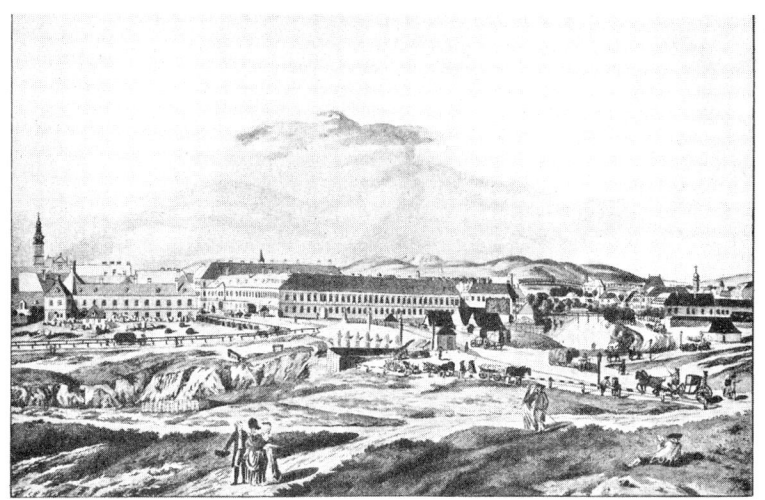

Das Freihaus, der größte Mietkomplex Wiens, mit einem eigenen Theater ausgestattet, befand sich füher außerhalb der Stadt, heute befände er sich, an den Naschmarkt grenzend, in zentraler Lage (kolorierter Kupferstich von Johann Ziegler).

Vor zwei Jahren, am 20. Februar 1787, hatte der deutsche Theaterunternehmer Christian Roßbach, der bis dahin nur eine hölzerne Theaterhütte betrieb, um die Erlaubnis ersucht, auf eigene Kosten vom Landschaftsbaumeister Andreas Zach ein feststehendes Theater am südlichen Rand des offenen Freihaushofes errichten zu lassen; auf diesem Gelände hatten bereits kleine Wandertruppen in Hütten wie seiner gastiert. Roßbachs Interesse war verständlich. Denn neben dem der Öffentlichkeit versperrten Schönbrunner Schlosstheater gab es nur drei andere feste Bühnen in Wien für die 250 000 unterhaltungslüsternen Einwohner: das Burgtheater, das Kärntnertortheater und das Theater in der Leopoldstadt, von Karl Marinelli 1781 eröffnet, bis dahin die einzige permanente Vorstadtbühne. Es lief wie geschmiert, weil die Leopoldstädter sich abends nicht mehr auf den Weg in die Innenstadt machen mussten, weil es etwas bot, das dem Geschmack des Vorstadtpublikums besser entsprach als Dramen, Tragödien und anspruchsvolle Opern. Und weil bald auch diejenigen, die sich dort gerne sehen ließen oder aus Gründen des Renommees sehen lassen mussten, Appetit auf leichte Kost bekommen hatten und einen Ausflug zu Marinelli nicht scheuten. Das reizte Roßbach zur Nachahmung, umso stärker, als die Vorstadt auf der Wieden im Süden als vielversprechend galt. Die Wien, früher ein stinkendes Rinnsal, von dem Seuchen und Epidemien ausgingen, schreckte nicht mehr ab, nachdem ihr Flussbett vertieft worden war und weniger Abwässer in ihr landeten. Sie war auch nicht mehr verrufen, seit Sträflinge ihre verwilderten Ufer übersichtlich bepflanzt hatten. Die Vorstadt hier draußen hatte zudem an Anziehungskraft gewonnen, seit der Naschmarkt, an den das Freihaus grenzt, zum wichtigsten Viktualienmarkt der Stadt geworden war.

Christian Roßbach konnte, als er das Theater im Freihaus im Oktober 1787 eröffnete, mit einer beachtlichen Truppe antreten, weil er nach dem Tod von Felix Berner im April 1787 dessen herausgewachsenes Kindertheater übernommen hatte. Doch obwohl er Instinkt dafür bewiesen hatte, dass eine Vorstadt wie diese hier ein Theater brauchte, besaß er keinen für ein einträgliches Programm. Bereits in der Fastenzeit 1788 hatte Roßbach hochverschuldet aufgegeben. Übernommen hatte ein schwerkranker Mann, der gerade erst aus Laibach nach Wien gekommen war: Johann Friedel. Unterstützt wurde er von Eleonore Schikaneder, die ihn auch auf den Stationen zuvor, von Triest bis Klagenfurt, begleitet hatte. Nach wie vor gehörten zu seiner Truppe Schikaneders Bruder Urban und dessen Tochter Nanette. In Wien war dann der vielfach verwendbare Karl Ludwig Gieseke zu ihm gestoßen, der wieder zum Schauspieler herabgesunkene mehrfach gescheiterte Theaterdirektor Johann Josef Nouseul und als Musikdirektor Johannes Hummel aus Pressburg. Nach Schließung der Waisenhausstiftung in Wartberg war Hummel mit seiner Familie nach Wien gezogen, vor allem wegen seines Sohns Johann Nepomuk, der als Wunderkind gehandelt wurde. Der Sohn war bei Mozart als Schüler und sogar als Hausgast untergekommen, der Vater war im Theater auf der Wieden bei Friedel als Musikdirektor angetreten.

Am Ostermontag, dem 24. März 1788, hatte Johann Friedel seine erste Saison auf der Wieden eröffnet; mit den besten Absichten, ein anspruchsvolles Vorstadttheater zu betreiben, aber nicht mit dem besten Gespür für das, was sein Publikum erwartete. Anton Edler von Bauernfeld, Rechtsanwalt und Doktor beider Rechte, der am 1. April

Eigentümer des Theaters geworden war, mischte sich in die Programmgestaltung nicht ein, kassierte aber pünktlich seine Miete. Es half nichts, dass Friedel bereits im April zwei Schikaneder-Stücke auf die Bühne brachte, *Der Grandprofos* und *Das Laster kömmt am Tage*, denn diesen Schauspielen fehlte bei ihm das Wichtigste: die Schau. Friedel sparte an Dekorationen, Kostümen, Kulissenwechseln und sogar an Schauspielern. Dass Fürst und Schuster ein und dasselbe Zimmer bewohnen mussten und Friedel *oft gezwungen war, Frauenzimmer in die Hosen zu stecken*, empörte Kritiker wie das Publikum und trieb sie in das neue Josephstädter Konkurrenzunternehmen, von Carl Mayer im Hof eines Wirtshauses eröffnet. Panisch hatte Friedel versucht, dem drohenden Fiasko durch ein übervolles Programm entgegenzuwirken, in zwei Wochen neun neue, miserabel geprobte Stücke auf die Bühne gebracht und sich damit vollends den Spott der Kritiker zugezogen. Im Februar 1789 war der Blut hustende Prinzipal dann zu Verzweiflungstaten bereit gewesen, *stückelte Szenen aus verschiedenen Trauer- und Lustspielen so bunt* zusammen, *dass man aus tiefster Traurigkeit in das größte Gelächter ausbrechen musste.* Auf Melodramatisches *folgte ein besoffener Nachtwächter und gleich darauf wieder eine Leichenszene Mariens* aus Goethes *Clavigo*. Ein wohlmeinender Rezensent ermunterte Friedel, sein Programm auf deutsche Opern umzustellen, *von jeher ein Lieblingsspektakel der Wiener, die mittelmäßigsten gewannen ihren Beifall*, und erinnerte an die Erfolge, die Schikaneders Gesellschaft damit im Kärntnertortheater gefeiert hatte. Doch als der in Wien ankam, war es zu spät. Am 31. März war Johann Friedel mit 38 Jahren gestorben. Obwohl ledig, hatte er doch in gewisser Hinsicht eine Witwe hinterlassen: Eleonore Schikaneder, seine engste Vertraute der letzten drei Jahre. Von einem Testament, das sie zur Universalerbin erklärt, weiß keiner, der darüber tratscht, etwas Genaues, nur davon, dass Eleonore das Theater weiterführen will, es sich aber allein nicht zutraut. In Theaterkreisen erstaunt es also niemanden, dass sie sich an ihren Ehemann wendet und er mit ihr zusammen eine Wohnung im 5. Hof des Freihauses bezieht, neben dem Hof gelegen, in dem das Theater steht. Es ist eine der besseren Behausungen dort: 23. Stiege, 2. Stock, mehrere Zimmer, Blick auf die Karlskirche.

Schikaneder ist wie sie nun 38 Jahre alt und hat Erfahrung genug, um sofort zu erkennen, welche Chance sich ihm bietet. Das große Problem vieler Vorstädte und damit auch der Vorstadttheater ist der Weg dort hinaus, auf dem die Fußgänger riskieren, ihre Kleider zu verdrecken, von Taschendieben ausgeraubt, von Huren angegangen zu werden oder sich ein Bein zu brechen. Friedel hatte von der Stadtmauer am Kärntnertor bis hinaus zum Naschmarkt auf eigene Rechnung einundzwanzig große Laternen installieren lassen, um den befestigten Fußsteig zu beleuchten. Längst zieht es auch die Herrschaften hinaus ins Theater auf der Wieden. Das *Wiener Blättchen* hat vielen aus dem Herzen gesprochen, als es schrieb, dass man sich dort nicht wie *im Nationaltheater bei dem unausstehlichen Gewinsel und Maulaufreißen zu Tode* langweile. Weil feinere Theaterbesucher nicht bei schlechtem Wetter durch matschiges Gelände stapfen wollen, hat schon Friedels Vorgänger Roßbach einen hölzernen, mit Öllampen beleuchteten Gang errichtet, durch den die Zuschauer vom Freihaustor am Naschmarkt, neben der Kirche, wo Gäste mit Kutschen vorfahren, trockenen Fußes über den nicht gepflasterten Hof bis ins Theater gelangen. Das Theater selbst ist ein unspektakulärer rechteckiger Ziegelbau, der *von außen mehr einer Scheuer, als einem Theater* ähnelt. Doch das Innere, 30 Meter lang und 15 Meter breit, bietet genügend Spielraum für Schikaneders Visionen. Hier gibt es zwei Parterres, zwei Galerien und einen Bühnenaufbau aus Holz. Abgesehen von den beiden lebensgroßen Figuren rechts und links des Bühnenportals, die Schikaneder hinsetzen lässt, ist der Saal völlig schmucklos, aber bekannt für seine gute Akustik. Schikaneder will hier genau das verwirklichen, wozu die Kritiker Friedel geraten hatten: ein Programm mit Musik. Aber auch mit viel Spektakel, denn die Bühne nimmt die Hälfte des Raumes ein, was zwar die Zahl der Sitzplätze auf achthundert beschränkt, aber Schikaneders Lust an technischen Sensationen kaum Grenzen setzt. Er ist jedoch erfahren genug, um auch die Gefährdungen des Unternehmens hier draußen zu erkennen. Dass Roßbach und Friedel gescheitert sind, gibt ihm zu denken. Seit dem 1. April 1789 ist nicht mehr Anton von Bauernfeld Vermieter des Theaters, sondern sein jüngerer Bruder, der dreiundzwanzigjährige Offizier Joseph von Bauernfeld, der beim älteren einen verdächtig dicken Pachtvertrag über zehn Jahre unterschrieben hat, in dem sich der Doktor der Rechte gegen jedes noch so kleine

Risiko absichert. Es ist ein teures Vergnügen, das sich der junge Pächter gönnt; zu dem jährlichen Pachtzins von 1300 Gulden kommen noch 453 Gulden Miete pro Jahr, davon 28 Gulden für eine kleine Wohnung hier draußen, die er den Starhembergs entrichten muss, weil denen der Grund gehört. Dass ihm dafür die Loge Nr. 4 ständig zur Verfügung steht, ist sicher nicht Beweggrund für Joseph von Bauernfeld, sich auf das Unterfangen einzulassen. Wie so viele seiner Zeit sucht er im Theater das, was ihm eine militärische Laufbahn oder ein Dasein als Verwalter nicht vergönnen: Erregung und Spannung. Ihn macht Schikaneder nun zum stillen Teilhaber. Dass sein theaterverrückter Kompagnon Mozarts Logenbruder in der *Neugekrönten Hoffnung* ist, mag ein Zufall sein, doch der Komponist könnte durchaus für das Theater auf der Wieden geworben haben, auch wenn der Vater seines Lieblingsschülers Johann Nepomuk Hummel dort schon gekündigt hat, um nach dem Modell Mozart mit seinem Sohn auf Konzerttournee zu gehen und das junge Genie der Weltöffentlichkeit vorzuführen. Mozart fühlt sich im Freihaus daheim, und zwar ganz ungeniert, da sein Vater tot ist. Leopold Mozart hätte das entsetzt. Das Treiben hier wäre in seinen Augen so liederlich gewesen wie dereinst das im Haushalt der *Weberischen*. Drei aus dieser Familie wohnen bereits hier, Josepha, die älteste der vier Töchter, seit sieben Jahren Mozarts Schwägerin, und ihre Mutter Cäcilie Weber, die nach Josephas Heirat im letzten Jahr mit Sophie, ihrer Jüngsten, hierhergezogen ist. Mozarts Meinung über Cäcilie und Josepha scheint sich in den letzen Jahren radikal gewandelt zu haben. In der Verlobungszeit mit Constanze hatte er die künftige Schwiegermutter dem Vater als eine im Alkoholnebel unbeherrschte, sonst kalt berechnende Rabenmutter dargestellt, vor deren schlechtem Einfluss er seine Constanze retten wollte. Damals bezeichnete er Josepha als *eine faule, grobe, falsche Person, die es dick hinter den Ohren hat.* Doch spätestens seit sich Cäcilie Weber 1783, bei der Geburt seines ersten Kinds, Tag und Nacht um Constanze gekümmert hat, ist sie für Mozart wieder *die gute Frau Weber.* Und in Josepha, seit 1788 Ehefrau von Franz de Paula Hofer, sieht er wieder das, als was er sie beim Kennenlernen in Mannheim erlebt hatte: die fürsorgliche älteste Schwester, die so gut kocht wie ihre Mutter, deren kulinarische Künste sogar Leopold Mozart versöhnt hatten. Ihren Mann schätzt er

Ein anonymer Künstler porträtierte in dieser Miniatur auf Elfenbein Josepha Hofer (um 1758–1819), die Königin der Nacht in der ersten «Zauberflöte». Wie auch ihre jüngere Schwester Constanze, Mozarts Frau, wirkte sie Zeitzeugen zufolge sehr jugendlich und heiratete in zweiter Ehe einen 13 Jahre jüngeren Mann.

als Geiger, dem er in seinen Akademien oft schon einen Zusatzverdienst zugeschanzt hat, vor allem aber als engen Freund und Unterhalter. Vorletztes Jahr hat er Hofer in seiner Postkutsche nach Prag zur Aufführung des *Figaro* mitgenommen, dieses Jahr bat er ihn, während seiner Reise mit dem Fürsten Lichnowsky die daheimgebliebene Constanze zu umsorgen. Im Freihaus bewohnen die Hofers seit Herbst 1788 die Wohnung Nr. 227 an der Stiege 28 im zweiten Stock, die nur aus einem Zimmer, Küche und Kabinett besteht, denn Hofer gehört zu den vielen Bewohnern, die am Rande des Existenzminimums leben. Selbst als er zum 1. Geiger bei der Kirchenmusik von St. Stephan aufgestiegen war, hatte er mit 25 Gulden im Jahr auskommen müssen – in einem Alter, in dem Mozart über die schäbigen 450 schimpfte, die ihm der Erzbischof als Basishonorar zahlte. Erst als Hofer 1788 mit Mozarts Hilfe zusätzlich bei der Hof-

Franz de Paula Hofer (1755–1796), porträtiert von einem Anonymus (Miniatur auf Elfenbein). Der Geiger, angestellt bei Schikaneder, war erster Ehemann von Josepha, geborene Weber, der ältesten Schwester von Mozarts Frau Constanze, also Mozarts Schwippschwager und zugleich dessen enger Freund.

musikkapelle angestellt wurde, was ihm weitere 150 Gulden im Jahr einbrachte, und Josepha bei Friedel im Theater auf der Wieden ein Engagement bekam, hatte er sich zu heiraten getraut und war mit seiner Frau hier eingezogen.

Mozart findet im Freihaus genau das, was er sucht: Gesellschaft, Fürsorge und jene Ablenkungen, die für seine Inspiration unabdingbar sind. Da sich nach vier Entbindungen und zahllosen Umzügen die Beinleiden der zarten, kindlich gebauten Constanze dramatisch verschlechtert haben, sind ein paar Wochen Kur im nahen Baden oft die letzte Rettung bei ihren Venenentzündungen und offenen Knöcheln. Für ihren Mann aber sind es Wochen der Trostlosigkeit. Das Alleinsein quält ihn, auch weil er zwei linke Hände hat, was die alltäglichen Dinge angeht. Für die Haare kommt jeden Tag ein Friseur zu ihm ins Haus, doch er kann sich weder allein die Halsbinde knoten noch ein

Stück Fleisch mundgerecht schneiden. Im Freihaus ist immer jemand da, mit dem er essen, trinken, kegeln, Karten oder Billard spielen kann oder der ihm eben das Halstuch bindet. So kommt es sehr gelegen, dass nun, da Constanze das fünfte Kind und die üblichen Schmerzen erwartet, Schikaneder ins Freihaus einzogen ist.

Mozart gehört zu denjenigen, die Schikaneder als einen gewitzten Theatermacher richtig einzuschätzen wissen. Der junge Bauernfeld nicht. Bereitwillig unterzeichnet er das Abkommen, in dem er sich verpflichtet, alles Bürokratische und Finanzielle des gemeinsamen Unternehmens zu kontrollieren und für die Schulden geradezustehen, während Schikaneder nur als künstlerischer Direktor ohne jede Verantwortung in geschäftlichen Dingen firmiert. Für sein Ensemble allerdings fühlt er sich zuständig. Jeder, der in seine Gesellschaft eintreten will, auch wenn er nur von Friedel übernommen wird, hat einen Vertrag zu unterzeichnen, den alle gerne unterschreiben, wer ihn liest, versteht, warum; hier wird für einen gesorgt wie in keiner anderen Theatergesellschaft, die von freien Unternehmern und nicht von fürstlichen Mäzenen finanziert wird. Von der wöchentlichen Zahlung der vereinbarten Gage entbunden werden die Arbeitgeber nur *durch mutwillige Nichtbeachtung* der vertraglich festgelegten Pflichten, *Landestrauer, welche länger als sechs Wochen dauert, während welcher Zeit halbe Gage gezahlt wird, Feuer, Unbrauchbarwerdung durch Krankheit.* Das meint jedoch nur unheilbare Leiden, denn: *Bei eintretender Krankheit des Akteurs oder der Aktrice zahlen beide Herren Direktoren sechs Wochen die Gage ganz.*

Doch Schikaneder, der im Gegensatz zu Bauernfeld seine Mischpoke kennt, weiß, dass er als Direktor Dompteur spielen muss. In dem Arbeitsvertrag verpflichtet sich der Unterzeichner nicht nur, *alle von den Direktoren zugeteilten Rollen, welche ihren Kräften angemessen sind, ohne Weigerung mit dem bestmöglichen Fleiß und Eifer zu spielen, wobei es sich von selbst versteht, dass … zur Einstudierung der Rollen die nötige Zeit zu bewilligen* ist. Er verpflichtet sich aber auch zur *Vermeidung des Schuldenmachens, Vermeidung aller Kabale, aller Unordnung, alles Zankes, Raufereien, Schlägereien, Nachtschwärmens, Rollen-Neides und Rollen-Streites.* Bei Zuwiderhandlung droht fristlose Kündigung. Schikaneder als Direktor verpflichtet sich ebenfalls, diese Gesetze einzuhalten und bei Übertretung zu büßen. Seine drastischen Hausregeln

Auch Anna Maria Gottlieb (1774–1856), der ersten Pamina, wurde ein Verhältnis mit Mozart unterstellt. Kurz nach Mozarts Tod wechselte sie von Schikaneders Theater zu dessen Konkurrenten ans Leopoldstädter Theater über, und wurde dort auf der Bühne wie dahinter angeschwärmt. Sie starb hundert Jahre nach Mozarts Geburt, verarmt und vergessen (hier als Azemia in «Azemia oder die Wilden» in einem Aquarell von Christian Eismann).

werden sogar im Gothaischen Theaterkalender veröffentlicht und zur Nachahmung empfohlen. Ausreden wie *Mangel des Friseurs* oder *erdichtete Krankheit* lässt Schikaneder nicht gelten; Unpünktlichkeit, *Schuheputzen in der Garderobe, Gelächter oder lautes Reden* während der Aufführungen, Ausplaudern der Inhalte neuer Stücke, üble Nachrede, was Kollegen oder den Direktor angeht, werden ausdrücklich untersagt. Verboten ist *Streit, Zank oder empfindlicher Wortwechsel* und *ohne Erlaubnis des Direktors über Nacht auszubleiben.* Alle Zuwiderhandlungen werden mit Geldstrafen geahndet, die Strafgelder werden zur *Unterstützung reisender Schauspieler* verwendet, *die der Bühne keine Schande machen.*

Solche strengen Vorgaben halten viele aus Schikaneders ehemaliger Truppe nicht ab, wieder bei ihm anzuheuern. Franz Moll samt Tochter, Jakob Wallerschenk, Anton Jakob Brenner und Christoph

Helmböck, Maschinist, Dekorateur, Theatermeister und Darsteller zugleich, mit seinen bei Schikaneder groß gewordenen Kindern Johann und Franziska, natürlich Gerl, Barbara Reisinger und die beiden Schaks. Gieseke und Nouseul wechseln wie Josepha Hofer zum Neuen über. Über vierzig Darsteller stellt Schikaneder ein, darunter die fünfzehnjährige Anna Maria Gottlieb, die er und Mozart schon als Kinderdarstellerin gekannt haben, und den siebenundzwanzigjährigen Jakob Haibel, Organist, Kapellmeister, Komponist, Komödiant, Tenor und bereits mehrfacher Vater, dessen jüngste Tochter Eleonore Schikaneder am 26. Juni 1789 als Patin über die Taufe hält. Dass die Kleine bereits am 1. Oktober an *Gedärmbrand* stirbt, gehört im Freihaus zum Alltag. Mit dem blutjungen Johann Baptist Henneberg hat Schikaneder einen guten Griff getan; der einundzwanzigjährige Wiener Organistensohn, Komponist und Pianist baut ihm einen Chor, vor allem aber ein eigenes Orchester von fünfunddreißig Leuten auf, das es seinem Prinzipal ermöglicht, mit Opern und Singspielen dem Kärntnertortheater Konkurrenz zu machen.

Schikaneder will jedoch auch Marinelli ausstechen, der sich neben komischen Opern, Singspielen und Rührstücken auf Volksstücke spezialisiert hat, in denen meist Johann Joseph Laroche den von ihm erfundenen Kasperl verkörpert. Mit diesen Kasperliaden hat Marinelli die Rezensenten gegen sich, aber das Stammpublikum auf seiner Seite, denn ihr Held redet, wie ihm der Schnabel gewachsen ist. Kasperl ist der Verbindungsmann zum Publikum, von Göttern, Helden und Fürsten so weit entfernt wie die meisten von ihnen. Wie beliebt er ist, zeigt sich schon darin, dass ein Geldstück im Wert von 34 Kreuzern, mit dem man einen Parterreplatz bei Marinelli zahlen kann, in ganz Wien *Kasperl* genannt wird. Weil Laroches Kasperl selbst beim Kaiser Narrenfreiheit genießt, darf er, was die Zensur sonst streng verbietet: freie neue Texte aus dem Stegreif erfinden, *extemporieren*, wie das bei den Zensoren heißt.

Schikaneder kreiert einen Bruder des Kasperls. Anton heißt er, singt auch noch und betritt am 12. Juli 1789 in *Der dumme Gärtner aus dem Gebirge oder die zween Anton* zum ersten Mal die Bühne des Freihauses. Der Text stammt vom Prinzipal, die Musik von Benedikt Schak und Franz Xaver Gerl. Schikaneder selbst spielt den älteren,

Das Erfolgsteam der «Zauberflöte» fand bereits in den Hauptrollen von «Der dumme Gärtner aus dem Gebirge» zusammen: die Koloratursopranistin Josepha Hofer, der böhmische Tenor Benedikt Schak (1758–1826), der Prinzipal Emanuel Schikaneder und der bayrische Bassist Franz Xaver Gerl (1764–1827).

dummen Anton, auf dem Programm als *Gärtnerjunge* aufgeführt, Gerl, obwohl erst zweiundzwanzig, einen betagten Gärtner namens Redlich und Schak dessen Sohn, den jungen, gescheiten Anton. Neben dem Erfolgstrio samt Anhang hat Gerls Geliebte Barbara Reisinger pikanterweise die Partie von dessen Tochter Liese und Josepha Hofer eine Hauptrolle als junge Gräfin übernommen.

Noch weiß in Wien keiner, dass an diesem Tag der Schwager von Kaiser Joseph II., Frankreichs König Louis XVI., seinen Finanzminister Necker entlassen und verbannt hat, dass in Paris die Klosterküchen, Waffenschmieden und Büchsenmacherläden von Randalierern geplündert wurden und die Massen mit Dolchen, Musketen, Pistolen, Jagd- und Küchenmessern, Degen und Spaten bewaffnet Verwüstungen angerichtet haben. Und doch passt Schikaneders Anton in genau diese brandgefährliche Situation. Dass ihm wie Laroches Kasperl erlaubt wird, unbequeme Wahrheiten und lasterhafte Sprüche über die Obrigkeit zu improvisieren, hat weniger mit kaiserlicher Nachsicht als mit der Erkenntnis zu tun, dass sich so die angestaute Wut der einfachen Leute über die ungerechten Verhältnisse im Gelächter Luft verschaffen kann, bevor sie explodiert.

Während Schikaneder mit seinen Leuten einen sensationellen Premierenerfolg feiert, verfasst Mozart wieder einmal einen Bettelbrief an seinen Logenbruder Puchberg. Dem klagt er ständig, er habe *entsetzliche Kosten*, verursacht durch die Kuren seiner Frau, die er aber nicht zu finanzieren vermöge, weil sich alles gegen ihn wende und das Interesse an seinem Notenverkauf rapide abgenommen habe: *mein Schicksal ist leider, aber nur in Wien, mir so widrig dass ich auch nichts verdienen kann, wenn ich auch will. Ich habe 14 Tage eine Liste herumgeschickt, und da steht ein einziger Name ‹Swieten›!*

Schikaneder dagegen ist das Schicksal in Wien wohlgesonnen. Während er seinen Triumph begießt, heften sich in Paris die Revolutionäre der Bürgermiliz als Erkennungszeichen rotblaue Kokarden an. Am 14. Juli, als Mozart einen Nachtrag unter seinen Bettelbrief setzt und ihn abschickt, der französische Schwager des Kaisers in sein Tagebuch *rien* einträgt, die Aufständischen in Paris ein relativ harmloses, dünn besetztes Gefängnis namens Bastille erobern, um dort die Kanonen außer Funktion zu setzen, Waffen und Pulver zu erbeuten, ist in Wien vor allem vom dummen Anton die Rede.

Dass Mozart hinaus auf die Wieden fährt, um dieses Stück zu erleben, hat nicht nur mit den Freunden und Verwandten im Freihaus zu tun. *Zu schwer, zu kunstvoll, zu künstlich, zu wenig gefällig, zu wenig populär um allgemeine Sensation erregen zu können*: In diesem Jahr haben sich solche Formulierungen ständig wiederholt, wenn seine Opern rezensiert wurden. Meist hieß es, ihre Zeit sei vorbei, selbst wenn sie erst zwei Jahre alt sind. Schikaneder aber beherrscht offenbar das, woran es Mozart angeblich mangelt. Ganz Wien lacht über den dummen Anton, ein Rollenporträt von Schikaneder ist in Kupfer gestochen und verbreitet worden und einige Szenen sollen im *Almanach für Theaterfreunde* abgebildet werden. Und Mozart fühlt sich dem Kasperl seelenverwandt; im vergangenen Jahr erst hat er selbst einen Text verfasst, dem *Kasperl im Prater* gewidmet und als Kanon vertont.

In den letzten Jahren und vor allem in den letzten Monaten haben sich Mozarts Sympathien nach unten verlagert. Früher standen fast nur Aristokraten auf den Subskriptionslisten seiner Noten und Konzerte, doch nun haben sie, bis auf den Baron von Swieten, offenbar kein Interesse mehr an seiner Arbeit. Akademien in Wien zu bestreiten hat Mozart mangels Zulauf bereits aufgegeben. Seit er begonnen hat, mit privaten Darlehen seine Bankrotterklärung wegen der *entsetzlichen Kosten* aufzuschieben, haben ihm wieder und wieder die bürgerlichen Freunde Hofdemel und Puchberg ausgeholfen. Der schwerreiche Fürst Lichnowsky hingegen, an den er nie einen Bettelbrief geschickt hat, setzt ihn, vermutlich wegen Spielschulden, unter Druck. Zwar hatte er Mozart in diesem Frühjahr zu einer gemeinsamen Reise nach Dresden und Berlin eingeladen, zu der es für Mozart keinerlei Anlass gab, ihn dann aber in dem teuren Ort Potsdam hängen und seine Kosten allein bezahlen lassen. Zuvor hatte er, *weil sein Beutel abnahm*, von seinem Gast 100 Gulden geliehen; *ich konnte es*, schrieb Mozart am 23. Mai an Constanze, *nicht gut abschlagen, Du weißt warum.* Ihr war nämlich bekannt, wie tief Mozart bei dem Fürsten in der Kreide stand. Mozarts Konzertauftritt in Leipzig war finanziell *schlecht ausgefallen*, er habe, klagt er, *32 Meilen* von Berlin nach Leipzig *fast umsonst gemacht*, und *daran ist Lichnowsky ganz allein schuld, denn er ließ mir keine Ruhe.*

Mozart begreift allmählich, wie sehr er sich von seinen adligen Bekannten jahrelang verleiten ließ, ihre Angewohnheiten, ihre Vergnügungen, ihre Ansprüche zu teilen, also weit über seine Verhältnisse zu leben, sich eine luxuriöse Garderobe, ein Pferd, eine Kutsche zu leisten. Hinzu kamen Bälle und Abendessen außer Haus mit Austern und Fasan, Feste zu Hause mit Punsch und Champagner und vermutlich, gerade auf Reisen, auch Spiele mit Geldeinsatz, wie sie auf Banketten und anderen feierlichen Anlässen üblich sind. In den adligen Herrschaften meint er nun die Schuldigen für *das Üble* seiner *Lage* auszumachen. Haben nicht sie ihn dorthin manövriert? Seit seiner Jugend weiß Mozart, dass es die Aristokraten, je höher, desto mehr, ganz von ihrer Laune abhängig machen, wie sie einen Musiker entlohnen, ob mit einem abgelegten Galakleid der eigenen Kinder, einer Uhr oder einem Ring, einer silbernen oder goldenen Tabaksdose, mit Geld gefüllt oder leer. Solche Willkür hat er früh schon als demütigend empfunden, nun verstärkt sich dieses Gefühl.

Mozart sucht die Nähe zu seinesgleichen, wie sie im Freihaus wohnen. Und die Nähe zu einem Theatermann, der es versteht, die Massen anzulocken. Schikaneder ist klar, dass er den Erfolg des *Dummen Gärtners* nur dann in einen Dauererfolg ummünzen kann, wenn er diese Figur wie Laroche die seines Kasperls zur Kultfigur erhebt und in immer neuen Stücken auftreten lässt. Bereits am 26. September 1789 präsentiert Schikaneder die erste Fortsetzung mit *Die verdeckten Sachen.* Wieder haben Benedikt Schak und Franz Xaver Gerl das Libretto ihres Direktors vertont, wieder spielt Schikaneder den dummen Anton, flankiert von den Hauptdarstellern des ersten Stücks. Mozart hat zwar schon vor Jahren erkannt, dass *man Sachen schreiben* müsse, *die so verständlich sind, dass es ein Fiaker nachsingen könnte,* doch umgesetzt hat er das nicht. Solche Arien zu komponieren ist anderen wie seinem Konkurrenten Vicente Martín y Soler geglückt; in *Don Giovanni* hat Mozart einen Gassenhauer aus Solers Oper *Una cosa rara* zitiert, aber keinen eigenen neuen geschaffen. Im Weg stehen ihm dabei auch die Sänger und Sängerinnen. Im August erst hat er eine kleine Arie *für die Ferraresi gemacht;* er ist überzeugt, das Stück würde *gefallen, wenn anders sie fähig ist, es naiv vorzutragen, woran ich aber sehr zweifle.*

Der naive Vortrag fällt Schikaneder, obwohl er selbst alles andere als naiv ist, leicht. Und Mozart erlebt mit, wie er als Anton drei Strophen eines Liedes vorträgt, deren Refrain das Publikum zum Mitsingen hinreißt:

Ein Weib ist das herrlichste Ding auf der Welt.
Wer's leugnet, den schlag' ich, dass d'Goschen ihm schwellt.

Hier, im Theater auf der Wieden, werden die Publikumserfolge von heute geboren, hier sieht auch Mozart mehr Chancen als beim Adel. Schon gar nicht bei dem Teil, der die alten feudalen Zustände wiederherstellen möchte und als Mittel der Restauration die Denunziation bevorzugt. Die Interessen dieser Aristokraten werden in Wien gut vertreten durch den Polizeiminister Johann Anton Graf von Pergen, der vom Kaiser in einer Denkschrift verlangt, härter gegen alle Geheimbünde, speziell aber gegen die Freimaurer vorzugehen, deren Grundsätze denen der Revolutionäre in Paris entsprächen – *Bruderliebe, Freiheit, völlige Gleichheit,* das klinge doch verdächtig.

Mit Kreisen wie denen Pergens will Mozart nichts zu tun haben, mit denen des Theaters auf der Wieden umso mehr, wo nicht nur der Sohn des Eigentümers, Ludwig Graf von Starhemberg, sein Logenbruder ist, sondern von Gerl über Gieseke bis Henneberg ein großer Teil der prominenteren Ensemblemitglieder Freimaurer sind. Schikaneder, der in Regensburg noch als Mitglied eingetragen ist, hat freilich schlechte Aussichten, in Mozarts Loge aufgenommen zu werden, denn das ist eine Tochterloge der Regensburger *Zu den 3 Schlüsseln*. Man weiß dort natürlich Bescheid über seinen halbjährigen Logenausschluss und kennt auch die Gründe dafür. Dass Schikaneder mit seinem *Figaro*-Fiasko ein Opfer Pergens geworden ist, bindet die Freunde jedoch noch enger zusammen als Gegner dieses Freimaurerverleumders, dessen Frau einen Salon führt, den Mozart konsequent meidet.

Am 17. September 1789 trägt Mozart in sein Werkverzeichnis die Arie *Schon lacht der holde Frühling* ein. Er hat sie für seine Schwägerin Josepha Hofer geschrieben, die bei Schikaneder in Paisiellos eingedeutschtem *Barbier von Siviglia* auftreten soll. Mozart will zu dieser Welt dazugehören. Aus vielen Gründen, keineswegs nur aus finanziellen und ideellen Erwägungen. Seine sexuelle Begehrlichkeit wird im Freihaus verstanden, wo Eleonore ganz offen ihren Mann den *Don Juan von der Wieden* nennt. Sein eigenes Gesetz, die Nacht nicht außerhalb des Freihauses zu verbringen, hält Schikaneder mühelos ein, denn hier findet er alles, was er braucht.

Erst im Mai hat Mozart von Berlin aus Constanze in einem Brief gebeten, zu seiner Rückkehr ihr *liebes schönes Nest recht sauber her* zu richten, denn sein *Büberl* verdiene es *in der Tat.* Anschließend schilderte er, wie sich dieser *Spitzbube* während des Schreibens *auf den Tisch* schleicht und *sich fast nicht bändigen* lässt. Solche Nöte versteht in der großen Freihausfamilie jeder.

Am 2. September 1789 heiratet Franz Xaver Gerl seine Barbara in der Paulanerkirche. Schon seit längerem leben sie zusammen auf der Wieden 417, in nächster Nähe des Freihauses, und die Braut ist im sechsten Monat schwanger. Für die beiden Direktoren Schikaneder und Bauernfeld kein Hindernis, als Trauzeugen anzutreten.

Für das Leben hier draußen gelten eben andere Gesetze. Bis weit in den Morgen hinein im Bett zu bleiben wie die Hofers kann Mozart

Paul Wranitzky (auch Wranizky, 1756–1808) war Komponist, Musikdirektor von Johann Nepomuk Graf Esterházy von Galantha und später Konzertmeister an der Wiener Hofoper. Er gehörte Mozarts Loge an. Sein Bruder Anton (1761–1820) war angeblich ein Schüler Mozarts. Wranitzky war befreundet mit Haydn und Beethoven.

sich nicht leisten, diszipliniert steht er spätestens um fünf Uhr auf, weil früh bereits die ersten Schüler kommen. Daher vermeidet er es auch nach Möglichkeit, dort zu übernachten. Doch er genießt es, sich hier immer aufgehoben zu wissen, und gesteht Constanze, in ihrer Abwesenheit *stelle* er sich *vor*, er *sei zu Hause* dort. Künstlerisch ist er es auf alle Fälle, denn Schikaneder teilt viele Vorlieben Mozarts, vor allem die für den Dichter Christoph Martin Wieland.

Am 7. November 1789 kommt im Theater auf der Wieden zum ersten Mal *Oberon, König der Elfen* auf die Bühne, eine *romantisch-komische Oper in drei Aufzügen* nach Wielands Versepos *Oberon*. Laut Theaterzettel stammt das Libretto von Karl Ludwig Gieseke. *Die Musik ist von Herrn Paul Wranitzky, erstem Orchesterdirektor der k. k. Hoftheater*, einem Kollegen, den Mozart genau beobachtet. Wranitzky, im selben Jahr wie er geboren und ebenfalls Logenbruder, verkauft sich selbst und seine Musik ausgezeichnet. Wieland, dessen *Oberon* Mozart in epischer Originalfassung zu Hause im Bücherregal stehen hat, ist zudem ein Grund, sich die Aufführung anzusehen, ein weiterer ist Anna Gottlieb, die mit zwölf seine Barbarina im *Figaro* war und nun ihre erste große Rolle singt, die Prinzessin Amande. Auch die übrigen Hauptdarsteller sind Vertraute. In der Hosenrolle des Oberon tritt Josepha Hofer auf, als Hüon Benedikt Schak, als Bassa von Tunis Franz Xaver Gerl und als Scherasmin Emanuel Schikaneder.

Als der Vorhang sich öffnet, sieht Mozart den Helden Hüon durch eine felsige Gegend irren, dann erscheint Scherasmin, ein Naturbursche, der mit jedem Satz zeigt, dass ihm Standesunterschiede egal sind. *Seht mich nur an, ich bin ein Mensch wie ihr*, sagt er zum Ritter. Hüons Auftrag: Er soll Amande, die Tochter des *Sultans von Ägypten* entführen. Dieses Land hat nicht erst seit Ignaz von Borns Schrift über Ägypten aus dem Jahr 1781 für die Freimaurer, zu denen auch Wranitzky gehört, eine besondere Bedeutung; es steht bei ihm als Synonym für die habsburgischen Länder. Dann öffnet sich der Berg, und Mozart erblickt die sternenflammende Titania auf ihrem Thron, die verkündet, Oberon habe Hüon und Amande als ein vorbildlich treues und standhaftes Paar für seine Mission auserkoren. Oberon überreicht dem Helden ein Zauberhorn, dessen Töne die Feinde zu tanzen zwingt; Hüon und Scherasmin wandern durch einen dunklen Wald, wobei nicht drei, aber zwei Genien sie begleiten. Mozart wird Zeuge, wie vor allem Scherasmin, der Naturbursche, das Publikum für sich gewinnt, wenn er statt hehrer Werte Speis und Trank und den Koch des hohen Herrn lobt. Er erlebt, wie gut es funktioniert, dem überirdisch edlen Paar Hüon und Amande, das sämtliche Prüfungen seiner Liebe besteht, das irdisch genussfrohe Paar Scherasmin und Fatime gegenüberzusetzen. Mozart wird die Geschichte an *Thamos, König in Ägypten* des Freiherrn von Gebler erinnern, zu dem er vor sechzehn Jahren die Bühnenmusik komponiert hat. Denn Hüon und Amande haben einiges mit Geblers Thamos und Tharsis gemeinsam, der gütige Elfenkönig Oberon und die wütende Titania vieles mit dem edlen Oberpriester und der wilden Herrin der Jungfrauen. Doch Geblers *Thamos* war humorbereinigt und ein Misserfolg. *Oberon* aber wird ein Triumph, denn Wieland, Gieseke und

Wranitzky folgen Schikaneders Vorbild: Sie rühren und amüsieren. Die große Idee, das Gute und Wahre über das Gemeine und Intrigante, die Liebe über den Tod siegen zu lassen, ist eben zu schön, um wahr zu sein, vor allem für ein Publikum, das ganz andere Erfahrungen gemacht hat. Schikaneder ist im Milieu zu Hause und zeigt das auch dann, wenn er nur als Regisseur die Fäden zieht und als Naturbursche mit selbstgemachten Sprüchen den Menschen aus voller Seele und leerem Magen spricht. Ob durch seine Schwägerin, durch Gerl, Schak oder Schikaneder selbst, Mozart erfährt, dass dieser *Oberon* vor ausverkauftem Haus mehrmals wiederholt wird und die Zuschauer schon Stunden vorher auf den harten Bänken sitzen. Auch Leute, die sich selten waschen, Schwielen an den Händen haben und im *Oberon* nun ins Reich der Feen und des Märchenzaubers entführt werden wollen, wo rosige Nebel aufsteigen und geflügelte Wesen vom Bühnenhimmel schweben.

Am 16. November wird Constanze von ihrem fünften Kind entbunden, das die Eltern sofort auf die Namen von Mozarts Mutter Anna Maria taufen lassen und noch am selben Tag in einen Kindersarg legen. Das hindert Mozart nicht daran, eifrig das Freihaus zu frequentieren, denn im Kreis um Schikaneder kann er sich so aufführen, wie es ihm jetzt guttut. Er sitzt an einem neuen Opernauftrag des Kaisers, der Vertonung von Da Pontes *Così fan tutte*. Sein Schwager Joseph Lange hat längst bemerkt, dass Mozart nie *weniger in seinen Gesprächen und Handlungen für einen großen Mann zu erkennen* sei, *als wenn er gerade mit einem wichtigen Werke beschäftigt ist.* Ob er *vorsätzlich … seine innere Anstrengung unter äußerer Frivolität* verbirgt oder sich darin gefällt, *die göttlichen Ideen seiner Musik mit den Einfällen platter Alltäglichkeit in scharfen Kontrast zu bringen und durch eine Art von Selbstironie zu ergötzen,* wagt Lange nicht zu entscheiden.

Mozarts Welt und die von Schikaneder durchdringen einander mit jedem Monat mehr. Mozart ist, auch wenn das den Gerüchtemachern nicht passt, der *getreueste Gatte,* als der er seine Briefe an Constanze unterschreibt, doch für eine Tragikomödie über die Untreue kann er im Freihaus Studien betreiben. Anfang des Jahres, am 26. Januar 1790, wird auf dem Theaterzettel des Burgtheaters ein neues Singspiel angekündigt: *Così fan tutte ossia La Scuola degli amanti. So machen sie's alle oder die Schule der Liebhaber. Die Poesie vom Herrn Abate*

da Ponte, Dichter des italienischen Singspiels beim k. k. Hoftheater. Die Mu-
sik ist von Herrn Wolfgang Mozart, Kapellmeister im wirklichen Dienst Sei-
ner Majestät des Kaisers. Herr Mozart hat dafür das Doppelte des sonst
üblichen Honorars erhalten, 200 Dukaten, also um die 900 Gulden,
doch er hat sechs Tage zuvor von Puchberg 100 Gulden erbettelt und
erbettelt drei Wochen danach wieder *etliche Dukaten* und Bier. Auch
er bekommt zu spüren, dass die Lebenskosten in Wien während der
vergangenen Monate jäh angestiegen sind, bleibt aber völlig unbehelligt von der Hungersnot in Wien. Es ist zu Krawallen gekommen,
sogar zu einer Massendemonstration gegen die Kriegssteuer und die
Politik des Kaisers, dem die Menschen Schuld an ihrer Misere geben.
Sein verheerender Türkenkrieg hat Unsummen verschlungen, die
Unruhen in Ungarn und den österreichischen Niederlanden haben
Kräfte und Mittel aufgezehrt, und die Idee des Kaisers, ausgerechnet
jetzt die Landwirte zu besteuern, sorgt für große Empörung. In den
Kaffeehäusern und Bierhäusern wird geflucht, nicht gelacht. Auch
wenn es Mozart wie Schikaneder aus persönlichen Gründen schwer-
fiele, müssten sie Pergen Recht geben, der nun den Kaiser schriftlich
davor warnt, den Bauern die Lasten des Krieges aufzubürden; dann
sei mit einem Bauernaufstand zu rechnen und mit wachsender Hungersnot. Anfang des Jahres tritt im Theater auf der Wieden Karl Ludwig Gieseke als Bettler verkleidet auf, an jeder Hand ein Kind in
Lumpen, und trägt ein Gedicht vor, das Mozarts Logenbruder Pfarrer Cantes zugunsten Bedürftiger verfasst hatte. Es kommt Gieseke
zugute, dass er immer wie ein Hungerleider aussieht, mit seiner spitzen Nase, hohlen Wangen und tiefliegenden Augen ein Bild des
Jammers. *Bei äußerst vollem Haus* bringt Gieseke das Publikum zum
Schluchzen. Und wer aus Mitleid öffentlich weint, spendet öffentlich. Schikaneder lässt eine Wolke vom Bühnenhimmel herabschwe-
ben mit einer illuminierten Inschrift. Sie verrät, wer die Wolke zu
den Spendern entsendet: *Der Dank der Armen.* Schikaneder darf sich
nun als Wohltäter feiern lassen.

Der Vater der Kompanie versteht sich auf das Prinzip der Beloh-
nung und erteilt Gieseke, der bisher nur Inspizient, Dramaturg, Übersetzer oder, wie beim *Oberon*, ein sich Autorenrechte anmaßender Abschreiber war, einen ersten Auftrag für ein eigenes Stück. Gieseke ist es
nicht gewohnt, eigenständige Ideen zu entwickeln. *Es gibt doch noch*

treue Weiber heißt sein Werk, ein Schauspiel in drei Akten, *nach einer wahren Geschichte*, wie der Untertitel behauptet. Es reagiert auf Mozarts *Così fan tutte – So machen es alle*, wo die *Weiber* untreu sind. Gieseke, seit 1790 in der Mitgliederliste von Mozarts Loge als Lehrling geführt, hält sich dieses Mal zumindest in groben Zügen an die den Freimaurern heilige Wahrheit. Es geht in seinem Stück um einen Mann namens Freyberg, der ein haltloses Liebesleben führt, und um dessen Universitätsfreund, der ihn zu bessern versucht. Der Freund trägt den bürgerlichen Namen Giesekes, *Metzler*, und ist *Lizenziat*, wie Gieseke es war. Dass jener Metzler auf der Bühne gut, edel, aufrichtig und barmherzig ist und nur die Unterstützung seiner armen alten Eltern im Sinn führt, hat mit dem Metzler im wirklichen Leben, dem chronischen Schuldner, unverbesserlichen Glücksspieler, Sargnagel seines Vaters und hemmungslosen Plagiator wenig zu tun. Der Freihausbewohner Schikaneder wird sich aber durchaus in Freyberg erkennen. Denn um dessen brisante Liebschaft *in einer berühmten Reichsstadt* dreht sich das Ganze. Gieseke hat die gemeinsame Zeit in Regensburg nicht vergessen, und mancher Logenbruder im Publikum, der darüber informiert ist, mag dabei eine gewisse Schadenfreude empfinden. Genießen wird er sie wohl kaum, denn alles, was dem Ruf der Freimaurerei schadet, gefährdet derzeit ihre Existenz.

Nicht nur durch die Ereignisse in Frankreich sind die Freimaurer bei vielen in Misskredit geraten, sondern auch durch neue konspirative Geheimgesellschaften, die sich als Freimaurer ausgeben und die Logen unterwandern. Auch in Mozarts Loge sind die Illuminaten bereits aktiv; doch wie das Illuminatentum des Ignaz von Born den meisten Mitgliedern seiner Loge *Zur wahren Eintracht* und deren Tochterloge verborgen bleibt, wissen auch in diesem Fall nur wenige davon. Anders als die Maurer gelten die Illuminaten als politisch brandgefährlich, denn es wird ihnen nachgesagt, sie strebten eine Neuordnung der Welt und daher die Weltherrschaft an. Eingeweihte munkeln, Mozart selbst habe mit dem Magnetstein, den Despina als Arzt verkleidet in *Così fan tutte* zur Heilung der Scheinheiligen verwendet hat, gar nicht den nach Paris entflohenen Dr. Franz Anton Mesmer verspottet, denn der war schließlich sein Gönner gewesen. Vielmehr habe er dessen Bruder Joseph Mesmer karikiert, der in einer neuen Rosenkreuzer-Loge den Stein der Weisen zu finden verheißt.

*Ignaz Unterberger wird diese Innenansicht der Loge «Zur neugekrönten Hoffnung»,
zugeschrieben. Die von Otto Erich Deutsch geäußerte Vermutung, dass die beiden
nebeneinandersitzenden Herren rechts unten Schikaneder und Mozart zeigen, ist
ins Reich der Spekulation verwiesen worden. Sicher aber ist Mozarts Loge
zu sehen.*

Die Verunsicherung durch solche Gerüchte, durch die Geschehnisse
in Frankreich, aber auch durch die Revolten ganzer Provinzen von
den österreichischen Niederlanden bis Ungarn gegen die Politik von
Joseph II. stören Wiens Gemütlichkeit, und der Kaiser setzt auf Ablenkung, wie sie gerade die Vorstadttheater anbieten. Doch während
dort in der Karnevalssaison Hochbetrieb herrscht, siecht Joseph dahin,
angeblich *an Schwindsucht.* Anschlagszettel verhöhnen den Sterbenden.
Der Bauern Gott, der Bürger Not, des Adels Spott liegt auf dem Tod. Mozart
ist bewusst, was er mit dem Kaiser verlieren wird: einen trotz mancher
ironischen Bemerkungen kenntnisreichen Bewunderer und treuen
Auftraggeber, zu dem er direkten Zugang besaß. Schikaneder wird
sich eher wie die große Mehrheit fragen, was schon vor zweieinhalb
Jahren Joseph Richter in einer öffentlichen Bittschrift formulierte:
Warum wird Kaiser Joseph von seinem Volke nicht geliebt? Der Druck der

Opposition auf den Kaiser ist in den letzten Monaten und Wochen spürbar gewachsen. Graf Zinzendorf hört von einem der Ärzte Josephs, *dass es unglaublich ist, wie man gegen den Kaiser spricht, wie man seinen Tod ersehnt.* Die Abschiedsvisiten des Adels beim Kaiser sind großenteils Pflichtbesuche. Es ist wenig Mitleid herauszuhören, wenn Karl Graf von Zinzendorf bezeugt, der Sterbende liege *ziemlich elend im seinem Schlafzimmer auf dem Paradebett … umgeben von Leuchtern, in Marschallsuniform. Den Kopf eingebunden in einem weißen Tuch, das Gesicht schwarz angelaufen und gelb wie Wachs, die Hände schlecht gefaltet, zu hoch auf der Brust.* Es spricht sich herum, dass der Kaiser auf dem Sterbebett genötigt worden ist, einen Großteil seiner Reformgesetze, vor allem, was Ungarn betrifft, zurückzunehmen. Und dass er selbst bedauert habe, *durch soviel Lebensplage so wenig Glückliche und soviel Undankbare gemacht* zu haben. Dem Kaiser entgeht es nicht, dass ihn Lügner, Schleimer und Intriganten umgeben; am 10. Februar belohnt er Joseph Quarin, Primararzt am Allgemeinen Krankenhaus, mit 10 000 Gulden und dem Erbtitel eines Freiherrn für die ehrliche Auskunft, er habe nur noch wenige Tage zu leben. Am 20. Februar 1790 um 5 Uhr früh stirbt Kaiser Joseph II. mit achtundvierzig Jahren. Sofort kursieren Verse, er sei den Folgen sexueller Ausschweifung erlegen; schließlich hat man ihn einmal in einem einschlägigen Haus am Spittelberg erkannt und vor die Tür gesetzt. Obwohl der Kaiser selbst jeden Begräbnispomp hasste und verbot, werden nun im ganzen Reich Trauerfeiern abgehalten, Trauerkantaten komponiert und abgesungen. Schlechte Zeiten für Schikaneder. Doch er kann sich glücklich schätzen, dass im Sinn des Verstorbenen die Trauerfrist, in der Aufführungsverbot herrscht, deutlich kürzer ist als nach dem Tod seiner Mutter.

Josephs Bruder Leopold, Großherzog von Toskana, tritt die Nachfolge an. Für Leopold sind die Freimaurerlogen *gesellschaftliche Verbindungen und Cliquen zur gegenseitigen Unterstützung und als solche, wie andere Vereinigungen.* Also ein *hervorragendes Mittel zur Verbreitung guter wie schlechter Ideen, Ansichten und Gerüchte,* weshalb *Cafés und Wirtshäuser und andere Institutionen zur Pflege menschlicher Geselligkeit von der Regierung aufmerksam beobachtet werden* müssen. Er kann keine Unterwanderung des ureigenen Terrains brauchen, denn es drohen größere Probleme, nicht nur im Westen, sondern auch im Osten, wo Russland und Preußen sich schon auf eine erneute Teilung des König-

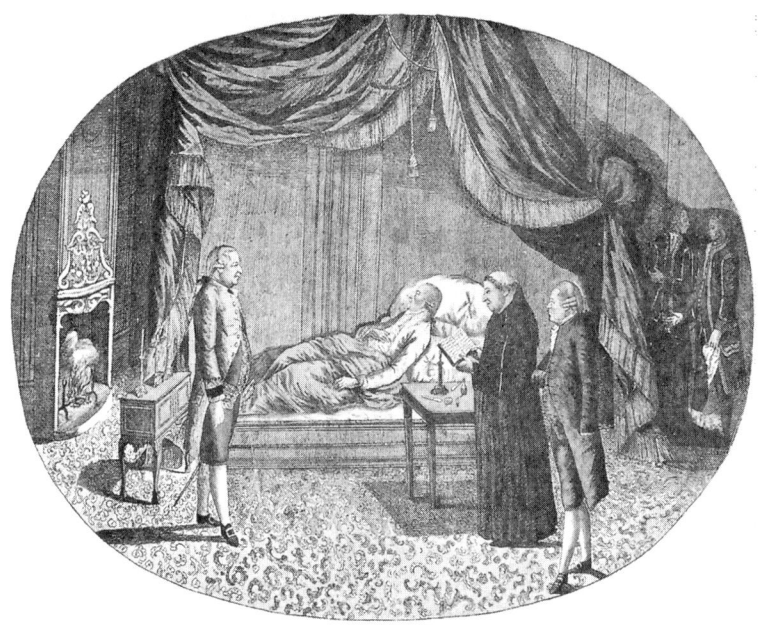

Das Sterben von Kaiser Joseph II. in der Karnevalssaison wurde zum öffentlichen und respektlos kommentierten Ereignis, über das Besucher und Bilder die Bevölkerung informierten (kolorierter Kupferstich von Hieronymus Löschenkohl, 1790).

reichs Polen vorbereiten, und in der Levante, wo sein Reich noch immer in den aussichtslosen russisch-türkischen Krieg verstrickt ist. Zudem brodelt es in Böhmen und Tirol.

Die Freimaurer Wiens sehen klar, dass sie dem neuen Kaiser ihre Ergebenheit demonstrieren und sich unmissverständlich von allen Vereinigungen abgrenzen müssen, die sich gegen die Kirchen und gegen die Monarchie wenden. Die beste Gelegenheit dazu bietet das Theater. Doch Leopold hat derzeit noch keinen Sinn für Unterhaltung. Am 5. Juni ist im Wiener Korrespondentenbericht zu lesen: *Der jetzige König war noch nicht im Theater, hatte noch keine Musik bei sich, noch sonst Merkmal von Liebhaberei zur Musik gezeigt.* Es heißt, *die Afterpropheten* schrien bereits, das sei ein schlechtes Zeichen. Doch der Berichterstatter zeigt Verständnis. *Wenn einmal die Riesengebirge von Staatsgeschäften, die auf seinen Schultern liegen, zu Sandhügeln eingeebnet seien,* werde der Monarch dafür Sinn entwickeln. Außerdem sei es verständlich, das Leopold, Jahrzehnte in der Toskana zu Hause und an die *rasche feurige* Komposition *italienischer Meister gewöhnt*, nun *dem phlegmatischen Vortrag der Deutschen unmöglich* auf Anhieb etwas *abgewinnen* könne.

In Leopolds Augen ist es also vermutlich verschenkte Liebesmüh, dass Schikaneder am 10. Mai 1790 eine deutsche Fortsetzung zu der sensationellen italienischen Erfolgsoper *Una cosa rara* von Vicente Martin y Soler auf die Bühne bringt: *Der Fall ist noch weit seltener oder Die geplagten Ehemänner*. Mozart, Freund des deutschen Singspiels, ist ebenfalls nicht begeistert. Das Stück, schreibt er Constanze nach Baden, habe ihm bei Weitem nicht so gut gefallen wie *Der dumme Gärtner im Gebirge oder die zween Anton*. Das Originelle imponiert ihm mehr. Doch der große Zustrom des Publikums gibt Schikaneder Recht – und den Mut, bereits am Tag nach der Premiere ein Gesuch an Leopold II. zu richten.

Schikaneders Unternehmen läuft gut, aber er unterlässt nichts, was seiner Werbung dienlich wäre. Die Bezeichnung *k. k. privilegiertes Theater*, die sein Konkurrent Marinelli samt dem kaiserlichen Doppeladler führt und auf jeden Theaterzettel drucken lässt, weckt Vertrauen in die Qualität des Programms und die Seriosität des Hauses. Schikaneder erinnert sich der Lizenz, ein Theater zu errichten, die Kaiser Joseph ihm vor vier Jahren erteilt hat, worauf sie aber ungenutzt liegen blieb. Nun holt er sich damit dieselben Privilegien ein, über die Marinelli verfügt. Es muss Schikaneder aufstoßen, dass der Konkurrent zunehmend in seinem angestammten Revier wildert; mit seinen Librettisten, dem dreiundzwanzigjährigen Joachim Perinet und Karl Friedrich Hensler, und dem talentierten Komponisten Wenzel Müller bringt Marinelli ein deutsches Singspiel nach dem anderen auf die Bühne des Leopoldstädter Theaters.

Hensler als Freimaurer weiß um die Neugier der Wiener auf das Mystische und Mysteriöse. Ihm ist auch klar, dass sie sich mit vereinfachten oder verschlüsselten freimaurerischen Ideen befriedigen lässt, und zwar völlig gefahrlos, wie viele erstaunt feststellen. Joseph Mesmers Rosenkreuzerzirkel, die *Loge zur Liebe und Wahrheit*, wird am 20. Juni 1790 vom neuen Herrscher persönlich genehmigt. Anders als sein Bruder ist Leopold ein besonnener Mann; er hat erkannt, dass er den Dritten Stand in den Logen, die mit den *guten Ideen*, für sich erobern und so daran hindern kann, ins oppositionelle Lager überzuwechseln. Er plant sogar, die Freimaurerei zu verstaatlichen.

Die wahren Inhalte des Freimaurertums sind es nicht, die das Publikum der Vorstadttheater interessieren, aber das Zauberhafte, Magische, Mystische kommt hier gut an. Diese Erfahrung hat Perinet schon seit Jahren gemacht mit seiner *Zauberrose*, seinem *Zauberspiegel* und seiner *Zauberin aus Liebe*. Nun planen Hensler und Müller ein Singspiel mit eindrucksvollen Priesterszenen und Weiheritualen in ägyptisch-indischem Ambiente, das die Verbrüderung der Menschen als glücksverheißend preist und trotzdem genügend Komik bietet durch einen naiven Gärtner und sein *Weibchen*.

Schikaneder will dem etwas entgegensetzen. Seine Karten sind gut. Da das Kärntnertortheater vorübergehend geschlossen ist, hat er von dort Instrumentalisten engagiert, die zu den besten in Wien zählen: als Konzertmeister und Chorleiter den Geiger und Universalmusiker Joseph Suche, als Cellisten Franz Deabis, als Kontrabassisten Felix Stadler, vor allem als Flötisten den Virtuosen Anton Dreyssig. Aber die Zeit drängt. Das Libretto hat Schikaneder als alter Routinier rasch zusammengeschrieben, es zu vertonen kann jedoch kein Komponist mehr rechtzeitig schaffen. Schon Anfang September wollen die Konkurrenten mit dem neuen Stück herauskommen. Daher beschließt Schikaneder, mehrere Musiker gleichzeitig auf sein Werk anzusetzen, seine drei Hauskomponisten Gerl, Schak und Henneberg. Zugkräftiger wäre freilich ein großer Name.

Wie sehr Mozart in Geldnot steckt, weiß er, wenn nicht von ihm selbst, von den Hofers oder den Webers. Schikaneder fragt bei Mozart an, und der sagt zu. Er braucht jeden Gulden, denn er will auf eigene Kosten samt Diener in der eigenen Kutsche zur Kaiserkrönung nach Frankfurt reisen, damit der neue Monarch ihn endlich wahrnehmen muss. Ein Konzert zur Krönung Leopolds hat er vorbereitet.

Am 9. September 1790 bejubeln die Besucher des Leopoldstädter Theaters *Das Sonnenfest der Brahminen*, ein *heroisch-komisches Original-Singspiel* von Hensler und Müller. Zwei Tage später wird auf dem Theaterzettel des Wiedener Theaters *Der Stein der Weisen oder Die Zauberinsel* angekündigt. Wie Hensler, der Librettist seines Konkurrenten, hat sich auch Schikaneder beim *Dschinnistan* bedient, einer Sammlung von Feen- und Geistermärchen, die meisten vom Herausgeber Wieland selbst verfasst, die übrigen von seinem Freund Friedrich Hildebrand von Einsiedel und von seinem Schwiegersohn August Jacob Liebeskind. Das Märchen *Nadir und Nadine*, das sich Schikaneder vorgenommen hat, stammt von Wieland persönlich. Als Komponisten sind die Herren Gerl, Henneberg, Mozart, Schak und Schikaneder aufgeführt. Es ist ein Stück, das alles bietet: vieldeutige Anspielungen für Eingeweihte, die wissen, dass dieser Stein, arabisch *el iksir*, ein Elixier meint, nach dem die Alchemisten im Geist der Freimaurer suchen, eine symbolische Substanz, die unedles Material in Gold verwandelt; aber auch eindeutig Komisches. Feierliche und lustige, fantastische und erotische Szenen wechseln sich ab. Rein instrumentale Stücke geben den Bühnentechnikern Zeit, umzubauen oder durch noch nie dagewesene Effekte zu überraschen. *Geister erscheinen und verschwinden, die Menschen fahren bald auf dem Wasser, bald auf Wolken daher, Donner und Blitz ist auch nicht vergessen.* Und trotz aller wabernden, funkelnden, glitzernden Bühnenmagie ist diese Oper so einprägsam, wie ein Märchen es sein muss. Konsequent hat Schikaneder auf die Wirkung von Kontrasten gesetzt, von Licht und Dunkel, Wahrheit und Heuchelei, Unschuld und Hinterhältigkeit, Rachsucht und verzeihender Güte, aufopfernder Liebe und sinnlicher Begierde. Ein edel liebendes Paar, ein naives Paar von zwei Naturmenschen, ein böser und ein guter Genius. Schikaneder als ehemaligem Jesuitenzögling ist durchaus gewärtig, was er hier tut, dass er die Methoden der Gegenreformation, die stets Mächte des Lichts und der Finsternis gegeneinander antreten lässt, für seine Zwecke nutzt. Das muss keiner durchschauen, es wirkt auch so. Die edle Liebende, die zum Sterben bereit um den Liebsten ringt, singt Maria Anna Gottlieb, den guten väterlichen Geist Franz Xaver Gerl, den ersten Priester Emanuels Bruder Urban Schikaneder, den zweiten Priester Johann Michael Kistler, und natürlich steht auch der Tenor Benedikt Schak in einer Hauptpartie auf der Bühne. Als die beiden Naturmenschen Lubano und Lubanara, dargestellt von Babara Gerl und Emanuel Schikaneder, Mozarts Duett *Nun liebes Weibchen, ziehst mit mir?* anstimmen und Lubanara nicht mehr sprechen, sondern nur noch miauen kann, quietscht das Publikum vor Vergnügen.

Doch Mozart ist es alles andere als heiter zumute. Zwölf Tage nach der Premiere, am 23. September, bricht er nach Frankfurt am Main auf, begleitet von seinem Freund und Schwager Franz de Paula Hofer, einem leibhaftigen Stück Freihausfröhlichkeit. Die Reise ist ein Akt der Verzweiflung. Um sie zu finanzieren, hat Mozart die Silbervorräte aus seinem Haushalt beim Dorotheum verpfändet. Und er weiß, dass in einer Woche seine Frau mit dem kleinen Carl allein den Umzug in die Rauhensteingasse Nr. 970, 1. Stock bewältigen muss.

Mozart wartet in Frankfurt immer noch auf irgendeinen Wink des Kaisers, vielleicht sogar einen neuen Auftrag, als seine ältere Schwägerin Josepha Hofer am 9. Oktober ihren Namen unter einen neuen Kontrakt mit Bauernfeld und Schikaneder setzt. Der Vertrag sichert ihr wöchentlich 16, im Jahr 832 Gulden zu, gutes Geld für Wiener Künstlerverhältnisse. Selbst am Hoftheater bekommen nur die ganz Begehrten mehr. Josepha kann es brauchen, denn am 29. August hat sie eine Tochter zur Welt gebracht.

Am 15. Oktober 1790 wird in Frankfurt endlich zu Ehren des Kaisers eine ziemlich neue Wiener Oper gegeben. Keine von Mozart, sondern der *Oberon* von Paul Wranitzky, den Mozart aus dem Theater Schikaneders kennt. Schikaneder hat den *Oberon* in Auftrag gegeben, besetzt und inszeniert. Dieser Mann hat es heraus, wie man Erfolg plant. Das haben nicht nur die mittlerweile vier Fortsetzungen seines *Anton im Gebirge* gezeigt, die das Publikum nahezu von ihm erpresst hat.

Ohne Geld und ohne Hoffnung kehrt Mozart nach Wien zurück, leiht sich im November 1000 Gulden von Heinrich Lackenbacher und verabschiedet sich von seinem Wahlvater Joseph Haydn, der am 15. Dezember nach London abreist. Mozart muss sich fragen, wo seine Zukunft liegt. Mag sein, dass er es eigentlich schon erkannt hat: im Freihaus auf der Wieden, menschlich wie beruflich. Schikaneder, wenn auch nur fünf Jahre älter, taugt als Vaterersatz. Und die Bühne dort ist die des Volkes, auf der die Darsteller reden wie die Zuschauer – deutsch. Das zieht die Masse an, und auf die, nicht mehr auf aristokratische Eliten, muss auch Mozart nun setzen. Was in Frankreich geschieht, kann hier nicht ohne Folgen bleiben. Gerade erst hat Schikaneder von Andreas Zach den Plan für einen Theaterneubau im ersten Hof des Freihauses, doppelt so groß wie das jetzige Gebäude, entwerfen und die Baukosten berechnen lassen. So sieht eine Bühne von morgen aus.

VIII.

Wien 1791
Wie sehr diese Oper steigt

Emanuel Schikaneder in seiner berühmtesten Rolle: als Papageno in der «Zauberflöte». So zeigte ihn bereits ein Kupferstich in dem bei Ignaz Alberti gedruckten Textbuch zur Oper. Das Kostüm, das er dann wirklich trug, sah etwas anders aus, und in der Steige auf seinem Rücken zwitscherten lebende Vögel.

Das Jahr 1791 beginnt für Mozart mit einer schlimmen Nachricht. Am 25. Januar wird Hoftheaterdichter Lorenzo Da Ponte von Kaiser Leopold II. fristlos entlassen. Ausgerechnet er, der erste Librettist, von dem Mozart sich verstanden gefühlt hat, mit dem er *Le Nozze di Figaro, Don Giovanni* und *Così fan tutte* geschaffen hat und der vieles zwischen Mozart und den Intriganten am Hof wie am Hoftheater abpufferte. Der Grund für den Hinauswurf trotz noch laufenden Vertrags nennt sich in Theaterkreisen Kabale. Entgegen seinem Vorsatz, sich nie mit Sängerinnen seines eigenen Theaters einzulassen, hat Da Ponte ein Verhältnis mit Francesca Gabrieli angefangen, die sich nach ihrem Geburtsort Ferrarese nennt. Nicht nur Da Ponte ist der Ansicht, dass sie *ein außergewöhnliches Talent* besitzt, dass *ihr Organ hinreißend, ihre Methode neu, ihre Gestalt angenehm, ihre Augen unwiderstehlich* sind. Auch Mozart hat eigens für sie komponiert.

Rückblickend findet Da Ponte es *ganz natürlich, dass sie den ganzen Hass und alle Eifersucht vor allem bei zwei Kolleginnen* geweckt hat. Eine davon ist Caterina Cavalieri, Mozarts erste Konstanze in der *Entführung*, die eigentlich Katharina Kavalier heißt und aus der Nähe von Wien stammt. Es heißt, sie sei die Geliebte Antonio Salieris. Als Da Ponte eine *Revue* auf die Bühne bringt, in der er *die besten Sachen aus allen Stücken, die seit mehreren Jahren in Szene gegangen waren*, mit seinem Schützling in sämtlichen Hauptrollen präsentiert, fallen die *Ausgeschlossenen* alle zusammen *wütend* über die Ferrarese und ihren Liebhaber her. Salieri, für den Da Ponte viele Libretti verfasst hat und den er seit sechs Jahren *mehr wie einen Bruder denn als einen Freund behandelt hatte*, bricht mit seinem Textdichter. Da Ponte verliert seinen Posten, aber auch Salieri hat erkannt, was zu erwarten ist, wenn die Intrigen auffliegen und herauskommt, dass bestimmte Sängerinnen aus intimen Gründen bevorzugt werden. Dann ist auch er fällig. Also gibt er sein Amt als Direktor der Italienischen Oper freiwillig ab, bleibt

jedoch Hofkapellmeister. Kurz macht sich Mozart Hoffnungen, endlich an seine Stelle zu rücken. Doch die Direktion der Italienischen
Oper wird nicht etwa Mozart, sondern Joseph Weigl übertragen,
dem fünfundzwanzigjährigen Vorzeigeschüler Salieris und Paten-
sohn Haydns. Früher hat er vor allem assistiert; auch Mozart hat ihm
nach den ersten zwei, drei Vorstellungen einer Oper gern die Leitung
übertragen. Doch im letzten Jahr ist am Burgtheater bereits eine
dreiaktige Oper von Weigl selbst nach einem Libretto Da Pontes aufgeführt worden.

Seit dem Tod Josephs II. hat Mozart keinen Opernauftrag vom
Hof mehr erhalten, und jetzt ist es damit erst recht vorbei. Weil Da
Ponte aber nicht nur die Hofoper, sondern auf kaiserlichen Wunsch
samt der Ferrarese die Stadt räumen soll, braucht der Komponist
nun einen neuen Librettisten. Und ein Libretto, das die Zensur glatt
durchgehen lässt. Bereits im letzten September hat der neue Herrscher verlauten lassen, dass nun höchstes Gesetz des Staates *die Auf-
rechterhaltung der allgemeinen Ruhe sei* und er *künftig alle Schriften, welche öffentliche landesfürstliche Gesetze und Anordnungen kritisieren und
tadeln, ganz dem Verbot* unterziehen werde. Andererseits hat er den
führenden Leuten im Polizeiapparat seines Vorgängers gekündigt,
einige Wucherer wie der Spionage Verdächtige aus der Haft entlassen und signalisiert, dass er sich für seine Ziele der Intellektuellen
im Lande bedienen wolle, auch und gerade der kritischen. Zugleich
hat er eine Polizei-Oberdirektion und eine Polizeihofstelle eingerichtet, die für Geheimdienstaktivitäten zuständig sind. Ihr Chef ist
Graf Pergen, der damals Schikaneders *Figaro*-Aufführung im letzten
Moment platzen ließ.

Das Libretto einer Oper soll jetzt also weder offen noch verdeckt
auf die politischen oder gesellschaftlichen Verhältnisse anspielen, ob-
wohl dafür gerade genügend Anlass bestünde. Das Leben in Wien ist
schwierig geworden. Seit dem letzten Herbst sind nicht nur die Le-
bensmittelpreise gestiegen, sondern auch die für Holz, also Heizung,
Befeuerung und Bau. Die Orgel- und Instrumentenbauer haben um
Unterstützung gebeten, weil sie keine Aufträge mehr bekommen.
Sogar Salieri hat im letzten Herbst schon Ersatz für entgangene
Opernaufträge beantragt. Paul Wranitzky versucht verzweifelt, eine
Stelle bei der Hofkapelle zu ergattern, Mozarts Lieblingsklarinettist

Anton Stadler ist durch *widrige Unglücksfälle* hoch verschuldet, und Mozart steht vor dem finanziellen Ruin. Am 15. Januar hat er in die Wiener Zeitung eine Annonce setzen lassen: *In der Rauhensteingasse Nr. 970 im ersten Stock auf der hintern Stiege ist eine gute Orgel von einem berühmten Meister zu verkaufen.* Keiner hat sich gemeldet. Erst nach der vierten Anzeige ist Mozart die Orgel losgeworden.

Schikaneder hat ebenfalls Ärger. In Wien kursiert das Gerücht, er sei pleite und außerstande, seine Leute zu zahlen. Der Verdacht liegt nahe, dass Schikaneders Konkurrent Marinelli dahintersteckt. Anders als Mozart, der Verleumdungen und Intrigen klagend oder schimpfend über sich ergehen lässt, setzt sich Schikaneder umgehend zur Wehr. Am 2. Februar veröffentlicht die *Wiener Zeitung* seine Richtigstellung. *Da das Gerücht sich allgemein verbreitet, dass das Theater im fürstlich Starhembergischen Freihaus auf der Wieden sehr verschuldet sei, und dieses falsche Gerücht besagtes Theater in üblen Kredit setzen könnte, so glaubt Herr Emanuel Schikaneder, als Mitunternehmer dieses Schauspielhauses die Erinnerung an das verehrungswürdige Publikum seiner Ehre schuldig zu sein, dass der allgemein verbreitete Ruf weder ihn selbst, noch die Direktion im geringsten angehen könnte, indem alle das Theater betreffende Ausgaben wöchentlich und ohne Aufschub gezahlt werden, folglich weder er noch die Direktion etwas schuldig ist.*

Schikaneder gibt in seiner Erklärung zu, das Gerede schade ihm, versichert aber allen Gönnern seines Theaters, dass es davon unbeeinträchtigt *mit der bereits bekannten Auszeichnung*, dem gewohnten *Aufwand* und der bekannt *guten Auswahl der Stücke zur Zufriedenheit des verehrungswürdigen Publikums bestehen und unterhalten werde*.

Die Mitteilung wird in den beiden Folgenummern der Zeitung wiederholt. Aufmerksamen Lesern muss auffallen, dass Bauernfeld nicht mit unterzeichnet hat, und wer dessen Lebensstil kennt, mutmaßt zurecht, es könne sehr wohl etwas dran sein an dem *sich verbreitenden Gerücht*, dass sein Theater wie er *hoch verschuldet sei*. Bereits am 7. Februar hat Schikaneder jedoch eine Audienz beim Kaiser und trägt ihm persönlich die Probleme des Wiedener Theaters vor. Ohne jeden staatlichen Zuschuss, ohne Spenden ein Theater dieses Formats zu betreiben, ist nahezu unmöglich. Doch unter den Aristokraten Wiens scheint kaum einer gewillt, ausgerechnet das Etablissement auf der Wieden zu unterstützen. Geld kann Schikaneder dem Kaiser nicht abringen, immerhin aber die Zusage für eine Werbung, die in seiner Situation Gold wert ist. Schon am 16. Februar meldet die *Wiener Zeitung*, zwei Opernabende im Theater auf der Wieden seien in letzter Zeit vom Kaiserpaar *mit allerhöchstem Beifall* bedacht worden.

Für Mozart gibt es andere Beweggründe, die Nähe zu Schikaneders Haus zu suchen. Der Prinzipal könnte sein neuer Da Ponte werden, die Bühne im Freihaus seine neue künstlerische Heimat. Das Können der Sänger und Instrumentalisten in Schikaneders Ensemble ist ausgezeichnet und die Stimmung dort, anders als an der Hofoper, ebenfalls. Schikaneder bezeichnet seine Mitarbeiter als seine Kinder und sorgt entsprechend für sie. Von Patenschaften bis zu Medikamenten übernimmt er, wenn es brennt, alles. Aus seiner langen Zeit als Prinzipal einer Wanderbühne weiß er, dass er seine Mannschaft bei Laune halten muss, wenn er ihre Spielfreude erhalten will. Leute wie Moll, Jakob Wallerschenk, Brenner oder Helmböck samt Nachwuchs gehen seit weit über zehn Jahren mit ihm durch dick und dünn; das sagt einiges.

Am 8. März 1791 trägt Mozart in sein Werkverzeichnis eine Arie für Bass mit obligatem Kontrabass ein, *Per questa bella mano*. Gewidmet ist sie zwei Künstlern am Theater auf der Wieden: dem Sänger Franz Xaver Gerl und dem Kontrabassisten Friedrich Pischlberger. Das mutet wie eine Absage an den Adel an. Seit Jahresbeginn hat er kein einziges Werk für einen der aristokratischen Salons geschrieben, hingegen mit Vorliebe deutsche, volkstümliche Texte vertont wie *Komm lieber Mai und mache* aus Campes Kleiner Kinderbibliothek oder *Wir Kinder schmecken der Freuden recht viel*. Außerdem hat er insgesamt vierzehn *Deutsche Tänze*, sechs *Ländlerische Tänze* und acht Variationen auf Schikaneders Gassenhauer *Ein Weib ist das herrlichste Ding auf der Welt* komponiert. Verdient ist damit freilich nichts.

Wie schlecht Mozarts finanzielle Lage ist, wird spätestens zum Frühlingsbeginn offensichtlich. Wegen der *entsetzlichen Kosten* hat er Aufträge angenommen, die er sonst entrüstet abgelehnt hätte, wie den des sogenannten Herrn Müller, der eigentlich Johann Nepomuk Graf Deym von Strzitetz heißt. Keiner, der es nicht unbedingt muss, lässt sich mit diesem Grafen ein, der vor elf Jahren nach einem Duell aus Wien geflohen war und nun das sogenannte Müllersche Kunstkabinett, ein Panoptikum mitten in der Stadt, am Stock-im-Eisen-

Platz aufgemacht hat. Am 23. März eröffnet er nun auch noch im
dafür angemieteten Erdgeschoss eines Wohnhauses in der Himmel-
pfortgasse, nahe bei Mozarts Stammlokal von Hoftraiteur Jahn und
auch unweit von Mozarts neuer Wohnung gelegen, ein Mausoleum
zum Gedenken an Feldmarschall Ernst Gideon Freiherr von Laudon.
Es ist ein ephemerer kleiner Tempel aus Holz, Pappmaché, Farbe und
Kleister. Im Inneren ist, umrahmt von Säulen, bekrönt von einem
Giebel mit Uhr und Feldzeichen, Laudon als Wachsfigur in einem
gläsernen Sarkophag zu sehen. Das Ganze gilt in Wien als geschmacklos, denn der Feldmarschall wird nicht nur von den üblichen
allegorischen Figuren betrauert, sondern auch von einer Mädchenge-
stalt in Pumphosen, erkennbar jene kleine Türkin, die Laudon für
private Freuden von seinem Feldlager in Belgrad mitgebracht hatte.
Für dieses Arrangement, das beleuchtet und beschallt wird, hat
Mozart eine Trauermusik komponiert, Adagio und Allegro für das
Orgelwerk einer Spieluhr. Die *verhasste Arbeit* hatte ihn, wie er Constanze vorjammerte, gelangweilt und gequält. Dass Müller seinen
Namen jetzt noch in der Wiener Zeitung nennt, in der er das Spektakel mit großen Worten anpreist, ist Mozart peinlich. Doch Müller
zahlt gut, und Mozart schreibt entnervt zwei weitere Stücke für ihn
und seine Orgelwalze.

Erholen kann er sich bei seiner neuen, großen Arbeit für Schikaneder und mit Schikaneder, denn der sitzt mit ihm gemeinsam am
Textbuch, so wie Mozart sich das immer vorgestellt hat. Das Arbeits-
klima ist ideal. Im Freihaus fällt Mozart mit seinen Marotten nicht
unangenehm auf. Dass er, wie seine Schwägerin Sophie oft genug
beobachtet, rastlos *im Zimmer auf und ab* geht, *nie ruhig stehen* bleibt,
dabei eine Ferse an die andere schlägt*, bei Tisch ... oft eine Ecke seiner Ser-
viette nimmt, die fest zusammen* dreht und *sich damit unter der Nase herum*
fährt, stört in Schikaneders Kreisen so wenig wie das, was Caroline
Pichler, die Tochter des Hofrats Franz Sales von Greiner, erlebt hat:
Sie wurde Zeugin, wie Mozart, nachdem er über das *Non più andrai*
aus dem *Figaro* improvisiert hatte, gleich einer Katze miauend über
Tisch und Stühle gesprungen war. Nach dem Essen wird gekegelt
oder Karten gespielt, es gibt ein hölzernes Gartenhaus, wo der
Vogelliebhaber Mozart, der auf den Tod seines zahmen Stars ein Gedicht verfasst und seinen Kanarienvogel in einem seiner deutschen

*Kein Haus zog öfter um als dieses: Nach dem Abbruch des Freihauses erlebte die
kleine hölzerne Gartenarchitektur, in der Mozart an der «Zauberflöte» gearbeitet
hatte, ein wechselvolles Schicksal. Vorläufige Endstation wurde nach dem Ende des
2. Weltkrieges der Salzburger Bastionsgarten hinter dem Mozarteum.*

Tänze verewigt hat, das Gezwitscher seiner gefiederten Freunde genießt. Schikaneder hat Sinn für Mozarts Anzüglichkeiten und seinen
Spaß daran, dass Mozart den Namen des Mohrs, der eigentlich
Monostatos, der Alleinstehende, heißen soll, jedes Mal *Manostatos*
schreibt. Beide wissen, dass manos im Altgriechischen spärlich, locker,
lose, schlaff bedeutet. Und wenn Mozart dann ausgerechnet Monostatos bei seiner Arie *Alles fühlt der Liebe Freuden* von der kurzen Piccoloflöte begleiten lässt, ist unmissverständlich, was er meint: Der
Kerl will, aber er kann nicht. Selbst wenn er Pamina im Schlaf überraschen würde.

Dass Mozart damit sich selbst meinen könnte, vermutet wohl
kaum einer. Doch Constanze springen aus den Briefen an sein *liebstes,
bestes Weibchen, an die Liebste – Einzige* Eifersucht und Begehrlichkeit
entgegen, wenn er misstrauisch fragt, wo Nachrichten von ihr bleiben, sie ermahnt, sich nicht kokett zu verhalten, und davon träumt,
zwischen 9 und 10 Uhr in ihren *Armen all das Vergnügen zu finden, was
ein Mann, der seine Frau so liebt wie ich, nur immer fühlen kann!* Mozart ist

Constanze Mozart (1762–1842) hat Schikaneder schon bei seinem ersten Aufenthalt in Wien kennengelernt; er hielt den Kontakt zu ihr auch nach Mozarts Tod, als Constanze in ihrem Haus einen Salon unterhielt. Als es mit Schikaneder zu Ende ging, lebte Constanze mit ihrem Mann in Kopenhagen, konnte ihm also nicht unter die Arme greifen.

ein begehrlicher Mann, aber von seiner Manneskraft wohl nicht ganz überzeugt. Wer ständig den *Don Juan von der Wieden* vor Augen hat, dürfte in solchen Zweifeln noch bestärkt werden. Glücklicherweise gibt es Mittel und Wege, auch als blasser, überarbeiteter Kerl von eineinhalb Metern ein guter Liebhaber zu sein, Mittel, die nicht nur in der Steiermark bei den *Arsenikessern* verbreitet sind. Extrem stark verdünntes Arsen gilt als Stärkungsmittel und Aphrodisiakum, und als Mozart die Worte der treuen Geliebten Pamina *Ja des Jammers Maß ist voll* vertont, da gerät eine winzige Menge Arsen aufs Notenpapier. Hier im Freihaus findet es keiner verwunderlich, dass Mozart sich sexuell ausgehungert fühlt, hier wird er verstanden und unentgeltlich durchgefüttert.

Denn Mozart ist klammer denn je. Nachdem er am 26. April beim Magistrat der Stadt Wien um die Kapellmeisterstelle von Sankt Stephan eingegeben hat, wird ihm am 9. Mai mitgeteilt, er solle dem kranken Domkapellmeister dort *unentgeltlich zur Hand gehen* als dessen Stellvertreter. Die Lage wird prekär; Mozarts Lebenshaltungskosten sind höher denn je. Sein Sohn Carl geht nicht auf irgendeine Schule, sondern auf ein Internat in Perchtoldsdorf, das 400 Gulden im Jahr kostet, und auch die neue Wohnung in der Rauhensteingasse mit immerhin fünf Zimmern ist im Vergleich zu einer Behausung im Freihaus, selbst der Schikaneders, luxuriös. Zurückgelegt hat Mozart nie etwas, und auf Zusatzbelastungen, die nun durch Constanzes sechste Schwangerschaft auf ihn zukommen, ist er innerlich vorbereitet, finanziell aber nicht.

Schikaneder ist für seine Großzügigkeit bekannt. Der Klatsch, bei ihm fänden Gelage statt, kümmert den Prinzipal so wenig wie die Unterschätzung seiner Person und seiner Künstler. Dass Schak Medizin und Philosophie, Gerl Logik und Physik, Gieseke Jura studiert hat, hängen die ja ebenfalls nicht an die große Glocke.

Schikaneder weiß, wie er seine Familie hier bei Laune hält. Zu dieser gehört nun auch Mozart, vor allem nachdem Constanze am 4. Juni zur Kur nach Baden aufgebrochen ist. In sieben Wochen soll sie bereits niederkommen.

Am 6. Juni speist Mozart mit Franz Xaver Süßmayr, der ihn bei der neuen Oper mit Stimmenaufsetzen und Kopieren unterstützen soll, in der *Ungarischen Krone*. Die Rechnung dürfte wohl er bezahlt haben, denn sein fünfundzwanzigjähriger Assistent schlägt sich mit Gelegenheitsdiensten und Aushilfen als sogenannter Substitut durch und konnte dankbar sein, als er an Pfingsten Mozarts Schwager Franz de Paula Hofer in der Hofkapelle gegen ein Entgelt von vier Gulden vertreten durfte. Abends sitzt Mozart dann mit Frau Anna von Schwingenschuh, Gattin eines Adjunkten am Hauptmünzamt, im Theater auf der Wieden, um Schikaneders komische Oper *Anton bei Hofe oder das Namensfest* zu erleben, die fünfte Fortsetzung des *Dummen Gärtners*, die zwei Tage vorher Premiere gehabt hat. Am 7. ist er ganz offiziell bei seinem Mitstreiter im Freihaus zum Essen eingeladen. Vorher und hinterher wird gearbeitet.

Maschinenkomödien, die Märchenhaftes und Zauberhaftes bieten, sind derzeit sichere Karten, auf die auch Marinelli setzt. Im März bereits hat sein Leopoldstädter Theater, das nun sogar den bewährten Kasper ins Zauberreich versetzt, ein *Feenmärchen mit Maschinen und*

Gesang herausgebracht. *Kasper der Vögelkrämer* nannte sich die *Zauber-posse in 3 Akten* vom Erfolgsduo Hensler und Müller. Schlag auf Schlag präsentiert Marinelli, der gern von seinem Büro aus ein paar Silbermünzen unter drängelnde Zuschauer vor der Kasse wirft, neue Sensationen. Schikaneder gerät in Zugzwang. Am 8. Juni 1791 wird bei seinem Widersacher erstmals das Stück *Kaspar der Fagottist oder die Zauberzither* aufgeführt, Libretto von Joachim Perinet, Musik von Wenzel Müller. Schon drei Tage nach der Uraufführung, am 11. Juni, sitzt Mozart im Zuschauerraum des Konkurrenzunternehmens. Und zwar nicht nur, weil diese neue Oper *so viel Lärm macht:* Es ist erlaubte und notwendige Betriebsspionage, denn Perinet hat sich wieder eine Geschichte aus *Dschinnistan* als Vorlage gewählt und dieses Mal aus-gerechnet jene, auf die Schikaneder und Mozart verfallen sind: *Lulu oder die Zauberflöte* von August J. Liebeskind.

Mozart besucht das Theater allerdings auch, um der Einsamkeit zu entfliehen. An diesem Tag ist er *schon um halb fünf aufgestanden* und hat *aus lauter Langeweile* frühmorgens *von der Oper eine Arie komponiert*, doch nun klagt er, für ihn sei es *gar nicht gut, alleine zu sein*, wenn er *etwas im Kopf habe*, und er hat derzeit sehr viel im Kopf.

Liegt es an Perinets Textbuch, Müllers Musik oder Mozarts Verfas-sung, dass für ihn an dem neuen Singspiel *gar nichts dran ist?* Die Wiener teilen dieses Urteil nicht und stürmen Marinellis Haus. Solche Stücke entführen das Publikum in eine Welt der möglichen Wunder, und genau das ist angesichts der politischen Situation erwünscht. Die miss-glückte Flucht der französischen Königsfamilie, die am 21. Juni in Va-rennes, nur 40 Kilometer von der Grenzstadt Montmédy entfernt, ihr Unheil verheißendes Ende fand, hat für erneuten Aufruhr in Frank-reich gesorgt. Viele Blätter dort stellen diesen Fluchtversuch als Werk eines teuflischen österreichischen Komitees dar, angeführt von Marie Antoinette, der Schwester des österreichischen Kaisers, welche *die Lüsternheit einer Messalina mit dem Blutdurst der Medici verbindet.*

Auch in Paris sind die Theater voll. Dort aber sind es Voltaires Stücke, die die Säle füllen, vor allem *Brutus* mit dem großen Talma in der Titelpartie, der sich die Haare so frisiert, wie sie Kaiser Titus auf seinem antiken Marmorkopf trägt. Der Horatierschwur, römische Helden und Kaiser sind bei den Malern der Revolution wie David, bei den Dramatikern und bei den Revolutionären selbst das große Thema.

In Wien macht sich die Titus-Mode ebenfalls bemerkbar: Wer mit der Zeit gehen will, lässt sich den Zopf abschneiden und trägt eine Titusfrisur oder wenigstens gekürztes Haar und ein Halstuch zum Frack. Während Mozart dem Stil aus Kaiser Josephs Ära treu bleibt, ist Schikaneder auch hier dabei. Immer ganz vorn an der Front zu sein, wenn es um neue Moden, Techniken, Erfindungen geht, begreift der Theatermann als Teil seines Berufs. Er ist vor Ort, als der Ballonfahrer Jean-Pierre Blanchard, durch seinen Aufstieg auf dem Pariser Marsfeld vor sieben Jahren berühmt geworden, nach zwei missglückten Versuchen im Frühling am 6. Juli 1791 auf dem Prater zum dritten Mal einen Start riskiert. Die Neugier lässt Schikaneder sogar seine Verabredung mit Mozart vergessen, der mit ihm an diesem Tag noch letzte Details der *Zauberflöte* besprechen und die gemeinsame Arbeit abschließen wollte. Schikaneder ist Augenzeuge, als der älteste Sohn von Kaiser Leopold, Erzherzog Franz, die Bande durchschneidet, der Ballon sich erhebt und in den tief hängenden Wolken verschwindet. In den Tagen danach sind die Zeitungen voll mit Berichten über den Helden, der um ein Uhr mittags in der Nähe von Groß-Enzersdorf auf einem Feld gelandet ist, und Schikaneder überlegt fieberhaft, wie sich diese Neuerung für ein Flugwerk in der neuen Oper verwenden lassen könnte.

Weder Mozart noch Schikaneder erfahren, was unterdessen in Prag geschieht. Natürlich ist bekannt, dass dort im September Leopold zum König von Böhmen gekrönt werden soll und eine Oper zum Festakt fällig wird; aber Mozart dürfte sich hier kaum Chancen ausrechnen, obwohl Salieri durch die Kabalen in Ungnade gefallen ist und Cimarosa, der Lieblingskomponist des Kaisers, in Petersburg weilt. Doch die Komponistenfrage ist offenbar Nebensache im musikalischen Prag, wo der hektisch aus Warschau herbeizitierte Impresario Domenico Guardasoni sich keine zwei Monate vor dem Krönungstermin vertraglich verpflichtet, für die Festoper *einen Kastraten ersten Ranges zu engagieren,* außerdem *eine Primadonna,* natürlich *die Beste dieser Kategorie, für die Abfassung des Librettos Sorge zu tragen, neue Kostüme anfertigen zu lassen, das Theater zu illuminieren und mit Girlanden zu versehen.* Es dringt auch nicht nach außen, dass Guardasoni Salieri vorschlägt, weil er diesen für den Wunschkandidaten Kaiser Leopolds hält. Offensichtlich ist ihm nicht zu Ohren gekommen, dass der Monarch laut Da Ponte geäußert hat, Salieri sei *ein unerträg-licher Egoist*, der Erfolg nicht für die Oper des Kaisers, sondern *nur für seine eigenen Opern und sein eigenes Weibsstück* wolle. Er sei *der Feind aller Komponisten, aller Sänger, aller Italiener* und vor allem sei er sein Feind, der des Kaisers.

Es lässt sich in der Wiener Musikerszene schwerlich geheim halten, dass Guardasoni bereits am 14. Juli in Wien eintrifft, um bei Salieri ein Ja einzuholen, aber eine Absage kassiert. Salieri muss seinen Schüler Weigl an der Hofoper vertreten, der als Ersatzmann für seinen Paten-onkel Haydn zur feierlichen Einsetzung von Anton Fürst Esterházy in Ödenburg eine Festkantate komponiert. Ebenso sickert durch, dass Guardasoni Da Pontes Nachfolger, den Hofdichter Caterino Mazzolà, gebeten hat, ihm Metastasios mehrfach vertontes Libretto *La Clemenza di Tito* umzuschreiben. Titus ist nun auch in Prag angesagt, weil sich der habsburgische Kaiser gern mit dem römischen gleichsetzen lassen möchte, der nachsichtig, freigiebig und tolerant gewesen sein soll und die Folgen der Katastrophen in seiner Regierungszeit mit allen Mit-teln zu lindern versuchte.

Mozart und Schikaneder verfolgen ganz andere Ziele als Guarda-soni und Marinellis Mitstreiter. Ihr Ziel ist es nicht, das Publikum mit einer aufwändigen Unterhaltung abzuspeisen, die keinerlei geis-tigen Nährwert besitzt. Es geht ihnen auch nicht darum, den Kaiser zu verherrlichen, mag er nun Titus oder Leopold heißen, sondern um das, was in Zeiten dräuender Gewalt und Not wichtiger ist: um Liebe und Menschlichkeit. Dem Theaterpraktiker Schikaneder ist klar, dass die Leute seine Botschaft nur annehmen, wenn er sie reizvoll ser-viert. Er gedenkt, alle Vorteile seiner Bühne zu nutzen. Da sie ganze 12 Meter tief ist, kann er einen hinteren Planprospekt errichten, hin-ter dem die Dekorationen ausgewechselt werden, während vorne weitergespielt wird. Schikaneder hat das Libretto so angelegt, dass sich Szenen, die wie die allererste eine tiefe Bühne verlangen, mit solchen abwechseln, die nur wenig Spielraum brauchen.

Dem Theaterpraktiker Mozart ist es wichtig, die Instrumentalisten und Sänger, die ihm zur Verfügung stehen, möglichst gut zur Gel-tung zu bringen: Maria Anna Gottliebs seelenvollen Sopran, Schaks lyrischen und Nouseuls hohen Tenor, Gerls weit in die Tiefe reichen-den Bass, Josepha Hofers Spitzentöne und geläufige Gurgel, Schikaneders Spielwitz, Barbara Gerls mädchenhafte Stimme und Figur, aber auch den balsamischen Ton des böhmischen Flötisten Anton Dreyssig, die virtuose Technik des Oboisten Ignaz Teimer, der zudem die Piccoloflöte meisterhaft spielt, den feinen Streicherklang der Stimmführer bei Joseph Suche in der Violine, Karl Menzl in der Viola, Franz Deabis im Violoncello und die Souveränität des Paukisten Joseph Rabe, böhmischer Herkunft wie so viele im Ensemble.

Trotz der Lust daran, alles an technischen und musikalischen Möglichkeiten herauszuholen, ist es Mozart und Schikaneder ein Anliegen gewesen, eine einfache Geschichte zu erzählen, wenngleich in ihr Libretto zur *Zauberflöte* außer dem Märchen aus *Dschinnistan* noch viele andere Vorbilder, Bilder und Ideen eingeflossen sind: etwas aus Wielands *Oberon*, einiges aus dem *Sethos*-Roman von Abbé Terrasson, manches von Geblers *Thamos*, vieles an freimaurerischen Riten, Symbolen und Mysterien oder aus Borns Abhandlung *Über die Mysterien der Ägypter*. Dass ein Mann wilde Tiere betört, erinnert an Orpheus, der mit seinem Gesang alles bezwingt, selbst die Furien der Unterwelt. Das Verhältnis zwischen der Königin der Nacht und ihrer Tochter Pamina gemahnt an den Mythos von Ceres und Proserpina, der Name und die Gestalt Sarastros an Zoroaster, sein Wesen an den Prospero aus dem *Sturm*, den die beiden Shakespeareliebhaber kennen.

Schikaneders Gesellschaft ist buntscheckig, die Mitglieder sind vielseitig, teils gebildet, teils nur gewitzt. Ständig öffnen sich neue Türen und Bekanntschaften; da prasseln von überall her Ideen, Einfälle, Anregungen. Noch viel konsequenter als in der *Entführung* hat Mozart sich an den Vorsatz gehalten, man müsse *Sachen schreiben, die so verständlich sind, dass es ein Fiaker nachsingen könnte*. Abgesehen von den Arien der Königin der Nacht sind die meisten Nummern von liedhafter Eingängigkeit oder choralartiger Schlichtheit.

Während Mozart bereits an der Instrumentierung sitzt, erinnert sich Guardasoni, dem die Zeit unter den Nägeln brennt, an einen Komponisten, den die Böhmischen Stände, eigentlich die Auftraggeber dieser *opera seria*, bewundern, der in Prag umjubelt worden ist, den er selbst dort kennengelernt und sogar angeregt hat, für seine Truppe in der nächsten Saison eine Oper zu komponieren. Daraus war nichts geworden, weil Guardasoni nach Warschau engagiert wurde, doch jetzt fällt ihm dieser Mann wieder ein. Constanze

Mozarts Bauch ist prall, als ihr Mann sich in der zweiten Junihälfte verpflichtet, für Prag als Krönungsoper *La Clemenza di Tito* zu vertonen. 200 Dukaten Honorar, 50 Dukaten Reisekosten, insgesamt also 1125 Gulden, da kann er nicht nein sagen.

Als Constanze Mozart am 26. Juli von ihrem sechsten Kind entbunden wird, das auf die Vornamen des Freundes Gerl Franz Xaver getauft wird und dem Vater zuliebe Wolfgang, sitzt der an zwei Opern gleichzeitig. Sie könnten unterschiedlicher nicht sein.

Wie Freimaurerthemen beim Publikum ankommen, kann Schikaneder schon im Voraus ausprobieren. Am 24. Juni 1791 werden am Theater auf der Wieden *Die Tempelherren* von Johann Ritter von Kalchberg aufgeführt, einem sechsundzwanzigjährigen Bruder. Die Aufnahme des Helden Johann von Paris in den Orden der Tempelherren erinnert an das Initiationsritual der Maurer für einen Lehrling; die Aufstellung, die beiden Türsteher, der Fürsprecher, die Prüfung der lauteren Absicht des Kandidaten, der Eid und das Gelübde der Verschwiegenheit sind jedem Logenmitglied im Publikum wohl vertraut.

Marinelli kann das nicht tatenlos mit ansehen. Er beauftragt Hensler mit einer neuen Oper, in der ruhig deutlich werden soll, dass der Hauskomponist Freimaurer ist.

Während Mozart wie besessen an der Krönungsoper arbeitet, ist Schikaneder weiterhin damit beschäftigt, den beschädigten Ruf seines Theaters zu reparieren. Gleich zweimal kurz nacheinander, am 28. Juli und am 1. August, steht er wieder auf den kaiserlichen Audienzlisten und lädt den Monarchen zu einem Besuch ein. Am 2. August verkündet der neue Theaterzettel auf der Wieden: *Morgen haben wir die Ehre aufzuführen: Ludwig Herzog von Steyermark oder Sarmäts Feuerbär. Ein ganz neues Schauspiel in vier Akten nach einem alten Volksmärchen bearbeitet von Mad. Eleonore Schikaneder.*

Am 3. August erhält das Theater auf der Wieden hohen Besuch, der allerdings keinen hohen Anspruch stellt. Kaiser Leopold II., Thronfolger Franz und Erzherzog Alexander mit dem gesamten Hofstaat besuchen eine Vorstellung von *Herzog Ludwig von Steyermark oder Sarmäts Feuerbär.* Es ist weniger das Stück als die Inszenierung, was in Wien Furore macht und den Kaiser hergelockt hat. Schikaneder hat die Bühne wie ein Fernrohr geformt, durch das die Zuschauer auf die Szene schauen, die sich an dessen Ende zeigt.

Keine Weltliteratur, aber ein Wiener Publikumserfolg: in dem Stück «Ludwig von Steiermark oder Sarmäts Feuerbär» zeigte Eleonore Schikaneder ihre Fähigkeiten als Dramaturgin, Emanuel seinen Einfallsreichtum als Regisseur und seine Komik als Darsteller. Dem Hof gefiel es.

Alexander, der vierte Sohn des Kaisers, ist erst zwanzig, und es wird geraunt, er sei durch seinen Erzieher Andreas von Riedel, einen Freimaurer, in Berührung mit deren Ideen gekommen. Schikaneder muss sich fragen, ob es als Anspielung verstanden und Ärger bringen könnte, dass sein Tamino in der *Zauberflöte* ebenfalls zwanzig ist, als er in den Tempel der Weisheit eingeführt wird. Doch Zeit für große Änderungen bleibt nicht mehr. Noch einige Stücke zur *Zauberflöte* stehen aus, als Mozart am 25. August die Kutsche nach Prag besteigt. Dass Constanze, obwohl ihre Entbindung gerade erst einen Monat zurückliegt, die beschwerliche Reise mitmacht, verrät Schikaneder einiges über Mozarts seelischen Zustand. Dass Süßmayr mit von der Partie ist, macht deutlich, wie viel noch an der Krönungsoper zu tun ist, dass Stadler ebenfalls in der Kutsche sitzt, zeigt, wie gerne Mozart für ihn Soli komponiert oder zumindest vorsieht, denn die Oper ist erst zu einem Bruchteil fertig gestellt.

Gut, dass Schikaneder eines noch nicht erfährt, sonst müsste selbst er allmählich nervös werden. Unmittelbar vor der Abreise hat Mozart einen weiteren Auftrag angenommen, erteilt und angezahlt durch einen Boten, weil der Auftraggeber der Totenmesse anonym bleiben möchte. Die Summe von 225 Gulden hat Mozart seine Bedenken vergessen lassen.

Die unerwartete Unterbrechung in der letzten Probenphase ist es nicht, die Schikaneder beunruhigt. Auf sein Ensemble ist Verlass, und Johann Baptist Henneberg leitet in Mozarts Abwesenheit die Proben. Welche Sorgen ihn drücken, kann jeder in Wien am 27. August 1791 in der *Wiener Zeitung* auf Seite 2236 nachlesen. Dort wird eine Prodigalitätserklärung vom 13. August veröffentlicht, die allen deutlich macht, dass auch Schikaneder nun nichts dringender braucht als einen großen Erfolg, um sein Haus zu sanieren. Denn sein Kompagnon ist am Ende. *Von dem k. k. n[ieder]öst[erreichischen] Landrecht wird bekannt gemacht: Es sei für nötig befunden worden, den Joseph Edlen v. Bauernfeld k. k. priv. Schauspielunternehmer wegen dessen beträchtlichen Schuldenwesens durch gegenwärtiges Edikt öffentlich zum Verschwender zu erklären und demselben Herrn Peter Edlen von Braun als Curator an die Seite zu stellen.*

Es wird ausdrücklich betont, keiner solle mit Joseph von Bauernfeld *Geschäfte eingehen, Kontrakte abschließen oder Darlehen leisten,* weil alle *abgeschlossenen Geschäfte und Kontrakte null und nichtig* seien. Jeder habe sich also selbst *vor Schaden zu hüten.*

Wer die Wiener Theaterszene kennt, weiß, dass dieser *Curator* Peter von Braun der Schwager von Schikaneders stillem Teilhaber ist. Erst im letzten Jahr hat Joseph von Bauernfeld Anna von Braun geheiratet, doch vermögend ist nicht sie, sondern ihr Bruder. Der erfolgreiche Fabrikant hat großes Interesse, ins Theatergeschäft einzusteigen, allerdings mit dem Ehrgeiz, das Programm zu bestimmen. Damit käme er Schikaneder in die Quere. Der muss sich nun während der heißen Probenphase mit dem Schwager seines Kompagnons, einem harten Geschäftsmann, einigen. Die Lage ist prekär, zumal *Die Zauberflöte* die teuerste Produktion ist, die Schikaneder sich je geleistet hat. Das *Allgemeine Theaterjournal* schätzt die Kosten auf 5000 Gulden. Nicht nur die vielen neuen Kostüme gehen ins Geld, sondern vor allem die eigens für diese Oper angefertigten Kulissen, Requisiten und Spezialeffekte, vom *Palmenwald*, den *Blättern von Gold* über die Laternen der Priester in Pyramidenform bis zum *Flugwerk* der drei Knaben.

Noch hat Bauernfeld nicht offiziell Konkurs erklärt, aber der zeichnet sich immer deutlicher ab. Keine gelassene Stimmung für die Premierenvorbereitung.

Von all dem erfährt Mozart nichts. Einen Tag nach seiner Ankunft, am 29. August, wird der Kaiser in Prag empfangen. Zuvor hat er sich auf Schloss Pillnitz bei Dresden mit Preußens König Friedrich Wilhelm II. getroffen. Dritter im Bunde war Charles-Philippe, Graf von Artois, Bruder von Louis XVI., ein eigentlich unerwünschter Gast. Immerhin ist es den beiden Herrschern innerhalb von zwei Tagen gelungen, eine Erklärung abzufassen, aus der eindeutig hervorgeht, dass sie sich zwar um die Sicherheit der französischen Königsfamilie sorgen und mahnen, diese zu gewährleisten, aber keineswegs an eine kriegerische Intervention denken. Die Pillnitzer Deklaration ist ein diplomatisches Meisterwerk; Österreich wahrt sein Gesicht, doch der ausdrückliche Zusatz Leopolds, militärische Maßnahmen gegen Frankreich dürften nur mit Billigung aller Großmächte erwogen werden, schließt solche Maßnahmen bereits aus. Denn den Unterzeichnern ist bewusst, dass die Briten keinesfalls mitspielen werden.

Am 5. August schreibt Mozart die letzten Noten zu seiner *opera seria Clemenza di Tito*, am 6. geht sie über die Bühne des Prager Ständetheaters. Mozart leitet die Aufführung vom Cembalo aus und muss erleben, dass der Hof seinem Werk den Applaus versagt. Am Libretto kann es kaum liegen. Es ist Mozarts Musik, die nicht ankommt. Er ist in der Welt des Adels nicht mehr zu Hause, und der Adel ist befremdet von Mozarts Entwicklung. Sein Verehrer Heinrich Graf von Rottenhan, der als Ständevertreter mit im Gremium zur Auftragsvergabe der Krönungsoper saß, erklärt unumwunden, es herrsche am

Hof *eine vorgefasste Abneigung* gegen Mozarts Komposition. Karl Graf von Zinzendorf vermerkt in seinem Tagebuch, die Krönungsoper sei *ein sehr langweiliges Spektakel*, und wird das herumerzählen.

Dieser Misserfolg trifft Mozart nicht nur künstlerisch, sondern auch wirtschaftlich. Dass bei schlechter Mundpropaganda die nächsten Aufführungen vor halbleerem Haus stattfinden und kein Geld mehr nachfließt, ist abzusehen. Mozart muss seine Hoffnungen ganz auf die *Zauberflöte* werfen.

Während er sich auf die Abreise vorbereitet, bringt Marinelli in Wien seine Freimaureroper heraus. Am 9. September wird im Leopoldstädter Theater Henslers *Das Sonnenfest der Brahminen* aufgeführt, *ein heroisch-komisches Singspiel*, in dem unablässig Freiheit, Mitleid, Menschlichkeit, Brüderlichkeit und Barmherzigkeit besungen werden und ein weiser Fürst gepriesen wird. Für den 30. September hat Marinelli ein weiteres Gemeinschaftswerk von Hensler und Müller angekündigt: *Der Orang-Outang oder das Tigerfest*, wo es in exotischem Ambiente um das Gleiche geht.

Zurück in Wien gerät Mozart unter extremen Zeitdruck, aber auch auf Schikaneder kommt unerwartete Arbeit zu. Er muss das Ungetüm, von dem Tamino anfangs bedroht wird, von *einem Löwen oder Tiger* in eine *Schlange* verwandeln, damit die Ähnlichkeit mit dem Konkurrenzstück nicht zu augenfällig ist. Das heißt, dass er sich technisch etwas völlig Neues einfallen lassen muss, denn wie sollen drei Damen gemeinsam bühnenwirksam und damenhaft eine Schlange erlegen? Wie vor allem soll sich die Schlange bewegen?

Mozart geht es nicht besser. Erst am 28. September, zwei Tage vor der Uraufführung, schreibt er die letzten Noten zur Ouvertüre und dem Priestermarsch. In Windeseile müssen nun die Stimmen aufgesetzt werden, damit die Tinte noch trocknen kann und die neuen Stücke zumindest einmal geprobt werden können. Dass Eile geboten war, merkt der aufmerksame Leser dem Theaterzettel an, der für den 30. September *Zum Erstenmale: Die Zauberflöte* ankündigt, *eine große Oper in 2 Akten von Emanuel Schikaneder*. Zwar lässt Schikaneder wie üblich nichts unerwähnt, was das Publikum beeindrucken könnte, weder Mozarts Titel noch andere Sonderleistungen, doch für Korrekturen blieb keine Zeit mehr. *Die Musik ist von Herrn Wolfgang Amade* [sic, ohne Akzent, den Mozart ja auch als grave, nicht als aigu

Dora Stock (1759–1832), Schwägerin von Schillers Freund Christian Gottfried Körner, die als eine der größten Pastellkünstlerinnen ihrer Zeit galt, schuf diese Silberstiftzeichnung von Mozart 1789; sie hatte ihn persönlich kennengelernt bei einem Abendessen, das kalt wurde, weil Mozart sich in Improvisationen am Klavier verlor.

setzt] *Mozart, Kapellmeister und wirklicher k. k. Kammerkompositeur. Herr Mozard* [sic] *wird aus Hochachtung für ein gnädiges und verehrtes ehrwürdiges Publikum, und aus Freundschaft gegen den Verfasser des Stücks, das Orchester heute selbst dirigiren.* [sic] *Die Bücher von der Oper, die mit zwei Kupferstichen versehen sind, wo Herr Schikaneder in der Rolle als Papageno nach wahrem Kostüm gestochen ist, werden bei der Theater-Kassa vor 30 kr. verkauft. Hr. Gayl Theatermaler und Herr Neßlthaler als Dekorateur schmeicheln sich nach den* [sic] *vorgeschriebenen Plane des Stücks mit möglichstem Künstlerfleiß gearbeitet zu haben. Die Eintrittspreise sind wie gewöhnlich.*

Der Anfang ist um 7 Uhr.

Das Buch zur Oper, das den vollständigen Text enthält, ist bei Ignaz Alberti, einem Maurerbruder, gerade noch rechtzeitig im Druck erschienen, doch dafür war die Zeit ebenfalls so knapp bemes-

Theaterzettel der Uraufführung von Mozarts «Zauberflöte» am 30. September 1791 im k. k. privilegierten Theater an der Wieden. Dass der Librettist als eigentlicher Autor des Stücks zuerst genannt wurde, war ebenso üblich wie der für Forscher hinderliche Verzicht auf Vornamen bei den Mitwirkenden.

sen, dass Papageno zwar im Federkleid abgebildet ist, aber ohne Panflöte und ohne Vögel in seiner Steige.

Alle diese Aufgaben lasteten auf Schikaneders Schultern. Dennoch ist es Mozart, der laut den Augenzeugen ungesund aussieht und aufgedunsen wirkt. Manche behaupteten, er sei *wassersüchtig*. Seit er im

August in angegriffenem Zustand die Reise nach Böhmen angetreten hat, hat er sich nicht mehr erholt. Franz Xaver Niemetschek musste in Prag beobachten, dass *er kränkelte* und *unaufhörlich Medikamente zu sich nahm, seine Gesichtsfarbe … blass und sein Blick matt und traurig* waren. Sogar im offiziellen Tagebuch der Krönung wurde festgehalten, dass Mozart während der Komposition *eine Krankheit überfiel, in der er den letzten Teil derselben verfertigen musste.*

Daheim in Wien hat Mozart zwar erfahren, dass seine Oper in Prag bei den Pragern mittlerweile sehr viel besser ankommt als bei dem Adel der Gala, aber auch, dass sie ausgerechnet an diesem 30. September zum letzten Mal aufgeführt werden soll. Mozarts Unruhe entgeht einigen Augenzeugen und wohl auch Schikaneder nicht, auf dem der Erfolgsdruck sehr viel mehr lastet.

In Schikaneders Augen gibt es keinen Grund für diese Nervosität. Die technischen Fragen können Mozart nicht beunruhigen. Henneberg hat sorgfältig geprobt, Helmböck, der heute als dritter Priester und zweiter Geharnischter auf der Bühne steht, hat sich mit gewohnter Sorgfalt um die Bühnenmaschinen gekümmert. Mozart hat seinen Platz rechts im Orchestergraben am Hammerklavier, Süßmayr sitzt neben ihm zum Umblättern, Gieseke, der es sehr genau nimmt, ist als Inspizient eingeteilt. Auch was den Soloflötisten angeht, gibt es keinen Grund zur Sorge. Dass Mozart nach eigenem Bekunden die Flöte eigentlich *nicht leiden kann*, hat nur mit der Intonationsunsicherheit der meisten Flötisten zu tun. Aber was er über den Mannheimer Flötisten Wendling gesagt hat, gilt eben auch für Anton Dreyssig: *Der ist erstens kein so ein Dudler, und dann braucht man bei ihm nicht jedes Mal Angst zu haben, wenn man weiß, jetzt soll der eine Ton kommen.* Schikaneder hat keine Ausgaben und Mühen gescheut, um Mozarts musikalischen Ansprüchen gerecht zu werden; er hat einen Chor von über dreißig Leuten mit vierzehn Männerstimmen aufgestellt. Auch wegen des zusätzlichen Honorars für die drei Posaunen, die im Orchester üblicherweise nicht vertreten sind, gab es mit ihm keinerlei Diskussionen. In München hatte Mozart für diesen Sonderposten beim *Idomeneo* vom Intendanten einen Rüffel bekommen, Schikaneder macht und zahlt alles, was sein Komponist für nötig hält. Dazu gehören auch die vielen Verwandlungen, zwölf insgesamt, und der ganze Bühnenzauber. Zum ersten Mal in seinem Leben darf

Mozart hier ohne jeden Kompromiss seine Vision von Musiktheater umsetzen. Es gibt kein sperriges, bildungsgesättigtes Libretto, keine Vorgaben von Seiten aristokratischer Auftraggeber für ihre Verherrlichung, keine antiken Helden oder mythologischen Gestalten, die jeden Handwerker im Publikum kalt lassen.

Bereits bei der Ouvertüre muss das Publikum stutzen. Wer wach zuhört, bemerkt, dass Mozart sich hier einer Form bedient, die noch nie in einem Vorstadttheater zu hören war: der Fuge. Und auch die Posaunen, die dort erklingen, waren noch nie in einem solchen Ambiente zu vernehmen. Die gehören eigentlich in die Kirche. Die Freimaurer im Saal und unter den Musikern können aus den punktierten Akkordschlägen in Es-Dur die Hammerschläge heraushören, wie sie bei den Initiationsritualen in der Loge erklingen: lang – kurz – lang für den Lehrlingsgrad, kurz – lang – lang für den Gesellengrad und kurz – kurz – lang für den Meistergrad. Sie werden schon in dem Buch, das ihr Bruder Alberti gedruckt hat, einige Hinweise entdeckt haben, dass manches aus ihrem Fundus an Symbolen in Mozarts neue Oper eingegangen ist.

Aber diese ganze Freimaurerthematik besitzt nichts Brisantes. Letztes Jahr hat Perinet sein Stück *Der Geisterseher* in einer Bühnendekoration spielen lassen, die eindeutig eine Loge darstellte. Unliebsam sind derzeit die Illuminaten, und der Text der *Zauberflöte* lässt sich durchaus so lesen, als werde ihnen Widerstand angesagt. Ort der Handlung ist Ägypten, was unter Maurern die Länder des Habsburger Reiches meint. Dort stehen den Priestern um Sarastro, von ihren Gegnern als *Frömmler* verspottet, die *Heuchler* um die Königin der Nacht gegenüber. Dies lässt sich durchaus so deuten, dass mit Sarastro und seiner Gefolgschaft die Freimaurer gemeint sind und mit der Königin und ihren Anhängern die paramaurerische Geheimgesellschaft der Illuminaten. Sie wird am Ende vernichtet.

Sarastro verfügt über die Sieben, die bei den Maurern für Vollkommenheit steht, für die Weisheit und die Seele des Weltalls: er trägt das Emblem des siebenfachen Sonnenkreises und fährt auf einem von sieben Löwen gezogenen Wagen vor. Doch es kommt auch die unteilbare Fünf vor, versinnbildlicht im fünfzackigen Stern der Maurer, wie er im Buch Albertis zu sehen ist, hörbar in den fünf Eröffnungsakkorden der Ouvertüre. Die Acht, den Maurern Zahl der

Gerechtigkeit und in der Alchemie gleichbedeutend mit Quecksilber, ist in den acht Auftritten Sarastros, des Sprechers, des mehrstimmigen Chores oder den acht Takten des wichtigen Flötensolos aufzufinden. Alle diese Zahlen aber besitzen in anderen Kulten und Kulturen, Religionen und Traditionen, Geheimlehren oder sogar im Aberglauben ihre Bedeutung. Ansonsten können und sollen sich die Eingeweihten und Fährtensucher denken, was sie wollen. Sie können mutmaßen, ob mit dem Mohr Monostatos, der von einer Partei zur anderen überwechselt, Angelo Soliman gemeint ist, in Wien *der Negerprinz* genannt; er gilt unter Freimaurern als Verräter, nachdem er, bis zum Freimaurerpatent in Borns Loge *Zur wahren Eintracht* zu Hause, zur Partei des Kardinals Migazzi übergelaufen ist. Sie dürfen sich Gedanken machen, ob Sarastro Züge des in diesem Jahr verstorbenen Meisters vom Stuhl Ignaz von Born trägt, warum die Königin der Nacht anfangs liebende Mutter, dann rächende Furie ist, warum die Zauberflöte aus dem Holz einer alten Eiche geschnitzt worden sein soll, obwohl kein Mensch Flöten daraus herstellt, und weshalb Sarastro, der alles Verzeihende, Monostatos mit Schlägen auf die nackten Fußsohlen foltern lässt. Selbst was die Requisiten angeht, gibt es Unstimmigkeiten; weder Schikaneder noch Mozart dürfte es entgangen sein, dass aus dem *ägyptischen Zimmer* ein *türkischer Tisch* getragen wird und dass es wenig Sinn ergibt, Tamino in ein *japanisches Jagdgewand* zu stecken. Eindeutigkeit und Logik haben für Schikaneder und Mozart keine Rolle gespielt, im Gegenteil, sie wären hinderlich. So etwas braucht ihre Geschichte nicht, kann sie gar nicht brauchen, denn sonst ginge das Märchenhafte verloren. Und damit die Möglichkeit, viele zu erreichen.

Mozart allein weiss, warum er Anlass zur Nervosität hat. Er durfte hier ein Abenteuer eingehen und ist es eingegangen. Er hat vieles riskiert, was absolut neu ist. Jede Figur der Zauberflöte hat ihre eigene musikalische Sprache. Mozart hat sich auf keinen Stil festgelegt, vielmehr die scharfen Kontraste des Librettos in Töne gesetzt. Ein Lied mit mehreren Strophen trifft auf einen Bachchoral, Kindermelodien treffen auf einen Marsch mit Pauken und Trompeten. Volkstümliches prallt auf Sakrales, Lächerliches auf Feierliches, Herzzerreißendes auf Komisches. Im Schutz des Magischen und Mystischen bricht Mozart mit Traditionen und Konventionen.

Um den Ablauf muss Mozart sich keine Gedanken machen, denn Schikaneder hat von Anfang bis Ende alles festgeschrieben. Seine Bühnenanweisungen sind auch hier so exakt wie bei keinem anderen in seinem Metier. Als sich der Blick auf die *felsige Gegend* der ersten Szene öffnet und Schikaneders Techniker die Schlange zucken lassen, kann Mozart sich darauf verlassen, dass die *Pforte des Tempels*, aus der drei verschleierte Damen treten, *sich selbst öffnet und schließt*, und dass sich im sechsten Auftritt pünktlich die *Berge teilen* werden, worauf das Theater sich *in ein prächtiges Gemach* verwandelt, in dem *auf einem Thron, welcher mit transparenten Sternen geziert ist*, die Königin sitzt.

Jedes Bühnengeräusch ist genau angegeben. Da steht: *Donner rollt von weitem*, und wenn zum ersten Mal auf einer Bühne ein Wasserfall zu sehen ist, wird verlangt, dass man den auch *sausen und brausen hört*. Sogar die Beleuchtung hat Schikaneder schriftlich festgelegt, was bei Librettisten, die ja meist nicht selbst ihre Werke inszenieren, unüblich ist. Wenn Pamina schläft, heißt es: *Der Mond beleuchtet ihr Gesicht*. Im achten Auftritt hat der Inspizient präzise Arbeit zu leisten, denn Schikaneders Regieanweisung fordert: *Königin aus der mittleren Versenkung so, dass sie gerade vor Pamina zu stehen kommt*. Reibungslos müssen vor allem die Überraschungseffekte funktionieren, und dazu braucht es genügend Platz. Deswegen verlangt Schikaneder mit Blick auf den Auftritt der drei Knaben ausdrücklich die Verwandlung der Bühne in *eine Halle, wo das Flugwerk gehen kann*.

Nicht Mozart, nur Schikaneder hat es zu verantworten, dass an einem Abend wie diesem, wo die Brandgefahr enorm hoch ist, nichts passiert. Denn der Regisseur hat das Haus mit zusätzlichen Kerzen illuminieren lassen, die Priester tragen mit Kerzen bestückte Laternen, die drei Damen *schwarze Fackeln*, auf den Helmen der Geharnischten lodern Flammen, und der *Berg speit Feuer* in der Prüfungsszene.

Trotzdem muss Schikaneder entspannt wirken – das sieht seine Rolle vor.

Als er, einen großen Vogelbauer auf dem Rücken, in der Hand eine Panflöte, den Fußsteig herunterkommt, der die Berge aus Holz, Leim und Pappmaché begehbar macht, als die Vögel zwitschern und Papageno seine Flöte bläst, weicht der Ernst den ersten Lachern. Er

*Drei geheimnisvolle Damen und viele menschliche Affen begeisterten in Schika-
neders Zauberflöteninszenierung das Publikum. 1794 schuf Joseph Schaffer, der
wie sei Bruder Peter für verschiedene Kunstverlage arbeitete, diese Szenenbilder.
Ein Jahr später, als die «Zauberflöte» mehr als je zuvor auf den Bühnen Europas
gespielt wurde, veröffentlichte das «Allgemeine europäische Journal» in Brünn eine
Folge von sechs dieser Bilder (kolorierte Kupferstiche).*

217

ist groß und kräftig ausgestattet; seine knapp sitzende, mit Federn besetzte Jacke zeigt das ebenso ungeniert wie die strumpfartig enge Hose. Der hinten unter den Federn angebrachte Schwanz kann durch eine Schnur, die zwischen den Beinen verläuft, vor und zurückgezogen werden; *kein erbaulicher Anblick für ein züchtiges Auge*, wie es später aus Brünn heißt. Einige behaupten, Schikaneder habe die Rolle des Papageno nur erfunden, weil er Vogelkostüme in seinem Fundus entdeckt hatte, doch wer ihn kennt, weiß, dass er sich in fast jedem Stück, wenn es keine Tragödie ist, eine Rolle auf den Leib schreibt, in der er zeigen kann, wie sehr er im Alltag der einfachen Menschen verwurzelt ist. Er spielt einen Diener, einen Kutscher, einen fahrenden Musiker, einen dummen Gärtnergehilfen, einen fliegenden Händler, einen sturzbetrunkenen Schuster oder eben einen dieser Wandergesellen, wie sie in ganz Österreich unterwegs sind, um Singvögel zu verkaufen. Weniger zum Essen, als um in den langen Wintermonaten zu Hause Musik aus dem Käfig zu hören. Auch Mozart ist bei ihnen Kunde und bedauert einmal, dass er auf einer Wochenendfahrt nach Baden zu Constanze *weder das Klavier noch den Vogel mitnehmen kann.* Der Lakaiensohn und einstige Lyrant Schikaneder hat seine Vergangenheit nie vergessen, auch seine Kindheit nicht. Die Stadtpfeifer, die er aus den frühen Jahren in Regensburg kennt, hatten alle so eine Pfeife umgebunden, auf der sie spielten, während sie die Laute oder die Trommel schlugen.

Schikaneder hat an diesem 30. September 1791 gerade seinen vierzigsten Geburtstag hinter sich und weiß, was die Zuschauer zum Kichern und was sie zum Heulen bringt, wie viel sie schmachten, wie oft sie leiden, wie sehr sie erschrecken wollen. Als Papageno spricht er ihnen aus dem Bauch und aus dem Herzen, wenn er statt hehrer Ziele einfach Hunger hat oder die Priester erstaunt fragt, wozu er die lästigen Prüfungen hinter sich bringen muss, um seine Papagena zu bekommen: *Aber sagt mir doch, meine lieben Herren, warum muss ich denn all diese Qualen und Schrecken empfinden? Wenn mir ja die Götter eine Papagena bestimmten, warum dann mit so viel Gefahr sie erringen?*

Der erste Akt ist gut über die Bühne gegangen, doch Mozart lässt sich nur kurz und widerwillig auf der Bühne sehen, nach wie vor sichtbar angespannt. Weil ihm bewusst ist, wie viel davon abhängt, dass er mit dieser Oper reüssiert? Weil er es zum ersten Mal gewagt

Einer von sieben Kupferstichen eines anonymen Künstlers, die das Aufnahmeritual und das Ritual der Meistererhebung bei den Freimaurern wiedergeben. Dieses Blatt zeigt, wie der Aufzunehmende in einem auf dem Teppich aufgezeichneten Sarg liegt, den Oberkörper mit einem Tuch bedeckt – ein symbolischer Tod.

hat, für *die Unwissenden*, für die *langen Ohren* zu schreiben, aber mit dem Populären das Revolutionäre, mit dem Vertrauten nur Abgründe und ungeahnte Tiefen verdeckt? Oder weil es im zweiten Akt um das Todeserlebnis gehen wird, Kernstück jener Mystik, die kein Maurer verraten darf? In Worten kann er es auch nicht verraten, aber in Tönen.

Nicht er, sondern Schikaneder hat die Anregungen aus dem *Sethos*-Roman des Abbé Terrasson eingebracht, in dem ein Prinz nach gelungener Mutprobe den Weg zu einer Pyramide antritt, wo mit schwarzen Buchstaben auf einem weißen Marmorgiebel steht: *Wer diesen Weg allein geht, und ohne hinter sich zu sehen, der wird gereinigt werden durch das Feuer, durch das Wasser und durch die Luft; und wenn er den Schrecken des Todes überwinden kann, wird er aus dem Schoß der Erde wieder herausgehen, und das Licht wieder sehen, und er wird das Recht haben, seine Seele zu der Offenbarung der Geheimnisse der großen Göttin Isis gefasst zu machen.*

Bei Schikaneder liest sich das ganz ähnlich:

> *Der, welcher wandert diese Straße voll Beschwerden,*
> *Wird rein durch Feuer, Wasser, Luft und Erden;*
> *Wenn er des Todes Schrecken überwinden kann,*
> *Schwingt er sich aus der Erde himmelan.*
> *Erleuchtet wird er dann im Stande sein,*
> *Sich den Mysterien der Isis ganz zu weih'n.*

Die Verschwiegenheit, die Mozart wie jeder Freimaurer schwören musste, bezieht sich nicht auf Äußerlichkeiten, vielmehr auf die inneren Erfahrungen, deren zentrale jenes Todeserlebnis ist, das erst die Wiedergeburt ermöglicht, den Weg *aus der Erde himmelan*. Vor sechs Jahren hatte Mozart zu einer Logenversammlung, bei der drei Brüder zum Meister erhoben wurden, zwei Lieder komponiert. Das, mit dem die Feier beschlossen wurde, hatte mit den Worten begonnen:

> *Vollbracht ist die Arbeit der Meister,*
> *Der Tote ist wieder erwacht.*
> *Wir haben dem Vater der Geister*
> *Ein würdiges Opfer gebracht.*

Der Komponistenkollege Johann Schenk, ein ehemaliger Schüler von Mozarts engem Freund Anton Stoll, hat sich nach der Pause ins Orchester geschlichen und beim Vorspiel zum zweiten Akt Mozarts linke Hand ergriffen und geküsst. Er, ein Meister des Kontrapunkts, kennt natürlich den Bachchoral, den Mozart dem Gesang der Geharnischten unterlegt hat, und auch den Lutherischen Text. *Ach Gott im Himmel, sieh darein*, beginnt er und beklagt die Falschheit und Verdorbenheit der Menschen. Es ist ein Gesang der Protestanten und der Reformation, aber auch das Lied aller Enttäuschten, Verzweifelten, die sich unverstanden fühlen, umgeben von einem *argen Geschlechte*, verraten von einem *gottlosen Haufen*, der nur *eitel falsche List* im Sinn hat. Aus dem dunklen c-Moll dieses Gesanges führt Mozart zwar weiter zum Chor, der den Sieg des edlen Paars in leuchtendem C-Dur besingt. Doch wer die Hintergründe kennt, weiß, dass er in einen Abgrund geblickt hat, in Mozarts Abgrund. Freunde wie Niemetschek haben beobachtet, dass die Zahl von Mozarts Feinden und deren Intrigen um ihn her in den letzten Monaten dramatisch zugenommen hat.

Vielleicht ist es Schenk, der Mozart aufheitert, vielleicht wird Mozart sich auch bewusst, wie sehr er sich in einer geistigen Familie geborgen wissen darf. Es singen ja nicht nur die Schwägerin Josepha Hofer und die altvertraute blutjunge Maria Anna Gottlieb, die Freunde Gerl, Schikaneder und die beiden Schaks, es singt neben Schikaneders Nichte als erstem Knaben der fünfzehnjährige Franz Maurer den dritten. Im Publikum sitzt Baron van Swieten, der Ziehvater des Jungen, dem Mozart die Annäherung an Bach verdankt.

Gewiss erlebt Mozart im Lauf des zweiten Aktes mit, wie hier das Gegenteil dessen geschieht, was er bei der Uraufführung der *Clemenza di Tito* in Prag erlebt hat. Keiner ist gelangweilt. Gebannt folgt das Publikum dem Geschehen. Nicht nur in den pompösen Szenen, wenn die Löwendarsteller in aufwändigen Fellkostümen Sarastros Wagen mit mannshohen Rädern zum Posaunenklang auf die Bühne ziehen, nicht nur in den komischen, wenn die von Kindern gespielten Affen durch Taminos Flötenton zutraulich werden, auch bei den feierlichen, wo jeder Lärm verstummt.

Mozart freut es, nach den Aufführungen hervorgerufen und von Schikaneder auf die Bühne gezerrt zu werden, doch das Verständnis, das er spürt, zählt für ihn offenbar mehr. Seit der dritten Vorstellung dirigiert Johann Baptist Henneberg, und Mozart erlebt nun vom Zuschauerraum aus, wie seine Oper ankommt. Am 7. Oktober, nachdem fast jeden Tag die *Zauberflöte* gespielt wurde und die Zuschauer schon Stunden vorher anrückten, um noch einen Sitzplatz zu ergattern, schreibt Mozart, der fast immer dabei war, an Constanze nach Baden: *Eben komme ich von der Oper; – Sie war eben so voll wie allezeit. – das Duetto Mann und Weib etc. und das Glöckchenspiel im ersten Akt wurde wie gewöhnlich wiederholt – auch im 2t. Akt das Knabenterzett – was mich aber am meisten freut, ist der stille Beifall! – man sieht recht wie sehr und immer mehr diese Oper steigt.*

Verstanden zu werden ist es, was Mozart beglückt. Schikaneder wird der hörbare Beifall wichtiger sein, selbst wenn er von den *Unwissenden* kommt, denn ihm ist klar, dass nur ein immenser Erfolg der *Zauberflöte* sein Theater vor dem Niedergang bewahren kann. Während Mozart es früher strikt ablehnte, für die *langen Ohren* zu schreiben, sieht er diese Dinge auf einmal sehr entspannt. *Morgen,* vermeldet er Constanze am Tag darauf, *führe ich die Mama hinein; – das Büchel*

hat ihr schon vorher Hofer zu lesen gegeben – bei der Mama wird's wohl heißen, die schauet die Oper, aber nicht die hort die Oper. Aber er entrüstet
sich keineswegs über die Schwiegermutter, vielmehr über einen prominenten Wichtigtuer, der meint, im Vorstadttheater müsse man sich
immer auf die Schenkel klatschen. Ausgerechnet zu Beginn des
2. Aktes, *folglich bei der feierlichen Szene* mit Priestermarsch und Gesang
der Geharnischten, hat sich Mozart in der Loge dieses Ehrengastes
befunden, der offensichtlich so mächtig ist, dass Constanzes zweiter
Mann später den Namen unleserlich macht. *Anfangs,* schreibt Mozart,
habe er *noch Geduld genug* gehabt, *ihn auf einige Reden aufmerksam machen zu wollen, allein – er belachte alles.* Dieser *Allwissende,* wie Mozart
ihn gallig nennt, hat ihn so aufgeregt, dass er *nicht bleiben konnte,* sonst
hätte er die Beherrschung verloren und ihn *einen Esel heißen* müssen.
Ganz konnte er sich nicht verkneifen, dem Besucher beim Weggehen
noch seine Meinung zu stoßen: *Ich hieß ihn Papageno,* gesteht er Constanze und meint: *ich glaube aber nicht, dass es der Dalk verstanden hat.*
Selbsterkenntnis gehört nicht zu den Eigenschaften eines Papageno.
Er ist der Unerleuchtete, zu sehr verstrickt in die irdischen Probleme
und Genüsse, um das Erhabene auch nur zu erahnen.

Schikaneder spielt den Papageno überzeugend, aber er ist keiner.
Er versteht sich auf den derben Ton und ist doch empfänglich für die
Weisheit eines *Sethos*-Romans und die Geheimnisse von Mozarts
Musik, die er ihm ohne jeden Abstrich zu verwirklichen ermög-
lichte.

Zu Schikaneder hat Mozart ein Verhältnis, wie er es nie zuvor mit
einem Librettisten hatte. Dem kann er einiges zumuten. Vergnügt
berichtet er Constanze, wie er seinen Verbündeten genarrt hat. Er
hat sich hinter die Szene geschlichen, das Glockenspiel genommen,
weil er *heute einen Trieb fühlte, es selbst zu spielen,* und *machte ... ein
Arpeggio* dort, wo es nicht erwartet wurde. Schikaneder *erschrak,* sah
Mozart, und meinte wohl, das sei's gewesen. Als er dann aber das
Glockenspiel schlug und auf das Arpeggio aus dem Hintergrund wartete, ließ Mozart das Instrument unberührt, erst als Papageno stutzte,
schlug er es erneut. Darauf begriff der Bühnenroutinier Schikaneder,
dass ihm jetzt nur noch eins blieb: die Flucht nach vorn anzutreten
und allen das Spiel von Schein und Wirklichkeit aufzudecken. Also
schlug er auf das Glöckchenspiel und sagte halt's Maul – alles lachte dann.

Und Mozart amüsiert sich, weil *viele durch diesen Spaß das erste Mal erfuhren*, dass Papageno *das Instrument nicht selbst schlägt*.

An diesem Abend sitzt im Publikum ein Wiener Kritiker, der für das *Musikalische Wochenblatt* in Berlin schreibt. *Die neue Maschinenkomödie: Die Zauberflöte, mit Musik von unserm Kapellmeister Mozart, die mit großen Kosten und vieler Pracht in den Dekorationen gegeben wird, findet den gehofften Beifall nicht, weil der Inhalt und die Sprache des Stücks gar zu schlecht sind*, behauptet er. Schikaneders Einnahmen widerlegen ihn eindeutig, doch der Rezensent lässt durchblicken, was ihn zu dieser Entstellung der Tatsachen verleitet. *Wir erwarten hier nun täglich die Ankunft des neuen Kaiserlichen Kapellmeisters Cimarosa, der einige sehr brave Sänger aus Petersburg mitbringen soll. Den deutschen Komponisten und Tonkünstlern scheint hier eben nicht die vorteilhafteste Epoche bevorzustehen.*

Nach wie vor findet Kaiser Leopold an italienischen Opern, vor allem denen seines Lieblingskomponisten Domenico Cimarosa, mehr Gefallen als an deutschen, und wer sich bei ihm einschmeicheln will, schreibt in seinem Sinn. Doch angesichts des Erfolges ist das Konkurrenzdenken aus Mozarts Kopf gewichen. Er lädt den Rivalen Antonio Salieri ein, zusammen mit Caterina Cavalieri und ihm am 13. Oktober die *Zauberflöte* zu besuchen. Beglückt berichtet er, *wie sehr ihnen nicht nur meine Musik sondern das Buch und alles zusammen gefiel*. Es erfüllt ihn mit Stolz, dass beide seine Vorstadt-Oper für würdig erachten, sie *bei der größten Festivität vor dem größten Monarchen aufzuführen*.

Doch der Monarch erscheint nicht. Mozart hat keine Zeit, sich darüber Gedanken zu machen. Er vollendet eine Freimaurerkantate und arbeitet an seinem Requiem, während Schikaneder eine neue Oper mit Peter Winter vorbereitet. Auch mit ihm hat sich Mozart, durch seinen Erfolg besänftigt, ausgesöhnt. Schikaneders Auftrag hat ihm Zuversicht gegeben, jetzt, da die Welt sich rapide wandelt, ein Komponist für morgen, ein Komponist fürs Volk zu sein. Dass Freunden wie dem Hornisten Leitgeb, einer einfachen Frau wie der Schwiegermutter Cäcilie Weber und Kindern wie seinem Sohn Carl die neue, so völlig anders geartete Oper *keine geringe Freude* bereitet, bestärkt ihn in der Überzeugung, auf dem richtigen Weg zu sein. Mit Schikaneder zusammen kann er alle erreichen.

In seinen *Vertrauten Briefen* fragt sich der Journalist Julius Friedrich Knüppeln, ob man die *verworrene Phantasie* Schikaneders oder die *feine*

Politik seines spekulativen Kopfs mehr bewundern solle; dieser Kopf könne sich nicht verspekuliert haben, weil *seine komischen Produkte großen Beifall beim edlen und unedlen Teil des Publikums* finden und Kasse machen. Man könne es Schikaneder *sicher nicht verdenken,* erklärt der Kritiker, *dass er den Hang eines sinnlichen Volkes zum Wunderbaren und Übernatürlichen zu seinem Vorteil* bediene.

Auch zum Vorteil Mozarts. 3725 Gulden kann er in diesem Jahr für sich verbuchen, fast 2000 mehr als im Vorjahr. Im Oktober ist die *Zauberflöte* vierundzwanzig Mal am Theater auf der Wieden über die Bühne gegangen. Die Zukunft sieht rosig aus, als am 18. November der neue Tempel von Mozarts Loge *Zur gekrönten Hoffnung* eingeweiht wird und Mozart dort die Uraufführung seiner *Kleinen Freimaurerkantate* leitet. Manche Wendungen darin lassen an die Zauberflöte denken:

> *Süß der Gedanke, dass nun die Menschheit*
> *Wieder einen Platz unter Menschen gewann.*

Ob sich Mozart dort angesteckt hat oder ob es andere Gründe gibt, dass er bald darauf fiebert? Am 20. muss er sich ins Bett legen. Seine Hände und Füße sind geschwollen, er leidet unter Schweißausbrüchen, Ödemen und so starken Gelenksschmerzen, dass ihm jede Bewegung zur Qual wird. Da wirkt auch die Nachricht nicht lindernd, dass der Verlag Artaria & Comp. am 23. November in der *Wiener Zeitung* Werbung für die gedruckten Noten von zwei Stücken aus der *Zauberflöte* macht: Das Duett *Bei Männern, welche Liebe fühlen* kann für fünfzehn Kreuzer erworben werden und Sarastros Arie *In diesen Heil'gen Hallen* für zehn Kreuzer.

Schikaneder hat kaum Zeit für einen Krankenbesuch. Am 24. November bringt er seine neue Produktion heraus, Peter Winters heroisch-mythologische Oper *Helena und Paris,* von der im *Heimlichen Botschafter,* einer handschriftlichen Zeitung, behauptet wird, dass sie *die Zauberflöte weit übertreffen soll.*

Mozart ist es nur recht, dass Schikaneder eine weitere Neuproduktion vorbereitet, denn so kann dieser zwei der Hauptdarsteller in der *Zauberflöte* zeitweise entbehren. Am 4. Dezember nachmittags um zwei bestellt Mozart den Tamino Benedikt Schak und den Sarastro

Bis auf das Figaro-Haus sind sämtliche Wohnstätten Mozarts in Wien abgerissen worden. Auch das Sterbehaus in der Rauhensteingasse 8, das sogenannte Kleine Kaiserhaus. Schikaneder ging hier ein und aus und stand unter den Trauernden vor dem Haus auf der Straße, als Mozarts Tod bekannt wurde.

Franz Xaver Gerl zu sich ans Krankenlager, um mit ihnen die vollendeten Teilen des Requiems zu proben. Mit Constanze, Süßmayr und anderen Vertrauten hat er zuvor schon ein paar Proben abgehalten. Dieses Mal singt Schak im Falsett den Sopran, Mozart selbst den Alt, sein Schwager Hofer den Tenor und Gerl den Bass. Die drei Freunde, die alle auf der Wieden leben, können Schikaneder berichten, dass bei Mozart seit dem 3. Dezember eine Besserung eingetreten ist und seine Schwägerin Sophie Weber ihrer Schwester Constanze hilft, den Kranken zu versorgen.

Schikaneder wohnt in nächster Nähe von Sophie und Cäcilie Weber. Er muss also nicht erst die *Wiener Zeitung* lesen, die am 7. Dezember 1791 mitteilt: *In der Nacht vom 4. zum 5. des Monats verstarb allhier der K. K. Hofkammerkompositeur Wolfgang Mozart.*

Zeugen erzählen, Schikaneder habe schreiend vor Mozarts Haus in der Rauhensteingasse gestanden. Schreiend, nicht weinend oder wehklagend wie die anderen.

In der Woche nach Mozarts Tod ist Schikaneder damit beschäftigt, so unauffällig wie möglich am 10. Dezember eine Totenfeier für den Freund in der Michaelerkirche zu organisieren, bei der die beiden vollendeten Teile seines Requiems erklingen sollen. Er muss von Constanze wissen, dass er damit etwas Verbotenes tut, denn der Auftraggeber hat sich die exklusiven Aufführungsrechte gesichert. Da erreicht Schikaneder ein Befehl vom Kaiserlichen Hof. *Auf allerhöchsten Befehl* solle im Theater auf der Wieden am 15. Dezember eine ganz spezielle Aufführung gegeben werden. Gewünscht wird nicht die *Zauberflöte*. Gewünscht wird: *Die Frauenzimmerlaune oder Haben S' was g'sagt.*

IX

Wien 1792–1795
Hass und Verfolgung

Emanuel Schikaneder als Tierfreund: in der Rolle des bärenfütternden Kolifonio
wurde Schikaneder erneut zur Kultfigur des Theaterpublikums. In seinem
Lustspiel «Der Königssohn aus Ithaka» entzückte er die Wiener mit seinem Lied
vom Paperl, vom Papagei. Vertont hatte das Stück Franz Anton Hoffmeister
(1754–1812), ein Mozart-Vertrauter, Verleger, Musikalienhändler und Komponist
(Titelkupfer mit Rollenporträt).

*W*ien hat sich verändert, seit Schikaneder zum ersten Mal hierherkam. Blenderei, professioneller Betrug und Geschlechtskrankheiten grassieren. Erstmals erscheint ein *Nützliches Wiener Adress- und Reisetagebuch*, das *die nötigsten Kenntnisse von Wien* für Einheimische und Fremde verspricht. Aufklärung über das, was in Wien wirklich los ist, scheint gefragt zu sein. Der Führer verrät, dass *ein gesticktes Kleid und … Dreistigkeit* jedermann *freien Zutritt* in höhere Kreise verschaffen, warnt vor gewinnsüchtigen Weinhändlern, die ihren Rebensaft mit giftigem Bleizucker verfälschen, mahnt zur Zurückhaltung bei angebotenen *Liebeswerken*, wirbt für die modernen Badegelegenheiten der mit Kabinetten ausgestatteten Kähne in der Donau und für das Theater auf der Wieden: Dort könne man *die besten Schauspiele und deutschen Opern* erleben, *wovon die meisten von Herrn Directeur selbst verfasst sind.* In der Stadt und ihrer nächsten Umgebung gibt es mittlerweile über hundert Fabriken. Die Zahl der Kaffeehäuser und Bierhäuser hat sich seit den frühen Achtzigern beinahe verdoppelt, was die Regierung beruhigt. Wut und Widerstand lösen sich im Bierdunst auf, Sorgen werden im Seidel versenkt, in vielen Beisln trösten appetitliche Mädel in eng geschnürtem Mieder, weißen Strümpfen und rosafarbenen oder himmelblauen Schuhen den Gast, in den meisten geigen ihm die *Klingenfetzer* die Ohren für anderes zu. Hitzige Debatten gibt es nur dort, wo Literaten und Studenten verkehren, *Franzosenfreunde*, die sich mit den Kaisertreuen anlegen. Daher sind dort auch ausreichend Spitzel unterwegs.

Schikaneder hat guten Grund zur Hoffnung, sein Theater aus der Finanzkrise führen zu können. Auch die Theater als Orte der Ablenkung sind willkommen, mittlerweile sogar dem Kaiser selbst. Im Osten ist zwar endlich Ruhe, der russisch-österreichische Türkenkrieg wurde am 9. Januar mit dem Frieden von Jassy beendet, aber im Westen zieht ein Weltgewitter auf. Am 1. März läuft eine Frist aus, die Frankreich gesetzt hat. Es hat Österreich zu einer Art Staatsduell herausgefordert und verlangt, ihm bis zu diesem Tag *Satisfaktion* für den Vertrag von 1756 zu geben, mit dem das Österreich, wie es heißt, Frankreich *unter das Joch seines Ehrgeizes gezwungen* habe. 1756 haben Frankreich und Österreich ein Bündnis geschlossen, auf dessen Basis sie im Siebenjährigen Krieg gemeinsam gegen Preußen kämpften. Das wird nun auf einmal als Dokument nationaler Demütigung gedeutet und als Vorwand zur Kriegserklärung genutzt.

Am 7. Februar sitzt Kaiser Leopold nachmittags im Hoftheater und hört *Il matrimonio segreto*, eine Oper, die er bei seinem Lieblingskomponisten Domenico Cimarosa in Auftrag gegeben hat. 1350 Gulden hat er dem Komponisten dafür gezahlt. Im tosenden Beifall des Publikums kann der Kaiser die dräuende Gefahr vergessen. An diesem Vormittag hat er ein Verteidigungsbündnis mit Preußen unterzeichnet, in dem sich beide Bündnispartner verpflichtet haben, im Fall eines Angriffs auf Frankreich jeweils 10 000 Mann zu stellen. Seine Schwester Marie Antoinette drängt ihn, militärisch der Monarchie in Frankreich wieder zu ihrem Recht zu verhelfen. Leopold hat seine Schwester seit fünfundzwanzig Jahren nicht gesehen, kennt aber ihr Temperament und ist noch keineswegs gewillt, sich auf einen Krieg einzulassen. Er schenkt Cimarosa eine goldene, mit Diamanten besetzte Schnupftabaksdose, lässt die Oper am 7. Februar abends noch einmal aufführen und spendiert dem Komponisten die gesamten Einnahmen der folgenden Vorstellung.

Am 28. Februar erwacht der Kaiser mit stechenden Schmerzen in der Brust, der Milz und im Bauch. Am 1. März nachmittags um halb vier schreit er auf, er müsse sich übergeben, und stirbt mit fünfundvierzig Jahren in den Armen seiner Frau *an Schlagfluss*. Dass sofort Gerüchte aufsteigen, Leopold sei von Agenten aus Paris vergiftet worden, wundert keinen. Und wer seinen Sohn und Nachfolger kennt, bekommt Angst vor der Zukunft. Skeptiker halten den vierundzwanzigjährigen Franz, obwohl er wie besessen Bücher sammelt, für ein aufgeblasenes Nichts. Sie warnen, er sei wesentlich leichter als sein Vater von kriegstreibenden Ratgebern zu beeinflussen und noch weniger geneigt, auf den alten Kanzler Wenzel Anton Graf von Kaunitz zu hören, der vor einem Waffengang mit Frankreich warnt. Nachsichtige halten ihn für redlich, aber gefährlich, weil er ohne

*In seiner kurzen, nur zwei Jahre währenden Regentschaft zeigte Kaiser Leopold II.
(1747–1792) in Wien zwar sehr viel Sinn für Musik, aber nicht für die Mozarts,
sondern für die italienischer Komponisten. Vielleicht, weil sie ihn an seine
glückliche Zeit als Großherzog der Toskana erinnerte.*

jede Erfahrung wild entschlossen Kaiser spiele. Noch bevor er in-
thronisiert ist, verbietet er eine beliebte Zeitung, den *Straßburger Cou-
rier*. Dass er Gottfried Baron von Swieten, der an Mozarts Todestag
entlassen worden war, wieder in alle seine Ämter einsetzt, löst Verwirrung aus. Dass er gleichzeitig Andreas von Riedel in Frühpension
schickt, der im Auftrag Leopolds den Entwurf für eine konstitutio-
nelle Verfassung des Habsburgerreichs erstellt hat und zu seinem
engsten Beraterkreis gehörte, beunruhigt die fortschrittlichen Kräfte.

Für Schikaneder bedeutet der Tod des Kaisers zu diesem Zeitpunkt, mitten in der Hochsaison über Karneval, eine Katastrophe.
Vom 2. März bis zum 24. April muss er wegen der Hoftrauer sein
Theater zusperren und seinen Leuten vertragsgemäß dreiundfünfzig
Tage lang die Hälfte ihrer Gage weiterzahlen, ohne eine einzige Einnahme zu verbuchen. Die Gläubiger werden ihm bald auf den Pelz
rücken.

Vier Tage bevor Schikaneder wieder spielen darf, erklärt Frankreich Österreich den Krieg. Der Prinzipal hat jedoch ganz andere Probleme; er muss versuchen, sein Publikum über den Verlust Mozarts hinwegzutrösten und den Ruin des Theaters zu verhindern. Eine Oper von Mozarts Nennvater Haydn, die er Anfang des Jahres aufgeführt hat, war ein Reinfall gewesen, ebenso wie die von Carl Ditters von Dittersdorf, der auch schon Anfang fünfzig ist. Die Zeit solcher Opern ist vorbei. Zu langatmig, zu wenig überraschend. Junge Komponisten will das Publikum, und Schikaneder beschließt, vor allem diejenigen an sein Haus zu ziehen, die mit Mozart vertraut waren oder sogar bei ihm gelernt haben. Joseph von Eybler, der es abgelehnt hat, Mozarts Requiem zu vollenden, aber erste Wahl Constanzes gewesen war, ist sechsundzwanzig. Franz Xaver Süßmayr, der das Requiem vollendet hat, ist erst fünfundzwanzig, und Anton Eberl, der die Trauerkantate *Bei Mozarts Grabe* komponiert hat, ist gleich alt wie Eybler. Allerdings will Eberl auf Tournee gehen, mit Constanze Mozart und deren Schwester, die er bei Liederabenden begleitet; außerdem hat er schon für das Theater des Konkurrenten Marinelli komponiert.

Doch Schikaneder hat Auswahl. Vermutlich wird auch aus Joseph Wölfl, mit seinen achtzehn bereits ein virtuoser Pianist, noch ein guter Komponist; Mozart hat ihn in seinen letzten beiden Lebensjahren persönlich unterrichtet und nach Warschau als fürstlichen Klavierlehrer vermittelt. Joseph Weigl, zehn Jahre jünger als Mozart und dessen bewährter Assistent, hat seine Begabung als Opernkomponist schon vorgeführt. Der dreiundzwanzigjährige Johann Baptist Henneberg, bei Schikaneder als Musikdirektor unter Vertrag, kleidet sich bereits wie Mozart und dirigiert in rotem Frack mit großen Perlmuttknöpfen. Ihm gibt Schikaneder sein neues, garantiert harmloses Libretto *Der redliche Landmann* zu Vertonung, ein *ländliches Gemälde* in fünf Akten. Sicherheitshalber widmet er das gedruckte Textbuch dem Kaiser.

In sein zweites neues Textbuch hat Schikaneder nur hineingeschrieben, es stamme *von einem Theaterfreund*. Er will sich nicht wieder Vorwürfe anhören, er sei ein Vielschreiber, aber auch kein Geld für einen Librettisten ausgeben. Franz Xaver Süßmayr wird mit der Komposition beauftragt. *Moses oder Der Auszug aus Ägypten* ist weder ländlich noch komisch, sondern eine *ernsthafte Oper*. Noch während der Hoftrauer wird geprobt.

Während die letzten Vorbereitungen zu den beiden Uraufführungen laufen, marschieren Österreicher und Preußen zusammen mit den sogenannten Emigrantenregimentern, Söldnern, die von geflohenen französischen Adligen eingestellt worden sind, *zum Schutz und zur Befreiung* von Louis XVI. in Frankreich ein. Die Söldner sind wenig motiviert, die preußischen und österreichischen Truppen sind schlecht organisiert, die Franzosen hingegen zusammengeschweißt durch die Bedrohung von außen. Es sieht nicht gut aus für die Eindringlinge.

Österreich ist froh, dass es seinen Mozart hat, der nun als nationale Standarte hochgehalten wird. Von Weimar über Breslau bis Florenz wird *Don Giovanni* aufgeführt; Kritiker, die kürzlich noch befanden, man könne diesen gestrigen Mozart vergessen, feiern ihn nun. Bei Ignaz Alberti ist die *Maurerrede auf Mozarts Tod* von seinem Logenbruder Karl Friedrich Hensler erschienen und verkauft sich blendend, in Graz wird ein Mozart-Tempel errichtet, der Mitte Mai eröffnet werden soll. Mozarts Verleger Artaria & Comp. verdient ausgezeichnet an den Arien und Ensembles aus der *Zauberflöte*, die fast alle im Druck erschienen sind. Außerdem sind diverse Klavierauszüge im Handel und Bearbeitungen beliebter Stücke aus der *Zauberflöte* für jede Art Hausmusikzirkel. Im Theater auf der Wieden steht Mozarts letzte Oper ständig auf dem Spielplan, und Franz Bulla hat bereits die erste Aufführung der *Zauberflöte* außerhalb Wiens in Lemberg angekündigt, wo sie im September Premiere haben soll. Im Oktober wollen Mozarts Verehrer am Prager Ständetheater nachziehen.

Am 11. Juni, fünf Tage nachdem Franz zum König von Ungarn gekrönt worden ist, soll plötzlich *auf hohes Begehren* die *Zauberflöte* am Theater auf der Wieden gespielt werden. Jetzt auf einmal zeigt sich der Kaiser. Ganz unbedenklich kann das Schikaneder nicht erscheinen. Sein friedfertiger Text zur *Zauberflöte* ähnelt nämlich dem eines gewissen Franz Hebenstreit, Schützling Andreas von Riedels, der für brandgefährlich und staatszersetzend gehalten wird. Und das, obwohl er in Hexametern verfasst und noch nicht einmal gedruckt ist. Der Titel von Hebenstreits Handschrift, *Homo Hominibus, Mensch den Menschen* erinnert an die Stelle in Sarastros *heil'gen Hallen, wo Mensch den Menschen liebt.* Und Hebenstreits Ideal, den *Menschen ein Mensch* zu sein, klingt ähnlich wie Sarastros Erwiderung, nachdem der Sprecher betont hat, Tamino sei Prinz: *Noch mehr – er ist Mensch.* Andreas von Riedel war im Vorjahr noch hochbezahlter Berater des Kaisers, Hebenstreit noch Platzoberleutnant. Nun sind beide in Ungnade geraten und werden observiert. Könnte sich also hinter dem *hohen Begehren* ein allerhöchster Kontrollbesuch verbergen, um zu prüfen, ob die *Zauberflöte* nicht auf den Index gesetzt werden muss?

Doch Schikaneder muss sich keine Sorgen machen. Die *Zauberflöte* ist so sehr Kult geworden, dass keine Anfeindungen sie mehr hinwegfegen können. Der Kaiser besucht diese Oper, um von ihrer Popularität zu profitieren, nicht um sie zu verbieten.

Schikaneder selbst schützt das nicht vor Angriffen. Als er am Tag danach den Wienern seinen alten Dauerbrenner *Hanns Dollinger* anbietet und dabei auf dem Theaterzettel für den ersten Band seiner *Sämtlichen Werke* wirbt, der soeben bei Alois Doll in Druck erscheint, erntet er von der Presse Prügel. Dass er aus Gründen der Selbstvermarktung ein abgestandenes Stück auf die Bühne bringt, wird als Dreistigkeit empfunden. Dabei findet sich im *Dollinger* mancher brandaktuelle Satz. *Die reichen Leute kommen mir vor wie die Blutegel, sie saugen so lang an uns armen Würmern, bis sie am Ende zerplatzen wie die Kröten im Sumpf.* Dennoch fällt das Stück durch.

Schikaneder ist kein Mann des Zauderns, wenn die Kasse nicht stimmt. Dann eben nicht zurück zu früheren Erfolgsstücken, sondern nach vorn. Am 7. Juli ist der nächste der jungen Hoffnungsträger an der Reihe. Das Theater auf der Wieden kündigt *Johanna von Weimar* an, Libretto von Schikaneder, Musik von Johann Baptist Henneberg. Wieder kein durchschlagender Erfolg.

Was macht der Theaterdirektor falsch? Sind Moses, Dollinger und Johanna von Weimar zu weit weg vom Wiener Publikum? In Süßmayrs *Moses* hat Schikaneder zwar die Titelpartie übernommen, aber keine Gelegenheit zur Komik gehabt, und der Kritiker der *Leipziger allgemeinen musikalischen Zeitung* klagte, er habe nur *die tödlichste Langeweile* empfunden. Nun bringt auch noch das *Allgemeine Theaterjournal* in Frankfurt am Main einen vernichtenden Artikel über die Arbeit des Direktors. Der Rezensent hat von den neuen Aktivitäten Schikaneders offenbar noch nichts mitbekommen und kreidet ihm an, er stelle seine

Opern *aus alten Musikalien zusammen oder lasse sie von seinen Gehilfen machen*, vor allem von dem *sehr geschickten Sänger Herr Schak*. Fast angewidert berichtet er, das Publikum lasse Schak auch noch *die meisten Gassenhauer ancora singen, und* klatsche *sich fast die Hände wund*. Natürlich weiß Schikaneder, dass ein Rezensent nichts von der Ökonomie versteht, zu der ein frei schaffender Theaterunternehmer gezwungen ist, und in der Mitte wie im Norden Deutschlands die Sinnlichkeit, Üppigkeit und Komik des katholischen Südens nicht verstanden wird. Schlimm aber fürs Geschäft ist, dass auch die Einrichtungen seines Hauses im Frankfurter Journal scharf kritisiert werden. *Der Eingang ins Theater ist schlecht und geht durch einen ermüdend langen hölzernen Gang, der bei einem entstehenden Feuer nicht erbaulich sein dürfte.* Zwar räumt der Kritiker dann ein, dass *die Chöre in den Opern nicht schwach besetzt, die Kleider nicht übel* seien, dass *Schikaneder bei den neueinstudierten Stücken keine Kosten spart und wo es nötig ist neue Dekorationen und Kleider verfertigen lässt.* Andererseits wird sein Unternehmen als nahezu ausbeuterisch dargestellt: *Es wird alle Tage gespielt und der Schauspieler hat selten einen ganzen Tag frei.* In diesen Zeiten eine Bemerkung, die Unruhe stiften kann.

Dass Schikaneders Unternehmen auf der Kippe steht, wird in diesem Sommer öffentlich bekannt. Am 25. August 1792 kann jeder in der *Wiener Zeitung* auf Seite 2373 nachlesen, dass Joseph von Bauernfeld endgültig bankrott ist. Unter der Überschrift *Konkurs des Joseph Edeln von Bauernfeld* wird in umständlichem Behördendeutsch von den *kaiserlich königlich niederösterreichischen Landrechten* bekannt gemacht, das Gericht habe in *die Eröffnung eines Konkurses über das gesamte im Lande Österreich unter der Enns befindliche beweg- und unbewegliche Vermögen des bereits pro prodigo erklärten Joseph Edlen v. Bauernfeld* eingewilligt. Daher werde jeder, der an den *Verschuldeten eine Forderung zu stellen berechtigt zu sein* glaube, daran erinnert, bis zum 14. Dezember dieses Jahres *die Anmeldung seiner Forderung in Gestalt einer förmlichen Klage gegen Dr. Edlen von Rößler als Vertreter der Joseph Edlen v. Bauernfeldischen Konkursmasse* fristgerecht einzureichen.

Schikaneder muss nun gute Nerven und Verhandlungsgeschick beweisen. Sein Vertrag mit Bauernfeld bewahrt ihn zwar davor, an der Schuldenlast von 24 000 Gulden beteiligt zu werden, aber jetzt übernimmt keiner mehr die Pachtkosten für das Theater.

Während an der Formulierung eines Vertrags gearbeitet wird, beschließt Schikaneder auf Nummer sicher zu gehen und setzt bei seinem Programm auf Altbewährtes. Angesichts der Schreckensnachrichten aus Paris, wo in den mehr als fünfzig Gefängnissen vom 2. bis zum 6. September vierzehnhundert Inhaftierte, darunter weit über zweihundert Geistliche, mit Billigung des Justizministers Danton von einer wütenden Menge abgeschlachtet worden sind, muss ein beruhigender Schluck aus alten Schläuchen doch willkommen sein. Schikaneder kündigt die 6. Fortsetzung seines *Antons* an. Titel: *Der Renegat oder Anton in der Türkei*. Der Krieg gegen die Türken ist schließlich vorbei. Aber auch die Zeiten Antons, wie das halbleere Theater zeigt. Vielleicht hat ihm zusätzlich jene Schmähung im *Theaterjournal* geschadet, an deren Ende ihr Verfasser, der eine der *Anton*-Folgen sah, entnervt aufstöhnt: *der Himmel weiß, wie viel Fortsetzungen erschienen sind.* Den Text nennt er *abscheulich und die Musik zusammengestoppelt*, doch sei es Schikaneder *nicht zu verdenken, dass er solch Zeugs auftischt, denn sein Publikum findet es schön.*

Am 25. September 1792 behauptet *Der geheime Botschafter*, *das Theater auf der Wieden soll nächstens eingehen.* Der Eigentümer des Freihauses, Fürst von Starhemberg, wolle auch noch das Theater in diesem größten Mietswohnhaus der Stadt zu Wohnungen umbauen.

In diesen Tagen gibt es jedoch Nachrichten, die für die Allgemeinheit wichtiger sind. Am 21. September hat der Nationalkonvent in Frankreich die Abschaffung der Monarchie und die Absetzung des Königs verkündet, am Tag darauf die Gründung der Ersten Französischen Republik. Am 23. Oktober haben die französischen Revolutionstruppen Frankfurt am Main eingenommen.

Endlich reagiert Schikaneder richtig. Deutsche Texte sind gefragt – und Mozarts Opern. Am 5. November kündigt der Theaterzettel *Don Juan oder die redende Statue* an, fürs Jahresende setzt Schikaneder *Die Hochzeit des Figaro* auf den Spielplan, eine deutsche Fassung von *Così fan tutte* soll folgen. Das Vorstadtpublikum, des Italienischen nicht mächtig und deshalb am Opernprogramm der Hoftheater desinteressiert, erlebt nun zum ersten Mal Mozarts *Don Giovanni*. Ein adliger Wüstling fährt zur Hölle, ein einfaches Bauernpaar triumphiert: Kein schlechter Stoff in der aktuellen Situation.

Am Tag nach der Premiere besiegen in der Schlacht von Jemappes

Dass ihre Natürlichkeit das Theaterpublikum begeisterte, ist der vierzigjährigen Eleonore Schikaneder anzusehen, in diesem Porträt von Johann Franz von Goez aus dem Jahr 1792. Dass sie vorzeitig gealtert sein soll, allerdings nicht.

die Truppen der Revolutionäre die der Habsburger, die österreichischen Niederlande fallen an Frankreich. Da ist es klug, in Österreich zu zeigen, welche Werte das eigene Land besitzt. Schikaneder kündigt die 100. Aufführung der *Zauberflöte* an. Er weiß, dass es erst die dreiundachtzigste ist, aber die anderen haben nicht so genau mitgezählt, und die Wiener brauchen einen Anlass zu feiern. Sie brauchen auch neue Gestalten, mit denen sich die Menschen aus dem Volk identifizieren können.

Der Gärtner Anton ist erschöpft abgetreten, zumindest vorübergehend, der Fiaker Roßschweif tritt an. Seine Scherereien dürften vielen bekannt vorkommen, denn in Wien sind über fünfhundert Fiaker unterwegs. Am 30. November 1792 wird Schikaneders neues Lustspiel *Die Fiaker von Wien* zu einem Sensationserfolg, nicht nur beim Publikum. Auch der kritische Ignaz Castelli ist der Ansicht, Schikaneder spiele den Kutscher Roßschweif *so wahr, so ganz aus dem Leben gegriffen,* dass er *diese Rolle eine Meisterrolle nennen* könne. *Die Szene, in welcher er leichenblass aus dem Kabinette stürzt, weil er sein närrisches Weib, da nichts mehr fruchtet, endlich wider seinen Willen und gegen sein Herz schlagen muss, wäre eines Iffland würdig gewesen.*

Dass der Kollege, wenngleich chronisch verschuldet, zu den bestbezahlten Theaterleuten weit und breit gehört, kann Schikaneder Auftrieb geben. Doch dass es mit Österreich abwärts geht, wirtschaftlich und politisch, aber auch moralisch und geistig, reißt ihn mit hinein.

Speichellecker machen Karriere, Freigeister landen im Gefängnis. Schikaneder, der seit Jahren keine Schwierigkeiten mit der Zensur hatte, gerät in den Strudel der Verdächtigungen, und verdächtigt werden Tausende, nicht nur Freigeister. Ende des Jahres 1792 antwortet der Wiener Schriftsteller Johann Baptist Alxinger auf Christoph Martin Wielands Frage, was die Wissenschaften in der k. k. Monarchie nun zu erwarten haben: *Hass und Verfolgung.* Aufklärungsfeindliche Minister hätten den jungen Kaiser fest im Griff. *Sie möchten gern so regieren wie es vor hundert Jahren Mode war, schelten alles Jakobiner, was die alte Mode missbilligt, und sind entschlossen, es auf ihre Art durchzusetzen.* Pressefreiheit sei ihnen verhasst, und *wer ihnen je das Wort geredet hat, ist sicher, befördert zu werden. Die Zensur ist strenger als je und Josephs großer Geist ganz von uns gewichen.*

Das Gleiche gilt für den großen Geist des Mäzenatentums, der den bankrotten Joseph von Bauernfeld noch beflügelte. Am 10. Januar 1793 unterzeichnet Schikaneder einen *Pachtkontrakt* mit den *Bauernfeldischen Konkurs-Gläubigern,* der bis zum 19. Juli 1799 läuft. Damit verpachten sie an Schikaneder die *Benützung* des Theaters, *Garderobe, Bücher und sämtliche Theatral-Einrichtungen* des Hauses. Schikaneder verpflichtet sich, den jährlichen Pachtzins von 3000 Gulden in wöchentlichen Raten zu entrichten. Wenn Schikaneder diese wöchentliche Zahlung *nicht auf den Tag* einhält, sind die Gläubiger *ohne Weiteres* berechtigt, eine Person ihres Vertrauens *zur Theaterkasse zu stellen, um den Rückstand* durch die gesamte Abendeinnahme zu tilgen.

Misstrauen prägt jetzt den Alltag. Der Kaiser richtet zusätzlich zur Polizei-Oberdirektion wieder die von seinem Vater abgeschaffte

Polizeihofstelle ein, die ebenfalls für Geheimdienstaktivitäten zuständig ist. Zu Beginn des Jahres 1793 gibt es gute Gründe für eine wachsende Nervosität des Kaisers, der nun die gesamte Polizeiverwaltung in Wien und den Erblanden Graf Pergen unterstellt. Am 21. Januar werden in Paris alle Stadttore geschlossen, das Standbild des Königs auf der Place de la Révolution wird gestürzt und ein fast zwei Meter hohes Gerüst aufgebaut. Kurz nach zehn Uhr zeigt der Henker Sanson der jubelnden Menge den bluttriefenden Kopf des Mannes, mit dem die Tante von Franz II. dreiundzwanzig Jahre verheiratet war.

In Wien werden sämtliche öffentlichen Orte überwacht, wo Menschen sich treffen, um über die politischen Ereignisse zu reden oder Zeitungen zu lesen. Das kann nicht verhindern, dass in Wirtshäusern, Wohnzimmern und Heurigen das *Eipeldauer Lied* gesungen wird, verfasst von einem Hauptmann namens Beck, vertont von Franz Hebenstreit:

> *Schauts enker Kaiser Kind nur an,*
> *Mit'n Adel tut er's halten,*
> *Der Ludwig hat's halt a so than,*
> *D'rum haben s'n nit g'halten.*

Für Schikaneders Theater wächst sich 1793 zu einem Krisenjahr aus. Sein alter Weggefährte Jakob Wallerschenk setzt sich nach Passau ab, seine Pamina Maria Anna Gottlieb ist zu Schikaneders Ärger bereits zum Rivalen Marinelli übergelaufen, und nun haben auch Benedikt und Elisabeth Schak, Barbara und Franz Xaver Gerl kalte Füße bekommen. Sie wollen Schikaneders Ensemble und die Stadt verlassen.

Die Versorgung des Heeres hat in der Hauptstadt die Lebensmittel noch teurer gemacht, ein Ende des Preisanstiegs ist so wenig abzusehen wie ein Friedensschluss mit Frankreich. Aber Schikaneder hat nun zwei neue Pferde, auf die er setzt. Unverdrossen schreibt er an einer neuen Folge des *Fiakers* und denkt auch über eine Fortsetzung der *Zauberflöte* nach.

Schon vier Tage nach Mozarts Tod, am 9. Dezember 1791, hatte eine Zeitungsmeldung behauptet, Mozart selbst habe in seinen letzten Monaten damit begonnen und bereits den ersten Akt fertig gestellt. Nun setzt *Der Geheime Botschafter* das Gerücht in die Welt, Joseph Haydn komponiere derzeit einen zweiten Teil der *Zauberflöte*. Für Schikaneder ein Signal, das selbst in die Hand zu nehmen. Dass die *Zauberflöte* mittlerweile bereits in fast zwanzig Städten gespielt wird, von Zittau bis Passau, von Graz bis Budapest, ist Anreiz genug, diesen Plan endlich umzusetzen.

Doch eine Fortsetzung müsste spektakulär werden, um dem Vergleich mit dem Original standzuhalten. Dafür aber hat Schikaneder weder Zeit noch Geld oder Nerven. Die Zukunft des Theaters auf der Wieden steht auf wackligen Beinen. Sein Eigentümer Dr. Anton von Bauernfeld liegt nicht nur mit seinem bankrotten Bruder in Fehde, sondern auch mit seiner Gattin Antonia. Um seine Finanzen scheint es nicht besser bestellt zu sein als um seine Ehe. *Wegen schuldigen 40 000 fl.* tritt er am 13. Juli 1793 den Besitz des *Wiedener Theatergebäudes samt Einrichtungsstücken* an die Gattin ab, obwohl sie offenbar nicht besonders erpicht darauf war. Die daraus erwachsenen Streitigkeiten zwischen den Eheleuten werden vor Gericht ausgetragen, das Inventar des Hauses wird säuberlich aufgelistet, wobei sich herausstellt, wie erbärmlich es hier im Vergleich mit anderen Theatern aussieht. Da gibt es keinerlei Sessel, selbst auf der *noblen Galerie* stehen nur *Bänke mit Lehnen und rotem Tuch gefüttert*.

Eine grundlegende Renovierung des Hauses ist fällig, aber teuer, Schikaneder braucht wieder einmal eine zündende Idee.

Er hat nicht aufgehört, sich im Milieu genau umzuschauen und genau hinzuhören. Oft hat er dann an einem einzigen Wochenende ein Stück zu aktuellen Themen geschrieben, über *Das Schokoladenmädchen*, *Die Kriegsgesetze* oder *Das abgebrannte Haus*. Ihm entgeht auch nicht, dass in aller Öffentlichkeit noch freizügiger über körperliche Liebe, käufliche Liebe und fremdgehende Ehegatten geredet wird, gerade weil Franz II. sich hochmoralisch gebärdet. Angefangen hat das schon mit der Broschürenflut unter Kaiser Joseph und mit Hieronymus Löschenkohl, der seit über zehn Jahren alles, was in Wien geschieht, in kolorierten Stichen verewigt und vertreibt. Der verdient sein Geld nicht nur mit Szenen vom Papstbesuch, vom Tod des Kaisers, vom Ballonaufstieg Blanchards, von den Ochsen, die zur Krönung in Ungarn geschlachtet werden und den Silhouetten jedes halbwegs bekannten Wieners; Mozart wie Schikaneder waren selbst-

Johann Hieronymus Löschenkohl verdiente auch mit Pikantem. «So lebt man am Spittelberge im extra Zimmer» ist diese Szene aus dem Jahr 1783 betitelt. Dieser Stadtteil Wiens, der heute zum 7. Bezirk gehört, wurde im 18. Jahrhundert Venusberg genannt und war verrufen wegen seiner vielen zwielichtigen Etablissements (Kupferstich, Radierung).

verständlich längst an der Reihe. Löschenkohl zeigt auch, was gelangweilte Ehemänner in den *Extrazimmern auf dem Spittelberg* treiben. Warum also nicht ein Stück wagen, das so anzüglich ist, wie die meisten daherreden? Vom Fall *Figaro* hat Schikaneder gelernt, dass die Vertonung als Verharmlosung gilt.

Am 14. Oktober 1793 wird die Oper *Die Waldmänner*, Libretto von Schikaneder, Musik von Henneberg zum ersten Mal aufgeführt. Schikaneder hat das Rondo Nr. 23 aus Mozarts *Clemenza di Tito* ins Deutsche übersetzt und als Einlage *Schön ist der Abend* für seine frivole Oper verwendet. Aber Mozart würde ihm das schwerlich verübeln, verbarg er doch, wie sein Schwager Lange beobachtete, *vorsätzlich seine innere Anstrengung unter äußerer Frivolität.*

Auch Schikaneder ist angespannt, was ihm auf der Bühne keiner anmerken darf. Bei den Waldmännern handelt es sich um einen Grafen, seinen Diener, zwei Jäger, einen Tischler, zwei Läufer und Boten, die *ein schönes Haus* im Wald bewohnen, in das heimlich Frauen ein-

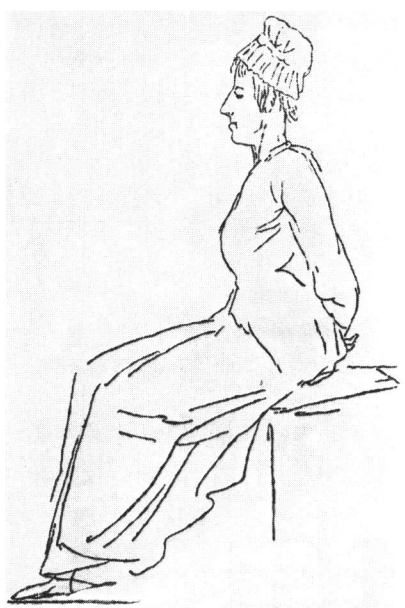

Haltung bewies die leichtlebige, jedoch zu unrecht verleumdete Königin Marie Antoinette (1755–1793) auf dem Schinderkarren. Die Zeichnung von Jacques-Louis David entstand am Tag ihrer Enthauptung und rührte nicht nur monarchistische Kreise in ganz Europa.

geladen werden, angeblich um sie zu porträtieren. Doch wenn Schikaneder alias Diener Raimund singt, *Wenn's Mannerl a Weiberl hat / Pfeift's aus dem Rohr*, versteht das Publikum, worum es wirklich geht. Zu Beginn des zweiten Aktes sollen die liebeslustigen Frauen von ihren Ehemännern, die durch einen Spion von dem Liebesnest erfahren haben, in flagranti bei den Waldmännern ertappt werden. Die haben aber rechtzeitig Wind davon bekommen, und die *Weiber* entwischen.

Das Stück muss mehrmals wiederholt werden, nicht trotz, sondern wegen der Nachrichten aus Paris. Was in der französischen Hauptstadt geschieht, treibt die Menschen in Komödien.

Dort wird am 16. Oktober auf einem offenen Karren eine verhärmte weißhaarige Frau, eine Haube auf dem rüde abgeschnittenen Haar, die Hände auf dem Rücken zusammengeschnürt, im Morgengrauen durch die Stadt gefahren. Kurz danach wird sie auf ein Brett geschnallt und der Kopf *vom Rumpf der geilen Dirne getrennt*, wie Père Duchesne die Hinrichtung von Königin Marie Antoinette in seinem Blatt beschreibt.

Auch ihr Neffe verliert den Kopf. Jeden Tag lässt er neue Anklagen unterzeichnen, Bücher, Schriften, Stücke verbieten.

Schikaneder aber hat nun wieder eine Glückssträhne erwischt. Nicht nur *Die Waldmänner*, sondern auch *Die Fiaker* entwickeln sich zu Publikumslieblingen. Am 26. November 1793 bietet Schikaneder bereits den dritten Teil zu den Leiden des nicht mehr jungen Roßschweif, betitelt *Die Fiaker in Baden*. Auch auswärts feiert ein Werk von ihm Erfolge. Aber davon, dass seine *Zauberflöte* mittlerweile in Budapest und Leipzig, Graz, Brünn, Bad Godesberg, sogar im Hoftheater München, in Dresden, Hamburg oder Magdeburg aufgeführt wird, profitiert er finanziell ebenso wenig wie die Erben Mozarts. Für Aufführungsrechte muss kein Kreuzer an die Urheber gezahlt werden.

Nun schwant dem Theaterdirektor, dass es angesichts der Streitigkeiten im Hause Bauernfeld ungemütlich werden könnte auf der Wieden. Mittlerweile ist es ein offenes Geheimnis, dass der Hoftheaterdirektor Graf Orsini-Rosenberg, den Leopold als Direktor abgesetzt und sein Sohn im letzten Jahr wieder eingesetzt hatte, erkrankt ist und das Interesse am Bühnengeschäft verloren hat. Ende des Jahres 1793 bewirbt sich Schikaneder darum, das Burgtheater dazu zu pachten. Er ist nicht der Einzige, der auf diesen Gedanken verfällt, es gibt eine ganze Liste von Bewerbern, darunter Mozarts Mäzen Baron von Wetzlar, der vermögende Graf von Unwerth und der gefeierte Hamlet-Darsteller Brockmann, der 1790 schon einmal diesen Posten innehatte. Doch bei einer Bewerbung um ein Hofamt hat der Lakaiensohn aus dem Vorstadttheater einen schlechteren Stand als Barone und Grafen.

Trotzdem beginnt das Jahr 1794 für Schikaneder hoffnungsvoll. Dass seine *Zauberflöte* sogar ins Italienische und Tschechische übersetzt werden soll und eine Bühne nach der anderen erobert, festigt seinen Namen und verbessert seine Aussichten, zur Not auch anderswo als in Wien unterzukommen. Und dass am 16. Januar Goethe, seit drei Jahren Theaterdirektor in Weimar, dort die *Zauberflöte* aufführen möchte, nach *Don Giovanni* 1792 und *Nozze di Figaro* 1793 die dritte Mozart-oper, ist für Schikaneder eine große Ehre. Dann aber dringen Details an sein Ohr. Goethe will nicht etwa die originale Fassung, sondern eine von Christian August Vulpius bringen. Obwohl von diesem zweiunddreißigjährigen gescheiterten Juristen bisher nur vierbändige *Skizzen aus dem Leben galanter Damen* vorliegen, hat er in Leipzig sofort einen Verlag gefunden, der seine Version druckt. Im Gegensatz zu Wien weiß in Weimar jeder, dass Goethe Vulpius vor allem deshalb protegiert und als Dramaturg am Theater beschäftigt, weil er seit über vier Jahren ein Verhältnis mit der jüngeren Schwester des selbsternannten Mozart-Librettisten hat.

In der Vorrede zu seinem Werk macht Vulpius dem Leser klar, warum seine Neufassung bitter nötig sei. *Das Originalstück hat gar keinen Plan,* behauptet er. *Ich habe es versucht, einen Plan hineinzubringen.* Der besteht zuerst einmal darin, das Stück in drei statt in zwei Akte aufzuteilen, schon weil ihn *der zweite Aufzug durch seine unverhältnismäßige Länge ermüdete.* Doch damit nicht genug. Es sei *schlechterdings unmöglich,* erklärt der Dramaturg, *die Zauberflöte nach dem Original, welches Mozart durch seine himmlische Komposition gleichsam veredelt hatte, vor ein delikates Publikum zu bringen,* ohne es *vom Nonsens gereinigt zu haben.* Vulpius verwandelt die Schlange in einen Drachen, damit Tamino nicht als Schlappschwanz erscheint, kleidet den Prinzen nicht japanisch, sondern *idealisch griechisch,* nimmt den Priestern ihre schönen Pyramidenlaternen weg, die er kindisch findet, und greift schulmeisterlich in den Text ein.

Was Schikaneder nun unter die Augen kommt, muss auch den abgebrühten Theatermann schmerzen. Bei ihm singt Tamino:

> *Zu Hülfe! Zu Hülfe! Sonst bin ich verloren,*
> *Der listigen Schlange zum Opfer erkoren.*
> *Barmherzige Götter! Schon nahet sie sich:*
> *Ach rettet mich! ach schützet mich!*

Vulpius kannte Mozart nicht. Sonst hätte er vielleicht gewusst, dass Mozart der Ansicht war, Verse seien *für die Musik wohl das Unentbehrlichste – aber Reime – des Reimens wegen – das Schädlichste.* Er war überzeugt, dass *Herren, die so pedantisch zu Werke gehen, immer mit samt der*

Musik zugrunde gehen. Beim Pedanten Vulpius muss Tamino nun über Luftverschmutzung klagen, weil der Dichter dringend einen Reim auf das Wort *Kampf* brauchte:

> *Zu Hülfe! Zu Hülfe! Er wird mich verschlingen!*
> *Wer hilft mir, den giftigen Drachen zu bezwingen?*
> *Wie bin ich ermattet vom schrecklichen Kampf!*
> *O welch ein Qualm! O welch ein Dampf!*

Bei Schikaneder ist die Königin der Nacht zuerst eine verzweifelte, tief besorgte Mutter, die Tamino als letzten Retter umgarnt:

> *O zittre nicht, mein lieber Sohn!*
> *Du bist unschuldig, weise, fromm:*
> *Ein Jüngling, so wie du, vermag am besten*
> *Dies tiefbetrübte Mutterherz zu trösten.*

In Vulpius' Version wird der Charakter dieser Mutter nun übersichtlich; sie ist von Anbeginn an eine Furie.

> *O zittre nicht, mein lieber Sohn!*
> *Die Zeit der Rache naht sich schon,*
> *Du bist unschuldig, fromm von Wesen,*
> *Zum Rächer der Betrübten auserlesen.*

Vulpius' Säuberungsdrang gilt vor allem den berühmten Arien, die in Wien viele auswendig können. *Und ist ein Mensch gefallen / Führt Liebe ihn zur Pflicht*, heißt es bei Schikaneder. Liebe? Die gibt es in keinem Gesetzbuch. Schikaneder hat eben, anders als Vulpius, keine Rechtswissenschaften studiert. Der Jurist reimt nun: *Nicht strafen, nur bedauern, / Ist der Geweihten Pflicht.*

Damit Schikaneder und seine Wiener Anhänger auch kapieren, was an dessen Libretto dumm, dilettantisch, falsch und unlogisch ist, versieht Vulpius seine Maßnahmen mit kritischen Anmerkungen zum Originaltext.

Am 16. Januar 1794 bringt Goethe in Weimar die *Zauberflöte* seines werdenden Schwagers Vulpius auf die Bühne. Er selbst hat die Proben geleitet und einige Bühnenbilder entworfen. Karoline Jagemann, mit dreizehn bei Iffland in Mannheim als Schülerin angenommen, hat dort 1792 als Fünfzehnjährige in Wranitzkys *Oberon* debütiert und beurteilt nun, jung, aber nicht unerfahren, das Ergebnis in Weimar. Als drei Knaben, bemängelt sie, fanden *drei Seminaristen Verwendung, unbeholfene Bauernjungen, denen man ziegelrote Trikots* angezogen hat, *so weit, dass die Ärmel wie Hautwülste aussehen,* und *nicht gerade rein gewaschene Tuniken* übergeworfen, *nicht kurz genug, um die griechische Form anzudeuten, nicht lange genug, die schmutzigen Stiefel zu bedecken.* Ihre *struppigen Köpfe* hat man *mit plumpen, einfarbigen Rosenkränzen* verschönt und *die Backen purpurn* geschminkt *wie Ostereier.* Noch mehr entsetzt sie das schauspielerische Können der Seminaristen, *die Palmzweige wie Szepter* in der ausgestreckten Hand halten und *damit gelegentlich den Takt* schlagen. Vulpius macht aus Papageno einen resoluten Geflügelhändler, der endlich richtig Hochdeutsch sprechen darf, und aus der Handlung eine Familienangelegenheit, denn bei ihm ist Pamina Sarastros Nichte und die Königin der Nacht seine Schwägerin.

Solche Details aber mindern nicht den Erfolg von Vulpius' Fassung, sie ist bereits für Mannheim bestellt worden. In Frankfurt am Main hingegen wird Schikaneders Original verwendet. *Vorige Woche ist die Zauberflöte zum 24tenmahl bei vollgepfropftem Haus gegeben worden, und hat schon 22 000 fl eingetragen!,* meldet Goethes Mutter am 6. Februar 1794 ihrem Sohn in Weimar und erkundigt sich dann: *Wie ist sie denn bei Euch exekutiert worden? Machens eure Affen auch so brav, wie unsere Sachsenhäuser?*

Dass August Wilhelm Iffland, der mit Goethe in Bewunderungstauschhandel steht, Mannheim die Version von Goethes Schützling Vulpius empfohlen hat, erstaunt nicht. Am 29. März 1794 soll die *Zauberflöte* unter Ifflands Regie dort erstmals aufgeführt werden. Als der Termin angesetzt wurde, konnte allerdings keiner ahnen, wie brenzlig bis dahin die Lage der Stadt sein würde. Am Tag der *Zauberflöten*-Premiere ist Mannheim aufs Höchste gefährdet. Schon seit Dezember 1793, als die Kurpfalz ihre Neutralität endgültig aufgegeben und ihre langjährige Residenzstadt österreichische Truppen eingelassen hat, betrachtet der französische Nationalkonvent die Mannheimer als Feinde. Im Januar 1794 war die Stadt in Verteidigungsbereitschaft versetzt, von pfälzischen Flüchtlingen überschwemmt und von einer Ruhrepidemie heimgesucht worden. Ende des Monats hatte der französische General Lazare Hoche vergeblich versucht, Mannheim zur Kapitulation zu nötigen, und den Alliierten war es gelungen, die Franzosen von der Rheinschanze zu vertreiben. Doch am 28. März, einen Tag vor der Erstaufführung der *Zauberflöte*, hat der kurpfälzische Minister österreichischen Truppen, die Mannheims schwache Garnison verstärken sollten, den Einlass verweigert. Nun wird die Kurpfalz von Österreich des Hochverrats verdächtigt. Mannheim steht zwischen den Fronten. Noch braucht diese Situation Schikaneder im fernen Wien nicht zu interessieren, doch das wird sich bald ändern.

Wie Schikaneder ist auch der Mannheimer Intendant Freiherr von Dalberg aufs Ganze gegangen. Über 3000 Gulden hat er investiert, um die Oper mit neuen Kostümen, Bühnenbildern, Beleuchtungseffekten und Maschinenwundern zu präsentieren, und die Eintrittspreise trotz der brisanten Lage erhöht. Was auf der Bühne zu erleben ist, wäre allerdings kaum nach Schikaneders Geschmack: Papageno deklamiert wie ein Hofschauspieler, Sarastro stolziert glattrasiert in Tunika mit Hieroglyphenschmuck über die Bretter, Tamino erscheint als römischer Jüngling in Sandalen und ebenfalls in Tunika, deren Saum ein Mäandermuster ziert. Trotzdem wird die Aufführung von den Mannheimern umjubelt.

Auch in Passau hat sich eine Version der *Zauberflöte* durchgesetzt, die Schikaneder auf die Barrikaden treiben müsste, obwohl dort sein alter Vertrauter Wallerschenk als Papageno triumphiert. Ein Anonymus, den die freimaurerischen Anspielungen störten, hat Tamino in einen Ritter samt Rüstung verwandelt und Pamina in ein Burgfräulein. Präsentiert wird diese Fassung ausgerechnet von Schikaneders ehemaligem Arbeitgeber Andreas Schopf.

Gut, dass Schikaneder über dieses Machwerk, gegen das er sofort zur Feld ziehen würde, nicht unterrichtet wird. Er hat auf dem heimischen Kampfplatz genügend Gefechte auszutragen. Der Schlagabtausch zwischen ihm und Marinelli ist härter geworden, nachdem Schikaneder am 26. Februar 1794 Philipp Hafners komisches Singspiel *Der geplagte Odoardo oder die lächerlichen Schwestern von Prag* herausgebracht hat. Keine zwei Wochen später servierte Marinelli in seinem Haus die gleiche Kost, aufgefrischt durch den Librettisten Perinet und aufgewertet durch die neue Vertonung des Komponisten Wenzel Müller. Und leider mit mehr Erfolg.

Doch wie üblich bringt Schikaneder auch diese Krise auf eine gute Idee, mit der er Marinelli übertrumpfen könnte, eine Attraktion für die Massen. Im März 1794 ersucht er die niederösterreichische Landesregierung, einen Sportwettbewerb mit kulturellem Anspruch, *eine neue Art von Schauspielen, die Herculiaden oder olympische Spiele nach der Weise der alten Griechen darstellt, im Prater wöchentlich geben zu dürfen.*

Schikaneder jammert nicht, er denkt um. Dass er nun verstärkt berühmte und beliebte Werke auf Deutsch herausbringt, Mozartopern wie Shakespearedramen, passt den Behörden durchaus, wenngleich die Übersetzungen nicht immer einleuchten. *The taming of the shrew* als *Die bezähmte Widerbellerin* zu präsentieren, erscheint dem kritischen Publikum fragwürdig. Und dass Schikaneder, einst als Hamletdarsteller gerühmt, nun eine *Hamlet*-Parodie von Gieseke in Knittelversen serviert, wirkt wie eine Verzweiflungstat, denn Perinet erntet am Leopoldstädter seit Langem Heiterkeitserfolge mit seinen Shakespeareparodien. Doch das Publikum im Theater auf der Wieden tobt, wenn der große Monolog beginnt: *Heiraten oder nicht Heiraten, das ist die Frage.* Giesekes Parodie spielt auf dem Mond, und Schikaneder als *Hamlet, Prinz von Liliput*, deklamiert: *Heut' sein und morgen nicht mehr sein, / Das will mir nicht in den Schädel hinein.*

Vor allem will dort nicht hinein, dass all seine Versuche, das Ruder herumzureißen, scheitern. Schikaneders Gesuch, das Hoftheater an der Burg dazu zu pachten, war noch im Frühling abschlägig beschieden worden. Am 27. Juni wird auch seine Prater-Olympiade abgeschmettert; Marinelli hat gegen das Großunternehmen seines Konkurrenten Widerspruch eingelegt und sich das vermutlich einiges kosten lassen.

Dabei müsste der Regierung ein Ablenkungsmanöver wie Schikaneders Praterspektakel, das noch zudem ein Viertel des Erlöses Bedürftigen verspricht, gerade recht kommen. Seit der Hinrichtung von Königin Marie Antoinette herrscht in Wien ein eisiges Klima. Pergens Leute rühmen sich, eine Jakobinerverschwörung aufgedeckt zu haben. Andreas von Riedel und Franz Hebenstreit sind verhaftet und in Schauprozessen verurteilt worden, Riedel zu sechzig Jahren

Festungshaft, Hebenstreit *wegen Hoch- und Landesverrat* zum Tod durch den Strang. Die Menschen leben *in der Furcht, nicht vor den Jakobinern, sondern für einen solchen gehalten zu werden*, schreibt Alxinger. Denunzianten schwärzen die eigenen Angehörigen an, Kaffeehausbesitzer und ihr Personal sind verpflichtet, Gespräche über die Revolution in Frankreich sofort anzuzeigen. Die Zensur von allem Gedruckten wird wieder eingeführt, Schriften, die zwischen 1781 und 1795 zugelassen waren, werden nachträglich zensiert. Am 1. August wird Martin Joseph Prandstetter, Dichter, Magistratsbeamter und früher Logenbruder Haydns, festgenommen, weil er Hebenstreit und Riedel nicht angezeigt hat und angeblich ebenfalls republikanische Bestrebungen hegt.

Am selben Tag werden beide Hoftheater, das an der Burg und das am Kärntnertor, neu verpachtet – ausgerechnet an Peter Braun, der es nicht für nötig gehalten hatte, seinem Schwager, Schikaneders einstigem Kompagnon, aus der Klemme zu helfen. Trotzdem gibt es für Schikaneder auch Grund zur Hoffnung. Die *Zauberflöte* zieht immer weitere Kreise. Es ist nicht mehr zu übersehen, welches Potential in dieser Oper liegt. Man muss es nur nutzen. Von Aufführungen andernorts profitiert Schikaneder nicht, aber sein Ruhm wächst mit ihrer Vermarktung.

Anscheinend hat Goethes Engagement für Mozarts letzte Oper das Klatschnest Weimar auf ein anderes Thema gebracht als kleinstädtische Intrigen und Affären. Dass sich dort nun im August ausgerechnet das *Journal des Luxus und der Moden* ausführlich mit dem Phänomen *Zauberflöte* befasst, hat seine Berechtigung. Die Oper sei Mode geworden; *auf allen Bühnen und Buden, wo es nur noch anderthalb Kehlen, ein paar Geigen, einen Vorhang und sechs Kulissen gibt*, werde sie *unaufhörlich* gebracht und habe *die Theaterkassen gefüllt*. Für *Notenstecher und Musikhändler* sei sie *eine wahre Goldgrube*, denn sie sei *in allen Noten-Offizinen teils ganz, teils in einzelnen Arien und Fragmenten, im Klavier-Auszug, mit oder ohne Gesang, variiert und parodiert, gestochen und geschrieben herausgekommen, und auf allen Messen und Jahrmärkten zu haben.* Doch auch den *Stadtpfeifern, Prager-Musikanten, Bänkelsängern und Marmotten-Buben*, Schikaneders einstigen Kollegen, habe sie *Brot und Verdienst* verschafft. *In Bädern, Gärten, Kaffeehäusern, Gasthöfen*, bei *Redouten und Ständchen, wo nur eine Geige klingt, hört man nichts als die*

Zauberflöte, sie sei sogar von sämtlichen *Walzen der Drehorgel* und in jedem besseren Haushalt zu vernehmen, denn sie liege *auf allen Klavieren unserer lernenden und klimpernden Jugend.* Eine Art von *Zauberflöten*-Devotionalienhandel biete für jede Alters- und Verdienstklasse etwas an: für die *großen und kleinen Buben Papageno-Pfeifchen,* für *die Schönen neue Moden,* sogar *Stirnbänder, Muffe und Arbeitsbeutel à la Papagena.* Die *Zauberflöte* sei zum Wirtschaftsfaktor geworden und habe zu *Bewegung, Tätigkeit, Lüsternheit und Genuss* animiert, also vom Buchhandel bis zur Gastronomie und Textilherstellung für höhere Umsätze gesorgt.

Animiert hat sie jedoch auch zu einer Auslegung, mit der weniger Geld, jedoch umso mehr Stimmung gemacht werden kann: Die *Zauberflöte,* ein politischer Sprengsatz. Im letzten Jahr schon war in der Mannheimer Gegend diese *Zauberflöten*-Deutung als Handschrift eines anonymen Verfassers unter dem Titel *Etwas Neues über die Zauberflöte* herumgegangen. Jetzt verhilft die Mannheimer Zeitschrift *Die Rheinischen Musen* diesem Text zu großer Aufmerksamkeit. Dort greift ein Journalist diese *rheinische Handschrift* an. Er findet es zwar unsinnig, einen Mann wie Schikaneder *zum Apostel der Freiheit und sein Werk zur verschleierten Dirne französischer Schwärmerei* zu erklären. Doch er teilt den Lesern die jakobinische *Auslegung der Personen, Tiere* und *Gegenstände* dieses *Schwärmers* mit und verbreitet so dessen Botschaft unter Tausenden.

Der anonyme Verfasser der handschriftlichen *Zauberflöten*-Deutung ist überzeugt, Mozart und Schikaneder hätten ihr Gemeinschaftswerk im Auftrag des französischen Nationalkonvents verfasst; sie verbreiteten darin schließlich demagogische Grundsätze und verherrlichten die Ideale der Revolution. In seinen Augen ist die Botschaft eindeutig: Das französische Volk, vertreten durch Tamino, wird vom drohenden Staatsbankrott in Gestalt der Schlange verfolgt. Papageno, der Tamino im Namen des Feudalismus begleitet, ist unverkennbar ein Abgesandter der Reichen; sein Pfauenfederschmuck symbolisiert die Eitelkeit, seine Panflöte die Rohheit der Feudalherren und sein Glockenspiel das Geld, nach dem alle tanzen. Die Königin der Nacht verkörpert den Despotismus des *ancien régime,* deren Tochter Pamina die Freiheit, welche durch die *Weisheit einer besseren*

Gesetzgebung, verkörpert in Sarastro, verwirklicht wird. Die Priester des Sarastro stehen für die Nationalversammlung. Monostatos ist Stellvertreter der Emigranten, seine Sklaven sind deren Söldner. Dieser Mohr will Tamino Hindernisse in den Weg legen, wird aber wie die Königin der Nacht in den Abgrund gestürzt. Alles klar.

Die *Rheinischen Musen* halten das für reinen Blödsinn. *Als Schikaneder den elenden Text der Zauberflöte verfasst* und *Mozart sie zum Meisterstück musikalischer Kunst* gemacht habe, hätten *sie gewiss nicht* daran gedacht, *der französischen Freiheit ein Opfer und ihren Grundsätzen Anhänger zu verschaffen.* Sie sei schließlich entstanden, *bevor man an französische oder deutsche Jakobiner dachte.* Aber heute lege man sich alles so zurecht, dass es *zur Propaganda der Freiheit* verwendet werden könne. Der Journalist der *Rheinischen Musen* ist sicher, *des Publikums gebildeterer Teil* sehe die *Zauberflöte* als *das an, was sie ist.* Kulinarisch gesagt: *ein Ragout aus Unsinn und Vernunft, mit einer reizenden Musik und kostbaren Dekorationen gewürzt*, also dumm, aber harmlos. Unbestritten bleibt aber, dass der *Zulauf* zur *Zauberflöte* in Mannheim *unbeschreiblich* ist. Denn *von nah und fern* lässt *der Reiz der Neuheit die Zuschauer herbeikommen.*

Es ist kein Zufall, dass die Diskussion über die politische Gefährlichkeit der *Zauberflöte* in Mannheim stattfindet. Die Stadt hat sich im Juli erneut des Verrats verdächtig gemacht, als die über den Rhein zurückgedrängten Truppen von Kaiser Franz ihre Tore verschlossen fanden und in Schwetzingen Zuflucht suchen mussten.

Unter den Besuchern der Aufführungen haben sich von Anfang an Freunde wie Feinde der Jakobiner befunden. Prompt ist es im aufgeheizten Klima dieser Stadt zu spontanen Demonstrationen und handgreiflichen Auseinandersetzungen der beiden Parteien gekommen, sodass die Intendanz des Theaters den Kommandanten der Militärwache gebeten hat, die Wachen zu verdoppeln, wenn abends die *Zauberflöte* auf dem Spielplan steht.

Indem die weitverbreiteten *Rheinischen Musen* der anonymen Handschrift so viel Aufmerksamkeit gönnen und sie so ausgiebig zitieren, gelangt deren jakobinische Deutung auch nach Wien. Dort hat die von Kaiser, Ministern und Geheimpolizei geschürte Jakobinerpanik einen neuen Höhepunkt erreicht. Franz II. setzt um, was er seinem Bruder Johann im August zum Thema Jakobiner kurz und knapp erklärt hat: *wir müssen sie also ganz ausrotten.* Doch ein eifriger Linzer Regierungsrat namens Johann Valentin Eybel will mit allen Mitteln verhindern, dass die jakobinische Schrift aus Deutschland die *Zauberflöte* in ihrem Geburtsland Österreich zu Fall bringt. Unter Joseph II. hatte sich Eybel noch fortschrittlich gegeben und für die Schließung der Klöster stark gemacht, nun befürwortet er ganz im Sinne des neuen Kaisers Franz II. die Bekämpfung der Jakobiner und deutet die *Zauberflöte* genau umgekehrt wie die Mannheimer: als antijakobinisches Bekenntnis.

Eybel, der in Linz Schikaneders Originalfassung erlebt hat, veröffentlicht in der Wochenbeilage der Linzer Zeitung regelmäßig seine *Göttergespräche gegen die Jakobiner*, die er Ende des Jahres 1794 auch in Buchform herausbringen möchte. Dort unterhalten sich nun Momus, der Gott des Tadels, und Thalia, die Muse des Theaters, über die *Zauberflöte* und erkennen klar, was deren Botschaft ist. Die Königin der Nacht stellt die Philosophie der Jakobiner dar. Mit Pamina gebiert sie die Idee einer Republik: Die Tochter soll im Dunkel der Nacht aufwachsen, um dann jakobinisch verheiratet zu werden. Doch Pamina wird entführt und an einen sicheren Ort verbracht, wo es im Gegensatz zu Frankreich noch Tempel, sprich Kirchen gibt. Dort wird sie so lange von einer großen Macht, in der Oper Sarastro, realiter Österreich, bewacht, bis sie nach Vertreibung der Nacht, also der jakobinischen Idee, mit einem Kind des Lichtes, einem echten Prinzen vermählt werden kann. Damit ist die Welt wieder in monarchistischer Ordnung.

Dass in Eybels Deutung auch die Ermordung Marats vorkommt, die erst zwei Jahre nach der Uraufführung der *Zauberflöte* geschah, stört die Freunde dieser kaiserfreundlichen Deutung nicht. Und dass sie sogar die Musik, die den Untergang der Jakobiner im wahren Wortsinn hinausposaune, im Sinn des *ancien régime* interpretiert, ist willkommen. Papageno allerdings ist für Eybel eindeutig der jakobinische Vogelfänger.

Für Schikaneder, den Vogelfänger in Wien, kann es nun gefährlich werden. In seinem Umkreis werden einige Personen des Jakobinertums verdächtigt. So etwa Hubert Kumpf, sein ehemaliger Kompagnon am Kärntnertor. Er war in Pest mit Jakobinern in Berührung gekommen und nach dem Tod seines Arbeitgebers Graf

Erdödy nach Wien zurückgekehrt; gerufen hatte ihn Franz Gott-hardi, früher in Pest Kaffeehausbesitzer und Polizeidirektor. Nach dem Tod von Joseph II. war er ins Geheimkabinett von Kaiser Leo-pold aufgenommen, zum Rat der k. k. Theatraldirektion ernannt, mit Büroräumen in der Hofburg und 2100 Gulden Jahresgehalt aus-gestattet worden. Gotthardi hatte Kumpf überredet, *sich zu dem aller-höchsten Herrendienst*, das heißt als Polizeispitzel zur Verfügung zu stellen und für ihn die Leute am Burgtheater auszuspionieren, wo Kumpfs Frau Chortänzerin war. Brockmann, Weigl und Stephanie der Jüngere wurden Opfer seiner Denunziationen. Nach dem Regie-rungsantritt von Franz II. aber hat Gotthardi jeglichen Einfluss ver-loren und gemeinsam mit Kumpf die Seiten gewechselt.

Am 12. September 1794 wird Schikaneders ehemaliger Co-Direk-tor in seiner Meidlinger Wohnung verhaftet. Er bekennt, im *Gasthof zur Goldenen Schaufel* Schmähreden gegen die Regierung gehalten zu haben. Im Gegensatz zu Gotthardi, der zu fünfunddreißig Jahren Zuchthaus verurteilt wird, kommt Kumpf bald wieder auf freien Fuß, aber mit seiner Karriere ist es vorbei.

Da ist auch Ignaz Steindl, Wirt des Gasthofs *Zum Grünen Baum* ge-genüber dem Freihaus, in dem Schikaneder verkehrt. Er wird verhaf-tet und wegen *rechtswidriger Reden* verhört. Zeuge vor Gericht ist Franz Xaver Süßmayr. Steindl wird eingesperrt, nicht zuletzt, weil sich bei ihm verdächtiges Material gefunden hat: das Manuskript zu einem von der Zensur verbotenen Stück über Charlotte Corday, die Mörderin Marats, mit dem der Verfasser seine Zeche bezahlt hat, das aber der Wirt nicht verkaufen konnte. Weil der Verfasser Franz Döhner heißt und Schikaneder bereits fünf Stücke des bayrischen Theaterschriftstel-lers aufgeführt hat, belastet dieses Material auch ihn. Umso mehr, als Döhner sich in den Augen der Polizei für die Falschen einsetzt: für Schwarze und Juden. Im Fall Döhner muss Schikaneders neuer Saras-tro Franz Xaver Mayer in den Zeugenstand.

Schikaneder ist bereits vorsichtig geworden. Im März 1794 hat er die *Kleine Freimaurerkantate* in seinem Theater zugunsten von Cons-tanze Mozart aufführen lassen, aber nicht im Original. Erinnert eine Stelle ihres ursprünglichen Textes doch stark an die Schrift Heben-streits, deren Titel er selbst nicht ganz wörtlich mit *Mensch unter Men-schen* übersetzt hat. Bei Schikaneder heißt es: *Süß der Gedanke, dass nun die Menschheit / Wieder einen Platz unter Menschen gewann.* Nun aber hat er für die Kantate einen völlig neuen Text verfasst und sie unter der Überschrift *Die Abreise des Fürsten* angekündigt. Doch beirren lässt sich Schikaneder nicht.

Durch den Morast der Verleumdungen pflügt er unverdrossen auf sein neues Ziel zu. Mitte August hat er ein Gesuch für einen kompletten Umbau des Theaters auf der Wieden an die niederösterreichische Landesregierung gerichtet. Er bittet, eine dritte Galerie errichten, zwei neue Ausgänge durchbrechen und im Parkett Sperrsitze einbauen zu dürfen. Vier Tage nach Kumpfs Verhaftung, am 16. September, wird ihm das bewilligt. Damit ist der Weg frei zu spektakulären Projekten in einem neu erstrahlenden Theater auf der Wieden und der Kopf frei für eine längst fällige Oper aus dem Geist der *Zauberflöte*.

Der Librettist steht schon länger fest und der Komponist mittlerweile auch. Nachdem der Vollender von Mozarts Requiem, Franz Xaver Süßmayr, am 1. Mai 1794 endlich zum Kapellmeisteradjunkten am Kärntnertortheater ernannt worden ist und ein Monatsgehalt von 66 Gulden und 44 Kreuzern bekommt, muss er nicht mehr als Aushilfsgeiger Hungerlöhnen nachrennen und kann sich dem Komponieren widmen. Mozarts *Snai*, sein *Tischnarr*, sein *Schaberl* und Begleiter in der letzten Stunde des Lebens, hat sich zwar offiziell auf dem Theaterzettel zum *Moses* als *Schüler von Salieri* bezeichnen lassen, gilt aber allgemein als Mozarts Vertrauter und besitzt ähnlich viel Sinn für Unsinn.

Für den 14. November 1794 kündigt das Theater auf der Wieden an: *Der Spiegel von Arkadien. Heroisch-komische Oper von Emanuel Schikaneder, Musik von Franz Xaver Süßmayr.* Schon im Vorfeld lässt Schikaneder durchsickern, dass sich darin vor allem Mozarts *Zauberflöte* spiegelt. Siebzehn Tage vorher ist die Uraufführung bereits ausverkauft. Das Publikum wird nicht enttäuscht. Göttin Juno ist zwar keine Königin der Nacht, sondern Königin des Olymp, wird aber wie diese von Josepha Hofer gesungen. Metallio ist zwar kein Vogelfänger, sondern ein Vipernfänger, doch gespielt wird er von Papageno Schikaneder. Und was er singt, kommt den meisten irgendwie bekannt vor.

Der Anschlusstreffer: Schikaneders erster großer Erfolg nach der «Zauberflöte», «Der Spiegel von Arkadien», war ein Gemeinschaftswerk mit Mozarts Assistenten Franz Xaver Süßmayr. Schikaneder spielte darin nicht etwa den Gott Jupiter, wie ihn samt Blitzbündel und Adler das Titelkupfer zeigt (1797), sondern den Vipernfänger Metallio. Der war dem Vogelfänger Papageno in vielem ähnlich und fast ebenso beliebt.

> *Muss ich fern vom Weibchen leben*
> *So wird mir die Zeit so lang,*
> *Nichts kann mir Vergnügen geben*
> *Und das Herze pocht so bang.*

Damit auch alle begreifen, worauf sich diese Oper bezieht, besingt ein Quartett das *Glück, den Menschen Mensch zu sein.*

Schikaneders Hoffnungen erfüllen sich voll und ganz. Was in der *Wiener Zeitung* vom 3. Dezember 1794 unter der Überschrift *An Schikaneder* zu lesen ist, wirkt geradezu erlöst, so als sei endlich der Zauberflötenbann gebrochen. Bisher habe jeder daran gezweifelt, dass noch einmal *ein deutsches Singspiel aus dem Gehirn irgendeines Theaterdichters hervor steigen würde, das der mit Recht so beliebten Oper ‹Die Zauberflöte›, Mozarts herrlichem Schwanengesang, an die Seite gestellt zu werden verdiente.* Doch Schikaneder habe das *schnöde* Vorurteil widerlegt. *Er schrieb den ‹Spiegel Arkadiens› – und man widerrief.* Das wohlgeratene Libretto werde aber durch die *herrliche, redende Musik erst zum höchsten Grad von Vollkommenheit gebracht.* Der Kritiker nennt den Komponisten einen *würdigen Nachahmer Mozarts* und meint, *der verewigte Mozart selbst würde an der Stelle des Herrn Süßmayr keine passendere Musik geschrieben haben.*

Angeblich ist diese Hymne an Schikaneder eine Hymne von Schikaneder zu Werbezwecken. Eine Woche später erscheint in derselben Zeitung eine Annonce von Constanze Mozart, die Vorankündigung der ersten Aufführung von *La Clemenza di Tito* in Wien, allerdings konzertant. Daran schließt sich ein Inserat an, in dem sich eine *Gesellschaft von Freunden der Literatur* bemüßigt fühlt, Süßmayr vier Verszeilen als *kleines Opfer* ihrer *Dankbarkeit zu bringen:*

> *Als Mozart starb, da hüllt in Trauerschleier*
> *Des deutschen Singspiels Genius sich ein;*
> *Dein Saitenspiel erscholl – er atmet wieder freier*
> *Und hofft, du wirst ihm einst Ersatz für Mozart sein.*

All diese Ergüsse kommen Schikaneder zugute. Seine Rechnung geht auf. Die Arien und Lieder der Oper sind sofort als Gassenhauer unterwegs, und der beliebte Joseph Richter prophezeit in seinen fingierten *Briefen eines Eipeldauers an einen Vetter in Kagran*, einem Blatt, über das ganz Wien lacht: In ein paar Tagen *führen die Bierhäuselmusikanten schon d'ganze Opera um ein' Kreuzer auf.* Dass der *Eipeldauer* sich seitenweise für die Bühnenwunder dieser Oper begeistert, lässt den Zuschauerstrom weiter anschwellen. Genau das ist es, was die Menschen derzeit erwarten, ein Feuerwerk an Überraschungen, das die Angst vor einem Krieg vergessen lässt, zumindest einen Abend lang. *So ein Stuck ist noch auf kein Theater g'wesen. Eh der Herr Vetter ein' Pris Tobak schnupft, is schon wieder eine andere Vorstellung da und d'eine ist schöner g'malen wie die andre!* Besonders die Hochzeitsszene am Schluss

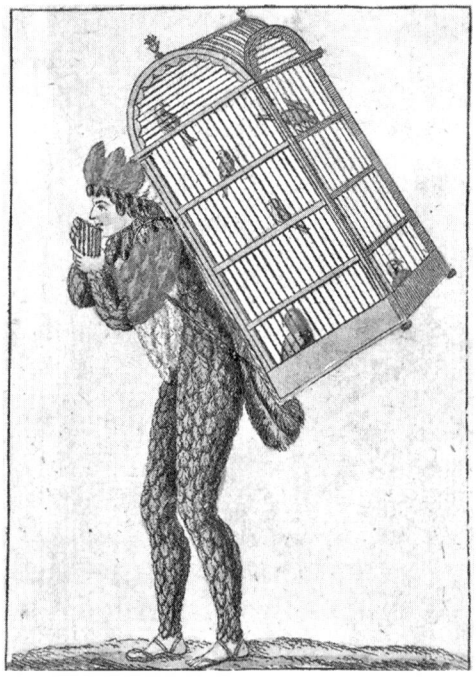

Glückwunschkarte mit der Figur des Papageno aus der «Zauberflöte». Mit solchen Modeartikeln, oft auch mit Noten und Texten versehen, machten Löschenkohl und dessen zahllose Nachahmer gutes Geld, ohne davon etwas abzugeben an die Erfinder, in diesem Fall Schikaneder und Mozart; ein Urheberrecht existierte damals noch nicht.

hat es dem *Eipeldauer* angetan; *da haben d'Zuschauer s'Maul und d'Augen aufgrissen,* denn auf einmal war *anstatt 'n Hochzeitssaal der Himmel da und dort sitzt der Gott mit seiner Frau Gemahlin auf'n Thron.* Das macht selbst den *Eipeldauer* fassungslos: *da hab ich vor Verwunderung selber g'laubt, dass ich im Himmel bin.*

Schikaneder würde sich wohl ebenfalls im siebten Himmel fühlen, müsste er nicht wieder mit ansehen, dass an der von ihm erdachten, verfassten und finanzierten Oper andere verdienen, die ihm von ihrem Profit so wenig abgeben wie die mittlerweile fast fünfzig Bühnen, auf denen die *Zauberflöte* gespielt wird. Mozarts Witwe geht in dieser Hinsicht zwar ebenfalls leer aus, hat sich aber zu einer gewieften Geschäftsfrau entwickelt, die mit dem Requiem ordentlich verdient, was zwar nicht den Abmachungen entspricht, aber im Sinn ihres Mannes wäre.

Fünf Verlage bringen Klavierauszüge vom *Spiegel von Arkadien* heraus, in ganz Österreich und Deutschland sind Notendrucke der beliebtesten Arien, der Ouvertüre und schnell fabrizierter Bearbeitungen für jede Art von Hausmusikensemble im Handel. Immerhin beschert das Schikaneder ein volles Haus. Zwei Wochen nach der Uraufführung berichtet die *Wiener Zeitung*, auf acht Tage im Voraus seien *die Logen schon bestellt und alles fährt und läuft dem Wiedener Theater zu*. Bis zum 16. Dezember wird die neue Erfolgsoper sechsundzwanzig Mal gegeben, also nahezu täglich.

Als die Musikalienhändler in Wien auch noch Geschenkkarten vertreiben, auf denen zwei Lieder aus dem Stück abgedruckt sind, reicht es Schikaneder und Süßmayr. Sie legen Protest ein; mit Erfolg, aber ohne Gewinn.

Schikaneder sieht sich jedoch bestätigt in seinem Programm, mit dem er den Gräueln der Wirklichkeit und nun auch den Opportunisten etwas entgegensetzt: Am 19. Dezember bringt er *Liebe und Koketterie der Vorzeit* heraus, ein harmloses *Rittergemälde*, verfasst vom angeblich gar nicht harmlosen Franz Döhner, der zwar nicht sitzt, aber unter strenger Überwachung steht.

Weder mit seiner Zauberoper noch mit dem Rittergemälde kann Schikaneder die Wiener jedoch davon abhalten, in noch viel größeren Massen ein anderes Spektakel zu frequentieren. Es sind sogar dieselben Leute, die abends auf die Wieden kommen, tagsüber jedoch mit Hunderten, Tausenden anderer in die Gerichtssäle strömen. Dort wird ihnen eine Mischung aus Schmierentheater, bürgerlichem Trauerspiel und Historiendrama geboten. Bühnenreife zynische Formulierungen gibt es dort zu hören, wie die Feststellung, der fünfzigjährige Riedel, zu sechzig Jahren Festungshaft verurteilt, könne *nach Abbuße seiner Strafe durchaus in die Freiheit entlassen werden*.

Am 8. Januar 1795 wird morgens um neun Franz Hebenstreit gehängt. Nicht wie üblich auf dem Militärgerichtsplatz, sondern auf dem Glacis vor dem Schottentor, wo für *die beträchtliche Menge der Zuschauer der größte Platz vorhanden ist*.

Wegen «Hoch- und Landsverrats» wurde Franz Hebenstreit (1747–1795) am 8. Januar 1795 «hingerichtet durch den Strang». Der Sohn eines Prager Philosophieprofessors, der selbst Jura und Philosophie studiert hatte, wurde erst in den 1970er Jahren als Idealist der Demokratie rehabilitiert. In den 1980er Jahren wurde ein Café nahe an seiner Hinrichtungsstätte, dem Schottentor, nach ihm benannt.

In diesem Jahr, das so unheilverkündend beginnt, scheint sich auch die Schlinge um Schikaneders Hals zuzuziehen. Ein privater Unternehmer wirft die Mannheimer Schrift in Wien als Broschüre auf den Markt. Der aggressive Titel lautet: *Geheime Geschichte des Verschwörersystems der Jakobiner in den österreichischen Staaten. Für Wahrheitsfreunde.* Als fiktiver Erscheinungsort wird London angegeben, was jedem Freimaurer als Codewort für Wien geläufig ist. Damit der Leser schnell begreift, wie schlagend diese Interpretation ist, wird die Gleichsetzung von *Zauberflöte* und vermeintlich jakobinischem Gedankengut tabellarisch aufgelistet und die Deutung noch radikaler formuliert. *Die Idee, die diesem Stück zu Grunde liegt, ist die Befreiung des französischen Volkes aus den Händen des alten Despotismus durch eine bessere Gesetzgebung.*

Der Mann, der für sein Land eine *bessere Gesetzgebung* entworfen hatte, Andreas von Riedel, wird aus dem Grazer Gefängnis in den schlimmsten Kerker des Habsburger Reichs überführt, das *Todesgefängnis* von Munkács. Schikaneder muss zeigen, dass er nicht auf Seiten der sogenannten Verräter steht. Als Martin Joseph Prandstetter an den Pranger gestellt wird, treibt es wie üblich die Schaulustigen in Scharen hinaus aufs Glacis. Auch Schüler wie der neunjährige Adolf Bäuerle, später ein führender Vertreter des Alt-Wiener Volkstheaters, wollen sich das Spektakel nicht entgehen lassen. Bäuerle ist ein Verehrer Schikaneders, den er im *Spiegel von Arkadien außerordentlich drollig und komisch fand.*

Ein Schulfreund von Adolf kennt sich aus. Der Kitzel ist, dass die Delinquenten auf dem Weg zum Glacis wüst beschimpft, verhöhnt und bespuckt werden. *Was das Volk bereits gestern mit einem der Verbrecher getrieben* habe, soll *fürchterlich gewesen sein,* und heute werde es *vermutlich noch toller zugehen,* freut sich Adolfs Schulfreund. Er weiß auch, von wo man eine besonders gute Aussicht auf das Ganze hat; von einem Haus in der Wipplingerstraße, *in welchem der Schauspieler Gieseke wohnt,* direkt gegenüber dem Magistratsgebäude, an dem die Delinquenten vorbeigeführt werden.

Adolf Bäuerle hat Gieseke als Gott Jupiter im *Spiegel von Arkadien* erlebt. Nun liegt der *Gott* in einen *weiten Schlafrock gehüllt auf dem Sofa,* weist den beiden Buben das dritte Fenster zu und verrät: *Das erste und zweite Fenster werden Schikaneder und Mamsell Wipfel, Süßmayr und Frau Hofer einnehmen.* Gieseke selbst findet es *nicht der Mühe wert einen Blick auf die Straße zu werfen.* Der junge Bäuerle, bereits entschlossen, Schauspieler zu werden, ist nun mehr an der Theaterprominenz interessiert als an dem Delinquenten. Es erregt ihn, dass er Schikaneder aus nächster Nähe sehen wird, ferner *die schöne Wipfel, die beliebteste Schauspielerin* der Stadt, *Süßmayr, den berühmtesten Kompositeur Wiens,* und *Madame Hofer, nicht nur eine Göttin im Spiegel von Arkadien, sondern eine Göttin auch außer dem Theater.*

Für den Theaterverrückten ist nun die eigentliche Sensation, von seinem Logenplatz am Fenster aus Schikaneder näherkommen zu sehen, der sich unten durch den Massenauflauf kämpft, die Wipfel *am Arm,* Süßmayr und die Hofer im Schlepptau. Es sei *ein wahres Glück,* findet der junge Verehrer, *dass der Direktor ein so riesenstarker Mann ist; wie ein Mauerbrecher dringt er durch die Massen. Die Leute rufen ihm allerlei nach. Sie kennen ihn! Sie lachen! der Vipernfänger, der Papageno …*

Im Fenster neben dem des kleinen Bäuerle, den er *Mops* nennt, wird Schikaneder Zeuge, wie Hunderte von *Schlosser-, Schuster-, Schneider-, Friseur- und andere Buben* sich drängen, um dabei zu sein, wenn der *Hochverräter* an den Pranger gestellt wird. Wie der kleine Schüler hört er *die entsetzlichen Fratschlweiber* rachsüchtig kreischen, weil der ehemalige Magistratsrat angeblich ihren *Erwerb schmälerte.* Schikaneder muss feststellen, dass hier das eigentliche Volkstheater stattfindet, die wahre *Hetz'.* Der Hinrichtungsplatz ist eine Bühne, auf der wirklich etwas passiert, und das Volk begreift das auch so. *Unaufhörlich* schreit *der Pöbel: Die Fratschlweiber sind noch nicht hin, / Aber der Herr von Prandtsetter steht auf der Bühn'.*

Schikaneder denkt nicht daran, seinen Abscheu zu verbergen, obwohl er damit nach der Definition von Salieris Librettisten Giovanni Battista Casti ein Jakobiner ist. Dazu rechnet Casti nämlich all diejenigen, *die nicht vollständig die tausende und abertausende Schweinereien billigen,* die einfach *noch einen Rest von Verstand, von Menschlichkeit, von Redlichkeit behalten haben,* also *neun Zehntel der Bevölkerung.* Sichtbar *unwillig,* so der junge Bäuerle, tritt *Schikaneder vom Fenster zurück. Das ist nichtswürdig,* sagt er, *dass man einen Unglücklichen, der ohnehin zur dreißigjährigen schweren Kerkerstrafe verurteilt ist, auch noch auf solche Art malträtiert.*

Aus der Nähe beeindruckt Schikaneder seinen jungen Verehrer tief, aber er raubt ihm auch einige Illusionen. Als ihm Bäuerle gesteht, er habe *Lust*, Schauspieler zu werden, lacht der alte Bühnenroutinier den jungen Schwärmer aus. *Wenn es mit der Lust allein nur auch schon abgetan wäre.* Er solle sich besser *etwas Anderes* ausdenken. *Um Schauspieler zu werden*, warnt er, *braucht man mehr, als du wähnst.*

Das gilt erst recht für einen Theaterdirektor. Schikaneder ist entschlossen, sich zu behaupten, selbst wenn es riskant wird. Ihm ist bewusst, dass Hoftheater und Josefstädter Theater über das Vorrecht für Ballett verfügen, aber was soll er tun, wenn auf einmal das ganze Wiener Publikum verrückt nach Tänzerinnen ist? Zuerst gibt es da nur eine Primaballerina, die eigentlich Mayer heißt und aus Österreich kommt, aber seit ihrer Heirat mit einem italienischen Balletthelden als Maria Viganò Karriere macht. *Das Waldmädchen* heißt jenes Stück im Hoftheater, das Schikaneders Waldmänner alt aussehen lässt. Als Erste ihres Fachs tobt die Viganò darin ohne Perücke, mit flatternden offenen Haaren, vor allem aber in fleischfarbigem Trikot über die Bühne, so dass es aussieht, als wäre sie nackt. Sogar Schikaneders treuer Verehrer Adolf Bäuerle rennt ins Hoftheater und ist bereits mehrmals Zeuge geworden, wie die *vornehmen Damen und Herren in den Logen und im Parterre ebenso unmäßig klatschten und Beifall johlten, dass sie das Brava, Bravissima genauso hemmungslos brüllten wie der Plebs auf der hintersten Galerie.* Es kommt *nicht selten* vor, *dass rasende Enthusiasten* hinterher mit den Kräften am Ende waren und *ihnen sogar ärztliche Hilfe angeboten werden musste.* Der in einem anderen Stück der Viganò zufällig anwesende türkische Botschafter war aus seiner Loge geflüchtet, weil er fürchtete, *das gesamte Publikum hätte Tollkirschen genommen oder wütende Hunde seien ins Theater eingedrungen und hätten die Zuschauer gebissen.* Der Gesandte hatte angeblich beobachtet, wie *junge Leute im Parkett die Zähne fletschten, weil er der Einzige war, der nicht brüllte* und nicht *in Ermangelung eines Bouquets oder eines Kranzes, ein Stück Samt von der Logenbrüstung riss*, um es *in trunkener Begeisterung der Gefeierten vor die Füße* zu schleudern.

Die Viganò-Mode hat die *Zauberflöten*-Mode abgelöst; Löschenkohls Viganò-Fächer finden so reißenden Absatz, dass die Arbeiter seiner Fächerfabrik die Nächte durcharbeiten und er angeblich 36 000 Gulden damit eingenommen hat. Auch der Rostbraten mit Knoblauch à la Viganò ist ganz nach dem Geschmack der Verehrer. Den kann ihnen nicht einmal der *Eipeldauer* verderben, wenn er lästert, ein derart ätherisches Wesen würde niemals etwas so Vulgäres zu sich nehmen.

Daraufhin hat das Josefstädter Theater eine falsche Viganò präsentiert, *jünger* und *reizender* als das Original und derart begabt, es zu kopieren, dass die Verehrer der echten Viganò scharenweise zu ihr überlaufen.

Für Schikaneder war es ein Leichtes, den beliebten Tänzer Giovanni Battista Checchi abzuwerben. Und nicht nur ihn, sondern auch die Primaballerina Marianna Venturini vom Hoftheater, das zum Hofzirkus Viganò mutiert ist. Beleidigt hatte sie Wien verlassen wollen, wurde aber von adligen Verehrern zum Bleiben genötigt. Nun hat sie bei Schikaneder ein Ballett etabliert, das ihre aristokratischen Mäzene finanzieren. *Herrn Schikaneder kostet das Ballett nichts als Dekorationen und Kleidung*, berichten die *Rheinischen Musen* korrekt. Und er kassiert bestens ab, weil mittlerweile viele Theaterfreunde, die des Zickenkriegs müde sind, sich bei ihm erholen.

Halbwegs ausgeruht besinnt sich Schikaneder nun auf das, was ihm keiner nehmen kann: ein volksnaher Komiker und Librettist von unschlagbaren Opernerfolgen zu sein. Höchste Zeit also, endlich einmal auf die Pauke zu hauen, damit Besserwissern wie Vulpius und Kleingeistern wie jenem Metzler, der sich Gieseke nennt, Hören und Sehen vergeht. Die Gelegenheit bietet sich im Juni, als der Verleger, der das Textbuch zum *Spiegel von Arkadien* druckt, Schikaneder um ein Vorwort bittet.

Am 14. Juni setzt sich Schikaneder hin und holt zum Rundumschlag aus. Sein *Spiegel*, den neidische Schreiberlinge *beflecken zerkratzen und meinetwegen auch zerschlagen* wollten, *dass die Scherben herumfliegen*, sei dadurch nicht zu zerstören. Er sei nach der *Zauberflöte* schon einiges gewohnt, seufzt Schikaneder, und habe deshalb mit manchem gerechnet, wenn auch nicht mit einem Vulpius, der *die Güte* hatte, diese Oper *in drei Akte zu zerschnitzeln*. Großmütig erklärt Schikaneder aber, er habe *dem gutherzigen Abschreiber — denn mehr war er doch nicht — schon verziehen — weil er, wie seine Arbeit beweist, nicht einmal Begriffe von Musik hat. Denn wie hätte es ihm sonst einfallen können, eine Oper, die ich mit dem seligen Mozart fleißig durchdachte, zu verstümmeln; wie hätte es ihm sonst einfallen können, einen Akt mit einer Arie zu*

Christian August Vulpius (1762–1827), der ältere Bruder von Christiane Vulpius, später verheiratete Goethe, war Theater- und Bibliothekssekretär in Weimar, zudem Verfasser damals beliebter Ritter- und Schauerromane wie «Rinaldo Rinaldini» (1797). Als Goethe am 7. Mai 1794 die Intendanz des Weimarer Hoftheaters übernahm, begann Vulpius als freier Dramaturg und Theaterdichter mitzuarbeiten. Grundsätzlich ließ Goethe keine Opern oder Singspiele aufführen, die nicht von Vulpius bearbeitet worden waren.

schließen, was ungefähr vor 20 Jahren Mode gewesen sein mag? Doch er wolle Vulpius nichts nachtragen, *weil ihm sein Abschreiben Brot erwirbt, und sich jeder so gut hilft als er kann!* – Nur wundert's mich, dass wirklich seine verstümmelte Arbeit auf einigen Bühnen abgesungen wird.

Und weil er schon dabei ist, knöpft er sich auch noch Gieseke vor, der durch seine Rolle als Gott Jupiter offenbar größenwahnsinnig geworden sei und *die Frechheit gehabt* hat, *einige Schauspieler glauben zu machen, er hätte an meiner Zauberflöte mitgearbeitet,* außerdem *die Dreistigkeit* zu verbreiten, Schikaneder sei *ein trivialer Schauspieler.* Was denn bitte trivial heißen solle, fragt Schikaneder und unterscheidet scharf zwischen volkstümlich und volksverdummend. *Er wünsche sich sehr, dass man seinen Papageno als einen launigen Menschen, nicht als einen Hanswurst spiele, wie es leider auf so vielen Bühnen geschieht.* Wer ihn kennt, sieht ihn seinen Frack zurechtziehen, wenn er dann dröhnt: Alle diese *Theaterkritteleien* würden nicht etwa aus Lessings Geist, sondern *aus Brotneid, Scheelsucht oder aus Notdurft in die Welt gesetzt.* An seinem Selbstbewusstsein könnten sie nicht kratzen, denn nicht der Kritiker, *das Publikum ist des Dichters und des Schauspielers Richter, und ein Publikum in Wien von mehr als 300 000 Menschen richtet sich nicht nach dem Geschreibsel eines hungrigen Individuums!* Die Absicht des Theaters sei es, *anständig zu unterhalten – und wenn man in einem gesitteten Staate eine Zauberflöte in zwei Jahren 198 Mal, einen Spiegel von Arkadien in sechs Monaten 73 Mal aufführen kann,* müsse doch etwas dran sein an seinen Textbüchern. Der Ton mache die Musik, aber noch lange keinen Erfolg. Es gebe *Beispiele genug, dass die besten Musiken an schlechten Büchern gescheitert* seien.

Das alles klingt glaubwürdig, ganz und gar nach Schikaneder. Nur an seinem letzten Satz werden selbst seine treuesten Verehrer zweifeln: *Mögen sich die Herren die Finger krumm und lahm schreiben, ich antworte von nun an keine Zeile mehr! –*

Die Rheinischen Musen mahnen Schikaneder, nachzulegen, der Glanz des arkadischen Spiegels beginne zu verblassen. *Herr Schikaneder muss wieder für etwas Neues in dieser Art sorgen*; das werde *aber diesem Mann nicht schwer fallen,* denn *seine Zeugungskraft an dergleichen monströsen Produkten* sei enorm stark.

Schikaneder sorgt für etwas Neues. Am 26. Juni bereits bringt das Theater auf der Wieden *Der Königssohn aus Ithaka,* eine große heroischkomische Oper von Emanuel Schikaneder. Die Musik ist ganz neu von Herrn Franz Anton Hoffmeister. Auch an diesem Komponisten haftet etwas von Mozarts Parfum; er hat als Verleger einige der Mozartschen Werke gedruckt, ging bei Mozart aus und ein und ist Widmungsträger eines seiner Quartette.

Schikaneder gibt in dieser neuen Oper den Kolifonio, einen Papageno auf Altgriechisch, der Telemach, Taminos homerischem Vorgänger, aus der Klemme hilft. Die Wiener lassen sich verführen von Ausblicken aufs Meer, Wasserfällen und exotischen Genüssen, lassen sich entführen in Muschelsäle und duftende Rosengärten. Und sie trällern auf den Straßen das *Lied vom Paperl* nach, das Schikaneder zwischen zwei Käfigen mit krächzenden Papageien singt und jedes Mal wiederholen muss. Es werden zwar keine Telemach-Sandalen hergestellt, es wird auch kein Ithaka-Braten erfunden, aber Stiche der Szene, wo der nimmersatte Kolifonio von zwei Bären beim Kuchenessen gestört wird, kursieren in ganz Wien. Und das Paperl, zu deutsch: der Papagei, ist auf einmal als Haustier gefragt. Die Wiener sind dem Vogelfänger auf seinen Leim gegangen und verbreiten mit dem *Lied vom Paperl* Schikaneders Sozialkritik. Denn das Paperl, das Kolifonio so gern wäre, sitzt willig im Käfig, solange es von seinem mächtigen Herrn mit Zucker gefüttert wird.

Eigentlich ist es kein komischer, sondern ein tragischer Vogel, der nicht weiß, wie süß die Freiheit schmeckt. *Solange der Österreicher noch braun's Bier und Würstel hat, revoltiert er nicht,* wird Beethoven unverblümt bemerken. Schikaneder kommt den Menschen durch die Komödie bei. Er bringt sie zum Lachen über ihre Trägheit und Gemütlichkeit, die sie zu tatenlosen Mitläufern machen. Das aber durchschaut nicht jeder. *Die Rheinischen Musen* fallen sofort über die *nagelneue Oper aus Schikaneders Fabrik* her. Sie sei *mit Spektakeln vollgestopft* und ein *Beweis dafür, dass Schikaneder nicht die geringsten Kenntnisse in der alten Literatur besitzt.* Der Vorwurf, er habe seinen Homer nicht gelesen, juckt Schikaneder nicht. Hat nicht schon Homer selbst seinen Göttern und Helden Narren zur Seite gestellt, Momos, den Gott des Zweifels und den ketzerischen Thersites? Angesichts der Kasseneinnahmen kann er in homerisches Gelächter über seine Kritiker ausbrechen.

X

Wien 1796–1800

Wirklich nichts als Schikane

*Zum Fenſterln haſt
ka Schneit.*

Emanuel Schikaneder als Vater des Jodlers: in seinem Stück «Der Tiroler Wastel»
spielte Schikaneder die Titelpartie und machte die Welt mit dem Wort Jodeln
vertraut. Hier ist er mit Tirolerhut zu sehen (auf einem Kupferstich des Textbuchs
von 1798). Die Partie wurde einer seiner Glanzrollen. Später feierte sein Neffe
Karl darin am Leopoldstädter Theater Triumphe.

Zu Beginn des Jahres 1796 bekommt Paul Wranitzky, Musikdirektor an beiden Wiener Hoftheatern, Post aus Weimar. Absender ist der geheime Rat Johann Wolfgang von Goethe, bei dem er
angefragt hatte, ob er ein *Opernbüchl*, also ein Libretto für ihn habe.
Seitdem er den *Oberon* für Schikaneder komponiert hat, ist Wranitzkys Karriere zwar glatt verlaufen, aber ohne dass sich dieser Sensationserfolg noch einmal wiederholt hätte. Mit dem Namen Goethes
auf dem Theaterzettel muss eine Oper Aufsehen erregen.

Die Sendung aus Weimar enthält das Exposé zu einem Libretto
und einen Brief an den Adressaten. Den Entwurf hat Goethe nur aus
der Schublade ziehen müssen. Karl August Böttiger, Weimars größtes
Klatschmaul, hat es schon letztes Jahr herausgefunden: Goethe habe,
*weil die ‹Zauberflöte› einen solchen unbegreiflichen Eindruck auf's deutsche
Publikum macht, selbst einen Versuch gemacht, den zweiten Teil dazu im
Text zu verfertigen.* Böttiger wusste auch schon, was das Problem dabei
ist: Goethe findet keinen Komponisten. Sein Jugendfreund Philipp
Christoph Kayser fällt mangels Genie aus, Johann Friedrich Reichardt, der bereits einige Gedichte Goethes zur Zufriedenheit des
Meisters vertont hat, fällt mangels politischer Zuverlässigkeit aus.
Aus der Sicht seines Mentors hat er sich haltlos, *mit Wut und Ingrimm
in die Revolution geworfen*, während Goethe, angesteckt von der Jakobinerfurcht, *ein ähnliches Geheimtreiben im Vaterlande befürchtet.*

Was ihn auf Wranitzky brachte, war vermutlich der Wunsch, das
deutsche Singspiel am Hoftheater in Weimar populär zu machen. Für
die kommende Saison ist bereits sein *Oberon* geplant; am 28. Mai 1796
soll er das erste Mal über Goethes Bühne gehen.

Schon im Vorjahr hatte Goethe begonnen, an dem Libretto für
eine Fortsetzung der *Zauberflöte* zu arbeiten, denn schließlich rennt
sein *Bettschatz* Christiane in jede zweite Vorstellung von Mozarts
letzter Oper. Nun hat der Dichter es auf einmal eilig. *Ich wünsche bald*

*Johann Wolfgang Goethes Entwurf einer Bühnendekoration für die «Zauberflöte»
entstand 1794 (Bleistift, Feder, aquarelliert): als Direktor des Hoftheaters in
Weimar hat Goethe die Bühnendekoration für den Auftritt der Königin der Nacht
selbst entworfen. Sie erschien vor diesem klassizistischen Tempel auf einer
Mondsichel.*

*Nachricht von Ihnen zu hören, ob der Theaterdirektion meine Bedingungen
genehm sind? Da ich denn bald Anstalten machen würde, meine Arbeit zu
vollenden.*

Dass Schikaneder diese Arbeit auf seiner Bühne dulden würde, ist
auszuschließen. Da Wranitzky jedoch sowohl beim Kärntnertortheater als auch beim Burgtheater eine leitende Position innehat, kann
sich Goethe gute Chancen ausrechnen, dass er einem Gemeinschaftswerk dort zur Aufführung verhilft. Wien wäre eben etwas anderes
als Weimar, das seinen Dorfgeruch nicht recht los wird. Goethe gibt
zu, wonach er schielt und was ihn auf diesen Stoff brachte: *Der große
Beifall, den die ‹Zauberflöte› erhielt, und die Schwierigkeit, ein Stück zu
schreiben, das mit ihr wetteifern könnte.* Denn an dieser Schwierigkeit
muss natürlich jeder andere als der Geheime Rat scheitern.

Goethe, mittlerweile zum Theaterpraktiker geworden, überlegt
auch schon, wie sein Werk in ganz Deutschland zu einem Erfolg werden könnte. Aufgeführt wird, was wenig kostet und viel einbringt.

Damit dieses Stück sogleich durch ganz Deutschland ausgebreitet werden könnte, habe ich es so eingerichtet, dass die Dekorationen und Kleider der ersten Zauberflöte beinahe hinreichen, auch den zweiten Teil zu geben. Doch Goethe plant nicht nur aus Sparsamkeit so ökonomisch. Er setzt darauf, dass durch Verwendung der alten Bühnendekorationen und Kostüme *die Erinnerung an die erste ‹Zauberflöte› immer angefesselt bliebe.* An Erfolgsmodellen sollte man nichts ändern. Im Anhang nennt der gut besoldete Staatsbeamte Goethe seine Honorarforderung: 100 Dukaten.

Datiert ist der Brief auf den 24. Januar 1796. Zwei Tage bevor Goethe ihn schrieb, hat Schikaneder wieder einmal die *Zauberflöte* angesetzt, nach seiner Rechnung die 205., in Wirklichkeit die 140. Aufführung, fast pünktlich zu Mozarts vierzigstem Geburtstag. Die vorgeblich 200. im letzten Oktober hat Schikaneder festlich garniert, mit zusätzlichen Versstrophen für seine Papageno-Arien, zwei für das Auftrittslied, zwei für *Ein Mädchen oder Weibchen.* Außerdem hat er damals eine neue Pamina präsentiert: Marianne Willmann. Sie soll nun auch 1796 in dieser Rolle auftreten, aber am 24. Januar ist sie im neunten Monat schwanger, was der unschuldigen Pamina nicht steht.

An der Besetzung hat Schikaneder einiges ändern müssen. Josepha Hofer beherrscht mit fast vierzig noch immer die höllischen Koloraturen der Königin der Nacht. Sein Bruder Urban, der mit über fünfzig die Partie des ersten Priesters als dilettierender Sänger wohl nicht mehr bewältigt, ließ sich problemlos gegen dessen Sohn Carl austauschen. Es liegt nahe, die Rolle des ersten Knaben von Nichte Nanette, die sich verabschiedet hat, auf Ferdinand Neukäufler zu übertragen, den Sohn des nach wie vor bei ihm wirkenden Jakob; ein kleiner Dank dafür, dass Jakob für ihn den Vater gespielt hat. Aber Gerl als Sarastro, Schak als Tamino und die Gottlieb als Pamina sind nicht aus eigenen Beständen zu ersetzen. Immerhin hat es Schikaneder leichter denn je, in Wien taugliche Nachfolger für seine drei Stars zu finden. Das Angebot an Musikern und Sängern in der hiesigen Musikszene ist seit zwei Jahren rapide angestiegen; aus den von Frankreich besetzten Städten am Rhein sind viele nach Wien geflohen, wo sie sich angesichts der großen Anzahl an Theatern und Orchestern Arbeit erhoffen können.

Die Willmanns, eine Musikerfamilie aus Bonn, haben ihre Heimatstadt ebenfalls verlassen, als ihr Arbeitgeber Maximilian Franz, Kurfürst von Köln und Onkel des neuen Kaisers, verjagt wurde. Mozart, mit dem sich die Willmanns bei einem früheren Aufenthalt angefreundet hatten, ist zwar tot, aber Beethoven, ihr früherer Nachbar, lebt schon seit November 1792 hier. Johanna Magdalena Willmann, die Beethoven derzeit vergebens umwirbt, war damals mit ihrer zwei Jahre älteren Schwester Walburga am Klavier und ihrem vier Jahre älteren Bruder Maximilian am Cello als Wunderkindertrio unterwegs, von Vater Ignaz, selbst Musiker und laut Goethes Mutter *ein sehr böser Mann*, hart an die Kandare genommen und rücksichtslos vermarktet. Magdalena hat nun sofort eine Stelle als Sopranistin am Hoftheater ergattert. Zwei aus ihrer Familie, die Stiefmutter Marianne, nur drei Jahre älter als Magdalena und ebenfalls Sängerin, und der Bruder Maximilian, sind bei Schikaneder untergekommen. Und mit ihnen eine zukünftige Verwandte namens Josefa Huber.

Schikaneder nennt sich zu Recht Vater seiner Kompanie und gewährt in seiner Familie gerade denjenigen bereitwillig Unterschlupf, die sich in einer heiklen Lage befinden. Maximilian und Marianne beherbergt er vermutlich, damit die junge Sängerin ihr Liebesverhältnis zum etwas älteren Stiefsohn unauffällig ausleben kann. Aber er gewährt noch einer weiteren jungen Frau aus dem Willmann-Kreis Arbeit und Asyl, jener Schauspielerin und Sängerin Josefa Huber.

Walburga Willmann, Stieftochter seiner neuen Pamina, ist in einen Mann verliebt, für den Wien derzeit ein zu heißes Pflaster ist. Der Librettist, Journalist und Dramatiker Franz Xaver Huber hat die aufklärerische Haltung des vorletzten Kaisers gefeiert und nach dem Tod des letzten Kaisers einen Aufenthalt in Deutschland und Frankreich vorgezogen. Von dort aus schreibt er gegen den jetzigen Kaiser an, obwohl er betont, keinen Hass gegen Franz II. zu hegen. Natürlich aber gilt er in Österreich als Franzosenfreund, also gefährlich. Das geistige Klima in Wien ist *dem Gefrierpunkt nahe*, wie Alxinger, mittlerweile Hoftheatersekretär, seinem Freund Nicolai in diesem Jahr berichtet. Da Schikaneder aber vor vier Jahren Hubers Lustspiel *Kalt oder warm* gebracht hat und ihn jederzeit wieder brauchen könnte, ist sein Haus offen für Hubers Schwester Josefa, Schauspielerin und Sängerin. Dass ihr auch sein Bett zur Verfügung steht, weiß man im

Freihaus. Vor Kurzem erst ist sie von einer Tochter namens Johanna entbunden worden. Der Vater des Kindes ist Emanuel Schikaneder, der sein Verhältnis mit Josefa keineswegs geheim hält; Besucher treffen sie in der Wohnung an, die Schikaneder mit seiner Ehefrau teilt.

Dass Schikaneder zum Jahresbeginn wieder auf die *Zauberflöte* setzt, obwohl er eine Vertretung für Marianne Willmann finden muss, hat viele Gründe. Im letzten Jahr hat er härter gearbeitet als je zuvor. Nur an neunzehn Tagen war das Haus geschlossen, an insgesamt 346 Tagen hat er Programm geboten, einundsechzig Stücke hat er neu herausgebracht.

Mit den Hoffnungsträgern im Geiste Mozarts hat es allerdings nicht ganz so funktioniert, wie Schikaneder das erwartet hatte. Es ist nicht von der Hand zu weisen, was im *Journal des Luxus und der Moden* über Wölfls Oper *Der Höllenberg oder der Prüfung Lohn* gestanden hat: Herr Wölfl, *der sich durch seine Fertigkeit auf dem Klavier berühmt gemacht hat*, habe sich als Komponist allzu selbstsicher hervorgewagt, *vermutlich in der Meinung, es könne ihm hierin als Mozarts Schüler gar nichts fehlen*. Sein Werk aber hat nach Ansicht des Rezensenten dem berühmten Lehrer keine Ehre gemacht, es sei nicht nur *gedankenleer* und *steif*, sondern *sogar an vielen Stellen unangenehm fürs Ohr* gewesen. Das Publikum hat Wölfls Oper nicht angenommen.

Schikaneders neuer Sarastro Friedrich Sebastian Mayer, wie sein Vorgänger Gerl doppelt verwendbar, hat als komponierender Bühnenautor hingegen den Publikumsgeschmack getroffen. *Mina und Salo*, sein *noch nie gesehenes Zauberspiel mit Maschinen, Arien und Chören*, bescherte Schikaneder im Monat der Premiere weitere dreizehn Mal ein volles Haus. Nicht erstaunlich, dass auch Intendant Goethe auf ein Zauberspiel erpicht ist.

Am 6. Februar antwortet Wranitzky auf Goethes Angebot. Peinigt ihn das Gewissen, weil dieses Abkommen mit Goethe einen Verrat an Schikaneder bedeuten würde, der ihm mit dem Auftrag zum *Oberon* Geltung verschafft hat und das Werk immer wieder auf seinen Spielplan setzt? Oder hat er in den vergangenen Tagen wirklich mit seinen Vorgesetzten geredet und deren Stellungnahme eingeholt? In seinem Brief an Goethe behauptet er jedenfalls, die k. k. Hoftheatral-Direktion könne sich nicht entschließen, eine Fortsetzung der *Zau-*

berflöte in Auftrag zu geben, da *die Oper von dem Privatunternehmer Schikaneder in einer Vorstadt aufgeführt* werde. Auch müsse der *Kontrast zwischen Goethes und Schikaneders Dichtung ebenso bedenklich* werden, befürchtet Wranitzky, wie zwischen Mozarts und seiner Musik. Zudem bewillige die Direktion statt der geforderten 100 nur 25 Dukaten; Kotzebue und Iffland hätten für ihre großen Schauspiele nicht mehr bekommen. *Ihr Verlangen nach einer Oper von Goethe sei aber so stark,* dass sie diese 25 Dukaten für ein Libretto des Dichters zahlen wolle, *ohne das Buch vorher gesehen oder gelesen zu haben, und ohne zu wissen, ob es hier die Zensur passiert.*

Es vergehen drei Monate, bis der Geheime Rat sich zu einer Antwort aufrafft und das Ganze abbläst, sei es aus Geldgründen, sei es, weil er kein anderes Textbuch verfassen will als das zur *Zauberflöte.* Davor aber schrecken wiederum Wranitzky und seine Direktion zurück. Denn das bedeutete, sich mit Schikaneder anzulegen, was in Wien keiner leichtfertig riskiert.

Unterdessen arbeitet Schikaneder an der Verbesserung seines Unternehmens, inhaltlich wie äußerlich. Als einer der Ersten trägt er sich in die Subskriptionsliste einer Wiener Neuerscheinung ein: Robert von Spalarts *Versuch über das Kostüm der vorzüglichsten Völker des Altertums, des Mittelalters und der neueren Zeit.* Mit historisch korrekten Kostümen kann er den akademischen Klugscheißern endlich zeigen, wie ernst zu nehmen auch seine unernsten Stücke sind. Über die Osterferien, vom 21. bis zum 27. März 1796, sperrt er sein Theater wegen der Umbauarbeiten zu; er lässt nicht nur die fälligen Renovierungen durchführen, sondern auf der ersten Galerie geräumige Logen und auf der zweiten Galerie Sperrsitze einrichten. Nun haben tausend Leute bei ihm Platz. Sämtliche Plätze will Schikaneder besetzt sehen, wenn er am 14. Mai sein neues Singspiel mit Musik von Jakob Haibel herausbringt: *Der Tiroler Wastel.* Ein Stück, das auf ganz unauffällige Art brisant neu ist und für die Zukunft des Wiener Volkstheaters wichtiger sein wird, als die meisten ahnen. Schikaneder hat Grund, an sich und seine Visionen vom Theater der Zukunft zu glauben, das die Massen erreicht; in Paris wird in diesem Jahr mit den *Olympiades de la République* seine Prater-Idee umgesetzt. Gut, dass es der Zensur entgeht, wie revolutionär der *Tiroler Wastel* ist. In dem Stück wird gezeigt, wie das Geld die Moral und den Charakter verdirbt, der lange Krieg den Menschen jeden Skrupel raubt und der Adelstitel die nobilitierten Bürger zu hochnäsigen Angebern macht. Figuren dazu muss Schikaneder nicht erfinden, die findet er auf der Straße. Jeder kennt Typen wie den Tiroler Wastel, die nicht lesen und schreiben können, auf der Suche nach Arbeit aus der Provinz hierhergezogen sind und von den Städtern übers Ohr gehauen werden. Jeder kennt neureiche Menschen wie Frau von Tiefsinn, die schier am eigenen Dünkel erstickt, weil ihr Mann ein *von* bekommen hat, nachdem er sein Vermögen mit Grundstücksspekulation auf Kosten anderer gemacht hat. Jeder kennt Fälle wie Herrn von Tiefsinn, der sich umbringen will, weil die erkaufte, viel zu junge zweite Frau andere Herren interessanter findet. Und jeder kennt einen Wirt im Prater, der so hemmungslos betrügt und lügt wie in Schikaneders Stück. Als der Kellner, vom Einfall der Gäste überrascht, erklärt, es gebe nichts Rechtes zum Essen, jedenfalls nicht das, was auf der Speisekarte steht, hilft der Wirt seinem Angestellten auf die Sprünge. *A Rindfleisch is da, gibt man ihnen gleich ein recht sauern Salat dazu, so werden die Gäst' durstig und vergessen aufs andere.* Die angebotenen Krebsschwänze habe er zwar nicht, aber Schalen davon, *noch a ganze Schüssel voll*, von vor acht Tagen; *a bisserl g'füllt* – aus *Knackwürsten lassen sich schließlich allerhand gefüllte Speisen machen* – gingen die schon durch. Und die zwei Raben, die der Wirt am Vortag geschenkt bekommen und sein Hausknecht gerupft und gebeizt hat, legt er *ins Sauerkraut eini; die Leut müssen glauben, sie essen Rebhühnel und Fasanen.* Als Champagner kredenzt er den Gästen Tiroler Wein mit Zucker, gut durchgeschüttelt, *denn wenn's recht b'soffen sein, so glauben's, sie trinken den besten Champagner.* Bis hinunter zu dem Mädchen mit Zahnstochern bildet Schikaneder hier die Wirklichkeit detailgenau ab. So schafft er Klassiker für das einfache Volk, für die Schüler und Studenten auf der obersten Galerie, die es dort drei Stunden lang aushalten, *furchtbar gedrückt*, in *Qualm und Hitze, durch die Knoblauchdünste* von den hier *verkauften Selchwürsten geschwängert.* Das sind Schikaneder die liebsten Besucher.

Der Harfner, der in diesem Singspiel auftritt, wird unverzichtbar werden fürs Wiener Volkstheater, und der Bäckerknecht Jodel wird dem Jodeln ein für allemal einen Namen geben.

Die Uraufführung findet am 14. Mai statt, als gerade die Nachrichten aus Lodi nach Wien gedrungen sind, wo die Österreicher vier Tage zuvor in einer einzigen Schlacht über 2000 Mann verloren haben. Schikaneder spendet die Einnahme dieses Abends, 920 Gulden und 16½ Kreuzer, den Verwundeten. Die Wiener lassen sich nicht anmerken, ob sie der Ernst der Lage angreift, sondern spielen aus aktuellem Anlass *Freut euch des Lebens* mit einer Feldmusikbegleitung oder singen ihr Lieblingslied aus dem *Tiroler Wastel*, am liebsten im brandaktuellen Tirolerkostüm: *Die Tiroler sand often so lustig und froh, / Sie trinken ihr Weinel und tanzen a so.* Der Krieg kann sie nicht davon abhalten, ihrem Rezept treu zu bleiben und alle Sorgen zu verdrängen. Wenn sie das mit einem Lustspiel versuchen, hat offenbar auch ganz oben keiner etwas dagegen. Joseph Richter, der mit den *Briefen eines Eipeldauers* Zigtausende erreicht, findet den Wastel *zum Kranklachen*; und wenn er das Stück lobt, dann findet es auch den Beifall der Regierungskreise. Seit zwei Jahren wird der Wiener Vielschreiber von der Geheimpolizei beschäftigt und lässt hohe Beamte an seinen *Briefen* mitarbeiten. Mittlerweile arbeiten selbst Satiriker als Spione. Skrupel und Wehleidigkeit kann sich in Österreich keiner leisten, Bühnenleute schon gar nicht. Das Spiel muss weitergehen.

Am 14. Juni stirbt Franz de Paula Hofer. Er hinterlässt seiner Frau eine beachtliche Garderobe und Schulden von insgesamt 1123 Gulden, sogar bei seinem eigenen Dienstmädchen. Die muss nun seine Witwe Josepha mit ihrer Gage abzahlen und daher weiterhin, als wäre nichts geschehen, ihre dreigestrichenen fs als Königin der Nacht treffen.

Im August hat Schikaneder bereits vierzig Mal als Tiroler Wastel auf der Bühne gestanden und zwischendrin den Papageno oder den Fiaker gegeben. Er befindet sich gerade nicht vorn, sondern *in der Seitenkulisse*, als er hört, dass während des Stücks plötzlich *ein paar Kollegen hinter der Szene laut debattieren.* «Sie sollen's Maul halten» schreit er *dem Inspizienten unwillig zu.* «Es ist ein Extrablatt da», hört er. «Der Erzherzog Karl hat die Franzosen auf's Haupt geschlagen.»

«Her mit dem Blatt», sagt Schikaneder und tritt, *das Flugblatt schwingend, bis an die Rampen.* Das Publikum erkennt sofort, dass es sich *um eine Nachricht vom Kriegsschauplatz* handelt. Von dort kamen in den letzten Wochen und Monaten nur schlechte Neuigkeiten. *Totenstille* tritt ein. Schikaneder liest vor. Die kaiserlichen Truppen unter Erz-

Dass der jüngere Bruder von Kaiser Franz, Erzherzog Karl (1771–1847),
Napoléons Truppen bei Aspern und Wetzlar zwei Niederlagen zugefügt hatte, ließ
ihn zum nationalen Helden werden. Trotz der verheerenden Verluste in der
Schlacht bei Wagram und obwohl sein Bruder ihn als Sündenbock benutzte und
seiner Ämter enthob, wurde der große Militärreformer von da an in Bild und Wort
verklärt. Sogar von Heinrich von Kleist.

herzog Karl hätten die Franzosen unter General Jean-Baptiste Jourdan besiegt und *600 Franzosen in den Rhein gejagt.* Schikaneder findet
das zu wenig und macht *6000 Franzosen daraus.* Das Publikum *jubelt,*
applaudiert und *will die Nachricht nochmals hören. Schikaneder liest noch-*
mals und jetzt lässt er 60 000 Franzosen ertrinken. Das Publikum gerät im
Siegstaumel außer Rand und Band. Als es sich halbwegs beruhigt hat,
erklärt Schikaneder, er *feire heute den schönsten Tag* seines Lebens, und
bittet um Nachsicht, sollte er in seiner *Freude ein paar Nullen zu viel*
gelesen haben. Da meldet ihm *der Kassier die Einnahme des heutigen*
Tages – 756 Gulden. Die spende er, verkündet Schikaneder, *ganz den*
verwundeten Soldaten.

Solche Legenden sollen die Runde machen, denn das Freihaus mit seinem buntgemischten Volk gilt in geheimpolizeilichen Kreisen als Brutstätte von Umtrieben und wird genau beobachtet. Nicht nur weil Leute wie Prandstetter in Wirtshäusern aufrührerische Reden halten, sondern weil die Freihausbewohner für ihre Feierlaune bekannt sind, die Kaiser Franz und seine Minister in Zeiten des eskalierenden Krieges zunehmend stört. Sie haben den *Eipeldauer* beauftragt, die Wienerische Leichtlebigkeit zu geißeln, und brav hat er es getan. Umso wichtiger ist es, dass Schikaneder Patriotismus demonstriert. Und Kaisertreue.

Am 25. Oktober 1796 überrascht er seine Anhänger bereits mit der ersten Fortsetzung des *Tiroler Wastel*. Das Stück *Österreichs neue Brüder oder Die Scharfschützen in Tirol* wird angekündigt als *neues patriotisches Singspiel von Emanuel Schikaneder* und verspricht *eine neue physikalische Schlusskanonade*.

Schikaneder kann sich Wehleidigkeit und Skrupel noch weniger erlauben als seine Ensemblemitglieder. Plakativ stiftet er erneut die Abendeinnahme, dieses Mal 920 Gulden und 6½ Kreuzer, für ein Aufgebot von Freiwilligen, das derzeit überall beworben wird. Die Spendenlisten, ob es sich um Leder oder Stahl, Leinwand oder Gewehre, Essbares oder Bares handelt, werden veröffentlicht.

Dass er damit in diesem patriotischen Wohltätigkeitszirkus den Rivalen Marinelli mit seiner 710-Gulden-Spende abhängt, freut Schikaneder. Leisten kann er es sich aber nicht. Die Schuldenlast ist immer mehr angewachsen. Am Jahresende sieht es aus, als müsse Schikaneder sein Theater schließen.

Kein Zufall, dass er nun so schwer erkrankt, dass er nicht auftritt. Wer ihn kennt, weiß, was das heißt. Er leistet sich einen der besten Ärzte der Stadt, Joseph Freiherr von Quarin, langjähriger Direktor des Allgemeinen Krankenhauses, der Kaiser Joseph klipp und klar sein nahes Ende vorhergesagt hatte. Seine Diagnose für Schikaneder ist besser. Bereits am 14. Januar 1797 trägt Ignaz Ritter von Seyfried in sein *Verzeichnis aller in diesem Jahr auf dieser Bühne aufgeführten Opern, Schauspiele und Ballette* unter dem *Tiroler Wastel* ein: *Schikaneder trat nach seiner Schmerzenskrankheit zum erstenmal wieder auf.*

Keinen Monat später, am 12. Februar 1797, dem Geburtstag von

Ignaz Xaver Ritter von Seyfried (1776–1841) war Schüler Mozarts, Winters und Albrechtsbergers, Schützling Joseph Haydns, Pate von zwei Kindern Hennebergs, Neffe von Bartholomäus Zitterbarth, Dirigent und Komponist von geistlichen, kammermusikalischen, symphonischen und musiktheatralischen Werken.

Kaiser Franz, wird in den Hoftheatern Wiens die Hymne *Gott erhalte Franz den Kaiser* abgesungen, Text von Lorenz Leopold Haschka, Melodie von Joseph Haydn. Bei Schikaneder steht an diesem Tag und den beiden folgenden ein eher unpatriotisches Stück auf dem Spielplan: *Der erste Kuss. Eine ganz neue komische Zauberoper*, komponiert vom bewährten Hoffmeister. Trotzdem wird nach dem ersten Kuss bei ihm wie in den Hoftheatern am 12. die Hymne angestimmt, und an den beiden folgenden Abenden trägt Seyfried erneut hinter dem *Kuss* in sein Verzeichnis ein: *mit einem Lied für den Kaiser.*

Der einunddreißigjährige Seyfried, der bei Johann Georg Albrechtsberger Komposition studiert und sein Jurastudium im letzten Jahr abgebrochen hat, führt seit zwei Jahren Buch über alles, was am Theater auf der Wieden geschieht. Es sieht so aus, als werde er dafür vom Direktor belohnt. Am 1. März 1797 verpflichtet Schikaneder Ignaz von Seyfried für sechs Jahre als Kapellmeister an seinem Haus. Henneberg darf sich mehr aufs Komponieren verlegen, doch auch Seyfried soll Gelegenheit bekommen, hier eigene Werke zu präsentieren.

Es ist nicht allein Seyfrieds Begabung und seine hörbare Verehrung Mozarts, die Schikaneder den jungen Mann an seine Brust ziehen lässt. Seyfried hat einen reichen Onkel namens Bartholomäus Zitterbarth, und dieser Mann, erfolgreicher Fabrikant, leidet an einer höchst erfreulichen Krankheit: an der Theaterpassion. Zum Krankheitsbild gehört es, konsequent zu ignorieren, dass diese Besessenheit schon viele finanziell ruiniert hat. Kaum steht der Neffe unter Vertrag, schießt Zitterbarth zu.

Schikaneder kann weitermachen und muss dankbar sein, dass Zitterbarth fürs Theater brennt und nicht für das Heilige Römische Reich Deutscher Nation. Patrioten spenden in diesem Frühling nämlich für das Wiener Aufgebot, eine Bürgerwehr, die zeigen soll, dass die Österreicher doch nicht von braunem Bier und Würstel eingeschläfert sind, sondern sich der näher rückenden Gefahr bewusst werden.

Der achtundzwanzigjährige General Napoléon Bonaparte ist mit seinen Truppen zuerst in Tirol eingerückt und nun in die Steiermark. Am 31. März hat Franz II. den Befehl erlassen, Vorkehrungen dafür zu treffen, dass die kaiserliche Armee von Napoléon an die Grenze Niederösterreichs oder sogar bis Wien zurückgedrängt werde. Nachdem die Zeitungen aber nichts gemeldet haben, was die Wiener aufschrecken könnte, haben sie die Bierruhe bewahrt und mit Spenden ihr Gewissen sediert. Im März steht Napoléon 150 Kilometer vor Wien. Als nun die Regierung am 4. April in scharfen Worten zur Volksbewaffnung aufruft, fährt das den Bürgern doch in die Glieder.

Sie reagieren schnell. Innerhalb weniger Tage stehen 37 000 Mann bereit. Vermögende Adlige wie Bürger spenden Tausende von Gulden, Kleider werden gesammelt, Hausfrauen organisieren Hilfsaktionen, Privatleute stellen ihre Pferde, Bauern ihre Ochsen zur Verfügung.

S'Blattl hat sich auf einmal g'wendt, jubelt der *Eipeldauer*, wie der Staat es befiehlt. *Unser gütiger Kaiser hat uns mit einem einzigen Wort zur Verteidigung aufg'fordert und da ist in d'ganze Wienerstadt ein völlig neues Leben g'fahrn.* Aus den Theatern müsste es damit hinausfahren, doch der Kalender meint es gut mit den Bühnenleuten: Am 10. April hätten sie wegen Beginn der Karwoche ohnehin geschlossen.

Am Ostermontag, dem 17. April, versammelt sich frühmorgens das Wiener Aufgebot zum Abmarsch auf dem Glacis. Halb Wien will dabei sein, wenn die Fahnenweihe stattfindet und die angeblichen Freiwilligen, darunter viele erpresste Studenten, nach Klosterneuburg abmarschieren, wo das Hautquartier aufgeschlagen werden soll. Am Abend spielt Schikaneder den *Tiroler Wastel* vor vollem Haus.

Tags darauf gelingt es dem Kaiser, mit Napoléon im steiermärkischen Leoben einen Vorfrieden zu schließen. Doch offenbar haben sich die Freiwilligen in Klosterneuburg ganz wohl gefühlt, denn die Wiener schicken dorthin Proviantpakete, *Wein und weißes Brot und verschiedene andere Dinge.* Erst am 3. Mai nachmittags um zwei Uhr kehrt das Wiener Aufgebot unverrichteter Dinge in die Stadt zurück. Dennoch findet sich ein Patriot, der ihnen und Kaiser Franz ein Loblied widmet. *Lied eines alten Meistersängers an seine lieben Landsleute* nennt er es.

> *Ich sing ein Lied der Kaiserstadt,*
> *Wo deutscher Mut nicht fehlet;*
> *Die soviel Patrioten hat,*
> *Als sie Bewohner zählet.*

So beginnt der anonyme Vaterlandsverehrer, und in der dritten Strophe jubelt er:

> *Heil sei dem guten Kaiser Franz,*
> *Lang friste Gott sein Leben!*
> *Des Deutschen Ruhmes Feuerglanz*
> *Mög' ewig ihn umgeben.*

Der Dichter, früher polizeilich gesucht, rechnet mit einem Massenabsatz seines Liedes und stiftet, obwohl er ein armer Schlucker ist, den Ertrag den Wiener Freiwilligen. Er arbeitet bei Schikaneder als Schauspieler, Dramaturg und Inspizient unter dem Namen Karl Ludwig Gieseke. Dass seine Identität bekannt wird, kann Schikaneder nicht schaden. Aber er setzt noch eins drauf und zeigt am 11. April zur Feier des Friedensvertrags von Campo Formio ein brandaktuelles patriotisches Singspiel, betitelt *Der Frieden.*

Schikaneders Kampfgeist brennt jedoch unvermindert. Er gilt weniger den Franzosen als seinen privaten Widersachern. Es beküm-

*Wider Erwarten fanden die meisten Wiener den Korsen Napoleone Buonaparte
(1769–1821) keineswegs unsympathisch, obwohl es sie störte, dass er in Schloss
Schönbrunn einzog und im Bett Maria Theresias schlief. Manche, wie der junge
Franz Grillparzer, erlagen sogar seiner Faszination.*

mert ihn allerdings wenig, dass ein gewisser Peter Leberecht in diesem Jahr ein *Kindermärchen in drei Akten* mit Zwischenspielen, Prolog
und Epilog unter dem Titel *Der gestiefelte Kater* veröffentlicht hat.
Hinter dem Namen Peter Leberecht verbirgt sich der Dichter Ludwig
Tieck, und dass dieses Stück weder ein Märchen noch für Kinder
gedacht ist, merkt der Leser sofort. Ob es eine politische Satire ist und
den Preußenkönig Friedrich Wilhelm II. durch den Kakao zieht,
eine Satire auf die Gesellschaft oder eine auf das Theater, darüber
gehen die Meinungen auseinander. Sicher ist, dass die *Zauberflöte* darin parodiert wird. Sowohl in den Zwischenspielen, wenn die Zu-

schauer und Bühnenleute zu Wort kommen und ein Maschinist in seiner Wunderwut nicht zu bremsen ist, als auch im Stück selbst. Da wird die Prüfung des edlen Paars Tamino und Pamina veräppelt, wenn das edle Paar Tiecks, der Müllersohn Gottlieb und sein sprechender Kater Hinze, miteinander reden. *Sieh, ich liebe dich so sehr,* erklärt der Kater seinem armen Herrn, *dass ich für dich durchs Feuer laufen würde.* Woraufhin ein Bühnentechniker sich freut: *Schön, da bekommen wir doch die Dekoration aus der Zauberflöte, mit Wasser und Feuer.* Als darauf ein Pragmatiker einwendet, *Katzen gehen aber nicht ins Wasser,* wird er belehrt, daran zeige sich eben, wie sehr der Kater seinen Herrn liebe. Es gibt auch *eine Maschine,* die dem allzu Redseligen *den Mund schließen und das Sprechen untersagen wird,* und einen *Besänftiger,* der *auf den Glocken* spielt, woraufhin Affen, Bären, Elefanten und Löwen freundlich tanzen, Vögel zutraulich werden und alle Tiere singen: *Das klinget so herrlich, das klinget so schön.* Worauf der *Besänftiger* wörtlich aus der *Zauberflöte* zitiert:

> *Könnte jeder brave Mann*
> *Solche Glöckchen finden,*
> *Seine Feinde würden dann*
> *Ohne Mühe schwinden.*
> *und er lebte ohne sie*
> *in der schönsten Harmonie.*

Doch in Ermangelung solcher Glöckchen lebt Schikaneder nicht in schönster Harmonie, und seine Feinde schwinden keineswegs. Nein, über den *Gestiefelten Kater* regt er sich nicht auf; dass Tieck davon ausgeht, jeder verstünde die Anspielungen, ist Beweis für die Popularität der *Zauberflöte.* Gegen Satire hat Schikaneder nichts, im Gegenteil. Eben hat er eine neue Druckausgabe seines *Grandprofos,* den er am 12. September unverdrossen wieder auf die Bühne bringt, *seinem verehrtesten Freund, dem Herrn Karl Marinelli, Kaiserl. Königl. Privileg. Schauspieldirektor* gewidmet, *zum Zeichen seiner wärmsten Freundschaft.*

Es ist Vulpius, der Schikaneder erneut bis aufs Blut reizt. In Weimar hat er Schikaneders *Königssohn aus Ithaka* mit einem in seinem Sinn verbesserten Text auf die Bühne gebracht und das als Umarbeitung etikettiert. Schikaneder verabschiedet sich von seinem Vorsatz, keine Zeile mehr gegen Vulpius zu schreiben. Die Gelegenheit ist günstig. Bei Franz Anton Hoffmeister, der auch Musik verlegt, erscheint der originale *Königssohn* nun im Druck. Ein Vorwort ist fällig. Am Anfang lästert Schikaneder allgemein, *heutzutage gebe es ja keine Abschreiber mehr, sondern Umarbeiter, die fremder Leute Arbeiten hernehmen, sie in einem großmauligen Tone heruntersetzen, mutwillig verändern, um wie Marktschreier, mit in die Seite gestemmten Armen und gespreizten Beinen dem geehrten Publikum zu demonstrieren, was für eine Herkulische Arbeit sie geliefert haben.* Dann aber nimmt er sich Vulpius persönlich zur Brust: *Sie werfen mir … vor, dass ich den Jupiter und die Juno mit einer Leier erscheinen lasse. Soll er etwa als Bauer auf einem Fortepiano ein Konzert spielen oder die Trompete blasen? Wenn Sie es aber überhaupt für eine Gottheit unanständig finden, so müssten Sie auch der ganzen Griechischen und Römischen Mythologie einen Prozess an den Hals werfen.*

Sie sagen ferner: *Metallios Zoten gebe ich dem Verfasser des Originals zurück! O hätten Sie mir lieber meine ganze Oper, so wie sie war, zurückgegeben, denn Sie haben dieselbe nicht verbessert, sondern verbösert. Selbst die meisten Zoten, wie Sie, ehrbarer, züchtiger Verbesserer, meine Laune zu nennen belieben, haben Sie beizubehalten geruht; doch ein paar Stellen … haben Sie treulich durchwässert. Das hiesige Publikum trinkt lieber Wein als Wasser.*

Und schließlich erklärt er dem Saubermann aus Weimar: *Dem Unreinen ist alles unrein.*

Doch Schikaneder nutzt die Buchausgabe seines Werkes nicht nur, um mit Vulpius abzurechnen, sondern auch, um zu zeigen, wie genau er es mit seiner Arbeit, mit Wortwahl und Regieanweisungen nimmt. Er hat die Ausgabe mit einem ausführlichen Errata-Verzeichnis versehen und berichtigt Druckfehler bis ins kleinste Detail. *Minerva in ihrem Glanz auf einem Wolkenwagen* muss es heißen, nicht *Minerva mit ihrem Gesang auf einem Wolkenwagen.*

Was private Angelegenheiten angeht, nimmt man es in Freihaus weniger genau. Dank Zitterbarths Spendierlaune kann Schikaneder sich einen neuen Mann für die Bühnentechnik leisten. Dieser Josef Stöger lässt sich, was Maschinen, Flugwerke und Wasserspiele angeht, einiges einfallen, was viel hermacht und viel kostet. Es ist als Dank an Zitterbarth zu verstehen, dass am 15. Juli eine Oper von dessen Neffen aufgeführt wird: *Der Löwenbrunn.* Das Textbuch hat Schikaneder im

Rekordtempo verfasst, indem er einen Roman dramatisiert hat und nach dem bewährten *Zauberflöten*-Rezept ein niederes Liebespaar hinzuerfunden hat, das seinem Publikum näher ist als das edle Paar.

Nachdem er Zitterbarth diese Reverenz erwiesen hat, darf Schikaneder endlich wieder einmal in die Vollen gehen. Am 25. Oktober kann er die neue heroisch-komische Oper *Babylons Pyramiden*, Libretto vom Hausherrn, mit dem Zusatz ankündigen: *alle Dekorationen und Kleider neu*. Dann schlucken es seine Besucher, wenn er zugleich mitteilt: *Preise erhöht*. Das aufwändige Bühnenbild von Vincenzo Sacchetti ist für Wiener Theaterfreunde allein schon ein Grund zu kommen. Sensationelle 1045 Gulden nimmt Schikaneder am ersten Abend ein. Bereitwillig gibt er zu, dass die Musik *wegen Mangel der Zeit von zwei Meistern verfasst* worden sei. Johann Gallus-Mederitsch hat den ersten, Peter Winter den zweiten Akt vertont. Kritikerohren merken dem Werk den Zeitmangel an, vor allem aber, wie recht Mozart hatte, als er sich über seinen Altersgenossen Mederitsch mokierte, das sei ein komischer Vogel, der im Baum sitze und Gigirigi krähe. Das Publikum merkt nichts davon, wie die raschen Wiederholungen des Werks beweisen. Dies mag auch an der Qualität der Sänger liegen, allen voran die verwitwete Josepha Hofer und Friedrich Sebastian Mayer, beide frisch ineinander verliebt, ungeachtet des Altersabstands; er ist stark vierzehn Jahre jünger.

Im November 1797 erscheint Mayer bei Anton Gräbner, dem Pfarrer der Karlskirche, mit einem Neugeborenen, das er taufen lassen will. Den Namen der Mutter gibt er als Klara Himmler an. Das Kind wird auf die Namen Ferdinand Theodor Mayer getauft. Am 23. Dezember 1797 taucht Mayer schon wieder bei Gräbner auf, um das Aufgebot für seine Hochzeit mit Josepha Hofer zu bestellen. Der Pfarrer erinnert sich an den Mann, trägt im Taufbuch hinter dem Namen des Säuglings nach, *dies Kind ist unehelich, wie sich nach der Zeit gezeigt hat*, und stellt keinerlei Fragen. Auch nicht an den Trauzeugen von Friedrich Sebastian und Josepha, der als Vater der Kompanie eigentlich Bescheid wissen müsste.

Schikaneder kann das Maul aufreißen, wenn es nötig ist, aber er kann es auch halten. Dass er jedoch wenig Fragen stellt, wird ihm nun zum Verhängnis.

Längst sind nicht nur Dichter, sondern auch Musiker ins Visier der Geheimpolizei geraten. Selbst solche, die bei Hof angestellt sind wie Paul Wranitzky. Nachdem Goethe das Gemeinschaftswerk abgesagt hat, ist Wranitzky offen für neue Ideen gewesen, die seinen inneren Überzeugungen als Freimaurer entsprechen. Nach dem Vorvertrag von Leoben hat er bereits im Sommer seine Hoffnung auf Frieden zum Ausdruck gebracht, nicht in Worten, sondern in Tönen. Auf dem Titelblatt seines neuen Werks, das im Sommer schon in Augsburg aufgeführt wurde, steht *Grande Sinfonie Caractéristique pour la Paix avec la République Française*. Schließlich sind die Franzosen nun ganz offiziell keine Feinde mehr. Nachdem auf den Vorvertrag der Friedensvertrag von Campo Formio gefolgt ist, den Napoléon Bonaparte und Kaiser Franz auf einem Feld bei Udine am 17. Oktober unterzeichnet haben, möchte Wranitzky als Sekretär der Tonkünstlersozietät mit deren Mitgliedern und zu deren Gunsten seine Friedenssinfonie bei der Weihnachtsakademie am 20. Dezember 1797 aufführen. Diese Gesellschaft, die Witwen und Waisen von Tonkünstlern unterstützt, wird vom Hof subventioniert, denn auch die Witwen und Waisen der Hoftheatermusiker sollen von den Ausschüttungen profitieren. Wranitzkys wohltätige Aktion kann also gerade jetzt, wenn die Spendenbereitschaft saisonal steigt, nur willkommen sein.

Schikaneder hat wohl ebenfalls ein Wohltätigkeitskonzert im Sinn, das im Namen des Friedens Bedürftigen hilft. Spontan hat er auf das Anschreiben von August German Horix reagiert, einem jungen Salzburger Komponisten, der ihm einige seiner Kompositionen anbietet, die man zur Ankunft des französischen Botschafters in Wien aufführen könnte. Der Name Horix dürfte Schikaneder vertraut sein. Johann Baptist Horix, August Germans Vater, war hoher Staatsbeamter unter Joseph II. und vom Kaiser in den Adelsstand erhoben worden. Was Schikaneder hingegen kaum wissen dürfte, ist, dass der Sohn letztes Jahr erst *wegen jakobinischer Gesinnung* aus den österreichischen Erblanden ausgewiesen worden ist. Sein Vormund ist seit des Vaters Tod Franz Paula Ferdinand Gundaccar Graf Colloredo-Mannsfeld. Zum Unmut seines Bruders, des Salzburger Fürsterzbischofs, hat er seinem Mündel dort ein Exil ausbedungen, denn sonst wäre dem stellvertretenden österreichischen Polizeiminister Saurau nichts anderes übrig geblieben, als Horix *durch eine enge Ver-*

*Als er in Wien für einen Tumult sorgte, ahnte noch niemand, dass jener General
Jean Baptiste Jules Bernadotte (1763–1844) im Jahr 1818 als Carl XIV. Johan,
zum König von Schweden und als Carl III. Johan zum Kaiser von Norwegen
gekrönt werden sollte. Der Mann von Napoléons Gnaden hatte auf dem Thron
mehr Glück: er blieb darauf sitzen bis zu seinem Tod.*

wahrung unschädlich zu machen. Seinen politischen Idealen hat Horix
keineswegs abgeschworen. Nun hat er erfahren, dass die Tonkünstlersozietät in Wien Wranitzkys *Friedenssymphonie* einstudiert, vermutet also, das Klima dort sei günstig für Kompositionen, in denen
die Versöhnung der einstigen Kriegsgegner gefeiert wird.

Dafür soll es bald einen konkreten Anlass geben, von dem sogar der Kaiser noch nichts weiß. Der politisch engagierte Komponist jedoch hat bereits aus republikanischen Kreisen in Paris erfahren, dass Anfang des Jahres 1798 General Jean-Baptiste Bernadotte zum französischen Botschafter für Wien ernannt werden soll, der erste, seit in Frankreich die Republik ausgerufen worden ist. Zur Feier des Amtsantritts, findet Horix, wäre eine Symphonie das Richtige, die das Verhältnis zwischen Österreichern und Franzosen verbessern helfen möchte. Schikaneder ist offenbar derselben Ansicht und hat den Komponisten gebeten, ihm die Noten zu senden. Dessen Korrespondenz wird überwacht, und nun auch die Schikaneders. Friedensbewegte gelten als verdächtig, weil Kaiser Franz dem Frieden nicht traut und nach wie vor in Kriegsbereitschaft und Jakobinerfurcht lebt.

Am 2. Dezember 1797 sind beim Musikalienhändler in der Singerstraße bereits die Noten zu Wranitzkys Friedenssymphonie zu kaufen. Vielleicht schürt es das Misstrauen gegen den Komponisten, dass am 7. Dezember in der Wiener Zeitung eine Annonce erscheint, mit der Napoléon Bonaparte *für die beste Trauermusik auf des General Hoche Tod* 100 Dukaten bietet, so viel wie der Kaiser für eine ganze Oper. Kurz vor dem geplanten Konzert Wranitzkys verbietet Franz II. den Druck des Programms sowie die Aufführung der *Symphonie pour la Paix* und befiehlt, *dass statt dieser eine andere Symphonie aufgeführt werden soll*. Als das publik wird, hat Horix seine Komposition schon vollendet und an Schikaneder adressiert. Als aufgeklärter Geist und Librettist der *Zauberflöte*, in der Freiheit und Brüderlichkeit besungen werden, scheint er Horix der richtige Verbündete für sein Anliegen zu sein. Zudem verfügt er offenbar über Geld, was Horix dringend braucht, nachdem seine Trauermusik für General Hoche vom Pariser Conservatoire abgelehnt worden war; dort hieß es, man könne *sein Talent nicht so positiv beurteilen, wie es sein Patriotismus verdienen würde*.

Schikaneder ist in Aufbruchsstimmung. Er hat sein Ensemble deutlich erweitert, und am 8. Januar 1798 debütiert bei ihm der ehemalige Hausautor Marinellis, Joachim Perinet, mit dem Theaterstück *Orion oder der Fürst und sein Hofnarr*; die *Anfangssymphonie und die Musikstücke sind von Herrn von Seyfried eigens hierzu komponiert worden*. Perinets Vertrag bei Marinelli ist ausgelaufen, und *nach einer langen*, für ihn *kränkenden Pause*, kam ihm Schikaneders Angebot gerade recht. In der Branche ist bekannt, dass Marinellis Konkurrent seine Leute gut zahlt, gut behandelt und für gute Stimmung sorgt. Perinet passt hierher. Nicht nur, weil er die Last eines ererbten Vermögens innerhalb weniger Wochen wieder los war und auch nicht nur, weil er die Gegner der Aufklärung die *Orthod-Ochsen* nennt. Schon mit dreiundzwanzig hatte er zwei *Katechismen der Liebe* veröffentlicht, einen für Junggesellen, einen für Mädchen, wo unter den *Sünden* für Mädchen *Eis in den Adern* aufgelistet wird und unter den *Tugenden Unkeuschheit*. Er ist aber auch ein sozial engagierter Autor. 1786 hatte er drei Hefte mit dem Titel *Ärgernisse* veröffentlicht, und das, was in den Jahren darauf unter *Annehmlichkeiten* erschien, enthielt nichts anderes. Der junge Publizist teilt an alle aus, vor allem aber an diejenigen, die sich unverschämt bereichern wie Holzhändler, reiche Bürger und Adlige mit ihren Gala-Levers sowie *gefräßige Polizeikommissare. Wem Gott ein Amt gibt,* behauptet das Sprichwort, *dem gibt er auch Verstand.* Perinet erklärt: *Wem Gott ein Amt gibt, dem gibt er auch einen Bauch, oder umgekehrt, dem, der einen Bauch hat, ein Amt.* Als gefährlich gilt Perinet nicht, aber auch nicht als unbeschriebenes Blatt. Die Verdachtsmomente gegen Schikaneder verdichten sich.

Am 11. Januar 1798 wird General Jean-Baptiste Bernadotte vom Direktorium zum französischen Botschafter in Wien ernannt. Und am selben Tag erfährt die Polizeihofstelle davon. Nicht aus Paris, sondern von der postalischen Zensurstelle, wo das an Schikaneder adressierte Paket sowie der beigelegte Brief geöffnet worden sind. Verfasst ist der Brief vorgeblich von einem Studienfreund Horix', Nikolaus Lang, doch es braucht keinen durchdringenden Geist um zu erraten, dass sich dahinter Horix selbst verbirgt. Sibers, der zuständige Zensurbeamte, hat den Empfang dieser *Musikalien, welche der Verherrlichung der Ankunft des französischen Gesandten dienen sollten,* umgehend der Polizeihofstelle gemeldet. Unmissverständlich macht er deutlich, was er von Horix' Werk hält, das laut Titelblatt den Verdiensten des Generals Bonaparte gewidmet ist. *Ohne ... auf die Person, die dieses Schreiben veranlasst hat,* einzugehen, lasse es sich diesem *leicht entnehmen, dass die hier zum Grunde liegende Absicht nur ... Bosheit verrate.* Wenn der Verfasser *ein für den hiesigen Staat bieder denkender Mann wäre,* hätte er es nicht darauf abgesehen, seine Musik ausgerechnet *bei der Ankunft des französischen Gesandten ... glänzen zu lassen.*

Sibers erklärt seinen Vorgesetzten, worin die Gefährlichkeit dieses Werks in seinen Augen liegt, obwohl *weder irgendein Text noch sonst ein literarischer Inhalt bei dieser Musik anzutreffen* ist, der *etwas Widriges* bewirken könne. Es gehe Horix nicht nur darum, *seine schwärmerischen Ideen*, die er mit der Arbeit verbinde, *öffentlich zu verkünden*, sondern auch seine *bösen und feindseligen Gesinnungen*, die in dem Schreiben zu erkennen seien. Daraus zitiert Sibers, was der Verfasser Lang über seinen Kommilitonen sagt: Horix habe nichts einzuwenden, wenn Schikaneder die Widmung an General Bonapartes Verdienste durch eine an die von Karl, Erzherzog Karl von Österreich ersetzen lasse, falls er das Werk nicht zu Ehren von Graf Bernadotte aufführen könne, sondern erst danach. Doch er sei der Meinung, *der Originaltitel* sei *dem Stück und dem Sinn des Autors, dem deutschen Patrioten Horix, angemessener.* Horix habe auch *nicht im mindesten* etwas dagegen, seinen eigenen Namen als Verfasser *genannt zu sehen, weil er einen Teufel nach der Politik, und alles um die Wahrheit fragt.*

Das überzeugt Sibers davon, einen Staatsfeind in flagranti erwischt zu haben. *Hier erblickt man also den feindseligen, für Frankreich ganz glühenden, für den hiesigen Staat hingegen widrig gesinnten Bösewicht, in seiner leibhaftigsten Gestalt.* Der *böse Endzweck* des Ganzen sei unverkennbar. Warum es nach Friedensschluss an Hochverrat grenzt, dem französischen General ein Werk zu widmen, hält Sibers nicht für erklärungsbedürftig. Und dass der Komponist den jungen Erzherzog Karl fast ebenso bewundert wie Napoléon, kann ihn ebenfalls nicht besänftigen, weiß er doch wie jeder im Lande, dass der Kaiser den Bruder um seine Beliebtheit und seine militärischen Erfolge beneidet.

Am 12. Januar, einen Tag nach Sibers' Rapport an die Polizeihofstelle, erfährt der Außenminister Johann Ludwig Graf Cobenzl, Wien werde nun mit einem französischen Gesandten im Rang eines Botschafters versorgt. Niemand aus Paris hat angefragt, ob dieser auch erwünscht ist. Cobenzl erbittet eine schriftliche Bestätigung.

Währenddessen wird die Sache des Botschafterfreunds Horix weiterverfolgt. Mitte Januar lädt ein Inspektor der Wiedener Bezirkspolizeidirektion Schikaneder zum Verhör vor. Spätestens da schwant dem Direktor Unheil. Bis dahin haben weder er noch Horix geahnt, dass ihre Korrespondenz überwacht worden ist. Schikaneder kommt glimpflich davon, vermutlich weil er Schauspieler genug ist, um mit unbewegtem Gesicht zu lügen. Die Polizei verwarnt ihn nur scharf, weil er den Erhalt von Horix' Brief nicht sofort angezeigt und den *glühenden Demokraten*, das heißt Jakobiner, ermutigt hat, seine Werke zu schicken.

Am 24. Januar 1798 erhält Cobenzl endlich Bescheid, dass General Bernadotte demnächst eintreffen werde. Er schickt einen Kurier mit dieser Nachricht von seinem Landgut nach Wien. Die Wahl jenes Manns, meint Cobenzl, sei die am wenigsten schlechte, doch es gelte für ihn wie für alle Franzosen, *dass auch der Beste nichts taugt*. Der Kaiser reagiert entsprechend kühl und versucht die Franzosen hinzuhalten, um Zeit zu gewinnen. Doch Bernadotte ist jung und spontan. Ohne die nötigen Papiere trifft er am 8. Februar abends um 18 Uhr mit militärischen Begleitern, drei Sekretären und seiner Familie in Wien ein. In seinem Gefolge befindet sich auch ein junger Komponist namens Rodolphe Kreutzer. Nur mit großer Mühe kann für Bernadotte ein geeignetes Haus gefunden werden, denn Kaiser und Minister empfinden es als Affront, wie ihnen dieser Mann ohne jede vorherige Absprache im Rang eines ernstzunehmenden Botschafters aufgenötigt worden ist. Schließlich mietet die französische Regierung für abenteuerliche 30 000 Francs ein Palais des Barons Geymüller in der Wallnerstraße, derzeit vom Armeelieferanten Wimmer genutzt, als Amtssitz und private Bleibe für Bernadotte und seine Leute an.

Das Haus des Botschafters wird von der Geheimpolizei überwacht. Der Spitzel behauptet, dessen *Umgang* beschränke sich *auf die niedrigste und verworfenste Gattung Menschen*, darunter ein *Perlenfabrikant*, ein *Schminkfabrikant* und ein *Schustermeister*. Außerdem wird Bernadotte beschuldigt, *eine beträchtliche Summe Geldes unter die ärmere Klasse von Menschen auch unaufgefordert ausgeteilt zu haben*, man könne die *Absicht leicht begreifen*. Die Korrespondenz des Botschafters belegt, dass er bevorzugt mit Künstlern verkehrt, mit Malern, Musikern und Komponisten. Darunter ist auch Ludwig van Beethoven, der von Rodolphe Kreutzer tief beeindruckt ist, mit ihm die mitgebrachten Noten, Märsche, Hymnen, Chansons und Opern studiert und von Bernadotte ermuntert wird, eine Symphonie zu Ehren Bonapartes zu komponieren. Zutreffend ist die Behauptung des Spitzels, Bernadotte zeige sich *in Schauspielhäusern*, vor allem *denen der Vorstädte*, also auch bei Schikaneder. Zu erfahren, was in Paris läuft, dass dort vor allem Rettungsopern wie die von Cherubini und von Kreutzer vertonte *Lodoiska* gefeiert werden, ist für einen Theatermann anregend.

Von seiner Regierung angewiesen, Farbe zu bekennen, lässt der Gesandte am 13. April gegen sechs Uhr abends *auf dem Balkon seiner Wohnung* die *vier Ellen lange dreifarbige Freiheitsfahne* mit der Aufschrift *République française – Ambassade de Vienne* hissen. Gegen sieben haben sich bereits um die dreihundert Menschen vor der Botschaft versammelt, der Auflauf schwillt an. Über das, was dann geschieht, werden Bernadotte, sein Bewunderer Horix und die Wiener Polizei Gegenteiliges berichten. Ein anonymer *Augenzeuge*, hinter dem wohl Polizeihofrat Friedrich von Schilling steckt, behauptet, einige hätten die Trikolore *für eine Blutfahne, welche den Krieg ankündigt*, gehalten, andere *für einen der österreichischen Nation angetanen Schimpf*, manche *für eine Aufforderung zum Aufruhr*. Dass Bernadotte sich mit der Hand an der Waffe zeigt, heizt die Stimmung an. Schreiend fordern die Leute, die Fahne abzunehmen. Steine fliegen, das Tor der Gesandtschaft wird aufgebrochen, das Volk dringt ein, es *werden Fenster und das Küchengeschirr in den Wohnungen zu ebener Erde zertrümmert*, Schüsse fallen, die Fahne wird abgerissen. In drei Depeschen bittet der Gesandte die Polizei um einen Hilfstrupp. Erst nach drei Stunden rückt dieser an. *Nur mit der äußersten Mühe gelingt es dem Militär, die Haupttreppe zu besetzen, das Volk vor dem Eindringen in die Zimmer des Botschafters abzuhalten, und sowohl seine Person als* auch *sein Gefolge vor Verletzung zu bewahren.*

Bernadotte verlangt von der Regierung Entschädigung. Die Regierung verweigert dies, weil die Polizei behauptet, Bernadotte selbst habe den Aufruhr angezettelt und seine Abreise bereits in die Wege geleitet, um dem Hass der Wiener zu entkommen. Bernadotte allerdings korrigiert das Bild von den französenfeindlichen Wienern; vielmehr betont er, dass in der Menge vor der Botschaft viele Menschen gewesen seien, die den Tumult verhindern wollten und bereit waren, ihn gegen ihre Landsleute zu schützen.

Am 15. April um die Mittagszeit verlässt er Wien. Noch ahnt keiner, was sich in dieser Episode bereits abzeichnet. In weniger als einem

Jahr wird Frankreich Österreich erneut den Krieg erklären. Doch es wird spürbar, dass bei großen Teilen der Bevölkerung das Vertrauen in den Frieden von Campo Formio ins Wanken gerät.

Das beste Mittel gegen allgemeine Verunsicherung, über das Schikaneder verfügt, heißt *Zauberflöte*. Ihr Erfolg lässt ihn trotz seiner vielen späteren Triumphe nicht los. Ihm geht es wie Goethe, der am 12. Mai an Schiller schreibt: *Es war nicht uninteressant, mich einige Tage mit der Zauberflöte abzugeben und die Arbeit, die ich vor drei Jahren angefangen hatte, wieder aufzunehmen und durchzukneten.*

Immer wenn ein Stück besonders gut ankam, hat Schikaneder in kurzem Abstand Fortsetzungen geliefert, zu *Anton, der dumme Gärtner*, zu den *Fiakern*, zum *Tiroler Wastel*. Bei der *Zauberflöte* hat er nun bereits sieben Jahre damit gewartet. Ihm ist bewusst, dass dieses Projekt heikler ist, aber irgendwann angegangen werden muss, ist er doch mit allen Opernlibretti, die er seither verfasst hat, um die *Zauberflöte* gekreist. Jedes, ob Süßmayr, Hoffmeister, Wölfl, Haibel, Mederitsch oder Winter es vertont hat, nimmt darauf Bezug im Aufbau, der Konstellation der Figuren, dem Zauberhaften und Märchenhaften, den besungenen Idealen.

Während Goethe zögert, packt Schikaneder die Sache mit dem Pragmatismus eines altgedienten Theatermannes an. Zuerst einmal greift er in den Vorrat, aus dem er sich bei der *Zauberflöte* bedient hat, Wielands Sammlung *Dschinnistan*. Als Vorlage wählt er ein Märchen mit dem Titel *Das Labyrinth*. Dass der Verfasser, Wielands Freund Friedrich Hildebrand von Einsiedel, Kammerherr in Weimar ist, mag ein Zufall sein, doch vielleicht hat Schikaneders ja auch Lust, es den Weimarern zu zeigen. Die Vorlage Einsiedels benutzt er freilich wie schon bei der *Zauberflöte* nur, um daraus Motive zu klauben. Wie jeder andere, der die *Zauberflöte* fortschreiben will, steht er vor einer Schwierigkeit. Die letzten Sätze des Librettos verbieten eigentlich eine Fortsetzung. *Zerschmettert, zernichtet ist unsere Macht. / Wir alle gestürzet in ewige Nacht*, singen die Königin der Nacht und ihre Getreuen. Wo also ansetzen?

Dem Pragmatiker ist rasch klar, dass am Ende der *Zauberflöte* durchaus eine Frage offen bleibt: ob Pamina und Tamino, Papagena und Papageno geheiratet haben.

Schikaneder beginnt nun also mit dem Hochzeitsfest des edlen Paares. Kaum sind die Feierlichkeiten vorbei, muss es rasch ungemütlich werden, damit Spannung in die brave Ehe kommt. Sarastro verkündet den frisch Verheirateten, die wahre Prüfung stehe ihnen noch bevor, jetzt gehe es darum, monogam zu bleiben und die Triebe beherrschen zu lernen. Schikaneder als Ehemann weiß, wovon er redet. Die neuen Schwierigkeiten sind allerdings weniger überschaubar als die elementaren im ersten Teil, folglich findet sich das Ehepaar in einem Labyrinth wieder. Daraus lässt Paminas Mutter, die nun Luna heißt, ihre Tochter jedoch entführen. Sie ist von der unverbrüchlichen Treue der beiden nicht überzeugt und ziemlich sicher, Gattin wie Gatten zum Seitensprung verführen zu können, wenn das Angebot genügend attraktiv ist. Mangels geeigneter Verführer verwandelt sie die erste Dame in Venus, die zweite in Amor, einen *Jüngling schlank und schön*, und die dritte in einen Pagen, der den ersten beiden bei ihrer Verführungskampagne assistiert. Ganz verlässt sich Luna allerdings nicht auf die Anziehungskraft der göttlichen Versucher; sie sorgt zusätzlich für einen *Trank aus mitternächtlichen Kräutern*, der Pamina und Tamino in *Liebestaumel* versetzen soll.

Papageno und Papagena sind aus Empathie mit den Vögeln zu Vogelmenschen geworden, aber noch nicht unter der Haube. Sie sollen vorher noch den ehelichen Eignungstest bestehen und ihre Fähigkeit zur Treue beweisen, was Papageno erwartungsgemäß schwer fällt: Er erliegt den Reizen der *Mohrin* Gura. Monostatos nutzt die Gelegenheit, um sein Glück bei der eifersüchtigen Papagena zu versuchen.

Tamino ist in diesem zweiten Teil entschieden feiger, weshalb ihm Papageno berechtigte Vorhaltungen macht: *Warum muss denn eben immer ich mir die Nase verbrennen, warum befreist du nicht selbst dein Weib?* Nur der Vogelmensch zeigt genügend Mumm, Pamina erneut den Fängen der bösen Mächte zu entreißen. Doch Schikaneder hat sich gemerkt, was derzeit in den Pariser Opern viel besser ankommt als tapfere Männer: starke Frauen, ob sie Medea oder Lodoiska heißen. Pamina befreit sich also zu guter Letzt selbst.

Was er in Kindheit und Jugend gelernt hat, vergisst Schikaneder auch dieses Mal nicht: dass es stets überzeugend wirkt, die Welten von Licht und Finsternis einander gegenüberzustellen. Also setzt er

Peter (von) Winter (1754–1825), ein hochbegabter Geiger und Komponist, Schüler von Abbé Vogler, folgte wie fast alle Mitglieder der Hofkapelle Kurfürst Karl Theodor 1778 nach München. Zu Gast in Wien, wo er bei Salieri studierte, lernte er 1781 Mozart kennen. 1787 wurde er in München zum Vizekapellmeister ernannt. Mit der Oper «Das unterbrochene Opferfest» wurde er in ganz Europa berühmt. 1805 gründete er in München eine Gesangschule.

dem dunklen Palast Lunas den Garten vor Taminos Palast entgegen, dessen *Fenster hell erleuchtet* sind.

Da die Rettungsoper offenbar Konjunktur hat, entscheidet sich Schikaneder für den Komponisten, der für den zweiten Akt von *Babylons Pyramiden* eine entsprechende Szene verfasst und vor zwei Jahren am Kärntnertortheater mit einem Werk dieses Genres, genannt *Das unterbrochene Opferfest*, einen Triumph gefeiert hat, Peter Winter. Der Komponist der *Zauberflöte* zürnte ihm zwar wegen seiner Indiskretion in Sachen Constanze Weber, doch entstammt er der von Mozart heiß geliebten und hochgeschätzten Mannheimer Schule und ist so gesehen durchaus ein Wahlverwandter. Die Vorbereitungen gestalten sich allerdings schwierig. Nicht nur, weil Winter weder äußerlich noch charakterlich das Geringste mit Mozart gemeinsam hat. Wie sein Kollege Louis Spohr später schreibt, ist er *ein Mann von kolossalem Körperbau, begabt mit riesiger Kraft*, aber dennoch *furchtsam wie ein Hase*. Bei *geringfügiger Veranlassung* sei er sofort *aufbrausend*, dabei *lenkbar wie ein Kind*. Im Freihaus wird er sich einigen Spott gefallen lassen müssen, denn jeder weiß, dass er sich vor Geistern fürchtet, immer vor Einbruch der Dunkelheit heimkehrt und mit Spukgeschichten in Angst und Schrecken zu versetzen ist. Er hat auch nicht die Nerven eines Mozart, der oft noch am Tag vor der Aufführung ein Werk vollendet hat.

Eigentlich war zur Vorbereitung der Oper genügend Zeit gewesen, doch Schikaneder war durch seine Erkrankung um den Jahreswechsel herum wochenlang ausgefallen. Laut Winter war *der erste fatale Schlag*, der die *Vollendung* seiner Komposition verhindert, dass das Buch *nicht einmal zur Hälfte fertig* war. Dann überfällt ihn *eine hämmorhoidale Unpässlichkeit, die ihn zu Arbeit gänzlich unfähig* macht. Damit nicht genug: *erst Ende des Aprils* erhält er von Schikaneder *die andere Hälfte des Operntextes*; *ihn liegen zu lassen, ohne die Arbeit zu vollenden, würde* Winter *in einen Prozess verwickelt haben, der die unangenehmsten Folgen* für ihn gehabt hätte.

Der *Kapellmeister in Churpfalz-bayerischen Diensten* muss beim Intendanten Graf Seeau um Verlängerung seiner Beurlaubung von München eingeben. Dass es jener Seeau ist, der Mozart keine Anstellung am Münchner Hof zu verschaffen wusste, dürfte Winter bekannt sein. Am 18. März schreibt Seeau einen Brief an Schikaneder, *nachsichtsvoll und schonend*, in dem er Verständnis für alles zeigt, vier Tage später einen an Winter, *hart und aufgebracht*, wie der Komponist beklagt. Darin teilt der Intendant Winter mit, sein Gehalt müsse vorübergehend gestrichen werden. Kurz vor der Uraufführung richtet Winter ein Gesuch an den bayerischen Kurfürsten, in dem er bittet, den Besoldungsarrest aufzuheben, und die ganze Malaise der letzten Monate genau darlegt.

Für den 12. Juni 1798 kündigt Schikaneder an: *Der Zauberflöte zweiter Teil unter dem Titel Das Labyrinth oder der Kampf mit den Elementen. Eine große heroische Oper von Emanuel Schikaneder. In Musik gesetzt*

Beste Mannheimer Schule: Dass der später geadelte Peter Winter (1754–1825), einstiges Geigenwunderkind aus Mannheim, ein Komponist ist, dessen Wiederentdeckung lohnt, belegt auch jene Oper, mit der er es wagte, Mozarts «Zauberflöte» fortzusetzen, «Das Labyrinth oder der Kampf mit den Elementen». Das Libretto, in dem alle Gestalten der «Zauberflöte» auftreten, stammt natürlich von Schikaneder.

von Peter Winter, Kapellmeister in Churpfalz-bayerischen Diensten. Dass es sich um eine *Fortsetzung der Zauberflöte* handelt, lässt Schikaneder zudem in der Besetzung deutlich werden: Josepha Mayer, die Königin der Nacht, singt mit vierzig Jahren die Partie von deren Nachfolgerin Luna, Marianne Willmann, seit drei Jahren Mozarts Pamina, singt nun Winters Pamina, Friedrich Sebastian Mayer, als Sarastro in der *Zauberflöte* seit Jahren bewährt, nun den Sarastro im *Labyrinth* und Schikaneder selbstredend den Papageno. Er und seine Papagena sind dieses Mal die tragenden Rollen, und durch sie übt Schikaneder im Gewand des Komischen Kritik an tragischen Zuständen. Das Publikum wird sehr wohl bemerken, dass Schikaneder für die Benachteiligten Partei ergreift, ob sie nun die falsche Hautfarbe oder kein Geld und keine Rechte haben. Da Monostatos weiß, dass er bei Papagena, selbst wenn sie Papageno eins auswischen will, als Schwarzer keine

Chance hat, trägt er eine *hautfarbene Larve*. Als die beiden Vogelmenschen eine Familie gründen, ihren Wunschkinderplan umsetzen und die Bühne mit pfeifenden kleinen Papagenos und Papagenas bevölkern, kreischt das Publikum vor Vergnügen. Doch Schikaneder zeigt die beiden als ständig hungrige Unbehauste unter Unbehausten, die in armseligen Hütten ein klägliches Glück erleben und zueinanderhalten. So wie in Wien ein Drittel der Einwohner, die kein Heimatrecht besitzen, also jederzeit ausgewiesen werden können und in billigsten Absteigen hausen. Dass die wachsende Industrie es nötig macht, Arbeiter und Arbeiterinnen von auswärts anzuwerben, hat die Regierung nicht dazu bewogen, diesen Zugewanderten das Bleiben zu ermöglichen. Zugleich streicht Schikaneder heraus, wie sich der Adel seinen Pflichten entzieht, indem er von Verantwortung faselt. So wie Studenten, Bauern, Handwerker, Kleinbürger als Infanteristen in den Krieg ziehen, weil die Fabrikanten und die meisten Hochadligen sich ja um Besitz, Land und Leute kümmern müssen, wird zu Paminas Befreiung Papageno, Vater von zahllosen Kindern, losgeschickt, denn der Prinz als *Vater* von *vielen Tausenden* kann *nie eine so gefährliche Reise antreten*.

Schikaneder engagiert sich nicht nur auf der Bühne für diejenigen, die in Geldnot stecken. Um Winter zu helfen, widmet er das Werk kurz entschlossen der bayerischen Kurfürstin Maria Anna und lässt die vierte Vorstellung am 15. Juni *Zum Vorteil von Herrn Winter* geben, der damit den Löwenanteil der Abendeinnahme kassiert.

Wer Schikaneders Privatleben kennt, wird sich fragen, inwieweit Papagenos gute Vorsätze mit denen seines Darstellers zu tun haben könnten. *Ich will anfangen, mich zu bessern, – will anfangen, nur eine zu lieben. Man gewinnt am Ende nicht viel dabei, wenn man so von einem Wald zum andern fliegt; man verliert dort eine Feder und hier eine Feder, und am Ende bleibt man am Boden sitzen.* Doch noch bleibt er nicht sitzen, weder als Mann noch als Unternehmer. Daran können auch die Kritiker nichts ändern, die Schikaneders neuestes Werk in jeder Hinsicht unangemessen finden. Das *Journal des Luxus und der Moden* schmäht es als *abenteuerliches Produkt*, als *dramatisches Wirrwarr* und als *Non plus ultra an theatralischem Aufwand*. *Die Oper hat fünfzehn Dekorationen und eine Garderobe, deren Pracht ausschweifend ist.* Dass Schikaneder wie gewohnt bei Inszenierungen mit völlig neuer Bühnenausstattung für die ersten Aufführungen höhere Eintrittspreise verlangt, um ein wenig von seinen Investitionen hereinzuholen, wird ihm nun plötzlich angekreidet: *Es ist jetzt hier nicht an der Zeit, Preise zu erhöhen.*

Über dreißig Mal kann Schikaneder allein in diesem Jahr seine Fortsetzung der *Zauberflöte* wiederholen, und auch der Klavierauszug von Henneberg, der in Schikaneders Selbstverlag erscheint, bringt Geld herein. Allerdings bei Weitem nicht genug. Trotzdem verzichtet der Direktor am 8. September auf die Einnahmen einer ausverkauften Veranstaltung. Schikaneder lässt *La Clemenza di Tito* konzertant aufführen mit Mozarts Schwägerin Josepha als Servilia und deren Mann Friedrich Sebastian Mayer als Publio und schreibt in das Programm: *Mozarts Werk ist über jeden Lobspruch erhaben. Man fühlt es bey der Anhörung dieser, wie einer jeder seiner Musiken, nur zu sehr, was die Kunst an ihm verlor.*

Der Gewinn des Konzerts geht an Constanze Mozart. Sie hat gerade eine auch finanziell erfolgreiche Konzerttournee mit ihrer Schwester Aloisia hinter sich. Um zu verhindern, dass Mozarts Autographen in alle Winde verstreut werden, weigert sie sich jedoch, die Werke einzeln an Liebhaber zu verkaufen, sondern verhandelt hart mit dem Offenbacher Verleger André wegen des gesamten Nachlasses. Seit diesem Jahr bessert sie ihre Einkünfte durch einen Untermieter auf, der, wie die ganze Stadt weiß, sehr viel mehr als nur ein Untermieter ist. Schon längere Zeit soll sie eine intime Beziehung mit dem weißblonden Mann haben, der vor fünf Jahren aus Regensburg hierher gezogen ist und in Wien als Legationssekretär der dänischen Gesandtschaft arbeitet. Aber auch dieser Nikolaus Nissen ist kein wohlhabender Mann.

Im Monat darauf ist Mozarts Geist erneut im Theater auf der Wieden gegenwärtig. Bei der *Großen musikalischen Akademie* am 27. Oktober 1798 singt Mozarts hochgeschätzter Osmin, der mittlerweile dreiundfünfzigjährige Ludwig Fischer, vier Mozart-Arien, darunter Sarastros *In diesen heil'gen Hallen*. Außerdem werden die Ouvertüre zur *Zauberflöte* und eine Symphonie von Mozarts väterlichem Freund Joseph Haydn gespielt. Doch es tritt auch ein Musiker auf, der nicht mehr Mozarts Schüler wurde und dem Publikum zumutet, sich auf etwas völlig Neues einzulassen: Ludwig van Beethoven. Er wird dankbar sein, dass Schikaneder ihm die Gelegenheit gibt, hier eines seiner beiden Klavierkonzerte aufzuführen. Nicht allein, dass ihm das hauseigene Orchester zu Verfügung steht, ist ein Geschenk, sondern auch, dass er überhaupt öffentlich konzertieren darf. Einen richtigen Konzertsaal gibt es in Wien nicht, und in den Theatern besteht nur an bestimmten Tagen Gelegenheit für konzertante Darbietungen. Was seine politische Haltung betrifft, passt Beethoven, als Ausländer überwacht, ins Freihaus und zu Schikaneder. Man dürfe in Wien *nicht zu laut sprechen*, hat er sich bei einem Freund beschwert, *sonst gibt die Polizei einem Quartier*. Und dass er sich, für einen Ausländer heikel, darum gedrückt hat, mit den Freiwilligen gegen die Franzosen zu marschieren, dürfte dem für solche Marschbefehle zu bejahrten Ausländer Schikaneder sympathisch sein.

In der folgenden Woche darf Beethoven sich schon wieder im Theater auf der Wieden hören lassen, allerdings nur als Komponist: Am 5. November steht beim Akademie-Konzert neben dem Bassisten Ludwig Fischer der Geiger Ignaz Schuppanzigh auf dem Podium; er spielt ein Violinkonzert von Viotti und das *Adagio con molt'espressione* aus Beethovens dritter Sonate für Violine und Klavier. Es ist eine Gegenwelt zu der Welt Mozarts, in die Schikaneder durch Beethovens Musik versetzt wird. Publikum wie Rezensenten tun sich schwer damit. Viele teilen die Meinung des Kritikers der *Allgemeinen Musikalischen Zeitung*, der zwar einräumt, es sei *unleugbar*, dass Beethoven *seinen eigenen Gang* gehe, aber sofort klagt: *was ist das für ein bizarrer, mühseliger Gang!* Ihn strengt gerade bei diesen drei Sonaten für Violine und Klavier Beethovens *Suche nach seltener Modulation* an, diese Aversion gegen jede *gewöhnliche Verbindung*. Er sieht hier nur *ein Anhäufen von Schwierigkeit auf Schwierigkeit, dass man alle Geduld und Freude dabei verliert*. Schikaneder offenbar nicht, denn er kommt zu dem Schluss, dass weder Süßmayr noch Henneberg, Haibel, Weigl, Wölfl oder Winter würdige Nachfolger Mozarts sind, sondern Beethoven der Einzige ist, der über ein vergleichbares Genie verfügt. Doch er spürt wohl, dass er diesen Mann nicht bitten kann, ihm eine Zauberoper der üblichen Sorte zu komponieren. Sein neuer Hausdichter Perinet hat ein neues Libretto abgeliefert, *Der Kopf ohne Mann*, und Schikaneder hat Mozarts Schüler Joseph Wölfl mit der Vertonung beauftragt.

Es spricht für Schikaneder, dass er Perinet eine zweite große Chance gibt, denn die erste mit *Orion* hat er verschenkt. Dass er selbst als mythischer Sänger auftrat, war dem Publikum offenbar doch übertrieben erschienen. Drei Tage nach der Uraufführung dieses Stückes hatte der Konkurrent Marinelli Henslers Stück *Das Donauweibchen*, vertont von dem Wölfl wahrlich nicht überlegenen Friedrich Kauer, herausgebracht und damit die Massen angezogen, monatelang. Wenngleich das Donauweibchen selbst sicher maßgeblich zum Erfolg beigetragen hat, denn es wird von Maria Anna Gottlieb gesungen. Ihretwegen sollen sogar Karl Friedrich Hensler und Johann Sartory, Schauspieler, Dramatiker und Regisseur am selben Haus, *in Raufhändel* geraten sein.

Die Zeiten sind durch Krieg und Krise überall im Theater härter geworden. Am 3. Dezember kommt der *Kopf ohne Mann* zum ersten Mal auf die Bühne, mit Schikaneder, Mayer, Haibel und Jakob Wallerschenk, der zum Theater an der Wieden zurückgekehrt ist. Auch die zweite Vorstellung ist ausverkauft. Mitten im Stück brüllt ein kleines Kind los, in der obersten Galerie werden die Holzbänke umgeworfen und mit großem Getöse aufeinandergestellt, irgendwer kreischt, das Theater stürze ein, *Feuer, Feuer* wird geschrien. Das Publikum gerät in Panik, Schikaneder keineswegs. Er überzeugt die Leute, dass alles blinder Alarm sei. Ruhe kehrt ein, er lässt weiterspielen. Für Schikaneder liegt die Vermutung nahe, dass Marinelli diesen Aufruhr angezettelt hat. In der Vorweihnachtszeit ist Hochsaison, und Gerüchte, das Theater auf der Wieden sei feuergefährdet, könnten zu einem Geschäftseinbruch führen. Zwei Tage später bereits lesen die Wiener in der Zeitung Schikaneders Stellungnahme. Er erklärt den Vorfall damit, ein Kind habe versehentlich den Alarm ausgelöst, und versichert, erst vor zwei Jahren habe er sein Theater *unter Aufsicht* der Obrigkeit *ganz neu und fest herstellen* lassen; er könne dafür bürgen, dass bei ihm sämtliche Maßnahmen für den Brandschutz getroffen worden seien.

Es brennt dennoch unterm Dach. Schikaneders Geldprobleme sind prekär. Die aufwändigen Produktionen haben mehr verschlungen als eingebracht. Sein Ensemble ist auf siebenundsechzig Mitglieder angewachsen, was den Aufführungen gut tut, der Kasse nicht. Peter von Braun, sein Konkurrent bei den Hoftheatern, wird jedes Jahr vom Kaiser mit einem Zuschuss von 40 000 Gulden bedacht und wurde 1795 wegen *seiner getreuen Dienste und anderer erworbenen Vorzüge* auch noch mit dem Titel eines Freiherrn belohnt. Seine Zeitgenossen verwenden allerdings meist die Höflichkeitsanrede Baron.

Zitterbarth spielt Kaiser für Schikaneder; seit Antritt seines Neffen hat er hier bereits 130 000 Gulden zugeschossen. Als er am 1. März 1799 das Theater auf der Wieden *samt allen darauf lastenden Schulden* von 63 266 Gulden übernimmt, überschreiten die Franzosen den Rhein und dringen in Süddeutschland ein. Eine Reaktion darauf, dass die Truppen des österreichischen Kaisers und des Großherzogs der Toskana, seines Bruders, versucht haben, den von Frankreich besetzten Kirchenstaat in Italien zu erobern.

Es ist Zufall, dass an genau dem Tag, als Frankreich offiziell Franz II. und Ferdinand III. den Krieg erklärt, am 12. März 1799, nach längerer Pause wieder die *Zauberflöte* auf Schikaneders Spielplan steht. Symbolisch wirkt es dennoch. Die *Zauberflöte* ist Schikaneders krisensicheres Kapital. Überleben kann er damit aber nicht. Und der bisher stille Finanzier meldet sich zu Wort. Es passt ihm nicht mehr, im Hintergrund zu stehen. Verständlich, dass Zitterbarth jetzt nicht nur zahlen, sondern auch den Ton angeben möchte. Schikaneder hat keine Wahl, er muss die Hofkanzlei ersuchen, sein Privileg als Direktor eines eigenen Theaters auf Zitterbarth zu übertragen.

Es dürfte ihm nicht unrecht sein, denn die Situation ist verfahren, und er hat in vieler Hinsicht seinen Kredit verspielt, was die Finanzen, das Ansehen unter Feingeistern und die politische Verlässlichkeit betrifft. Seine Schulden sind stadtbekannt, namhafte Intellektuelle wie Friedrich Schlegel lästern über das grassierende *Schikanederische*, und in Wien wird bekannt, dass am 9. Mai 1799 in Mannheim auf Befehl von General Colland bei einer Aufführung der *Zauberflöte* statt der Ouvertüre die Marseillaise gespielt worden ist.

Schikaneder hat keine Lust mehr, weiterzumachen wie bisher. Immer wieder derselbe Ärger, immer wieder Vulpius, der nun den *Spiegel von Arkadien* mit seinem Namen als Librettist unter dem Titel *Die Neuen Arkadier* aufführt, immer wieder Kritiker, die ewig die gleichen Vorwürfe erheben, immer diese Nordlichter, die auf die Theatermacher des deutschsprachigen Südens im Allgemeinen und auf

Schikaneder im Besonderen eindreschen. *Will man dem Volke das Denken ganz abgewöhnen, so ist es das zweckmäßigste Mittel, solche Schikanedersche Opern oft gratis spielen zu lassen*, erklärt ein Rezensent in der *Berlinischen Dramaturgie. Die österreichische Nation* sei ohnehin *ihrer besonderen Geistigkeit wegen nicht berühmt*, höhnt er, *aber solche Opern* müssten *den Geschmack der Nation lähmen und verderben*.

Das Ende von Schikaneders Vertrag mit Fürst Starhemberg und das Ende des Jahrhunderts rücken näher. Zeit für einen Befreiungsschlag. Am 25. Juli 1799 erfährt Schikaneder, dass das Gesuch, seine Rechte auf Zitterbarth zu übertragen, abgelehnt worden ist. Gründe werden nicht genannt. Dass Zitterbarth in der bisherigen Form nicht weiter mitspielen wird, kann Schikaneder sich ausrechnen. Mit sämtlichen Pächtern vor Ort hat er es sich verdorben. Am 10. September war in Schikaneders Haus sein Lustspiel *Der Teufel von Wien* aufgeführt worden, was die Pächter gar nicht lustig fanden, denn der Teufel war ein Pächter, und selbst die Kritiker verstanden, *dass der bedauerungswürdige Zustand so vieler Untertanen, und so mancher Herrschaft, die zu gleicher Zeit von einem Pächter, der zwischen beiden in der Mitte steht, ausgesogen werden*, Schikaneder *bewogen haben, auf der Bühne jenen Blutegeln die Larve abzureißen* und die Aufmerksamkeit auf ihre Machenschaften zu lenken. Dass Starhemberg den Vertrag verlängert, ist nicht zu erwarten; der falsche Feueralarm hat ihn durchaus alarmiert, weil er weiß, wie viele pyrotechnische Effekte das Theater im Freihaus bringt.

Als am 9. November 1799 Napoléon Bonaparte mit einem Staatsstreich die Macht in Frankreich an sich reißt, hat Schikaneder keinen Sinn für Weltpolitik, es geht für ihn ums berufliche Überleben. Den Krieg mit Vulpius hat er eingestellt, um seine Kräfte zu schonen, obwohl der Widersacher den beiden Heldinnen seines neuesten Romans *Vertraute Briefe von Adelheid B. an Julie S.* seine Meinung zu Schikaneders berühmtestem Werk in den Mund legt: *Die Zauberflöte* sei, was den Text angehe, *ein lächerliches, widersinniges und fades Produkt*, bei dem *der Verstand still stehen müsse*. Trotzdem führt Schikaneder den von Perinet dramatisierten Räuberroman *Rinaldo Rinaldini* auf, mit dem Vulpius sensationelle Auflagen erreicht, und nennt den verhassten Autor brav beim Namen.

Schikaneder zeigt nicht nur diplomatisches Geschick, sondern auch Überredungskunst. Er weiht Zitterbarth in sein kühnes Projekt ein, das größte und technisch beste Theater des Habsburger Reichs zu erbauen. Das verbriefte Recht dazu besitzt er seit Beginn des Jahres 1786, als sein Antrag, ein Theater auf dem Glacis, außerhalb des Burgtors, errichten zu dürfen, abgelehnt worden war, ihm aber ausdrücklich gestattet wurde, *anderswo in einer Vorstadt* eines hinzustellen. Zitterbarth, der Geld hat, aber Ruhm sucht, zieht mit. Am 26. November 1799 wird ins Grundbuch der Stadt Wien der Vermerk eingetragen, dass der *gewesene bürgerliche Handelsmann* Zitterbarth den Grund und das Haus Laimgrube Nr. 26 an der Wien samt Garten gekauft hat, in nächster Nähe des Freihauses, nur auf der anderen Seite des Flusses gelegen und, wie genehmigt, *in einer Vorstadt.*

Am Heiligen Abend des Jahres 1799 ist das Theater geschlossen, und Schikaneder hat Zeit, einen Brief an die niederösterreichische Landesregierung aufzusetzen, in dem er um die Bewilligung des Theaterneubaus ersucht. Rhetorisch gewitzt streicht er die Nachteile dieses Standortes heraus, sodass er der Behörde als Retter einer schlechten Gegend gelten muss. Er sei, betont er, keineswegs froh darüber, sein Schauspielhaus *in einen Seitenweg übersetzen zu müssen, wo überdies im Sommer die größte Gefahr* bestehe, *dass bei einer großen Hitze der üble Geruch von dem sehr nahen Wienfluss sich in sein Theater ziehen* und es so verpesten könne.

Damit tritt er eine Brieflawine los, die seinesgleichen sucht. Er korrespondiert mit Hofkanzlei, Magistrat, diversen anderen Hofstellen, Polizeidirektionen, und diese korrespondieren untereinander. Dann mischt sich auch noch Peter Baron von Braun ein, k. k. Rat, Vizedirektor der beiden Hoftheater und Bankier von Kaiser Franz, der das sensationelle Projekt des Konkurrenten fürchtet und mit allen Mitteln verhindern will. Für Anfang Februar 1800 wird eine Ortsbegehung anberaumt; Schikaneder soll in Begleitung seines Architekten erscheinen, alle Pläne, Risse und Zeichnungen mitbringen und dafür sorgen, dass die erforderlichen Erklärungen abgegeben werden können. Dann aber wird die Begehung im letzten Moment abgesagt.

Peter von Braun hat durch seine Funktionen beste Möglichkeiten, hinter den Kulissen Einfluss zu nehmen, und er nutzt sie. Das Verfahren zieht sich in die Länge. Starhemberg verweigert die Verlängerung des Pachtvertrags, Zitterbarth verliert die Geduld, und Schikaneder spürt, dass es nun eng wird. Das Jahr 1800 geht dem Ende zu. Am 12. Dezember werden Braun und Schikaneder gemeinsam zu einer mündlichen Anhörung vorgeladen, aber Braun lässt sich vertreten. Der Vertreter heißt Kießling, hat einen Doktortitel, einen Adelstitel und Jura studiert. Er trägt Brauns Argumente gegen das Bauvorhaben Schikaneders vor. Erstens gelte Schikaneders Privileg von 1790 auch für dessen ehemaligen Kompagnon Bauernfeld, der seine Schulden bei Braun noch nicht getilgt habe, und zweitens habe Braun 1794 selbst einen Vertrag mit dem Hof abgeschlossen, durch den jeder Theaterneubau in Wien ausdrücklich untersagt werde.

Schikaneder trägt seine Gegenargumente selbst vor. Erstens hätten fast alle Gläubiger, insgesamt vierunddreißig, einem Ausgleich in der Sache Bauernfeld längst zugestimmt, nur Braun nicht; zweitens seien die ihm erteilten Privilegien zum Theaterbau von 1786 und 1790 älter als das von Braun; drittens sei sein Privileg von 1790 nur das erneuerte von 1786, und das sei ihm allein erteilt worden. Außerdem habe Zitterbarth im Vertrauen darauf, dass Schikaneder ein gültiges Privileg besitze, bereits gewaltig investiert und große finanzielle Risiken auf sich genommen.

Die Wende kommt überraschend, als Anton Friedrich Graf Mittrowsky von Mitrowitz und Nemyschl, ein sechsunddreißigjähriger Regierungsrat und Stadthauptmann, sich auf Schikaneders Seite schlägt. Er verfasst eine Erklärung, Schikaneder könne die Berechtigung zum Bau eines neuen Theaters keinesfalls abgesprochen werden, und leitet diese an die niederösterreichische Landesregierung weiter. Brauns Protest kommentiert die Hofkanzlei schriftlich: *Die Einstreuungen des Baron Braun verraten wirklich nichts als Schikane.*

Doch Schikaneder ist auf der Hut. Er denkt nicht daran, Brauns Energien zu unterschätzen, und gibt um Audienz beim Kaiser ein. Sie wird ihm gewährt. Nun bittet Schikaneder Franz II. persönlich, ihm das Privileg, das dessen Großvater und Vater erteilt hatten, zu bestätigen, und hat zum Frühlingsbeginn 1800 das Dokument in der Hand, in dem der Kaiser überflüssigerweise verkündet: *Auf dem Glacis haben Ihnen meine Vorfahren kein Theater zu erbauen erlaubt und ich bleibe dabei.* Aber ebenso deutlich erklärt er: *Suchen Sie sich daher einen anderen bequemeren Ort, denn Ihr Privilegium gestattet Ihnen das.*

Es ist dem Kaiser wohl zugetragen worden, dass dieses neue Schauspielhaus *für einen großen Teil des hiesigen Publikums zum Bedürfnis geworden ist*, denn am 3. Mai unterzeichnet Franz die *allerhöchste Entschließung*, Schikaneder *die Erbauung des Theaters zu gestatten*. Gleichzeitig ordnet er an, die Einwände des Barons von Braun *ad acta zu legen*.

Auf den 13. Mai wird Schikaneder zusammen mit seinem Architekten Joseph Reymund, dem Richter der Laimgrube an der Wien, einigen Besitzern und den Eigentümern der vier umliegenden Häuser zu einer Baubesprechung geladen. Vierzehn Tage später geht bereits die Baugenehmigung an Schikaneder. Sein Vorhaben liefert Gesprächsstoff für die ganze Stadt. Schikaneder möchte nicht nur bei Innenausstattung und Beleuchtung neue Maßstäbe setzen, sondern vor allem bei der Bühnentechnik.

Inzwischen steht fest, dass er nach dem ersten Halbjahr 1801 seinen Platz im Freihaus räumen muss. Er hat also nur etwas mehr als ein Jahr Zeit, um ein Theater zu errichten, wie es bisher noch keines gibt. Wer immer sich für das Spektakel um das neue Haus interessiert, wird vor Ort unterrichtet. Joachim Perinet ist jeden Tag auf der Baustelle anzutreffen und macht Werbung für seinen großartigen zukünftigen Arbeitsplatz. Doch noch ist ungewiss, ob Schikaneder und Zitterbarth das Wettrennen mit der Zeit gewinnen werden.

XI

Wien, Oberösterreich und Karlsbad 1801–1802
Kennt sein Publikum

Emanuel Schikaneder als erfolgreicher Unternehmer: so stellte ihn Philipp Richter in diesem Kupferstich dar, der Schikaneder auf dem Höhepunkt seines Erfolges zeigt, als Direktor von Österreichs spektakulärstem Theater.

*E*r hätte damit rechnen müssen. Einer wie Baron von Braun findet sich nicht einfach damit ab, dass sein Einspruch *ad acta* gelegt worden ist. Der Einspruch eines Hofratsohns gegen einen Lakaiensohn, eines Seidenfabrikanten gegen einen aufgestiegenen Wanderkomödianten, eines Hofbankiers gegen einen Mann, der am Bankrott entlang balanciert. Baron von Braun, in den letzten zehn Jahren zu einem der reichsten Männer des Habsburger Reiches aufgestiegen, hat in Schönau, dreißig Kilometer vor Wien, nicht nur eine Spinnerei errichtet, sondern 1796, angeblich für mehr als eine Million Gulden, auch noch ein Wasserschloss ausgebaut, das mit der ersten Gasbeleuchtung Österreichs versehen wurde. Um das Schloss herum hat er einen Märchenpark mit einem Tempel der Nacht anlegen lassen. Nun will er endlich die Königin der Nacht in einem seiner beiden Theater hören.

Die Zeit für einen Rachefeldzug ist günstig. Während Schikaneder schnell ein Zaubersingspiel mit dem Titel *Proteus und Arabiens Söhne* für das alte Haus verfasst, zwischen Baustelle und Tagesarbeit im Theater hin- und herhetzt, sich mit Zitterbarth und Behörden herumschlagen muss, hat Peter von Braun eine *Zauberflöten*-Inszenierung für das Hoftheater am Kärntnertor vorbereiten lassen. Braun hat sich Mühe gegeben, Schikaneder an möglichst vielen Stellen zu treffen. Mit dem Bühnenbild hat er Lorenzo Sacchetti beauftragt, den Bruder von Schikaneders Bühnenbildner Vincenzo Sacchetti. Braun selbst hat unter Verwendung der Fassung von Vulpius eine neue Version des Textbuchs gebastelt und lässt auf dem Theaterzettel nicht nur Schikaneders Namen wegfallen, sondern kündigt die *Zauberflöte* in *verdeutschter Form* an; ein indiskreter Hinweis darauf, dass Schikaneder der deutschen Sprache nicht mächtig sei.

Der Kleinkrieg kommt in Wien gut an, weil Österreich vom großen Krieg schwer mitgenommen ist, vor allem in den letzten Mona-

ten. Erzherzog Karl, der seinem Bruder zu einem Friedensschluss geraten hatte, solange sein Land noch über eine Armee verfügte, hatte
kein Gehör gefunden. Der Hof hatte den achtzehnjährigen Erzherzog Johann ins Feld geschickt, einen jungen Mann ohne jede Erfahrung, aber mit dem Auftrag, die Franzosen, die bereits vor München
standen, zurückzutreiben. Doch General Moreau war Johann und
seiner Truppe bei Hohenlinden am 2. Dezember in den Rücken gefallen und hatte die Kaiserlichen in die Flucht geschlagen. Darauf hat
Franz II. nun am 9. Februar 1801 den Frieden von Luneville unterzeichnet.

Dem Feind in den Rücken zu fallen ist eine Methode, die sich im
Kleinkrieg ebenfalls bewährt. Als am 24. Februar 1801 Schikaneder
in der Rolle des Proteus auf seiner Bühne steht, singt bei Braun ein
Hoftheaterschauspieler namens Schüller den Papageno. Das Haus ist
überfüllt, das Publikum gespannt auf das Produkt der Konkurrenz.
Doch die Bühnentechnik am Kärntnertortheater ist der im Theater
auf der Wieden unterlegen. Als die Königin der Nacht wirkungsvoll
wieder von der Erde verschluckt werden soll, aus der sie als *dea ex
machina* aufstieg, klemmt die Versenkung. Der Königin bleibt nichts
anderes übrig, als sich hinter die Kulissen zu verdrücken. Auch die
Kostümbildner sind den Herausforderungen dieser Oper nicht gewachsen. Als Papagena blitzschnell aus ihrem Hexenkittel schlüpfen
soll, um im Federkleid *Nun, Papageno, sieh dich um!* zu singen, kommt
sie nicht heraus, und Gehilfen müssen sie mit Scheren daraus be-
freien. Die Inszenierung wird verrissen, die meisten Solisten werden
gelobt, außer Tamino, der die Töne nicht getroffen, und Papageno,
der sächsisch gesprochen hat.

Braun hat mit dieser Aktion viele ins Lager Schikaneders getrieben. Auch diejenigen, die an den freimaurerischen Anspielungen
ihre Freude hatten, denn solche Stellen hat Braun wie Vulpius gewis-
senhaft getilgt. Da gibt es am Ende keine maurerischen Lichter als
Krone für das edle Paar, sondern eine Gratulationskarte für die bürgerliche Hochzeit: *Ihr liebt euch, seid glücklich und heiter und froh.*

Obwohl Braun seine Textversion sofort im Druck vertreibt, hält
Schikaneder zuerst einmal still. Um mit einer spektakulären Neuinszenierung zurückzuschlagen, fehlen Zeit und Geld, doch andro-
hen kann er sie bereits. Vor allem aber kann er seine Rechte auf das

geltend machen, was ihm Braun nicht stehlen kann: die Freundschaft und Zusammenarbeit mit Mozart.

Wie gewohnt lässt Schikaneder den Gegner auf der Gleitflüssigkeit des Humors ausrutschen. Am 12. März setzt er spontan die *Zauberflöte* auf den Spielplan und hat die Strophen, die er zu seinem Papagenolied für diesen Auftritt hinzudichtet, rechtzeitig in Druck gegeben, um sie am Abend verkaufen zu können. Als Schikaneder sie vorträgt, ist ihm der Szenenapplaus sicher.

> *Was wahre Zauberflöte ist,*
> *Zeigt sich in 8–9 Wochen Frist;*
> *Und da ich Vater bin von ihr,*
> *Gehört sie doch in mein Revier.*
> *Und zeigt sie sich bald dort und da,*
> *So sing ich: Hopsa, Hopsasa!*
> *Denn sie schafft immer mehr und mehr*
> *Viel Freunde, Gönner um mich her.*

Triumphierend endet Schikaneder mit den Zeilen:

> *Denn Mozarts Geist und Feder*
> *War Freund vom Schikaneder.*

Doch er steht nicht allein da im Kampf gegen den Baron. In Joachim Perinet hat er einen Sekundanten, der ihm wie früher Friedel und anfangs auch Gieseke Rückendeckung gibt. Gieseke hat die Welt des Theaters und die Stadt Wien verlassen, weil er sich vom Feld gedrängt fühlte. Die Worte, die er einem Freund zum Abschied ins Stammbuch geschrieben und bereits als *Mineralienhändler* unterzeichnet hat, lassen daran keinen Zweifel aufkommen: *Freund Perinet steht in der Mitte, / Drum kann ich nicht mehr dorten sein.* Und Perinet steht dort nicht nur, er reagiert sofort auf Brauns Attacke und veröffentlicht eine kleine Schrift in Knittelversen mit dem Titel *Mozart und Schikaneder. Ein theatralisches Gespräch über die Aufführung der Zauberflöte im Stadttheater.* Gedruckt hat es Alberti, der Verleger des originalen *Zauberflöten*-Textbuchs von 1791. In diesem Gespräch wundert sich der auferstandene Mozart, wie denn die *Zauberflöte* aus dem Vor stadttheater auf der Wieden ans Hoftheater am Kärntnertor geraten sei. Schikaneder klärt ihn auf und gesteht, er habe die Premiere nicht besucht, weil er an demselben Abend den Proteus gegeben habe: *Doch meine Leute waren drin, / Ich geh' vielleicht erst später hin. / Ich hör es war eine Druckerei / und ein jämmerlich Geschrei.* Über den Angriff seines Gegners sei er *gar nicht frappiert*: Wer an der Rampe stehe, *muss erwarten dass er gestochen wird.* Souverän behauptet er, sich geehrt zu fühlen, dass nun sein Stück aus der Vorstadt die Hofbühne in der Stadt erobert habe.

Die Reime sind nicht sauber, aber komisch. Das kommt bei den Wienern besser an als die schulmeisterliche Besserwisserei eines Vulpius oder Braun. Und wenn Mozart sich schließlich wieder in sein Grab zurückzieht, bis Schikaneder in seinem neuen Haus seine neue *Zauberflöte* gibt, gefällt ihnen das.

Braun ist Theaterdilettant, Schikaneder ein Theatervollblut, und als solches verteidigt er sich nicht vor Gericht, sondern auf der Bühne. Nach dem letzten Bühnenstück im alten Haus gibt es am 12. Juni ein von Schikaneder verfasstes Nachspiel. Das Selbstbewusstsein des Prinzipals haben die Anwürfe der letzten Monate nicht beschädigt. *Thespis* ist sein Nachspiel überschrieben; das verkündet Bildungsanspruch. Dass Wanderbühnen oft Thespiskarren genannt werden, wissen sicher nicht viele Leute im Publikum, und dass Thespis als Erfinder der antiken Tragödie gilt, dürfte noch weniger bekannt sein. Aber das macht nichts. Die anderen freuen sich einfach darüber, dass Thespis, gespielt vom Prinzipal, eindeutig Schikaneder meint, und dessen Widersacher Agathokles, der Thespis bei den Machthabern von Athen anschwärzt, um ihn aus dem Feld zu schlagen, eindeutig den Baron von Braun. Branchenklatsch auf der Bühne, das gefällt selbst denen, die Namen wie Agathokles, Kalistenes [sic] oder Alkibiades gar nicht richtig aussprechen können. Jeder ist dabei, als Thespis alias Schikaneder in antikem Gewand, aber in Wienerischem Dialekt die Zuschauer auffordert, ihm ins neue Haus am anderen Ufer der Wien zu folgen: *Der Weg ist nicht zu weit, / Der Fluss auch gar nicht breit.*

Ein *Tusch von Pauken und Trompeten* beendet die Ära Schikaneder im Freihaus, eine Ära der Rekorde. Vierhundert Uraufführungen hat er in seinen zwölf Jahren am Theater auf der Wieden herausgebracht,

223 Mal hat er die *Zauberflöte* aufgeführt, mehr als hundert Mal den *Tiroler Wastel*, um die hundert Mal den *Spiegel von Arkadien* und die *Waldmänner*. Marinellis Leopoldstädter Konkurrenzunternehmen hat er um Längen geschlagen. In den sieben Jahren zwischen Januar 1794 und Dezember 1800 hat der Rivale nur 97, Schikaneder dagegen 220 neue Stücke, Schauspiele, Ballette, Pantomimen, Opern und Singspiele auf die Bühne gebracht. Im Wettstreit um das Musiktheater hat er Marinelli mit 62 gegenüber 35 Werken ebenfalls abgehängt.

Aber Marinelli hat mit weniger Aufwand mehr hereingeholt, und da er weniger Ansprüche stellte, auch weniger Prügel von der Presse bezogen. Wenzel Müller ist kein Mozart und Hensler kein Schikaneder. Aber Marinellis Hauskomponist und Hauslibrettist bedienen das Publikum zuverlässig mit frischer Ware, die immer so schmeckt, wie es den Besuchern behagt, auch den adligen, die zwischen *pâtés* und *ragout fins* einmal in eine Knackwurst beißen wollen. Nun wird der Rivale, der kaum ein Stück selbst verfasst hat, mit einem Adelsprädikat dekoriert, Schikaneder nicht. Dass es ein Titel ist, den Marinellis Vater abgelegt hatte, weil er in seiner Armut nicht adelsgemäß leben konnte, spielt für die Öffentlichkeit keine Rolle; die sieht nur, dass Schikaneder für seine Verdienste nicht ausgezeichnet wird.

Sieht sie das überhaupt? Ist das nicht Schnee von gestern? Ein neues Jahrhundert hat begonnen, und die Öffentlichkeit dürfte vor allem eines wahrnehmen: Marinellis Theater ist Vergangenheit, die Zukunft gehört Schikaneders Theater. Er möchte vorführen, dass sein Publikum wirklich mitzieht. *Seinen Thespiskarren vor sich herschiebend*, macht er sich in der lauen Sommernacht samt seinen Mitspielern im Bühnenkostüm auf den Weg zur neuen Heimat, und Hunderte folgen ihm. Man musste sie nicht überreden, die Neugier treibt sie, denn seit Wochen ist in Wien dieses Haus der möglichen Offenbarungen Stadtgespräch. Bereits die Ausmaße sind sensationell; 45 Meter lang, fast 22 Meter breit, lässt das Bauwerk im Innern eine Bühne vermuten, die dem Einfallsreichtum Schikaneders uneingeschränkten Spielraum lässt. *Der seltsame Zug bewegt sich durch die Schleifmühlgasse über die Brücke geradewegs in den neuen Kunsttempel hinein* und erregt *natürlich großes Aufsehen*.

Dass dieses Theater allen offen steht, den Equipagenbesitzern wie den Habenichtsen, demonstrieren die fünf Eingänge. Vor dem Papa-

*Das Theater an der Wien, bis 2006 auf Musical und Operette spezialisiert, gibt
seither wieder große Oper wie zu Schikaneders Zeit. Offizielle Adresse heute:
Linke Wienzeile. Die Rückseite zur jetzigen Léhargasse ist nahezu unverändert.
Die damalige Jägergasse, wo über dem Papagenoportal der Pester Bildhauer Jakob
Schroth Schikaneder verewigte, ist ihm zu Ehren in Papagenogasse umbenannt
worden.*

genoportal, über dem sich Schikaneder in seiner Paraderolle, um-
ringt von kleinen Papagenos, in Stein verewigen ließ, können die
privaten Kutschen vorfahren. Die Fiaker haben hingegen *Zu- und
Abfahrt an der Wien.* Zwei überdachte Eingänge sind für die Fußgänger bestimmt und eine Pforte für Schikaneders Mitarbeiter. Die
beiden alten Gebäude Laimgrube 26, in denen vor Maria Theresias
Regierungszeit noch ein Jesuitenkolleg untergebracht war, sind stehen geblieben und umgebaut worden. Im Erdgeschoss befinden sich
außer ein paar kleineren Wohnungen neben der Theatertischlerei
und der Kostümschneiderei der Fundus für Dekorationen und Requisiten und die Theaterkasse, in der Etage darüber Verwaltungs-
räume, Probenräume, Garderobe und Aufenthaltsräume für die
Künstler sowie weitere private Wohnungen.

Am Samstag, den 13. Juni, soll das Theater an der Wien mit Pomp
und Ehrengästen eröffnet werden. Dass der Termin nicht in letzter

Minute geplatzt ist, verdankt Schikaneder Wiener Beamten, die beide Augen zugedrückt haben. Obwohl sie bei der Ortsbegehung am Donnerstag den Feuerschutz als unzureichend beurteilt haben und der üble Farbgestank bemängelt worden ist, wurde Schikaneder der *Benützungskonsens* erteilt und das Haus freigegeben, mit dem Rat, vorher gründlich zu lüften.

Als erstes Werk zum festlichen Anlass wird *Alexander* angekündigt, eine *große heroische Oper*, Textbuch von Schikaneder, vertont von dem altbekannten Mozartfreund Franz Teyber, gewidmet dem Bruder des Kaisers, Erzherzog Karl. Der Widmungsträger hat die Lust am Krieg wie am Theater verloren und sich zurückgezogen, der Kaiser hat ebenfalls Wichtigeres zu tun, aber Maria Karolina von Österreich, Königin von Neapel-Sizilien, Tante und zugleich Schwiegermutter von Kaiser Franz II., samt ihren Töchtern und Albert Erzherzog von Sachsen-Teschen geben Schikaneder die Ehre.

Eigentlich bräuchte es kein Programm, die Besucher würden genauso hereindrängen, wenn gar nichts gespielt würde. Hätte Schikaneder *Eintrittsgelder bloß für das Beschauen seiner Herrlichkeiten genommen*, meint der theaterverrückte Bäuerle, er *hätte durch drei Monate ohne eine Theatervorstellung zu geben, gewiss enorme Summen eingenommen*. Das Publikum will endlich erfahren, was da innerhalb von Jahresfrist für angeblich 200 000 Gulden hingestellt worden ist. 2200 Zuschauer finden hier Platz, siebenhundert auf bequemen gepolsterten, durchnummerierten Sitzen, fünfzehnhundert auf Bänken und Stehplätzen. Die Innenausstattung ist jedenfalls *eine wahre Augenweide*. Die Namen der Architekten, Künstler und Handwerker sind der *Wiener Zeitung* eine ausführliche Auflistung wert. Noch bevor ein Ton erklungen ist, wird lautstark applaudiert. Dieses Haus hat mit den traditionellen rotgoldenen Schmuckschatullen nichts zu tun; kühl und weit und offen atmet es einen völlig anderen Geist. Fünf Stockwerke sind *wie ein Amphitheater angeordnet; von oben nach unten springt jedes Stockwerk etwas vor*. Der geräumige Saal gleißt in Hellblau, Weiß und Silber, *ein prachtvoller Kronleuchter und zahllose Kandelaber und Armleuchter* sorgen *für wahre Sonnenhelle*.

Was die Theatermaler Vincenzo Sacchetti und Matthias Gayl, die Versilberer, Stuckateure und Zimmermeister geleistet haben, beeindruckt das Publikum. Die Decke ist kein Himmel für Putten und selige Geister, man hat sie *nach Gemälden von Herculaneum ausgemalt.* Dass der Vorhang in leuchtenden Farben die erste Szene aus der *Zauberflöte* zeigt, in der die Schlange Tamino verfolgt, deuten Ahnungslose als Hommage an Mozart, Eingeweihte als Hinweis auf Schikaneders Verfolgungen durch Peter von Braun.

Doch nun erst zeigt sich, was der Maschinist Stöger geleistet hat, einer der Besten seines Fachs. Nach einer rauschenden Ouvertüre von Franz Teyber hebt sich die Kurtine, der Hauptvorhang. Üblicherweise ein Manöver, das laut, unelegant und riskant ist, denn die schweren Hauptvorhänge sind bisher, wie Bäuerle weiß, überall ‹gesprungen› worden, *das heißt, zwei bis drei Kerle packten den Strick, der zum Emporziehen derselben notwendig war, und sprangen damit vom Schnürboden auf das Podium, wodurch ihre Last die Leinwand aufrollte.* Hier erledigt das erstmals *ein Flaschenzug geräusch- und* vor allem *gefahrlos.* Es ist für das Publikum bereits ein Schauspiel, wie die Kurtine leise und *im Ganzen, ohne durch Ringe, Schnüre, Bügel beschädigt zu werden,* im Schnürboden verschwindet. Nun erblickt das Publikum, was der Theaterzettel vermeldet hat: *ein Chaos; die drei Akkorde aus der Zauberflöte* ertönen *aus der Entfernung.* Gleichzeitig ist *ein heftiges Donnern* zu *vernehmen; bei dem dritten Akkord* kracht ein *Donnerschlag.* Da fällt das Orchester mit dem Priestermarsch aus der *Zauberflöte* ein.

Doch der Held Alexander muss mit seinem Auftritt noch warten, denn bevor es heroisch wird, will Schikaneder die Abrechnung mit seinem Gegner abschließen. *Thespis Traum* heißt der zweite Teil seiner Kampagne, ein *allegorisches Vorspiel,* das auch derjenige begreifen muss, der nicht sagen könnte, was Allegorie bedeutet. Zu Anfang wird verkündet, dass Thespis Feinde habe, die ihn aus Athen vertreiben wollen. Es gibt hier zwar nicht drei hilfreiche Genien wie in der *Zauberflöte,* aber immerhin einen Genius, gesungen von einer jungen Sopranistin, der Thespis ermuntert, am auserwählten Ort wie geplant *Thalias Tempel* zu errichten. *Warum zagest du?,* fragt er den großen Thespis in der Toga, *du bist der Mann hierzu, denn du bist ja Schikaneder!* In diesem Augenblick fällt das *griechische Gewand* herunter und Schikaneder steht *im schwarzen Frack* vor dem Publikum. Er befindet sich jetzt in einer *schönen Gegend,* in der die Büsten von Maria

Theresia, Franz II. und Erzherzog Karl aufgebaut sind, und hält einen Monolog; eine devote, fade Rede, die nicht zu Schikaneders Image passt, aber zum Anlass. Schikaneder weiß, was er denjenigen schuldig ist, die ihn gegen Braun unterstützt haben, und denjenigen, die ihm Scherereien wegen des Feuerschutzes ersparten.

Dann beginnt die Oper über *Alexander*, den großen Feldherrn. Schikaneder hat sich für diesen Stoff nicht nur entschieden, um Erzherzog Karl seine Bewunderung zu demonstrieren, denn wenn Napoléon Frankreichs Alexander ist, dann ist Karl der Alexander Österreichs. Darüber hinaus will er alle Möglichkeiten nutzen, die ihm sein neues Haus bietet. Die Vorderbühne ist 13, die Hinterbühne 10,5 Meter tief, und von dort führt ein Tor hinaus in den ehemaligen Jesuitenhof, hoch und breit genug, um auf Pferden einzureiten.

Schikaneder weiß, was von ihm erwartet wird: nicht Feinsinn, sondern große Schau. Er verfügt über die tiefste Unterbühne und den höchsten Schnürboden des Habsburger Reichs, und was das heißt, führt er nun vor. Widerstrebend muss Bäuerle bezeugen, dass die Oper *großen Beifall* erhält. *Trotz des erbärmlichen Schikanederschen Gesangtextes und der haarsträubenden Prosa, trotz der elenden deutschen Aussprache des Italieners Simoni und der Madame Campi, einer geborenen Polin.* Kritische Zuschauer wie Bäuerle finden, dass in einem zentralen Satz aus dem Libretto alles über die Qualität des Werks gesagt werde: *Dahin ist Geist und Sinn.* Die meisten aber haben gar keine Zeit, sich die Sinnfrage zu stellen, denn eine Verwandlung folgt auf die andere. Dass die *Kulissen und die sogenannten Versetzstücke, statt von den beiden Seiten des Theaters, von oben und unten gleichsam aus der Luft und aus der Erde erscheinen,* erregt *einen Sturm von Applaus.* Fünfzig Darsteller lässt Schikaneder auftreten und sämtliche Bedürfnisse befriedigen; er rührt Mutterherzen mit dem neunjährigen Ferdinand Neukäufler in der Rolle des Kronprinzen, bedient *Zauberflöten*freunde mit Sarastro Mayer als Oberpriester und Spektakelhungrige mit einem Triumphzug zum Abschluss. Vier echte Pferde ziehen einen goldenen Triumphwagen, dem achtundzwanzig berittene Trabanten folgen. Als plötzlich der Wagen *zu viel Gewicht nach hinten* bekommt und *die Königin Madame Campi* zusammen mit *ihrem Alexander, Signor Simoni rücklings von ihrem erhabenen Sitz zu fallen* droht, können im letzten Moment *einige Fußgänger vom königlichen Gefolge* diesen *Skandal* verhüten. Ein Beinahe-Unfall, aber letztlich ein Glücksfall. Schau, Sensation und Kitzel begeistern die meisten Zuschauer und auch die meisten Rezensenten; einer berichtet, Schikaneder, Madame Campi und Herr Simoni seien *einige Dutzend Mal gerufen* worden, und das Publikum habe *in der glücklichsten Stimmung* das Theater verlassen.

Doch bei Schikaneder muss wie immer auf eine ernste Oper eine Komödie folgen. Die erleben nun alle, die noch zum festlichen Souper eingeladen sind, wie der mittlerweile prominente Theaterjournalist Adolf Bäuerle, der jedes Detail dieses Abends referiert. Das Souper findet im großen Saal des alten Gebäudes statt, das noch zur Zeit Maria Theresias den Protestanten als Bethaus diente; *alle ersten Mitglieder des Theaters* sind *geladen* und wollen nur eines: ihren Direktor feiern. Der Papageno-Figur am Portal wurde ein Lorbeerkranz aufgesetzt, auf der Straße unterhalb des Saals haben sich die Orchestermitglieder versammelt und begrüßen Schikaneder mit einer Fest-Ouvertüre, von Teyber komponiert. Auch Schikaneders Büste im Festsaal ist *mit Lorbeer bekränzt* worden und sein Bildnis *in Lebensgröße*, ein Ölgemälde von Giambattista Lampi, der üblicherweise den Hochadel porträtiert, *mit Blumen reich verziert*. Als Schikaneder eintritt, *wird er mit einem dreimaligen Tusch empfangen*. Dann tritt die umschwärmte Mademoiselle Wipfel vor und rezitiert ein Gedicht, in dem es heißt: *Millionenfach gesegnet sei dein Los, / Du Mensch, als Mime wie als Dichter groß.* Unter den Gästen kommt wohl keiner auf den Verdacht, den der Kritiker Schaldoppler hinterdrein äußert, dass nämlich *die Reime, mit welchen Mamsell Wipfel den ‹geliebten› Schikaneder angesprochen, von ihm selbst gedichtet wurden.* Wie Bäuerle werden sie Zeugen, dass der Applaus *ungeheuer* ist, dass *Schikaneder einige Tränen im Auge* zerdrückt und *Mamsell Wipfel dankbar an sein Herz* zieht, *worauf ein noch stürmischerer Jubel* losbricht.

Bisher hat sich Schikaneders Finanzier Zitterbarth mühsam beherrscht, doch jetzt kann er sich *vor Ärger und Entrüstung nicht mehr zurückhalten*. Er unterbricht die *Umarmungsszene* und legt los in *Fiaker-Deutsch*: *Jetzt kommt mir die G'schicht schon zu dick; nit nur, dass des Publikum mi heint ignoriert und immer nur den Schikaneder außa g'rufen und nur ihn g'rufen, mi auf der Bühn' z'sehn, gar kein Verlangen trag'n hat, so erinnert si auch die G'sellschaft an mi nit im G'ringsten! Wer bin*

*denn i? Bin i nit die Hauptperson? Hab' i nit's Geld hergeb'n, hat der Schi-
kaneder nur so viel g'habt, um eine Fuhr' Ziegelsteine bezahlen zu können?
Nix hat er g'habt, auch verlor'n wär er mit samt allen Schauspielern, Sängern, Tänzern, Chorist'n, Figuranten, Musikanten, wenn i nit g'wesen
wär'! – Der Fürst Starhemberg hat ihm das Theater im Freihaus g'kündigt
g'habt – wo hätten's denn Komödie g'spielt, wenn i mit mein' Geld kein
neichs aufgebaut hätt'? Im Stadtgrab'n? Auf der Gänsweid? – Und nun, da
es dasteht, schöner, prächtiger als jedes Hoftheater, da die Wiener Augen
und Ohren aufreißen über die Herrlichkeit, da selbst der allerhöchste Hof
seine Bewund'rung ausgesproch'n hat, bin i der niemand?*

In diesem Augenblick dringen von der Straße herauf Schreie durch
die offenen Fenster. *Vivat Schikaneder! Vivat! Vivat! Schikaneder an's
Fenster! – Wir wollen ihn sehen!*

Das ist nicht geeignet, Zitterbarth zu besänftigen. *Da hab' n wir's!*,
zetert er, *sogar das Pöbelvolk kennt nur ihn.* Wütend droht er dem un-
dankbaren Gesindel: *Nu wart's! – Jetzt erhöh' ich die letzte Galerie um
4 Kreuzer. I wer euch schon erwisch'n!*

Als sich Schikaneder wie gewünscht am Fenster zeigt, drängt sich
Zitterbarth neben ihn. Schikaneder wird umjubelt, Zitterbarth gar
nicht beachtet.

Der schießt sich nun auf die Lobrednerin, Mademoiselle Wipfel
ein. *Ihnen habe ich erst in der vorigen Woche hundert Gulden Vorschuss
ausbezahlt*, schimpft er. *Die hundert Gulden hätten Sie doch in Ihr Gedicht
einfließen lassen können!*

Weder Mamsell Wipfel noch Schikaneder erwidern Herrn Zitterbarth ein Wort auf *seine Gemeinheiten*, aber der Schauspieler Schmidtmann nimmt sich *die Freiheit, die unartigen Ansichten des Geldmanns zu
berichtigen:* So weit die Mitglieder des Schikaneder'schen Theaters unterrichtet
sind, haben Sie, Herr Zitterbarth, ein Geschäft mit unserm Direktor abgeschlossen. Zitterbarth habe auf Schikaneders *bekannten Namen, auf seine
Fähigkeiten, auf seine Beliebtheit eine Spekulation gegründet* und von Anfang an nur dessen Privileg *im Auge gehabt und seine gut organisierte
Theatergesellschaft.* Schmidtmann stellt klar, dass Zitterbart kein al-
truistischer Wohltäter, sondern ein egoistischer Rechner sei und sich
vertraglich *Vorteile zusichern hat lassen, die für Herrn Schikaneder die
größten Nachteile sind, so muss er Ihnen für eine Summe von 600 000 Gulden
nicht nur fünf Prozent bezahlen; er muss Ihnen auch für die Administration*

der Kasse von jeder Brutto-Einnahme zehn Prozent ablassen. Für einen solchen Edelmut noch ein Vivat zu verlangen und sogar vom Publikum zu fordern, dass man Sie nach der Eröffnungsvorstellung hervorjubeln solle, – das – nehmen Sie es nicht übel – ist unbescheiden, ungereimt, ja geradezu lächerlich.

Dann wird Schmidtmann noch deutlicher. Zitterbarths *Privatverträge* seien dem Publikum ebenso gleichgültig wie den Mitgliedern des Theaters. *Haben Sie mit der Gesellschaft Kontrakte abgeschlossen; setzen Sie Stücke in die Szene? Leiten Sie die Proben? Sind Sie den Behörden verantwortlich? – Es nimmt also das Publikum von Ihnen so wenig Notiz, als von einem Schneider, der mir einen vortrefflichen Anzug auf Kredit geliefert hat und nun fordern möchte, dass er ebenfalls gerufen werde, weil ich hervorgerufen wurde. – Wir wollen Sie hochleben lassen, Herr Zitterbarth, lassen Sie unsern Direktor aber auch leben! Sein Kopf, seine Erfahrung, seine Theaterkenntnis, seine Beliebtheit, sein Kredit in der Theaterwelt und sein Bühnenprivilegium sind mehr als Ihr Geld – Ihr Geld haben Sie geerbt und noch auf verschiedene andere Art erlangt, aber was Schikaneder besitzt, hat er sich durch seine Talente erworben. Bei uns und bei dem Publikum steht er groß da, Sie aber – – wir wollen jetzt auf Ihre Gesundheit trinken!*

Zitterbarth ist außer sich und zischt Schikaneder zu, diesen *brutalen Menschen* müsse er sofort hinauswerfen. Jetzt reicht es Schikaneder. *Ich bin nun einmal in Ihren Händen und muss mir jede Frechheit von Ihnen gefallen lassen*, erklärt er unumwunden, aber Zitterbarth habe kein Recht, die Gesellschaft zu beleidigen. Dann kehrt seine als unverwüstlich bekannte gute Laune zurück.

Die Gesellschaft beendet ihr Fest *erst am frühen Morgen*. Ohne Zitterbarth.

Der Heimweg ist für Schikaneder kurz; er hat mit Eleonore die größte der Wohnungen hier im Haus bezogen. Da ist genügend Platz, um eine neue Angestellte einzuquartieren, die vierundzwanzigjährige Franziska Günschl. Sie ist mit ihren Schwestern aus Gösing am Wagram nach Wien gezogen und bei Schikaneder untergekommen. In seinem Haus gibt es, was Besuchern wie Castelli nicht entgeht, *eine Menge Frauenzimmer*; seine eigene, angeblich *alte, nicht hübsche Frau*, jenes *Stubenmädel*, das laut Castelli *nicht alt, recht hübsch und seine Kassenverwalterin, Generalintendantin und sein Faktotum* ist, und *noch*

So sah in Wien zu Schikaneders Zeit ein Stubenmädel aus, als das Franziska Günschl, (geb. 1777), eine Hauer- also Weinbauertochter aus Gösing am Wagram, in Schikaneders Dienste trat. Sie wurde zudem Kassenverwalterin und Faktotum bei ihm (aus der Serie «Der Kaufruf in Wien» von Adam Bartsch nach Vinzenz Georg Kininger, kolorierter Kupferstich und Radierung).

eine ganze Niederlage von jungen Schauspielerinnen und Sängerinnen, die er zum Agieren dressiere. Sind *Rechnungen zu bezahlen* oder spricht jemand Schikaneder *um Geld* an, ruft er das *hübsche Stubenmädel* herbei und fragt: ‹*Franzl, haben wir a Geld?*›

Franziska soll sich um Schikaneders Wohl und um die Buchhaltung kümmern. Um Kunden jeder Schicht bei jedem Wetter anzuziehen, lässt Schikaneder sich ständig etwas Neues einfallen. Er eröffnet einen Regenschirm-Verleih, wo für jeden Schirm eine Kaution von drei Gulden zu hinterlegen ist, die bei Rückgabe an einer von drei zentralen Adressen in der Innenstadt abzüglich einer Leihgebühr von 52 Kreuzern erstattet wird. Schikaneder braucht Geld, für das Rückspiel gegen Braun, eine neue Inszenierung der *Zauberflöte*, die alles Dagewesene verblassen lassen soll. Doch dazu kommt es nicht. Zitterbarth pfuscht Schikaneder ins Handwerk; er möchte endlich einmal etwas anderes tun als Geld scheffeln.

Anders als sein Geldgeber hat Schikaneder ein durchaus anregendes Privatleben. Am 4. August hält Eleonore Schikaneder in der Karlskirche Eleonora Vamy über die Taufe. Im Taufbuch ist kein Vater vermerkt, nur die Mutter, *Viktoria Wami ledige Person.* Diese Victoire Vamy, als Tochter eines Stahlfabrikanten in Paris geboren, tritt in Wien als Schauspielerin unter dem Künstlernamen Fräulein Sommer in Schikaneders Theater auf. In Theaterkreisen ist bekannt, dass Perinet ein Auge auf die Französin geworfen hat. Ob nun aber er oder Schikaneder der Vater der kleinen Eleonora ist, weiß keiner so genau; die Patenschaft von Schikaneders Frau legt den Verdacht nahe, der Vater der Kompanie sei auch der des Kindes.

Eleonore hindert das jedoch nicht daran, mit ihrem Mann gemeinsam etwas zu planen, was sie in den vierundzwanzig Jahren ihrer Ehe noch nie gemacht haben: Urlaub. Vier Tage nach der Taufe, am 8. August, verlassen Eleonore und Emanuel Schikaneder die Stadt und reisen nach Oberösterreich.

Zitterbarth betreibt das Theater weiter wie Schikaneder, aber ohne Schikaneder funktioniert es nicht. Die Programmgestaltung ist heikel, weil gute Schauspiele lebender Autoren in den Rechen der Zensur hängen bleiben, wochenlang, manchmal endgültig. Also werden immer wieder zähe, zweitklassige Sprechtheaterstücke serviert, wobei die von Kotzebue und Iffland bereits Sahnehäubchen sind. Daher empfiehlt es sich, auf deutsches Musiktheater zu setzen, das in der Leopoldstadt zunehmend vernachlässigt wird und in den Hoftheatern von der italienischen Oper fast völlig verdrängt worden ist. Doch Zitterbarth versteht von Musik ebenso wenig wie von Regie.

Er muss einsehen, dass die *Allgemeine Musikalische Zeitung* recht hatte, als sie erklärte, Schikaneder wisse besser als jeder andere, *was zum Theaterwesen gehört, kennt sein Publikum* und hat heraus, was *eine Theaterkasse bei gutem Wohlstand erhält*.

Am 4. Dezember kehrt Schikaneder erholt und triumphierend zurück. Nun ist sein Kopf frei für den nächsten Akt des Racheschauspiels mit Braun in der Rolle des Intriganten. Innerhalb von nur einem Monat will er eine *Zauberflöte* auf die Bühne des neuen Theaters stellen, die Braun mundtot machen soll. Und wenn möglich auch zum Gespött der Leute.

Schikaneder verfügt über erstklassige Kräfte. Joseph von Seyfried, der jüngere Bruder des Musikers, ist ihm zwar von Onkel Zitterbarth als Theaterdichter aufgedrängt worden, aber neben den drei Kapellmeistern Henneberg, Teyber und Seyfried und einem renommierten Schauspielerensemble hat er international begehrte Sänger und Sängerinnen unter Vertrag. Sein neuer Konzertmeister Franz Clement ist ein gesuchter Violinvirtuose. Vor allem hat Schikaneder Bühnenkünstler und -techniker herangezogen, die aus dieser Produktion die Jahrhundert-*Zauberflöte* machen sollen.

Am 4. Januar 1802 vermeldet der Theaterzettel bescheiden, Mozart habe *aus wahrer Bruderliebe* zu Schikaneder dessen Werk vertont. Die *Zauberflöte, das gute Kind der beiden, erscheine heute zum erstenmal nicht nur im neuen Hause, sondern auch mit neuen Kleidern*. In diese Garderobe hat Schikaneder alles investiert, was ihm an Einfallsreichtum und finanziellen Mitteln zu Gebote steht. Doch er will *das verehrungswürdige Publikum* auch mit zwei ihm persönlich *hinterlassenen* Kompositionen Mozarts *vielleicht angenehm überraschen*. Zudem habe er sich *als Vater* der *Zauberflöte* die Freiheit genommen, seinem Kind *hie und da neue Worte in den Mund zu legen*. Ob das gelungen sei, überlasse er dem Urteil des Publikums.

Niemand weiß, ob die drei komponierenden Kapellmeister und drei Theaterdichter am Hause zu wenig ausgelastet sind und sich deswegen an Mozarts Werk vergreifen, oder ob Schikaneder sich durch seinen Ehrgeiz, eine neue *Zauberflöte* zu bieten, zu Änderungen am Meisterwerk verleiten lässt. Fest steht, dass im Theater an der Wien an der *Zauberflöte* musikalisch wie dramaturgisch herumgefummelt worden ist. Schikaneder singt als Papageno ein paar hinzu gedichtete

Verse, in denen er wie die Publikumslieblinge des Volkstheaters auf aktuelle Ereignisse anspielen kann. In der Szene, in der sich Papageno zu erhängen droht, wartet er mit einer neuen Arie auf, wohl eines der beiden Stücke, die Mozart ihm hinterlassen haben soll. Mozarts Quintett im 8. Auftritt, wo die drei Damen Tamino die Zauberflöte überreichen und Papageno das Glockenspiel, wird durch das Duett eines Kollegen, vermutlich eines Hauskomponisten, ersetzt. Sogar das große Finale bleibt nicht unangetastet, sondern wird zweigeteilt, damit es bei der Wasser- und Feuerprobe noch heftiger lodern und lauter rauschen kann. Und weil Marianne Willmann so perfekt Verzierungen singt, was sie in der Partie Paminas nicht vorführen kann, wird für sie eine zusätzliche Koloraturarie von Mozart eingebaut. Außerdem darf sie sich ohne Skrupel in Trillern und anderen Zutaten ergehen. Der italienische Tenor Simoni, der den Tamino singt, hat mittlerweile Deutsch gelernt, doch Madame Campi, die Königin der Nacht, radebrecht nach wie vor mit stark polnischem Akzent. Schikaneder selbst ist nun einundfünfzig, und der aufmerksame Hörer muss bemerken, dass seine Stimme den Anforderungen der Papageno-Partie nicht mehr gewachsen ist. Die letzten elfeinhalb Jahre haben ihre Spuren hinterlassen.

Die Herren Rezensenten scheinen sich an all dem nicht zu stören. Bei ihnen herrscht eine ebenso einhellige Begeisterung wie beim Publikum. Am 17. Januar berichtet die Leipziger *Allgemeine Musikalische Zeitung, noch immer sei der Zulauf zu der von Schikaneder neu hergestellten Zauberflöte auf seinem prächtigen Theater sehr groß, auch wenn es nicht mehr notwendig sei, wie in den ersten Wochen drei Stunden vor Anfang des Stücks seinen Platz zu besetzen.* Der Kritiker spendet uneingeschränktes Lob: Es sei *eine Herzensfreude, diese Zauberflöte zu hören, und eine Herrlichkeit, sie zu sehen.* Nirgendwo sonst *in Deutschland dürfte ein Unternehmer ein solches Kapital an Dekorationen, Kleidung und dergleichen wagen.* Man darf wohl hinzusetzen, niemand als Schikaneder k o n n t e so etwas wagen, *im Vertrauen auf das Publikum, auf die Begeisterung seiner Leute und auf eigene Theaterkenntnis und lange Übung.* Speziell der letzte Satz dieser Rezension dürfte Schikaneder auf der Zunge zergehen: *Seine Aufführung der Zauberflöte ist nicht nur Rache für die Aufführung im Stadttheater, sondern ein vollständiger Triumph über sie.*

Eine Schrift, die kurz nach der Aufführung anonym erscheint, übt jedoch *in Knittelversen* harsche Kritik an den Manipulationen, die hier an einem Meisterwerk vorgenommen wurden. Ihr Titel lautet: *Jupiter, Mozart und Schikaneder nach der ersten Vorstellung der Zauberflöte im neuen Theater an der Wien.*

Wer sie liest, muss rätseln, wer der Verfasser sein könnte. Es riecht nach Perinet, der zwar offiziell noch als Theaterdichter in Schikaneders Diensten steht, aber wohl bereits auf dem Absprung ist. Seine alte Heimat am Leopoldstädter Theater lockt. Marinelli, der ihn angeblich mit Fäusten traktiert und so vertrieben hatte, ist krank, Perinets Freund Hensler vertritt ihn und wird als neuer Direktor gehandelt. Und obwohl es eines von Zitterbarths Machtspielen war, dass Joseph von Seyfried, der Bruder des Kapellmeisters, Perinet an die Seite gestellt wurde, könnte Perinet das Schikaneder ankreiden. Vielleicht neidet Perinet, der ständig Frauen nachstellt und schon vor dem Ende seiner sterbenskranken Gattin Nachfolgemodelle ausprobierte, seinem Prinzipal auch den Erfolg bei der Damenwelt, etwa bei Fräulein Sommer alias Victoire Vamy. Wahrscheinlich findet Perinet aber einfach das, was der *Zauberflöte* widerfahren ist, zu geschmacklos, um den Mund zu halten. Es stört den anonymen Verfasser keineswegs, dass Schikaneder Seitenhiebe an Braun ausgeteilt hat. Das Publikum johlte, als im Theater an der Wien Brauns Missgeschicke zitiert wurden und der armen Papagena beim Kleiderwechsel zwei Schneider zu Hilfe kamen. Was den Knittelverseschmied jedoch entrüstet, sind die Eingriffe in das Meisterwerk. Und er formuliert das so süffig, dass die Schrift in Wien reißenden Absatz findet.

Jupiter liegt gelangweilt auf seinem Sofa, als ihm ein Abgesandter Schikaneders gemeldet wird, um ihn im Auftrag seines Direktors zu der neuen *Zauberflöte* am kommenden Tag einzuladen und sich einen weiteren prominenten Besucher auszubitten, den nur der Göttervater herbeischaffen kann: *Da schickt er den Schlüssel zur Log' Nr. 3 / Doch hätt' er halt gern den Mozart dabei.* Jupiter hat sofort ein Einsehen, lässt Mozart aus der Unterwelt holen und fährt mit ihm, Schikaneders Abgesandtem und seinem Mundschenk Ganymed, weil das *Ganymederl* mal was von der Welt sehen soll, im Landauer nach Wien zur Premiere. Jupiter will *nur die Oper in der Stille anhören / und dann in einen Gasthof einkehren.* Was die inkognito angereisten Ehrengäste in der Premiere erleben, versetzt Mozart offenbar in Rage. Nach dem Essen im Wirtshaus *Zum goldenen Bären* ziehen sich Jupiter, Mozart und Schikaneder, von den beiden anderen *Dickerl* genannt, an den Kamin zurück zum Palaver.

Jupiter findet die Inszenierung geglückt. Besonders lobt er Schikaneders Eingriff in das Finale: *dass die Wasser- und Feuerprobe / In zwei Abteilungen ward vorgestellt, / Was gewiss der Kenner Lob erhält.* Auch die Wolkendekoration hat es Jupiter, der sich als Bewohner dieser Gefilde auskennt, angetan. An den Sängern aber hat er einiges auszusetzen. Bei Tamino habe man jedes Wort verstanden, doch was bei der Campi *die Worte anbelangt – Da müssen die meisten / Sie zu verstehen Verzicht darauf leisten.* Vor allem Marianne Willmanns Eigenmächtigkeiten als Pamina haben Jupiter verärgert. Er kritisiert, sie habe sich nicht mit der Bravourarie begnügt, sondern die innige Schlichtheit ihrer Arien dekoriert wie ein Konditor.

Pamina – wer kennt die große Künstlerin nicht! / Der's in der Kunst an gar nichts gebricht. / Zu einer so stolzen Kunsthöh' geboren, / Lässt sie dennoch kein einzige Note ungeschoren, / Überladet die Kunst mit ew'gen Mordanterln / Roladen, Schnörkerln und kunstvollen Manderln.

Mozart fühlt sich verstanden und *fällt hastig ein. Sie weiß doch, dass jeder Kompositeur, / Auf sein Thema hält, wie auf seine Ehr, / Und dass – wenn er's anders hätt' wollen, / Er's anders hätt' setzen können und sollen!!!*

Jupiter hat anscheinend von Stimmen eine Ahnung. *Und nun Papageno: Mein schön's Kompliment / Dein launiges Spiel von Anfang bis z'End / Erlaubet dem größten Kenner auch nicht, / Zu forschen, wo's in der Kehle gebricht.* Dann aber fordert Jupiter Mozart auf, endlich loszuwerden, was ihn bedrückt. Nun geht Mozart auf Schikaneder los.

Du hattest gewiss nicht – herzliebster Confrater / Den Will'n, mich zu kränken im neuen Theater? / Doch warum hast du deinen Mozart verbessert? / Die Zahl deiner Sünden um eine vergrößert? / Warum's Quintett, das so allg'mein gefallen, / Auslassen? – Warum denn vor allen, / Eine andre Arie der Willmann einflicken? Die daher nicht g'hört, ist's gleich auch von mir, / So hätt' ich's doch niemals erwartet von dir, / Denn nur die vorige stand auf ihrem Platz –

Die Ursach ist leicht zu erraten, mein Schatz, mischt sich da Jupiter ein, der in Schikaneder einen Seelenverwandten erkannt hat, und

Mozart erklärt, warum der die Schönheit der Pamina-Partie einer schönen Sängerin opferte.

Denn schau – vor der Hand / Bleibt unser Dickerl doch immer galant. / Er kann – wie ich – schäm' michs gar nicht zu sagen / Schönen Weibern halt auch nichts abschlagen.

Mozart protestiert. *Und ich muss das Opfer von Schwachheiten sein? Das finde er leider gar nicht fein.* Zerknirscht fleht Schikaneder: *O lieber Mozart, ich bitt' dich recht schön, / Verzeih' mir nur diesmal das einz'ge Vergehn. / Ich war so bestürmt, gequält und verwirrt.*

Doch Mozart ist sauer. *Und ich musst's entgelten? Das hab' ich gespürt. / Warum denn ein wildfremds Duett'l einlegen? / Das mir gar nicht g'hört, – war etwa deswegen – / Du hast's ja erfahren – der Beifall wohl größer? / Hängst du dich bei fremder Musik wohl besser? / Als bei der meinen? Warum andre Worte einflicken? / Warum's Finale so vielfach zerstücken? / Warum? Und immer und ewig warum? / Da antwort' ein andrer, denn ich bin zu dumm.*

Schikaneder ist zu weit gegangen oder hat zumindest zugelassen, dass seine Leute zu weit gegangen sind. Für empfindsame Geister ein Alarmzeichen, das befürchten lässt, am Theater an der Wien werde nun die Qualität der Schau geopfert. Aber der Prinzipal hat andere Sorgen.

Zwei Tage nach der Premiere, am 6. Januar 1802, kommt seine Angestellte Franziska Günschl mit einem Sohn nieder. Schikaneder bekennt sich zur Vaterschaft. Getauft wird das Kind noch an demselben Tag in der Kirche Sankt Joseph ob der Laimgrube auf den Namen Franz Seraph Günschl. Taufpatin ist Eleonore Schikaneder. Seraph – ein anspruchsvoller Name für den Sohn einer Dienstmagd aus der Provinz. Schikaneder und anderen, die mit Mozart eng verbunden waren in den letzten Wochen seines Lebens, sagt der Name etwas. Franz Seraph Destouches hieß der junge Mann, der 1791 von München nach Wien gekommen war, um bei Haydn Komposition zu studieren. Er hatte sich ständig in Mozarts Nähe befunden, als der an seinem Requiem arbeitete. Einige behaupten sogar, er sei Mozarts letzter Schüler gewesen.

Doch weder berufliche noch private Fehltritte können Schikaneder auf dem Weg zum Ruhmesgipfel aufhalten. Er ist zum Begriff geworden und sein Theater für Einheimische wie Fremde zur unumgänglichen Sensation. Auch für Johann Gottfried Seume, der 1802 von Leipzig über Laibach, Venedig, Rom und Neapel nach Syrakus reisen möchte und Ende Dezember 1801 in Wien landet, wo er drei Wochen Station macht. Im Januar steht die neue *Zauberflöte* elf Mal auf dem Spielplan des Theaters an der Wien. Auch andere seiner Erfolgsstücke von früher bringt Schikaneder wieder heraus, natürlich ist der *Tiroler Wastel* dabei. *Der Mann kennt sein Publikum,* lobt Seume, *und weiß ihm zu geben was ihm schmeckt.* Doch anders als so viele Kritiker, speziell aus dem Norden Deutschlands, zieht Seume nicht über Schikaneders volkstümliche Stücke her. Seume, zweimal von Werbern zum Militär verschleppt und als Söldner verkauft, ist gebranntes Kind und nimmt genau wahr, wo die Meinungsfreiheit unterdrückt wird oder die Menschen aus Feigheit gar nicht erst Anspruch darauf erheben. Ihm fällt, ähnlich wie Beethoven, sofort auf, wie feige die meisten Wiener sind und wie schnell sie das Maul halten, wird es mit Braten gestopft. *Über die öffentlichen Angelegenheiten wird in Wien fast nichts geäußert, und Du kannst vielleicht Monate lang auf öffentliche Häuser gehen, eh Du ein einziges Wort hörst, das auf Politik Bezug hätte; so sehr hält man auf Orthodoxie im Staate wie in der Kirche. Es ist überall eine so andächtige Stille in den Kaffeehäusern, als ob das Hochamt gehalten würde.* Seume erkennt, wie geschickt Schikaneder die Möglichkeit nutzt, in Volkstracht gegen die Niedertracht zu Felde zu ziehen, die der Pächter, der Fabrikanten, der Minister, der Aristokraten und Hofschranzen. *Sein großer Vorzug ist Lokalität, deren er sich oft mit einer Freimütigkeit bedient, die ihm selbst und der Wiener Duldsamkeit Ehre macht. Ich habe auf seinem Theater über die Nationalnarrheiten der Wiener Reichen und Höflinge Dinge gehört, die man in Dresden nicht dürfte laut werden lassen, ohne sich von hoherem Orte eine strenge Weisung über Vermessenheit zuzuziehen.*

Selbst Schikaneders Opulenz, an der sich Puristen stoßen, beeindruckt Seume: *Mehrere Stücke scheint er im eigentlichsten Sinne nur für sich selbst gemacht zu haben; und ich muss bekennen, dass mir seine barocke Personalität als Tiroler Wastel großes Vergnügen gemacht hat. Es ist den Wienern von feinem Ton und Geschmack nicht übelzunehmen, dass sie zuweilen zu ihm und Kasperle hinausfahren und das Nationaltheater und die Italiener leer lassen.*

Zumal für das Ohr des weitgereisten Seume bei Schikaneder auch

die Qualität stimmt. *Seine Leute singen für die Vorstadt verhältnismäßig
weit besser, als jene für die Burg.*

Seume ist bereits abgereist, als Schikaneder denen, die ihm vorwerfen, immer auf dieselben Nummern zu setzen, beweist: Er kann auch
anders, und er fühlt den Puls der Zeit. Am 23. März 1802 bringt er im
Theater an der Wien Luigi Cherubinis *Lodoiska* heraus, eine Rettungsoper. Damit lockt er Besucher an, die nicht zu den Stammgästen zählen. Besucher wie Beethoven, der bekundet, Cherubini sei
ihm *unter allen lebenden Opernkomponisten der achtenswerteste.* Dem
Baron von Braun entgeht nicht, dass die Wiener von dem ganz neuen
Ton im Unternehmen seines Konkurrenten schwärmen. Schikaneders
Kompagnon Zitterbarth interessiert das alles nicht. Dass es ihm
weniger um Kunst als um Kapital geht und er das Theater als Spekulationsobjekt betrachtet, was ihm bei der Eröffnung bereits verübelt
worden war, wird zunehmend deutlich. Am 30. April 1802 erwirbt er
das an den Theaterkomplex anschließende Haus in der Dreihufengasse 15. In Wien wird bereits gemunkelt, er wolle demnächst das
ganze Unternehmen samt Grund an den Meistbietenden verkaufen.
Dieses aber würde an Wert gewinnen, wenn er es mit dem Privileg
zusammen veräußern könnte, das sich nach wie vor in Schikaneders
Hand befindet.

Mit seiner ständigen Einmischung in künstlerische Dinge bis hin
zu Besetzungsfragen ist es Zitterbarth gelungen, seinen Prinzipal zu
zermürben. Außerdem hat Schikaneder genügend Geld verdient, um
sich zur Ruhe setzen zu können; nicht nur mit der *Zauberflöte,* auch
mit deren Fortsetzung *Das Labyrinth oder der Kampf mit den Elementen,*
mit *Der Höllenberg oder Prüfung und Lohn,* mit dem *Königssohn aus
Ithaka* und Volksstücken wie *Der Tiroler Wastel* oder *Die Fiaker in
Wien.* Am 20. Mai 1802 unterzeichnet Schikaneder den Vertrag, mit
dem er sein Privileg, das ihn zu Besitz und Führung eines Theaters
berechtigt, an Zitterbarth abtritt, sechzehn Jahre nachdem es ihm
Joseph II. verliehen hat. Er behält aber das Recht, am Theater gegen
ein beachtliches Honorar Schauspiele und Opern aufzuführen. Zitterbarth ist Stratege genug, um zu erkennen, wie wichtig Schikaneders Drähte zu anderen Häusern, Solisten und Komponisten
sind.

Dass Schikaneder für den Verkauf des Privilegs 100 000 Gulden kassiert, ist Stadtgespräch. Und Stoff für Joachim Perinet, der eine weitere Schrift in seinen ungelenken, jedoch bewährten Knittelversen drucken lässt. Jetzt, da in den Kaffeehäusern, Wirtshäusern und Salons Mutmaßungen angestellt werden, was die Gründe für Schikaneders Entschluss gewesen sein könnten und was er vorhabe, wird sie sich prächtig verkaufen. *Theatralisches Gespräch zwischen Mozart und Schikaneder über den Verkauf des Theaters*, steht auf dem Titelblatt, und dieses Mal fehlt der Hinweis auf den Verfasser nicht: J★★★★★★ ★★★★★★t, der sich aber auch jetzt nicht zu dem kritischen Dreiergespräch mit Jupiter bekennt, sondern nur zu dem Dialog *über die Aufführung der Zauberflöte im Stadttheater*.

Der kritische Leser muss sich jedoch fragen, ob nicht Schikaneder selbst sich in dieser Schrift rechtfertigt. Ihm ist nicht entgangen, dass *elegante Herren geschimpft* und die *Nasen gerümpft* haben über die eigenmächtigen Ergänzungen der *Zauberflöte*. Die lastet der Anonymus nun in Knittelversen Perinet an. Mozart, der gerade mal wieder Kurzurlaub von seinem Grab nimmt, wird nämlich von Schikaneder aufgeklärt: *Ich weiß's, die Leute glaubten, ich sei der Poet, / Aber es war einer aus der Sozietät, / Der auch auf diesen Reim ausgeht.* Perinet, reimt sich darauf ganz klar. Und Mozart ermuntert seinen zu unrecht verdächtigten Freund: *Also Kurasche! Leg oder setz dich, armer Schlucker! / Vielleicht find't auch der Diskurs einen Drucker.* Ehrlich gibt Schikaneder zu, mittlerweile alles andere als arm zu sein. Als Mozart wissen will, wie er zu Geld gekommen sei; gesteht er: *Ich ward es – Wolfgangel, du glaubst es kaum – / Ich ward es durch einen einzigen Traum.* In diesem wird Zitterbarth namentlich zerlegt. Denn es tritt Apoll, Gott der Musen, mit einer Zither auf, Plutus, der Gott des Geldes, hingegen mit einem goldenen Bart. Schikaneder geriet in diesem Traum angeblich in Verwirrung, ob er sich für Zither oder goldenen Bart, für Muse oder Geld entscheiden sollte. *Bald griff ich nach dieser, bald griff ich nach dem / Und Jupiter sagte: Was zauderst? God damm!*

Ende des Traums: *Ich streckte die Arme – das Traumbild verschwand, / Und Zither – Barth – Beides blieb mir in der Hand.* Das entspricht den Fakten, und das Stück nennt sogar die Summen, die Schikaneder mit Zitterbarth ausgehandelt hat: *Für jede Komödie 200 Gulden bar, / Für die Oper 400 Gulden gar.*

Perinet scheint etwas gutmachen zu wollen, denn er betreibt in dieser Schrift Werbung für Schikaneder. Der darf Mozart groß seine Autobiographie ankündigen, Hinweise auf sein erfolgreiches Programm geben und sich sogar brüsten, Mozarts Nachfolger für Wien entdeckt zu haben: Luigi Cherubini, dessen *Lodoiska* er und kein anderer hier präsentiert hat. Schikaneder vertraut Mozart auch seine Zukunftspläne an: Er wolle wieder wie früher reisen *und an Orten die Leut' ergötzen, / Wo ihn ungesehen die Journale zerfetzen*, vorher aber nach Karlsbad auf Kur gehen. Ihm gefällt nicht, wie sich Wien verändert hat, denn man höre und sehe *wenig Deutsches mehr entstehen, / Französisch soll man hören, sehen und gehen*.

Der echte Schikaneder möchte nun den Wienern zeigen, wer er ist, und zugleich auf Abstand zu Wien gehen. Nicht in der Stadt, draußen in Nußdorf kauft er für 10 000 Gulden ein herrschaftliches Anwesen. Den Bau, der hier ursprünglich stand, ein geistliches Stift, hatte 1737 ein Ritter von Schwandner erworben, Hofkammerrat und Superintendent der Peterskirche, der die alten Gebäude abreißen und durch einen Neubau ersetzen ließ. Im Lauf der Jahre hat das Anwesen in Nußdorf anscheinend an Attraktion für den Adel verloren. 1794 waren zwei Griechen Eigentümer des Anwesens geworden, Demeter Nicolai Darvar und Vulko Ghika, zwei verdienstvolle, aber nicht vermögende Männer. Darvar vor allem hat für die Lösung eines Problems sein ganzes Geld ausgegeben. Diasporagriechen in Wien, ob sie im Griechenviertel rund ums Griechenbeisl oder sonstwo wohnen, sind Händler oder wollen es werden. Dafür brauchen sie eine kaufmännische Ausbildung, aber bisher sind nur drei Lehrbücher zur hiesigen Wirtschaft aus dem Deutschen ins Neugriechische übersetzt worden. Darvar hat als Erster ein Grundlagenwerk in seine Sprache übertragen, hat selbst Schulbücher auf Neugriechisch verfasst, die den hiesigen Erfordernissen entsprechen, und sie auch noch den griechischen Schulen in Wien geschenkt. Jetzt gehen dem Wohltäter offenbar die Mittel aus.

Das Anwesen bietet alles, was Schikaneder sucht. Es ist ruhig und repräsentativ, außerhalb der Stadt gelegen und ihr doch nahe genug, um am Leben dort teilzuhaben. Ein vierflügeliges Gebäude mit einem niedrigen Straßentrakt, der wenig hermacht; doch hinter dem

Innenhof erstreckt sich ein Gartentrakt, der wie ein kleines barockes Schloss wirkt. Es besitzt ein großes Stiegenhaus mit Deckenfresko; im Erdgeschoss befinden sich ein Speisesaal und eine Bibliothek; eine zweiflüglige Treppe mit barockem Schmiedeeisengeländer führt in den ersten Stock mit seinem Festsaal. Die Fassade der Gartenseite beeindruckt mit fünf Fensterachsen, der Garten selbst mit Rosenrabatten, Rasenflächen, einem Tannenhain, einem Brunnen, steinernen Vasen und Figuren. Ungehindert geht von dort der Blick aufs freie Land zur Donau. Das ist es, wovon der Lakaiensohn ein Leben lang geträumt hat.

Schikaneder hat gute Gründe, sein Geld in Grundbesitz anzulegen. Seit seinem ersten Aufenthalt in Wien hat eine schleichende Inflation die Lebenshaltungskosten stetig ansteigen lassen. Damals konnte ein Junggeselle mit etwas mehr als 500 Gulden im Jahr durchkommen, jetzt braucht er 1200 Gulden.

Da ganz Wien weiß, wie viel Schikaneder beim Verkauf seines Privilegs eingenommen hat, tritt er jedoch nicht selbst als Käufer in Erscheinung. Josef Stöger, sein Maschinist, kauft am 23. Juni 1802 Demeter Darvar für 5000 Gulden den Gartentrakt des Nußdorfer Besitzes ab. Schikaneder, von der Bühne zügige Verwandlungen gewohnt, beauftragt umgehend Handwerker mit dem Umbau des Schlösschens. Während es hier staubt und dröhnt, möchte er eine *Lustreise* unternehmen, und zwar, wie der *Eipeldauer* brühwarm berichtet, bis nach Antwerpen und Berlin. Es geht Schikaneder dabei wohl noch immer um die Lust an der Revanche; angeblich plant er in Berlin, wo seine *Zauberflöte* in der Fassung von Vulpius aufgeführt wurde, selbst als Papageno aufzutreten. Aus Sicht des *Eipeldauers* ein garantierter Triumph: *da wern sich, freut er sich in lokalpatriotischer Verbundenheit, d'Herrn Berliner nimmer wundern drüber,* dass die Wiener ihren Schikaneder vergöttern.

Aber so schön das Gefühl, alles erreicht zu haben, für Schikaneder sein mag, noch schöner wäre es, wenn viele von seinem hart erarbeiteten Aufstieg samt glücklichem Ende erführen. Was Perinet ausgeplaudert hat, ist eine Woche nach dem Kauf des Schlösschens, am 30. Juni 1802, im *Intelligenzblatt, Nr. 101* der *Jenaischen Allgemeinen Literaturzeitung* zu lesen, wo Schikaneder seine Autobiographie ankündigt. *In meinem ganzen Leben war nur wenig Stillstand, wenig Leere,* erklärt er; daher sei nicht zu befürchten, dass er mit dem *Gemälde* seiner *so sonderbar wechselnden Lebenswanderung* irgendjemanden langweile. Das glauben ihm die Leute aufs Wort. Schon kurz danach schreibt der *Eipeldauer*, er sei auf diese Nachricht hin sofort in die Buchhandlung gerannt, um sich auf die Subskriptionsliste setzen zu lassen. Im Laden hätten sich die Neugierigen gedrängt, höfische Lakaien, Boten wie Bürgersleute, begierig, ihre zwei Gulden für das Buch loszuwerden. Außerdem habe er erfahren, dass bereits tausend Interessenten auf der Liste stünden. Kein Wunder, denn Schikaneder sei eben in der *eleganten Welt herumkugelt* und habe dort *mehr Welterfahrung kriegn können, als die Kreuzerkomödianten, die den ganzen Tag in Bierhäusln liegen.* Doch dem *Eipeldauer* ist ebenso klar wie Schikaneder, dass nun aus der großen Reise nichts wird: *sein Lebensgschicht halt 'n z' Wien angnagelt.*

Leider hält Peter von Braun Schikaneder vom Schreiben ab. Dass sein Konkurrent den richtigen Riecher gehabt hat und mit *Lodoiska* nicht nur Kasse gemacht, sondern auch Aufsehen in der Presse erregt hat, kann den Baron nicht ruhen lassen. Streng geheim hat er sich persönlich auf den Weg nach Paris gemacht, um von Cherubini Aufführungsrechte einzuholen und Noten mitzubringen. Doch er unterschätzt Schikaneders Informanten. Sie tragen ihm umgehend zu, dass Braun noch in diesem August Cherubinis Erfolgsoper *Les deux journées ou Le porteur d'eau* in deutscher Übersetzung auf die Bühne des Hoftheaters bringen wolle.

Darauf schickt Schikaneder seinen Kapellmeister Seyfried, einen Mann von Adel mit Manieren und Verbindungen, nach München. Bei seiner Rückkehr hat Seyfried eine Kopie von genau der Oper im Gepäck, die Braun aufzuführen gedenkt. Für den 14. August hat Braun groß die Premiere von Cherubinis *Die Tage der Gefahr oder Der Wasserträger* angekündigt. Einen Tag zuvor, am 13. August steht auf dem Anschlagzettel des Theaters an der Wien, an diesem Abend werde hier Cherubinis Oper *Graf Armand oder die zwei unvergesslichen Tage* geboten. Jeder weiß Bescheid, dass es sich um dieselbe Oper wie im Hoftheater handelt. Schikaneder hat ein volles Haus, Baron Braun das Nachsehen.

Auf Schikaneders Lebenswanderung gibt es nach wie vor *wenig Stillstand, wenig Leere.* Er hat niemals Rücksicht auf seine Gesundheit genommen, hat immer zu viel gearbeitet, zu viel gegessen, zu viel

Ein Außenseiter geblieben ist Schikaneder trotz aller Erfolge. Vielleicht ließ er deshalb von dem aus Padua stammenden Vincenzo Sacchetti, seinem Bühnen-maler, diese Szene mit den drei Damen, der Königin der Nacht und Monostatos, dem Einzelstehenden, an die Decke seines Festsaales im Nußdorfer Schlössl malen. Das Gefährt der Königin wird nicht, wie oft behauptet, von Fledermäusen, sondern von Eulen gezogen.

getrunken. Während in seinem Domizil die Handwerker zugange sind, tritt er mit Eleonore endlich die geplante Reise nach Karlsbad an. Dort bleibt die Ankunft des berühmten Gastes aus Wien kein Geheimnis. In der *Badechronik*, die ein Journalist dem *Journal des Luxus und der Moden* liefert, wird er als *Schriftsteller* aufgeführt. Aber auch in der gesunden Luft des böhmischen Kurorts kann Schika-neder nicht auf die Theaterluft verzichten. *Mitleid mit den kärglichen*

Einnahmen des hiesigen Theater-Prinzipals Dengler bewegen ihn in seiner *bekannten freimütigen Denkungsart*, wie das Journal rühmt, als Gast die Titelpartie im *Tiroler Wastel* zu übernehmen, *ohne irgend eine Vergütung*. Der Journalist kennt wohl Verrisse von Schikaneder und zeigt sich nun überrascht. Wider Erwarten findet er sein Spiel *gut* und alles andere als *niedrigkomisch oder übertrieben*. Er meint nur, Schikaneder hätte dem Publikum besser die Reime erspart, mit der er *zur lauten Freude einiger Prager und Einheimischen* seinen Verdruss über die verordnete Diät mitteilte. Dort reimte sich der verhasste *Sprudel* auf *Hendel mit Nudel*.

Zurück in Wien, erwarten Schikaneder Ärger und Arbeit. Zitterbarth hat in seiner Abwesenheit für die Titelpartie des Tiroler Wastel Carl Schikaneder, Emanuels Neffen, angekündigt. Prompt haben, wie der *Eipeldauer* weiß, viele geglaubt, *dass sich der Emanuel in ein Karl hat umtaufen lassen, und sind voller Freuden hinaus grennt, da haben s' aber ganz ein andern Schikaneder gfunden*. Außerdem wird ihm zugetragen, Braun werde im Winter mit einer neuen Cherubini-Oper aufwarten, weshalb er sich beeilen muss, selbst ebenfalls an eine weitere heranzukommen. Nebenbei möchte er sich um seine Immobilie in Nußdorf kümmern.

Ein Schikaneder macht keine halben Sachen: Im November 1802 erwirbt er von Vulko Ghika den Straßentrakt des Anwesens und verfügt nun auch noch über eine Kapelle, die Schikaneder nicht unbedingt zum täglichen Gebet braucht, aber gerne vorzeigt. Über zwei Stockwerke reicht sie, an der Decke prangt ein Fresko mit der Heiligen Dreifaltigkeit. Den Hochaltar, der die Muttergottes zeigt, umgibt ein goldener Rahmen mit Puttenköpfen; flankiert wird er von den Statuen der Heiligen Joseph und Antonius von Padua.

Wichtiger ist Schikaneder sein großer Festsaal mit den hohen Fenstern und dem erstklassigen Stuck. Er beauftragt seinen Bühnenmaler Vincenzo Sacchetti, dort ein Fresko an die Decke zu zaubern. Dass es eine Szene aus der *Zauberflöte* zeigen soll, wird den Maler nicht wundern, wohl aber, welche Schikaneder ausgesucht hat. Denn dort sollen die Königin der Nacht mit den drei Damen und Monostatos verewigt werden. Sicher nicht nur, weil der Himmel das Revier der Königin ist und sich Wolken an der Decke eines Raums besser ausnehmen als Pyramiden oder eine felsige Gegend. Monostatos, die Königin und ihre Damen sind es, die mit ihrem Rachedurst die Handlung der *Zauberflöten*-Fortsetzung vorantreiben. Im Gegensatz zu diesem Quintett ist Schikaneder die Rache gelungen. Zumindest die an Braun. Doch der *Mohr* Monostatos, der prominent am unteren Rand des Freskos posiert, ist auch ein Außenstehender. Wie der *Mohr* Soliman, dessen Name dieselbe Bedeutung hat. In Wien ist bekannt, dass Solimans Leiche nach seinem Tod vor sechs Jahren ausgeweidet wurde; die inneren Organe ließ man begraben, den Rest wie ein Tier präparieren und halbnackt mit Federschmuck und Muschelkette im Kaiserlichen Naturalienkabinett aufstellen, neben dem Kopf des Delinquenten Hebenstreit. Die höfische Gesellschaft hat dem Prinzenerzieher nicht wirklich Einlass gewährt.

Schikaneder ist bewusst, dass auch er ein Monostatos ist, dass er immer ein Außenseiter bleiben wird. Unbekannte haben ihn übel hereingelegt in diesem Jahr, und prompt hat der *Eipeldauer* die Affäre öffentlich gemacht. Schikaneder war erfreut und geschmeichelt, als ihn ein Brief, verfasst im Namen eines großen Fürsten, erreichte mit der Bitte, sofort einzupacken, zu ihm zu fahren und als Theaterdirektor in seine Dienste zu treten. Schikaneder hatte sofort gepackt und war zu ihm gefahren. *Dort aber hat weder der Herr, der den Brief soll g'schriebn haben, noch der Fürst von der ganzen Sach ein Wörtl gwusst.* Wer auch immer dahinter steckte, vielleicht Baron von Braun: Die Demütigung war gelungen. *Fahrendes Gesindel* bleibt *fahrendes Gesindel*, selbst wenn ihm Majestäten applaudieren.

XII.

Wien und Nußdorf 1803–1806
Kalt aufgenommen

*Emanuel Schikaneder als Schuster: in seinem Stück «Das abgebrannte Haus»
schrieb sich Schikaneder wie gewohnt eine komische Rolle auf den dicker gewordenen Leib. Weder er noch das Stück kamen gut an, denn Publikum und Kritiker
verübelten ihm, dass er stets auf die alten Erfolgsrezepte setzte.*

*K*ein Mensch kennt Joseph Hradek. Keiner kann 1803 schon wissen, dass Joseph Hradek in Jahresfrist für eine Sensation in der Theaterwelt sorgen wird. Auch Schikaneder ahnt nicht, was dieser Joseph Hradek ihm antun wird, denn noch gibt es diesen Joseph Hradek nicht.

Schikaneder fühlt sich nach wie vor im Vollbesitz seiner Kräfte. Er blickt nicht zurück, schon gar nicht nach Regensburg, wo am 25. Februar zum letzten Mal der Reichstag zusammentritt und das Heilige Römische Reich Deutscher Nation sein letztes Gesetz beschließt. Schikaneder schaut zuversichtlich nach vorn, nachdem das Jahr 1803 mit einer guten Nachricht begonnen hat: Marinelli ist tot. Am 28. Januar 1803 ist der Gegenspieler gestorben und hat 400 000 Gulden hinterlassen. Dass Hensler sein Nachfolger als Direktor und Pächter wird und Perinet zurück in sein Stammhaus gehen soll, wundert und stört Schikaneder so wenig wie die anderen aus der Branche. Es gibt genügend zu tun im eigenen Revier.

Was im Theater an der Wien vor sich geht, kann nicht in Schikaneders Sinn sein. Auch weil es nicht in Mozarts Sinn gewesen wäre. Die *Zauberflöte* kommt selten aufs Programm, obwohl das Hoftheater die Ouvertüre *noch kein einziges Mal ohne Fehler gespielt hat*, also nicht einmal musikalisch eine Konkurrenz darstellt. Das deutsche Singspiel, für das Mozart wie Schikaneder schon früh gekämpft hatten, versucht Zitterbarth ebenfalls auszusieben. Dafür sind ständig neue Werke französischer Komponisten in deutscher Bearbeitung zu erleben, Méhul, Grétry, Le Sueur, d'Alayrac unter heimisch klingenden Titeln. Rasch hat sich abgezeichnet, dass Zitterbarth kein Vater der Kompanie ist, bestenfalls ein Rabenvater. Selbst der Kritiker der *Allgemeinen Musikalischen Zeitung* zitiert die Klagen, dass er sich *allein um die Kasse kümmere und nicht danach frage, was eigentlich im Schauspielhaus selbst geschehe.*

Die Gerüchteküche Wiens dünstet unterdessen vieles aus, was Schikaneder schaden soll. Süßmayr, der im Haus des Kleidermachers Franz Tragi dahinvegetiert, nicht weit vom Kärntnertortheater, kann seine Wohnung nicht mehr verlassen. Es heißt, er habe zu ausgiebig mit Schikaneder gezecht, doch davon bekommt keiner die Schwindsucht.

Schikaneder ist klar, dass er Präsenz zeigen muss. Es sind nicht die 50 Gulden, die er als Schauspieler erhält, oder die Zulage für Regie, die ihn reizen, eine Oper von Salieri im Theater an der Wien zu inszenieren und selbst darin aufzutreten. Schikaneder kann ohne die Bühne nicht leben, will dem Publikum im Gedächtnis bleiben und vor allem ein Auge auf dieses Theater haben, für ihn und die Wiener nach wie vor seines. Am 24. Februar kommt Salieris *Palmira, Regina di Persia* erstmals ins Deutsche übersetzt als *Palmyra, Königstochter von Persien* auf die Bühne; *da krig'n d' Augn wieder ihr Futter*, schreibt der *Eipeldauer*. Schikaneder nutzt alle Möglichkeiten, die sein Theater ihm bietet. Er lässt Drachen und Riesen bauen, die sich auch noch bewegen können, er bringt einen halben Zoo auf die Bühne und reitet höchstpersönlich auf einem lebendigen Kamel ein. Dabei zeigt er, dass er auch als Komiker nach wie vor ernst zu nehmen ist und Effekte gründlich probt. Beeindruckt berichtet der *Eipeldauer*, das Kamel habe sich für den Applaus und die Vivat-Schreie *bedankt … und mit sein Reiter ein tiefs Buckerl gmacht.*

Das ist die Sorte Oper, mit der ein neuer Hausgenosse im Theater gar nichts anfangen kann, obwohl er ein Schüler Salieris ist. Ludwig van Beethoven ist in diesem Jahr hier eingezogen, weil Schikaneder bei ihm ein religiöses Werk in Auftrag gegeben hat, ihn für Probenarbeit mit dem Orchester verpflichten und vor allem für sich selbst gewinnen will; Beethoven soll zukünftig Schikaneders Libretti vertonen. Am 12. Februar berichtet dessen Bruder Kaspar Karl bereits dem Verleger Härtel in Leipzig, Ludwig sei jetzt beim Theater an der Wien angestellt; *er schreibt eine Oper und hat das Orchester unter sich, kann dirigieren, wenn es nötig ist, weil für alle Tage schon ein Direktor, der Kapellmeister Seyfried, da ist.* Ludwig habe vor allem deswegen die Oberleitung übernommen, *damit er einen Chor für seine Musik* habe. In Beethoven wittert Schikaneder den neuen Mozart, der ihm zu einem Erfolg wie

*In Ludwig van Beethoven (1770–1827) sah Schikaneder das, was auch sein
Bonner Lehrer Christian Gottlieb Neefe in ihm gesehen hatte: einen zweiten
Mozart. Neefe hoffte wie Kurfürst Maximilian Franz, Mozart werde den damals
siebzehnjährigen Beethoven in Wien als Schüler annehmen. Das Vorhaben
scheiterte ebenso wie Schikaneders Plan, mit Beethoven gemeinsame Sache zu
machen (Porträt des jungen Beethoven von Karl Traugott Riedel).*

dem der *Zauberflöte* verhelfen kann: einem Gemeinschaftswerk, das
über alle Zweifel erhaben ist, in Europa verbreitet wird und sich jahrelang auf den Spielplänen hält. Dass Braun dieses Talent ignoriert und
nach dem Erfolg von Beethovens Ballettmusik *Die Geschöpfe des Prome-
theus* in seinen beiden Häusern keinerlei Folgeauftrag erteilt hat,
kommt Schikaneder nur gelegen. Beethovens Geschmack in Fragen
Oper weist mit dem Schikaneders trotz einiger Meinungsverschieden-
heiten durchaus Gemeinsamkeiten auf. Zwar muss es Schikaneder be-
lustigen, dass Beethoven Mozarts *Don Giovanni* wegen des *skandalösen
Sujets* verwerflich findet, doch hält er die *Zauberflöte* für Mozarts größtes Bühnenwerk, Cherubini für ein Genie und dessen *Lodoiska* für die
Oper der Zukunft.

Als Mieter genießt Beethoven einen Ruf wie Donnerhall. In seinem Haushalt herrscht eine *wahrhaft admirable Confusion,* wie Freunde bezeugen. *Bücher und Musikalien in allen Ecken zerstreut, – dort das Restchen eines kalten Imbisses, – hier versiegelte oder halbgeleerte Bouteillen, dort auf dem Stehpult die flüchtige Skizze eines neuen Quartetts, –* hier die Reste des *Dejeuner's, –* dort am Piano, auf *bekritzelten Blättern, das Material zu einer herrlichen, noch als Embryo schlummernden Symphonie* und *zwischen den Fenstern* der stark riechende Lieblingskäse Beethovens, *ein Laib Stracchino,* daneben *Trümmer einer echten Veroneser Salami.* Mit den Räumlichkeiten ist Beethoven nie zufrieden, und zwischen Einzug und Auszug liegen oft nur ein paar Wochen oder Monate. Die kostenfreie Dienstwohnung im Theater an der Wien, die ihm zugewiesen worden ist, besteht aus einem Zimmer mit Küche und Kabinett. Dass sie im zweiten Stock liegt, birgt Risiken für die Mitbewohner. *Um sich zu sammeln,* stellt sich Beethoven *nicht selten im tiefsten Negligé ans Waschbecken,* gießt *einen Krug nach dem anderen auf die Hände,* wobei er abwechselnd heult und brummt, *ohne zu merken, dass er bereits wie eine Ente im Wasser steht.* Dann marschiert er mit ganz *stierem Blick und doch scheinbar gedankenlosem Gesicht* durch das Zimmer, um gleich wieder *das Waschen und Heulen* fortzusetzen. Was Eigentümer und darunter Wohnende dazu sagen, *wenn das Wasser durch den Boden* dringt, *lässt sich leicht denken, und dass diese Waschübungen öfters das* unfreiwillige *Verlassen der Wohnung zur Folge* hätten, finden auch die Freunde *begreiflich.* Das Domizil im Theater ist Beethovens Drittwohnung, aber es macht ihn wütend, mit so wenig Platz abgespeist zu werden. Außerdem missfällt ihm, dass der Blick aus seinen Fenstern nicht auf die Wien hinausgeht.

Ignaz von Seyfried, der Wand an Wand mit dem neuen Hausgenossen wohnt, weshalb sie einander *fast tagtäglich* besuchen und zusammen essen gehen, stellt fest, dass Beethoven bester Laune ist, trotz allen Kummers und Ärgers. Wer nichts von der Verzweiflung weiß, die er sich erst im Oktober 1802 in Heiligenstadt als Testament von der Seele schrieb, käme nicht darauf, dass Beethoven vor ein paar Monaten noch erklärt hat, nur die Kunst habe ihn davon abgehalten, sich umzubringen, und bitter beklagt hat, wie unrecht ihm Menschen täten, die ihn für *feindselig, störrisch oder misanthropisch* halten. Weil sein Gehör sich dramatisch verschlechtert habe, müsse er *wie ein Verbannter* leben, obwohl er *mit einem feurigen lebhaften Temperament geboren*, durchaus *empfänglich* sei *für die Zerstreuungen der Gesellschaft*. Noch im selben Monat aber war er näher an die Gesellschaft, in die Innenstadt gezogen und hatte sich gegenüber vom Haus *Zum Auge Gottes* am Petersplatz eingemietet, wo Mozart einst bei den Webers wohnte.

Obwohl ihm das Zimmer im Theater an der Wien nicht gefällt, kommt es Beethoven ebenso gelegen wie der Auftrag Schikaneders. In diesem Haus werden genügend *Zerstreuungen* angeboten, nicht nur gesellschaftlicher Art. Wenn er Cherubini hören will, muss er, weiß sein Zimmernachbar Seyfried, *nur zu Fuß aus seiner Stube ins Parterre hinein*, wo er *sich hart hinter der Orchesterlehne* aufbaut und, *stumm wie ein Ölgötze, bis zum letzten Bogenstrich* aushält.

Es ist keine amüsante Arbeit, an der Beethoven sitzt; er soll Franz Xaver Hubers *Christus am Ölberge* vertonen. Doch auf Seyfried wirkt er *heiter, zu jedem Scherz aufgelegt, frohsinnig, munter, lebenslustig, witzig, nicht selten satirisch*. Über sein nachlassendes Gehör jammert Beethoven Seyfried gegenüber nicht, nur über seine schlechten Augen, *Nachwehen der bösartigen Pockenseuche*. Für die Probenarbeit erwartet Kapellmeister Seyfried keine Komplikationen, auch Beethovens Schüler Carl Czerny sagt, sein Lehrer höre *vollkommen gut*; viele meinen, es sei mehr die Angst, taub zu werden, als wirkliche Schwerhörigkeit, die ihn quäle, von sehr hohen Tönen und Obertönen vielleicht abgesehen. Alles andere sei Einbildung, je dunkler die Stimmung, desto stärker.

Viel Arbeitszeit bleibt Beethoven nicht, denn am 25. März, zu Mariä Verkündigung, soll sein neues Werk aufgeführt werden. An diesem Tag, an dem jedes Bühnenspektakel verboten ist, veranstaltet Schikaneder traditionell eine Akademie, ein bestens besuchtes Benefizkonzert, das dem Begünstigten einen stattlichen Betrag beschert. Dazu hat Schikaneder dieses Mal Beethoven auserlesen. Den geplanten Konzerttermin einzuhalten ist beim Wiener Wettrennen um den ersten Platz in der geistlichen Musikszene so wichtig wie in der weltlichen. Neben Beethoven sind zwei weitere namhafte Bewerber angetreten, die das erfolgreichste neue Oratorium zur Passionszeit liefern wollen. Beethovens Lehrer Salieri ist dabei, für Maria Theresa, die Frau des Kaisers, ein Werk über *Gesù in limbo*, Christus in der Vorhölle, zu komponieren, und Ferdinando Paër vertont für die Tonkünstlersozietät eine Szenenfolge mit dem Titel *Das Heilige Grab*.

Mitte März ist Beethoven nicht fertig. Für Schikaneder kein Grund zur Beunruhigung: Er selbst hat, wie Leopold Mozart durch die erleuchteten Fenster beobachtete, oft in der Nacht vor der Premiere ein Stück vollendet; Mozart hat seine Ouvertüren, bei der *Zauberflöte* auch den Priestermarsch, erst in letzter Minute geliefert. Aber Beethoven ist Beethoven, und der bleibt seinen eigenen Gesetzen treu. Hinterdrein wird er erklären, der Text sei *äußerst schlecht* gewesen, also lähmend für die Inspiration. Beethoven denkt jedoch ständig über eine erste Oper nach, schimpft über moralisch *liederliche* Textbücher und ist von der Idee, Szenen in Töne zu setzen, durchaus gebannt. Huber hat sie in knappen Worten, aber mit theatralischer Wucht skizziert. Da heißt es in der zweiten Szene: *Christus betet, sein Gesicht auf die Erde gedrückt. Die Gegend erbebt von dem rollenden Donner, der die Ankunft Seraphs ankündigt.* Oder in der letzten: *Petrus zieht das Schwert. Chor der Kriegsknechte, indem sie Christum abführen.* Beethoven geht den religiösen Stoff nicht wie ein Haydn an. Er formt ihn zu einem dramatischen Geschehen, eher geistliche Oper als Oratorium. Ebenfalls sehr viel später wird er sich über die Arbeitsbedingungen beschweren, allerdings nicht bei Schikaneder. Er beklagte, das Werk sei *in 14 Tagen zwischen allem möglichen Tumult und anderen unangenehmen ängstigenden Lebensumständen geschrieben* worden. Schuld daran trug er allerdings selbst, denn er hatte den Auftrag seit Jahresbeginn und wurde erst Anfang April fertig.

Schikaneder zürnt nicht, er zieht für den 25. März Süßmayrs *Moses* aus der Schublade und zeigt ihn in einer konzertanten Aufführung. An drei Tagen, am 23., 26. und 30. März, lässt er in der *Wiener Zeitung* für den 5. April das Konzert *zu Gunsten des Herrn Beethoven* mit eigenen Werken des Komponisten ankündigen: das Oratorium *Christus am Ölberge* und zwei andere Stücke, die erst auf dem Anschlagszettel bekannt gegeben werden. Fest steht jedoch schon, dass Beethoven wie üblich ein zu langes Programm mit zu hohem Anspruch zusammengestellt hat und das hauseigene Orchester Verstärkung braucht. Eigentlich kein Problem in Wien; vom Hoftheater Musiker auszuleihen ist üblich und das Zusatzhonorar den Musikern willkommen. Aber Baron von Braun hat nicht geschlafen. Die allgemeine Neugier auf Beethovens Abend entgeht ihm nicht; kurz entschlossen hat er zum selben Termin Haydns *Schöpfung* als Wohltätigkeitskonzert für die *Theaterarmen* im Burgtheater eingeplant. Da dieses Werk ebenfalls eine große Besetzung erfordert, sind am Abend des 5. April beide Orchester der Hoftheater mit Beschlag belegt.

Bereits am 3. April wird *Das Heilige Grab* von Ferdinando Paër bei den Fastenkonzerten aufgeführt. Am 4. April noch einmal, wieder vor vollem Saal. Bleibt da noch Interesse für Beethovens Auftritt?

Trotz der Risiken pokert Schikaneder hoch. Die Eintrittspreise hat er, sicher nicht gegen den Willen des profitierenden Komponisten, radikal erhöht. Die ersten Plätze kosten das Doppelte, die gesperrten Sitze das Dreifache, die Logen das Zwölffache von vergleichbaren Konzerten. Ignaz von Seyfried leitet die Proben, die erst sehr spät begonnen haben. Die Nerven der Beteiligten liegen blank, als am Tag der Aufführung morgens um acht Uhr die Generalprobe beginnt. Eine *schreckliche Probe*, wie der achtzehnjährige Geiger Ferdinand Ries, Klavierschüler und Sekretär Beethovens, bezeugt, schon weil das Pensum kaum zu bewältigen ist. Außer dem neuen Auftragswerk gedenkt Beethoven noch seine erste und seine zweite Symphonie in D-Dur sowie sein Klavierkonzert in c-Moll zu präsentieren. Ginge es nach dem Komponisten, wäre das Programm nicht so mager und in vier Stunden zu absolvieren, aber ihm wurde dringend angeraten, auf weitere Programmpunkte zu verzichten. *Um halb drei sind alle erschöpft und mehr oder weniger unzufrieden*, wie Ries zugibt. *Fürst Karl Lichnowsky,* Beethovens Mäzen, *der von Anfang an der Probe* beigewohnt hat, lässt *Butterbrot, kaltes Fleisch und Wein in großen Körben holen* und fordert alle auf, *zuzugreifen, welches nun auch mit beiden Händen* geschieht. Als die Musiker *wieder guter Dinge* sind, bittet der Fürst, *das Oratorium noch einmal durchzuproben*, damit *das erste Werk dieser Art von Beethoven seiner würdig* zu hören sei. Es stellt an die Sänger die gleichen Anforderungen wie eine Oper. Manches in der Partie des Seraph erinnert mit brisanten Koloraturen an die Arien der Königin der Nacht. Die Posaunisten müssen, ähnlich wie in der *Zauberflöte*, ohne Rückendeckung des Orchesters spielen und trotz aller Nervosität einen gravitätischen Klang verströmen. Die Probe fängt also wieder an und ist erst *zwei Stunden vor Aufführungsbeginn* zu Ende. Doch die nervliche Belastungsprobe für Ignaz von Seyfried und Emanuel Schikaneder endet damit keineswegs.

Beethoven hat Seyfried gebeten, beim Klavierkonzert für ihn umzublättern. Aber *das war leichter gesagt als getan*. Beethoven hätte Seyfried vorher sagen müssen, dass er die Ansicht vertritt, das Leben sei *zu kurz, um Buchstaben oder Noten zu malen*. Seyfried sieht am Klavierpult *lauter leere Blätter, höchstens auf einer oder der anderen Seite sind ein paar* ihm *völlig unverständliche Hieroglyphen hingekritzelt*, die Beethoven als *Leitfaden* dienen. Er gibt Seyfried also *nur jedes Mal einen verstohlenen Wink, wenn er mit einer* dieser *unsichtbaren Passagen zu Ende ist*. Seyfrieds Bemühung, *den entscheidenden Moment ja nicht zu versäumen*, bereitet dem Komponisten *einen ganz köstlichen Spaß*. Und hinterdrein, *beim gemeinschaftlichen jovialen Abendbrote*, will er sich *vor Lachen ausschütten* über den verdatterten Freund.

Solche Eskapaden stärken Schikaneders Überzeugung, in Beethoven seinen Komponisten gefunden zu haben: So etwas kennt er von Mozart.

Bei den Kritikern ist die Reaktion auf den Abend geteilt. Kotzebue mäkelt in seiner Zeitschrift *Der Freimütige*: *Der Text von F. X. Huber schien ebenso flüchtig gearbeitet als die Musik*. Die *Zeitung für die elegante Welt* behauptet, Beethoven, sonst als *ein vorzüglicher Klavierspieler bekannt*, habe sein Konzert *nicht zur vollen Zufriedenheit des Publikums* vorgetragen.

Offenbar hat die *Allgemeine Musikalische Zeitung* dieses Mal einen Kritiker mit feinerem Gehör ins Konzert geschickt. Der vernahm wie Schikaneder Zukunftsmusik und sieht sein *schon lange gefasstes Urteil bestätigt*, dass Beethoven *mit der Zeit eben die Revolution in der Musik bewirken kann, wie Mozart. Mit großen Schritten eilt er zum Ziele*.

Die Zeitungen melden nun, dass Beethoven ebenso wie der von Mozart gehasste Abbé Vogler einen neuen Auftrag von Schikaneder erhalten habe: *Beethoven und Abt Vogler komponieren jeder eine Oper für das Theater an der Wien*. Dass Beethoven mit seinem Konkurrenten gemeinsame Sache macht, kann Peter von Braun nicht hinnehmen. Er erteilt Beethoven ein generelles Verbot, im Hoftheater Konzerte zu geben.

Beethoven, der im Frühjahr keinen Kopf für Schikaneders Libretto gehabt hat, macht sich erst im Herbst an die Arbeit, froh über den finanziellen Rückhalt und das Podium im Theater an der Wien, aber verärgert über den Vorwurf, er sei raffgierig und vermessen. Fälschlich wurde verbreitet, der Komponist habe die gesamte Summe von 1800 Gulden, die der Abend eingebracht hat, kassiert. Die *Allgemeine Musikalische Zeitung* hatte die erhöhten Eintrittspreise zu Beethovens Benefizkonzert dem Künstler persönlich angelastet. In einem Brief an Breitkopf & Härtel, seinen Leipziger Verleger, spottet Beethoven, er solle *ergebenst* dem Leipziger *Herrn Redakteur der MZ danken* für den Bericht zu seinem *Oratorium*, in dem *über die Preise*, die angeblich er *gemacht* habe, *gelogen* und er überhaupt von der Kritik *infam behandelt* werde. Nun vertieft sich Beethoven in Schikaneders Textbuch zu *Vestas Feuer*, eine *große heroische Oper in zwei Aufzügen*. Im November schreibt er dem Maler Alexander Macco, dass er *jetzt erst* mit seiner *Oper* anfange und die Arbeit *bis Ostern dauern kann*. Die Charaktere sind übersichtlich, die Handlung ist es nicht. Sie dreht sich um die Römerin Volivia (edel), verliebt in Sartagones (ebenfalls edel), seinen Rivalen Romenius (böse), Volivias Vater Porus (wankelmütig), den Sklaven Malo (intrigant) und die Sabinerin Sericia (heroisch). Alle verheddern sich in so unverständlichen Intrigen und benehmen sich so unglaubwürdig, dass Beethoven den Durchblick und die Lust verliert.

Er beendet die erste Szene mit dem Terzett *Nie war ich so froh wie heute*. Dann legt er die zweiundvierzig querformatigen Blätter in die Schublade.

Eigentlich brennt er darauf, endlich eine Oper zu schreiben. Ausgerechnet Friedrich Rochlitz, jener Redakteur der *Allgemeinen Musikalischen Zeitung*, von dem Beethoven wegen der hohen Eintrittspreise gerügt und *infam behandelt* wurde, hat ein Libretto geschickt, zur passenden Zeit, aber nicht mit dem passenden Inhalt. Sonst sähe Beethoven über alles andere hinweg, der Mann ist schließlich im Hauptberuf Herausgeber des mächtigen Blatts. Aber wie die Musikkritik ist auch Beethoven der Meinung, dass die Zeit der Zauberopern vorbei ist; *wäre der Stoff nicht Zauberei*, gesteht er dem Absender, *hätte mich Ihr Buch aus einer augenblicklichen sehr großen Verlegenheit reißen können*. Mit Schikaneder habe er sich zerstritten, weil der ihn mit seinem untauglichen Textbuch in der Sprache von *hiesigen Äpfelweibern* leider *ein ganzes halbes Jahr aufgehalten* habe. Sich selbst wirft Beethoven nur vor, dass er sich habe *täuschen lassen*. Er hatte gehofft, Schikaneder werde *die Verse und den Inhalt von einem anderen verbessern und verschönern lassen*, denn einen gewissen *Theater-Effekt* könne man dem Libretto *nicht ganz absprechen*; aber *dieser von sich so eingenommene Mann war nicht dazu zu bewegen*. Beethoven gibt es *nun auf mit ihm*, hat sich *geschwind ein altes französisches Buch bearbeiten lassen*, das operntauglich scheint, und wendet sich außerdem seiner dritten Symphonie zu. Er hat die Anregung von General Bernadotte aus dem Jahr des sogenannten Fahnentumults nicht vergessen, Napoléon Bonaparte ein Werk zu widmen. *Intitolata Bonaparte* schreibt er mit Bleistift auf das Titelblatt.

Es muss Schikaneder gekränkt haben, dass der neue Mozart nichts von ihm wissen will. Und anders als Beethoven glaubt er nach wie vor an die Zauberoper und liebäugelt mit einer zweiten Fortsetzung der *Zauberflöte*. Immerhin regt dieses Werk weiterhin Dichter zu neuen Stücken an. Gerade erst ist ein Lustspiel erschienen mit dem Titel *Liebhabereien oder die neue Zauberflöte*. Der Verfasser: Friedrich Rochlitz. In seinem Stück bereiten Liebhaber eine *Zauberflöten*-Aufführung vor, in deren Charakteren sich die der *Zauberflöte* spiegeln; es gibt ein edles liebendes Paar, nur dass Tamino Waldau und Pamina Cäcilie heißt, es gibt auch einen Monostatos, Hofrat von Beruf, und einen Papageno namens Leutnant Fritz. Es werden zwar nur wenige Stellen aus Schikaneders Libretto zitiert, dafür wird die Frage der Bearbeitung diskutiert. Dass Papageno alias Leutnant Fritz die Änderungen durch einen dilettierenden Dichter damit kommentiert, vielleicht seien die Worte jetzt *hübscher, aber der Spaß ist verflogen*, könnte Schikaneder erfreuen.

Doch für Freude hat Schikaneder wenig Anlass. Er spürt, wie um ihn her die Ära Mozart abbröckelt. Im Frühjahr bereits ist Gottfried van Swieten gestorben, am 17. September 1803 Franz Xaver Süßmayr, um ein Lebensjahr älter als Mozart und wie dieser auf dem Sankt Marxer Friedhof anonym bestattet. Außerdem eröffnet Jakob Haibel seinem alten Vertrauten, er werde nach Kroatien ziehen, um 1804 die Stelle des Domkapellmeisters in Djakovár anzutreten. Es sieht so aus, als werde er nicht seine kranke Ehefrau, sondern Mozarts Schwägerin Sophie mitnehmen. Henneberg hat sein Amt beim Theater an der Wien gekündigt, sei es aus Treue zu Schikaneder und Abneigung gegen Zitterbarth, sei es, wie er offiziell angibt, *wegen*

Kränklichkeit seiner Frau. Er will sich ins Burgenland zurückziehen und bei Esterházy in Eisenstadt Arbeit suchen.

Als sich das Jahr 1803 dem Ende zuneigt, geht es Schikaneder finanziell gut, seelisch aber nicht. Er muss mitansehen, wie Zitterbarth sein Theater heruntewirtschaftet. Im Sommer hatte Zitterbarth einen Ausschuss eingesetzt, um das ihm fremde Metier in den Griff zu bekommen. Dieser sollte für weniger *holperige Übersetzungen sowie für gute Originalsingspiele sorgen,* vor allem aber das Publikum darüber informieren, wenn hausgemachte Musikeinlagen in die Arbeit großer Meister eingeschaltet werden. Denn nicht ohne Grund lästert die Musikalische Zeitung, wer zu *Fasanen* einlade und dann *gemeine Hühner* serviere, müsse *wenigstens seine Gäste davon unterrichten.*

Gallig wird berichtet, die Dreiteilung der Kompetenzen im Theater an der Wien sehe so aus, dass *der erste und größere Teil an dem gänzlichen Verfall* arbeite, *um vielleicht aus der Asche* mit besseren Vorzeichen wieder aufzuerstehen, *ein anderer Teil* hingegen *die Selbstherrschaft* ganz *an sich zu bringen* versuche und der dritte sich bemühe, das Theater *einem anderen, dessen Namen man schon laut nannte, in die Hände zu spielen.* Dass dieser andere Peter von Braun ist, kann Schikaneder unschwer erraten.

Den vielversprechenden Ausschuss hatte Zitterbarth nach kurzer Zeit wieder auflösen müssen, doch seine Unzulänglichkeit beraubt ihn nicht der Möglichkeiten zur Revanche. Den Theaterdichter Schikaneder hat Zitterbarth im vergangenen Jahr ins Abseits gedrängt und bisher kein einziges neues Stück von ihm herausgebracht. Als Regisseur war Schikaneder kein Erfolg beschieden; bei seiner Neuinszenierung von Winters *Labyrinth* war das Werk als restlos überholt abgekanzelt worden. Der Kritiker berichtete nur, *dass es ungeachtet des großen Aufwands an Dekorationen* und *neu eingelegter Stücke von Abt Vogler wenig Beifall fand,* weil jetzt die ganze musikalische Welt *Geschmack an der französischen Oper* gefunden habe.

Es hagelt Angriffe aus allen Richtungen, nicht nur von den Kritikern, auch von Seiten des Rivalen Braun. Der kann seine Kampagnen gegen das Theater an der Wien unvermindert fortsetzen, der Kaiser zahlt es ja. Braun unternimmt alles, um die Öffentlichkeit davon zu überzeugen, nur im Hoftheater sei musikalische Qualität zu erwarten. Beeindruckt haben die Zeitungen berichtet, ein Agent namens Treitschke sei in Brauns Auftrag unterwegs, um *die besten*

Sänger und Sängerinnen, die er *in Süd- und Norddeutschland auftreiben* könne, für das Hoftheater zu gewinnen.

Doch noch gibt Schikaneder nicht auf. Zum Jahresende hat er zwei Chancen, es Zitterbarth, den Kritikern und dem Publikum zu zeigen. Für den 7. Dezember ist im Theater an der Wien *Pfändung und Personalarrest* angekündigt, *ein komisches Originalsingspiel von Emanuel Schikaneder, Musik Franz Teyber.* Schikaneder erscheint es wohl absurd, dass auf der einen Seite in Österreich der Franzosenhass geschürt wird, andererseits die französische Oper und das französische Theater gehätschelt werden. In seinem Stück zieht er über diese dumme Mode her. Das Publikum fühlt sich verspottet, Schikaneder wird ausgepfiffen. Seine *Absicht,* mit diesem Stück *die allzu sehr beliebten französischen Operetten von der Bühne an der Wien zu verdrängen,* erklärt die Presse als gescheitert; *die Leere des Hauses* bei den folgenden Aufführungen spricht für sich. Nach drei Wiederholungen wird das Singspiel abgesetzt.

Doch Schikaneder hat noch eine Karte im Ärmel. Am 17. Dezember wird ein weiteres neues Werk von ihm aufgeführt, *Spaß und Ernst.* Wieder Pfiffe, wieder Spott, wieder leere Kassen.

Es *braucht kein Gift,* um zu sterben, wenn die *Kräfte aufgerieben* sind. Das ist die brandaktuelle Diagnose zu Mozarts Tod. Nachzulesen in Ignaz Arnolds 1803 erschienenem Buch über *Mozarts Geist.*

Noch am Abend des 17. Dezembers verfasst Schikaneder sein Testament. Er denkt an alle.

Zum *wahren aber bedingten Universal-Erben* bestimmt er seine *vielgeliebte Ehegattin Eleonore Schikaneder geborene Arth.* Reichlich bedacht wird der Sohn von Franziska Günschl, den er *Franz Schikaneder* nennt. Ihm vermacht er 3000 Gulden; *dieses Kapital aber soll in öffentlichen Fonds Obligationen angelegt und dem Erben erst nach erlangter Großjährigkeit als frei verfügbares Eigentum übergeben werden.* Bis dahin solle das *Kind Franz Schikaneder* von den Erträgen der Geldanlagen *gehörig unterhalten und erzogen werden* und vor allem auch *den nötigen Unterricht erhalten.* Als Vormund für seinen Sohn von Franziska Günschl bestimmt er den Testamentszeugen Röger oder einen Dr. Steiger, eventuell auch Josef Röhrl, Edler von Rohrimtal.

Er denkt an seine Schwester Katharina, Schustersfrau in Regensburg, und seinen Bruder Urban in Wien samt ihren Familien, an seine Hausangestellten, speziell eine verdiente Magd, die 500 Gulden erbt, an seine Leute am Theater. An sie sollen am Tag nach seinem Begräbnis *eine Suppe* ausgegeben und *einhundert Gulden ausbezahlt werden.* Er entsinnt sich auch seiner Schuld bei dem ehemaligen Ensemblemitglied Jakob Neukäufler, der an seiner Stelle die Vaterschaft für Juliana Molls Sohn übernommen hatte, und weist dessen leiblichem Sohn Ferdinand ein *Legat von 200 Gulden* zu. Über alledem aber vergisst er nicht, seinen literarischen Anspruch und seinen mäzenatischen Geist deutlich zu machen, und hinterlässt *dem berühmten Dichter Herrn Wieland in Weimar als Verfasser des Dschinnistan dreihundert Gulden.* Sollte Wieland aber vor ihm sterben, vererbt Schikaneder *diese dreihundert Gulden dem Herrn Schiller, unserem deutschen Shakespeare,* mit der Auflage, *ein theatralisches Stück zu verfassen. Dieses Stück darf aber an keinen Buchhändler verkauft,* sondern soll *an jedes Theater in Deutschland geschickt werden,* das sich verpflichtet, die gesamten Gewinne *an Herrn Schiller einzusenden.* Schiller solle diese Summe dann zur *Aufmunterung der jungen Schriftsteller im theatralischen Fach dem besten* unter ihnen zuteilen.

Schikaneders düstere Stimmung am Ende des Jahres 1803 erweist sich als ahnungsvoll. Denn nun tritt Joseph Hradek in Erscheinung. Am 15. Februar 1804 leiht er Peter von Braun *500 000 Gulden in Barem auf sechs Jahre.* Und zwar zu ausgezeichneten Bedingungen: *gegen 5 % rückzahlbar ab 1810.* Hinzu kommen 300 000 Gulden, die Melchior Joseph Edler von Baldtauf, ein Großhändler, dem Direktor stundet.

Was mit dieser riesigen Summe geschieht, füllt die Zeitungen bis Berlin und Leipzig. Sogar die *Zeitung für die elegante Welt* berichtet über jene *Neuigkeit,* die *ganz Wien elektrisiert.* Im Vertrauen auf Hradeks Finanzspritze hat Baron von Braun schon am 9. Februar 1804 für 901 580 Gulden Bartholomäus Zitterbarth das Theater an der Wien abgekauft.

Über die Hintergründe erfährt die Öffentlichkeit jedoch nichts. Bekannt wird nur, womit ohnehin jeder rechnet: dass Braun die Zusammenarbeit des Theaters an der Wien mit Schikaneder nicht fortsetzt. An seine Stelle setzt er Joseph Sonnleithner, seinen langjährigen Hoftheatersekretär, für 4000 Gulden Jahresgehalt. Sonnleithner hat es mit Mitte vierzig zu einem der renommiertesten Rechtsanwälte Wiens gebracht; er ist ebenso ehrenwert wie musikbegeistert. Die Besetzung wundert Eingeweihte wie Schikaneder trotzdem, denn von seiner neuen Tätigkeit versteht Sonnleithner nichts. Die Presse erkennt, welche Gefahren das Monopol Brauns mit sich bringen wird, *weil nun aller Wetteifer aufhört und der Baron Braun das Vergnügen des Publikums ganz in seiner Gewalt hat.*

Publikum und Künstler wären über all das weniger erstaunt, wenn sie wüssten, wer dieser Joseph Hradek ist, dem der Baron als Gegenleistung das Theater verpfändet und der deshalb auf einmal besonderes Interesse an diesem Haus zeigt, das ihm vorher ziemlich gleichgültig war. Er erteilt Sonnleithner die Genehmigung, Pantomimen aufzuführen, weil sie im Leopoldstädter Theater gut laufen. Sein neuer Mann engagiert eine *Gesellschaft von Seiltänzern, Seilschwingern und Luftspringern* und setzt auf so ergreifende Pantomimen wie *Harlekin als Skelett*, wahlweise *Harlekin als Pastetenbäcker* oder *Zauberer*. Dabei müsste er doch wissen, dass die Wiener den faulen Zauber satt haben.

Für Beethoven ist dieser Wechsel kein Drama, denn Sonnleithner bewundert ihn und hat ihn bereits unentgeltlich juristisch beraten. Doch Braun kann den theaterverrückten Juristen nicht halten. Vermutlich ist auch Hradek dagegen, denn er hat mit genügend Niederlagen zu kämpfen, da braucht er nicht auch noch eine in seinem Theater. Hradek, wie sich Kaiser Franz für die geheime Operation genannt hat, wird in diesem Sommer 1804 von Napoléon Bonaparte gezwungen, sich selbst herabzuwürdigen. Dieser hat sich am 18. Mai zum Kaiser der Franzosen und seinen Titel für erblich erklären lassen. Der Kaiser des Heiligen Römischen Reichs muss jedoch abtreten, denn dank Napoléon hat er in seinem Reich nichts mehr zu vermelden. Am 6. August legt Franz diese Krone nieder. Hätte er das nicht getan, wären die französischen Truppen in Österreich einmarschiert.

Eine Woche später erscheint ein Lobgedicht auf Sonnleithner im Druck, aus Anlass seines Abschieds. Und während der abgehalfterte Kaiser Franz II. Österreich zum Kaisertum erklärt, sich als Franz I.

Mit voller Kraft zurück: die Reformen seiner beiden Vorgänger, seines Onkels und seines Vaters, machte Kaiser Franz II. (1768–1835) sofort rückgängig. Seine Jakobinerfurcht vergiftete die geistige Atmosphäre Wiens und brachte auch Schikaneder in die Bredouille.

zu dessen Kaiser krönen und nach dem Modell Napoléon diesen Kaisertitel ebenfalls für erblich erklären lässt, gibt es eine weitere Inthronisation: Schikaneder wird von Braun als künstlerischer Regent seines neuen Reichs zurückgeholt. Not führt zu ungewöhnlichen Entscheidungen und wird wohl, wie der *Freimütige* meint, *Baron von Braun bewogen haben, Schikaneder wieder an die Spitze dieses*

*Theaters zu stellen, der sich aber erst nach mehreren Weigerungen und unter
sehr vorteilhaften Bedingungen* dazu bereit erklärt habe. *Er soll die Leitung
dieser Bühne übernehmen und zwar mit der Vollmacht, Schauspieler und
Sänger ganz nach Gefallen aufzunehmen und zu entlassen.*

Was wie ein Triumph wirkt, erweist sich bald als Anfang vom Ende.
Von einem quälend langen Ende. Wie ein gesundes Herz den maro-
den Körper nicht sterben lässt, hindert Schikaneders Widerstands-
kraft gegen jede Art von berechtigter Kritik ihn an der Einsicht, dass
seine Zeit vorbei ist. Unbelehrbar setzt er auf die alten Erfolge, die
alten Rezepte. Schon im Vorfeld sind Zweifel laut geworden. Beethoven hatte bereits am 4. Januar 1804 an Friedrich Rochlitz geschrieben, *Schikaneders Reich* sei, nicht nur nach seiner Meinung, *durch das
Licht der gescheiten und sinnigen französischen Opern gänzlich aus.*

Die kritischen Köpfe sind sich einig, dass *Schikaneder bei weitem
nicht auf der Stufe stehe, welche der jetzige, mehr gereinigte Geschmack des
Publikums verlangt.* Er ist stehen geblieben. Die meisten räumen ein,
dass Schikaneder *vor zehn und mehr Jahren den Geschmack des Publikums
kannte,* aber er sei nicht mit diesem *vorgerückt.* Schikaneder eröffnet
unbeirrt mit *Die Hauer in Österreich,* einem eigenen Werk über Wein-
bauern. Vielleicht hat ihn die Hauerstochter Franziska Günschl auf
die Idee gebracht. *Das Publikum,* berichtet der *Freimütige* nach der
Premiere, sei *sehr geteilt* gewesen, *eine Partei klatschte, die andere zischte
und pfiff.* Dass von den Zischern und Pfeifern angeblich einige *unter
Arrest gesetzt worden* sind, spricht nicht gegen Schikaneder, nur dafür,
dass Hradek sich um Ruhe in seinem Haus kümmert.

Erneut lässt Schikaneder den *Stein der Weisen* aufführen. Was der
Freimütige dazu schreibt, haben alle außer Schikaneder längst erkannt:
Auch wenn dies *einst eine Lieblingsoper des Publikums war, will* sie nun
nicht mehr gefallen. Der *Freimütige* verrät auch, warum. Das *Publikum
hat seine Neigung für die Zauberopern ganz verloren; nur im Leopoldstädter
Theater sind sie noch geduldet.*

Die Abgesänge auf Schikaneder klingen ähnlich und ertönen in immer kürzeren Abständen. *Schikaneders Direktion im Theater an der Wien
will keinen guten Fortgang nehmen,* schreibt die *Allgemeine Musikalische
Zeitung,* denn *der bessere Teil des Publikums* ist *nun entschieden gegen Schikaneders Arbeiten eingenommen, und all jene Musikstücke, deren Wieder-*

holung man damals, als sie herauskamen, *mit Enthusiasmus verlangt* habe, würden *jetzt sehr kalt oder gar mit Zischen aufgenommen.* Schikaneder hat ausgedient, sogar in der Rolle des Tiroler Wastels, in der er *einstmals geglänzt hatte.*

Am 2. Dezember 1804 hat sich Napoléon in der Kathedrale Nôtre Dame vor den Augen des zur Dekoration geladenen Papsts Pius VII. selbst zum Kaiser der Franzosen gekrönt und damit kundgetan, dass er Europa neu gestalten werde. Beethoven erfährt das sehr schnell; nachdem er sein Quartier im Theater an der Wien räumen musste, ist er in die Nähe des *Roten Hauses* im Alsergrund gezogen und damit Nachbar seines Bonner Freundes Stephan von Breuning geworden, der im Kriegsdepartement arbeitet. Noch im August hatte Beethoven seinem Verlag mitgeteilt, seine dritte Symphonie sei *eigentlich betitelt Bonaparte.* Jetzt, da der seine Ideale verrät, radiert Beethoven den Titel aus. Gewidmet hat er sein Werk ohnehin dem Fürsten von Lobkowitz, der sich die Aufführungsrechte für eineinhalb Jahre gesichert hat und für diese Ehre zahlt.

Schikaneder erfährt wie die meisten in der Stadt erst später von der Selbstkrönung Bonapartes, doch er reagiert in keiner Weise darauf. Sein Dezember-Spielplan für das Theater an der Wien liest sich, als habe sich nichts geändert auf der Welt: *Die frohe Laune, Keinen Schwiegersohn ohne Amt, Der kleine Matrose, Pächter Robert* und zwischen Weihnachten und Neujahr die *Zauberflöte.*

Nun wohlan, es ist vorbei, singt Schikaneder wieder einmal. Er zählt nicht mehr mit, zum wievielten Mal, aber er glaubt natürlich nicht daran, dass es vorbei sei. Wieder einmal wird Papageno gerettet.

Dass der französischen Oper sein *Hass* gelte, wie die Journalisten behaupten, hat Schikaneder durch sein Programm schon mehrfach widerlegt, doch weder Méhul noch Grétry oder Boieldieu haben großen Anklang gefunden. Nun setzt er auf eine Oper, die schon im Titel Französisches verheißt. Am 23. März bringt er im Theater an der Wien *Die Familie auf der Isle de France,* komponiert von Rodolphe Kreutzer, den Beethoven so sehr schätzt. Erstaunt berichtet der *Freimütige,* die Oper sei *mit sehr geringem Beifall aufgeführt* worden. Schon kurz danach legt der *Freimütige* nach. *Mit unserer deutschen Oper bleibt es schlecht bestellt, wir sehen nach und nach alle alten Französischen Opern, welche auch sehr kalt aufgenommen werden, weil sie in musikalischer Hinsicht weder an die jetzige Stufe der Kunst noch an den Zeitgeschmack reichen.* Und er schließt pessimistisch: *Für die Deutsche Oper scheinen noch lange keine gute Aussichten zu blühen* – schlicht in Ermangelung guter Stücke. Offenbar hat Schikaneder doch die richtige Nase gehabt, als er der Vorliebe fürs französische Musiktheater baldiges Welken vorhergesagt hatte.

Sein Libretto zu der deutschen Oper *Vestas Feuer* hat Schikaneder mittlerweile Joseph Weigl ausgehändigt, einen Komponisten, auf den noch der Abglanz von Mozart fällt. Nicht nur, weil er dessen Assistent war, auch weil er den Auftrag bekommen hat, zu Mozarts *Clemenza di Tito* Zusatzarien zu schreiben, mit denen das Münchner Hoftheater seiner Aufführung dieses Jahr mehr Frische geben will.

Nein, mit Papageno ist es noch nicht vorbei; Mozart wird ihn herausreißen. Schikaneders Blick richtet sich auf ein für den April 1805 geplantes Konzert, in dem seine Vergangenheit lebendig werden wird und sich vielleicht seine Zukunft abzeichnet. Ein Benefizkonzert im Theater an der Wien zu Gunsten eines jungen Künstlers, der eigentlich die Vornamen Franz Xaver Wolfgang trägt. Seine Mutter aber hat *Franz Xaver* gestrichen und aus werblichen Gründen durch den geläufigen zweiten Vornamen seines Vaters ersetzt. Unter Wolfgang Gottlieb oder Wolfgang Amadé ist der Sohn leichter als Genienachwuchs zu verkaufen. Zentrales Werk des Abends soll eine von ihm komponierte Kantate zum 73. Geburtstag Joseph Haydns sein, feierlicher Beginn Mozarts g-Moll-Symphonie. Im C-Dur-Klavierkonzert seines Vaters soll der Dreizehnjährige dann sein pianistisches Können beweisen.

Bereits im März kündigt Constanze Mozart in einer Zeitungsannonce an, was sie mit dem Konzert bezweckt: *nachsichtsvolle Kenner* sollen *in den Bemühungen des Sohnes einige Spuren des väterlichen Talents entdecken.*

Geplant ist, dass Haydn den jungen Künstler an der Hand nehmen, aufs Podium begleiten und vorstellen soll. *Der Enthusiasmus über eine solche Szene würde unbeschreiblich sein,* schreibt der Textdichter der Kantate, Legationsrat Georg August Griesinger, einem Freund; *leider wird man sie nicht ausführen können, weil zu befürchten ist, dass Haydn dadurch allzu sehr erschüttert würde.* Daraufhin erbietet sich Schikaneder, die Vorstellung zu übernehmen. Schließlich hat Mozarts Jüngster bei seinem ersten Auftritt in Prag das Vogelfängerlied Papagenos gesungen. Doch er ist nicht der Einzige, der sich gerne in Mozarts Glorie sonnen möchte. Auch Joseph Lange, der Onkel, findet, er sei für diese Aufgabe der Richtige. Um dem Gerangel ein Ende zu machen, beschließt Constanze Mozart, ihren Sohn am 8. April selbst an der Hand zu nehmen.

Am Abend zuvor tritt im Theater an der Wien derjenige auf, der nach dem Wunsch seiner Freunde in Wien *Mozarts Geist aus Haydns Händen* erhalten sollte. Ludwig van Beethoven ist jetzt fünfunddreißig, so alt wie Mozart bei der Geburt seiner *Zauberflöte*. Am 7. April 1805 wird im Theater an der Wien seine dritte Symphonie zum ersten Mal vor großem Publikum uraufgeführt. Anlass ist ein Benefizkonzert für Franz Clement, Violinvirtuose und Konzertmeister im Haus. Eigentlich soll sich auf ihn das Interesse richten, doch das längste Stück des Abends steuert Beethoven bei. Dass er es selbst dirigiert, ist dem Eindruck nicht unbedingt förderlich. Wenn das Orchester leiser werden soll, versucht Beethoven das dadurch zu *markieren, dass er immer kleiner* wird *und beim pianissimo sozusagen unter das Taktierpult* kriecht. Soll die Lautstärke anschwellen, wächst er *aus der Versenkung empor,* und beim Fortissimo wird er, *auf den Zehenspitzen sich erhebend, fast riesengroß* und scheint, *mit beiden Armen wellenförmig rudernd, zu den Wolken aufsteigen zu wollen,* wie sein Freund und ehemaliger Zimmernachbar Seyfried beobachtet.

Mittendrin schreit jemand von der Galerie herab: *Ich gäb' noch einen Kreuzer, wenn's nur aufhört.* Weder Beethoven noch Schikaneder kann entgehen, dass die Symphonie das Publikum überfordert. Schon nach der privaten Erstaufführung beim Sonntagskonzert der Bankiers Würth und Fellner im Januar hatte die Musikkritik befunden, in ihr sei *des Grellen und Bizarren allzu viel zu finden, wodurch die Übersicht äußerst erschwert* werde und *die Einheit beinahe ganz verloren* gehe.

Grell? Bizarr? Schikaneder wird dieses Urteil kaum teilen. Das Motiv am Beginn der neuen Symphonie erinnert stark an Mozarts Kindersingspiel *Bastien und Bastienne* und der Trauermarsch an eine Maurerische Trauermusik. Und vielleicht erkennen ein paar Zuhörer, dass dieses symphonische Werk ein Ideenkunstwerk ist wie die

Franz Xaver (Wolfgang) Mozart (1791–1844), das jüngste der sechs Kinder, die Constanze Mozart zur Welt brachte, das zweite, das überlebte, hier mit seinem großen Bruder Carl Thomas, mit dem er bis zum Lebensende in engem Briefkontakt stand. 1808 übersiedelte er nach Lemberg, wo er eine bescheidene Karriere als Komponist und Klavierpädagoge machte. Als Pianist war er auf seiner großen Konzertreise durchaus erfolgreich (Porträt von Hans Hansen, ca. 1798).

von Beethoven bewunderte *Zauberflöte*, in der die Läuterung über drei Stufen erfolgt und der Weg aus dem Dunkel hin zum Licht fühlt. Schikaneder dürfte aber an Beethovens Abend in Gedanken schon beim darauf folgenden sein. Bei seinem Mozartabend.

An diesem 8. April ist Schikaneder in seinem Element. Endlich kann er sich wieder als Vater der Kompanie fühlen; so viele im Saal sind seelenverwandt mit ihm und mit Mozart. Mozarts Sohn erhält Kost, Logis und Unterricht von Andreas Streicher, Pianist, Komponist und Klavierbauer. Seine Frau Nannette, ebenfalls Klavierbauerin, ist die Tochter jenes Klavierbauers Johann Andreas Stein aus Augsburg, der Mozart vertraut und Schikaneder bekannt war. Zugleich sind die Streichers

Freunde von Beethoven. Auch der sächsische Diplomat August Griesinger, ein enger Vertrauter Haydns, kannte Mozart und arbeitet als Verlagsagent von Breitkopf & Härtel mit Beethoven zusammen. Die beiden anderen Lehrer des Mozart-Sohns, sein Firmpate Abbé Vogler wie sein Gesangspädagoge Salieri, sind Hauskomponisten Schikaneders. Johann Nepomuk Hummel, den der Mozartsohn als *König der Klavierspieler* anbetet, hat ihn ebenfalls schon unterwiesen; sein Vater hatte früher am Theater auf der Wieden als Kapellmeister gearbeitet. Werke des Ehrengasts Haydn hat Schikaneder seit Jahren immer wieder aufgeführt, Haydns Schüler Seyfried ist nach wie vor Kapellmeister und Bewohner des Theaters an der Wien.

Schikaneder erlebt, wie gut bereits die Kantate auf Haydn für drei Solostimmen, Chor und Orchester ankommt. Das Klavierkonzert nimmt der junge Solist etwas langsam, aber er bewältigt es fehlerfrei. Als Andreas Streicher seinem Schüler zum Schluss das Menuett aus dem ersten Finale des *Don Giovanni* aufs Notenpult legt und ihn bittet, darüber zu improvisieren, stimmt der nur widerwillig und unter Tränen zu, doch genau das erwartet das Publikum. Schikaneder ist gerührt, und alle anderen sind es ebenfalls. Die *Kenner* hätten *ihm mit Händ und Füß zuklatscht* meint der *Eipeldauer* und verkündet vollmundig, dieser Abend habe *Hoffnung gmacht*, dass *der junge Musikkünstler mit der Zeit sein* [sic] *unsterblichen Papa ersetzen kann.*

Schikaneder händigt Constanze Mozart die 1700 Gulden Abendeinnahme aus und besucht sie am nächsten Tag, um ein selbstverfasstes Gedicht auf den Sohn abzuliefern. Darin ermahnt er den kleinen Mozart, dem Vorbild des Vaters nachzueifern und nicht auf übertriebenes Lob hereinzufallen. Was sein Selbstlob angeht, kennt Schikaneder weniger Skrupel. Beigelegt hat er ein Porträt von sich samt Kommentar. *Erinnern soll es dich, / Wenn meinen Geist der Tod mit Mozarts Geist vereint, / An deines Vaters wärmsten Freund.*

Das Lob, mit dem Mozart junior bedacht wird, ist großenteils wirklich übertrieben. Im *Journal des Luxus und der Moden* wird seinem Spiel *Ausdruck, Bestimmtheit, Feuer, Eleganz* und *Fertigkeit* bescheinigt. Mit solchen Worten wird auch Beethoven von seinen Verehrern bedacht. Der muss an der Kompetenz der Kritiker zweifeln. Sein Konzert bei Schikaneder wird weniger wohlwollend beurteilt als das von Wolfgang Gottlieb mit seiner Kantate, die nicht einmal er selbst instrumentiert hat. Die *Allgemeine Musikalische Zeitung* erklärt, die dritte *Sinfonie würde unendlich gewinnen (sie dauert eine ganze Stunde), wenn Beethoven sich entschließen wollte, sie abzukürzen und in das Ganze mehr Licht, Klarheit und Einheit zu bringen.* Die *Berlinische musikalische Zeitung* befindet, die *neue Beethovensche Symphonie* sei *in den meisten Partien so grell und verworren, dass nur jene daran Behagen finden, welche die Fehler und Vorzüge dieses Komponisten mit gleichem, zuweilen ins Lächerliche streifenden Feuer vergöttern.*

Schikaneder empfindet sein Feuer für Beethoven offenbar nicht als lächerlich; trotz der zahlreichen Verrisse denkt er nicht daran, von ihm abzurücken. Er hat Beethoven sogar verziehen, dass er ein echtes Schikaneder-Libretto verschmäht und sich stattdessen von drei anderen Textdichtern ein neues hat herstellen lassen, nach der Vorlage *Léonore ou L'amour conjugal*, einem Textbuch von Jean Nicolas Bouilly. Diesem Autor ist Beethoven bei Schikaneder zum ersten Mal begegnet, als er im Theater an der Wien Cherubinis Bouilly-Vertonung von *Les deux journées* hörte.

Schikaneder ist entschlossen, Beethovens erster Oper zum Durchbruch zu verhelfen. Diesen Vorsatz kann nichts erschüttern, auch nicht, dass unter den drei Librettisten sein erfolgloser Nachfolger Sonnleithner zu finden ist, sowie Friedrich Treitschke, der als Agent Brauns indirekt gegen ihn gearbeitet hatte. Schikaneder hat schließlich, kaum war er zurückberufen worden, persönlich Beethovens Opernvertrag mit dem Theater an der Wien erneuert und ihm dort wieder ein Quartier beschafft. Und das obgleich die Gefahr besteht, dass dieser Mieter, wie im Haus des Barons Pasqualati, eigenmächtig ein Fenster herausbricht.

Außerdem hat Schikaneder schon eine Sängerin für die Titelpartie parat. *Leonore* soll das Werk heißen, eine Rettungsoper soll es sein, und als Retterin in Männerkleidern bedarf es einer schlanken Frau mit starkem Organ. Um zu zeigen, wie viel er sich von Beethovens Werk verspricht und welchen Stellenwert es für ihn besitzt, hat Schikaneder einen symbolischen Tag für die Uraufführung bestimmt: den 30. September. Es ist der Jahrestag der *Zauberflöte*.

Schikaneder fällt es zunehmend schwer, für ein volles Haus zu sorgen. Der *Freimütige* spottet, angesichts einer Unmenge *armseligen*

Schwulstes, trivialer Gemeinplätze und fader Plaudereien müsse sich sein Publikum durch *Pferdekunststücke* unterhalten, mit denen *ein gewisser von Bach* bei ihm auftritt, der es darin *sehr weit gebracht hat. Sein Pferde können Taschentücher und Reitgerten mit dem Gebiss aufnehmen,* sogar *durch feurige Maschinen springen.*

Der Zuschauerschwund ist aber nicht nur Schikaneders Programm und dem Mangel an guten Opern anzulasten. Die Stimmung der Wiener ist mitten im Sommer düster. Das Vertrauen in den Kaiser und seine Minister ist so brüchig, wie es die Finanzen des Landes sind. Ein Staatsbankrott droht. Im Juli entlädt sich die Verzweiflung über die steigenden Lebensmittelpreise. Eine Bäckerei auf der Wieden, ganz in der Nähe von Schikaneders Theater, wird geplündert. Nicht die Polizei, sondern das Militär schreitet ein. Am nächsten Tag werden in anderen Teilen Wiens, von Mariahilf bis zur Josefstadt, ebenfalls Bäckereien ausgeräumt, vor allem von hungernden Taglöhnern, Fabrikarbeitern und deren Familien. Nun gehen die Soldaten im Auftrag des Kaisers radikal vor. Zehn Menschen werden umgebracht, Hunderte verletzt, ein Standgericht wird eingesetzt. Es verurteilt um die fünfhundert Aufständische, darunter Frauen und Kinder, zu Schand- und Prügelstrafen oder zwingt sie zu niedrigsten Diensten beim Militär.

Was der Kaiser anordnet, wirkt willkürlich und unsinnig. Seinen Bruder Karl hat er militärisch weitgehend entmachtet und an seiner Stelle Karl Mack Freiherr von Leiberich mit großen Vollmachten ausgestattet. Kaiser Franz muss wissen, dass er der hochmodernen Grande Armée, die Napoléon seit letztem Jahr aufgebaut hat, nichts auch nur annähernd Gleichwertiges entgegenzusetzen hat.

Schon im Herbst hatte das Theater an der Wien schließen sollen, doch der Kaiser hatte es verboten. Ein Polizeigutachten hatte festgestellt, dass die Abendstunden gefährlich seien und die Theater ein guter Aufbewahrungsort. Politische Krisen oder Gewaltakte müssen dem Zulauf der Bühnen nicht schaden. Während der *Terreur* hatte Cherubinis Ehefrau aus Paris berichtet: *Morgens wurde guillotiniert, und abends fand man keinen freien Platz im Theater.*

Am 7. August 1805 hat Weigl, der als Kapellmeister am Wiener Hoftheater genügend andere Pflichten hat, *Vestas Feuer* vollendet, die fer-

Paulina Anna Milder, später verheiratete Hauptmann (1785–1838), Schülerin von Salieri, war eine der am meisten bewunderten Sängerinnen ihrer Zeit und die Leonore in der Uraufführung von Beethovens «Fidelio». Tourneen führten sie bis nach Russland und Schweden. Gefeiert wurde sie vor allem in den Opern von Spontini und Cherubini, hier in einem Porträt von Joseph Lanzedelli.

tiggestellten Teile sind schon vorher geprobt worden. Am 10. August kommt die Oper erstmals auf die Bühne. Schikaneder hat trotz harter Zeiten nicht an Aufwand und eindrucksvollen Schauerlichkeiten gespart. Blutrot dräuen Mond und Sterne am Horizont, blutrot färbt sich der Tiber, Sturm und Donner begleiten die letzte Szene, an deren Ende der Tempel mit Getöse in sich zusammenbricht. Schikaneder hat zwei seiner beliebtesten Sänger eingesetzt: Friedrich Sebastian Mayer singt den Romenius und die knapp zwanzigjährige Konditorstocher Paulina Anna Milder die Sabinerin Sericia. Sie ist seine große Entdeckung. Vor zwei Jahren erst hat sie als Juno in Süßmayrs *Spiegel von Arkadien* schüchtern zum ersten Mal die Bühne des Theaters an der Wien betreten und das Publikum begeistert; laut Haydn hat sie *eine Stimme wie ein Haus*. Auch die Partie der Volivia ist mit Louise Müller gut besetzt, und Tenor Fritz Demmer bewältigt, wenn auch nicht mühelos, die des Saratogenes.

Die Kritiker achten offenbar kaum darauf, wie die Solisten singen, sie registrieren nur, was sie singen. *Die Muse* habe sich an Joseph Weigl *dafür gerächt, dass er zu diesem Werk eine Musik setzte,* spottet die *Allgemeine Musikalische Zeitung,* denn sie habe ihm die *höhere Eingebung versagt. Der Aufwand an Dekorationen* sei *außerordentlich* gewesen, aber das habe *die elende Dichtung* nicht retten können. Wer Schikaneder applaudiert hat, besitze weder Geld noch Stil, vermittelt die Presse, die *feinere Partei* buhe ihn aus. *Nur die oberen Galerien,* die Besucher auf den billigsten Plätzen, *versuchten ihren alten Liebling zu retten.* Von seinen *Freunden,* hergelaufenes Vorstadtpublikum, sei er *herausgerufen* worden, aber *die ganze gebildete Welt* sei *aufgebracht* gewesen über dieses *Machwerk.* Der *Freimütige* lästert über Schikaneders Verse, wo sich *Lämmer* auf *Römer* reimen, empört sich darüber, dass *solch ein Mann* eines *der bedeutendsten Theater* des Landes leitet, und wirft die Frage auf, wie so einer *die Werke des Talents oder gar des Genies schätzen können* soll.

Dass er das kann, will Schikaneder am 30. September beweisen – mit der ersten Oper eines Genies namens Beethoven. Dieses Mal wird Beethoven rechtzeitig fertig. Die Vorbereitungen verlaufen trotz der üblichen Probleme mit Abschriften, Kopien und Korrekturen reibungslos. Kapellmeister Seyfried und Regisseur Friedrich Sebastian Mayer, beides Freunde Beethovens, kümmern sich intensiv darum. Dass in diesem Haus für Proben Zeit und Mittel vorhanden sind, weiß Beethoven von Abbé Vogler, dem für seine neue Oper letztes Jahr fünfzig Proben zugestanden wurden. Die Solisten aus *Vestas Feuer,* das Schikaneders Ruf versengte, sollen dieses Mal triumphieren. Paulina Anna Milder als Leonore in der Titelpartie, Fritz Demmer als Florestan, Louise Müller als Marzelline und der Regisseur der Oper, Friedrich Sebastian Mayer, als Pizarro. Demmer ist allerdings im komischen Fach bewährt, nicht im tragischen, Mayer hält von sich selbst mehr als andere, und Rothe, der Sänger des Rocco, wird üblicherweise aus gutem Grund nur mit Nebenrollen bedacht.

Schikaneder müsste wissen, dass Zensoren oft erst im letzten Augenblick zuschlagen. Der Zensurstelle ist bekannt, dass Bouillys Vorlage angeblich auf einem konkreten Ereignis beruht. Als der Textdichter, wie Sonnleithner im Hauptberuf Rechtsanwalt, 1793 in Tours als Ankläger im Namen der Revolution angetreten war, musste er dort ausgerechnet gegen einen Jugendfreund vorgehen: gegen René Graf von Semblancay, der die Konterrevolution in der Vendée angeführt hatte. Bouillys Bemühung, den Prozess möglichst lange aufzuschieben, musste dem Wohlfahrtsausschuss in Paris auffallen, der daraufhin weniger weichherzige Gefolgsleute nach Tours sandte, darunter Jean Baptiste Carrier. Der wütete dort jedoch derart blindwütig, dass er auf Weisung Robespierres unter Bewachung nach Paris zurückbeordert wurde. Als Carrier auf der Rückfahrt erfuhr, dass Semblancay freigelassen werden sollte, entfloh er seinen Bewachern und reiste zurück, um den Feind noch im Kerker persönlich aus der Welt zu schaffen. Er hatte bereits die Waffe gezückt, als sich die Frau des Gefangenen, die als Mann verkleidet dem Gefängnisaufseher diente, dazwischen warf und die Pistole zückte. Carrier brach vor Schreck zusammen, ein Gouverneur namens Saint Andrée trat auf den Plan, und Semblancay wurde unter seinen Schutz gestellt. Danach hatte Bouilly den Prozess so lange verschleppen können, bis Robespierre gestürzt wurde und sein Freund freikam.

Léonore ou L'amour conjugal ist, obwohl Bouilly seine Geschichte in ein spanisches Staatsgefängnis verlegt und jede Ähnlichkeit mit lebenden Personen getilgt hat, dennoch ein revolutionärer Stoff. Da hilft der *Bruder seinen Brüdern,* Gefangene werden als unschuldige Opfer dargestellt, Liebe siegt über die Staatsgewalt, und ein Staatsminister missbraucht seine Macht, um Rache zu üben. Außerdem muss es die Zensurbehörde misstrauisch stimmen, dass dieses Werk als eine Hymne auf die Freiheit gehandelt wird.

Sonnleithner, erfahrener Hoftheatersekretär und besonnener Jurist, hat das Textbuch bei der k. k. Hofstelle im September rechtzeitig zur Begutachtung eingereicht.

Doch es gibt nun Wesentlicheres zu entscheiden. Am 23. September erklärt Frankreich Österreich den Krieg. Zwei Wochen zuvor haben die Österreicher Napoléon mit ihrem Einmarsch in Bayern einen willkommenen Anlass dazu geliefert. Während Sonnleithner,

Schikaneder und Beethoven sich den Kopf darüber zerbrechen, was sie gegen ein Aufführungsverbot unternehmen könnten, überquert Napoléon mit 200 000 Soldaten den Rhein.

Mittlerweile ist die Uraufführung von *Leonore* auf den 15. Oktober, den Namenstag von Maria Theresa, der Frau des Kaisers, verschoben worden. Am 30. September wird sie untersagt.

Am 2. Oktober legt Sonnleithner bei der k. k. Polizeihofstelle Widerspruch ein. Dass Beethoven eineinhalb Jahre an der Oper gearbeitet hat und bereits alle Vorbereitungen getroffen sind, dürfte den Zensoren egal sein. Doch Sonnleithner argumentiert klug gegen das Verbot und erinnert daran, dass Maria Theresa bereits Bouillys Original gelesen und für einen der schönsten Opernstoffe befunden habe, die sie kenne. Treue *Gattenliebe* muss in einer Sippe wie der ihren, wo niemals Liebe, nur Machtinteresse Gatten zusammenschweißt, ans Herz gehen. Sonnleithner betont, die Handlung sei aus dem Frankreich der Gegenwart ins 16. Jahrhundert verlegt worden und wie bei Bouilly von Frankreich ins andalusische Sevilla. Er weist darauf hin, dass derselbe Stoff in der Vertonung von Ferdinando Paër auf Italienisch bereits letztes Jahr in Dresden anstandslos über die Bühne gegangen war.

Aber in Dresden scharren auch nicht die Revolutionäre vor der Tür.

Zwölf Tage nach Sonnleithners Einspruch, am 14. Oktober 1805, wird nach dem Gefecht von Elchingen bei Ulm General Karl Mack von Leiberich gezwungen, mit 23 000 österreichischen Soldaten zu kapitulieren. Nun steht den französischen Truppen der Weg nach Wien offen.

Es wirkt so, als schlage die politische Lage auf die Wortwahl der Kritiker durch. Am 5. November 1805 schreibt der *Freimütige*, Schikaneder versuche, *dem Publikum seine Produkte mit Gewalt* aufzuzwingen, das aber wehre dessen Ansturm *mit größter Standhaftigkeit* ab. *Schikaneders Stücke,* triumphiert der Rezensent, *fallen wie einst Jerichos Mauern unter dem Schallen und Pfeifen.*

Das Bild hängt schief, erst recht angesichts der Wirklichkeit.

Am 6. November 1805 stehen die Franzosen vor Sankt Pölten. Der Hof in Wien zeigt wenig Standhaftigkeit. Mit Gold, Schmuck und

Hausrat im Gepäck flieht die kaiserliche Familie samt Anhang am 8. November überstürzt aus der Hauptstadt. Kaiser Franz hat den Landesfürstlichen Kommissär Rudolf Graf Wrbna und Wiens Bürgermeister Stephan von Wohlleben zu seinen Vertretern ernannt und ihnen aufgetragen, mit der Bürgerwehr Napoléons Truppen Widerstand zu leisten. Nun reagieren selbst die kleineren Adligen vor Ort panisch. Baron von Braun fühlt sich als Hof-Bankier besonders gefährdet und befürchtet, vom Feind als Geisel genommen zu werden. Panisch ersucht er um rasche Ausreisegenehmigung. Offenbar kümmert es ihn nicht, dass er dann die Uraufführung von Beethovens Oper versäumen würde, die nun erlaubt worden ist.

Vielleicht hat Sonnleithners Argument gewirkt, der Minister missbrauche seine Gewalt nur zur Privatrache und werde schließlich durch den Hof bestraft. Vielleicht auch sein Hinweis, es gehe darin vor allem um eine heroische Frau. Heroische Frauen sind gefragt, wenn der Kaiser den Schwanz einzieht. Vor allem aber ist es wohl der musikbegeisterten Maria Theresa zu verdanken, dass die Zensoren das Werk freigegeben haben, unter der Bedingung, dass *die gröbsten Szenen umgeschrieben* werden. Sonnleithner darf am gesprochenen Text herumbasteln, Beethoven ändert jedoch keinen Ton. Und Baron von Braun wird angewiesen, zu bleiben.

Am 10. November besetzen die Franzosen unter General Joachim Murat bereits Sieghartsburg. Am Abend des darauffolgenden Tages sind sie bis zur Mariahilfer Linie nach Wien vorgedrungen. Carl Fürst Auersperg räumt mit den regulären Truppen, immerhin 13 000 Mann, die Stadt und bezieht nördlich von Wien Stellung. Den Befehl, hinter sich die Taborbrücke abzubrennen, um dem Feind diesen einzigen Zugang zur Stadt zu verwehren, hat er nicht befolgt, aus Angst, damit die Lebensmittelversorgung Wiens aus dem Marchfeld zu gefährden.

Am 13. November ziehen französische Soldaten in Wien ein. Verwahrloste, erschöpfte Männer, Brot und Fleischstücke auf den Bajonetten, gefolgt von einem Tross zerlumpter Frauen und Kinder. Tausende von Wienern bilden an der Mariahilfer Linie ein Spalier und sehen zu, wie die Franzosen die Stadt kampflos einnehmen.

Schikaneder bietet an, die Wiener an diesem Abend wieder einmal in *Swetards Zaubertal* zu entführen. Das Libretto stammt von ihm, die

Musik von Anton Fischer, *einem bedeutenden hoffnungsvollen Talent,* so das Urteil der Kritik, die allerdings Schikaneders Dialoge und Verse *nicht im geringsten loben* wollte und ihm nur *viel Theaterkenntnis* zugestand. Aber die Wiener sind zu müde fürs Theater und auch zu müde, um sich darüber zu empören, dass Napoléon in Schloss Schönbrunn sein Quartier aufschlägt. Sie nehmen nur wahr, dass die Besatzer zwar Pferde stehlen, sich sonst aber erstaunlich friedfertig verhalten.

Napoléon verkriecht sich. Erst am 16. November bekommen die Wiener ihn zu Gesicht, als er nachmittags zu seiner Armee auf die andere Donauseite reitet. Kein Bild des stolzen Siegers. Er sitzt *auf einem alten Schimmel in einer grünen Uniform mit Rabatten, gelben Knöpfen und Epauletten und mit dem Stern der Ehrenlegion geziert, weißen Beinkleidern und Weste, einem kleinen dreieckigen Hut, worauf eine ganz kleine Kokarde. Man ist für ihn unwillkürlich eingenommen,* notiert ein Augenzeuge seinen Eindruck.

Vier Tage später, am 20. November 1805, hebt sich *um halb 7 Uhr* im Theater an der Wien der Vorhang für die Uraufführung des *Fidelio.* Gegen den Willen des Komponisten hat Braun im letzten Moment den Titel ändern lassen; ob er es tat, um nicht Paërs Titel zu wiederholen oder um seine Macht zu beweisen, erfahren weder Beethoven noch Schikaneder. Das Haus ist zur Hälfte leer. Viele fürchten sich, nachts auf die Straße zu gehen, die meisten Aristokraten warten auf ihren Landschlössern und -gütern ab, was in Wien geschieht. Auch Maria Theresa ist seit dem 9. November nicht mehr in der Stadt. Im Parkett sitzen vor allem französische Offiziere, an die Braun auf der Straße Freikarten verteilt hat. Sie aber verstehen nicht, was gesungen wird.

Schikaneder kommt manches in der neuen Oper gar nicht so neu vor. Das Terzett im ersten Akt, wo Marzelline singt, *Ja guter Vater bitt' ihn heute, in kurzem sind wir dann ein Paar,* erinnert durchaus an das Duett im zweiten Akt der *Zauberflöte,* wo Papageno und Papagena das höchste der Gefühle besingen. Und das Jubelduett des letzten Aktes *O namenlose Freude* übernimmt stellenweise exakt die Melodie des Terzetts *Nie war ich so froh wie heute,* das Beethoven für *Vestas Feuer* vertont hat.

Die Oper wird nicht bejubelt, sondern *sehr kalt aufgenommen,* wie die *Allgemeine Musikalische Zeitung* meldet. Das liegt gewiss auch an den verständnislosen Franzosen, an schwachen Choristen und einigen stimmlich nicht überzeugenden Solisten; *Demmer intoniert fast immer zu tief.* Aber Schikaneder weiß, wie viel Mozart von Stimme und Gesangstechnik verstanden hat, während sich Beethoven trotz seines Unterrichts bei Salieri hier noch nicht als lernfähig erwiesen hat. Stur hat er sich zudem geweigert, auf die Kritik der Sänger einzugehen, die *unschönen, unsingbaren, ihrem Organ auch noch widerstrebenden Passagen* abzuändern, was ihm Anna Milder nie vergessen wird. Fast alle Rezensenten bemängeln Längen und dramatische Durchhänger, und was ein des Deutschen kundiger Engländer über das Libretto in sein Tagebuch schreibt, liest sich, als verreiße er eines von Schikaneder. *Die Geschichte* sei, notiert George Grove, *ein trauriges Gemisch von schlechten Handlungen und romantischen Situationen.*

Am nächsten Abend sorgt Stephan von Breuning dafür, dass Freunde und Verehrer Beethovens den Weg hinaus auf sich nehmen. Obwohl *nur wenig Zuhörer* bei der Vorstellung *anwesend* sind, wird dieses Mal *stark applaudiert.* Dass auf Breunings Veranlassung gedruckte *Exemplare eines Lobgedichtes* am *Ende des Stücks von der oberen Galerie herabgestreut* werden, wirkt eher peinlich und fördert den Zulauf nicht.

Am dritten Abend, dem 22. November, bleibt das Theater leer. Die Vorstädte sind gegen die Stadt hin abgesperrt. Die Wiener sind mehr damit beschäftigt, über den Mangel an Brot und anderen Grundnahrungsmitteln nachzudenken als über dramatische Mängel in einer neuen Oper. Napoléon hat zwar Erzherzog Karl gezwungen, den Boykott der Lebensmitteleinfuhr aus Ungarn aufzuheben, den dieser aus strategischen Gründen verhängt hatte, doch die Lage ist nach wie vor bedrängend, da die Soldaten der Besatzer mitverköstigt werden müssen.

Am 2. Dezember 1805, dem Jahrestag seiner Selbstkrönung in Nôtre Dame, krönt Napoléon seinen Siegeszug mit der Entscheidungsschlacht bei Austerlitz. Von einer Anhöhe aus sieht er zu, wie seine Armee die verbündeten russischen und österreichischen Truppen vernichtend schlägt.

Zwei Tage danach treffen sich Österreichs und Frankreichs Kaiser in Schönbrunn. Aus dem Raum, in dem sie zwei Stunden lang zusammensitzen, vernehmen die Lauscher Gelächter, was in Wien fassungslos kolportiert wird. Es passt, dass Schikaneder abends *Das Narrenhaus* auf dem Spielplan hat. Eher unpassend wirkt die Befreiungsoper *Lodoiska*, die am 26. Dezember erneut aufgeführt wird. Wenige Stunden davor hat Kaiser Franz den Friedensvertrag von Pressburg unterzeichnet, den Napoléon ihm diktiert hat. Damit bindet Napoléon seine deutschen Verbündeten an sich, denen er Landgewinne zuschanzt, und schwächt Österreich durch erheblichen Verlust von Land und drei Millionen Einwohnern.

Schikaneder beginnt das neue Jahr trotz allem mit einem Zeichen seiner Unverwüstlichkeit und bringt am 1. Januar die *Zauberflöte*. Und nachdem es der Monat von Mozarts 50. Geburtstag ist, wird am Tag darauf noch *Don Giovanni* auf Deutsch gezeigt. Die Sänger überzeugen, vor allem Anna Milder als Elvira und Mozarts Nichte Maria Anna, die älteste Tochter von Aloisia und Joseph Lange als Zerlina. Aber *umso abscheulicher* findet das Publikum *die alten abgenutzten Dekorationen, die man kaum auf einem Winkeltheater einer Provinzstadt so armselig finden könnte.* Es ist verärgert über *mattes Licht*, über *jämmerlich angezogene Bauern und Bäuerinnen* und darüber, dass Schikaneder nicht mehr in die angemessene Ausstattung von Meisterwerken investiert. Der Lack ist ab, von den Kulissen, von Schikaneder, von seinem Haus, von seiner Ära.

Am 3. Januar 1806 verlassen die französischen Truppen Wien.

Und schon brechen die Kleinkriege im Theater wieder los, vor allem im Theater an der Wien. Beethovens *Fidelio* ist für den 29. März und den 10. April erneut angesetzt worden; Stephan von Breuning hat inzwischen seinen Freund Beethoven überzeugt, man müsse die Handlung straffen, einige Szenen umstellen und Texte kürzen, um ein bühnentaugliches Ergebnis zu erzielen. Beethoven hat sofort mitgespielt, musikalische wie dramaturgische Änderungen vorgenommen und eine neue Ouvertüre geschaffen. Schon im Vorfeld aber gerät er mit Baron von Braun aneinander, für den das Ganze nur eine Wiederaufnahme ist, weshalb er ausgiebiges Proben überflüssig findet. Der Komponist hält trotzdem zusätzliche Chorproben ab, woraufhin Braun ihm ein Ultimatum setzt. Ergrimmt beschwert sich Beethoven bei Mayer, der wieder als Pizarro und Regisseur fungiert: *Baron Braun hat mir gedroht, wenn die Oper sonnabends nicht gegeben würde, sie gar nicht mehr zu geben.* Nicht ohne Grund befürchtet er, seine *Musik verhunzen zu hören.*

Obwohl die überarbeitete Fassung durch Hinzukomponiertes kaum kürzer als die erste ist, meldet die *Allgemeine Musikalische Zeitung,* das Stück habe gewonnen und *auch besser gefallen.* Laut Braun ist das Haus jedoch alles anderes als ausverkauft gewesen. Prompt zerkriegt Beethoven sich erneut mit dem Baron, dieses Mal aus Geldgründen, weil ihm die Tantiemen zu niedrig sind. Braun hat ihm nämlich statt eines Honorars eine Gewinnbeteiligung zugesichert und behauptet nun, es seien weniger Besucher dagewesen, als Beethoven wahrgenommen hat. Außerdem verübelt der Komponist ihm, dass er die zweite Aufführung wegen der Karwoche erst auf den 10. April angesetzt hat, in viel zu großem Abstand. Nun hat der Baron endgültig genug von Beethoven, der ihm zwar jede Menge Streiterei, aber keinen Publikumserfolg beschert. Und Beethoven hat endgültig genug von Baron Braun und fordert wütend seine Partitur zurück.

Es ist Zeit für Heiteres, befindet Schikaneder. Für den Frühling verfasst er das fünfaktige Lustspiel *Die Kurgäste am Sauerbrunnen,* mit Musikeinlagen von Anton Diabelli, dem komponierenden Verleger. Dass es zu tiefschürfend sei, kann Schikaneder keiner vorwerfen. Ein braver Bauer, geschlagen mit einer Bäuerin, die sich für etwas Besseres hält, wird von einem hinterhältigen Landpfleger ins Gefängnis gebracht und entkommt mit Bauernschläue. Die Premiere ist als Benefizvorstellung für den Direktor angekündigt, was ihm einen Teil der Abendeinnahmen sichert. Schikaneder spielt den Bauern. Er erwartet Lacher, wenn er sich beim Verhör taub, besoffen und verrückt stellt. Doch das Publikum hat das Gefühl, er sei das wirklich. Am Ende der Vorstellung wird gepfiffen, gezischt, geschrien. Als sich Schikaneder nochmals zeigt, wird er ausgelacht. Er bricht auf der Bühne zusammen.

Nun wohlan, es ist vorbei.

Ein Jahr noch hält Schikaneder durch in seinem Reich, das *gänzlich aus* ist, wie Beethoven längst bemerkt hat. Er ist zum Außenseiter geworden, zum Monostatos sogar in Theaterkreisen, und muss sich von seinen Getreuen verraten fühlen. Selbst Adolf Bäuerle wirft seinem früheren Idol vor, er neige mittlerweile zu einer *wässrigen Senti-mentalität*.

Wenn bei der Nachricht, dass einer geht, die Achseln gezuckt werden, ist das für den, der geht, schlimm genug. Wenn daraufhin Jubel ausbricht, tut es weh. Im Juli 1806 wird bekannt, dass Schikaneder und Braun von einer *Gesellschaft der Kavaliere* abgelöst werden sollen, zu denen Herren wie Ferdinand Graf Pálffy von Erdödy, Franz Joseph Fürst von Lobkowitz, Franz Nikolaus Graf von Esterházy und sein Bruder sowie Hieronymus Graf von Lodron gehören. *Vielleicht wendet sich nun*, meldet die Presse freudig, *unser ganzes Theaterwesen zum Bessern*. Auch das Publikum reagiert begeistert.

Bisher hatte Schikaneder keine Muße, seine Lebenserinnerungen zu schreiben. Jetzt interessieren sie keinen mehr.

Am 28. Dezember 1806 steht Emanuel Schikaneder mit fünfund-fünfzig Jahren zum letzten Mal auf der Bühne als Papageno. Sein Körper ist dick geworden, sein Gang watschelnd, sein Auge stumpf. Es ist seine Abschiedsvorstellung.

Nun, wohlan, es bleibt dabei.

XIII

Brünn, Wien, Budapest und Steyr 1807–1811
Zu spät

Emanuel Schikaneder als Kauz: in seiner Zeit als Theaterdirektor in Brünn wurde Schikaneder zunehmend wunderlich. Manchmal wirkte das erheiternd, manchmal verstörend. Was Ursache seiner Wesensveränderung war, ahnte wohl keiner.

Sie ist heruntergekommen und traurig. Aber sie freut sich auf Emanuel Schikaneder. Und er freut sich auf sie, weil sie ihm eine Chance gibt und weil sie Mozart gekannt hat.

Die Stadt Brünn ist vom Krieg gezeichnet und ächzt unter der Teuerung. 1805 hatten die Franzosen die Stadt besetzt und rücksichtslos benutzt. Der große Theatersaal der *Reduta,* des Stadthauses am Krautmarkt, ist völlig verwahrlost, seit sie dort zuerst ihre russischen Gefangenen von der Schlacht bei Austerlitz eingesperrt und dann ihr eigenes Lazarett hineinverlegt hatten. Der letzte Direktor des Brünner Theaters, Johann Baptist Mayer, ist in mehrfacher Hinsicht Kriegsopfer geworden. Als er antrat, besaß das Haus einen guten Ruf, vor allem durch die beiden Vorgänger Carl und Joseph Rothe. Auch die französischen Besatzer hatten es eifrig besucht, aber nur jeder zehnte hatte gezahlt, die anderen neun waren *Gratisblitzer* gewesen, wie man das hier nennt. Weder der Kassierer noch die Billetteure wollten sich wegen Pflichterfüllung verprügeln lassen. Ausgebrannt wird Mayer nach nur zwei Jahren zu Ostern 1807 verabschiedet. Die Brünner wissen, dass sein Nachfolger vor allem eines vermitteln muss: die Zuversicht, er könne Wunder bewirken.

Die Nachricht, Schikaneder, der berühmte Schikaneder, habe sein Amt als Direktor am Theater an der Wien abgegeben, war für die Leute in Brünn eine gute gewesen. Berühmt ist er hier vor allem durch seinen *Spiegel von Arkadien* geworden, der unter Mayer ein Publikumserfolg war. Aber auch als Figur ist er den Brünnern ein Begriff, und viele Geschichten über ihn waren Stadtgespräch. Wie er über Baron von Braun beim Bau des Theaters an der Wien triumphiert hat, ist ebenso bekannt wie seine spontane Spendenaktion für verwundete Soldaten und sein Schlagtausch mit jedem, der ihm ans Leder will. Dass er als Lebemann gilt, sich Pferde, Wagen und Bediente hält, beeindruckt die Brünner Bürger. Und dass er für ihre Begriffe weit herumgereist ist, imponiert ihnen erst recht.

Die Verbindung zu dem Wunschkandidaten ließ sich rasch herstellen, denn Schikaneders Neffe Carl ist bereits seit zwei Jahren in Brünn engagiert. Was die *Zeitschrift für die elegante Welt* zum Jahresende 1806 vermeldet hat, wurde hier vermutlich gar nicht wahrgenommen: *mehrere Sterne der ersten Größe wollen uns ihr Licht entziehen*, hatte der Wiener Berichterstatter gehöhnt. *Die Brünner haben uns, wie man versichert, Schikaneder und Perinet entführt und scheinen so die wahre Nationalbühne nach Mähren ziehen zu wollen.* Vielleicht haben die Brünner Theaterinteressierten aus diesen Worten auch ernsthaftes Bedauern herausgelesen.

Dass Schikaneder wie Perinet vor der vernichtenden Kritik, dem Spott des Publikums und der Erfolglosigkeit von Wien nach Brünn fliehen, weiß dort wohl kaum einer. Doch Schikaneder kann sich damit trösten, dass auch Mozart auf der Flucht nach Brünn geraten ist.

Viele hier wissen noch, warum sich Mozart zwei Mal in ihrer Stadt aufgehalten hat. Eigentlich war Leopold Mozart mit seinen Kindern im Herbst 1767 aus Salzburg nach Wien gereist, zu den Feierlichkeiten der geplanten Hochzeit von Erzherzogin Maria Josefa mit Ferdinand I., König von Neapel. Aber dann war nicht nur die sechzehnjährige Braut von den Pocken befallen worden und daran gestorben; die Blatternepidemie hatte ganz Wien ergriffen. Beide Mozartkinder waren bereits infiziert, als Leopold einen alten Salzburger Bekannten, Anton Graf Podstatzky, getroffen hatte, der ihm anbot, Wolfgang und Maria Anna in seiner Heimatstadt Olmütz, weitab von dem gefährlichen Pflaster, medizinisch erstklassig versorgen zu lassen. Auf dem Weg dorthin hatten die Mozarts vom 24. bis zum 26. Oktober kurz in Brünn Station gemacht. Einquartiert hatte sie, trotz der Ansteckungsgefahr, Franz Anton Graf Schrattenbach in seinem Palais an der Krapfenstraße Nr. 4. Auf dem Rückweg nach Wien waren die Mozarts länger in Brünn geblieben, vom Heiligen Abend 1767 bis zum 9. Januar 1768. Wieder hatte Schrattenbach sie beherbergt, aber nicht uneigennützig. In Brünn war damals wenig los und vor allem musikalisch selten etwas geboten. Obwohl beide Kinder gerade erst genesen und die

Der Brünner Kraut- oder Kohlmarkt mit dem Parnaßbrunnen. Dahinter liegt die Reduta mit dem Theatersaal über zwei Geschosse, Schikaneders Wirkungsstätte, die in den Jahren 1786–1787 erbaut wurde. Die Mozart-Kinder waren im Vorgängerbau aufgetreten (Gravierung von František Richter, 1820).

Blatternarben in Wolfgangs Gesicht noch frisch waren, hatte der Gastgeber sie gedrängt, im großen Saal des Stadthauses, damals noch *Taverna* genannt, öffentlich aufzutreten, und Leopold Mozart hatte sich breitschlagen lassen. Am Mittwoch, dem 30. Dezember, waren Wolfgang und seine fünfzehnjährige Schwester als Solisten zu erleben, begleitet vom Ensemble des Turmkapellmeisters Abraham Fischer.

Genau dort, wo früher jenes Stadthaus mit dem Taverna-Saal gestanden hatte, am Krautmarkt hinter dem Parnassbrunnen, dort also, wo die Mozartkinder die Brünner begeisterten, befindet sich nun Schikaneders Wirkungsstätte. Für ihn muss das ein gutes Omen sein. Auch wenn die Stadt an dieser Stelle 1786 ein neues Gebäude für Bälle, Schauspiel und Singspiel errichten ließ mit einem Saal über zwei Geschosse – der Genius Loci blieb.

Schon im März 1807, also lange vor Ostern, reist Schikaneder an, und keineswegs allein. Aus Wien bringt er neben Joachim Perinet als Theaterdichter seine in Mütterrollen gut einsetzbare Frau mit, außerdem Franziska Günschl und den gemeinsamen Sohn. Der dreiundzwanzigjährige Antonio Arrigoni, der schon im Theater an der Wien bei ihm gearbeitet hat, folgt seinem alten Direktor ebenfalls nach Brünn. Weiterhin hat Schikaneder einige Schauspieler und Sänger angeheuert. Den sechsundzwanzigjährigen Nicolas Heurteur, der im Burgtheater bisher nur mit Nebenrollen bedacht worden war, hat er sofort als Talent erkannt, auch was seine Stimme angeht. Es war nicht schwer, auch Heurteurs Geliebte, die Sopranistin Sophie Hackl, zum Umzug nach Brünn zu bewegen; sie ist die Tochter von Johann Hackl, einem reichen Lotteriebesitzer, der im Zuge der Jakobinerprozesse an den Pranger gestellt, seines gesamten Vermögens beraubt und zu dreißig Jahren schwerer Festungshaft verurteilt worden war. Noch in Wien hat Schikaneder für das Brünner Haus außerdem den Komiker Joseph Moreau engagiert, der als unverwüstlich gilt.

Leider ist der geschätzte Franz Xaver Gerl, der sieben Jahre lang in Brünn gewirkt und hier bereits zwei Jahre nach der Uraufführung in der *Zauberflöte* den Sarastro gegeben hat, schon wieder nach Mannheim weitergezogen, aber Schikaneder trifft ein ordentliches Ensemble und ein Orchester von immerhin 26 Leuten an. Für aufwendigere Veranstaltungen kann er Chor wie Orchester mit den Mitgliedern der hiesigen Philharmonischen Gesellschaft aufstocken. Große Oper wird nicht von ihm erwartet, wenngleich Brünn sich Mozarts Andenken würdig gezeigt und schon mehrmals *Don Giovanni* und *La Clemenza di Tito* auf Deutsch, *Die Entführung aus dem Serail* unter dem Titel *Belmonte und Konstanze* und die *Zauberflöte* geboten hat. Dirigiert hatte sie alle der Kapellmeister Gottfried Rieger, mit dem Schikaneder nun über einen mozarterfahrenen Musiker und kostenlosen Hauskomponisten verfügt.

Kaum hat er am 22. März, eine Woche vor Ostern, die Leitung des Stadttheaters übernommen, schafft er umgehend neue Dekorationen an, lässt neue Kostüme schneidern und sorgt dafür, dass die Zuschauer es bequemer haben. Am Ostermontag eröffnet er seine erste Spielzeit mit *Adelheid, Markgräfin von Burgau*, einem Schauspiel von Johanna Weißenthurn. Das Haus ist bis auf den letzten Platz besetzt. Wenn die Wiener Kritik recht behalten soll, müsste nun bestenfalls die Neugierde der Brünner, sonst aber nichts befriedigt werden. Doch die *Wiener Theaterzeitung* muss berichten, dass Schikaneder *seine neue Direktion mit allem Glück begonnen* habe. Der Rezensent muss eingestehen, wie *ungewöhnliche Aufmerksamkeit und außerordentlicher Beifall* bei der Premiere Schikaneder bewiesen haben, dass er hier willkommen ist.

Am Tag darauf überrascht Schikaneder die Brünner mit *Gulistan*, einer exotischen Oper des Franzosen Nicolas d'Alayrac. Wieder gibt es nichts zu mäkeln; laut *Wiener Theaterzeitung* ist sie *ebenso glücklich ausgefallen* und wurde *mit Präzision aufgeführt*. Schikaneder selbst habe darin den *Taher mit Kunst und Drolligkeit gegeben* und sogar *an den berühmten Weinmüller* erinnert, der am Burgtheater als Bassist und Schauspieler seit über zwanzig Jahren Kultstatus genießt. Der Redakteur muss zugeben, dass sogar Perinet als Schauspieler *gefallen* habe. Dennoch kann er sich eines Seitenhiebs gegen die beiden Dichter nicht enthalten und entsendet am Schluss ein Stoßgebet: *Der Himmel schütze die Brünner vor seinen und Schikaneders Produkten.*

Schikaneder denkt nicht daran, den Brünnern seine *Produkte* vorzuenthalten. Trotzig setzt er nun ausgerechnet diejenigen seiner selbstverfassten Stücke aufs Programm, die in den letzten Jahren beim Wiener Publikum mit Pauken und Trompeten durchgefallen sind, allen voran die beiden Kassengifte *Lumpen und Fetzen* sowie *Spaß und Ernst*. Zähneknirschend wird der Berichterstatter der *Theaterzeitung* Zeuge, wie das Publikum seinen neuen Direktor mit Beifall überschüttet und auch als Darsteller liebt. *Die Fiaker in Wien*, zu Hause totgesagt, werden in Brünn *sehr gut aufgenommen, und das vortreffliche Spiel des Herrn Schikaneder als Roßschweif* und das *der Madame Schikaneder als seiner Frau* werden *bewundert und belohnt*.

Schikaneder kann seinen Neustart als Wiedergutmachung genießen, aber er lässt sich den Erfolg auch jeden Aufwand und Einsatz kosten. Am 3. April 1808 begeistert er sein Publikum mit *Die Tage der Gefahr* von Cherubini, am 6. April mit der aus dem Französischen übersetzten Befreiungsoper *Der Turm von Rothenburg*. Doch am 24. August erleidet er eine erste Niederlage. Er hat sich beschwatzen lassen, *Idoli* von Perinet aufzuführen, ein *neues Produkt* von diesem *erbärmlichen elenden einfältigen Schmierer*, wie sich die *Wiener Theaterzeitung* nun endlich wieder ereifern darf. Das Publikum brüllt es nieder. Schikaneder reagiert sofort. Obwohl er bereits ein weiteres Werk von Perinet angekündigt hat, streicht er es vom Spielplan und hindert den

Verfasser nicht daran, sich wieder in Wien, am Leopoldstädter Theater zu bewerben.

Einige Stimmen hatten im Vorfeld gewarnt, Schikaneder werde in einer Stadt wie Brünn mit 30 000 Einwohnern nicht den vollen Einsatz bringen, in der Überzeugung des Großstädters, für die Provinz reiche es auch so. Doch er zeigt sich rundum engagiert. Nachdem die Gemeinde keinerlei Anstalten macht, den stark mitgenommenen Theatersaal zu renovieren, lässt Schikaneder ihn im Dezember 1807 auf seine Rechnung herrichten und von Antonio Arrigoni ausmalen; er verspricht, dort im kommenden Jahr wahre Wunder zu offenbaren.

Wie Mozart liebt Schikaneder Bälle, vor allem Maskenbälle. Im Januar und Februar 1808 inszeniert er sie zum Karneval im Redoutensaal mit einem Pomp, wie ihn die Brünner noch nie erlebt haben. Am ersten Abend ziehen sämtliche Ensemblemitglieder kostümiert in einer großen Parade auf. In den Nebenräumen hat Schikaneder Zelte aufstellen lassen, wo Speisen und Getränke gereicht werden. Dort erscheint er selbst im Kostüm des Tiroler Wastel, wandert von einem Zelt zum nächsten und unterhält die zechenden Besucher mit seinem berühmten Tiroler Lied. Perinet gibt auf seine Art eine Abschiedsvorstellung. Er klappert die anderen Zelte ab und animiert zum Alkoholkonsum mit seinem unsterblichen Werk *Wer niemals einen Rausch gehabt, / Der ist kein braver Mann. / Wer seinen Durst mit Achteln labt, / Fang' lieber gar nicht an.* Beim nächsten Ball reitet Schikaneder hoch zu Ross in den Saal ein. Bei einem anderen lässt er künstliche Wolken an der Decke des Redoutensaals anbringen und einen großen Ballon aufsteigen.

Die Brünner stürmen seine Veranstaltungen, doch die verschlingen mehr Geld als sie einbringen. Auch im Theater geht Schikaneders Rechnung nicht auf. Die Behörde ist dem Mann gewogen, der neues Leben in die gelangweilte Stadt gebracht hat, und erlaubt ihm, die Eintrittspeise zu erhöhen. Das aber steigert seine Ausstattungssucht nur ins Haltlose. Selbst Wohltätigkeitskonzerte arten zum Spektakel aus. Am 24. Mai 1808 und am 11. Juni hat er zwei Veranstaltungen zugunsten des Instituts für Pockenschutz-Impfung anberaumt, vielleicht im Gedenken an Mozarts Pockenerkrankung. Bei der ersten wird die Kantate *Mariatale, die Besiegte* von Gottfried Rieger aufgeführt. Sie verherrlicht die Erfindung der Pockenschutzimpfung: Hygieia, Göttin der Heilkunde, triumphiert hier über Mariatale, die böse Pockengöttin.

Doch Kantaten sind nicht wirklich Schikaneders Fall. *Die Leut' wollen was zu sehen kriegen*, verkündet er seit jeher. Am 11. Juni findet die nächste Aufführung statt. Dieses Mal lässt er Kotzebues Rührstück *Die Hussiten vor Naumburg*, ein *vaterländisches Schauspiel mit Chören* spielen. Wer gerührt ist, spendet, wie Schikaneder aus langer Erfahrung weiß. Also engagiert er vierundzwanzig Kinder vom örtlichen Waisenhaus, die zuerst in Kotzebues Stück auftreten und dann in einem Epilog die Verdienste von Edward Jenner feiern sollen, der 1796 die moderne Pockenschutzimpfung erfunden hat. Um das Publikum besonders schwer zu beeindrucken, hat Schikaneder Infanteristen als Hussiten einbestellt. Allerdings etwas zu viele. Die Soldaten treten sich gegenseitig auf die Füße, bekommen kaum noch Luft und räumen überstürzt das Feld. Dann treten die Waisen als Kinder der von Hussiten belagerten Stadt Naumburg auf. In weißen Sterbekleidern, des nahen Endes gewiss, werden sie ins Lager der Feinde geführt, denn ihr Anblick soll das harte Herz von deren Anführer erweichen. Historisch ist das Ganze nicht, wirksam könnte es sein. Doch ausgerechnet in dieser herzzerreißenden Szene erscheint unerwartet Schikaneder auf der Bühne, einen großen roten Regenschirm unter dem Arm. Das Publikum lacht. Während die Mütter Naumburgs um ihre todgeweihten Kinder weinen, tritt Schikaneder an die Rampe und hellt die dunkle Stimmung mit einem seiner Erfolgslieder auf, in dem er die Liebe, die Frauen und die Polygamie besingt. Die letzte Strophe kommt immer besonders gut an. Und hier, wo von Mozarts Opern der *Don Giovanni* am meisten geliebt wird, muss auch dieser Straubinger Don Giovanni landen.

> *Der will schlanke, der will runde,*
> *Der will braune, der will blonde,*
> *Der will schwarze, der brünette,*
> *Der will magere, der will fette,*
> *Der will blöde, der will feine,*
> *Der will große, der will kleine!*
> *Kurz, der Gusto ist verschieden,*

Jedem fällt was anders ein –
Doch ich wär' nur dann zufrieden,
Wenn sie alle wären mein.

Schikaneder hat noch nicht zu Ende gesungen, da bricht der Tumult los. Gelächter und Entrüstungsschreie vermischen sich, Applaus wird übertönt von Pfiffen und Getrampel. Ist er verrückt oder einfach nur ein Theatermann, der daran erinnert, dass Bühnenblut nichts als rote Farbe ist und die dort vergossene Tränenflut niemals echt? Das Unwetter verzieht sich jedenfalls, das Publikum vergibt Schikaneder.

Er fühlt sich trotzdem nicht wohl. Es gehe ihm gesundheitlich nicht gut, klagt er, die Brünner Luft sei keineswegs seinem *Temperament angemessen.* Ob die Brünner verstehen, was damit gemeint ist? Es ist keineswegs das mährische Klima, das er nicht verträgt, sondern die kleinstädtische Enge. Dabei könnte Schikaneder sich hier wohlfühlen, denn die Brünner applaudieren sogar einem seiner in Wien als besonders missraten verschrienen Kinder. Am 10. August 1808 führt er ihnen *Vestas Feuer* vor, und sie entflammen sofort dafür. Fünf weitere Vorstellungen kann er geben.

Dieser Erfolg öffnet nun sämtliche Schleusen bei Schikaneder. Dagegen, dass es ihm in der Stadt zu eng ist, lässt sich nichts machen, aber gegen die beschränkten Möglichkeiten des Theaters durchaus. Seine Vorliebe für Massenszenen kann er dort nicht ausleben. Nicht lange nach seinem Antritt hat er bereits ein selbst verfasstes *vaterländisches Schauspiel* auf die Bühne gebracht, *Die Schweden vor Brünn.* Von seinen früheren Wirkungsstätten weiß er, dass es stets gut ankommt, den Lokalpatriotismus zu bedienen, in Zeiten wie diesen mehr denn je. Der Zulauf hat ihm auch in Brünn Recht gegeben. Aber Feldlager ohne Lagerfeuer und Gefechte ohne Kanonendonner sind seine Sache nicht. Von früher, aus Innsbruck, Augsburg und Regensburg weiß Schikaneder auch, dass im Sommer Freilichtspiele geschätzt werden.

Auf der Königswiese bei Kumrowitz, einem Dorf in der Nähe, lässt er nach bewährtem Muster ein Amphitheater mit zwei Reihen erhöhter Logen aufbauen und eröffnet es mit den *Schweden vor Brünn.* Nun aber in echtem Schikanederschem Großformat: Dreihundert Soldaten der Brünner Garnison, Berittene wie Infanterie, sollen auftreten, Kanonen aufgefahren, Fechtkämpfe und Schlachtenszenen geboten werden, und schließlich soll ein Feuerwerk das Ganze krönen. Um sechs Uhr morgens beginnt er mit den Proben. Als abends die Brünner mit ihren Kutschen anreisen, ist der Fahrweg von Lichtträgern mit Fackeln gesäumt.

Alles ist perfekt organisiert, bis hin zu den Massenszenen. Das Publikum ist hingerissen und Schikaneder in seinem Element. Mehr ist einfach mehr.

Am 14. August 1808 lässt er im Amphitheater auf der Königswiese sein neuestes, ebenfalls in Mähren spielendes Werk aufführen: *Schembera, Herr von Boskowitz*, ein *allegorisches Schauspiel*. Gleich in der ersten Szene erlegt der Titelheld bei einer Parforcejagd samt Hunden und Pferden vor den Augen des Publikums mit seinem Spieß einen Hirsch. Insgesamt lässt sich Schikaneder diese Sensation drei Hirsche kosten, denn er führt das Stück zwei weitere Male auf, unbehelligt. Offenbar gibt es wenig Tierfreunde in Brünn.

Der Ansturm zu den Freilichtspielen ist anfangs so groß, dass Schikaneder mitteilen lässt, es seien zwei weitere Kassen aufgestellt worden. Doch je lauter seine Spektakel werden, desto befremdlicher wird sein Auftreten. Es entgeht den Brünnern nicht, dass Schikaneder sich verändert hat. Dämmert ihm, dass er sich hier mit immensem Aufwand seinem Ruin entgegenarbeitet? Und dass auch die Brünner früher oder später überfüttert sein werden von Pomp und Possen?

Warnsignale ignoriert Schikaneder.

Ein Abonnent, der vieles vermisst, was früher in Brünn zu sehen war, Shakespeare vor allem, beschließt, Schikaneder aufzusuchen. Der Prinzipal baut sich *breitspurig vor dem Shakespeare-Enthusiasten auf* und erklärt *im grölenden Ton* des Fiakerkutschers Roßschweif «*Also den Shakespeare möchten S' gern seh'n. No, ich hab' auch früher den Hamlet g'spielt. In Stuttgart und München hab' ich als Hamlet Furore gemacht.* Eigentlich sei er damit durch. *Aber warten S',* sagt er dann überraschend: *Den Richard III. werd' ich Ihnen vorspielen, dass S' a Freid haben soll'n. Übermorgen soll'n S' den Richard sehn.*

Doch an diesem Tag wird auf dem Theaterzettel nicht Shakespeares Königsdrama angekündigt, sondern etwas vom Shakespeare aus Straubing: *Die bürgerlichen Brüder oder Die Frau von Krems* mit dem sechsundfünfzigjährigen Schikaneder in der Hauptrolle des

Hafnerlehrlings Poldel. Dieser Lehrling verspürt in sich plötzlich den Drang zu Höherem, zur Bühne, zum Drama, und er will sein unerkanntes schauspielerisches Talent erproben. In Ermangelung eines anderen Publikums spielt er der Köchin Shakespeares *Richard III.* vor. Kein neuer Einfall, aber er kam in Wien gut an, damals, im Theater auf der Wieden vor elf Jahren. Schikaneder schafft es nicht, sich von diesem Damals zu verabschieden. Er klammert sich ans Gestern, an das, was immer funktioniert hat, und macht alles so, wie er es schon immer gemacht hat.

Er hört nicht einmal mehr auf das, was er selbst sagt und schreibt. In seinem nächsten, in Mähren angesiedelten Stück über Jakob, den Herrn von Boskowitz auf der Burg Schembera, prophezeit ein weiser Eremit zu Beginn: *Da zieht er hin, der arme Herr, betäubt und ohne Sinnen, wähnt nicht, dass heut sein letzter Tag und ewg'e Nacht ihn deckt. Du großer Gott im Himmel erbarme dich!* Und am Ende beten die Pilger, vor deren Augen die Burg über dem Herrn von Schembera zusammenbricht: *Dort oben ist dein Reich, dort sind wir alle gleich.*

Schikaneder ist mit Ende fünfzig weniger dem Jenseits als dem Diesseits verhaftet. Seine Glückseligkeit liegt darin, auf der Bühne zu stehen und geliebt zu werden. Der Gedanke ans Abtreten ist ihm in jeder Hinsicht zuwider. Das Publikum aber kann allmählich nicht mehr verkennen, dass Schikaneder abbaut. Auf der Bühne wirkt er zerstreut, häufig überhört er das Stichwort und vergisst seinen Text. Es spricht sich herum, dass er öfters *tätlich* geworden sei. Er gibt vor, an seiner schlechten Verfassung sei Brünn schuld. In Wien müsste man sein, in Wien wäre alles besser.

Nun, Papageno, sieh dich um!

Aus der Stadt, die er floh, erreicht Schikaneder das Angebot, als Direktor des Josefstädter Theaters anzutreten, sobald der geplante Neubau fertig sei.

Doch während Schikaneder den Brünnern glitzerndes, funkelndes Weihnachtstheater bietet, wird am Krankenbett von Österreichs leitendem Minister Philipp Graf Stadion der Entschluss gefasst, im Frühling 1809 der Expansion Napoléons entgegenzutreten – mit einem neuen Krieg. Während die Brünner Zeitung von Schikaneders zweiter Faschingsballsaison berichtet, noch größer, noch teurer, noch prächtiger als die erste, werden in Wien die Bürger als Freiwillige für die Landwehr gemustert. Als in der Karwoche 1809 Schikaneder seine zweite Spielzeit in Brünn beendet, erklingt im Wiener Burgtheater das neueste Opus von Weigl. Keine Oper wie *Vestas Feuer*; der Komponist hat die patriotischen Landwehrlieder des Heinrich Joseph von Collin vertont. Und am Ostersonntag, als Schikaneder seiner Brünner *Reduta* adieu sagt und die Stadt verlassen könnte, singen im Wiener Redoutensaal 4000 Menschen *zusammen mit dem Chor* und *trunken vor Enthusiasmus* erneut Collins und Weigls Werk, vor allem die Worte *Österreich, Österreich über alles*. Was die zwanzigjährige Lulu von Thürheim weiter notiert, liest sich nicht so, als sei Wien jetzt der richtige Ort für Emanuel Schikaneder: *Alles ist zu Ende, kein Ball, kein Fest, keine Freude mehr.* Man spreche nur noch *von Regimentern und Armeen.*

Jedenfalls spricht man nicht mehr vom Neubau des Josefstädter Theaters.

Am 9. April 1809 eröffnet Kaiser Franz I., unterstützt von Großbritannien, den 5. Koalitionskrieg gegen Frankreich, den er als Befreiungskrieg verkauft.

Einen Tag später überschreiten unter dem Kommando von Erzherzog Karl 126 000 Mann bei Braunau den Inn, während Karls kaiserlicher Bruder beschließt, sich wieder samt Sippe und Schätzen nach Ungarn zu verziehen. Nachdem die Kriegserklärung an die feindlichen Vorposten entsandt worden ist, befiehlt der Kaiser am 11. April den Wienern, sofort mit Schanzarbeiten auf Basteien und Linien zu beginnen und die Befestigungsanlagen instand zu setzen. Gleichzeitig werden alle Fremden angewiesen, die Stadt zu verlassen. Auch der dänische Diplomat Nissen kehrt Wien den Rücken und reist mit seiner siebenundvierzigjährigen Lebensgefährtin nach Pressburg. Dort will er Constanze Mozart heiraten.

Um die Monatsmitte tröpfeln die offiziellen Nachrichten nur noch auffallend spärlich. Die Wiener haben ihre Tränen nationaler Rührung getrocknet und hegen den Verdacht, belogen zu werden. Dass trotz harter Witterung, aller Strapazen und Verluste die Armee von *Frohsinn* ergriffen sei, glaubt keiner. Geschönte Berichte vom Kriegsgeschehen kitzeln das Misstrauen der Bevölkerung wach.

Am 17. April bringt sich Franz I. in Sicherheit, nachdem er seinen

*An Christi Himmelfahrt, nach einem schönen Feiertag im Wonnemonat, ließ
Napoléon die Stadt Wien bombardieren; die friedliche Übergabe war verweigert
worden. Trotz erheblicher Zerstörungen dieser Bombennacht am 11. Mai 1805
feierten die Wiener kurz danach den 40. Geburtstag des französischen Kaisers, die
meisten mit weniger Widerwillen, als zu erwarten gewesen war.*

frischgebackenen Schwager Maximilian d'Este, Bruder von Maria
Ludovica, seiner dritten Frau, zum Stadtkommandanten ernannt
hat. Dann prasseln die Meldungen von Niederlagen herein. Am 19.,
am 20., am 21., am 22. April sind die Österreicher geschlagen worden. Am 23. wird bekannt, Erzherzog Karl ziehe sich nach der fünften Niederlage in Folge bei Regensburg mit den Überresten seiner
Armee nach Böhmen zurück. Die Franzosen haben freie Bahn nach
Wien.

Gegen den Rat von Bürgermeister Wohlleben ordnet Maximilian
d'Este an, Wien *bis zum Äußersten* zu verteidigen, wie es der flüchtige
Kaiser befahl.Die Stadttore werden geschlossen, Schlachtvieh wird in
den Heiligkreuzhof getrieben, Lazarette werden vorbereitet und im
Keller des Zeughauses 1400 Eimer Branntwein eingelagert. Die hölzernen Brücken, Augartenbrücke, Weißgerberbrücke, Hauptmanns-

brücke und Franzensbrücke werden abgetragen, Feldbäckereien eingerichtet. Doch noch wirkt Wien wie ein großes Theater, dessen Einwohner die aufziehende Gefahr als Spektakel erleben. Auf der Bastei promenieren die Bürger im Festtagsgewand und schauen zu, was ringsum geschieht.

Am 3. Mai schlagen die Franzosen die Österreicher auch in der Nähe von Linz, bei Ebelsberg, rücken von dort aus auf die Hauptstadt vor und besetzen die Vororte Ottakring, Währing, Weinhaus, Gumpendorf, Döbling und das benachbarte Nußdorf.

Schikaneder erfährt, dass die Bewohner der Vororte angewiesen wurden, ihre Quartiere zu räumen und sich auf die Flucht vorzubereiten. Er kann sich ausrechnen, was mit seinem leerstehenden kleinen Schloss in Nußdorf geschehen wird, dessen Weinkeller gut gefüllt ist.

In den frühen Morgenstunden des 8. Mai ziehen die ersten Truppen in Schönbrunn ein und dringen von dort aus über Mariahilf bis zur Stadt vor.

Die Befehle des Stadtkommandanten und seiner Leute verraten Panik. Mit Pulver beladene Wagen werden im letzten Augenblick von der Wienbrücke in die Stadt geschafft, mit Nahrungsmitteln bepackte Schiffe auf der Donau werden zerstört, damit sich nicht der Feind daran bedient. Die Tore der Stadt werden mit Bauholz verrammelt. Auf den Wällen stehen die Kanonen schussbereit.

Am Vormittag des 8. Mai erscheint ein Adjutant von Marschall Lannes mit einem Trompeter vor dem Burgtor und fordert die Stadt zur Übergabe auf. Sie wird abgelehnt.

Während Erzherzog Maximilian am 10. Mai um die 16 000 Mann einer Bürgermiliz in Alarmbereitschaft versetzt, zieht Napoléon in sein bereits vertrautes Wiener Domizil Schloss Schönbrunn ein, dieses Mal allerdings sucht er sich als Schlafzimmer das von Maria Theresia aus. Obwohl sich viele der Freiwilligen in Wien derart viel Mut ansaufen, dass in der Nähe der Basteien nur *das Geschrei und der Gesang betrunkener Scharen* dröhnt, beantwortet Erzherzog Maximilian am selben Tag die erneute Aufforderung zur Kapitulation mit Kanonenschüssen und verkündet, er werde *bis zum letzten Blutstropfen* kämpfen.

Der 11. Mai 1809 ist ein lauer Frühlingstag und ein Feiertag,

Christi Himmelfahrt. Die Fliedersträucher und Kastanienbäume
blühen. Abends um neun Uhr schließen die Gasthäuser, die Kaffeehäuser und die Wirtsgärten im Prater. Die Wiener machen sich auf
den Heimweg. Da gehen die ersten Granaten und Kanonenkugeln
der Franzosen auf die Stadt und die Vorstädte nieder. Die kaiserlichen Stallungen werden getroffen, große Adelspalais wie das der
Pálffy, auch der Trattnerhof und der Stephansdom. Um zehn ist das
Pflaster kniehoch bedeckt mit Gesimsteilen, zerborstenen Scheiben,
Fensterstöcken und Ziegeln. Dachstühle brennen lichterloh. Bis
vier Uhr früh bombardieren die Franzosen die Stadt. Mit 1800 Granaten beschießen sie Kirchen, Geschäftshäuser, Speicher, Wohn-
häuser. Dann geht ihnen die Munition aus.

Am nächsten Morgen empfängt Napoléon in Schönbrunn beim
Frühstück im Freien eine Delegation von Wienern, darunter Stephan
von Wohlleben, und handelt mit ihnen die Übergabe der Stadt aus.

Schlimmer als im Zentrum Wiens sieht es jedoch in den Vorstäd-
ten aus, die in der Bombennacht ebenfalls beschossen wurden und
wo zuvor schon Napoléons Soldaten ihr Unwesen trieben, als *fesche
Kerle* keineswegs unbeliebt bei manchen jungen Frauen. Sie haben
versteckte Weinvorräte der Winzer ausgegraben, die Vorratskam-
mern der Wirte, die Sommerdomizile der Aristokraten geplündert,
deren Gärten verwüstet und im Rausch Häuser, Höfe und Scheunen
niedergebrannt.

Wien ist verloren, Österreich noch nicht.

Am 4. Juli regnet es, aber schon am nächsten Tag ist es wieder tro-
cken und glutheiß.

Am 5. und 6. Juli 1809 steigen Tausende von Wienern auf Dächer,
Kirchtürme, Wälle und Befestigungsmauern oder auf die Hügel am
Donauufer, um von dort aus die größte Schlacht der napoleonischen
Kriege zu verfolgen. Nur zwanzig Kilometer entfernt von der Stadt
stehen sich bei Wagram 177 000 französische Soldaten und 110 000
österreichische gegenüber. Es soll auch die schlimmste Schlacht werden. Was zurückbleibt, ist *eine große, meilenweite Ebene mit dürrem Stroh*,
wie der mit den verbündeten sächsischen Truppen ins Feld gezogene
Prinzenerzieher Rühle von Lilienstern seiner Schwester berichtet,
mit vielleicht 20 000 unbeerdigten Leichen bedeckt, die Dörfer in Aschehaufen

verwandelt, die Einwohner geflüchtet, kein Baum und kein Wasser weit und breit in der glühenden Sonnenhitze der Hundstagezeit – und mitten in dieser libyschen pestatmenden Wüste vielleicht ein paar hundert tödlich verwundete Menschen, die seit drei Tagen in schmählicher Einsamkeit und Hilflosigkeit verschmachten, ohne Speis und Trank, ohne einen menschlichen Laut als die entfernten Jammerrufe gleicher Verzweiflung hingeopferter Brüder und statt der Hoffnung naher Rettung nichts als die gewisse Aussicht auf einen langsamen, elenden, qualenreichen Tod.

Der Augenzeuge wird durch die Realität aufs Schrecklichste korrigiert. Ingesamt 50 000 Soldaten sind in dieser Schlacht getötet worden.

Es braucht Tage, bis die Verwundeten in die Stadt verbracht worden sind, die französischen und die österreichischen. Angeblich sind es 36 000. Der ganze Alsergrund ist ein einziges Lazarett. Das aber darf die Vorbereitungen für ein Fest nicht stören. Am 15. August zelebriert Napoléon seinen vierzigsten Geburtstag.

Die Symphonie, die Beethoven einmal nach Bonaparte nennen wollte, wird nun ihm zu Ehren aufgeführt. Vor wesentlich mehr Zuhörern als damals bei Schikaneder. Von einigen spöttischen Transparenten abgesehen, die von den Besatzungssoldaten großenteils geduldet, wohl auch kaum verstanden werden, lassen die Wiener den französischen Kaiser hochleben. Bisher hat er sie glimpflich behandelt, und vielleicht stimmt ihn das weiterhin milde. Nie zuvor war Wien so hell beleuchtet wie in dieser Sommernacht. Die Einwohner stellen für den Feind sogar Kerzen und Öllampen in die Fenster. Vielen geht es wie dem Studenten Franz Grillparzer, der zugibt, Napoléon habe ihn bezaubert *wie die Schlange den Vogel.* Das Feuerwerk, das nach Einbruch der Dunkelheit auf dem Glacis abgebrannt wird, imponiert den Wienern: hundert Raketen sprühen Funken in den nächtlichen Himmel. Gemeinsam ziehen Franzosen und Wiener in Feierlaune durch die Straßen und trampeln über Flugzettel, die dazu aufrufen, das Fest zu boykottieren.

Als es Napoléon an den folgenden Tagen schlecht geht, meint er, daran sei nicht der Kater, sondern das Bett schuld. Besorgt lässt der dreizehnjährige Eugen Graf von Czernin, der ihm in Schönbrunn dient, das Himmelbett aus seinem Elternhaus nach Schönbrunn karren. Prompt geht es Napoléon besser, bald darauf gut, zu gut.

Am 14. Oktober schneit es bereits seit den frühen Morgenstunden, als endlich am Nachmittag gegen vier mit hundert Kanonenschüssen der Frieden verkündet wird. Er kommt einer Bankrotterklärung Österreichs gleich, wie man elf Tage später in der *Wiener Zeitung* nachlesen kann. Österreich hat Salzburg an Bayern verloren, Dalmatien, Krain und das Küstenland, den Zugang zum Meer, 83 000 Quadratkilometer Land und dreieinhalb Millionen Einwohner.

Nach 158 Tagen ziehen die letzten Franzosen am 19. November ab. Sie hinterlassen leere Vorratshäuser, Kassen und Stallungen, aber auch Frauen, die ihren Liebhabern nachweinen. Bonaparte hat die Kasse des Magistrats mit 4 Millionen Gulden in Scheinen und 500 000 Gulden Konventionsmünze beschlagnahmt, außerdem die des Hofkriegsrats mit 5 Millionen. Die Wiener sind ausgehungert. Monatelang haben die Bäcker Tag für Tag rund um die Uhr Brot für die Franzosen backen müssen, da war für die Einheimischen kaum mehr etwas übrig. Als Franz I. eine Woche später durchs Stubentor wieder in Wien einzieht, bejubeln die Wiener ihren Kaiser, der sie zuvor im Stich gelassen hatte. *Braves Volk*, kommentiert das einer der französischen Militärs gallig. Der Kaiser bedankt sich bei seinem braven Volk, indem er Sündenböcke in die Wüste jagt. Er entlässt umgehend seinen Außenminister Johann Philipp von Stadion und ernennt den sechsunddreißigjährigen Diplomaten Klemens Wenzel Lothar von Metternich zu dessen Nachfolger.

Der neue Minister plant als Erstes die Verheiratung des wegen Kinderlosigkeit geschiedenen Napoléon mit Marie-Louise, der ältesten Tochter aus zweiter Ehe von Kaiser Franz. Marie-Louise ist erst achtzehn. Von Kindesbeinen an ist ihr beigebracht worden, Napoléon Bonaparte zu hassen. Sie hat es gut gelernt und leidenschaftlich gern eine Puppe verprügelt, die seinen Namen trägt. Nun soll sie ihn aus Gründen der Staatsraison heiraten.

Die Eiseskälte dieses Beschlusses zeigt die Temperatur an, in der die Wiener nun zu leben haben. Der frühe Wintereinbruch im Herbst dieses Jahres passt dazu. Manche Wiener haben ihre Geschäfte mit den Besatzern gemacht, zu Lasten ihrer Mitbürger. Neid und Hass verhärten nun die Fronten. Kein Ort für Schikaneder. Doch ausweichen kann er nicht.

Sein Lebenstraum, den er vor acht Jahren mit dem Kauf seines

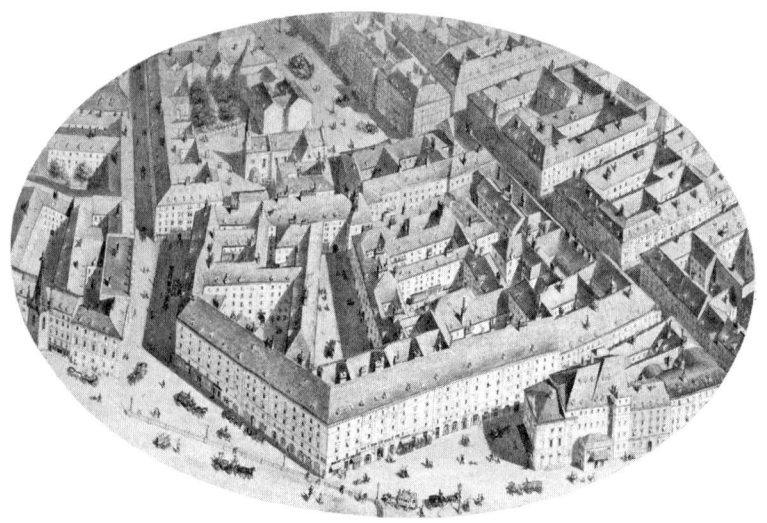

*Eine Stadt in der Stadt: wie das Freihaus auf der Wieden war auch das Bürger-
spitalhaus ein Wohnkomplex, der über Jahrzehnte hinweg immer weiter ausgebaut
wurde. Er befand sich auf dem Gelände zwischen Albertina und dem späteren
Hotel Sacher, hinter dem damaligen Kärntnertortheater, an dem Schikaneder in
seinen letzten Jahren noch tätig war und sein Neffe gefeiert wurde.*

Schlösschens verwirklicht hatte, ist verwüstet, seine Idylle unbewohnbar. Und die Vorstellung, in diese Gegend zurückzukehren,
schreckt ihn ab. Das Geld, sein Anwesen wieder aufzubauen, fehlt.
Was er noch besitzt, wagt er nicht dafür auszugeben.

Er zieht in eine Stadt, die kaum mehr wiederzuerkennen ist. Eine
Stadt, in der sich keiner fragt, wie Schikaneder sich seit seinem Abschied vom Brünner Theater durchgeschlagen hat. Und er wird es
auch niemandem verraten.

Im Bürgerspitalzinshaus vor dem Kärntner Tor am Schweinemarkt
findet er mit seiner Frau, seiner Nebenfrau und seinem Sohn Unterschlupf. Vielleicht erhofft er sich dort ein Lebensgefühl wie damals,
im Freihaus auf der Wieden. Vor zwanzig Jahren schon wurde das
Bürgerspital ausgebaut und aufgestockt zu einem Mietshaus mit zehn
Höfen, zwanzig Stiegen und 220 Wohnungen. Um die 3000 Menschen hausen jetzt hier. Zumindest befindet sich Schikaneder in der
Nähe der Theater, die gegen die grassierende Melancholie in der

Stadt anspielen. Doch das dürfte ihm nicht nur Freude bereiten. Denn am Haus seines einstigen Widersachers Marinelli ist nun sein Brünner Star Nikolaus Heurteur engagiert, dort ist sein Neffe Carl als Sänger, Schauspieler und Komponist beschäftigt, dort tritt seine Nichte Anna auf.

Welche Wollust wäre es, sie alle abzuziehen in ein neu erbautes Josefstädter Theater und dann wie am Theater an der Wien derjenige zu sein, der über das modernste Haus in der Stadt, im Land verfügt. Doch die Stadt und das Land sind ausgeblutet. Um die Reparationszahlungen an Napoléon in Höhe von 32 Millionen Francs leisten zu können, hat der Kaiser die Bankiers Johann Heinrich und Johann Jakob Geymüller angewiesen, gemeinsam mit den Bankhäusern Fries, Arnstein, Eskeles und Steiner eine Silber- und Lotterie-Anleihe zu eröffnen und im Gegenwert dafür Staatsgüter verpfändet. Hinzugekommen sind Pensionszahlungen für Kriegsversehrte, Kosten für den Wiederaufbau und Steuerausfälle. Eine Situation, die den Gedanken, öffentliche Gelder in eine Lustspielbühne zu investieren, frivol erscheinen lässt. Und ein privater Mäzen wie Geymüller muss sein Vermögen dem Kaiser leihen.

Der Neubau wird verboten. Schikaneder gibt sich trotzdem nicht geschlagen. Denn vieles deutet darauf hin, dass seine Ideen wieder aktuell sind. Die wunderbare Welt der Verwandlungen erfreut sich neuer Popularität. Ernüchtert von den Entbehrungen, wollen die Menschen sich wieder an Zauberwelten berauschen. Vor zwei Jahren hat Sigmund Wolfssohn, Arzt und Mechaniker, im Brillantengrund, dort, wo die betuchten Textilfabrikanten ihre Sitze haben, ein Vergnügungsetablissement eröffnet. Es könnte von Schikaneder sein. Die fünf *Apollosäle* locken mit allem Bühnenzauber, Teichen, Grotten und lauschigen Hainen, leuchtenden Engeln und fliegenden Adlern, rauschenden Wasserfällen und funkensprühenden Vulkanen. Ausgestaltet haben ihn seine beiden Bühnenmaler, Sacchetti und Gayl der Jüngere. Obwohl es den meisten schlecht geht, gibt es genügend betuchte Wiener, die hier mit modernster Technik in Feenreiche entrückt werden wollen.

Nein, seine Zeit ist nicht vorbei!

Schikaneder hat gehört, das Kärntnertortheater solle verpachtet werden. Zu Nikolaus II. Fürst von Esterházy, einem der Kavaliere, die

als Team seit seinem und Brauns Abgang Theaterdirektoren für die
drei Häuser spielen, hätte er sich über Haydn Zutritt verschaffen können, doch der Komponist ist am 31. Mai *an Entkräftung* gestorben. Aber
Schikaneder hatte niemals Scheu, Briefe an die höchsten Würdenträger zu richten. Am 2. Januar 1810 bewirbt er sich schriftlich bei Nikolaus II. Fürst von Esterházy um die Leitung des Kärntnertortheaters.
Schikaneder bietet an, jährlich 20 000 Francs Pacht zu zahlen, gibt sich
zugleich sparsam und geht pragmatisch sofort ins Detail. Die *noch gut
brauchbaren Utensilien* möchte er übernehmen. Er schlägt vor, diese
mobile Ausstattung, von den Vorhängen über Dekorationen und Ver-
satzstücke bis zu den Kostümen, zu inventarisieren, und verspricht, sie
bei Vertragsende zurückzugeben. Auch diskutiert er bereits die Dauer
des Vertrages und rechnet Esterházy vor, wie viel er einsparen könnte.
Er will Künstler, die nun schon seit Monaten *untätig sind und der Kasse
lästig fallen*, engagieren, zudem Arbeitsplätze schaffen für Musiker und
Darsteller, die sonst *brotlos würden*. Damit klar ist, dass er sich nicht als
Konkurrenten des Burgtheaters betrachtet, kündigt Schikaneder an, er
werde seine Schauspieler *nach und nach für das Hof-Theater ausbilden*. Das
Kärntnertortheater soll als kostenlose Schauspielschule für Fort-
geschrittene dienen.

Schikaneders Plan ist auf die krisenhafte Situation zugeschnitten.
Ihm ist nicht entgangen, dass mittlerweile oft ein und dasselbe Stück
kurz nacheinander an beiden Hoftheatern, zuerst an der Burg und
dann am Kärntnertor aufgeführt wird. Er rechnet mit allen Eventua-
litäten. *Sollte jedoch das Kärntnertortheater weder gesperrt noch verpachtet,*
sondern in Hinblick auf *ergiebigeren Nutzen* weiterhin als zweites Hoftheater geführt werden, lasse er sich *bei allen drei Theatern wirksam und
nützlich verwenden.* Ihm ist wohl zugetragen worden, dass es einen anderen, sehr namhaften Bewerber um die Theaterleitung gibt. Selbstbewusst erklärt er, dass er als Direktor mit Sicherheit *größeren Nutzen*
brächte *als ein mit seinen Forderungen übertriebener, mit dem Geist des hiesigen Publikums nicht sonderlich bekannter Iffland*, den er wohlgemerkt *als
einen großen Schauspieler und klassischen Dichter* ganz besonders *verehre.*
Doch er bekommt die Direktion nicht.

Am 11. März 1810 wird Marie-Louise in einer feierlichen Ferntrau-
ung mit dem Mann verheiratet, den sie am liebsten umbrächte,

wenige Tage später wird sie nach Paris verschickt. In Brünn fiel auf, dass Schikaneder viel über die Politik des Habsburger Reichs geredet hat. Jetzt geht es ihm darum, sein Reich zu retten. Anscheinend ist es damit noch keineswegs *gänzlich aus*, wie Beethoven vor Jahren gemeint hat. An vielen österreichischen Theatern, auch an den deutschsprachigen Bühnen Ungarns, Böhmens, Mährens werden seine Stücke wieder vermehrt aufgeführt. Und am 2. November 1810 wird zum ersten Mal bei der Konkurrenz im Leopoldstädter Theater groß angekündigt: *Die Zauberflöte von Emanuel Schikaneder, Musik von Wolfgang Amadé Mozart.* Friedrich Adolph Michaelis, der den Sarastro singt, ist nur ein Jahr jünger als Schikaneder.

Leider verdient Schikaneder daran so wenig wie an den übrigen Aufführungen. Er hat auch nichts davon, dass *Der Spiegel von Arkadien*, sein Gemeinschaftswerk mit Süßmayr, am 28. Dezember 1810 ein Erfolg wird und vier Wochen später, 1. Februar 1811 *Der wohltätige Derwisch*, Schikaneders von Gerl, Schack und Henneberg vertontes Stück. Doch er beobachtet den Markt. Alle drei Werke sind Zauberopern. Ob sie in einer *Zauberhöhle* spielen oder von einem *Zauberdrachen* handeln: Zauberopern haben auf einmal wieder Konjunktur. Schikaneder findet noch immer Gründe, daran zu glauben, es werde aufwärts gehen und er könne seinen Lebensabend als Schlossbewohner genießen. Sein ramponiertes Anwesen in Nußdorf verkauft er jedenfalls nicht.

Er hat jedoch nicht mit Josef Graf von Wallis gerechnet. Als der im Juli des vergangenen Jahres zum Präsidenten der Hofkammer ernannt wurde, hatte er verkündet, er werde *unerbittlich* in seinen Bemühungen sein, zum Wohl des Staats zu handeln. Sieben Monate später ist es offensichtlich, dass er in diesen Bemühungen als Finanzminister gescheitert ist. Die Nahrungsmittelpreise sind explodiert, der Verfall des Papiergeldes, abschätzig Bankozettel genannt, war nicht aufzuhalten. Vor zehn Jahren waren für 100 Gulden in Silber 114,91 Gulden in Papier zu bezahlen, 1811 sind es 1093,75.

Am 15. März 1811 erlässt Graf Wallis das sogenannte Finanzpatent, das eine radikale Geldentwertung bedeutet. Der Kurs der Geldscheine wird auf ein Fünftel ihres Nennwertes festgesetzt. Zu diesem Wert sind sie als W. W., als Wiener Währung, das einzige Zahlungsmittel im Inland.

Am 20. April steht Carl Schikaneder im Leopoldstädter Theater als *Tiroler Wastel* auf der Bühne. Dass ihn das Publikum feiert und Hensler ihm sofort ein festes Engagement anbietet, tröstet Carls Onkel nicht nur, sondern regt ihn zu neuen Aktivitäten an. Offenbar soll das Theater in der Leopoldstadt seine neue Heimat werden, wo Nichte Anna in diesem Jahr als Königin der Nacht in der *Zauberflöte* auftreten soll, wo bereits im April seine *Frau von Krems oder Die Bürgerlichen Brüder* auf die Bühne kommt und er offenbar geschätzt wird. Franz Teyber ist im letzten Oktober gestorben, Henneberg weggezogen, mit Beethoven als Vertoner seiner Texte hat Schikaneder keine guten Erfahrungen gemacht, aber sein Neffe hat sich doch an seinen früheren Wirkungsstätten schon als Komponist betätigt. Warum nicht auch hier?

Noch einmal verfasst Schikaneder ein Libretto, kurz und lustig. Am 4. Mai 1811 wird im Leopoldstädter Theater *Die Aufforderung, Operette in einem Akt* zum ersten Mal aufgeführt. Text: Emanuel Schikaneder, Musik: Carl Schikaneder.

Doch Schikaneder strebt weiterhin nach Höherem. Sein Neffe, der in Steyr 1804 engagiert war, und seine Frau Eleonore haben Beziehungen zu der Kleinstadt nahe bei Linz, nicht zu weit von Wien entfernt gelegen und mit ihrem pannonischen, meist milden Klima angenehmer für einen sechzigjährigen Mann. Das Steyrer Theater in der ehemaligen Cölestinerinnenkirche fasst vierhundert Personen und wird schon seit über zwanzig Jahren ausschließlich für Schauspiel und Singspiel genutzt. Wieder schreibt Schikaneder einen Brief. In den Ratsprotokollen der Stadt Steyr findet sich am 16. November 1811 der Eintrag, *Emanuel Schikaneder Schauspiel Directeur* bitte *um Überlassung des hiesigen Schauspiel-Hauses*. Die Bewilligung des Kreisamtes liegt bereits vor, und kurz darauf wird ihm das Nutzungsrecht erteilt.

Einer wie er, der vor Tausenden aufgetreten ist, muss dies als Abstieg empfinden. Doch es ist besser, als weiterhin in Wien in der Bedeutungslosigkeit dahinzudämmern. Sein Neffe wird später behaupten, der Onkel habe ihn schon länger durch eine *unheimliche Zerstreutheit und Verwirrtheit* beunruhigt. Das hat sich aber nicht herumgesprochen, zumindest nicht bis Steyr und schon gar nicht bis nach Ungarn.

Noch in diesem Jahr der finanziellen Katastrophen, die bei Zigtausenden die Hoffnung auf ein zufriedenes Dasein als Pensionäre vernichtet hat, erreicht Schikaneder eine Einladung nach Pest. Dort soll am 12. Februar 1812 ein neues Theater eröffnet werden, das Schikaneders Vorstellungen von einer angemessenen Wirkungsstätte entspricht. Das nach Plänen des Hofarchitekten Johann Amon erbaute Haus wird eines der modernsten Theater Europas sein und eines der größten mit 3500 Sitzplätzen.

Eigentlich ist Schikaneder des Reisens müde. Von den sechzig Jahren seines Lebens war er sicher vierzig unterwegs auf den Landstraßen zwischen Augsburg und Salzburg, Laibach und Linz, Regensburg und Pressburg, Wien und Brünn. Eine Reise nach Budapest im Winter ist kräftezehrend. Mindestens sieben Tage braucht eine Kutsche; eine Postkutsche mit harten Bänken, denn eine bessere kann er sich nicht leisten. Trotzdem tritt er die Fahrt zusammen mit Eleonore an, obwohl auch sie nicht mehr gern reist.

In Pest wissen die Verantwortlichen nicht genau, was in Wien über Schikaneder geredet wird. Klar ist aber, dass er hier gut ankommt. Seit 1793 ist die *Zauberflöte* 139 Mal über die Bühnen von Pest und Ofen gegangen, und der Prinzipal ist vielen in bester Erinnerung. Sie haben nicht vergessen, wie er im Juli 1784 aus Pressburg nach Pest kam, und dass er es war, der zusammen mit Hubert Kumpf das Publikum auf den Geschmack an der Oper brachte. Zum ersten Mal hatten sie hier ein deutsches Singspiel aufgeführt. Zum Bedauern der Pester waren Kumpf und Schikaneder schon im September wieder nach Pressburg zurückgekehrt und von dort nach Wien weitergezogen.

Falls Schikaneder damals mit den Bedingungen unzufrieden gewesen sein sollte, so haben sich diese nun gründlich geändert. Damals hatten sie in einem Holzbau gespielt, den ein Zimmermann am Ufer der Donau aufgestellt hatte. Schon Joseph II. hatte in Pest ein neues, großes Theatergebäude errichten wollen, doch mit seinem Tod waren diese Pläne erst einmal ad acta gelegt worden. Der Pester Magistrat und die napoleonischen Kriege hatten dafür gesorgt, dass die Umsetzung weiter hinausgezögert wurde. Als dann der Pester Architekt Hild und der k. k. Hofbaumeister Hillebrand Pläne vorgelegt hatten, verweigerte die Statthalterei ihre Bewilligung aus finanziellen Gründen. Der Kostenvoranschlag von 214 874 Gulden wirkte abschreckend. Erst der Palatin Erzherzog Josef hat vor vier Jahren das Projekt erneut aufgegriffen und den Hofbaumeister Johann Amon damit beauftragt, die vorhandenen Pläne für 2000 Gulden jährlich auszuarbeiten, während Hild vor Ort die Bauarbeiten überwachte. Am 16. Juli 1808 war in Anwesenheit des Palatins der Grundstein gelegt worden. 628 000 Gulden Wiener Währung hat der Prachtbau schließlich gekostet.

Schikaneder muss beeindruckt sein, als er auf dem Gizella-Platz steht. Selbst die Theater in Wien und Berlin wirken klein neben diesem klassizistischen Bau, der an jeder Stelle seinen künstlerischen Anspruch verkündet. Im Giebel ist die Entstehung des Theaters dargestellt, darüber sieht man die Musen Thalia, Kalliope und Melpomene, die von Apoll den Schutz für den Musentempel erflehen. Rechts und links vom Eingang stehen in den Nischen die Musen Terpsichore, Klio, Euterpe und Polyhymnia bereit, um mitzuflehen.

Das Innere des Hauses ist schlicht, aber es bietet das, was Schikaneder wichtiger ist als goldene Schnörkel: Spielraum für jede Vision. Die Vorbühne ist größer als die aller anderen europäischen Theater; Einzüge mit Pferden und Wagen können sogar quer über das Podium laufen. Allerdings müsste ein alter Hase wie Schikaneder sich fragen, wie er dieses Theater voll bekommen möchte; Pest hat lediglich 33 000 Einwohner, Buda, jetzt nur noch selten beim deutschen Namen Ofen genannt, besitzt sein eigenes Theater, und die Überfahrt von dort bei Nacht gilt als gefährlich, weil es nur eine schlechte Straßenbeleuchtung gibt. Doch das alles könnte Schikaneder niemals davon abhalten, die Direktion anzunehmen.

Eigentlich hätte das neue Theater am 12. Februar 1812, dem Geburtstag von Franz I., eröffnet werden sollen. Da der kaiserliche Ehrentag jedoch in diesem Jahr auf einen Aschermittwoch fällt, wird der Termin um drei Tage vorverlegt.

Die beiden Künstler, bei denen bereits Werke für die Eröffnungsgala in Auftrag gegeben wurden, kennt Schikaneder gut: Kotzebue und Beethoven. Mitte Mai war bei August von Kotzebue ein Stück zur Verherrlichung der Geschichte Ungarns, der Stadt Pest und des Kaisers bestellt worden. Er hatte umgehend in Schikanederschem Tempo eine ganze Trilogie verfasst und sie bereits Mitte Juli nach

Was Beethoven in August von Kotzebue (1761–1819) einen genialen Librettisten sehen ließ, ist schwer nachzuvollziehen. Bekannt ist, warum der Student Karl Ludwig Sand den Dichter vor den Augen seines vierjährigen Sohnes erstach. Kotzebue hatte die deutsche Nationalbewegung und die Studenten, die sie betrieben, ausgiebig verhöhnt. Sein Grab in Mannheim liegt nahe dem seines später geehrten Mörders.

Pest geschickt. Im Zentrum steht das Drama *Belas Flucht*; im Vorspiel wird *König Stephan* als *Ungarns erster Wohltäter* gefeiert, und das Nachspiel heißt *Die Ruinen von Athen*. Beethovens Aufgabe war es, Vorspiel und Nachspiel *mit Gesängen* zu vertonen. Kurz bevor er zur Kur nach Bad Teplitz aufgebrochen war, hatte auch er die Texte erhalten. Seine künstlerische Verantwortung für den Abend war dann unerwartet gewachsen, als die Zensurbehörde in Wien das Herzstück der Trilogie ersatzlos strich. Sie befürchtete, *Belas Flucht* könne als Hinweis auf die Flucht von Kaiser Franz vor den Truppen Napoléons verstanden werden. Eine berechtigte Furcht.

Schikaneder dürfte eigentlich kaum verstehen, wie Beethoven, dem *Vestas Feuer* nicht genügt hatte, sich nun bereitwillig Kotzebues Text vornehmen konnte und derart von seinem *dramatischen Genie* ergriffen ist, dass er sich ein Operntextbuch von ihm wünscht. Andererseits ist Schikaneder vieles gewohnt und hat sich selbst große Freiheiten im Umgang mit klassischen Stoffen erlaubt. Er wird also auch das kredenzen, was Kotzebue aus antiken griechischen und frischen ungarischen Zutaten zu einem patriotischen Eintopf verkocht hat. Athene, in die Gegenwart katapultiert, stellt bekümmert fest, dass alle ihr und anderen Göttern geweihten Tempel nur noch Ruinen sind. Folgerichtig reist sie nach Pest, wo man mit ihresgleichen besser umgeht, um dort an der Eröffnung des neuen Musentempels teilzunehmen und am Schluss der Vorstellung dem Kaiser Ungarns Krone aufzusetzen mit einem Lobgesang auf den göttlichen Lippen: *Gern schwören wir aufs Neue / alte ungarische Treue!*

Jeder erwartet, dass Schikaneder die beiden Werke Kotzebues mit Glanz und Gloria inszenieren und ausstatten wird.

Dieses Mal aber reicht keiner die Zauberdinge an.

Ob Schikaneder, als das Fleisch unerschwinglich war, seinen Kalorienbedarf mit Branntwein gedeckt hat, den Napoléons Soldaten ja auch statt Suppe frühstücken konnten, weiß nur seine Frau. Dass seine Symptome Folgen von exzessivem Alkoholkonsum und geringer Nahrungszufuhr sind, weiß die Medizin noch nicht, vermuten dürften die Ärzte es wohl.

Helfen kann Schikaneder keiner mehr, als er in Pest wirr daherredet, sich an nichts mehr erinnert und sich kaum mehr bewegen kann. Er ist blass, erschöpft, friert und hat keine Ahnung, was er in Pest überhaupt soll. Eleonore kassiert das Geld für Schikaneders Abfindung und packt ihren Mann in die Postkutsche.

Nun nimmt sie die Dinge in die Hand. Schikaneders zerstörter Traum, der ruinierte Besitz in Nußdorf, wird veräußert. Ein Notverkauf, der fast nichts bringt. Aber die Zusage aus Steyr gilt noch. Das Ehepaar Schikaneder reist dort zwar gemeinsam an, aber dieses Mal bemüht sich Eleonore um die Intendanz und verhandelt mit den Zuständigen. Ihr Mann wäre dazu nicht mehr in der Lage. Sie kann ihn kaum mehr allein lassen und tut es dennoch. Ein Wutanfall, bei dem er angeblich mit einer Axt um sich schlägt, zerstört diese allerletzte Chance. Dass solche Ausbrüche zu den Erscheinungsformen seiner

Krankheit gehören und sein Verfall nicht mehr aufzuhalten ist, wird Eleonore Schikaneder auch ohne medizinische Kenntnisse begreifen.

Es ist vorbei, und es bleibt dabei.

Der Weg zurück nach Wien ist länger als der Hinweg. Es ist die Rettung für die Schikaneders, dass Franziska Günschl bei ihren Verwandten bereits eine Unterkunft im Alsergrund gefunden hat. Ihre Schwester und ihr Schwager nehmen nun den Mann auf, der sie geschwängert und ihr mit einem unehelichen Kind vielleicht ein geordnetes Dasein verdorben hat. Vielleicht hat er ihr aber auch gezeigt, dass es Größeres gibt als die Wirklichkeit. Es ist ein schäbiger Ort für einen Mann, der Wunderwelten zaubern konnte. Zum Sterben reicht es. *Gute Nacht, du falsche Welt.*

Den Erfolg Beethovens in Pest nimmt Schikaneder nicht mehr zur Kenntnis.

Er lebt nun in der Vergangenheit, wo er selbst der Erfolgreiche war.

Zurückgezogen unter ein Laken, ins Reich der Phantasien und Träume, erlischt er langsam.

Mozart war zu früh abgetreten.

Das Ende Schikaneders am 21. September 1812 aber lässt sich mit der Kurzformel aller Tragödien überschreiben: Zu spät.

Anhang

Anmerkungen

Bei Werken, die der Leser in der Bibliographie findet, wird in den Anmerkungen nur der Autor genannt.

Zitate, die im Fließtext kursiv gedruckt sind, werden im Anhang in Anführungszeichen wiedergegeben; hier wurden auch altertümliche Schreibweise und Grammatik nicht modernen Regeln angepasst.

Anmerkungen zu Kapitel I

Am Nachfolgebau von Schikaneders Sterbehaus in der heutigen Florianigasse 10, Ecke Schlösselgasse, wurde zum 150. Todestag 1962 eine Gedenktafel angebracht. 1850, als die Vorstädte eingemeindet und in die Bezirke 2 bis 9 eingeteilt wurden, teilte man diese Adresse dem 8. Bezirk, der Josefstadt, zu.

Über die Frage der psychiatrischen Terminologie des 18. und frühen 19. Jahrhunderts verschafft Alexander Veltin einen Überblick in seinem Aufsatz: *Irre und Irreseyn – Zur Geschichte der psychiatrischen Fremdsprache*. In: *Fortschritt Neurologie Psychiatrie 75*, Stuttgart und New York 2007, S. 81–90. Dort finden sich auch Hinweise auf psychiatrische Standardwerke dieser Zeit.

Vielleicht mehr als eine Randbemerkung: *Tiefsinn*, in der italienischen Renaissance als Bruder der Melancholie eine Modekrankheit geworden, nannte Schikaneder selbst zwei seiner Figuren in dem Erfolgsstück *Der Tiroler Wastel*. Herr und Frau Tiefsinn sind allerdings nicht wahnsinnig, sondern bestenfalls wahnsinnig naiv, und sie ist von dem geschlagen, was man später Salonblödsinn nennen wird. Tiefsinn dürfte also ironisch zu verstehen sein.

Die Schilderungen von Schikaneders Zustand am Lebensende durch seinen Neffen und durch Realis (s. u.) fügen sich ins Krankheitsbild des Korsakow-Syndroms. Dazu gehören außer einem rapiden Gedächtnisschwund auch Antriebsarmut, starke Gefühlsschwankungen wie der von Schikaneders Neffen verbürgte Wutausbruch in Steyr und rasche Ermüdbarkeit.

Abraham Peibas Eloge auf den dreiunddreißigjährigen Schikaneder erschien 1783 in der von Johann Friedrich Schink herausgegebenen *Gallerie von Teutschen Schauspielern und Schauspielerinnen der ältern und neuen Zeit*.

Die neuen Nachrichten zu Schikaneders letztem Kind und dessen Mutter sind Michael Lorenz zu verdanken, der seine kostbaren Archivfunde 2008 in den Wiener Geschichtsblättern veröffentlichte. Er erforschte auch die Details zu Mozarts Wohnung im Alsergrund; sie sind online zugänglich. *Lorenz, Michael: Mozart's*

Anmerkungen

Apartment on the Alsergrund. Published 8.6.2009: http://homepage.univie.ac.
at/michael.lorenz/alsergrund/

Exakte Angaben zu Bestattungsgewohnheiten und Mozarts Nachlass finden
sich in der Arbeit von Werner Ogris: *Mozart in Familien- und Erbrecht seiner Zeit.*
Die finanziellen Verhältnisse Mozarts hat wie kein anderer Günther G. Bauer
durchleuchtet, sowohl in *Mozart. Glück, Spiel und Leidenschaft,* als auch in *Mozart.
Geld, Ruhm und Ehre.*

Die Äußerungen des Neffen Joseph Carl Schikaneder finden sich in dessen
Kurzbiographie: Emanuel Schikaneder. Gerhard Robert Walter von Cockel-
berghe-Dützele (1786–1857), der sich vernünftigerweise nur Realis oder Severin
nannte, übernahm wohl von dort die Beschreibung Schikaneders am Ende seines
Lebens in sein zweibändiges *Curiositäten- und Memorabilien-Lexikon von Wien,* das
1846 dort erschien; er könnte Schikaneder aber auch noch selbst besucht haben.

Die Behördenschreiben zu Eleonore Schikaneders angeblichem Liebhaber
wurden 2002 veröffentlicht und kritisch unter die Lupe genommen von Gerhard
Ammerer: *Das Laster kömmt an Tage.*

Anmerkungen zu Kapitel II

Joseph Schikaneder erbittet in seinem Bittgesuch, von einem Notar mit vielen
lateinischen Formulierungen aufgesetzt, Anfang Oktober 1745, «dass wir zusamb
verlobten Persohnen zu obgedachtem Straubing allein in Zeit 8 Tägen tanquam in
loco commotationes ultimo notabilis umb so ehunder denuntiert – und sodan
allhir zu Regensburg in der St. Ulrichs Pfarr copulirt werden durften, als wir bed
in hißig Lutherischer Stadt und burgerlichen Haus ohncopulirter in die länge nit
gern beysamben wohnen wollen».

In welchem Haus Johann Joseph (Emanuel) Schikaneder geboren wurde, war
bis heute nicht festzustellen, trotz aller Anstrengungen der dortigen Forscher, allen vorweg die Straubinger Stadtarchivarin Dr. Dorit Krenn und Heimatpfleger
Alfons Huber. An einem Gebäude der Zwerchgasse, heute Zollergasse, wurde jedoch eine Gedenktafel angebracht.

Das Jesuitengymnasium, das die Schikanederbrüder besuchten, heute als Johan-
nes-Turmair-Gymnasium bekannt, wurde 1773 mit der Aufhebung des Jesuiten-
ordens in Bayern geschlossen, dann vom Staat übernommen, der in Ermangelung
von Lehrkräften ehemalige Jesuiten wieder einstellte, aber auch Weltgeistliche, Be-
nediktiner und später Prämonstratenser. Ob auch Emanuel das Musikseminar besuchte, ist nicht bekannt. 1780 wurde das Gymnasiumsgebäude beim Stadtbrand
zerstört.

Im Nachhinein fasst Mozart die Tanzreihen KV 600, 602 und 605 zu einem
Zyklus von dreizehn Tänzen zusammen, die er nach Tonarten anordnete. Zwei
der Tänze besitzen, für Mozart unüblich, programmatische Titel und eine spezifi-
sche Klangfärbung durch außergewöhnliche Instrumentierung. So auch KV 602,

3. von Mozart wegen der Drehleier *Die Leyerer* überschrieben. Er trug sie im Februar 1791 in sein Werkverzeichnis ein.

Über den Schulabschluss von Emanuel Schikaneder ist nichts bekannt, da auch dieses Gymnasium zerstört wurde, als Napoléons Truppen nach Regensburg kamen. Sicher aber belegen seine perfekt formulierten Briefe, dass er keineswegs so ungebildet war, wie ihn viele Mozart-Biographen hinstellen. So heißt es etwa bei Hermann Abert (2. Teil, S. 582): «Seine Bildung war kaum den Künsten des Schreibens und Lesens gewachsen, sein Charakter besaß alle Eigenschaften des geborenen Vagabunden, Gutmütigkeit, schlagfertigen Mutterwitz, Renommistentum und eine unglaubliche Skrupellosigkeit, die er doch immer wieder mit Anmut und Humor zu verdecken verstand.»

Die Innsbrucker *Bier-Akziß* von zwei Kreuzern auf jede im dortigen Braubezirk gezapfte Maß, sicherte die Grundfinanzierung des Hoftheaters für die nächsten Jahre. Doch offenbar gab der Kunstfreund Ferrari das Geld mit vollen Händen aus; schon im Jahr darauf wurde der *Theatralkassier* zu einer vierteljährlichen Kostenaufstellung verpflichtet. Um das Theater zu finanzieren, brauchte Ferrari Zuschüsse aus der neu etablierten *Jesuitenkassa*. Diese Hintergründe hat Ursula Simek in ihrem Aufsatz über *Das Berufstheater in Innsbruck im 18. Jahrhundert* anhand von Archivalien erhellt.

Anke Sonnek behauptet in ihrer Dissertation über Emanuel Schikaneder (S. 17) irrtümlich, dieser habe den Zauberer und den Luftgeist gespielt. Die bei Walter Senn (S. 43) abgedruckte originale Auflistung des Textbuches nennt als Darstellerin des Luftgeistes «Mdsell. Artinn». Da Schikaneder stattlich, sie aber klein und zart war, wäre etwas anderes auch nicht glaubwürdig.

Maria Anna Mozart erwähnt Frau Hornung im Tagebucheintrag vom 21. Oktober 1783; Leopold Mozart verbreitet sich über den Branchenklatsch in einem Brief vom 2. Dezember 1785.

Anke Sonnek listet insgesamt 113 Werke auf; Nr. 111 ist *Die Zauberflöte*. Das danach entstandene Stück *Das Zaubermädchen im Schreywald* wird erst postum aufgeführt, das letzte, *Der Zauberpfeil*, 1793.

Dass Maria Magdalena (Eleonore) Arth nicht, wie früher behauptet, eine Ziehtochter des Prinzipals Franz Joseph Moser, sondern von Theresa Bodenburg war, wies Walter Senn in *Schikaneders Weg zum Theater* durch einen Brief von Johann Friedel nach, Theaterschriftsteller und späterer Lebensgefährte von Schikaneders Frau.

Der *Gotha'ische Theaterkalender* beschreibt Eleonore Schikaneder 1779 ganz ähnlich: «Ihre Stellung [womit die Figur gemeint ist] ist klein, aber artig und ihre Manieren ganz Natur; lose, schalkhafte Mienen, boshafte Airs hat sie eben so gut in Gewalt wie edle und erhabene. [...] Sie zeigt im Tanzen vielen Anstand und Nettigkeit, viel Geist und Leben ...»

Abraham Peiba fasst in seiner *Gallerie der Teutschen Schauspieler und Schauspielerinnen der ältern und neuern Zeit* im Jahr 1783 die Urteile von Kollegen aus früheren Jahren und eigene über Emanuel Schikaneder und Eleonore zusammen: «Sein Anstand, seine männlich reine Sprache, sein Gebärdenspiel, das er so sehr in seiner

Gewalt hat, alles zeigt in ihm den guten Schauspieler.» Und zu seiner Singstimme heißt es: «Seine Stimme ist rein, melodiereich; er singt mit Einsicht und Geschmack.» Einsicht meint in diesem Fall, dass er versteht, was er von sich gibt, damals offenbar selten.

Über «Mad. Schikaneder, geb. Artim» [sic] schreibt er: «Sie spricht vernehmlich und deklamiert sehr gut. Sie kennt und empfindet den ganzen Sinn einer Rolle, und man sieht es aus ihrem Spiel, dass sie das ganze Stück und nicht nur die Rolle oder einzelne Stellen studiert hat.» Auch bei ihr betont er: «Nie übertreibt sie, sondern bleibt der Natur stets treu […] Ihre Stimme ist hell, voll, melodiereich, sie singt immer aus der Brust, bleibt in der Höhe sowohl als in der Tiefe rein und affektiert in ihren Bewegungen nie.»

Anmerkungen zu Kapitel III

Der Biograph Max Kammermayer irrt, wenn er behauptet, Schikaneder habe bereits in Innsbruck begonnen, offiziell nur noch den Vornamen Emanuel zu führen. 1777 kamen *Die Lyranten* in Nürnberg auf die Bühne. Die Arien erschienen gedruckt, und auf dem Titelblatt, das Kammermayr selbst abbildet, steht: «verfasst vom Johann Schickaneder [sic], Mitglied der Moserischen Gesellschaft» (S. 85).

Über die Identität der Mlle. Miller oder Müller herrscht Verwirrung. Mit Sicherheit ist sie jene Schauspielerin, die als einziges Mitglied der Truppe in dem Augsburger Theaterjournal des Friedrich Hasenest, das die letzte Spielzeit Mosers erfasst, mit einem Schattenriss abgebildet wird: Maria Anna Miller.

Emil Karl Blümml setzt in seinem Werk über *Mozarts Freundes- und Familienkreis* jene Anna Miller / Müller / Millerin, die bei Schikaneder auftrat und Mutter eines seiner Kinder wurde, gleich mit Anna Josepha Hortensia, auch Josephe Hortense Müller, eine Tochter des Theatermannes Johann Heinrich Friedrich Müller (20. 2. 1738 Halberstadt – 8. 8. 1815 Wien), der eigentlich Schröter hieß und sich originellerweise den Künstlernamen Müller zulegte; er war 1776/77 ausgesandt worden, um neue Kräfte für das Nationaltheater in Wien zu entdecken, war auch als Bühnenschriftsteller und als Schauspieler am Burgtheater tätig. Seine fünf Kinder arbeiteten ebenfalls am Theater. Die Tochter Josephe Hortense, die den Maler Heinrich Friedrich Füger heiratete, kann jedoch nicht mit der Schauspielerin bei Schikaneder identisch sein. Dagegen sprechen ihre Lebensdaten: 31. 3. 1766 Wien – 20. 12. 1807 Wien. Denn mit elf Jahren dürfte sie kaum als tragische Liebhaberin aufgetreten sein. Die Miller wird in zeitgenössischen Journalen als etwa gleichaltrig wie Eleonore Schikaneder eingestuft.

Dass Mozart Shakespeare liebte und mit seinen Werken in deutscher Übersetzung vertraut war, berichtet später auch seine Witwe Constanze den beiden Mozartforschern Mary und Vincent Novello, wiedergegeben in deren Aufzeichnungen *A Mozart Pilgrimage. Being the Travel Diaries of Vincent & Mary Novello in the year 1828.*

Wie Friedels Bezeichnung als «Schwarzrock» vermuten lässt, war Georg Carl

Adam von Hirschberg wohl ein Jesuit, der nach der Aufhebung des Ordens durch Papst Clemens XIV. fünf Jahre später hier einen neuen Posten erobert hat.

Die Hirschbergs sind eines der ältesten Grafengeschlechter im fränkischen Raum, und der Komtur war sich seines Einflusses wohl bewusst.

Die Vielseitigkeit der Schikaneders ist aktenkundig. Der Gothaer Theaterkalender auf das Jahr 1779 vermerkt über ihn: «Er spielt den ersten Liebhaber, edle Väter, Helden, Bauern; kurz alle effektvolle, Anstand und Laune erfordernde Rollen, ist auch erster Sänger.» Und über Eleonore heißt es: «Sie spielt erste Liebhaberinnen und Heldinnen, im Lust- und Trauerspiel, ist erste Sängerin, auch Bäuerinnen, junge und naive Rollen sind ihr Fach.»

Beide treten auch als Tänzer in den Balletten auf, wobei Kritiker bereits in diesen Jahren Eleonore Schikaneder raten, darauf zu verzichten, um ihre schöne Gesangsstimme zu schonen.

Schikaneders Dialektfärbung, irrigerweise als Österreichisch bezeichnet, wird manchmal kritisiert, doch ihm wird von allen Seiten bestätigt, dass er ein guter Intendant ist. So schreibt Peiba in seiner *Gallerie der Teutschen Schauspieler und Schauspielerinnen*: «Er ist als Prinzipal in der Wahl seiner Stücke nicht nur sehr sorgfältig, sondern weiß auch jeden seiner Akteurs an den richtigen Platz zu stellen.»

Juliana Moll und Franz Moll werden in Emil Blümmls Arbeit über *Mozarts Freundes- und Familienkreis* S. 141, als Geschwister und Kinder von Christian Hieronymus Moll bezeichnet und als Kinderdarsteller beim Salzburger Gastspiel Schikaneders 1780/81 aufgeführt. Schon weil bereits zuvor Juliana Moll für das Fach Mütter, Betschwestern und Kupplerinnen geführt wurde, muss hier eine Verwechslung vorliegen. Christian Hieronymus Moll, ein Jahr älter als Schikaneder, kann nicht ihr Vater gewesen sein, wenn sie bereits 1778 solche Rollen verkörperte. Hermann Endrös schreibt in *Schikaneder und das Augsburger Theater* (S. 228) in einer Fußnote: «Mlle Moll spielte Mütter, Betschwestern und Kupplerinnen, ihr Gatte Väter, Könige und Offiziere und sang». Genau das führt auch Emil Blümml unter H. Moll, gemeint Christian Hieronymus Moll, in *Mozarts Freundes- und Familienkreis* auf (S. 99) und vermerkt: «war in Nürnberg abgegangen und in Stuttgart erneut zur Gesellschaft gestoßen».

Laut dem Gothaer Theaterkalender von 1780 heißt es aber: «Herr Moll mit seiner Frau gingen in Stuttgart ab und kamen in Nürnberg neuerdings zu der Gesellschaft.» Das zitiert Henry Price in seinem Aufsatz *Emanuel Schikaneder und Jakob Neukäufler: Family Affairs* (S. 349), gleichzeitig behauptet er, Juliana Moll sei ledig gewesen und geblieben (S. 348 f.), da der Eintrag im Taufbuch von St. Peter in Laibach das ebenso vermuten lasse wie der eingelegte Zettel im Sterbebuch von St. Andrä in Salzburg (siehe Anmerkungen zum nächsten Kapitel). Sicher irrt der sonst so zuverlässige Lorenz (S. 23), wenn er schreibt, Schikaneder habe mit Juliana Moll in Laibach ein Kind gezeugt; da dessen Geburtstag in Laibach am 15. März 1780 gesichert ist, Schikaneder aber erst im Dezember dort ankam, muss er Juliana bereits in Nürnberg geschwängert haben.

Henry Price schreibt richtig, dass drei Molls im Gotha-Theaterkalender 1786 und 1787 als in Deutschland wirkende Schauspieler aufgelistet sind. Es handelt sich dabei um Franz Moll (geboren 1745 in Mainz), besagte Juliana Moll (geboren 1748 in Mannheim) und Therese oder Theresia Moll (geboren 1748 in Mainz), vermutlich eine Schwester von Franz; sie war nicht bei Schikaneder unter Vertrag. Juliana und Franz hatten bereits bei Moser gespielt, waren dem neuen Theaterleiter Schikaneder treu geblieben, bis auf die Stuttgarter Saison. Aufschlussreich ist, dass Juliana Moll manchmal als Ehefrau und Madame, manchmal aber als Mademoiselle, also Fräulein bezeichnet wird.

Theaterkalender Gotha auf das Jahr 1778: «Madame Moll».

Theaterkalender Gotha auf das Jahr 1779: «Madame Moll».

Theaterkalender Gotha auf das Jahr 1780: «Mamsell Moll»; in diesem Jahr wird sie auch (siehe folgendes Kapitel) als ledig bezeichnet.

Theaterkalender Gotha auf das Jahr 1782: vermeldet unter Schikanedersche Gesellschaft deren Aufenthalt in Salzburg und Graz und listet wieder «Madame Moll» auf und nennt unter «Kinderrollen»: «H. Helmböcks Sohn und Tochter, H. Molls Sohn und Tochter».

Offenbar wurde Juliana Moll als ledig ausgegeben, um nicht auch noch ihren Ehebruch aktenkundig zu machen.

Anmerkungen zu Kapitel IV

Die Theaterzettel Schikaneders aus Laibach sind im dortigen Musealverein erhalten. Genaues zu dieser Spielzeit in P. von Radics: *Die Entwicklung des Bühnenwesens in Laibach.* Laibach 1912 und in Primoz Kuret: *Das Ständische Theater in Ljubljana/Laibach. Über die italienischen Opernaufführungen Ende des 18. und Anfang des 19. Jahrhunderts in Ljubljana* (www.uni-leipzig.de).

Henry Price liefert mit seiner Arbeit *Emanuel Schikaneder and Jakob Neukäufler: Family Affairs* aufschlussreiche Neuigkeiten. So bildet er die Einträge im Laibacher Taufbuch von Sankt Peter ab, die er gründlich untersucht, um festzustellen, dass der Vermerk «fil. Leg» (legitimer Sohn) mit anderer Tinte gemacht wurde und von anderer Hand stammt.

Schikaneder hatte bereits am 11. Januar 1778 ein Gesuch um Spielerlaubnis in Salzburg eingereicht. Am 4. April folgte ein weiteres, das offenbar nicht einmal bearbeitet wurde. Erst das dritte aus dem Frühjahr 1780 war erfolgreich.

Den Brief mit den zitierten Äußerungen über das angeblich fade Salzburg schrieb Mozart am 6. Mai 1781 an den Vater.

Schikaneders Probegastspiel in Salzburg, das bis auf Anke Sonnek alle Biographen ignoriert haben, wird dort allerdings falsch datiert, weil sie den Linzer Aufenthalt falsch zuordnet. Sonnek schreibt (S. 46): «Trotzdem muss Schikaneder irgendwo den Sommer verbracht haben. In Linz hatte er nach der Schwäbischen Versammlung kein Auskommen mehr. Das spricht für die Erfüllung der Salzburger Abmachung von Mitte Juli bis Mitte August.» Die Schwäbische Versammlung fand aber nicht in Linz statt, Sonnek meint wohl den Schwäbischen Kreis, der in Ulm tagte. In Linz war, wie Neukäufler dokumentiert, der Bartholomäimarkt

Anlass des Gastspiels, und zwar in der Zeit um den 24. August, dem Feiertag des heiligen Bartholomäus. Daran schloss die erste Salzburger Spielzeit direkt an.

In den Biographien über Schikaneder wurde bisher behauptet, *Das Regensburger Schiff* sei in Salzburg, wo es 1780 im Druck erschien, uraufgeführt worden. Durch Neukäuflers Aufzeichnungen (S. 91) aber wissen wir, dass es bereits in Linz erstmals auf die Bühne kam.

Die Hintergründe zu Mozarts Skizze zur Ballettmusik *Le gelosie del serraglio*, die verschollen ist, (KV Anh. 109/135a) hat 1961 Walter Senn erhellt; er weist nach, dass diese Komposition Mozart fälschlicherweise zugeschrieben wurde. Er skizzierte sie nur als Ideenquelle. Motive aus dem Ballett, das im Zusammenhang als *Le cinque soltane* aufgeführt wurde, verwendete er in der Messe KV 140 und im Rondo des Violinkonzerts KV 219. Der Text zu dieser Arie ist erhalten und im Köchelverzeichnis S. 434 wiedergegeben. Rezitativ und Arie erinnern stark an die Partie der Contessa Almaviva in *Le Nozze di Figaro*.

Daten zu dem Fall Emanuel Jakob Neukäufler verdanken wir dem Salzburger Mozart-Forscher Friedrich Breitinger. Er veröffentlichte seine Entdeckungen unter dem Titel *Emanuel Schikaneders Kuckucksei* im Salzburger Volksblatt, Folge 200 (65. Jahrgang), August 1935, 31, S. 6 f.; leichter zugänglich ist sie unter demselben Titel in *Mozartiana. Gaulimauli Malefisohu*, S. 196–203.

Im Sterbebuch von Sankt Andrä wird außer Juliana Moll eine Frau namens Werner als mögliche Mutter aufgeführt, was aber ein Irrtum sein muss.

Auch Neukäufler traf mit den Mozarts zusammen. In seinen Erinnerungen schreibt er 1825: «Herrn Wolfgang Mozart hatte ich schon in Salzburg kennengelernt, als er noch bei seinem Vater war. Er hat sich immer sehr geneigt gezeigt.» In Salzburg trennte er sich von der Truppe, als Schikaneder die Weiterreise nach Graz plante, da ihm diese zu strapaziös schien, und wechselte über zu Bulla in Linz, später war er Mitglied der Truppe von Simon Koberwein in Straßburg. Diese Details in Neukäuflers Vita belegen auch, dass Graz Schikaneders nächste Station war.

Die Kritik an Werk und Stil von Bernhard Christoph d'Arien findet sich in *Johann Fried(e)rich Schink: Dramaturgische Fragmente, Band 3, Graz 1782*.

Anmerkungen zu Kapitel V

Schikaneder musste in Graz im zweiten, nicht aber auch im ersten Winter den Italienern weichen, wie Friedel meint. Zwar hatte 1778 bis 1780 der italienische Operntruppenleiter Franz (Francesco) Guerrieri die Spielerlaubnis bekommen und 1782–1783 Andreas (Andrea) Giuglielmini, doch 1780 bis 1782 hatte ein Regiekollegium unter Karl Ludwig Reuling, Schauspieler, Librettist und Stückeschreiber, die Impresa. Er schrieb den Text zu dem Singspiel *Der Teufel ist los oder die zweifache Verwandlung*, das Mozart auf seiner Durchreise in Augsburg mit Mosers Truppe erlebt hatte, allerdings ohne Schikaneder. Hierzu Walter Zitzenbach: *Ein Schauspielhaus für Graz*. Leykham 1976. Die Namen der Theaterleiter werden bereits aufgeführt in: *100 Jahre Grazer Schauspielhaus*. Graz 1925, S. 183.

Zu den Umständen, unter denen Schikaneder in Pressburg zu leiden hatte, gibt Friedel nicht nur in *Kleine gedruckte und ungedruckte Schriften* Auskunft, sondern auch im 46. seiner *Briefe aus Wien verschiedenen Inhalts an einen Freund in Berlin*, die 1784 gedruckt erschienen.

Die ganze Familie Teyber war über insgesamt zwanzig Jahre hinweg mit der Familie Mozart befreundet. Schon zwölf Jahre zuvor waren Leopold und Wolfgang Mozart im Haus der Eltern Teyber in Baden bei Wien gewesen. 1782 hatte Therese Teyber die Blonde in der Uraufführung der *Entführung aus dem Serail* gesungen und Johann Valentin Adamberger den Belmonte. Im Jahr darauf hatte Mozart bei einer Akademie von Therese Teyber im Burgtheater das Klavierkonzert in C (KV 415) und eine freie Fantasie gespielt. Elisabeth Teyber, ebenfalls Sängerin, verdiente so gut, dass ihr Bruder Franz lange auf Kosten der Schwester lebte.

Zu den beiden Theatern, Burgtheater und Theater am Kärntnertor, äußert sich Julius Friedrich Knüppeln ausführlich in *Vertraute Briefe zur Charakteristik von Wien* (Band 2, 13, S. 45).

Mozarts Variationen für Klavier über *Unser dummer Pöbel meint* aus Glucks *Die Pilgrime von Mekka* entstanden 1784 und finden sich unter KV 455.

Erst in seinem Todesjahr 1791 wird Mozart die *Kleine Freimaurerkantate* KV 623 vollenden, der erste Entwurf dazu aber stammt aus dem Jahr 1785.

Anmerkungen zu Kapitel VI

Die sich widersprechenden Mutmaßungen zu den diversen Stücken über den Luftballon werden hier erstmals geordnet. So vertrat Hermann Endrös (S. 259) die Ansicht, Schikaneders Stück habe mit dem von Neuß nichts zu tun, weil Endrös das von Neuß offenbar nicht eingesehen hat.

Die Verse des bei der Bayrischen Staatsbibliothek digital verfügbaren Textbuchs von Neuß sind jedoch identisch mit denen, die Schikaneder drucken ließ, interessanterweise in Friedberg, dem Ort der Sommerresidenz des Fürsten von Thurn und Taxis, was nun zu dieser einfachen und plausiblen Erklärung der Vorgänge führt.

Johann Friedrich Klöfflers Identität wird hier erstmals in diesem Zusammenhang erkannt. Max Kammermayer (S. 177) führt einen L. F. Klöfer [sic] auf und wundert sich wie schon Hermann Endrös über Schikaneders generöse Geste, weil ihm ebenfalls unbekannt war, welchen Ruhm Klöffler mit seiner Schlachtensinfonie damals bereits erworben hatte. Die Augsburgische Ordinari Postzeitung Nr. 295 vom 9. Dezember 1786 meldete, dass «Klöffler im hiesigen Komödien-Hause sein von ihm komponiertes ganz besonderes Tonstück (eine Instrumental-Bataille vorstellend)» aufführen werde, und weist auf dessen internationalen Erfolg hin.

In Regensburg eröffnet Schikaneder am 28. Februar 1787 mit *Lanassa*, der von Karl Martin Plümicke verfassten deutschen Version eines französischen Trauerspiels von Antoine-Marin Lemierre, zu dem viele Wandertheater wie auch die von Johann Böhm Mozarts klein besetzte Sinfonie aus dem Frühjahr 1773 (KV 184/= 166 a) als Ouvertüre verwendet haben, Böhm hatte zudem Mozarts Schauspielmusik zu *Thamos, König in Ägypten* (KV 345/=336a) im letzten Aufzug spielen lassen. Der Komponist und seine Schwester hatten das Stück in Salzburg am 12. September 1783 mit der Kohnschen Gesellschaft erlebt.

Schikaneder bediente sich in dem Libretto zu *Die drei Ringe oder der lächerliche Mundkoch*, über das sich der anonyme Rezensent empört, deftiger Dialektworte. «Niß», auch «nisz», bezeichnet ein Lausei, und «karbatschen» meint peitschen und umherscheuchen, so wie die Bärentreiber den Bären.

Zur Sache Anna Maria Stecker vermerkt das Regensburger Ratsprotokoll vom 28. Mai 1789, fol. 119 v. Folgendes: «Auf die Anzeige und Verhör von Anna Maria Steckerin mit Franz Gerl, Commedianten, und Emanuel Schikaneder Directeur der hies. Schauspieler Gesellschaft pto. impraegnat, ist Schikaneder qua maritus zu 12 Rhtl., Gerl in (nicht lesbar) Rhtl. und Steckerin in 4 Rthl. oder so viel tägige Gefängniß zu condemnieren, Gerl, und Steckerin pto. alimentat partus, aber an H. H. Stadtgericht zu weisen.» Christoph Meixner (S. 351) verweist auf diesen aktenkundigen Skandal. Er führt auch ein Ratsprotokoll vom 28. Mai, fol. 114 v. auf, demzufolge jener Advokat Schmidt ein *vom H. H. Vormund-Amt aufgestellter Curator der 3 abwesenden Schauspieler-Brüder* gewesen ist. Das weist darauf hin, dass ein weiteres Mitglied von Schikaneders Truppe mit angeklagt war, das sich zum Zeitpunkt der offiziellen Verhandlung nicht mehr in Regensburg aufhielt. Ob es sich dabei um Benedikt Schak handelte, scheint fraglich, da dessen Ehe mit Elisabeth geborene Weinhold sonst als gefestigt gilt. Beide waren Mitglieder im Theater auf der Wieden, beide traten 1791 in der Uraufführung der *Zauberflöte* auf.

Die meisten Kenntnisse über Franz Xaver Gerl und Barbara Reisinger, auch im Folgenden, sind dem auf Gerliana spezialisierten Alfred Orel zu verdanken. Das traurige Detail, dass dem jungen Gerl im Dezember 1786 gekündigt worden war, belegte aber erst Karl Maria Pisarowitz mit dem Fund eines Schreibens, in dem Gerl sich an den ehemaligen Prinzipal Gustav Friedrich Wilhelm Großmann wendet, bei dem kurz auch Gieseke gespielt hatte (*Ein Brief Sarastros*). «Ich erblasste, als ich durch Hr. Schmidt die Aufkündigung meines Engagements erfuhr», beginnt der Brief, in dem Gerl darum bittet, wenigstens das Reisegeld bezahlt zu bekommen, um sich bei einem neuen Arbeitgeber vorzustellen, denn er war noch nicht bekannt genug, um nur wegen seines Namens eingestellt zu werden. Barbara Reisinger, wie Gerl Schauspielerin und Sängerin, debütierte bei Schikaneder als Kalliste in Pietro Guglielmis Singspiel *La sposa fedele*, in der deutschen Fassung als *Robert und Kalliste oder der Triumph der Liebe* aufgeführt.

Anmerkungen zu Kapitel VII

Die Bezeichnung «auf der Wieden» entstand angeblich aus dem volkstümlichen Namen des Flusses Wien, «vulgariter Widem» *genannt*, wie es in der Stiftungsurkunde des Freihauses heißt. Freihaustheater ist hingegen ein in dieser Zeit niemals verwendeter Name; es ist immer nur vom Theater auf der Wieden oder vom Wiedener Theater die Rede. Die anderen möglichen Herleitungen der Bezeichnung «auf der Wieden» erörtert Karl Hofbauer in *Die Wieden mit den Edelsitzen Conradswerd, Mühlfeld, Schaumburgerhof und dem Freigrunde Hungerbrunn*, S. 3: «Mit Bezug auf die oberwähnte [sic] Urkunde Herzogs Rudolph IV. vom Jahr 1363, welche ‹Lewt [sic] und Gütter [sic] auf der Widen› zur Pfarre St. Stephan einbezieht, sollte diese Vorstadt eine zur Kirche geschehene Widmung – ein ‹Widum› – gewesen sein.»

Was über Josepha Hofer, geborene Weber, geschrieben wurde und wird, ist wie das, was über ihre Schwester Constanze zu lesen ist, Beispiel dafür, zu welcher Unsachlichkeit Mozart-Forscher imstande sind, abgesehen von so unbestechlichen Experten wie Rudolf Angermüller, Günther G. Bauer, Volkmar Braunbehrens, der der als erster die Vielgeschmähte rehabilitierte, und H. C. Robbins Landon. Von Otto Jahn und dem sonst so soliden Emil Karl Blümml bis hin zu Wolfgang Hildesheimer oder Dorothea Leonhard verfallen die meisten der Versuchung, die «Weberischen» ohne jede sachliche Handhabe zu verteufeln. Dass Mozart in der Verlobungszeit bemüht war, seinem Vater Constanze als den guten Engel darzustellen, und dazu die Restfamilie schwarz malte, ist durchschaubar. Doch ihm werden die positiven Äußerungen über seine Frau nicht abgenommen, sehr wohl aber die negativen über deren Mutter und Schwestern. Das geht so weit, dass Leonhard dann die sonst als bedeutungslos gebrandmarkte Constanze ihrem Mann Briefe in die Feder diktieren lässt, um Mozart reinzuhalten im Erbstreit mit seiner Schwester. Schon in der frühen Mozartliteratur werden sowohl Constanze als auch Josepha als schlechte Hausfrauen, verantwortungslos und verschwenderisch dargestellt, zudem als lieblos. Obwohl auch Blümml anhand der Fakten zugeben muss, dass beide in zweiter Ehe ihr Geld perfekt verwalteten und keinerlei Schulden machten, obwohl Blümml selbst aufführt, dass Hofer ähnlich Mozart Unsummen für seine Graderobe ausgab, obwohl die Briefe Mozarts an seine Frau bis zum Schluss von Begehrlichkeit und Liebe geprägt sind und Josephas zweiter, vierzehn Jahre jüngerer Mann als Witwer auf ihren Schattenriss schrieb: «und such(t) sich wieder eine zweite Josepha, findet aber keine», blieben diese Urteile bestehen. In Verleugnung der Sachlage wird Constanze auch als unmusikalisch bezeichnet, obwohl keine unmusikalische Sängerin die Sopransoli der großen c-Moll-Messe hätte bewältigen oder Mozarts Arien vom Blatt singen können, wie sie es tat. Einer unmusikalischen Frau wäre es auch schwerlich gelungen, ein verwöhntes Publikum mit Konzertabenden anzuziehen, wie Constanze mit ihrer Schwester Aloisia, die nach Mozarts Tod sogar in Leipzig auftraten, wo niemand nur aus Mitleid mit der Witwe schlechte Darbietungen toleriert hätte. Selbst die Tatsache, dass Josepha Weber erst 1805, mit 47 Jahren, damals sensationell spät, von der Bühne abtrat, konnte das Urteil der meisten Autoren nicht zur Sachlichkeit zurückführen. Vielmehr wird dies erstaunt bis unwillig registriert, als habe sich da die Wirklichkeit getäuscht.

Der hier zitierte Vertragstext ist derjenige, den Josepha Hofer am 9. Oktober

1790 unterschrieb, kann aber als der damals allgemein verwendete für Mitglieder der Gesellschaft Bauernfeld-Schikaneder betrachtet werden, da ihr Name in vorgesehene Lücken eingefüllt wurde.

Der Kanon *Gehn ma in'n Prada, gehn ma in d'Hötz / Gehn ma zum Kasperl, zum Kasperl. / Der Kasperl ist krank, der Bär ist verreckt* findet sich unter KV 588.

Die Arie, die Mozart 1789 als Einlage zur deutschen Bearbeitung von Paisiellos *Il Barbiere di Siviglia* für seine Schwägerin in der Rolle der Rosine (Rosina) schrieb, findet sich unter KV 580; diese Arie kann als eine Stimmstudie gelten, die bereits jene Qualitäten von Josepha Hofers Sopran zeigt, welche Mozart für die Königin der Nacht nutzte.

Die acht Variationen über das von Schikaneder gedichtete, von Schak oder Gerl vertonte Lied *Ein Weib ist das herrlichste Ding auf der Welt* aus Schikaneders *Die verdeckten Sachen* von 1791 trägt die Nummer KV 613. In der Wiener Zeitung wird vom Verlag Artaria & Comp. am 4. Juni 1791 irrtümlich annonciert: *12 neue Variationen aus der Oper Der dumme Gärtner.*

Mozart suchte im Freihaus bei den Hofers auch in Notsituationen Zuflucht, so im August 1789, als er von einem Besuch bei Constanze in Baden zurückkehrte und in Wien vor verschlossenen Türen stand, *weil der Bediente nicht zu Hause war – Ich wartete vergebens gegen eine Viertelstunde, dann fuhr ich zu Hofer und stellte mir vor, ich sei zu Hause und kleidete mich dort ganz an.* (Brief Nr. 1111)

Was Mozart nicht weiß, ist, dass Gieseke bei seinem Libretto von Friederike Sophie Seyler abgeschrieben hat. Ihr Singspiel *Oberon, König der Elfen ein Romantisches Singspiel in drei Aufzügen nach Wieland* [sic] war im Herbst 1788 mit der Jahreszahl 1789 in Flensburg erschienen. Vermutlich wäre Frau Seyler, die unter ihrem Mädchennamen Hensel die umjubelte Schauspielerin am Hamburger Theater gewesen war und als sehr energisch galt, dem Plagiator auf den Pelz gerückt, wäre sie nicht bereits dem Ende nahe gewesen. Zwei Wochen nach der Uraufführung in Wien, am 22. November 1789, starb sie im Alter von 51 Jahren. Karl Ludwig Gieseke lässt sich sowohl auf dem Theaterzettel als auch auf dem Textbuch als alleiniger Librettist aufführen. Stephanie hatte immerhin auf Bretzners Vorlage *Belmont und Constanze* verwiesen. Gieseke zeigt sich hingegen als bewusster Betrüger, indem er den Namen Friederike Seylers, von der er zwölf Arientexte wörtlich übernommen hat, unterschlägt. Das dient sicher nicht der Erhärtung seiner späteren Behauptung, alleiniger Textdichter der *Zauberflöte* gewesen zu sein.

Mozart bereute es, seine Kunst an den *Thamos* verschwendet zu haben. Doch bei seiner Arbeit für das Theater auf der Wieden hatte er auch immer wieder Gelegenheit, sich im Nachhinein zu mancher Entscheidung zu beglückwünschen. Am 20. November 1789 kam im Freihaustheater *Kaiser Rudolf von Habsburg* auf die Bühne, ein Trauerspiel, verfasst von dem Mannheimer Gelehrten Anton Klein. Ursprünglich war es als Opernlibretto konzipiert, aber da Mozart nicht angebissen hatte, als Klein es ihm 1785 sandte, hatte er es in zu einer Tragödie umgeschrieben. Es war auch eine für Schikaneder; sie fiel durch.

Die Zuschreibung der musikalischen Nummern im *Stein der Weisen* nach der Hamburger Partitur findet sich auf S. 11 im Kommentar zur kritischen Ausgabe des Textbuches *Schikaneders heroisch-komische Oper Der Stein der Weisen. Modell für Mozarts Zauberflöte* von David J. Buch und Manuela Jahrmärker. Demnach entfällt der Löwenanteil auf Johann Baptist Henneberg (Ouvertüre, Introduktion, zwei Chöre, vier Arien und zusammen mit Schikaneder Finale des ersten Aktes), vier Nummern werden Franz Xaver Gerl zugeteilt, drei Benedikt Schak allein, eine Schikaneder allein; das Finale des zweiten Aktes stammt von Schak und Mozart, von Mozart allein das Duett Nr. 4 aus dem zweiten Akt («Nun, liebes Weibchen ziehst mit mir …»), KV 625=592a, und ein Duett von Lubano und Lubanara zu Beginn des Finales («Miau! Miau! – Hört ich nicht eine Katze schrein?»), sowie vermutlich das Duett zwischen Genius und Nadir («Fort, armer Jüngling, eile von hier …»).

Kein spektakulärer, aber ein langfristiger Erfolg war dem *Stein der Weisen* beschieden; Anerkennung fand er vor allem auswärts, wo er von Graz bis Altona, von Triest bis Frankfurt, von Prag über Brünn bis Linz aufgeführt wurde. In Wien blieb er über 24 Jahre hinweg, bis 1814, auf den Spielplänen. Die Noten jedoch gingen verloren und wurden erst 1997 von David J. Buch wiederentdeckt; unter der Schlagzeile *Not Even Mostly Mozart, But Clearly Some* publizierte die New York Times den Quellenfund des amerikanischen Musikforschers in der Staats- und Universitätsbibliothek Hamburg Carl von Ossietzky. Ein ungeheurer Presserummel folgte. Erst auf dem Symposion der Deutschen Mozart-Gesellschaft am 6. und 7. Mai in Augsburg gingen Germanisten, Historiker, Musik- und Theaterwissenschaftler das Thema etwas beruhigter an und veröffentlichten ihre Beiträge in den *Acta Mozartiana* 48. Jg. 2001, Heft 1 und 2. Laut Ulrich Konrad ergab sich im Endeffekt «eine Pattsituation», was die Zuschreibungen an Mozart anging. Dabei mag allerdings eine Rolle spielen, dass man Mozart «Stücke im Stil der zeitgenössischen Komik nur ungern zutraut», wie der Mozart-Biograph Hermann Abert eingesteht; diese Hemmungen aber müsste ein Kanon wie der genannte, Mozart sicher zugeschriebene («Gehn' ma in'n Prada …»), abbauen helfen.

Die Sammelloge *Zur gekrönten Hoffnung*, in der auch Mozarts ursprüngliche Loge *Zur Wohltätigkeit* aufgegangen war, hatte zum Zeichen ihrer Neuorientierung nach dem Erscheinen von Josephs Freimaurerpatent ihren Namen abgeändert in *Zur neugekrönten Hoffnung,* sich aber ab Johannis 1788 wieder *Zur gekrönten Hoffnung* genannt.

Der Plan für einen Theaterneubau ist wiedergeben bei Michael Lorenz, Neue Forschungsergebnisse zum Theater auf der Wieden, S. 21.

Belege dafür, dass Schikaneder und Mozart schon 1790 ihre Zusammenarbeit an der *Zauberflöte* aufgenommen haben, gibt es nicht. Grundlage für diese Behauptung ist ein auf den 5. September 1790 datierter Zettel (Wien-Bibliothek, H. I. N. 8355), der von Schikaneders Hand stammen soll: «Lieber Wolffgang! Derweilen schicke ich Dir Dein Pa Pa Pa zurück, das mir ziemlich recht ist. Es wird's schon thun. Abends sehen wir uns bei den bewussten – Krippen. Dein Schikaneder.» Aloys Fuchs wies bereits nach, dass es sich dabei um eine Fälschung handelt. Ulrich Schreiber gab dieses Dokument dennoch wieder als Original aus (Die Opern II: Werke der Wiener Jahre).

Zum lebhaften Interesse der Wiener an Alchemie bemerkt August Friedrich von Goué in seiner als Brief verfassten Schrift *Über das Ganze der Maurery*: «Du musst wissen, dass in Wien darauf gesehen wird, ob man von Chemie zu reden weiß. Jeder Mensch von gutem Tone hat sein Laboratorium und seine alchemistische Bibliothek.»

Anmerkungen zu Kapitel VIII

Wer den Text zur Arie «Per questa bella mano» für Bass mit obligatem Kontrabass, 2 Violinen, Viola, Flöte, zwei Oboen, 2 Fagotte und 2 Hörner, KV 612 verfasst hat, ist nicht bekannt.

Das künstlerische Personal des Freihauses im Jahr 1791 ist aufgeführt bei K. Hofbauer: *Die Wieden mit den Edelsitzen Conradswerd*, Wien 1864, S. 260–261. Dort wird auch eine Mad. Moll genannt, vermutlich die Frau von Franz Moll und Mutter von Schikaneders nebenehelichem Sohn, der in Salzburg begraben wurde.

Die acht Klavier-Variationen auf die Arie «Ein Weib ist das herrlichste Ding auf der Welt» aus *Die verdeckten Sachen*, der ersten von sechs Fortsetzungen des Erfolgstücks *Der dumme Gärtner aus dem Gebirge oder Die zween Anton* trägt Mozart im März 1791 in sein Werkverzeichnis ein (KV 613). Im Juni erschienen sie bei Artaria & Comp. im Druck.

Mozarts Adagio und Allegro für eine Orgelwalze findet sich unter KV 594; Mozart trägt sie im Dezember 1790 in sein Werkverzeichnis ein, hat sie aber, wie dem Brief vom 2. Oktober 1790 an Constanze zu entnehmen ist, bereits auf der Frankfurt-Reise begonnen: «... ich habe mir so fest vorgenommen, gleich das Adagio für den Uhrmacher zu schreiben, dann meinem lieben Weibchen etwelche Ducaten in die Hände zu spielen; that es auch – war aber, weil es eine mir sehr verhasste Arbeit ist, so unglücklich, es nicht zu Ende bringen zu können – ich schreibe alle Tage dran – muss aber immer aussetzen, weil es mich ennuirt ...» Die Phantasie in f-Moll, KV 608, und das Andante KV 616 für eine Orgelwalze hat Mozart 1791 ebenfalls für das Müllersche Kunstkabinett komponiert. Allerdings täuschte er sich, was die Qualität dieser Orgelwalze anging, als er sich über die «kleinen Pfeifchen» erregte, die «hoch und zu kindisch» klängen. Sein Schüler Ignaz von Seyfried sah sich das Instrument an, eine Art Musikautomat, den Pater Primitivus Niemecz erfunden hatte, Hofkaplan und Bibliothekar des Fürsten Esterházy. Seyfried stellte fest, dass die Orgelmaschine nicht nur über Flötenstimmen, sondern auch über eine Zungenstimme in Fagottimitation verfügte, also eine acht- oder sogar sechzehnfüßige Orgelstimme. Dazu finden sich Details in seinem Briefwechsel mit Friedrich von Rochlitz, herausgegeben und sorgfältig kommentiert von Harald Strebel. Mozart fühlte sich wohl vor allem durch die Provenienz des Auftraggebers und die Verwendung seiner Werke herabgewürdigt.

Ein anonymer Kupferstich, der das Mausoleum für Feldmarschall Laudon zeigt, befindet sich in der Albertina in Wien und ist wiedergegeben im Bildband *Mozart und seine Welt in zeitgenössischen Bildern* der Neuen Mozart-Ausgabe, Serie

X, Werkgruppe 32. Anfangs wollte Müller jede Woche das Werk eines neuen Komponisten bieten, das stündlich erklingen sollte, doch am 17. August 1791 vermeldete er erneut in der Wiener Zeitung «eine auserlesene Trauermusik von der Composition des berühmten Hr. Capellmeister Mozart, die dem Gegenstande, für welchen sie gesetzt wurde, ganz angemessen ist.»

Die Arbeit Mozarts an der *Zauberflöte* begann, so der aktuelle Stand der Forschung, «vermutlich im Frühjahr 1791, mögen auch der Plan und erste Skizzen vielleicht schon in eine frühere Zeit fallen.» (Gernot Gruber NMA II, 5, 19, S. VIII) Karl-Heinz Köhler schränkt in *Das Zauberflöten-Wunder. Eine Odyssee durch zwei Jahrhunderte* (S. 19) den Zeitraum stärker ein und meint, «dass Mozart sich etwa von Mitte April bis Ende Juli 1791– also nicht länger als dreieinhalb Monate – intensiv mit der Komposition der ‹Zauberflöte› beschäftigt hat.» Der Brief Schikaneders an Mozart vom 5. September 1791, eigentlich nur ein Zettel, wird von der Forschung heute einstimmig als unglaubwürdig, von Gruber (s. o., Anm. 10) dezidiert als Fälschung bezeichnet, nur Helmut Perl verwendet ihn als Beleg seiner Theorie dafür, die *Zauberflöte* sei eine Illuminaten-Oper.

Der Arsenik-Fund in der Zauberflöten-Partitur ist Oliver Hahn und Claudia Maurer-Zenck zu verdanken, die ihn in ihrem ungemein lesenswerten Aufsatz über *Die Tinten des Zauberflöten-Autographs* auf S. 22 dokumentieren. Die beiden Autoren halten es nach umfangreichen Recherchen für denkbar, dass Mozart «ein Aphrodisiakum brauchen konnte».

Mozart erwähnt den Ballonaufstieg Blanchards in seinem Brief an Constanze vom 6. Juli 1791: «eben itzt wird Blanchard entweder steigen – oder die Wiener zum 3ten Male foppen! – die Historie mit Blanchard ist mir heute gar nicht lieb – sie bringt mich um den Schluss meines Geschäftes – N. N. versprach mir, bevor er hinausführe [auf den Prater] zu mir zu kommen – kam aber nicht – vielleicht kömmt er wenn der Spaß vorbey ist – ich warte bis 2 Uhr – dann werfe ich ein bisschen Essen hinein – und suche ihn aller orten auf.» Der Herausgeber meint, bei dem gestrichenen Namen (N. N.) handle es sich um den Süßmayrs. Viel näher aber liegt die Vermutung, dass Schikaneder, seit Augsburg an Fragen des Ballonaufstiegs interessiert, hinausfuhr und dadurch die gemeinsame Weiterarbeit am *Zauberflöten*-Libretto, vielleicht sogar dessen Abschluss, nicht zustande kommt. Das könnte ein Hinweis auf die Beendigung der gemeinsamen Arbeit am Textbuch sein. Auch dass N. N. Mozart abholen will, spricht dafür, dass es sich bei der fraglichen Person um Schikaneder handelt. Denn Schikaneder besaß eine eigene Kutsche, der Hungerleider Süßmayr natürlich nicht.

Dass die Wiener Zeitung bereits im Vorfeld der *Zauberflöte* in jenem Sommer 1791 die angeführte Prodigilitätserklärung veröffentlicht, ist sehr wichtig, wurde aber in der Literatur bisher übersehen. Sowohl Tadeusz Krzeszowiak in seinem Buch über das *Freihaustheater in Wien* wie auch Anke Sonnek in ihrer Dissertation über Schikaneder gehen davon aus, dass erst mit der Mitteilung in der Wiener Zeitung Nr. 68 vom 25. August 1792, S. 2373, die zerrütteten Finanzen von Schikaneders Kompagnon bekannt wurden. Die Krise im August 1791 bedeutete aber für Schikaneder eine enorme Belastung. Ob er Mozart davon unterrichtet hat, ist unbekannt. Das gerne kolportierte Gerücht, der bankrotte Schikaneder habe Mozart angefleht, ihm mit einer Komposition aus der Klemme zu helfen, geht auf Nissens Mozart-Biographie zurück. In vielem hat sich Constanzes zweiter Ehemann auf die Angaben seiner Frau und auf Briefe gestützt, doch in diesem Fall dürfte sein eigenes Misstrauen gegenüber Schikaneders Seriosität eine Rolle gespielt haben. Denn Nissen war 1790, ein Jahr nach Schikaneders unrühmlichem Abschied, in Regensburg gelandet. Als Anwärter auf das Amt eines Legationssekretärs war der Siebenundzwanzigjährige dem Gesandten von Holstein-Glückstadt beim Immerwährenden Reichstag zur Seite gestellt geworden, wo er bis 1793 blieb. Nissen hat also mit ziemlicher Sicherheit von den Hintergründen für Schikaneders Logenausschluss und seinem zweifelhaften Ruf erfahren.

Ignaz von Seyfried schreibt in seinen Erinnerungen, Mozart habe von Schikaneder 100 Speziesdukaten als Honorar erhalten, was dem üblichen Satz entspricht, den auch der Kaiser für *La Clemenza di Tito* zahlen ließ.

Jean Terrasons *Geschichte des ägyptischen Königs Sethos, aus geheimen Urkunden des alten Ägyptens* [sic] *gezogen* erschien in der deutschen Übersetzung von Matthias Claudius 1777/78 in Breslau. Paul Nettl vermutet, das Buch sei in der Bibliothek von Mozarts Loge vorhanden gewesen. Liebeskinds *Lulu oder die Zauberflöte* haben Schikaneder und Mozart nur als Steinbruch verwendet, aus dem sie sich Motive klaubten. Die faszinierenden Ägypten-Bezüge der *Zauberflöte* hat der Ägyptologe Jan Assmann in seinem umfassenden Werk *Die Zauberflöte. Oper und Mysterium* so überzeugend dargelegt, dass es sich erübrigt, dem etwas hinzuzufügen. Freilich widersprechen diese Allusionen nicht dem hier propagierten Verständnis der *Zauberflöte* als Märchen, im Gegenteil. Die archteypische Qualität ägyptischer Motive in Mysterien und Riten, von der Unterweltreise bis zu den Nachtfahrten des Sonnengottes durch Feuer, Wasser, Luft und Erde, prädestinieren sie als Märchenmaterial.

Die Diskussion um den Anteil Giesekes am Libretto der *Zauberflöte* wurde losgetreten durch Julius Cornet. In seinem Buch *Die Oper in Deutschland und das Theater der Neuzeit*, (S. 24 ff.) schreibt er über «die echt deutsche Zauberflöte von Schikaneder und seinem Choristen Gieseke, der ihm den Plan der Handlung, Szeneneinteilung und die bekannten naiven Reime machte. Dieser Gieseke (ein relegierter Student von Halle, geboren in Braunschweig), war der Verfasser mehrerer Zaubcropern, auch der Zauberflöte (nach Wielands *Lulu*), woran Schikaneder nur änderte, strich und zusetzte und sich als Autorennamen vindizierte. Der arme Gieseke fand bei Schikaneders Bühne als Chorist eine kümmerliche Existenz (...) Im Sommer des Jahres 1818 zu Wien setzte sich einst ein feiner alter Herr im blauen Frack und weißen Halstuch, mit einem Orden geziert, zu uns an den Wirtstisch (...) Er war der ehemalige Chorist Gieseke, der jetzt als Professor der Universität Dublin ... nach Wien kam ... Bei dieser Gelegenheit erfuhren wir denn so vieles aus der alten Zeit, unter anderem lernten wir auch in ihm (der zu dem damals verpönten Orden der Freimaurer gehörte) den eigentlichen Verfasser der *Zauberflöte* kennen. Ich erzähle dies nach seiner eigenen Aussage, welche zu bezweifeln wir keine Ursache hatten. Viele meinen, der Souffleur Helmböck sei

Schikaneders Mitarbeiter gewesen. Auch hierüber enttäuschte uns Gieseke, nur die Figur des Papageno und seiner Frau gestand Gieseke dem Schikaneder zu.»

Otto Jahn übernahm das kritiklos, obwohl die biographischen Angaben zu Gieseke falsch waren und Helmböck niemals Souffleur war.

Schikaneder selbst verwehrte sich gegen Giesekes Anspruch auf Autorenschaft in der Vorrede zu *Der Spiegel von Arkadien* (siehe Kapitel IX. Darin schreibt er, «ein gewisser Theaterjournalist in Regensburg» habe «die Frechheit gehabt», einige Schauspieler glauben zu machen, Er [sic] hätte an meiner Zauberflöte mit gearbeitet». Schikaneder betont, dass er die Oper «mit dem seligen Mozart fleißig durchdachte».

Hans-Josef Irmen wählte in seinem Buch *Mozart. Mitglied geheimer Gesellschaften* ein extrem kompliziertes kryptographisches Verfahren, um Giesekes Mitautorenschaft zu belegen, kommt aber auch zu dem Schluss: «Denkbar ... ist die Konstellation, dass der Text von dem Autorenteam Schikaneder / Gieseke stammt, in dem Mozart ein gewichtiges Wort mitzureden hatte. Deshalb sei hier die These vertreten; Schikaneder lieferte Plan und Dialog des Stückes, und Gieseke versifizierte die Arientexte.» (S. 284)

Schikaneders späterer Hausdichter Joachim Perinet verwies jeden Anspruch anderer Autoren ins Reich der Unterstellung, doch auch er räumte ein, dass Schikaneder andere Mitarbeiter zuzog. So schreibt Perinet im *Wiener Theateralmanach auf das Jahr 1803*, S. 75 f. «Hier ist auch das Gerede zu widerlegen, das sich fast allgemein fälschlich verbreitet, als wäre Schikaneder nicht Vater und eigener Fabrizierer seiner theatralischen Kinder. Es ist erwiesen, dass Plan und Dialogisierung sein Eigen ist und Hr. Winter, der zugleich Inspizient dieses Theaters ist, [Anm. der Autorin: nicht etwa der Komponist Peter Winter, sondern der im Theater auf der Wieden angestellte Schauspieler, der als Sprecher bei der Uraufführung der *Zauberflöte* aufgeführt wird], wird es attestieren, denn nur er, und vielleicht er alleine, kann Schikaneders absichtliche Hieroglyphen lesen, die er immer am ersten zu kopieren bekommt. Dass Schikaneder aber nicht alle Poesie [d. h. alle Versifizierungen] seiner Opern schrieb, das leugnet er wohl selbst nicht ab.»

Ignaz Castelli nennt in seinen Erinnerungen *Aus dem Leben eines Wiener Phäaken* Johann Nepomuk Wüstel, Theaterdichter am Kärntnertortheater und Bekannter Schikaneders, als Mitautor; von anderer Seite wurden Johann Christoph / Christian Helmböck und Joseph Anton Haselbeck aus dem Ensemble Schikaneders sowie der Wiedener Pfarrer und Freimaurer Franz Cantes ins Spiel gebracht. Es ist durchaus möglich, dass sie die eine oder andere Idee beisteuerten. Immerhin existierte bereits im Jahr 1792 der Begriff *Textfabrik* in Zusammenhang mit Theaterstücken, allerdings nicht auf Schikaneders Bühne gemünzt, und auch Perinet verwendet das Wort «fabrizieren», was auf eine sehr ökonomische Herstellung des Textbuches schließen lässt.

Zu Verfasserfrage äußert sich besonders fundiert Heinz Schuler in *Schikaneder contra Gieseke*.

Unter Experten besteht heute Einigkeit, dass mindestens 90 Prozent des Librettos, in jedem Fall die Idee, der Aufbau, die Szeneneinteilung und alle gesprochenen Texte von Schikaneder stammen, Gieseke vielleicht aber beim Reimen half. Als sicher gilt auch die von Schikaneder selbst betonte Mitarbeit Mozarts, dem es aber wohl mehr ums Inhaltliche ging. Mozart war als präziser Psychologe in diesen Fragen äußerst kritisch. So lästerte er über Stephanies Satz «Kummer ruht in meinem Schoße» in der *Entführung*, das sei dumm gedacht, Kummer ruhe doch nicht. Geändert wurde die Formulierung dennoch nicht, vermutlich scheiterte Mozart an Stephanies Widerstand.

Die erste Abbildung des Textbuches zeigt Schikaneder als Papageno, die zweite ein unterirdisches Labyrinth mit merkwürdigen ägyptischen und barocken Motiven, wahrscheinlich das *Gewölbe der Pyramiden*, von der die Anweisung zur zwanzigsten Szene spricht. Dieses Blatt wird immer wieder als Argument für die freimaurerischen Symbole der *Zauberflöte* angeführt, von Helmut Perl in *Der Fall Zauberflöte* zugleich als illuminatisch gedeutet. Conrad sieht in dem fünfzackigen Stern, der Sanduhr, dem «Winkelmaß» und der «Kelle» freimaurerische Insignien, die Schikaneder als Reklametrick nutzte. Es handelt sich aber weder um ein Winkelmaß noch um eine Kelle, sondern um eine Spitzhacke und einen Spaten. Ausführlich dazu: Heinz Schuler in: *Die graphische Ouvertüre zur Zauberflöte*.

Die Besetzung der Uraufführung war folgende:

Sarastro: Franz Xaver Gerl, bereits im *Stein der Weisen* als Eutifronte der gute väterliche Geist.

Tamino: Benedikt Schak, schon im *Stein der Weisen* Hauptdarsteller als Astromonte.

Sprecher: Hr. Winter, laut Perinet der Einzige, der Schikaneders schwer zu lesende Handschrift («Hieroglyphen») entziffern konnte.

1. Knabe Anna Schikaneder, Urbans Tochter, die alle Nanette oder Nani nennen. Sie war zu diesem Zeitpunkt schon 24; auch im *Stein der Weisen* hatte sie einen Genius gesungen.

2. Knabe: Anselm Handelgruber, der im Hause des Baron von Swieten lebte und durch ihn eine umfassende musikalische Ausbildung erhielt.

3. Knabe: Franz Anton Maurer, der einige Jahre später die Partie des Sarastro übernahm.

1. Priester: Urban Schikaneder, der Bruder des Prinzipals, der im *Stein der Weisen* den Sadik gesungen hatte.

2. Priester: Johann Michel Kistler, der Nadir im *Stein der Weisen*.

3. Priester: Franz Moll (nicht Christian Hieronymus Moll, der sich zu diesem Zeitpunkt in Pest aufhielt), einer der ältesten Vertrauten Schikaneders.

Königin der Nacht: Josepha Hofer, Mozarts Schwägerin.

Pamina: Maria Anna Gottlieb, die erste Barbarina im *Figaro* und im *Stein der Weisen* Nadine, die edle Liebende.

1. Dame: Mlle. Klöpfer, eine Soubrette.

2. Dame: Mlle. Hofmann, die sonst «verliebte junge Damen» darstellte.

3. Dame: Elisabeth Schak geborene Weinhold, die Frau von Benedikt Schak.

Papageno: Emanuel Schikaneder, der im Stein der Weisen als Lubano aufgetreten war.

Ein altes Weib, als das Papagena zuerst auftritt: Barbara Gerl, geborene Reisinger, die Frau von Franz Xaver Gerl, die im *Stein der Weisen* die Lubanara gegeben hatte.

Monostatos: Johann Joseph Nouseul, eigentlich Schauspieler und schon beinahe fünfzig bei der Uraufführung. Er war für seine immense Bildung und seine differenzierte Charakterdarstellung berühmt.

Drei Sklaven:
Karl Ludwig Gieseke, der zugleich Inspizient war und vermutlich beim Reimen mitgeholfen hat.
Wilhelm Frasel
Hr. Starke, ein Statist, dessen Vorname nicht bekannt ist.
Zwei Geharnischte: Johann Michael Kistler und Franz Moll.

Ignaz Castelli behauptet in *Aus dem Leben eines Wiener Phäaken* (S, 206), Schikaneder sei «ein erbärmlicher Sänger» gewesen, weshalb er sich «in seinen Opern die Melodie zu jenen Stellen, welche er selbst zu singen hatte, selbst machte oder dem Komponisten vorschrieb. So sind die Melodien in der ‹Zauberflöte› zu den Liedern: ‹Der Vogelfänger bin ich ja› und ‹Ein Mädchen oder ein [sic] Weibchen›, sowie zu dem Duette: ‹Bei Männern, welche Liebe fühlen› von Schikaneder; Mozart hat sie erst durch sein herrliches Instrumentale [sic] zu Kunstwerken gemacht.» Das stützt einen weiter unten zitierten Bericht des Bassisten Mayer, Schikaneder habe Mozart zum Pa-Pa-Pa-Duett inspiriert.

Über jene einfache und einleuchtende Lesart der *Zauberflöte* als verdeckte Kritik der Freimaurer an den Illuminaten, die hier zu Grunde gelegt wird, schrieb zum ersten Mal der Mozartspezialist Walter Brauneis in: *Studies in Music History, presentend to H. C. Robbins Landon on his seventieth birthday* (S. 115–151).

Nahezu rührend ist es, wenn Tadeusz Krzeszowiak in seinem Buch über das Freihaustheater (S. 161) schreibt: «Echte Löwen, Affen und Schlangen kamen auf die Bühne», was nicht der Entkräftung durch die Erinnerung eines Dienstmädchens im Hause Grillparzer bedürfte, die als Kind einen der Affen spielte. Dass der Autor meint, Schikaneder habe sieben lebende Löwen auf die Bühne seines Vorstadttheaters gebracht, belegt sein bedingungsloses Zutrauen in die Fähigkeiten des Prinzipals.

Die sechs Szenenstiche, gezeichnet und gestochen von Josef Schaffer, wurden 1795 erstmals veröffentlicht im *Allgemeinen Europäischen Journal* in Brünn. Bisher hat nur Egon Komorzynski bestritten, dass sie die Szene der Uraufführung wiedergeben. Er führt aus, das Kostüm Papagenos und seine Vogelsteige stimme nicht mit der Figurine im Textbuch überein, Taminos Gewand sei nicht japanisch, Schikaneder hätte nie Rokokokostüme in einem ägyptischen Stück verwendet, und Schack hätte als Flötist die Flöte nie falsch gehalten. Wolfgang Skalicki, der Peter und Josef Schaffer als Urheber annimmt, argumentiert gegen letzteres, die Stecher seien sich «eines Verstoßes nicht bewusst» gewesen. «Sie folgten einfach den Kompositionsgesetzen ihres Blattes und gaben Tamino die Flöte so in die Hand, wie es ihnen besser schien.» Die simple Lösung des Problems: Schaffer zeichnete die Szenen zuerst und ließ diese Zeichnungen dann in Kupfer stechen und von diesen Platten drucken; ein Vorgang, bei dem selbstverständlich jede Darstellung hinterdrein seitenverkehrt erscheint.

Direkte Vorlage für Mozarts Gesang der Geharnischten war der Choralsatz *Gute Nacht, o Wesen* aus der Motette *Jesus, meine Freude* von Johann Sebastian Bach. Helmut Perl ist überzeugt, Mozart habe dieses Lied der Protestanten aus der Kampfzeit der Reformation gewählt, weil es «der Position der Illuminaten gegenüber der Kirche im letzten Viertel des 18. Jahrhunderts» entsprochen habe (S. 56). Perls These lautet: «Die Vorstellungswelt der Zauberflöte reflektiert das Gedankengebäude des Illuminatenordens.» (S. 58). Doch seine Interpretation wird durch Fakten weitgehend entkräftet.

1. Ein zentrales Argument Perls für Mozarts und Schikaneders in der *Zauberflöte* verschlüsseltes Bekenntnis zum Illuminatentum ist der Park von Schloss Aigen; er sieht darin die wichtigste Anregung zur Gestaltung der Landschaftskulissen. «Das Bühnenbild der Wiener Uraufführung zum Finale ist eine geradezu minutiöse Umsetzung der Szenerie von Aigen.» (S. 141) Perl sieht in dem Monopteros, der auf dem Kupferstich mit Schikaneder als Papageno im Textbuch Albertis zu sehen ist, den Freundschaftstempel «auf dem Freundschaftshügel der Illuminaten, wo die Zeremonien der Illuminaten begannen». Das aber ist aus zeitlichen Gründen nicht möglich, wie Inge Maria Harlander in ihrer Dissertation *Der Park zu Aigen* einwandfrei belegt. Der Park im Südosten von Salzburg wurde von Freunden des bereits 1785 in Freising verstorbenen Eigentümers Basil von Aman angelegt, der angeblich Illuminat war. Zutreffend ist, dass Illuminaten, die in Bayern verfolgt wurden, von dort nach Salzburg flohen, weil Erzbischof Colloredo sie stillschweigend duldete. «In der Literatur Aigens ab dem Ende des 19. Jahrhunderts werden der Freundschaftshügel und der Golshügel als Versammlungsorte der Illuminaten genannt», schreibt Harlander, die auch Nachweise aufführt, «dass die Wegeanlagen und Besonderheiten in Aigen in direktem Zusammenhang mit dem Bund der Illuminaten standen.» Auch der zeitliche Rahmen scheint zu stimmen: «Die von den Illuminaten gestalteten Gartenanlagen in Aigen entstanden demnach alle im Zeitraum um 1783 bis 1788.» (S. 79). Aber nach exaktem Studium der Pläne, die Harlander dokumentiert, kommt sie zu dem Schluss, dass noch um 1800, also neun Jahre nach Uraufführung der *Zauberflöte*, die «landschaftlich gestalteten Anlagen kein Götterhain» waren. «Es gab keine Tempel, Hieroglyphe und Arkaden. Der berühmte Park und die untere Grotte [als Illuminatenhöhle bezeichnet nebst Wasserfall von Perl ebenfalls als Vorbild der Zauberflöten-Inszenierung ausgegeben] wurden erst im ersten Viertel des 19. Jahrhunderts geschaffen» (S. 175). Pläne, die laut Perl «zur Zeit Mozarts» entstanden sind, stammen aus deutlich späteren Jahren.

2. Perl sieht in der Verfolgung, der die Illuminaten 1791 unter Leopold II. bereits auch in Wien ausgesetzt worden wären, den Grund dafür, dass Mozart und Schikaneder sämtliche Hinweise sorgsam verschlüsselten, doch Elisabeth Großegger stellte in ihrer grundlegenden Arbeit über *Freimaurerei und Theater* bereits 1981 schlüssig dar, dass dieser Kaiser keineswegs ein erbitterter Gegner des Illuminatenordens war. «Das Verhältnis von Leopold II., zur Freimaurerei wird als

ausgesprochen gut bezeichnet. Allem Anschein nach kannte Leopold sowohl das System der Freimaurerei als auch die führenden Männer der Logen in der Monarchie. Im Sommer 1791 ließ der Kaiser eine nach dem Vorbild der Freimaurerei und in mancher Beziehung sogar an dem Illuminatenwesen orientierte ‹geheime Assoziation› gründen, zur Stützung seiner Reformbestrebungen und allgemeinen Politik im Sinne einer Art heimlicher Regierungspartei. Diese Gesellschaft erreichte in der kurzen Regierungsperiode des Kaisers einen ansehnlichen Umfang, verschwand jedoch völlig nach seinem Tod.» (S. 111)

3. Perl wärmt in diesem Zusammenhang wieder das Gerücht von Mozarts Ermordung auf. Dabei passt die einzige überlieferte ärztliche Diagnose «rheumatisches Gelenksfieber» genau zur Anamnese der Krankengeschichte von Mozart, der schon als Kind von schlimmen Rheumanfällen gepeinigt wurde. Die Todesursache «Frieselfieber» wurde in der Presse genannt; sie meint einen gefährlichen fiebrigen Hautausschlag mit Infektion. Möglicherweise starb Mozart wegen eines Aderlasses, bei dem er mehr Blut verlor, als er verkraften konnte. Perl umgeht nicht nur jegliche medizinhistorische diagnostische Beweisführung, sondern auch die naheliegende Frage, warum sich die Aggression der Verfolger dann nicht gegen Schikaneder, den Textdichter richtete.

Die Furcht des Kaisers und seines Nachfolgers galt den Jakobinern, aus begreiflichen Gründen. Da sich in Illuminatenkreisen Jakobiner fanden, lässt sich mancher Irrtum Perls nachvollziehen. Auch die Tumulte, die es ab 1793 um Aufführungen der *Zauberflöte* gab, lassen sich schlüssig anhand der Quellen aus der Jakobinerfurcht erklären, was in den Kapiteln zu diesen Jahren geschehen soll. Ebenso die Verurteilung einiger Illuminaten in Wien, die nicht als solche, sondern als Jakobiner vor Gericht kamen und mit harten Strafen bis hin zum Todesurteil belegt wurden.

4. Perl sieht in der *Zauberflöte* eine harsche Kritik an der katholischen Kirche, verkörpert in der Königin der Nacht, und Papst, der mit dem Duett *Pa-pa, Pa-Pa* für jeden Wiener erkennbar verspottet worden sei. Er ist überzeugt, das sei auf Mozarts Anregung hin geschehen. Der Bassist Friedrich Sebastian Mayer, zweiter Ehemann von Mozarts Schwägerin, berichtete laut Ignaz Castelli (*Aus dem Leben eines Phäaken*, S. 207 f.) später von einer Probe, bei der Papageno und Papagena sich ein paar Mal beim Namen riefen. «Als Schikaneder dies hörte, rief er ins Orchester hinab: ‹Du Mozart, das ist nichts, da muss die Musik mehr Staunen ausdrücken, beide müssen sich erst stumm anblicken, dann muss Papageno zu stottern anfangen: Pa-papapa-pa-pa; Papagena muss dies wiederholen, bis endlich beide den ganzen Namen aussprechen.›» Mayer erwähnt auch, die Generalprobe habe noch ohne den Priestermarsch stattgefunden. «Schikaneder aber verlangte, dass ein pathetischer Marsch dazu komponiert werde. Da soll Mozart zu den Musikern gesagt haben: ‹Gebt her eure Kaszetteln!› und in die Stimme sogleich diesen prächtigen Marsch hineingeschrieben.» Mayer, zum Zeitpunkt der Uraufführung erst einundzwanzig Jahre alt, kann durchaus Gast der Generalprobe gewesen sein, denn der Benediktbeurer, der zuerst in München, dann in Salzburg Theologie studierte, hatte gerade freiberuflich als Sänger zu arbeiten begonnen.

Er debütierte 1792 in Linz und trat im Jahr darauf bei Schikaneder ein, wo er den Sarastro verkörperte.

Mozarts radikale Abkehr von der katholischen Kirche scheint jedenfalls kaum glaubhaft. In genau den Wochen, als die *Zauberflöte* entstand, nahm Mozart an einer Fronleichnamsprozession in der Josephstadt teil und bewarb sich bei den Piaristen dort um eine Aufnahme seines Sohnes Carl in deren wohl beleumundetes Internat, das Löwenburgische Erziehungshaus, was schwerlich als Tarnungsmaßnahme eines scharfen Kirchenkritikers interpretiert werden kann. Auf ausdrücklichen Wunsch der dortigen Geistlichen dirigierte Mozart am 10. Juli 1791 in Baden, wo er Constanze besuchte, eine seiner Messen, vermutlich KV 275(272 b). Auch dass Constanze, laut Perl eingeweiht in Mozarts Illuminatentum, verzweifelt war, den Sterbenden nicht mehr mit den heiligen Sakramenten versehen zu wissen, weil den Geistlichen wohl Mozarts offen bekanntes Freimaurertum abhielt, zeigt, wie sehr sie ihren Mann als Katholiken verstand, keineswegs als Abtrünnigen.

5. Perl gelingt es nicht, die historisch fundierte Tatsache zu widerlegen, dass die Freimaurer in den Illuminaten Konkurrenten, sogar Gegner sahen, und die freimaurerischen Logen unterwanderten. Er behauptet einen Einfluss Borns auf Mozart und Schikaneder, was schon Irmen entkräftete.

6. Perl bemüht sich, die spät erfolgte Umwandlung des Ungeheuers, das Tamino bedroht (1. Akt, 1. Auftritt) von einem «Löwen oder Tiger» in eine Schlange als Beleg für verschlüsseltes Illuminatentum zu interpretieren. Sehr viel näher liegt der für Theaterpraktiker wie Mozart und Schikaneder wesentliche Tatbestand, dass am selben Tag wie *Die Zauberflöte* beim Rivalen Marinelli das Konkurrenzstück *Der Orang-Outang oder das Tigerfest* uraufgeführt wurde. Davon haben die beiden sicher erst mitten in der Arbeit Kenntnis erhalten, was die nachträgliche Abänderung erklärt.

7. Perl betrachtet es als Verflachung und unzulässige Verharmlosung, die *Zauberflöte* als Märchenoper zu verstehen. Dabei ignoriert er, dass Wielands *Dschinnistan,* aus dem sich Schikaneder und Mozart bedienten, von Wieland selbst als «auserlesene Feen- und Geistermärchen» bezeichnet werden. Wieland wie auch Novalis betonten mehrfach die Tiefe des Märchens. Was Novalis dazu sagt, liest sich, als wolle er damit den Charakter der *Zauberflöte* beschreiben: «In einem echten Märchen muss alles wunderbar – geheimnisvoll und unzusammenhängend sein – alles belebt. Jedes auf eine andere Art. Die ganze Natur muss auf eine wunderliche Art mit der ganzen Geisterwelt vermischt sein – …. Die Zeit vor der Welt». Letztere Formulierung lässt sofort an die «tausendjährige Eiche» denken, aus der Taminos Flöte geschnitzt worden sein soll. Eine von Komorzynski erstmals erwähnte Inspirationsquelle der *Zauberflöte* ist das Stück *Lisuart und Dariolette,* in dem Schikaneder und seine spätere Frau 1777 in Nürnberg bei Moser auftraten, er als Ritter, sie als eine Alte, die sich wie Papagena als reizvolle junge Frau entpuppt. Dieses Stück basiert auf der Märchenoper *La Fée Urgèle* von Egidio Romoaldo Duni. Dazu Gudrun Busch: *Daniel Schiebler, Schikaneder und Mozarts Berlin-Besuch 1789, oder: ‹kein Ende› der Quellen des ‹Zauberflöten›-Librettos?*

8. Was gegen Perl spricht und für die Vermutung von Brauneis, die *Zauberflöte* habe sich gegen die Illuminaten gerichtet, ist Mozarts Vergiftungsphobie. Constanze berichtete dem Ehepaar Novello, ihr Mann habe in den letzten Wochen seines Lebens behauptet, man habe ihn mit «aqua / acqua tofana» vergiftet. Die Illuminaten, gegen die jeder Rufmord recht erschien, wurden bezichtigt, mit eben jener «aqua / acqua tofana», einer Mischung aus Blei, Antimon und Arsenik, oft auch Belladonna, heimtückisch ihre Gegner zu ermorden. Wenn Mozart ausgerechnet dieses Gift nannte, weist das am ehesten darauf hin, dass er, falls er den kursierenden Gerüchten Glauben schenkte, in den Reihen der Illuminaten Feinde witterte.

Die sogenannte Kleine Freimaurerkantate *Laut verkünde unsere Freude* KV 623 trägt die letzte Nummer in Mozarts eigenem Werkverzeichnis. Ludwig von Köchel schreibt den Text Emanuel Schikaneder zu. Er gilt als identisch mit jenem Kettenspruch, den Schikaneder bereits in Regensburg verfasste. Während Schikaneders erstem Wienaufenthalt 1784–1786 hatte Mozart mit der Vertonung begonnen und ihn dann liegen lassen.

Anmerkungen zu Kapitel IX

War Süßmayr Mozarts Schüler? Er selbst behauptete es in einem Brief an den Abt von Lambach 1797. Darin schreibt er, seine Operette *Der rauschige Hans in der Gruebn* sei 1788 «unter Leitung des seligen, unsterblichen Mozarts» entstanden. Constanze Mozart bezeichnet ihn später ebenfalls als Schüler ihres ersten Manns. Süßmayr selbst nennt sich mehrmals Schüler Salieris und ist als solcher nachweisbar, wobei das eine das andere nicht ausschließt.

Die Zauberflöte ist das am meisten aufgeführte Stück in Goethes Amtszeit als Theaterdirektor. 79 Mal bringt er sie auf die Bühne. Seine Meinung zu Schikaneders Libretto war mit der von Vulpius keineswegs identisch. Zwar räumte Goethe in den *Gesprächen mit Eckermann* am 13. April 1823 ein, dass «der bekannte erste Teil voller Unwahrscheinlichkeiten und Späße sei, die nicht jeder zurecht legen und zu würdigen wisse; aber man müsse doch auf alle Fälle dem Autor zugestehen, dass er im hohen Grade die Kunst verstanden habe, durch Kontraste zu wirken und große theatralische Effekte herbeizuführen.» Von den Unwahrscheinlichkeiten, vor allem aber von den Späßen wurde das Weimarer Publikum durch Vulpius' Umarbeitungsmaßnahmen verschont; was ihm entging, dürfte es wohl kaum gewusst haben.

Goethes Mutter hatte ihrem Sohn zuvor schon einmal über den *Zauberflöten*-Erfolg in Frankfurt am Main berichtet. Am 9. November 1793 schrieb sie: «Neues gibt's hir nichts, als dass die Zauberflöte 18 mahl ist gegeben worden – und dass das Haus immer gepfropft voll war – kein Mensch will von sich sagen lassen – er hätte sie nicht gesehn – alle Handwercker – Gärtner – ja gar die Sachsenhäußer – deren ihre Jungen die Affen und Löwen machen gehen hinein so ein Specktackel hat mann hier noch nicht erlebt – das Haus muß jedesmal schon vor 4 uhr auf

seyn – und mit alledem müssen immer einige hundert wieder zurück die keinen
Platz bekommen können – das hat Geld eingetragen.»

Die Aufstellung in *Die geheime Geschichte des Verschwörersystems der Jakobiner in
den österreichischen Staaten* sieht folgendermaßen aus:

«Die Königin der Nacht	Die vorige Regierung
Pamina, ihre Tochter	Die Freyheit, welche immer eine Tochter des
	Despotismus ist
Tamino	Das Volk
Die drey Nymphen der	
Königin der Nacht	Die Deputierten der drey Stände
Sarastro	Die Weisheit einer besseren Gesetzgebung
Die Priester des Sarastro	Die Nationalversammlung
Papageno	Die Reichen
Eine Alte [Papagena]	Die Gleichheit
Monostatos, der Mohr	Die Emigranten
Sklaven	Die Diener u. Söldner der Emigranten
Drei gute Genien	Klugheit, Gerechtigkeit und Vaterlandsliebe,
	welche Tamino leiten»

Adolf Bäuerle schreibt in seinen *Memoiren*: «Der Spiegel von Arkadien elektrisierte
damals ganz Wien. Es war darin so viel zu bewundern, namentlich die neue Idee
des Verfassers, die herrliche Musik, die Dekorationen Pracht [sic], das brillante
Kostüme [sic], die schönen Tänze und endlich der hochbeliebte Schikaneder, der
einen Vipernsänger darstellte und ganz außerordentlich komisch und drollig war.»
Aufschlussreich ist, dass Bäuerle den Erinnerungen an Schikaneders Haltung zu
der Prandstetter-Sache so viel Raum widmet (S. 69–75). Er irrt rückblickend
allerdings, wenn er meint, die Leute auf der Straße hätten in ihm auch den Tiroler
Wastel erkannt, denn den spielte Schikaneder erstmals bei der Uraufführung am
14. Mai 1796.

Franz Hebenstreit übersetzte den Titel seiner Schrift, die er *ad Gallos*, den
Franzosen widmete, zwar mit *Mensch unter Menschen*; doch um die Nähe zu den
Formulierungen bei Schikaneder deutlich zu machen, wird hier die korrekte
wörtliche Übersetzung des Titels *Mensch den Menschen* gewählt, wie ihn die latein-
kundigen Zensoren auch gelesen haben.

Die verdächtigen Stücke von Franz Döhner waren *Des Aufruhrs schreckliche Folge
oder Die Neger*, bei Schikaneder am 21. September 1792 aufgeführt, und *Der edel-
mütige Jude*, ein *Zeitgemälde*, das Schikaneder am 25. April 1794 auf die Bühne
brachte.

Worum es sich bei den Fratschlweibern handelt, die beim Spießrutenlauf der
Delinquenten besonders unflätig gewesen sein müssen, wird in dem Buch *Deutsche Volksfeste im 19. Jahrhundert*, Weimar 1839, vom Herausgeber Friedrich
August Reimann folgendermaßen erklärt: «Über den Ursprung ihres Namens
scheinen die Gelehrten noch nicht recht einig: denn der Begriff: plaudern,
schwatzen, welchen man dem Wort fratscheln unterlegt, ist wahrscheinlich nur

ein anwendungsweise entstandener und eher glaube ich, dass fratscheln so viel sagen will, wie verkaufen, feilbieten und ich halte es in dieser Hinsicht für einen Verwandtschaftsbegriff zu ‹tandeln›.» Er ergänzt: «Auf den ehrenvollen Namen ‹Fratschlerinnen› haben übrigens verschiedene Handelszweige Anspruch zu machen.»

Anmerkungen zu Kapitel X

Goethe machte sich 1798 noch einmal an sein *Zauberflöten*-Fragment, nachdem ihn Iffland bei einem Gastspiel in Weimar ermuntert hatte und dieses Werk als Sensation in Berlin herausbringen wollte. In Goethes Tagebuch finden sich am 5. und 6. Mai 1798 diesbezügliche Bemerkungen. Schillers Warnungen, vor allem die vom 11. Mai 1798, verfehlten aber wohl ihre Wirkung nicht. Er meinte, wenn Goethe zur Fortsetzung keinen «recht geschickten und beliebten Komponisten» finde, riskiere er einen Reinfall; «denn bei der Repräsentation selbst rettet kein Text die Oper, wenn die Musik nicht gelungen ist, vielmehr lässt man den Poeten die verfehlte Wirkung entgelten.»

Der *Tiroler Wastel* (eigentlich *Tyroler* oder *Tyroller Wastel*) macht auch außerhalb Wiens Karriere. Schikaneder gastierte damit zum Beispiel 1800 in Agram und «unter stürmischem Zulauf» 1806 in Laibach. In der Literatur- und Theaterwissenschaft gilt dieses Stück als Prototyp der Wiener Volkskomödie, deren Ingredienzien, Figuren und Konstellationen bis ins 20. Jahrhundert hinein wiederholt wurden.

Die Beschreibung der Zustände auf der obersten Galerie findet sich in den Memoiren von Ignaz Castelli (S. 48).

Die Familienangelegenheit der Willmanns wird hier in Zusammenhang mit Schikaneder neu aufgeschlüsselt. Eine erste grundlegende Nachricht zu den Willmanns ist Karl Maria Pisarowitz zu verdanken, der in seinem 1967 erschienenen Aufsatz auch ein Rollenporträt Marianne Willmanns als Pamina bringt. Bei Madame Willmann, die auf Schikaneders Spielplänen als neue Pamina geführt wird, kann es sich nur um die zweite Frau des Geigers, Flötisten und Cellisten Ignaz Willmann (1739–1815) handeln: Marianne, eigentlich Anna Maria Antonetta de Triboulet aus Paderborn (1768–1813). Sie debütierte bei Schikaneder 1795 als Konstanze in der *Entführung*. Willmanns erste Frau war 1789 gestorben. Aus der Ehe mit ihr stammten die Kinder Johann Franz Willmann (1765–1789), Maximilian Friedrich Ludwig Willmann, Cellist (1767–1813), Maximiliana Valentina Walburga Willmann (1769–1835), Pianistin, und Johann Magdalena Willmann (1771–1801) sowie Karl Johann Willmann (1773–1811). Walburga Willmann – die Schwester der Sängerin, die Beethovens Heiratsantrag abwies – heiratete am 28. September 1797 den böhmischen Journalisten, Bühnenautor und Satiriker Franz Xaver Huber (1755–1814, nicht zu verwechseln mit dem gleichaltrigen Schriftsteller Franz Xaver Huber aus Deutschland). Trauzeuge war Franz Xaver Süßmayr. 1809 wurde die Überwachung Hubers, der die Zeitschrift *Der Morgen-*

bote herausgab, damit begründet, dass er ein «talentvoller» und besser «mit der Monarchie bekannter» Journalist sei als der junge Ludwig Wieland, sein Mitherausgeber. Huber bleibt als Bühnenautor bei Schikaneder präsent, auch an seinem neuen Haus, dem Theater an der Wien, so mit der Oper *Camma, die Fürstin der Bojaren*, komponiert von Abbé Vogler (1804). Für Beethoven verfasste er 1803, als Beethoven im Theater an der Wien wohnte und sich mit Schikaneders Opernlibretto *Vestas Feuer* herumschlug, den Text zum Oratorium *Christus am Ölberge*.

Die Tochter, mit der Marianne Willmann im Januar 1796 schwanger ging, war die spätere Sängerin Maria Anna Magdalena Caroline Willmann, die am 25. Februar 1796 zur Welt kam.

Kammermayr (S. 249) nennt als Vornamen von Schikaneders Geliebter nicht Josefa, sondern Katharina, bezeichnet sie als Schwägerin Marianne Willmanns und behauptet, sie sei eine geborene Willmann, Schwester der drei vom Wunderkindertrio, nämlich Max, Walburga und Magdalena. Das aber ist nicht glaubwürdig, weil keine weitere Schwester bekannt ist.

Otto Erich Deutsch vermutete bereits in seiner grundlegenden Arbeit über *Das Freihaustheater auf der Wieden* (S. 24), es könne sich bei Schikaneders Geliebter, die als Sängerin engagiert wurde, um Josefa Huber, später verheiratete Bladl, gehandelt haben, Mutter der später am Theater in der Leopoldstadt engagierten Soubrette Johanna Huber. Josefa Huber war wohl die Schwester von Franz Xaver Huber und wurde vermutlich wie er in Beneschau, heute Benešov bei Prag geboren.

Die Vermutung, Max Willmann sei «quasi Don Carlos seiner jüngeren Stiefmutter» gewesen, äußert bereits Pisarowitz.

Die Episode vom August 1796, wo Schikaneder sich spontan zum Spender machte, schildert Emil Soffe in *Bühne und Gesellschaft*, S. 186. Allerdings sind seine Angaben widersprüchlich. Soffe führt den Namen von General Jourdan auf, den Monat August und den Rhein, in den die Franzosen gejagt worden seien. Eine Niederlage Jourdans in der Nähe des Rheins ist aber für den 19. Juni verbürgt, als die Sambre-Maas-Armee unter seiner Führung von Erzherzog Karl geschlagen wurde. Im August musste seine Armee vor den kaiserlichen Truppen ebenfalls zurückweichen, aber beim oberpfälzischen Amberg, das an der Vils, nicht am Rhein liegt. Komorzynski spricht von einer Spende Schikaneders in Höhe von «920 Gulden und 6½ Kr.» an den «Fond der Wiener Freiwilligen», also den Fond des Wiener Aufgebots vom Frühling 1797, denen er die Abendeinnahme der Premiere des *Tiroler Wastel* überlassen haben soll (S. 262). Diese fand jedoch bereits am 14. Mai statt, als noch nicht für ein Freiwilligencorps geworben wurde. Nachweislich spendete Schikaneder im Herbst 1796; der Bankier Peter Braun war mit 2000 Gulden dabei, Mozarts Verleger Artaria & Comp. mit 325, Wranitzky mit 50.

Mozarts teilte seine Meinung über Mederitsch am 5. Februar 1783 seinem Vater mit, wo er sich lustig macht über «den hiesigen Jungen [sic] Menschen, Scolaren vom Wagenseil, welcher heist [sic] Gallus Cantans, in arbore sedens, gigirigi faciens».

Die Vorrede zu *Der Spiegel von Arkadien* ist wiedergegeben in: *Maske und Kothurn*. Vierteljahresschrift für Theaterwissenschaft (S. 359–360).

Anmerkungen

Oft wird behauptet, *Das Labyrinth* sei kein Erfolg gewesen und Winter habe das Schikaneder angelastet. Die Fakten widersprechen dem eindeutig. Freilich beurteilten viele Kritiker dieses Werk Winters abschätzig als eine Sammlung von Zitaten ohne eigene Ideen. Winter hat sich nicht von Schikaneder abgewandt, als er nach München zurückkehrte, sondern von einer Zielvorstellung verabschiedet. Er hat wohl eingesehen, dass sein Versuch, Mozart mit anderen Mitteln fortzusetzen, zum Scheitern verurteilt war, und dass es ihn weiterbringen würde, in Anknüpfung an seinen *Oberon* neue Wege zu beschreiten, die in Richtung romantischer Oper führen sollten.

August German Freiherr von Horix (1774 in Wetzlar – nach 1831 in der Pfalz) war der Sohn von Johann Baptist von Horix, Reichsfrei- und Panierherr, 1758 zum ordentlichen Professor für Rechte in Mainz ernannt, ein Freund Wielands. Er gehörte der Mainzer Illuminatenloge an. 1789 zog er mit seiner Familie nach Wien, wo er die Stelle eines Geheimen Reichsreferendars innehatte. Nach dem Tod des Vaters 1792 kehrte Horix nach Mainz zurück und reiste dann als selbsternannter «außerordentlicher Botschafter der deutschen Jugend» ins revolutionäre Frankreich, wo er die ganze Zeit der *Terreur* im Gefängnis verbrachte, ohne deshalb seinen Glauben an die Ideale der Französischen Revolution aufzugeben.

Alle Details zum Fall Horix hat die Historikerin Gilda Pasetzky in verschiedenen Publikationen mustergültig aufgearbeitet und mutig ihre anfängliche Einschätzung von Schikaneders Rolle in diesem Fall nachträglich revidiert. Die spannenden Entdeckungen von Gilda Pasetzky und Gerda Lettner sind in Fachzeitschriften publiziert worden, doch leider nicht in die Schikaneder- und Mozart-Literatur eingegangen. Das soll hier nachgeholt werden. Ein Fehler allerdings sei im Interesse der Genauigkeit in der gemeinsamen Publikation von Lettner und Pasetzky korrigiert. Auf S. 49 heißt es, der Vorfrieden von Leoben sei am 9. März 1797 geschlossen worden; er wurde aber erst am 18. April 1797 unterzeichnet, was für den Ablauf der Ereignisse nicht unwesentlich ist.

Bei der Akademie im Theater auf der Wieden wurde wahrscheinlich Haydns Symphonie *mit dem Paukenschlag* aufgeführt. Das vermuten auch Else Spies (S. 56) sowie Otto Erich Deutsch in seinem Text über das Theater auf der Wieden (S. 26). Um welches der beiden damals vollendeten Klavierkonzerte Beethovens es sich handelte, ist nicht zu sagen. Es kann das zuerst entstandene, aber als Nr. 2 verzeichnete sein, op. 19, oder das als Nr. 1 verzeichnete, op. 15.

Was das von dem großen Geiger Schuppanzigh dargebotene Werk betrifft, ist die Sache jedoch eindeutig. Für die Violine existierten zu diesem Zeitpunkt nur die Drei Sonaten op. 12. Überliefert ist, dass Beethoven bei seinem zweiten Auftritt mit Schuppanzigh «ein Adagio» spielte; da in den Sonaten op. 12 nur die dritte einen Satz dieser Bezeichnung enthält, muss es sich um besagtes *Adagio con molt'espressione* handeln. Diese Zuweisung erfolgt hier erstmals. Die zitierte Rezension von op. 12 war aber erst am 5. Juni des folgenden Jahres, zu dessen Beginn die Sonaten im Druck erschienen, in der Leipziger *Allgemeinen Musikalischen Zeitung* nachzulesen.

Den bürokratischen Kleinkrieg um Schikaneders Baugenehmigung hat Anton

Bauer in seiner Arbeit über *150 Jahre Theater an der Wien* (S. 15–49) detailgetreu mit allen archivalischen Hinweisen aufgearbeitet. Krzeszowiaks spätere Publikation hingegen ist, was die Quellenangaben angeht, nicht verlässlich. Perinet als Cicerone auf der Baustelle erwähnt bereits Gugitz
Eigentlich hätte Schikaneder bereits im März 1801 das Freihaus verlassen müssen, doch auf einer Konferenz am 3. Februar 1800 wurde die Frist «bis letzten Mai» verlängert, wie das «Zusammentrettungsprotokoll» [sic] belegt. Schikaneder überzog dann nochmals um fast zwei Wochen.

Anmerkungen zu Kapitel XI

Die Zahl der Aufführungen an Schikaneders Bühnen, nach den Sparten Ballett, Pantomime, Schauspiel, Oper und Singspiel geordnet, sind in je einer historischen «Übersicht» erhalten. Sie befinden sich im Theatermuseum der österreichischen Nationalbibliothek. Komorzynski führte sie in seiner Schikaneder-Biographie bereits auf, Krzeszowiak druckt sie sogar in seiner Arbeit über das *Freihaustheater* ab (S. 358–359). Aufgelistet wird für die beiden Hoftheater, das Theater auf der Wieden und an der Wien und das Leopoldstädter Theater die «Anzahl der in einem Zeitraume von dreizehn Jahren «gegebenen Vorstellungen», nämlich von 1794 bis 1807. Krzeszowiak summiert die Vorstellungen bis Ende des Jahres 1801, was jedoch wenig Sinn ergibt, da die Bilanz des Wiedener Theaters im Juni 1801 endet. Insgesamt hat Schikaneder 1801 auf der Wieden und an der Wien 48 neue Stücke gebracht. Die Zahl der Aufführungen in Schikaneders altem Haus ist bei Otto Erich Deutsch (S. 30–36) unvollständig aufgeführt. Starhemberg ließ Schikaneders Wirkungsstätte in eine Gaststätte umbauen, in der Volkssänger auftraten. Im 19. Jahrhundert war das Freihaus als Mietkomplex wegen der ruhigen Innenhöfe, der vielen Läden und der niedrigen Miete noch immer sehr beliebt, gerade bei Familien. Während der letzten Kriegsmonate 1945 erlitt es schwere Bombenschäden. Verschiedenste Nutzungsideen wurden verworfen, und im Jahr von Mozarts 200. Geburtstag wurde der Komplex zum Abriss freigegeben. In den 1960er Jahren wütete ein Brand in den aufgelassenen Gebäuden, aber erst in den 1970er Jahren war die sogenannte Abtragung beendet.
Jenem kaum erwähnten Schüler Mozarts namens Franz Seraph Destouches hat erstmals Robert Münster Aufmerksamkeit gewidmet in seinem Aufsatz *Mozarts letzter Schüler*. Da er im Zauberflöten-Jahr in Mozarts Leben trat, ist die Vermutung naheliegend, dass auch Schikaneder ihn kannte oder von ihm wusste.
Das immer wieder aufgewärmte Gerücht, Beethoven habe ursprünglich Schikaneders Libretto zur Eröffnungsoper *Alexander* vertonen sollen, ist einem Irrtum des großen Beethovenforschers Alexander Wheelock Thayer und seinen Bearbeitern zuzuschreiben. In dessen biographischem Grundlagenwerk, das 1866–1908 auf Deutsch erschien, wird von einer Oper mit dem Titel *Alexander in Indien* berichtet, die Beethoven 1803 begonnen haben soll (S. 409); dass dieser *Alexander* mit dem Schikaneders nichts zu tun haben konnte, ist schon an den Terminen erkenn-

bar. Thayers Irrtum gründet auf einer Veröffentlichung von Gustav Nottebohm, überschrieben «Ein Stück aus einer unvollendeten Oper», veröffentlicht in *Beethoveniana* (Leipzig und Winterthur 1872). Das Finale zum ersten Akt von *Vestas Feuer* hielt Nottebohm für das Finale zu einer anderen Oper. Daran war Beethoven selbst nicht ganz unschuldig, denn er hatte die im Partiturentwurf vollendete Szene handschriftlich nur als *Gesangsstück mit Orchester, vollständig, aber nicht gänzlich instrumentiert* bezeichnet. 1880 korrigierte Nottebohm seinen Irrtum zwar bereits in dem Beitrag «Ein Skizzenbuch Beethovens aus dem Jahr 1803». Bei Thayer war aber noch 1922 nachzulesen, Beethoven habe 1803 mit einer Oper *Alexander in Indien* begonnen, für die besagte Szene aus *Vestas Feuer* gedacht gewesen sei. Erst als Raoul Biberhofer 1930 in der Österreichischen Nationalbibliothek Schikaneders Libretto zu *Vestas Feuer* entdeckte, konnte der Entwurf einwandfrei zugeordnet werden.

Die Texte von Joachim Perinet, in denen er mit Schikaneder und dem seinem Grab entstiegenen Mozart aktuelle Themen diskutiert, wurden bisher nicht ausgewertet. Dabei sind sie, gerade was die *Zauberflöten*-Bearbeitung angeht, höchst aufschlussreich. Deshalb wird hier erstmals die Frage aufgeworfen, was Schikaneder mit den zwei Werken Mozarts meint, die er angeblich aus seiner Hand erhalten hat. Sollte ihm Mozart wirklich Autographen hinterlassen und Schikaneder die Behauptung nicht nur zur Aufwertung hausgemachter Kompositionen aufgestellt haben, ist ihr Schicksal ungewiss. Constanze Mozart könnte sie erworben haben, vielleicht hat Schikaneder sie ihr auch vermacht. Wenn Perinet in seinem Gespräch über die erweiterte *Zauberflöte* mit Mozart und Jupiter die Wahrheit berichtet, hat es sich dabei nicht um zusätzliche, alternativ verwendbare Arien zur *Zauberflöte* gehandelt, wie Mozart sie ja zu vielen Opern, so zu *Figaro* und *Don Giovanni*, komponiert hat, sondern um Werke aus einem anderen Zusammenhang oder eigenständige Stücke. Dann hätte Schikaneder sie nur mit einem passenden Text versehen und eingefügt.

Gegen Schikaneders Autorenschaft am *Theatralischen Gespräch über den Verkauf des Theaters* spricht, was Schikaneder dort auf Mozarts Frage erwidert.

«Mozart: Hast du denn Kinder, lockrer Emanuel?

Schickaneder [sic]: Zwei Mädchen nahm ich an Kindesstell'.»

Zu diesem Zeitpunkt lebte in Schikaneders Haushalt mit Sicherheit der kleine Sohn von Franziska Günschl. Möglicherweise hatte Schikaneder aber wirklich zwei Mädchen als Pflegekinder angenommen. Ob es sich um eigene uneheliche Kinder oder um die von Ensemblemitgliedern gehandelt hat, ist nicht bekannt.

Bereits Fritz Brukner, der drei der vier Joachim Perinet zugeschriebenen Schriften persönlich besaß, äußerte die Vermutung, Schikaneder könne Perinet zu dem Stück *Theatralisches Gespräch Jupiter, Mozart und Schikaneder nach der ersten Vorstellung der Zauberflöte im neuen Theater an der Wien* angeregt haben.

Marianne Willmann dekorierte die Pamina-Arie nach barocker Manier mit virtuosen Zutaten. Bei «Mortanderln» handelt es sich um die Mehrzahl von Mortand, auch Mortend, einen Triller mit Nachschlag, einem verlängerten Doppelschlag nach oben und unten. Als «Rolade», eigentlich Roulade (vom französischen

rouler für rollen) wird eine Folge von rasch auf- und absteigenden Noten bezeichnet, die auf einer Silbe gesungen werden. Die «Manderln» sind eine Zutat aus
Perinets Sprachkonditorei.

Das sogenannte Schikaneder-Léhar-Schlössl befindet sich heute im 19. Bezirk
Wiens, Hackhofergasse 18. Erbaut worden war das ursprüngliche Nußdorfer Anwesen als Freihof von einem Stift, ob vom Hochstift Passau oder vom Schotten-
stift, ist nicht geklärt. In die Reihe der illustren Besitzer reihte sich Schikaneder
sicher gerne ein. 1706 hatte Josef Anton Pilati de Tassul, kaiserlicher Hofkammerrat, das Anwesen gekauft, im April 1737 erwarb es Joachim Ritter von Schwandner, ebenfalls kaiserlicher Hofkammerrat und Superintendent der Peterskirche. Er
ließ die vorhandenen Gebäude abreißen und jenen Neubau mit Schlösschen und
Wirtschaftsteil errichten. Aus seinem Erbe kam es an Paul Michael von Zweng-
hof, Leibarzt des Kaisers und Sanitätsrat. Von ihm hatte es nach über zwanzig
Jahren Friedrich Wilhelm Freiherr von Kettler erworben, Generalfeldwachtmeis-
ter und Ratspräsident der Wiener Kunstakademie. Danach hatten die Besitzer
rasch gewechselt. Ein Anton Geyer hatte es Kettlers Witwe 1783 abgekauft, der
wiederum hatte es 1789 an Franz de Paula Sieberer und Johann Georg Seidl verkauft, 1794 war es dann in den Besitz der beiden Griechen Demeter Darvar und
Vulko Ghika übergegangen. Schikaneder erwarb über Stöger am 23. Juni 1802
den Gartentrakt und am 26. November den Straßentrakt; es gibt auch Behauptungen, er habe diesen Teil erst im November des folgenden Jahres, also 1803 erworben. Das weitgehend verwüstete Gebäude verkaufte er erst kurz vor seinem Tod
im Februar 1812 an Stanislaus Graf Skarbek aus jener polnischen Familie, mit der
Chopin vielfach verbunden war. Nach Skarbek gehörte das Nußdorfer Schlössl
Josef Biedermann, anschließend seinen Verwandten Henriette und Alexander
Biederman. Johanna Jokits, geborene Biedermann, übernahm das Drittel von
Alexander Biedermann. Ihnen folgte Henriette Freiin von Seckendorf; sie ver-
machte zwei Drittel des Besitzes dem Ehepaar Karl und Maria Holz, ein Drittel
Dr. Anton Chamaides, dessen Anteil das Ehepaar Holz übernahm. Bereits zwei
Jahre später, 1875, firmierte Josef Martin Beyerl als Eigentümer. Von ihm ging es
noch in demselben Monat an Albertine Bachofen von Echt, die Tochter des ehemaligen Besitzers der Brauerei Nußdorf, Franz Xaver Bosch, Ehefrau des Freiherrn Karl Adolf Bachofen von Echt. 1923 übernahm Anton von Viditz-Ward,
Leiter der amerikanischen Hilfsaktion, das Schlössl, das er 1932 Franz Léhar verkaufte. Der Komponist ließ Haus und Garten renovieren und vererbte es seiner
Nichte, weil er meinte, sein Bruder, General Anton von Léhar, seiner Verdienste
wegen zum Ritter des Maria-Theresien-Orden ernannt und zum Freiherrn erhoben, werde ihn nicht lange überleben. Die Nichte verscherbelte nach dem Tod
des Komponisten 1944 fast das ganze kostbare Inventar des Hauses und das Anwesen selbst. Nun erwarb es Anton von Léhar und versuchte zu retten, was noch zu
retten war. Weil er durch Kriegsverletzungen pflegebedürftig und seine Frau
ebenfalls leidend war, suchte das Ehepaar 1951 mittels Zeitungsannonce ein
Dienerpaar. Unter den Bewerbern waren Hermine und Erich Kreuzer, jung und
überzeugt, keine Chance zu haben, diese Stelle zu ergattern. Sie betreuten und

pflegten Emilie und Anton von Léhar jedoch bis zu deren Tod. Léhar starb 1962, fünf Jahre nach seiner Frau. Als das Testament Anton von Léhars eröffnet wurde, erfuhren die Kreuzers zu ihrer völligen Überraschung, dass sie als Erben eingesetzt worden waren. Das war ebenso viel Belastung wie Ehre. Um ständig fällige Renovierungskosten bestreiten zu können, vermieteten die Kreuzers den gesamten Straßentrakt und Teile des Gartentrakts als Wohnungen, den Festsaal und andere Säle für Konzerte und die Kapelle für Hochzeiten. Ihnen ist es zu verdanken, dass dieses Anwesen bis heute gut erhalten und von keinerlei Unterstützungen abhängig ist. Hermine Kreuzer, die jeden Zettel und jede Medaille der Franz-Léhar-Memorabilien in- und auswendig kennt, führt auch nach dem Tod ihres Mannes im Mai 2011 mit so unbeschreiblichem Charme durch das Haus, dass auch sie in seine Geschichte eingehen wird.

Von Schikaneders mobilen Besitztümern hat sich dort nur eine Sänfte erhalten.

Der Architekt des Schlösschens ist nicht bekannt, Zuschreibungen an Lukas von Hildebrandt und Balthasar Neumann sind reine Legende.

Die Kapelle, 1784 von Kardinal Migazzi geweiht, stammt wohl aus der Erbauungszeit des Gartentrakts 1740–1750. An der Decke befindet sich ein wohl übermaltes Fresko aus dem 18. Jahrhundert, das die Dreifaltigkeit zeigt. Auf dem Altarblatt ist Maria Immaculata zu sehen, die Stuckfiguren, die es flankieren, stellen die Heiligen Josef und Antonius von Padua dar.

Einer der beiden Vorbesitzer von Schikaneders Schlössl, Demeter Nicolai Darvar, ging sieben Jahre nach dem Verkauf in Konkurs. Das *Neue Journal für Fabriken, Manufakturen, Handlung, Kunst und Mode* vermeldete im 1. Band, Januar bis Juni 1809, Kap. IX unter *Miscellen*, S. 273: «Bankerotte» aus Wien, «1. der griechische Handelsmann Joh. Baptist der Rivo, 2. der griechische Handelsmann Demeter Darvar ...». Weitere Details zu ihm finden sich in: *Die Ausweitung des Horizonts*. In: Das 18. Jahrhundert und Österreich. Jahrbuch der österreichischen Gesellschaft zur Erforschung des 18. Jahrhunderts, hrsg. von Harald Heppner, Bd. 13. 1999. Die zitierten Angaben stammen aus: Neues Archiv für Geschichte, Staatenkunde und Kunst. Zweiter Jahrgang (XXI als Fortsetzung), Wien 1830, Monat Jänner bis Dezember, S. 74, und dem Beitrag von Johann Baptist Rupprecht: *Demeter Darvar. Eine biographische Skizze*. In: Archiv für Geographie, Historie, Staats- und Kriegskunst, 6. Jahrgang, Nr. 53 und 54. Wien 1816, S. 219–222.

Anmerkungen zu Kapitel XII

Die Wahl des Pseudonyms Joseph Hradek dürfte Kaiser Franz Spaß gemacht haben: *hrádek* ist die Verkleinerungsform des tschechischen Wortes für Hof, Burg. Bei Beethovens Lieblingskäse, dem Stracchino, handelt es sich um den Stracchino di Gorgonzola, heute nur Gorgonzola genannt. Die kulinarischen Vorlieben Beethovens waren von Maccheroni bis Salami italienisch.

Die Hintergründe zu dem Fragment *Vestas Feuer* aufgeklärt zu haben, ist vor allem das Verdienst von Raoul Biberhofer, der seine Entdeckung unter dem Titel

Vestas Feuer. Beethovens *erster Opernplan* 1930 veröffentlichte, und Willy Hess, der im Jahr danach den Erstdruck des Textbuches herausbrachte. Die Uraufführung erfolgte erst am 19. September 1954 in Radio Köln.

Bei dem Benefizkonzert für den jüngeren Mozartsohn dürfte Schikaneder die aktive Beteiligung von Andreas Streicher noch aus einem besonderen Grund als große Ehre empfunden haben: Nachdem sein Buch über *Schiller's Flucht* großen Erfolg hatte und dadurch allgemein bekannt war, dass er mit dem Dichter gemeinsam unter großer Gefahr Stuttgart verlassen hatte, galt er für Schikaneder als Kamerad seines *deutschen Shakespeare*.

Das Legat an Wieland und Schiller strich Schikaneder später aus seinem Testament, sicher nicht nur, weil seine finanzielle Situation klammer geworden war. Wieland, fast zwanzig Jahre älter als Schikaneder selbst, war nun schon sehr betagt, und Schiller war im Monat nach dem Benefizkonzert für den kleinen Mozart gestorben.

Die vielen Geschichten um Beethovens *Eroica*, vor allem, dass er wütend die Seite mit der Widmung an Napoléon zerrissen habe, nachdem er von dessen Kaiserkrönung unterrichtet worden war, gehören ins Reich der Legende.

Knapp und informativ zu den Fragen von Titelgebung, Widmung und Umwidmung bei *Fidelio* wie zu vielen anderen Beethoven-Fragen ist das digitale Archiv des Beethovenhauses Bonn.

Zu Beethovens Marotten sowie den Schwierigkeiten rund um die dritte Symphonie und *Fidelio* lohnt es sich, die Aufzeichnungen Ignaz von Seyfrieds und die *Beethoveniana* von Gustav Nottebohm zu lesen, vor allem aber Beethovens Briefe an Rochlitz, Braun und andere. Weitere amüsante Details zur Widmungsgeschichte der *Eroica* und Beethovens Geschick, dabei Geld aus dem Fürsten Lobkowitz herauszuholen, berichtet der niederländische Beethovenforscher Jan Caeyers in seiner umfassenden Biographie *Beethoven. Der einsame Revolutionär* im Kapitel *Das Geheimnis der Eroica*.

Der Theaterzettel zu *Fidelio* berief sich 1805 ausdrücklich auf das historische Ereignis, doch mittlerweile ist nachgewiesen, das Bouilly ein konkretes Ereignis maßlos aufgebläht hat. Dies belegt David Galliver in seinem Aufsatz über *Léonore, ou l'amour conjugal: a clebrated offspring of the Revolution*, in: *Music and the French Revolution*, hrsg. von Malcolm Boyd. Cambridge 1992.

Ignaz Castelli behauptet in seinen Memoiren, Beethoven habe, um seinen Pizarro Friedrich Sebastian Mayer von seinem angeblich allzu großen Selbstvertrauen *zu kurieren*, in dessen große Arie eine Tücke eingebaut (an der Stelle «Bald wird sein Blut verrinnen, / Bald krümmet sich der Wurm»). Ihm zufolge genossen es «die schadenfrohen Spieler» in der Geige, dass Mayer sich auf die kurzen Vorschläge konzentrieren und die Geigenbögen beobachten musste, worunter seine Pose gewaltig litt. Der «wutschnaubende» Mayer habe auf «das dadurch verursachte Gelächter angeblich mit Ingrimm» reagiert und Beethoven «die Worte an den Kopf geworfen: Solchen verfluchten Unsinn hätte mein Schwager nicht geschrieben». Es scheint aber kaum glaubhaft, dass Beethoven für diesen Jux einen Patzer Pizarros riskierte, zumal er Briefe an ihn immer mit «Dein Freund Beethoven» unterschrieb und zum Ausdruck brachte, wie sehr er auf die Zuverlässigkeit und Solidarität des Regisseurs angewiesen war.

Jene Anna Milder, später verheiratete Hauptmann, die Schikaneder entdeckte, bescherte Goethe im Marienbader Sommer 1823 ein musikalisches Erlebnis, das ihn tief bewegte.

Zu Beethovens zweiter Fidelio-Fassung und dem Problem der chronologisch falsch nummerierten Leonoren-Ouvertüren siehe Alan Tysons Arbeit *The Problem of Beethoven' First Leonore Ouverture*, in: *Journal of the American Musicological Society* 28, 1975, S. 292–334 und vor allem Jan Caeyers, der im Kapitel *Leonore: work in progress* mit vielen Irrtümern, die sogenannte erste, aber auch die zweite und dritte Leonoren-Ouvertüre betreffend, gründlich aufräumt.

Anmerkungen zu Kapitel XIII

Am ehemaligen Palais von Franz Anton Graf Schrattenbach und seiner Frau, einer geborenen Gräfin Wrbna in der Brünner Krapfengasse (Kobližnà) Nr. 4 erinnert eine Gedenktafel an den Besuch der Mozarts.

Jener ebenso polygame wie rüpelhafte Ferdinand, dem sich Josefa durch ihren frühen Tod entzog, hatte schon Josefas ältere Schwester heiraten sollen, die aber bereits mit zwölf gestorben war. Damals war der Bräutigam schon als Ferdinand IV. König von Neapel und als Ferdinand III. König von Sizilien. 1815 wurde er als Ferdinand I. König beider Sizilien. Schließlich musste eine weitere Tochter von Maria Theresia daran glauben; sie überlebte die Nachricht von ihrer Verheiratung mit Ferdinand, dem ungeliebten, und später ihren Ehemann.

Der Prior Aurelius Augustinus, der das Konzert der Mozarts im Taverna-Saal des Brünner Stadthauses widerwillig besuchte, notierte, Wolfgang habe das Spiel der Trompeter nicht ertragen, weil sie außerstande waren, sauber unisono zu spielen. Dezenterweise hielt er das auf Lateinisch in den Annalen fest (*Annalium canonicae Sternbergiensis canonicorum regularium Lateranensium S. Augustini Liber XI*): «qui tamen tubas ex eo, quod tonum ex integro univocum dare nequeant, pati non potuit.» Abraham Fischer hingegen redete den Auftritt schön, was den Brünnern besser im Gedächtnis blieb. In seinem Gesuch an den örtlichen Magistrat berief er sich auf diesen Erfolg: «Kapellmeister von Salzburg Herr Mozart war mit hiesighem [sic] Orchester vollkommen zufrieden und hätte nicht geglaubt, das [sic] meine Gesellen bei der ersten Probe so gut accompagniren würden.»

Jan Trojan hat *Die zwei Brünner Spielzeiten Emanuel Schikaneders* genau recherchiert. Die Baugeschichte des Brünner Theaters: Ab 1600 wird bereits von Theatervorstellungen berichtet, die in einer mit Fleischerläden verbundenen Taverne im Liechtensteinhaus stattfanden. 1643 kaufte die Stadt Brünn das Gebäude samt dem danebenliegenden, um sie zu einem dauernden Theater auszubauen; das brannte aber bereits 1690 ab. Erst 1732, also 42 Jahre später, wurde ein neues Gebäude errichtet, in dem es neben Repräsentationsräumen für Empfänge und Feiern der Stadt und einem Saal für Konzerte weiterhin einen Ausschank gab, weshalb die Bezeichnung Taverna oder Tavernasaal beibehalten wurde. Diese sogenannte *Taverna im Stadthaus*, die zugleich für Bälle benutzt und daher *Reduta* genannt wurde, war der Auftrittsort der Mozartkinder. 1785 fiel auch dieser Bau den Flammen zum Opfer.

Dann aber war umgehend ein steinernes Theater hochgezogen worden, das sich bereits 1786 *Königlich-städtisches Nationaltheater* nannte, 1787 eröffnet wurde und sich bald einen sehr guten Ruf erwarb. Mozart hat also nicht in demselben Gebäude gespielt, in dem Schikaneder wirkte, sondern im Vorgängerbau.

Trojan irrt in zwei Punkten. Er führt *Gulistan* als Eröffnungsstück Schikaneders am Ostermontag an, wogegen einwandfrei die Rezension der *Wiener Theaterzeitung* und andere Quellen sprechen. Außerdem behauptet er, «Schikaneders Tochter» habe sich ebenfalls am Brünner Theater nützlich gemacht. Da Trojan vermutlich lokale Archivalien ausgewertet hat, ist zu vermuten, dass es sich bei der sogenannten Tochter um Franziska Günschl handelt, die ja in Wien bereits die Kasse des Theaters betreut hatte. Vielleicht hat Schikaneder Franziska auch als seine Tochter ausgegeben, um keinen Anstoß zu erregen, denn vermutlich wohnte sie in Brünn wie in Wien samt Kind bei ihm und Eleonore.

Johann Hackl war vermutlich völlig unschuldig in den Verdacht eines jakobinischen Komplotts geraten. Denn der gastfreundliche Mann, der auch Mozart bewirtet hatte, war politisch so wenig engagiert, dass Franz Xaver Huber schrieb, er habe bei dem Wort Revolution sicher nur an ein Ragout gedacht.

Die Chöre in Kotzebues Drama über *Die Hussiten vor Naumburg* hatte Franz Seraph von Destouches vertont, Mozarts letzter Schüler und wohl Namensgeber für Schikaneders Sohn von Franziska Günschl.

Joachim Perinet, der am 17. Mai 1803 Victoire Vamy geheiratet hatte, dürfte an dieser Ehe nicht allzu viel Freude gehabt haben. Seine Frau, die er zum Theater gebracht und die durch seine Vermittlung am Leopoldstädter debütiert hatte, war 1806 zum Theater an der Wien übergewechselt und dort geblieben. Sie soll sich, wie Michael Lorenz in seinem Aufsatz zum Theater auf der Wieden erwähnt, mit dem russischen General Alexei Petrowitsch Jermolow getröstet haben.

Der Kommentar zu Perinets und Schikaneders Abgang aus Wien und zum Neubeginn in Brünn stand am 25. Dezember 1806 in der *Zeitschrift für die elegante Welt*. Perinet war jedoch schon vorher, unter Johann Baptist Mayer, eine Zeit in Brünn tätig, wie Gustav Gugitz in seinem Text über *Joachim Perinet* plausibel macht (Joachim Perinet. In: Jahrbuch der Grillparzer-Gesellschaft, 14. Jg. 1904, S. 170–223). Dort wird auch dessen erneutes Debüt im Januar am Leopoldstädter Theater erwähnt.

Perinet trat zwar bereits Ende Januar 1808 wieder an diesem Theater an, bereicherte aber zuvor noch die Faschingsbälle in Brünn mit seinen Einlagen. Bei Schikaneder bedankte er sich ebenso wie bei Hensler, der ihn gnädig wieder aufgenommen hatte, mit dem Stück *Orions Rückkehr*, in dem natürlich er selbst der mythische Sänger war. Es wurde im November 1808 in der Leopoldstadt aufgeführt. Perinet würdigte darin seine beiden Chefs in schlechten Versen, aber mit besten Absichten.

Die Apollosäle waren am 10. Januar 1808 eröffnet worden. Dort hatte Kaiser

Franz die Vermählung mit seiner dritten Frau Maria Ludovica gefeiert. Doch ihr genialer Erfinder starb 1852 ebenso verarmt wie zuvor Schikaneder.
Das Schreiben von Schikaneder an Nikolaus II. Fürst von Esterházy ist erst 2009 von der Internationalen Stiftung Mozarteum in der Übertragung von Anja Morgenstern publiziert worden und dort digital verfügbar. Es belegt in seiner klaren Struktur und präzisen Formulierung eindeutig, dass die Behauptungen, Schikaneder sei bereits 1810 weitgehend unzurechnungsfähig gewesen sei, unhaltbar sind.

Dass Emanuel Schikaneder das Textbuch zu jener einaktigen Operette mit dem Titel *Die Aufforderung* geschrieben hat, ist erst durch Rudolph Angermüllers Buch über Wenzel Müller und ‹sein› Leopoldstädter Theater bekannt geworden (S. 33). Dass es dort als *Die Ausforderung* aufgeführt ist, kann nur einem Lesefehler zugeschrieben werden.

Schikaneders Neffe Carl, dessen Erinnerungen an den Onkel mit einer gewissen Vorsicht genossen werden sollten, schreibt zu jener letzten Phase: «Sein Gespräch mit mir kam mir sehr sonderbar vor, und ich konnte nicht klug daraus werden. Er sagte mir, dass er nun als Direktor nach Pest engagiert sei, und da würde ich Wunderdinge von ihm erfahren [...] Leider aber verwirrte sich schon auf der Reise sein Geist [...]. Als ihm [dort] die Regie und die ältesten Mitglieder ihre Aufwartung machten, fragte er sie: womit man das Theater eröffnen könnte? Jandel [Regisseur in Pest] meinte mit Kotzebues Oktavia. – «Kotzebue? – Kotzebue!» sagte mein Oheim; «ist das ein guter Dichter?» Anfangs lachten sie und glaubten, er scherze, aber später merkten sie leider, dass das trauriger Ernst sei. Am anderen Tage kannte er keinen mehr und wusste auch gar nicht, dass er als Direktor engagiert sei. Kurz es war vorbei mit ihm.» (In Carl Schikaneder: Emanuel Schikaneder, S. 370/71)
Ob Kotzebues Trauerspiel *Octavia* aus dem Jahr 1801 wirklich einmal als Ersatz für *Belas Flucht* vorgesehen war, scheint sehr fraglich.

Ironie des Schicksals: Beethovens Vertonung von Kotzebues *Ruinen von Athen* (opus 113) wurde zusammen mit der eigens für diesen Zweck komponierten *Weihe des Hauses* erneut aufgeführt bei der Eröffnung des neuen Josefstädter Theaters, die Schikaneder nicht mehr erlebte. Weil es eben so schön zu einem neuen Musentempel passte. Selbst Richard Strauss nahm sich aus diesem Grund des Werks noch einmal an.

Die genauen Hinweise auf Schikaneders Versuch, in Steyr Fuß zu fassen, sind Gerhard Ammerers Aufsatz «Das Laster kömmt am Tage»? zu verdanken. Die Quellen, die er auf S. 73 anführt, ergeben eindeutig, dass sich die Schikaneders dort 1812, also offenbar nach der Reise nach Pest, aufhielten. Ein Besuch in Steyr für 1811 konnte laut Ammerer nicht nachgewiesen werden.

Literaturauswahl

Die Werke Schikaneders, so *Sammtliche theatralische Werke I* und *II*, sind großenteils in online-Resource zugänglich, einige gemeinfrei, einige über Bibliotheken wie die Bayerische Staatsbibliothek München, die darüber hinaus über Erstausgaben mit Titelkupfern verfügt (zum Beispiel *Der Königssohn aus Ithaka*), denen hier einige bisher noch nicht veröffentlichte Rollenporträts von Schikaneder zu verdanken sind. Die Bayerische Staatsbibliothek verfügt außerdem über Notentexte zu Schikaneders weniger bekannten Werken wie dem *Tyroller Wastel* und auch über die *Vier komische Terzetten* [sic] für Sopran, Tenor und Bass oder für zwei Tenöre und Bass ohne Begleitung, die er selbst komponiert hat. Notenmaterial zu seinem ersten Werk *Die Lyranten*, bei dem er Librettist und Komponist war, ist der Verfasserin nicht bekannt.

Als besonders hilfreich haben sich oft kleine Publikationen von Archivfunden erwiesen, so zum Beispiel der hervorragende kritische Aufsatz von Michael Lorenz in den *Wiener Geschichtsblättern* zum Freihaus auf der Wieden oder auch unveröffentlichte Arbeiten wie die Diplomarbeit von Stephan Punderlitschek über das Freihaustheater auf der Wieden, in dem erstmals Seyfrieds Theaterjournal vollständig transkribiert wiedergegeben wurde.

Abkürzungen:

AM = Acta Mocartiana. Mitteilungen der Deutschen Mozart-Gesellschaft e. V. Augsburg
DJbM = Deutsches Jahrbuch für Musikwissenschaft
ISMS = Internationale Stiftung Mozarteum Salzburg
ZIFM = Zentralinstitut für Mozartforschung

Abert, Hermann: W. A. Mozart. Neubearbeitete und erweiterte Ausgabe von Otto Jahns Mozart. Leipzig 1978 (9. Auflage)
Albrecht-Weinberger, Karl (Hrsg.): Zaubertöne. Mozart in Wien 1781–1791. Ausstellung des Historischen Museums der Stadt Wien im Künstlerhaus 6. Dezember 1990–15. September 1991. Wien 1990
Allgemeine Literaturzeitung. Jena 1802, Nr. 101. Intelligenzblatt
Allgemeine Musikalische Zeitung. Leipzig 1798 ff.
Allgemeiner Theateralmanach vom Jahr 1782. Wien 1782
Almanach für Theater- und Theaterfreunde. Hrsg. von August Wilhelm Iffland. Berlin 1807–1812
Alxinger, Johann Baptist von: Briefe des Dichters Johann Baptist Alxinger. Hrsg.

von Gustav Wilhelm. In: Sitzungsberichte der kaiserlichen Akademie der Wissenschaften, Phil. host. Classe, CXL. Band, Jg. 1899

Ammerer, Gerhard: *«Das Laster kömmt an Tage»?* − Zwei Behördenschreiben zu den Ermittlungen der Wiener Polizei gegen Eleonore Schikaneder wegen Ehebruchs und Verschwendung 1812. In: Mitteilungen der Internationalen Stiftung Mozarteum, 50. Jahrgang, Heft 1−2, Salzburg, Juni 2002, S. 67−74

Ders.: Heimat Straße. Vaganten im Österreich des Ancien Régime. Sozial- und wirtschaftshistorische Studien des Instituts für Wirtschafts- und Sozialgeschichte Universität Wien, Bd. 29. Wien und München 2003

Angermüller, Rudolph: Antonio Salieri. Dokumente seines Lebens unter Berücksichtigung von Musik Literatur, Bildender Kunst, Architektur, Religion, Philosophie, Erziehung, Geschichte, Wissenschaft, Technik, Wirtschaft und täglichem Leben seiner Zeit. 3 Bde. Bad Honneff 2000

Ders.: Jupiter, Mozart und Schikaneder. In: In signo Wolfgang Amadé Mozart. In: Mitteilungen der Mozart-Gesellschaft Zürich 16 (2006), Heft 27. Zürich 2006, S. 1−14

Ders.: Mozart 1485−2003. Daten zu Leben, Werk und Rezeptionsgeschichte der Mozarts. Tutzing 2004

Ders.: Schikaneders Regensburger Spielplan 1787. In: Mozart-Jahrbuch 1987/88. Kassel, Basel, London, New York 1988, S. 225−232

Ders.: Zwei Selbstbiographien von Joseph Weigl (1766−1846). In: DJbM 16, 1971

Ders.: Wenzel Müller und ‹sein› Leopoldstädter Theater. Mit besonderer Berücksichtigung der Tagebücher Wenzel Müllers. Wiener Schriften zur Stilkunde und Aufführungspraxis, hrsg. von Hartmut Krones, Bd. 5. Wien, Köln und Weimar 2009

Anonymus: Der Bernadotte'sche Auflauf in Wien 1798. Von einem Augenzeugen. Wien 1798.

Assmann, Jan: Die Zauberflöte. Oper und Mysterium. München 2005

Ders. und Florian Ebeling (Hrsg.): Ägyptische Mysterien. Reisen in die Unterwelt in Aufklärung und Romantik. Eine kommentierte Anthologie. München 2011

Aust, Hugo: Emanuel Schikaneders «Kreis der Schöpfung». In: Amsterdamer Beiträge zur neueren Germanistik, hrsg. von Gerd Labroisse, Band 31−33, Amsterdam und Atlanta, GA 1991, S. 59−89

Bauer, Anton: 150 Jahre Theater an der Wien. Zürich, Leipzig, Wien 1952

Bauer, Günter G.: Mozart. Glück, Spiel und Leidenschaft. Bad Honnef 2005

Ders.: Mozart. Geld, Ruhm und Ehre. Bad Honnef 2009

Bauer, Thilo: Regensburger Freimaurer. Ihre Geschichte und Literatur im 18. und 19. Jahrhundert. Regensburger Studien und Quellen zur Kulturgeschichte Band 13, hrsg. von den Museen und dem Archiv der Stadt Regensburg. Regensburg 2001

Ders. und Peter Styra (Hrsg.): ‹Der Weg führt durch die Gassen …›. Aus Regensburgs Literatur und Geschichte. Regensburg 1999

Bauer, Wilhelm Anton und Otto Erich Deutsch (Hrsg.): Mozart. Briefe und Aufzeichnungen. Gesamtausgabe in 8 Bänden., hrsg. von der ISMS, gesammelt und erläutert von Wilhelm A. Bauer und Otto Erich Deutsch. München 2005

Bauer, Wilhelm Anton und Otto Erich Deutsch (Hrsg.): Wolfgang Amadeus Mozart, Briefe und Aufzeichnungen. Gesamtausgabe, hrsg. von der ISMS, gesammelt und erläutert von Wilhelm A. Bauer und Otto Erich Deutsch, Bd. I–IV (Text), Bd. V–VI Kommentar, bearbeitet von Joseph Heinz Eibl, Bd. VII Register, zusammengestellt von Joseph Heinz Eibl. Kassel, Basel, London, New York, Oxford und Prag 1962–75

Bäuerle, Adolf: Bäuerle's Memoiren. Wien 1858

Ders.: Emanuel Schikaneder (Nachruf). In: Theater-Zeitung Nr. 80 vom 2. Oktober 1812

Bartnik, Hella: Die Zauberflöte, weitergedacht. In: AM 50/2003 III/IV., S. 91–101

Bauernfeld, Eduard von: Erinnerungen aus Alt-Wien, Wien 1923

Bayer, Friedrich W.: Nachrichten über die Wiener Schaubühne von 1776–1885. Zur Wiener Theatergeschichte. Wien 1886

Becker, Carl Ferdinand: Mozart und die Kritiker seiner Zeit. In: AM 27/1980, I., S. 15–19

Belitska-Scholtz, Hedvig und Olga Somorjai: Deutsche Theater in Pest und Ofen 1750–1850. Normativer Titelkatalog und Dokumentation, 2 Bde. Budapest 1995

Benyovszky, Karl: Das alte Theater. Kulturgeschichtliche Studie aus Pressbugrs Vergangenheit. Pressburg 1926

Beyer, Bernhard: Die Beziehungen des Fürstenhauses Thurn und Taxis zur Regensburger Freimaurerei, In: Quatuor Coronati, Heft 3, 1966, S. 6–24

Biberhofer, Raoul: ‹Vestas Feuer›. Beethovens erster Opernplan. In: Die Musik, Jg. 22, März 1930, S. 409–414

Binal, Wolfgang: Deutschsprachiges Theater in Budapest. Von den Anfängen bis zum Brand des Theaters in der Wollgasse (1889). Theatergeschichte Österreichs, Band X: Donaumonarchie, Heft 1. Graz, Wien und Köln 1972

Birkenseer, Karl (Hrsg.): Die Regensburger Domspatzen. Zur Ehre Gottes und zur Freude für den Menschen. Der berühmte Knabenchor in Geschichte und Gegenwart. Regensburg 2009

Blümml, Emil Karl: Aus Mozarts Freundes- und Familienkreis. Wien, Prag und Leipzig 1923

Ders.: Ausdeutungen der Zauberflöte. In: Mozart-Jahrbuch 1, 1923, S. 109–146

Ders. und Gustav Gugitz: Altwienerisches. Bilder und Gestalten. Wien, Prag, Leipzig 1920

Bodie, Leslie: Tauwetter in Wien. Zur Prosa der österreichischen Aufklärung 1781–1795. Schriftenreihe der Österreichischen Gesellschaft zur Erforschung des 18. Jahrhunderts, hrsg. von Moritz Csáky. Wien, Köln, Weimar 1995 (2. Auflage)

Bollert, Werner: Joseph Weigl und das deutsche Singspiel. Bottrop 1938

Bónis, Ferenc: Aus der Geschichte der Mozart-Rezeption in Ungarn. In: Musikgeschichte in Mittel- und Osteuropa. Mitteilungen der Internationalen Arbeitsgemeinschaft an der Technischen Universität Chemnitz, Heft 1, hrsg. von Helmut Loos und Eberhard Möller. Chemnitz 1997, S. 113–125

Borchmeyer, Dieter: Goethe, Mozart und die Zauberflöte. Veröffentlichungen der Joachim Jungius-Gesellschaft der Wissenschaften Hamburg Nr. 76. Göttingen 1994

Brandenburg, Sieghard und Helga Lühning (Hrsg.): Beethoven. Zwischen Revolution und Restauration. Bonn 1989

Branscombe, Peter: W. A. Mozart: Die Zauberflöte. Cambridge Opera Handbooks. Cambridge 1991

Braunbehrens, Volkmar: Mozart in Wien. München 1986

Brauneis, Walther: Die Wiener Freimaurer unter Kaiser Leopold II. Mozarts *Zauberflöte* als emblematische Standortbestimmung. In: Studies on Music History, presented to H. C. Robbins Landon on his seventieth birthday. Hrsg. von Otto Biba und David Wyn Jones. London 1996, S. 115–151

Ders.: Das Frontispiz im Alberti-Libretto von 1791 als Schlüssel zu Mozarts *Zauberflöte*. In: Mitteilungen des ISM 41 (1993), Heft 3–4. Salzburg 1993, S. 45–59

Breitinger, Friedrich, Mozartiana. «Gaulimauli Malefisohu». Erhebungen. Hrsg. von Friederike Prodinger; bearb. von Josef Brettenthaler. Salzburg 1992

Brukner, Fritz (Hrsg.) Die Zauberflöte, Unbekannte Handschriften und seltene Drucke aus der Frühzeit von Mozarts Oper. Mit 7 Bildbeilagen und 4 Theaterzettel Facsimiles. Wien 1934

Buch, David J. und Manuela Jahrmärker (Hrsg. und Nachwort): Schikaneders heroisch-komische Oper *Der Stein der Weisen* – Modell für Mozarts *Zauberflöte*. Haimholz Musikwissenschaft Band 5. Göttingen 2002

Ders.: Die Hauskomponisten am Theater auf der Wieden zur Zeit Mozarts (1789–1791). In: AM 48/2001, I–IV., S. 75–81

Castelli, Ignaz Franz: Aus dem Leben eines Phäaken 1781–1862. Die Memoiren des I. F. Castelli, neu herausgegeben von Adolf Saager. Stuttgart 1957

Ders.: Memoiren meines Lebens. Gefundenes und Empfundenes. Erlebtes und Erstrebtes von I. F. Castelli. Mit einer Einleitung und Anmerkungen neu herausgegeben von Dr. Josef Bindtner. 2 Bde. München 1913

Cloeter, Hermine: Mozarts Zauberflöte im Freihaus. Neue Freie Presse Nr. 17339 (Morgenblatt vom 29. November 1912), S. 4

Cornet, Julius: Die Oper in Deutschland und das Theater der Neuzeit. Hamburg 1849

Caeyer, Jan: Beethoven. Der einsame Revolutionär. Aus dem Niederländischen übersetzt von Andreas Ecke. München 2012

Csampai, Attila und Dietmar Holland (Hrsg.): Wolfgang Amadeus Mozart: Die Zauberflöte. Texte, Materialien, Kommentare. Reinbek 1982

Csáky, Moritz: Kulturelles Umfeld und Musik: Wolfgang Amadé Mozart in Wien. In: AM 53/2006 I/II, S. 7–14

Czeike, Felix: Historisches Lexikon Wien in 6 Bänden. Wien 1992–2004

Dahlhaus, Carl und Norbert Miller: Europäische Romantik in der Musik. Band 1. Oper und symphonischer Stil 1770–1820. Stuttgart und Weimar 1999

Dallmeier, Martin, Manfred Knedlik und Peter Styra: «Dieser glänzende deutsche Hof …». 250 Jahre Thurn und Taxis in Regensburg. Ausstellung. Regensburg, Fürstliches Schloss St. Emmeran. 17. Juli bis 20. September 1998

Da Ponte, Lorenzo: Mein abenteuerliches Leben. Die Erinnerungen eines Mozart-Librettisten. Zürich 1993

Deutsch, Otto Erich: Das Freihaustheater auf der Wieden 1781–1801. Jugend und Volk. Wien 1937, 47

Ders.: Mozart. Die Dokumente seines Lebens. Gesammelt und erläutert von Otto Erich Deutsch. Neue Ausgabe sämtlicher Werke in Verbindung mit den Mozartstädten Augsburg, Salzburg und Wien, hrsg. von der ISMS, Serie X: Supplement. Kassel, Basel, London und New York 1961

Ders.: Der rätselhafte Gieseke. In: Die Musikforschung 5 (1952)

Ders.: Schikaneders Testament. In: Österreichische Musikzeitung 18 (1963), S. 421–425

Dietrich, Margret: Jupiter in Wien oder Götter und Helden der Antike im Altwiener Volkstheater. Graz, Wien, Köln 1967

Döhring, Sieghart: Das Singspiel und der Beginn des modernen Populartheaters. In: AM 48/2001, I–IV. S. 42–51

Doppler, Elke, Christian Rapp und Sándor Békési (Hrsg.): Am Puls der Stadt. Ausstellungskatalog. Wien 2008

Drüner, Ulrich: Mozarts Beziehungen zu seinen Berufskollegen. In: AM 40/1993, I., S. 4–15

Duda, Erich: Das musikalische Schaffen des Komponisten Franz Xaver Süßmayr mit einem Gesamtverzeichnis seiner Werke. Wien 1994

Eckermann, Johann Peter: Gespräche mit Goethe in den letzten Jahren seines Lebens. In: Johann Wolfgang Goethe: Werke, Band 19. München 2006

Endrös, Hermann: Emanuel Schikaneder und das Augsburger Theater. Ein Beitrag zur Geschichte des Augsburger Theaters zur Zeit W. A. Mozarts. In: Zeitschrift des Historischen Vereins für Schwaben, 55. und 56. Band (1942/43) Augsburger Mozartbuch. Augsburg 1943/43

Ewert, Hansjörg: Zauberdinge. Musik der Instrumente und der Geister auf der Singspielbühne um 1800. In: AM 48/2001, I–I, S. 102–108

Färber, Konrad Maria (Hrsg.): Mozart und die Freie Reichsstadt Regensburg. Regensburger Almanach 2006. Regensburg 2006

Färber, Siegfried: Das Regensburger Fürstlich Thurn und Taxissche Hoftheater und seine Oper 1760–1786. Verhandlungen des Historischen Vereins von Oberpfalz und Regensburg, 86. Bd. Regensburg 1936

Fendl, Elisabeth: Volksbelustigungen in Regensburg im 18. Jahrhundert. Das ‹Curiöse› in der Chronik des Christian Gottlieb Dimpfel. Regensburger Schriften zur Volkskunde, Bd. 5. Vilseck 1988

Firla, Monika: Angelo Soliman. Vom schwarzen Sklaven zum freimaurerischen Edelmann. Sonderausstellung 30. Oktober bis 31. Mai 2005, Deutsches Freimaurer-Museum Bayreuth. Bayreuth 2004

Dies.: Angelo Soliman. Ein Wiener Afrikaner im 18. Jahrhundert. Mit einem Beitrag von Rudolf Maurer. Katalogblätter des Rollettmuseums [sic] Baden Nr. 48. Baden 2004

Fischer, Johann: Emanuel Schikaneder und Salzburg. In: Jahrbuch der Gesellschaft für Wiener Theaterforschung XV/XVI. Wien 1966, S. 179–216

Fischer-Colbrie, Gerald: Eine Linzer Flugschrift von 1794 über die Zauberflöte. In: Historisches Jahrbuch der Stadt Linz 1881. Linz 1992, S. 29–40

Fischnaler, Konrad: Innsbrucker Chronik in vier Teilen mit Bildschmuck nach alten Originalen und Rekonstruktionszeichnungen, I. Historische Chronik. Innsbruck 1929

Der Freimüthige oder Berlinische Zeitung für gebildete, unbefangene Leser (1808–1811). Hrsg. von August von Kotzebue und G. Merkel. Berlin 1808 ff.

Der Freimüthige oder Ernst und Scherz. Literarischer und artistischer Anzeiger (1804–1806). Berlin 1804 ff.

Frensdorf, V. E: Peter Winter als Opernkomponist (Diss.). München 1907

Freytag, Rudolf: Joseph Max Freiherr von Lütgendorf. Ein Beitrag zur Geschichte der Luftschifffahrt. In: Das Bayernland 28 (1926), S. 12–18

Friedel, Johann: Gesammelte kleine gedruckte und ungedruckte Schriften. S. I. [sic] 1784

Ders.: Ein Quodlibet zum Abschiede. Abdera 1785 (als online-Ressource verfügbar). [Erscheinungsort ist eine ironisch erfundene Stadt in Christoph Martin Wielands Roman Geschichte der Abderiten]

Ders.: Zehn Briefe aus Österreich an den Verfasser der Briefe aus Berlin. Wien 1784

Glossy, Karl: Kleinere Schriften. Zu seinem 70. Geburtstage (7. März 1918) herausgegeben von seinen Freunden. Wien und Leipzig 1918

Goethe, Johann Wolfgang: Der Zauberflöte zweiter Teil. Fragment. Hrsg. von Dieter Borchmeyer und Peter Huber in: Sämtliche Werke I.6. Frankfurt am Main 1993, S. 221–249

Götze, Ursula: Johan Friedrich Klöffler: Ein Musiker am Steinfurter Hof. Steinfurter Schriften 16. Steinfurt 1990

Got, Jerzy: Das österreichische Theater in Lemberg. Aus dem Theaterleben der Vielvölkermonarchie. Theatergeschichte Österreichs 10. 2 Bde. Wien 1997

Gräffer, Franz: Francisceische Curiosa; oder ganz besondere Denkwürdigkeiten aus der Lebens- und Regierungsperiode des Kaisers Franz II (I.). Wien 1849

Ders.: Josephinische Curiosa. Wien 1848

Grasberger, Franz: Joseph Weigl (1766–1864). Leben und Werk mit besonderer Berücksichtigung der Kirchenmusik (Diss.). Wien 1997

Großegger, Elisabeth: Freimaurerei und Theater 1770–1800. Freimaurerdramen an den k. k. privilegierten Theatern in Wien. Wien, Köln, Graz 1981

Gruber, Gernot: Mozart und die Nachwelt. Hrsg. von der ISM. Salzburg und Wien 1985

Gugitz, Gustav: Johann Friedel. In: Jahrbuch der Grillparzer-Gesellschaft 15. Jg. Wien 1905

Ders.: Joachim Perinet. In: Jahrbuch der Grillparzer-Gesellschaft, 14. Jg. Wien 1904

Ders. und Emil Karl Blümml: Von Leuten und Zeiten im alten Wien. Die Frühzeit der Wiener Vorstadt-Bühnen. Wien und Leipzig 1922

Hack, Joachim (Hrsg.): Die Napoleonischen Kriege. Königswinter 2008

Hadamowsky, Franz: Die Wiener Hoftheater (Staatstheater) 1776–1966. Teil 1:
1776–1810. Wien 1966

Ders.: Das Theater an der Wien. Wien 1962

Ders.: Das Theater in der Wiener Leopoldstadt 1781–1860. Wien 1934

Hahn, Oliver und Claudia Maurer-Zenck: Die Tinten des Zauberflöten-Autographs, Möglichkeiten und Grenzen neuer Analyseverfahren. Ein Nachtrag
zur Chronologie und eine biographische Pointe. In: AM Mitteilungen der
Deutschen Mozart Gesellschaft e. V., 50. Jh, Heft 1/2 Juni 2003, S. 3–22

Harlander, Inge Maria: Der Park zu Aigen. Diss. Universität Salzburg. Salzburg
2003

Hassan. Karim: ‹Das ist der Teufel sicherlich›. Eine Auseinandersetzung mit der
Figur des Monostatos in Mozarts Zauberflöte. In: Musik & Bildung 3/2005,
S. 10–14

Heinz, Melanie und Rudolf Heinz: ‹Silberglöckchen, Zauberflöten sind zu eurem
Schutz vonnöten›. Zu Emanuel Schikaneders 241. Geburtstag. Hrsg. von Peter
Engelmann. Wien 1992

Heppner, Harald und Nikolaus Reisinger (Hrsg,): Steiermark: Wandel der Land-
schaft im langen 18. Jahrhundert. Wien 2006

Hess, Willy: ‹Vestas Feuer› von Beethoven. Schweizer Musikpädagogische Blätter,
Jg. 23, Nr. 22, 15. November 1934, S. 344/345

Ders.: ‹Vestas Feuer› von Emanuel Schikaneder. In: Beethoven-Jahrbuch, hrsg.
von Paul Mies und Joseph Schmidt-Görg. Zweite Reihe, Beethoven-Jahrbuch III, Jg. 1957/58, Beethovenhaus Bonn 1959, S. 63–105

Ders.: Ludwig van Beethoven: Szene aus ‹Vestas Feuer› für Vokalquartett und
Orchester. Wiesbaden 1953

Hochstöger, Susanne: Gottlieb Stephanie der Jüngere. Schauspieler, Dramaturg und
Dramatiker des Burgtheaters (1741–1800). In: Jahrbuch der Gesellschaft für Wiener Theaterforschung, hrsg. von Franz Hadamowsky, Bd. XII. Wien 1960

Hofbauer, Karl: Die Wieden mit den Edelsitzen Conradswerd, Mühlfeld,
Schaumburgerhof und dem Freigrunde Hungerbrunn. Historisch-topographische Skizze zur Schilderung der Vorstädte Wiens. Wien 1864

Hollmer, Heide und Albert Meier: Saul unter den Propheten? Überlegungen zur
logischen Pünktlichkeit von Emanuel Schikaneders ‹Zauberflöten›-Libretto.
In: Resonanzen. Festschrift für Hans Joachim Kreutzer zum 65. Geburtstag,
hrsg. von Sabine Doering, Waltraud Maierhofer und Peter Philipp Riedel.
Würzburg 2000, S. 99–107

Honolka, Kurt: Papageno. Emanuel Schikaneder. Der große Theatermann der
Mozart-Zeit. Salzburg 1984

Ibler, Gerd: Karl Ludwig Giesecke [sic]. Das Leben und Wirken eines frühen
europäischen Gelehrten. Protokoll eines merkwürdigen Lebensweges. Mitteilungen der Österreichischen Mineralogischen Gesellschaft 156. Wien 2010

Irmen, Hans-Josef: Beethoven in seiner Zeit. Zürich 1998

Ders.: Mozart – Mitglied geheimer Gesellschaften. Zürich 1988

Isola, Ingrid: Rodolphe Kreutzer. Komponist, Virtuose und Violinpädagoge.
Frankfurt am Main 2010

Jagemann, Karoline: Die Erinnerungen der Karoline Jagemann nebst unver-
öffentlichten Dokumenten aus der Goethezeit. Dresden 1926

Jahn, Otto: W. A. Mozart. 3 Bde. Wiesbaden 1976 (Reprint der Ausgabe Leipzig
1859); auch als online-Ressource verfügbar

Jahrmärker, Manuela: Modell für die ‹Zauberflöte› – Die ‹Zauberflöte› als Modell.
Schikaneders heroisch-komische Singspiele in: Modell ‹Zauberflöte›. Der Kredit des Möglichen. Kulturgeschichtliche Spiegelungen erfundener Wahrheiten, hrsg. von Mathias Mayer. Hildesheim, Zürich, New York 2007, S. 75–95

Dies. und Till Gerrit Waidelich (Hrsg.): Der Zauberflöte zweyter Theil unter dem
Titel: Das Labyrinth oder der Kampf mit den Elementen. Eine große heroisch-
komische Oper in zwei Aufzügen von Emanuel Schikaneder. In Musik gesetzt
von Herrn Peter Winter. Mit einem Nachwort von den Herausgebern versehen.
Tutzing 1992

Jontes, Günther: Der Vorfriede von Leoben und die Ereignisse der ersten französischen Invasion in der Steiermark 1797. Leoben 1997

Journal des Luxus und der Moden. Weimar 1795 und 1799

Kammermayer, Max: Emanuel Schikaneder und seine Zeit. Ein Spiegelbild zu
Mozarts ‹Zauberflöte›. Grafenau 1992

Keefe, Simon P. (Hrsg.): The Cambridge Companion to Mozart. Cambridge 2003

Keim, Josef: Woher stammt der Dichter der Zauberflöte? In: Zeitschrift des Historischen Vereins für Schwaben, 62./63. Band. Neues Augsburger Mozartbuch. Augsburg 1962, S. 487–490

Kellner, Katharina: Pesthauch über Regensburg. Seuchenbekämpfung und Hygi-
ene im 18. Jahrhundert. Studien zur Geschichte des Spital-, Wohlfahrts- und
Gesundheitswesens. Schriftenreihe des Archivs des St. Katharinenspitals
Regensburg, Band 6. Regensburg 2005

Kircheisen, Friedrich M.: Feldzugserinnerungen aus dem Kriegsjahre 1809. Hamburg 1909

Kluger, Martin: W. A. Mozart in Augsburg: Vorfahren, Vaterstadt und erste Liebe.
Augsburg 2007

Knedlik, Manfred: Zwischen Kunst und Kommerz. Der Theaterprinzipal Emanuel Schikaneder und seine Gesellschaft deutscher Schauspieler in Regensburg
(1787–1789). In: Verhandlungen des Historischen Vereins für Oberpfalz und
Regensburg, Bd. 141/ 2001, S. 95–111

Knüppeln, Julius Friedrich: Vertraute Briefe zur Charakteristik von Wien, Görlitz
1793 [oft irrtümlich Johann Friedel zugeschrieben, obwohl darin Ereignisse
wie die *Zauberflöten*-Aufführung vom 9. Oktober 1791 beschrieben sind, die
erst lange nach Friedels Tod stattfanden]

Koch, Hans-Albrecht: Goethes Fortsetzung der Schikanederschen Zauberflöte in:
Jahrbuch des freien deutschen Hochstiftes. Tübingen 1969, S. 121–163

Literaturauswahl

Köchel, Ludwig von: Chronologisch-thematisches Verzeichnis sämtlicher Tonwerke Wolfgang Amadeus Mozarts in der Bearbeitung von Alfred Einstein. Leipzig 1958

Köhler, Karl-Heinz: Die Rezeption der Mozart-Opern unter Goethes Theaterleitung im Jahrzehnt nach dem Tod des Komponisten. Ein Beitrag zur Wirkungsgeschichte des Mozartschen Schaffens im Spiegel der Weimarer Klassik. In: Mozart-Jahrbuch 1991 des ZIFM der ISMS, Teilband 1. Kassel, Basel, London, New York und Prag 1992, S. 231–236

Kolb, Florian: Exponent des Wandels. Joseph Weigl und die Introduktion in seinen italienischen und deutschsprachigen Opern. Münster 2007

Komorzynski, Egon: Emanuel Schikaneder. Ein Beitrag zur Geschichte des deutschen Theaters. Wien 1901 und 1951 (erweiterte Fassung)

Ders.: Emanuel Schikaneder. Der Vater der Zauberflöte. Wien 1948 und 1990

Ders. und Erwin Neumann: Das Schikaneder-Léhar-Schlößl in Nußdorf. In: Wiener Geschichtsblätter. Hrsg. vom Verein für Geschichte der Stadt Wien, 10. (70.) Jg. 1955, Nr. 3, S. 49–56

Ders.: Die Wiener Szenenbilder zur Zauberflöte. In: Neues Mozart-Jahrbuch 3 (1943), S. 230–238

Konrad, Ulrich: ‹Schrecklich so bloß Musik zu sein wie ein Leierkasten›. Zur Kritik an Mozarts Persönlichkeit und Werk. In: AM 45/1998, III–IV, S. 82–87

Ders.: Der Stein der Weisen. Musiktheater im josephinischen Wien. In: AM 48/ 2001, I–IV, S. 3–13

Kreutzer, Hans Joachim: Die Zauberflöte in Weimar. In: Goethe-Jahrbuch. Im Auftrag des Vorstands der Goethe-Gesellschaft hrsg. von Werner Frick, Jochen Golz, Albert Meier und Edith Zehm. 127. Band der Gesamtfolge. Göttingen 2010

Krzeszowiak, Tadeusz: Das Theater an der Wien. Seine Technik und Geschichte. Wien, Köln und Weimar 2002

Ders.: Das Freihaustheater in Wien 1787–1801. Wirkungsstätte von W. A. Mozart und E. Schikaneder. Wien, Köln und Weimar 2008

Lachmayer, Herbert (Hrsg.): Mozart. Experiment Aufklärung im Wien des ausgehenden 18. Jahrhunderts. Katalogbuch zur Ausstellung in der Albertina Wien vom 17. März bis zum 20. September 2006. Ostfildern 2006

Láng, Attila: 200 Jahre Theater an der Wien. «Spectacles müssen seyn». Wien 2001

Lange, Joseph: Biographie des Joseph Lang k. k. Hofschauspielers. Wien 1808

László, Ferenc: Zur Geschichte der Mozart-Rezeption in Rumänien. In: Musikgeschichte in Mittel- und Osteuropa. Mitteilungen der Internationalen Arbeitsgemeinschaft an der Technischen Universität Chemnitz, Heft 1, hrsg. von Helmut Loos und Eberhard Möller. Chemnitz 1997, S. 133–171

Lettner, Gerda und Gilda Pasetzky: Revolutionärer Patriotismus und Friedensforderungen in der Musik des ausgehenden 18. Jahrhunderts. In: Francia 2/2003, S. 45–71

Haydn, Paul Wranitzky, Hebenstreit und Horis: Das historisch-musikalische

Umfeld der ‹Schöpfung›. In: Francia, Forschungen zur Westeuropäischen Geschichte 39/2. Wien und Paris 2003

Lehner, Walter: Franz Xaver Süßmayr als Opernkomponist. In: Studien zur Musikwissenschaft. Beihefte der Denkmäler der Tonkunst in Österreich, unter Leitung von Guido Adler. 18. Bd. Wien 1931, S. 66–96

Lorenz, Michael: Neue Forschungsergebnisse zum Theater auf der Wieden und Emanuel Schikaneder. Wiener Geschichtsblätter 4/2008, Verein für Geschichte der Stadt Wien

Ders.: Mozart's Apartment on the Alsergrund. Wien 2009 (Online-Ressource auf der Homepage der Universität Wien)

Ders.: Süßmayr und die Lichterputzer. Von gefundenen und erfundenen Quellen. In: Mozart-Jahrbuch 2006. Kassel, Basel, London New York und Prag 2008, S. 425–438

Ludewig, Reinhard: Zum derzeitigen Stand der Forschung über die Ursachen des Todes von Mozart. In: Mozart Jahrbuch 1991 des ZIFMF der ISMS, Teilband 1, Kassel, Basel, London, New York und Prag 1992, Bericht über den Internationalen Mozart-Kongress Salzburg 1991, hrsg. von Rudolf Angermüller, Dietrich Berke, Ulrike Hofmann und Wolfgang Rehm, Teilband 1, S. 132–139

Lühning, Helga: Vom Himmel durch die Welt zur Hölle. Die Zauberei mit der musikalischen Dramaturgie im ‹Stein der Weisen›. In: AM 48/2002, I–IV, S. 82–101

Lütteken, Laurenz: Das Populäre und das Erhabene. Ästhetik und kompositorisches Kalkül in Schikaneders Singspiel. In: AM 48 2001, Heft 1–4. Augsburg S. 14–26

Ders. und Hans-Joachim Hinrichsen (Hrsg.): Mozarts Lebenswelten. Eine Zürcher Ringvorlesung 2006. Kassel, Basel, London, New York und Prag 2008

Ma-Kircher, Klaralinda: Wien 1809. Wiener Geschichtsblätter Beiheft 2/2009. Wien 2009

Mansfeld, Herbert A.: Mozarts erste Papagena war … Ein Beitrag zur Wiener Theatergeschichte. In: Wiener Geschichtsblätter 15, Verein für Geschichte der Stadt Wien 1960, S. 110–114

Matala de Mazza, Ethel: Vogelhandel. Ein Bestiarium zu Schikaneders ‹Stein der Weisen›. In: AM 48/2001, I–IV, S. 64–74

Mayer, Mathias (Hrsg.): Modell ‹Zauberflöte›. Der Kredit des Möglichen. Kulturgeschichtliche Spiegelungen erfundener Wahrheiten. Hildesheim, Zürich und New York 2007

Meier, Andreas (Hrsg.): Christian August Vulpius. Eine Korrespondenz zur Kulturgeschichte der Goethezeit. Bd. 1 Brieftexte, Bd. 2 Kommentar. Berlin und New York 2003

Meinhold, Günter: Zauberflöte und Zauberflöten-Rezeption. Studien zu Emanuel Schikaneders Libretto Die Zauberflöte und seiner literarischen Rezeption. Hamburger Beiträge zur Germanistik, hrsg. von Wiebke Freytag, Nikolaus Henkel, Udo Köster, Hans-Harald Müller, Jörg Schönert und Harro

Segeberg, Band 34. Frankfurt a. M, Berlin, Bern, Brüssel, New York, Oxford und Wien 2001

Meixner, Christoph: Musiktheater in Regensburg im Zeitalter des Immerwährenden Reichstages. Musik und Theater, hrsg. von Detlef Altenburg 3. Sinzig 2008

Messner, Robert: Der Alsergrund im Vormärz. Historisch-topographische Darstellung der nordwestlichen Vorstädte und Vororte Wien auf Grund der Kastralvermessung. Wien 1970

Ders.: Die Wieden im Vormärz. Historisch-topographische Darstellung der südwestlichen Vorstädte und Vororte Wiens, auf Grund der Katastralvermessung (Topographie von Alt-Wien 4). Verbund der wissenschaftlichen Gesellschaften Österreich. Wien 1975

Michtner, Otto: Das Alte Burgtheater als Opernbühne. Von der Einführung des Deutschen Singspiels bis zum Tod Kaiser Leopolds II. 1792. Wien, Graz, Köln 1970

Mozart und seine Welt in zeitgenössischen Bildern. Neue Ausgabe sämtlicher Werke in Verbindung mit den Mozartstädten Augsburg, Salzburg und Wien, hrsg. von der ISMS, Serie X: Supplement, hrsg. von der ISMS. Kassel, Basel, London und New York 1961

Múdra, Darina: Die frühe Rezeption der Musik W. A. Mozarts in der Slowakei. In: Musikgeschichte in Mittel- und Osteuropa. Mitteilungen der internationalen Arbeitsgemeinschaft an der Technischen Universität Chemnitz, Heft 1, hrsg. von Helmut Loos und Eberhard Möller. Chemnitz 1997, S. 105–111

Münster, Robert: Mozarts letzter Schüler? Zu den Mozart-Erinnerungen des Franz-Seraph von Destouches. In: AM 45/1998, I–II, S. 10–17

Müller, Ulrich: Schikaneder, Mozart und das Wiener Zauberspiel. Interpretations-Thesen zur ‹Zauberflöte›. Eine Suite in sieben Sätzen. In: Kritische Fragen an die Tradition. Festschrift für Claus Träger zum 70. Geburtstag, hrsg. von Marion Marquardt, Uta Störmer-Caysa, Sabine Heimann-Seelbach. Stuttgart 1997

Die Musik in Geschichte und Gegenwart. Allgemeine Enzyklopädie der Musik. Personenteil. 17 Bände. 2., neu bearbeitete Ausgabe, hrsg. von Ludwig Finscher. Kassel, Basel, London, New York und Prag. 1999–2007

Neuhuber, Julia: Das alte Steyrer Stadttheater. Ein Abriss der Steyrer Kulturgeschichte, Diplomarbeit. Wien 2004

Neukäufler, Jakob: Aus dem Leben eines Wanderschauspielers. Hrsg. von Konrad Schiffmann. Linz 1930

Nottebohm, Gustav: Beethoveniana. Aufsätze und Mittheilungen, 6. Bde. Leipzig und Winterthur 1872

Nottelmann, Karsten: W. A. Mozart Sohn. Der Musiker und Erbe des Vaters. 2 Bde. Kassel, Basel, London, New York und Prag 2009

Obervorbeck, Felix (Hrsg.): Christoph Rheineck. O. O., o. J.

Öhm-Kühnle, Christoph: ‹Er weiß jeden Ton singen zu lassen. Der Musiker und Klavierbauer Johann Andreas Streicher (1761–1833) – Kompositorisches Schaffen und kulturelles Wirken im biographischen Kontext. Quellen, Funktion, Analyse (Dissertation). Tübingen 2008

Österreich Lexikon in 2 Bänden. Hrsg. von Maria und Richard Bamberger, Ernst Bruckmüller, Karl Gutkas. Wien 1995

Orel, Alfred: Neue Gerliana. In: Mozart-Jahrbuch des ZfM der ISMS 1957. Salzburg 1958, S. 212–222

Ders.: Sarastro … Hr. Gerl. Ein altes Weib … Md. Gerl. In: Mozart Jahrbuch 1955. Salzburg 1956, S. 76–89

Ders.: Die Bühneninstrumente der ‹Zauberflöte›. In: AM 6. Jg. 1959/3, S. 59-64

Ders.: ‹Sarastros› Brüder als Salzburger Sängerknaben. In: Acta Mozartiana, 2. Jg. 1955, S. 49–54

Ortlepp, Ernst (Hrsg.): Großes Instrumental- und Vokal-Conzert, Band. 6. Stuttgart 1841

Panzer, Marita A.: Fürstinnen von Thurn und Taxis. Regensburg 2008

Pasetzky, Gisela: Die Trikolore in Wien. General Bernadotte und der Wiener Fahnentumult vom April 1798. In: Francia 25/2, 1998, S. 163–174

Dies.: Das Erzbistum Salzburg und das revolutionäre Frankreich (1789–1803). Europäische Hochschulschriften. Reihe III, Bd. 680. Frankfurt, Berlin, Bern, New York, Paris, Wien 1995

Dies.: August German Horix: Wege und Umwege eines Jakobiners und deutschen Patrioten. Wien-Salzburg- Rastatt (1795–1798). In: Francia. Forschungen zur westeuropäischen Geschichte 32/2005. Wien und Paris 2005

Pecman, Rudolf: Zur Mozart-Rezeption in Mähren. In: Musikgeschichte in Mittel- und Osteuropa. Mitteilungen der Internationalen Arbeitsgemeinschaft an der Technischen Universität Chemnitz, Heft 1, hrsg. von Helmut Loos und Eberhard Möller. Chemnitz 1997, S. 95–103

Peiba, Abraham: Gallerie von Teutschen Schauspielern und Schauspielerinnen der ältern und der neuern Zeit. Wien 1783. Neudruck Berlin 1910

Perinet, Joachim (?): Mozart und Schikaneder. Ein theatralisches Gespräch über die Aufführung der Zauberflöte im Stadt-Theater. In Knittelversen von ★★★★★★★★★★★ ★★★★★★★★★★★ Wien 1801

Ders.: Theatralisches Gespräch zwischen Mozart und Schickaneder [sic] über den Verkauf des Theaters. In Knittelversen von O★★★★★★ P★★★★★★, dem Verfasser des mit so vielem Beyfall aufgenommenen Dialoges, über die Zauberflöte im Stadt-Theater. Wien 1802

Ders.(?): Jupiter, Mozart und Schikaneder. Nach der Vorstellung der Zauberflöte im neuen Theater an der Wien. In Knittelversen. Wien 1802

Ders.: Wiener Theateralmanach, Jg. 1803 oder 1804

Perl, Helmut: Der Fall ‹Zauberflöte›. Mozarts Oper im Brennpunkt der Geschichte. Zürich 2000

Pezzl, Johann: Reise durch den Baierischen Kreis. Faksimile der 2. und erweiterten Auflage von 1784. München 1973

Ders.: Skizze von Wien (1786 ff). Ein Kultur- und Sittenbild aus der josefinischen Zeit. Mit Einleitung, Anmerkungen und Register, hrsg. von Gustav Gugitz und Anton Schlosser. Graz 1923

Pfannkuch, Wilhelm: Emanuel Schikaneder. In: Musik in Geschichte und Gegenwart, Band XI. Kassel 1963, Sp. 1708

Pfeffer, Franz: Emanuel Schikaneder und Linz. In: Jahrbuch der Stadt Linz 1949. Linz 1950, S. 141–148

Pichler, Caroline: Denkwürdigkeiten aus meinem Leben. Hrsg. Von E. K. Blümml, 2 Bde. München 1914

Pies, Elke: Prinzipale. Zur Genealogie des deutschsprachigen Berufstheaters vom 17. bis 19. Jahrhundert. Ratingen, Kastellaun, Düsseldorf 1973

Pigge, Helmut: Geschichte und Entwicklung des Regensburger Theaters 1786–1859 (Diss.). München 1954

Pisarowitz, Karl Maria: Ein Brief Sarastros und sonstige neueste Gerl-Miszellen. In: Bericht über den Internationalen Mozart-Kongress Salzburg 1991. Salzburg 1992, S. 39–42

Ders.: Die Willmanns. Der restituierte Roman einer potenzierten Musikerfamilie. In: Mitteilungen der ISM, 15. Jg., 1967 Doppelheft ½, S. 7–13

Price, Henry: Emanuel Schikaneder and Jakob Neukäufler: Family Affairs. In: Mozart-Studien, hrsg. von Manfred Hermann Schmid, Band 17. Tutzing 2008

Pukánszky-Kádár, Jolantha: Geschichte des deutschen Theaters in Ungarn. Erster Band. Von den Anfängen bis 1812. München 1933

Punderlitschek, Stephan: Das Freihaustheater auf der Wieden. Diplomarbeit Geisteswissenschaftliche Fakultät der Universität Wien, Institut für Theaterwissenschaften. Wien 1997

Prazák, Richard: Das Wirken von František Xaver Jiřék am deutschen Theater in Ofen und Pest in den Jahren 1789–1813. In: Hin zu neuen Zielen. Studien und Vorträge. Begegnungen. Schriftenreihe des Europa-Instituts Budapest, hrsg. von Ferenc Glatz. Budapest 2001, S. 53–91

Przawerczek, Andreas: Erinnerungen an Schikaneder in: Der Gesellschafter oder Blätter für Geist und Herz. Berlin 1831

Puschmann, Claudia: Fahrende Frauenzimmer. Zur Geschichte der Frauen an deutschen Wanderbühnen (1670–1760). Frauen in Geschichte und Gesellschaft. Hrsg. von Annette Kuhn und Valentine Rothe, Band 34. Herbolzheim 2000

Reichardt, Johann Friedrich: Vertraute Briefe, geschrieben auf einer Reise nach Wien und den österreichischen Staaten. Amsterdam 1816

Rheinische Musen. Mannheim 1794

Richter, Barbara: Franz Heinrich Ziegenhagen. Leben, Werk und Wirken eines engagierten Kaufmanns und Philanthropen im Zeitalter der Aufklärung. Münster, Hamburg und London 2003

Rille, Albert: Geschichte des Brünner Stadttheaters 1743 bis 1884. Brünn 1885

Robbins Landon, H. C: Mozart. Die Wiener Jahre 1781–1791. München 1990

Rommel, Otto: Die Maschinenkomödie. In: Deutsche Literatur, hrsg. von Heinz Kindermann in Mitarbeit von Walther Brecht und Dieter Kralik. Leipzig 1935

Ders. (Hrsg.): Aus der Frühzeit des Alt-Wiener Volkstheaters. K. F. Hensler, E. Schikaneder, J. F. Kringsteiner. Sonderausgabe von: Alt-Wiener Volkstheater. In sieben Bänden. 1. Band Wien. Wien 1952

Rosenberg, Alfons: Die Zauberflöte. Geschichte und Deutung von Mozarts Oper. München 1964

Rudin, Bärbel: Die Passauer ‹Zauberflöte› von 1794. In: AM 20/1973, I. S. 2–8

Sachslehner, Johannes: Napoleon in Wien. Fakten und Legenden. Wien 2009

Sauer, Walter (Hrsg.): Angelo Soliman. Mythos und Wirklichkeit. In: Von Soliman zu Omofuma. Afrikanische Diaspora in Österreich. 17. bis 20. Jahrhundert, hrsg. von Walter Sauer. Innsbruck, Wien und Bozen 2007, S. 59–96

Schiffmann, Konrad: Drama und Theater in Österreich ob der Enns bis zum Jahre 1803. Linz 1905

Schikaneder, Johann Carl: Emanuel Schikaneder. In: Der Gesellschafter oder Blätter für Geist und Herz 18/1834, Nr. 71.

Schikaneder, Emanuel: Regensburger Schauspiele. Hrsg. von Michael Kohlhäufl, Sergej Liamin, Stefan Lindinger und Michaela Schießl. Regensburg 2009

Ders.: Vorrede zu Der Spiegel in Arkadien. In: Maske und Kothurn. Vierteljahresschrift für Theaterwissenschaft, hrsg. vom Institut für Theaterwissenschaft an der Universität Wien. Graz und Köln 1. Jg 1955, Heft ½ 1. Jg. 1955, Heft ½. Wien, Graz, Köln 1955, S. 359–360

Schink, Johann Friedrich: Über ein paar Stellen der Friedelschen Briefe aus Wien verschiedenen Inhalts, an einen Freund in Berlin. In: Literarische Fragmente, 1. Band. Graz o. J.

Schlientz, Gisela: Das Wiener Theater während der napoleonischen Besetzung im Jahre 1809 (Diss.). Wien 1964

Schmitt, Peter: Schauspieler und Theaterbetrieb. Studien zur Sozialgeschichte des Schauspielerstandes im deutschsprachigen Raum 1700–1900. Tübingen 1990

Schmitt, Ursula: Revolution im Konzertsaal. Zur Beethoven-Rezeption im 19. Jahrhundert. Mainz, London, New York, Paris und Tokyo 1990

Schröter, Axel: Musik zu den Schauspielen August von Kotzebues. Zur Bühnenpraxis während Goethes Leitung des Weimarer Hoftheaters. Musik und Theater, hrsg. von Detlef Altenburg, Bd. 4. Sinzig 2006

Schuh, Franzjosef (Hrsg.): Franz Hebenstreit 1747–1795. Mensch unter Menschen. Seine Schriften ediert, übersetzt und kommentiert nebst Einleitung von Franz-Josef Schuh. Trier 1974

Schuh, Willi: Die Zauberflöte im Mannheimer Nationaltheater und die «verdeutschte» Zauberflöte im Kärntnertortheater. In: Ders.: Umgang mit Musik. Zürich 1970, S. 14–21 und 37–49

Ders.: Die ‹verdeutschte› Zauberflöte im Kärntnertortheater. In: ders.: Umgang mit Musik. Über Komponisten, Libretti und Bilder 1970, S. 15–49

Schuler, Heinz: Mozart und die Freimaurerei. Daten, Fakten, Biographien. Wilhelmshaven 1992

Ders.: Die graphische Ouvertüre zur Zauberflöte. Eine freimaurerische Symbolinterpretation des Titelkupfers der Libretto-Ausgabe Wien 1791. In: Mitteilungen der ISMS 50 (2001), Heft 3–4. Salzburg 2002, S. 67–99

Ders.: Schikaneder contra Gieseke. Eine Dokumentation zur Verfasserfrage des Zauberflöten-Librettos. In: Quatuor Coronati 33/1996, hrsg. von der Forschungsloge Quatuor Coronati 808 der Vereinigten Großlogen von Deutschland. Bayreuth 1996

Ders.: Die Zauberflöte im Mannheimer Nationaltheater 1794. In: Festschrift für Otto Erich Deutsch zum 80. Geburtstag. Hrsg. von Walter Gerstenberg, Jan La Rue und Wolfgang Rehm. Kassel u. a. 1963

Schumann, Christiane: Mozart und seine Sänger. Am Beispiel der Entführung aus dem Serail. Europäische Hochschulschriften, Reihe XXXVI, Bd. 241. Frankfurt a. M., Berlin, Bern, Brüssel, New York, Oxford und Wien 2005

Seidlin, Oskar: Von Goethe bis Thomas Mann. Zwölf Versuche. Göttingen 1963

Senigl, Johanna: Ignaz Alberti, privil. Buchdrucker, Buchhändler und akad. Kupferstecher. Samt Bibliographie eines Lebenswerkes. In: Mitteilungen der ISM 49 (2001), Heft 3–4. Salzburg 2001, S. 102–125

Senn, Walter: Schikaneders Weg zum Theater. In: AM Jg. IX, Heft III, S. 39–46

Ders.: Mozarts Skizze der Ballettmusik zu *Le gelosie del serraglio* (KV Anh. 109/135a). In: Acta Musicologica, Volume XXXIII 1961, Fac. II–IV, April-Dezember, S. 169–183

Seume, Johann Gottfried: Ein Spaziergang nach Syrakus im Jahre 1802. Hildburghausen und New York 1833

Seyfried, Ignaz von: Ludwig van Beethovens Studien im Generalbass, Contrapunkt und der Compositionslehre aus dessen handschriftlichem Nachlass gesammelt und hrsg. von Henry Hugh Pierson mit einem Anhang: G. Nottebohm – Beethoveniana II. Hildesheim 1967

Simek, Ursula: Das Berufstheater in Innsbruck im 18. Jahrhundert. Theater im Zeichen der Aufklärung in Tirol. Theatergeschichte Österreichs. Bd. II: Tirol, Heft 4. Wien 1992

Skalicki, Wolfram: Das Bühnenbild der Zauberflöte (Diss). Wien 1950

Soffe, Emil: Bühne und Gesellschaft. Studien von Emil Soffe. Brünn 1918

Spiesberger, Else: Das Freihaus. Wiener Geschichtsbücher, hrsg. von Peter Pötschner, Bd. 25. Wien und Hamburg 1980

Stoffregen-Büller, Michael: Der Luftschiffer von Augsburg, 1786. In: Ders.: Himmelfahrten. Die Anfänge der Aeronautik. Weinheim 1983, S. 344–363

Stransky, Ludwig: Napoleon in Österreich. Wien 1927

Strebel, Harald: Der Freimaurer Wolfgang Amadé Mozart. Stäfa 1991

Ders.: Joseph Weigl. In: Mitteilungen der Mozart-Gesellschaft Zürich 2004, S. 31–60

Ders.: Der Briefwechsel von Friedrich Rochlitz und dem Mozart-Schüler Ignaz von Seyfried im Lichte zeitgenössischer Kritik und Konzertpraxis. In: Mozart-Studien Bd. 19. Tutzing 2010, S. 225–280

Ders.: Ein Hohelied der Maurerei. Bemerkungen zur ‹Zauberflöte› Mozarts und Schikaneders. In: Alpina. Schweizer Freimaurer Rundschau 126. Lausanne 2000

Ders.: Mozart und Georg Anton Benda. In: AM 35/1988, III. S. 52–56

Thayer, Alexander Wheelock: Ludwig van Beethovens Leben. Nach dem Original-Manuskript deutsch bearbeitet von Hermann Deiters. Mit Benutzung der hinterlassenen Materialien des Verfassers neu ergänzt und herausgegeben von Hugo Riemann. 5 Bde. Leipzig 1866–1908; auch als online-Ressource verfügbar (zeno. org)

Tietze, Hans (Hrsg.): Die Denkmale der Stadt Wien (XI–XXI. Bezirk). Bearbeitet von Hans Tietze mit archäologischen Beiträgen von Heinrich Sitte. Wien 1908

Tolar, Günter: So ein Theater! Die Geschichte des Theaters an der Wien. Wien 1991

Trojan, Jan: Die zwei Brünner Spielzeiten Emanuel Schikaneders. In: Musikgeschichte in Mittel- und Osteuropa. Mitteilungen der Technischen Universität Chemnitz, Heft 3, hrsg. von Helmut Loos und Eberhard Möller. Chemnitz 1998, S. 221–244

Valentin, Erich: «... für ein Orgelwerk und eine Uhr». In: AM 9/1962, III. S. 54–56

Ders.: Mozart und das ‹Populare›. In: AM 23/1976, II. S. 35–39

Ders.: Ein treusorgender Vater. Georg Nikolaus Nissen zum Gedenken. In: AM 8/1961, S. 11 ff.

Viertel, Matthias (Hrsg.): Schlange, Gott und Vogelmensch. Mozarts ‹Zauberflöte› im Gespräch. Hofgeismar 1998

Wagner, Guy: Bruder Mozart. Freimaurer im Wien des 18. Jahrhunderts. Wien 1996

Waidelich, Till Gerit und Manuela Jahrmärker (Hrsg.): Der Zauberflöte zweyter Teil unter dem Titel ‹Das Labyrinth oder der Kampf mit den Elementen. Eine große heroisch-komische Oper in zwey Aufzügen von Emanuel Schikaneder. In Musik gesetzt von Peter Winter, Kapellmeister in churpfälzisch-bayerischen Diensten. Vollständiges Textbuch. Erstveröffentlichung nach zeitgenössischen Quellen und mit einem Nachwort versehen von den Herausgebern. Tutzing 1992

Wangermann, Ernst: Von Joseph II. bis zu den Jakobinerprozessen. Wien, Frankfurt, Zürich 1966

Weiss, Walter: Das Weiterleben der ‹Zauberflöte› bei Goethe. In: Mozart-Jahrbuch 1980–1983 des ZIFM der ISMS 1983. Kassel, Basel und London, S. 227–287 oder in: Johann Holzer, Michael Klein und Wolfgang Wiesmüller (Hrsg.): Studien zur Literatur des 19. und 20. Jahrhunderts in Österreich. Innsbruck 1981, S. 15–24

Werner, Richard Maria (Hrsg.): Gallerie von Teutschen Schauspielern und Schauspielerinnen der ältern und neuern Zeit. Wien 1783, (Neudruck Schriften der Gesellschaft für Theatergeschichte Bd. 13. Berlin 1910

Wertheimer. Eduard: Zur Geschichte Wiens im Jahre 1809 nach ungedruckten Quellen. Wien 1889

Wieland, Christoph Martin: Versuch über das Deutsche Singspiel, 1775. In: Ders.: Sämtliche Werke, Bd. 26: Singspiele und Abhandlungen. Leipzig 1796, Reprint Hamburg 1984

Das Wiener Blättchen, hrsg. von Aloys Blumauer. Wien 1783 ff.

Wiener Theaterzeitung, hrsg. von C. W. Christiani und Fr. Bolthart, ab 1813 hrsg. von Adolf Bäuerle. Wien 1806 ff.

Wiener Zeitung, 1781, 1782 und 1783 (online-Ressource)

Wiltsch, Norbert: Karl Friedrich Hensler. Ein Beitrag zur Geschichte des altwiener Theaters (Diss.). Wien 1926

Willms, Johannes: Napoleon. Eine Biographie. München 2005

Winterberger, Johann: Franz Xaver Süßmayr. Leben, Umwelt und Gestalt. Hrsg. von Otto Walter Eckle. Frankfurt am Main 1999

Wöber, Ferdi Irmfried: 1809. Schlacht bei Aspern und Eßling. Wien 2008

Würtz, Roland: Die Erstaufführungen von Mozarts Bühnenwerken in Mannheim. In: Mozart-Jahrbuch 1978/79. Kassel 1979

Wunderlich, Werner, Doris Ueberschlag und Ulrich Müller (Hrsg.): Mozarts Zauberflöte und ihre Dichter. Schikaneder. Vulpius. Goethe. Zuccalmaglio. Faksimiles und Editionen von Textbuch, Bearbeitungen und Fortsetzungen der Mozart-Oper. Wort und Musik. Salzburger Akademische Beiträge, hrsg. von Ulrich Müller, Franz Hundsnurscher und Oswald Panagl, Nr. 60. Anif/Salzburg 2007

Wurzbach, Constant von: Biographisches Lexikon des Kaiserthums Österreich, enthaltend die Lebensskizzen der denkwürdigen Personen, welche seit 1750 in den österreichischen Kronländern geboren wurden und darin gelebt und gewirkt haben. Wien 1875, Reprint London und New York 1966

Zinzendorf, Karl von: Wien von Maria Theresia bis zur Franzosenzeit. Aus den Tagebüchern des Grafen Karl von Zinzendorf. Hrsg. von Hans Wagner. Wien 1972

Abbildungsnachweis

Zit. n. Komorzynski, Egon: Emanuel Schikaneder. Wien 1951: S. 7, 54, 165, 313, 337

Zit. n. Krzeszowiak, Tadeusz: Theater an der Wien. Seine Technik und Geschichte. 1801-2001. Wien, Köln und Weimar 2002: S. 18, 175

Zit. n. Deutsch, Otto Erich: Mozart und seine Welt in zeitgenössischen Bildern. Kassel 1961: S. 20, 87, 89, 90, 125, 127, 133, 143, 180, 193, 212, 217, 294, 333, 357

Zit. n. Zaubertöne. Mozart in Wien. 1781-1791. Ausstellungskatalog. Hrsg. v. Historischen Museum der Stadt Wien. Wien 1991: S. 22, 118, 122, 170, 171, 173, 187, 240, 320, 340

Kupferstichkabinett, Staatliche Museen zu Berlin, bpk: S. 25

Zit. n. Kraus, Andreas und Wolfgang Pfeiffer: Regensburg. Geschichte in Bilddokumenten. München 2. verb. Aufl. 1986: S. 27, 36

Fürst Thurn und Taxis, Kunstsammlungen Regensburg: S. 29, 33, 153

Zit. n. Blendinger, Friedrich und Wolfgang Zorn: Augsburg. Geschichte in Bilddokumenten. München 1976: S. 45

Zit. n. Pigge, Helmut: Theater in Regensburg. Vom fürstlichen Hoftheater zu den Städtischen Bühnen. Regensburg 1998: S. 49, 51, 103

Zit. n. Augsburger Mozartbuch, ZS des hist. Vereins für Schwaben, 55. und 56. Band (1942/43): S. 58

Zit. n. Cantagrel, Gilles: Wolfgang Amadeus Mozart. Eine illustrierte Biographie. München 2005: S. 63, 77, 123

ullsteinbild: S. 107, 263

Österreichische Nationalbibliothek, Wien: S. 132 (Bild Nr. 03329B), 230 (Bild Nr. 00048033), 258 (Bild Nr. LW75464B)

Bayerische Staatsbibliothek, München: S. 137, 207, 227 (Slg. Her 2545), 254, 296

Zit. n. Dallmeier, Martin, Manfred Knedlik und Peter Styra: «Dieser glänzende deutsche Hof...» 250 Jahre Thurn und Taxis in Regensburg. Regensburg 1998: S. 139, 148, 236

Zit. n. Mozart. Experiment Aufklärung im Wien des ausgehenden 18. Jahrhunderts. Hrsg. v. Herbert Lachmayer. Ostfildern 2006: S. 163, 185, 219, 256, 269

akg-images: S. 199, 241, 276, 281, 286, 361, 383 (Erich Lessing)

Zit. n. Becker, Max: Mozart. Sein Leben und seine Zeit in Texten und Bildern. Frankfurt am Main und Leipzig 1991: S. 200, 211, 225

Zit. n. Honolka, Kurt: Papageno. Emanuel Schikaneder. Der große Theatermann der Mozart-Zeit. Salzburg und Wien 1984: S. 267

Archiv des Verlags: S. 278

Zit. n. Bruckner, Fritz: Die Zauberflöte. Unbekannte Handschriften und seltene Drucke aus der Frühzeit von Mozarts Oper. Wien 1934: S. 307

Zit. n. Gaile, Jochen: Wir Deutschen. Eine Reise zu den Schauplätzen der Vergangenheit. Dortmund, 2. Aufl. 1991: S. 352

Zit. n. Musikgeschichte in Mittel- und Osteuropa. Mitteilungen der internationalen Arbeitsgemeinschaft an der Technischen Universität Chemnitz, Chemnitz 1997: S. 371, 374

Wien Museum: S. 388

Zit. n. Deutsche Schriftsteller im Portrait, 3. Hrsg. v. Jörn Göres. München 1980: S. 395

Personenregister